○ 精品课程配套教材
○ 21世纪应用型人才培养“十三五”规划教材
○ “双创”型人才培养优秀教材

外贸单证实务

项目化教程

WAIMAO DANZHENG SHIWU

修订版

主　编　缪鹤兵　陈丽红
副主编　祁丹萌　陈建琼　顾晨嬰
　　　　唐晓华　杨璐嘉　袁　唯

东北大学出版社
Northeastern University Press

图书在版编目（CIP）数据

外贸单证实务项目化教程/ 缪鹤兵，陈丽红主编. —沈阳：东北大学出版社，2018. 5

21 世纪应用型人才培养规划教材

ISBN 978-7-5517-0887-6

Ⅰ. ①外… Ⅱ. ①缪… ②陈… Ⅲ. ①进出口贸易-原始凭证-高等学校-教材 Ⅳ. ①F740. 44

中国版本图书馆 CIP 数据核字（2015）第 019586 号

出 版 者：东北大学出版社

地　址：沈阳市和平区文化街 3 号巷 11 号

邮　编：110819

电话：024-83680267（社务室）　　83687331（营销部）

传真：024-83687332（总编室）　　83680180（营销部）

网　址：http：//www. neupress. com

E-mail：neuph@ neupress. com

印 刷 者：北京俊林印刷有限公司

发 行 者：东北大学出版社　北京志远思博文化有限公司

幅面尺寸：185mm×260mm

印　　张：21. 5

字　　数：476 千字

印刷时间：2018 年 5 月第 2 次印刷

策划编辑：志远思博

责任编辑：孙　锋

责任校对：潘佳宁

封面设计：尤岛设计

责任出版：唐敏志

ISBN 978-7-5517-0887-6　　　　定价：49. 00 元

精品课程配套教材
“双创”型人才培养优秀教材 编审委员会

前言（修订版）

再版保持了原有教材的基本特点，仍然以“新”作为主旋律，突出法律法规、标准的变化对外贸管制、外贸流程、外贸单证的影响。本教材修订中采用了最新的海关法规、商检法规、标准等的规定，同时采纳了同行、校企合作企业以及从事外贸工作的毕业生的宝贵建议。原教材中的不足主要表现为以下几点：一是教材的体系还不够完整，比如欠缺对于许可证件的官方文件申请；二是外贸法制法规和标准的变化导致教材的相关内容较为滞后，比如报关和报检方面的政策和流程的变化使得相关内容显得不合时宜；三是需要对一些案例和数据需要进行必要更新和完善等等。

本教材的主要特色在于：一是本教材的编订方式上仍然采用校企合作方式，由商学院国贸系的老师负责编写，由校企合作的企业方负责主审；二是教材的编写结构上仍然采用项目+任务的方式、按照岗位+工作流程的要求进行编写，并提供了大量的实操题；三是教材的内容要点突出，由浅入深，理论与实操紧密结合，强化了单证的操作和应用；四是教材的水平适合高职现有人才的学习基础和特点，能够与现有的专业人才标准培养方案接轨；五是突出与时俱进，一切内容都以最新的外贸法规、最新的外贸流程和最新的标准进行修订。

本教材在第一版的基础上添加了许可证的制作这一项目，使得教材体系更为完整。在修订过程中，得到了同行、合作企业、毕业生的鼎力支持，尤其是校企合作企业——苏州恒润进出口有限公司的意见和建议。

本教材由缪鹤兵、陈丽红主编，祁丹萌、陈建琼、顾晨婴、唐晓华、杨璐嘉、袁唯担任副主编，具体分工如下：项目 1、6、7、9、12、14 由缪鹤兵、陈建琼、顾晨婴负责修订；项目 4、5、8、11 由陈丽红、唐晓华、杨璐嘉负责修订；项目 2、3、10、13 由祁丹萌、袁唯负责修订。本教材由蒋岚和汪洁主审。

本教材在编写过程中也参考了同行所编写的教材内容，列在后面的参考文献中，在此表示感谢。

由于编者水平有限，本书难免有错误和不妥之处，敬请广大读者批评指正。

编　者

2018 年 4 月

目录 Contents

项目 1　认知外贸单证工作 …… (1)

任务一：外贸单证概念和作用的认知 …… (1)

任务二：外贸单证工作内容和单证分类的认知 …… (4)

任务三：外贸单证岗位基本要求的认知 …… (10)

任务四：外贸单证标准化发展的认知 …… (12)

项目闯关实训 …… (21)

项目 2　跟单信用证业务流程与操作 …… (25)

任务一：信用证的概念、特点、当事人及种类的认知 …… (25)

任务二：信用证开证申请书的制作 …… (32)

任务三：信用证审核 …… (38)

任务四：信用证修改 …… (40)

项目闯关实训 …… (42)

项目 3　发票和包装单据的制作 …… (55)

任务一：发票分类和作用的认知 …… (55)

任务二：商业发票的内容和制作 …… (57)

任务三：包装单据类别和作用的认知 …… (60)

项目闯关实训 …… (63)

项目 4　运输单据的制作 ……………………………… (69)

任务一：国际货物运输关系人的认知 ……………………………… (70)

任务二：运输单据的概念和性质认知 ……………………………… (70)

任务三：运输单据种类认知 ……………………………… (73)

任务四：海运出口货物托运与单据制作 ……………………………… (78)

任务五：航空运输货物托运与单据制作 ……………………………… (85)

任务六：其他运输方式的货物托运与单据制作 ……………………………… (90)

项目闯关实训 ……………………………… (95)

项目 5　保险单据的制作 ……………………………… (100)

任务一：进出口业务中的保险条款与险别认知 ……………………………… (100)

任务二：保险单据的种类认知 ……………………………… (103)

任务三：国际货物运输保险投保与投保单的制作 ……………………………… (106)

任务四：保险单的内容和制作 ……………………………… (109)

项目闯关实训 ……………………………… (114)

项目 6　商品检验检疫证书的制作 ……………………………… (118)

任务一：出入境检验检疫的知识认知 ……………………………… (118)

任务二：出入境货物报检单的制作 ……………………………… (130)

任务三：商品检验检疫证书的内容及制作 ……………………………… (136)

任务四：客检证及其风险防范 ……………………………… (146)

项目闯关实训 ……………………………… (148)

项目 7　原产地证明书的制作 ……………………………… (154)

任务一：原产地证明书的概念、作用和种类认知 ……………………………… (154)

任务二：一般原产地证书的内容与制作 ……………………………… (155)

任务三：普惠制原产地证书（FORM A）的内容与制作 ……………………………… (161)

项目闯关实训 ……………………………… (166)

项目 8　报关单据的制作 ……………………………… (173)

任务一：报关基本知识的认知 ……………………………… (175)

任务二：报关程序认知 ……………………………… (178)

任务三：进出口货物报关单的内容及制作 …………………………………… (183)
项目闯关实训 …………………………………………………………………… (210)

项目 9 其他单据的制作 ……………………………………………………… (216)
任务一：装运通知的内容与制作 …………………………………………… (216)
任务二：受益人声明的内容与制作 ………………………………………… (220)
任务三：其它各种证明类单据的制作 ……………………………………… (222)
项目闯关实训 …………………………………………………………………… (224)

项目 10 结算票据的制作 …………………………………………………… (229)
任务一：汇票、本票和支票的认知 ………………………………………… (229)
任务二：汇票种类认知 ……………………………………………………… (235)
任务三：信用证项下跟单汇票的内容和制作 ……………………………… (236)
项目闯关实训 …………………………………………………………………… (241)

项目 11 外汇管理新规和出口退税操作 …………………………………… (246)
任务一：外汇管理新变化的认知 …………………………………………… (246)
任务二：出口退税操作 ……………………………………………………… (248)
项目闯关实训 …………………………………………………………………… (251)

项目 12 汇款与托收单据制作 ……………………………………………… (253)
任务一：汇款的概念、种类及流程的认知 ………………………………… (253)
任务二：托收的概念、种类及流程的认知 ………………………………… (256)
任务三：托收项下汇票内容的认知和制作 ………………………………… (259)
任务四：多种结算方式下跟单汇票的处理 ………………………………… (260)
项目闯关实训 …………………………………………………………………… (265)

项目 13 综合审单 …………………………………………………………… (271)
任务一：审单原则认知 ……………………………………………………… (272)
任务二：审单方法的运用 …………………………………………………… (275)
任务三：单证审核的要点识别 ……………………………………………… (277)
任务四：单据不符的处理 …………………………………………………… (281)

任务五：审单案例操作 …………………………………………………… (284)
项目闯关实训 …………………………………………………………… (290)

附录　企业单据实例 …………………………………………………… (307)

参考文献 ……………………………………………………………… (333)

项目1 认知外贸单证工作

导入案例

有一批棉布出口至德国，国外来证上所列的商品规格是每平方英寸密度为94＊100，卖方实际交货符合该项规定，但缮制发票时，制单员误将94打成92，且审单时也未发现单证不符，遂遭到银行拒付。因为买方在收到该批船样时，认为布料手感不够柔软，不易销售，早有毁约意图，正苦于没有借口，恰巧发现发票上的一字之差，所以拒付货款，造成退货。我方由此损失了往返两城的外汇运费。

问题：本案例表明了单证工作的重要性体现在什么地方？

项目要点

1. 外贸单证的概念
2. 外贸单证的作用
3. 外贸单证工作的主要内容和要求
4. 外贸单证的分类
5. 外贸单证岗位的要求
6. 外贸单证的国家标准
7. 主要外贸单证的样式

任务一：外贸单证概念和作用的认知

一、 外贸单证的概念

单证是随着国际贸易的发展而发展的。在货币没有出现以前，买卖双方只能进行“易货贸易”，即以货换货。货币发明之后，在债务的清偿方面出现了“现金结算”，但在国际贸易中，由于买卖双方所在地理位置相对遥远，这种结算方式存在较大弊端和明显制约。随着运输业和保险业的发展，“非现金结算”方式应运而生。卖方凭单交货、买方凭单付款，使得商品买卖能够通过单据交换来实现。在这种情况下，当买卖双方签订进出口贸易合同以后，单证工作贯穿于合同履行的每一个环节，涉及外贸企业内部及企业与银行、交通运输部门、保险公司、商检机构、海关等多方面的联系，环环相扣，互为条件，互相影响。

外贸单证（foreign trade documents），简称单证，是指在国际贸易业务中应用的各种单据、文件和证书，凭此用来处理国际货物的交收、运输、保险、商检、通关、结算等，这些单据包括商业发票、装箱单、产地证、保险单据、检验证书、许可证、报关单、提单、装运通知、受益人证明、汇票等以及信用证。狭义的单证是指单据和信用证；广义的单证是指各种文件和凭证。除非特别说明，本书采用广义单证的含义。

二、外贸单证的作用

国际贸易是国际间的商品买卖，商品交换的单据化大大便利了国际贸易中商品货权的让渡与转移。外贸单证工作具有专业性强、时间紧、工作量大、任务繁杂、涉及面广等特点，在外贸业务中有着重要的作用。

（一）外贸单证是证明履行外贸合同的必要手段

外贸合同的履行主要取决于卖方交货与买方付款两方面。由于买卖双方分处于不同的国际和地区，商品和货币不能进行简单的“一只手交货，另一只手交钱”的直接交换，而必须以单证作为交换的手段，因为履行合同的每一个环节都有相应的单证产生，既是履约的结果，也是履约的证明。正如国际贸易专家施米托夫在《出口贸易》一书中所述：“从商业观点来看，可以说CIF合同的目的不是货物本身，而是与货物有关的单据的买卖。”事实上，在《INCOTERMS 2010》国际贸易四组术语中，F组和C组术语均属于象征性交货，卖方交单即交货，买方付款赎单。

以国际贸易中使用的两大类单证为例：一类是具有货物属性的商业单据，有的代表货物的所有权（如海运提单）；有的说明所交货物的详情（如商业发票）；有的为货物出口国提供必要的证件（如出口许可证）；有的为货物在运输途中可能遭遇的灾害和损失承担风险（如保险单）等等。另一类是具有货币属性的金融单据，它们有的直接代表货币（如汇票、本票、支票）；有的为货款的支付做出承诺或做出有条件的保证（如信用证、银行保函等）等等。各种单证在外贸业务的各个环节都有其特定的功能，它们的缮制、签发、流转、组合、交换等具体的应用，反映了外贸合同履行的进展情况及相关方的责任、权利和义务的发生、转移和终止。由此可见，外贸单证是证明履行外贸合同的必要手段。

（二）外贸单证是结算的基础工具

现代国际结算是以银行为中介的间接结算，是国际经济、货币、信用、银行体制和国际金融市场高度发展的产物，形成了以票据为主要结算工具，以汇付、托收、信用证等为主要结算方式的完整体系。汇付、托收结算方式均以合同为依据，进口商是凭必要的和符合买卖合同规定的单据付款，若单据不符合同要求，也有可能被进口商借故拒付。与汇付、托收结算方式相比较，信用证结算方式下对单证的规定最为严格，货物的买卖转为单据的买卖，即使货物在运输途中受损，抑或买方根本未收到货物，银行在单证相符、单单相符的条件下予以兑付货款；反之，即使货物完好地到达买方，如果单证不符或单单不符，银行则拒绝兑付货款。

国际商会第600号出版物《跟单信用证统一惯例》（简称UCP600，2007年修订本）第五条：Banks deal with documents and not with goods, services or performance to which the documents may relate. 意即银行处理的是单据，而不是单据所涉及的货物、服务或其它行为。第十四条a款：A nominated bank acting on its nomination, a confirming bank, if any, and the issuing bank must examine a presentation to determine, on the basis of the documents alone, whether or not the documents appear on their face to constitute a complying presentation. 意即按照指定行事的被指定银行、保兑行（如果有的话）以及开证行必须对提示的单据进行审核，并仅以单据为基础，以决定单据在表面上看来是否构成相符提示。第十六条a款：When a nominated bank acting on its nomination, a confirming bank, if any, or the issuing bank determines that a presentation does not comply, it may refuse to honour or negotiate. 意即当按照指定行事的被指定银行、保兑行（如有）或开证行确定提示不符时，可以拒绝兑付或议付。

因此，在国际结算中，全套正确、完整的单据，是卖方安全、迅速结汇的基础工具，同时也是买方及时取得物权证明的保证。

（三）单证工作是企业经营管理活动的综合体现

单证工作贯穿于合同履行的全过程，在合同履行的不同阶段都会有相应的单证出立、组合和流通。在不同的支付方式和不同贸易术语下，对于出口方来说，涉及签订合同、审核信用证条款、货源安排、检验检疫、租船订舱、报关保险、交单议付、出口收汇的核销及退税，办理保税加工贸易项下的合同核销业务等出口业务管理问题，都集中在单证上反映出来；对于进口方来说，合同签订、开证申请、租船订舱、检验检疫、报关保险、单据审核、货款支付、进口付汇核销等进口业务管理问题，也都与外贸单证的处理有关。

因此，单证是否符合合同或信用证要求，是否正确、完整、及时，就成了衡量外贸企业经营管理水平的尺度。如果在某个环节上不能正确、及时地缮制或流转相关单证，就会影响整个合同履行的过程。高质量的单证工作有益于企业及时安全收汇、降低运营风险、加快资金周转、节约各种费用，提升企业的形象和美誉度，有益于提升客户的满意度；反之，粗劣、杂乱、延迟交单等低质量的单证工作会严重影响企业的正常收汇甚至是无法收汇，增加了企业的运营风险，降低甚至恶化企业的经营信誉和自身形象。

（四）单证工作是一项政策性很强的涉外工作

外贸单证是涉外的商业文件，用于交货、收汇，需要在国外流通，当发生纠纷时，又常常是处理争议的依据。例如，货物在运输途中受损，被保险人向保险公司提出索赔，保险单就是赔偿的凭证；如关系到赔偿额的计算问题，发票又是赔偿的依据；如属承运人的责任，向承运人索赔，提单或其他运输单据就是处理索赔的依据；如货物品质发生争执，品质检验证书又是处理纠纷的依据。同时，外贸单证也是重要的涉外法律文件，必须严格符合有关国家的法律、规则和国际惯例等要求。例如，汇票上的出票地点就涉及到发生争议时所适用的法律问题；信用证下各种单据的签发必须符合《UCP600》及相关国际惯例的要求等。

外贸单证不但具有经济意义，还有很强的政治意义，体现了一个国家的对外贸易方针政策。例如，海关发票供进口国海关核定该商品是否存在倾销行为，作为是否征收反倾销税及征收差别待遇关税的依据；普惠制产地证是给惠国官方执行普遍优惠制和海关给予减免关税的依据；进、出口许可证关系到有关国家对进出口商品的计划管理，甚至还可能涉及到两国之间的贸易协定等等。以我国对外贸易管制为例，进出口货物申报环节中，海关确认货物合法性的先决条件是单（各类报关单据）、证（各类许可证件及相关文件）、货（进出口货物）这三要素间必须相符，如果无证或单证货不相符，则意味着货物不合法，也就无法通关。因此，外贸单证必须严格按照相关国家规定的涉外法规来办理。

任务二：外贸单证工作内容和单证分类的认知

一、 外贸单证工作的内容

与进口业务单证工作相比较，出口业务的单证工作更加繁重，主要包括审证、制单、审单、交单、归档五个环节。

（一）审证

审证即审核信用证，是在货物装运前由通知行和出口方对国外进口方通过银行开来的信用证进行全面审核。理论上讲，国外来证应与买卖合同相符，但实际中，买方开来的信用证并非与合同完全相符，究其原因，一是工作疏忽，二是故意为之。无论何种原因造成的不符，都会给卖方履行合同、安全收汇造成隐患。

审证工作由银行和出口公司共同承担。银行负责审核开证行的政治背景、资信情况、付款责任和索汇路线，以及鉴定信用证真伪等，出口公司依据合同和《UCP600》，着重审核信用证内容与合同条款是否一致，除非事先征得出口公司的同意，在信用证中不得有增减或改变合同条款的内容。对于审证中出现的不能接受的不符点或条款，应及时向开证人提出必须修改信用证的要求。

（二）制单

制单是指按照合同、信用证和其他有关要求，根据货物与运输等实际情况缮制相关单据。制单的基本要求是正确、完整、及时、简明和整洁。

1. 制单的依据

（1）信用证支付方式下的单据，须以信用证条款为依据制单，如未有规定，可参照相关合同条款；

（2）汇付、托收支付方式下，须以合同条款为依据制单；

（3）制单有特殊要求的，参照相应文件或资料制单。

2. 制单的要求

（1）正确

正确是单证工作的前提和核心。单证业务上的正确，至少要符合以下两个方面的要求。

一是要做到"六一致"，即证同一致、单证一致、单单一致、单内一致、单货一致、单同一致。证同一致就是信用证条款不得与外贸合同的内容和要点矛盾；单证一致就是信用证项下的单据要与信用证条款和内容相符；单单一致是指各种关联单据的内容不能相互矛盾；单内一致是指同一份单据中的内容不能前后矛盾；单货一致是指单据上的信息与实际货物一致，保证单据能够真实地代表货物；单同一致是指信用证中未明确规定的单据的内容要与合同一致，以及汇付、托收项下的单据内容要与合同相符。具体来说，信用证项下，银行控制的是单证、单单、单内一致，单证一致占首要地位；进出口公司控制证同、单证、单单、单内、单货和单同一致。汇付、托收项下，制单要做到单同、单货、单单和单内一致。

二是各种单证必须符合有关国际惯例、法律和规定。目前，大多数信用证都注明适用UCP600，制单时应注意不能与之相抵触。此外，还要注意进口国对单据或进口货物有无特殊规定。比如，美国在"9·11 事件"后设立了美国舱单系统（America Manifest System），凡出口到美国的商品在出口截关前，需向美国海关提供包括准确的货名、商品编码、货值、货物的件数及包装类型、毛重、尺码、真实收发货人等内容的"反恐舱单"。我国大多数由船公司或是订舱代理完成 AMS 传输。

（2）完整

单据的完整体现在单证的种类成套、份数齐全和单据本身的项目完整。一是单证必须按规定成套。成套是指一笔交易中卖方应按信用证或合同规定制作或获取的所有种类的单证。二是单证的份数齐全。份数齐全是指每一种单证按要求制作正本和副本的份数。三是要求每种单证本身的内容必须完整。所以，如果单据不完整，就不能构成有效的文件，不能为银行接受。

（3）及时

单证工作的时间性体现在出单及时和交单及时两个方面。

出单及时是指各种单据的出单日期须合理可行，出单日期不能超过信用证规定的有效期限或按商业习惯的合理日期。例如，发票的日期应在各单据日期之首；保单的出单日不得迟于提单的签发日；提单的签发日不得晚于或早于装运期限；产地证不能早于发票日期，不迟于提单日；商检日期不能晚于提单日，但也不能过早于提单日；受益人证明不得早于提单日；船公司证明不得晚于提单日；装运通知必须在货物装运后立即发出等，这些日期如果搞错了，就会造成单单不符或单证不符。由于发货装运和制单结汇是紧密相连的，它是多环节的综合性工作，如制单工作不及时，将会影响到运输、商检、海关监管、港口作业等多部门的工作。

交单及时是指信用证条件下全部单据制作完毕后要在信用证规定的有效期内及时交单议付或办理兑付手续。《UCP600》第十四条 c 款：A presentation including one or more original transport documents subject to articles 19, 20, 21, 22, 23, 24 or 25 must be made by or on behalf of the beneficiary not later than 21 calendar days after the date of shipment as described in these rules, but in any event not later than the expiry date of the credit. 意

即提示若包含一份或多份按照本惯例第19条、20条、21条、22条、23条、24条或25条出具的正本运输单据，则必须由受益人或其代表按照相关条款在不迟于装运日后的21个公历日内提交，但无论如何不得迟于信用证的到期日。如有可能，在装运前将有关单据送银行预审，如有必要，可及早联系修改信用证，延展装期和交单期。过期提单将遭拒付或造成利息损失。

（4）简明

单证内容要力求简明扼要，按照信用证或合同规定和有关国际惯例填制，防止复杂繁琐。不仅可以减少工作量和提高工作效率，而且也有利于提高单证质量，减少差错。如商品名称，除非信用证有特别规定，只要在发票中填写商品的具体名称，其它单据均可使用统称，前提是不能与信用证规定相矛盾。

（5）整洁

整洁从单证的外观和技术上提出的要求。主要是指单证的格式设计和缮制要力求标准化和规范化，单据的内容排列行次整齐、字迹清晰，重点项目突出、醒目，同时应尽量减少甚至不该出现差错和涂改的现象。单据不能随意修改，偶有错误更改时须在更改处进行签署或加盖更正章，一般的单据更改不要超过三处，如提单；有些单证是不能更改，如普惠制产地证 FORM A、汇票、进出口许可证等。

3. 制单工作的方式

（1）及时收齐各项基础资料。如收取供货单位或加工仓库提供的商品包装资料、出仓单等；

（2）校核所收集的资料。如核对数量、品质、规格、包装与信用证或合同规定是否相符，核算单据中数量、重量、尺码、总价、佣金、保费的数字等；

（3）依制单步骤制单。先了解合同、信用证、函电等信息，先制作货物明细单或货物出仓单，然后缮制发票，最后以发票为基础，制作或取得包装单、托运单、报检单、报关单、投保单、产地证、许可证等。信用证结算，一般以货、证、船、款为序制单。汇付结算如到付一般以货、船、款为序制单，预付一般是款、货、船为序制单。托收结算，一般货、船、款为序制单。

具体制单时，熟悉各单据的格式、用途、每个栏目含义及填制要求，从发票缮制入手，并将发票作为其他单据的参照，制作所要求的全部单证。

（4）自审。制单完毕，自审一遍，发现错误，立即更正。

4. 制单的方法

外贸制单的方法主要有用打字机制单、套合式一次制单、利用通用软件包制单、利用计算机编程语言及数据库制单、利用 Word 文字编辑软件制单、外贸 ERP 系统制单、开发专门的制单软件。企业根据自己的实际情况，在满足合同、信用证、交易对方要求的前提下，遵循单证缮制与管理的便捷与效率原则下，选择适合的制单方法，如果要求不清晰，最好先征询交易对方或银行的意见，并注意相关惯例的规定。

在选择制单方法时，要注意单据的签署问题、条款的效力问题、中性单据的问题等。会签单据有以下几种情况，包括证实副本、手签单据、签字单据、复制单据、复写（纸）副本、小签单据。在效力上，书写条款优于打字机条款，打字机条款优于加贴条款，加贴条款优于印就条款。中性单据上不含任何供货商信息的内容，主要用于转口贸易中中间商的需求上，但涉及海关发票、产地证等官方单证时就含供货商信息，如果无法做到，应及时要求对方修改。

（三）审单

审单是指对已缮制的单据进行复核和审查，并能妥善解决单证不符或更改单证产生的问题。在单证制作完毕提交进口商、托收行或信用证下的指定行之前，出口方由专业人员对单据进行审核，确保做到单证一致、单单一致、单内一致、单同一致，还要确保符合国际惯例和相关国际的法律和规定。

1. 审单的依据

同制单的依据。

2. 审单的方法

审单的方法因企业而异，通常的做法就是单据与合同、信用证对照审核法，亦称“纵横审核法”。第一道程序是依据信用证条款或/和合同条款，逐条逐句逐字审核单据，这种审核方法称“纵向审核法”；另一道程序是以商业发票为依据审核相同栏目的内容是否完全相符，此种审核方法称“横向审核法”，旨在做到单据有效。

具体操作中，有的公司采取由各主管部门业务部门负责单证制作和自审，而后集中于公司单证部或某一部门由企业专家予以审核单据，这种程序称“一缮一审”和“综合复审”相结合的方法。二者相结合，一审再审，确保单证工作的高质量以便于顺利结汇和单据流转。

3. 审单的要求

同制单的要求。

（四）交单

交单是指出口方备齐符合信用证或合同要求的全套单据提交到托收行或信用证指定的银行，或自行邮寄至进口方。提交符合要求的单证是议付和结汇的前提条件。实际业务中，出口公司在收到运输单据之前，先将其他的各种单据备齐，并予以审核，一旦收到运输单据，便能立即审核完毕，将单据及时送至银行。信用证项下，交单不能超过规定的交单期，如未规定交单日，也必须在运输单据签发日期后21天内交单，且在信用证有效期内。

（五）归档

归档又称为存档，是指外贸企业将合同履行过程中已缮制或已收集的单证留底、备份经系统整理后保存备查的过程。归档过程中需要与其他部门、其他机构紧密协作，追踪单证的流转并及时做好单证整理归档或便于下一环节的业务开展，比如与商检局联系催收商检证明、与货代公司联系催收出口报关单核销联及出口退税联、场站收据等，注意防止单证的遗漏。如何归档种类繁多的进出口单证，可以分散归档，也可以集中归档，比如对出口单据副本的归档，可以由各分管环节对本环节的单据分类归档，也可以在交单后将全套副本集中起来由单证部门保管。档卷的编排以查找方便为原则，采用分散归档的方式可以选择恃合适的标准归档，如提单按运输日期归档、发票按号码归档等；采用集中归档方式可按合同号码编组，也可按发票号码排列，由各单位视情况采用。单证的保存期限以2～3年较为恰当，与诉讼时效应保持一致。

二、外贸单证的分类

外贸单证依据其流向、性质、用途、形式等不同而种类各异，如表1-1所示。

表 1-1　单证的种类

<table>
<tr><th>单证分类依据</th><th colspan="3">单证的种类及其主要单证</th></tr>
<tr><td>贸易方</td><td colspan="3">进口单证：进口许可证、开证申请书、合同、信用证、进口订舱委托书、装运指示、进口货物报关单、入境货物报检单、入境货物通关单、保险单据等
出口单证：出口许可证、出口货物明细单、出口货物托运委托书、出境货物报检单、出口货物报关单、出境货物通关单、商品检验证书、原产地证、汇票、合同、信用证、发票、包装单据、保险单、运输单据、装运通知、受益人证明等</td></tr>
<tr><td rowspan="4">性质
（URC522）</td><td>金融单据</td><td colspan="2">汇票、本票、支票及其他用于取得款项的凭证</td></tr>
<tr><td rowspan="3">商业单据</td><td colspan="2">基本单据：商业发票、海运提单、保险单</td></tr>
<tr><td rowspan="2">附属单据</td><td>进口国官方要求的单据：领事发票、海关发票、原产地证明等</td></tr>
<tr><td>进口方要求的单据：装箱单、重量单、品质证书、寄单证明、寄样证明、装运通知、船龄证明等</td></tr>
<tr><td>用途</td><td colspan="3">资金单据：汇票、本票、支票及其他用于取得款项的凭证
商业单据：商业发票、形式发票、装箱单、重量单等
货运单据：海运提单、多式联运单据、空运单、公路铁路内河运输单据、专递和邮政收据等
保险单据：保险单、保险凭证、预保单等
官方单据：海关发票、领事发票、原产地证书、熏蒸证书等
附属单据：装运通知、受益人证明、船龄证明、寄单证明等</td></tr>
<tr><td>UCP600</td><td colspan="3">运输单据：多式联运单据、海运提单、非转让海运单、租船合约提单、空运单据、公路、铁路或内陆水运单据、快递收据、邮政收据或投邮证明
保险单据：保险证明、预保单、承保证明
商业发票
其他单据：装箱单、重量单、各种证明书</td></tr>
<tr><td>形式</td><td colspan="3">纸质单证
电子单证</td></tr>
<tr><td>EDI 国际通用标准
（UN/EDIFACT）</td><td colspan="3">生产单证
订购单证
销售单证
银行单证
保险单证
货运代理服务单证
运输单证
出口单证
进口和转口单证</td></tr>
</table>

从外贸合同履行阶段的业务环节划分，主要单证种类如表 1-2 所示。

表 1-2　外贸合同履行阶段业务环节的主要单证

业务环节		主要单证	出具或签发机构
通用单据		商业发票、装箱单、重量单	出口商
备货	出货	出货单、出货明细表或出货明细单	出口商
	进货	进口货物明细单	进口商
运输	托运	海运货物委托书（需要时，其他运输方式类似）	出口商
		托运单、托运保函	出口商或货代公司
	装载	载货清单（大舱单）、装货清单（小舱单）、货物积载图、实际载货清单、运费清单	运输公司
	装运后	提单、海运单、空运单、铁路运单、邮政收据或投邮证明、多式联运单据	运输公司或货代公司
	卸货	到货通知书、提货单	运输公司或货代公司
保险	投保	投保单	出口商或进口商
	承保后	保险单、保险凭证、预约保险单、批单	保险公司
商检	报检	出入境货物代理报检委托书（需要代理时）	出口商或进口商
		出境货物报检单、入境货物报检单	出口商或进口商或代理商
	签证	商检证书、出境货物通关单、入境货物通关单、出境货物换证凭条或凭条（异地报检）	国家质量监督检验检疫局（CCIQ）
出口免验	申请	免验申请表	出口商
	批准	免验证书	CCIQ
许可证件	申请	出口许可证申请表、两用物项和技术出口许可证申请表、自动进口许可证申请表、废物进口许可证申请表等	出口商或进口商
	签证	出口许可证、两用物项和技术出口许可证、自动进口许可证、废物进口许可证等	商务部、环保部等行政部门
原产地证	申请	原产地证明书申请书、原产地证明书/加工装配证明书申请书	出口商
	签证	一般原产地证	CCIQ 或中国国际贸易促进委员会或中国国际商会
		普惠制原产地证书（FORM A）	CCIQ
		亚太贸易协定原产地证书（FORM M）、中国一巴基斯坦自由贸易区原产地证明书（FORM F）等区域优惠原产地证书	CCIQ
		各种专用原产地证书	CCIQ
		香港 CEPA 原产地证明书	香港工贸署等 6 家机构
		澳门 CEPA 原产地证明书	澳门经济局
		海峡两岸经济合作框架协议原产地证书	CCIQ

续表

业务环节			主要单证	出具或签发机构
结算	结算工具		汇票	出口商或银行
结算	汇付	申请	电汇或信汇或票汇申请书、购汇申请书	进口商
结算	汇付	汇款	汇款报文、面函	汇出行
结算	汇付	解付	汇款通知单	汇入行或解付行
结算	托收	委托	托收申请书或托收委托书或客户交单联系单	出口商
结算	托收	委托	结汇单据等（跟单托收时）	出口环节相关部门和机构
结算	托收	委托	托收指示书或托收委托书、寄单面函	托收行
结算	托收	提示	承兑或付款通知	代收行
结算	托收	解付	收汇水单	托收行
结算	信用证	申请	信用证开证申请书、信用证修改申请书（必要时）	进口商
结算	信用证	开证或改证	信用证、信用证修改书（必要时）	开证行
结算	信用证	通知	信用证通知书、信用证修改通知书（必要时）	通知行
结算	信用证	交单	客户交单联系单、信用证正本	受益人
结算	信用证	交单	汇票、发票、装箱单、运输单据等全套结汇单证	出口环节相关部门和机构
结算	信用证	索偿	索偿书	议付行或偿付行
结算	信用证	付款赎单	来单通知书	开证行或付款行
通关	报关申报		代理报关委托书（需要时）	
通关	报关申报		报关单（及其他单证）	出口商或进口商或代理商
通关	配合查验		查验通知书、查验作业单	海关
通关	缴纳税费		税款缴款书	海关
通关	装货或提货		报关单（证明联）、装货单、提货单	海关签章
外汇核销	收汇核销或付汇核销		出口报关单收汇证明联或进口报关单付汇证明联	海关
出口退税	申报		外销发票、进货增值税专用发票抵扣联、出口货物销售明细账、报关单出口退税证明联、远期收汇证明或结汇水单或收汇通知书等	出口商、海关、银行等相关机构

注：单证的内容和填制不断更新，具有类似内容和作用的单证名称也往往不同，应根据实际情况和贸易习惯使用。

任务三：外贸单证岗位基本要求的认知

外贸单证岗位的主要工作就是完成审证、制单、审单、交单与归档一系列业务活动。

一、外贸业务中与单证工作有关的从业人员

以出口业务为例，与外贸单证工作有关的从业人员如图 1-1。

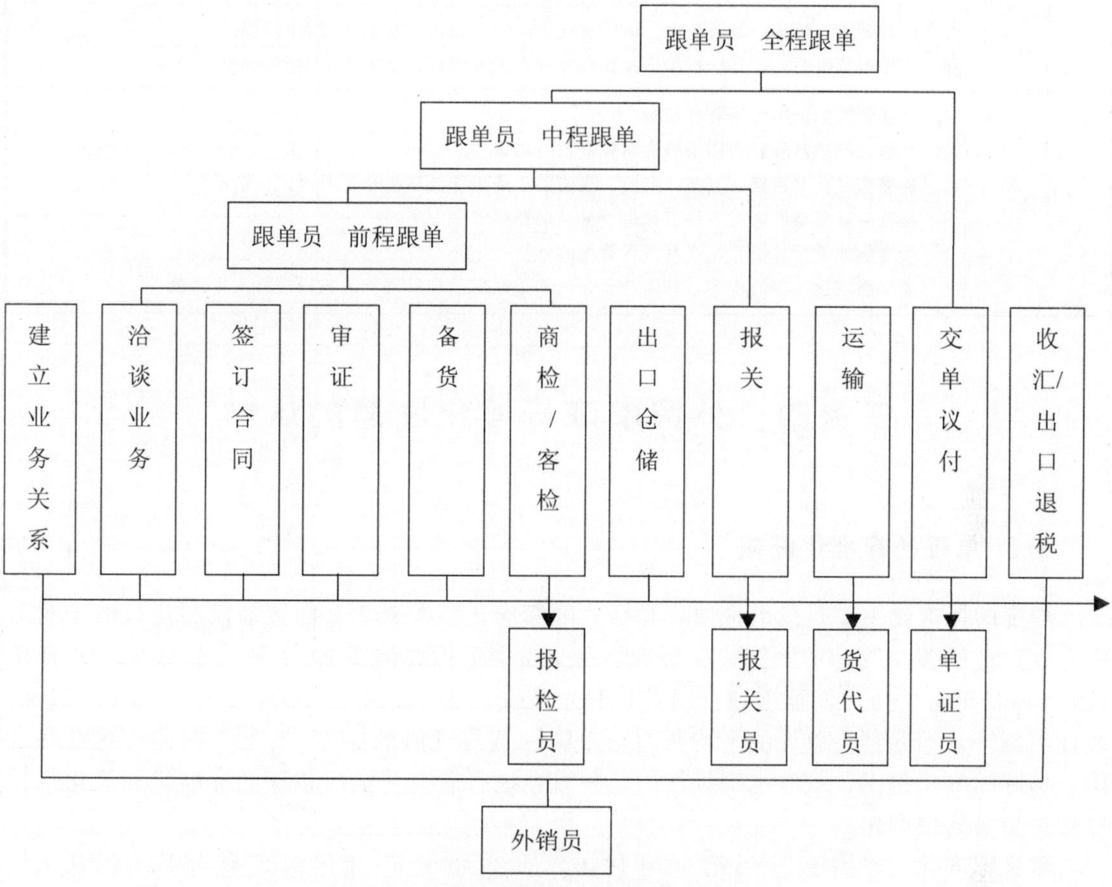

图 1-1　与外贸单证工作有关的从业人员

本书侧重于国际商务单证员的角度来描述外贸单证岗位的基本要求。

二、国际商务单证员岗位的基本要求

表 1-3　国际商务单证员岗位的基本要求

要求	具体描述
职业道德	1. 充分认识到单证工作的重要性，以高度的责任心自觉维护国家和企业的利益 2. 具有认真、细致的工作作风，能正确、完整、及时、简洁地制单和交单，安全收汇 3. 具有全局观念及优良的服务与团队合作意识，与相关部门和关联单位协同合作 4. 自觉遵守本企业的各项规章制度 5. 要在工作中不断学习和积累，与时俱进

续表

要求	具体描述
专业知识	1. 熟知外贸业务基本知识，包括外贸合同条款所涉及的专业知识及国际惯例，特别是《UCP600》、《URC522》、《INCOTERMS 2010》等惯例 2. 熟悉财务、统计、经济地理、国际货运、经济法和国际商法等方面的知识 3. 熟悉世贸组织、世界区域经济及我国外贸有关的方针、政策、法律和规定
工作能力	1. 能够熟练的运用外语和计算机 2. 能够正确理解外贸合同条款内容和审核信用证 3. 能够独立按照正确、完整、及时、简洁的单证工作要求缮制主要的出口结汇单据 4. 能及时交单结汇，对各种单证进行分类归档保管 5. 能准确地进行价格、汇率及各种费用的计算 6. 能准确表达工作的内容，并能与企业内部关联部门和外部相关机构进行工作协调

任务四：外贸单证标准化发展的认知

一、 单证的标准化进程

单证的标准化主要是指单证内容和格式的标准化。根据联合国贸易便利化与电子业务中心（UN/CEFACT）的测算，一票货物在交易中平均要涉及 27 个贸易参与方，40 种单证，400 份单证的拷贝。根据联合国贸易和发展委员会（UNCTAD）和 UN/CEFACT 的统计与测算，国际贸易单证的平均费用约占国际贸易货值的 5%～10%。因此，包括联合国、国际标准化组织、政府组织等在内，一直在进行研究并推广单证的标准化和简化工作以促进贸易的便利化。

单证标准化工作始于 20 世纪 60 年代初。从 20 世纪 60 年代初到 80 年代末的几十年间，UN/EFACT 一直把其主要精力集中单证的标准化上。通过对国际贸易单证业务实践进行总结，形成了纸面单证领域的第一项成果“联合国贸易单证样式（UNLK）”，并在世界范围内广泛推广。UN/CEFACT 围绕 UNLK 研制和发布了 19 项贸易单证格式、数据元、以及代码标准。从 20 世纪 80 年代开始，该组织以联合国建议书的方式推出了 31 个联合国推荐标准，其中最重要的 8 项推荐标准被国际标准化组织（ISO）采纳为正式国际标准并在全世界推行，全世界主要贸易国采纳了联合国推荐标准，并结合本国国情制定了国家标准。

UN/CEFACT 建议书 1 号“联合国贸易单证样式（UNLK）”规定了国际贸易主单证样式，包括相关术语和定义以及设计原则，适用于贸易活动中与行政、商业、生产以及流通有关的单证样式设计。UNLK 的发布与实施是国际贸易单证标准化的里程碑，所有 UN/CEFACT 后续发布的单证标准都是围绕着它开展的，因此可以说它是国际贸易单证标准化的核心，有人把它称为国际贸易单证“标准的标准”。UNLK 不仅规定了纸面单证的纸张规格、单证格式和框式表示、数据项的表示、以及数据项的布局等，更重要的是它确定了单证标准化的三大要素：数据标准化、格式标准化、布局标准化。标准化方法是将数据、格式、布局分别进行标准化，然后再将经过标准化处理后的数据、格式、布局结合起来形成标准化的单证。通过单证标准化工作，能够应用现代通信技术和电子数据交换手段进行电子制单，远程电子申领，电子数据自动交换，跨国核查等现代外贸单证流程，几十倍地提高了外贸单证的制单速度，提高了单证的准确性和效率。

中国是世界贸易大国，紧紧跟随贸易单证标准化发展的潮流，从20世纪90年代初始，外经贸部（现为商务部）同有关部门合作，等同和修改采用六十多项的国际标准和相应的国家标准，建立了中国国际贸易单证标准体系。商务部是我国国际贸易单证标准化工作的主管部门。商务部的主要证明文件全部实现证书格式标准化、数据元规范化、电子数据传输科学化和代码国际化，为其他部门和企业树立了榜样，推动了外贸企业学习、采标和贯标的工作。

二、 我国国际贸易单证的主要标准

(一) 单证格式主要的相关标准

GB/T 14392—2009　国际贸易单证样式（ISO6422，UN推荐标准1）
GB/T 14393—2008　贸易单证中代码的位置（ISO8440，UN推荐标准2）
GB/T 16832—2012　国际贸易单证用格式设计 基本样式
GB/T 15311.1—2008　中华人民共和国进出口许可证格式 第1部分：进口许可证格式
GB/T 15311.2—2008　中华人民共和国进出口许可证格式 第2部分：出口许可证格式
GB/T 15310.1—2009　国际贸易出口单证格式 第1部分：商业发票
GB/T 15310.2—2009　国际贸易出口单证格式 第2部分：装箱单
GB/T 15310.3—2009　国际贸易出口单证格式 第3部分：装运通知
GB/T 15310.4—2012　中华人民共和国出口货物原产地证书格式

(二) 主要的代码标准

GB/T 2659—2000　世界各国和地区名称代码（ISO3166，UN推荐标准3）
GB/T 15421—2008　国际贸易方式代码
GB/T 28479—2012　国际贸易单证分类与代码
GB/T 16962—2010　国际贸易付款方式分类与代码（UN推荐标准17）
GB/T 15514—2008　中华人民共和国口岸及相关地点代码
GB/T 16963—2010　国际贸易合同代码编制规则
GB/T 18131—2010　国际贸易用标准化运输标志
GB/T 6512—2012　运输方式代码
GB/T 12406—2008　表示货币和资金的代码
GB/T 7408—2005　数据元和交换格式 信息交换 日期和时间表示法
GB/T 17295—2008　国际贸易计量单位代码
GB/T 16472—2013　乘客及货物类型、包装类型和包装材料类型代码
GB/T 17152—2008　运费代码（FCC）运费和其他费用的统一描述

GB/T 18804－2010　运输工具类型代码

GB/T 15514－2008　中华人民共和国口岸及相关地点代码

GB/T 7407－2008　中国及世界主要海运贸易港口代码

三、单证样式

1981 年 UN/CEFACT 给出了建议书 1 号："联合国贸易单证样式（UNLK）"。该标准规定了国际贸易单证的纸张规格、图文区的尺寸和格式、字体字号、数据项（元素）和代码的表示方法，这些称作为格式标准化。另外该标准还规定了标准数据项布局的样式，同时给出了国际贸易单证图文区设计的基本原则。在基本原则中规定所有贸易单证都基于"框式设计"，即应设计成封闭型的框式结构。样式的纸张规格为 ISO 中规定的 A4 型纸：210mm×297mm。基于这一样式所设计格式上的有效图文区为：183mm×280mm。页边空白的宽度分别为：左边（装订）空白（20±0.5）mm，顶边（纸夹）空白（10±0.5）mm。通常国际贸易单证的数据项由三个部分组成，即单证的上段、中段及下段。第一部分（上段）包括单证名称、参考号、日期、时间、期限、参与方、地址、地点、国家等信息。第二部分（中段）包括条款、条件、术语、说明、金额、费用、百分比、计量标识符、数量、货物和物品的描述和标识符、运输方式、工具和设备等信息。第三部分（下段）包括验证、戳记等信息。通过上述方法规定了单证格式与数据项布局，解决了国际贸易单证在数据交换时出现的记录数据格式不一致的问题。

我国根据联合国建议书的规定和推荐标准，于 1993 年制定了自己的主要国际贸易单证样式标准，该标准于 2008 年进行了修订，目前采用的主要有 GB/T 14392－2009《国际贸易单证样式》（见表 1-4）、GB/T 15310.1－2009《国际贸易出口单证格式 第 1 部分：商业发票》（见表 1-5）、GB/T 15310.2－2009《国际贸易出口单证格式 第 2 部分：装箱单》（见表 1-6）、GB/T 15310.3－2009《国际贸易出口单证格式 第 3 部分：装运通知》（见表 1-7）、GB/T 15310.4－2012《中华人民共和国出口货物原产地证书格式》（见表 1-8）。标准中规定单证的名称在单证格式顶部，涉外单证可以中英文对照，每个栏目中也是中英文对照，便于国内外使用，单证样式清晰、严谨。

四、外贸单证常用代码

（一）UN/CEFACT 的 14 个建议书

从 20 世纪 80 年代初到 90 年代末，UN/CEFACT 分别为国际贸易程序简化通用信息标准化推出了 14 个建议书。这 14 个建议书就是 14 个代码标准，分别是：

建议书 3 号："国家名称的代码表示"；

建议书 5 号："国际贸易术语解释通则缩写"；

建议书 7 号："日期、时间和时间期限的数字表示"；

建议书 9 号："表示货币的字母代码"；

建议书 10 号："船舶名称代码"；

建议书 15 号："简单运输标志"；

表 1-4　国际贸易单证格式

GB/T 14392—2009

国际贸易单证样式
LAYOUT KEY FOR TRADE DOCUMENTS

<table>
<tr><td colspan="2">发货人（出口商）
Consignor（Exporter）</td><td colspan="4">日期和参考号等
Date，Reference No.，etc</td></tr>
<tr><td colspan="2">收货人
Consignee</td><td colspan="4">买方（其他收货人）或其他地址
Buyer（if other than consignee）or other address</td></tr>
<tr><td colspan="2" rowspan="2">通知方地址或交货地址
Notify or delivery address</td><td colspan="2">出口国
Country whence consigned</td><td colspan="2"></td></tr>
<tr><td colspan="2">原产地国
Country of origin</td><td colspan="2">目的地国
Country of destination</td></tr>
<tr><td colspan="2">运输事项
Transport details</td><td colspan="4">交货和付款条款
Terms of delivery and payment</td></tr>
<tr><td rowspan="2">运输标志和集装箱号码
Shipping marks；Container No.</td><td rowspan="2">包装类型和件数、货物描述
Number and kind of packages；Goods descriptions</td><td rowspan="2">商品编码
Commodity No.</td><td>毛重
Gross weight</td><td colspan="2">体积
Cube</td></tr>
<tr><td>净数量
Net quantity</td><td colspan="2">价值
Value</td></tr>
<tr><td colspan="6">自由处置区
Free disposal</td></tr>
<tr><td colspan="2"></td><td colspan="4">认证（签署）
Place and date of issue，Authentication</td></tr>
</table>

表 1-5 商业发票

GB/T 15310.1—2009

商业发票
Commercial Invioce

<table>
<tr><td colspan="2" rowspan="2">1 出口商 Exporter</td><td colspan="4">4 发票日期和发票号 Invoice Date and No.</td></tr>
<tr><td colspan="2">5 合同号 Contract No.</td><td colspan="2">6 信用证号 L/C No.</td></tr>
<tr><td colspan="2" rowspan="2">2 进口商 Importer</td><td colspan="4">7 原产地国 Country/region of origin of</td></tr>
<tr><td colspan="4">8 贸易方式 Trade mode</td></tr>
<tr><td colspan="2">3 运输事项 Transport details</td><td colspan="4">9 交货和付款条款 Terms of delivery and payment</td></tr>
<tr><td>10 运输标志和集装箱号
Shipping marks; Container No.</td><td>11 包装类型及件数；商品编码；商品描述
Number and kind of packages; Commodity No. ; Goods descriptions</td><td>12 数量
Quantity</td><td>13 单价
Unit price</td><td colspan="2">14 金额
Amount</td></tr>
<tr><td colspan="6">自由处置区
Free disposal</td></tr>
<tr><td colspan="6">15 总值（用数字和文字表示）Total amount(in figure and word)</td></tr>
<tr><td>自由处置区
Free disposal</td><td colspan="5">16 出口商签章
Exporter stamp and signature</td></tr>
</table>

表 1-6　装箱单

GB/T 15310.2—2009

装箱单
Packing List

<table>
<tr><td colspan="2">1　出口商 Exporter</td><td colspan="3">3　装箱单日期 Packing list date</td></tr>
<tr><td colspan="2" rowspan="2">2　进口商 Importer</td><td colspan="2">4　合同号 Contract No.</td><td>5　信用证号 L/C No.</td></tr>
<tr><td colspan="3">6　发票日期和发票号 Invoice Date and No.</td></tr>
<tr><td>7 运输标志和集装箱
Shipping marks；Container No.</td><td>8 包装类型及件数；商品编码；商品描述
Number and kind of packages；Commodity No. ；Goods descriptions</td><td>9 毛重 kg</td><td>10 净重 kg</td><td>11 体积 m³</td></tr>
<tr><td colspan="5">自由处置区
Free disposal</td></tr>
<tr><td colspan="2"></td><td colspan="3">12　出口商签章
Exporter stamp and signature</td></tr>
</table>

表 1-7 装运通知

GB/T 15310.3－2009

装运通知
Shipping note

<table>
<tr><td rowspan="2">1 出口商 Exporter</td><td colspan="2">4 发票号 Invoice No.</td></tr>
<tr><td>5 合同号 Contract No.</td><td>6 信用证号 L/C No.</td></tr>
<tr><td rowspan="2">2 进口商 Importer</td><td colspan="2">7 运输单证号 Transport document No.</td></tr>
<tr><td colspan="2">8 价值 Value</td></tr>
<tr><td>3 运输事项 Transport details</td><td colspan="2">9 装运口岸和日期 Shipment port and date</td></tr>
<tr><td>10 运输标志和集装箱号
Shipping marks；Container No.</td><td colspan="2">11 包装类型及件数；商品编码；商品描述
Number and kind of packages；Commodity No. ；Goods descriptions</td></tr>
<tr><td colspan="3">自由处置区
Free disposal</td></tr>
<tr><td></td><td colspan="2">12 出口商签章
Exporter stamp and signature</td></tr>
</table>

表 1-8　中华人民国和国出口货物原产地证明书

GB/T 15310.4－2012

中华人民国和国出口货物原产地证明书

Certificate of origin of the People’s Republic of China 正本(original)

<table>
<tr><td rowspan="2">1 出口商 Exporter</td><td>4 证书号 Certificate No.</td></tr>
<tr><td>5 发票日期和发票号 Invoice Date and No.</td></tr>
<tr><td>2 进口商 Importer（收货人 Consignee）</td><td>6 目的国/地区 Country/region of destination</td></tr>
<tr><td>3 运输事项
Transport details</td><td>7 签证机构使用 For certifying authority use only</td></tr>
</table>

8 运输标志和集装箱号 Shipping marks；Container No.	9 包装类型和件数；货物描述 Number and kind of packages；Descriptions of goods	10 商品编码 HS Commodity No.	11 数量 Quantity

<table>
<tr><td>12 出口商声明
Declaration by the exporter
出口商特此声明，上述资料及陈述准确无误，所有货物均产自中国，并符合中华人民共和国进出口货物原产地条例的规定。
The undersigned hereby declare that the above details and statements are correct, that all the goods were produced in China and that they comply with the rules of Origin of the People's Republic of China.</td><td>13 签证机构证明
Certification
证明出口商在此处的声明准确无误。
It is hereby certified that the declaration by the exporter is correct.</td></tr>
<tr><td>出口商签章
Signature and stamp by the exporter</td><td>签证机构签章
Signature and stamp by the certifying authority</td></tr>
</table>

建议书 16 号："口岸及相关地点代码"；

建议书 17 号："付款条款缩写"；

建议书 19 号："运输方式代码"；

建议书 20 号："国际贸易计量单位代码"；

建议书 21 号："货物、包装以及包装类型代码"；

建议书 23 号："运费代码"；

建议书 24 号："贸易和运输状态代码"；

建议书 28 号："运输工具类型代码"。

另外，世界海关组织还为各国海关制定了 HS 商品编码标准。

（二）外贸单证常用代码

1. 标准运输标志

标准运输标志由收货人（买方）简称、参考号、目的地、件数编号 4 个数据元依次组成，分四行，每行限 17 个字母或数字，使用大写英文字母，不许使用几何图形或其他图案，不许采用彩色编码作为运输标志。如：

TMCO	收货人简称
2014TJ3056	合同号
NEW YORK	目的地或目的港
NO. 1—30	件号

2. 国家与地区名称代码

国家与地区名称代码由两个英文字母组成，如中国 CN、美国 US、德国 DE、法国 FR、英国 GB、俄罗斯 RU、日本 JP 等。

3. 货币代码

由三个英文字母组成，如人民币 CNY、美元 USD、港币 HKD、欧元 EUR、英镑 GBP、日本元 JPY 等。

4. 日期代码

日历日期的完全表示的基本格式是 8 位数字，例如 2014 年 6 月 16 日表示为 20140616，扩展格式在年月日之间用横线区隔，例如 2014 年 6 月 16 日表示为 2014-06-16。

5. 口岸及地点代码

由五位英文字母构成，前两位为国家代码，后三位是地点代码。目前，联合国口岸及相关地点代码库有 3 万多个地点代码。特别强调的是各国制定后三位地点代码时，不得与国际航空协会（IATA）已有的代码相重。如上海 CNSGH、上海浦东国际机场 CNPVG、上海港 CNSHG、上海虹桥国际机场 CNSHA、上海站 CNSHZ、苏州 CNSZH、太仓 CNTAC 等。

项目小结

本项目主要阐述了外贸单证的含义、作用及分类，阐明了外贸单证工作的主要内容和要求，描述了外贸单证岗位的基本要求，总结了外贸单证标准化发展。

项目闯关实训

☆单项选择题

1. 单证缮制必须做到正确、完整、及时、简明和整洁，其中(　　)是单证工作的前提。

A. 正确　　B. 完整　　C. 及时　　D. 简明

2. 各种单据的签发日期应符合逻辑性和国际惯例，通常(　　)日期是确定单据日期的关键。

A. 发票　　B. 许可证　　C. 提单　　D. 汇票

3. 在信用证项业务中，各有关方面当事人处理的是(　　)。

A. 单据　　B. 货物　　C. 服务　　D. 其他行为

4. 根据《URC522》的分类，不属于基本单据的是(　　)。

A. 商业发票　　B. 海运提单　　C. 保险单　　D. 装箱单

5. 采用信用证支付方式，受益人向客户收取货款的凭据是(　　)。

A. 已装运的实际货物　　B. 寄单银行要求开证银行付款的书面通知

C. 与信用证相符的全套单据　　D. 买卖合同内容一致的全套单据

6. 信用证支付方式下，下列关于单据缮制的依据正确排列的顺序是(　　)。

A. 合同—信用证—供货厂家的码单—业务上的特殊要求—有关国际惯例

B. 供货厂家的码单—合同—信用证—业务上的特殊要求—有关国际惯例

C. 有关国际惯例—信用证—供货厂家的码单—业务上的特殊要求—合同

D. 信用证—合同—供货厂家的码单—业务上的特殊要求—有关国际惯例

7. 按照贸易双方涉及的单证划分，进口单证包括(　　)。

A. 商业发票　　B. 汇票　　C. 产地证　　D. 入境货物报检单

8. UN/EDIFACT 将国际贸易单证分为(　　)大类。

A. 3　　B. 5　　C. 6　　D. 9

9. 根据《UCP600》将信用证项下的单据所做的分类，不包括在内的是(　　)。

A. 包装单据　　B. 保险单据　　C. 商业发票　　D. 运输单据

10. 非信用证支付方式下制单和审单的首要依据是(　　)。

A. 信用证　　B. 外贸合同

C. 相关国际惯例　　D. 有关商品的原始资料

☆多项选择题

1. 外贸单证工作主要有(　　)等方面的内容，贯穿于外贸合同履行的全过程。

A. 审证　　B. 制单　　C. 审单　　D. 交单

2. 标准化的运输标志由(　　)组成。

A. 发货人简称　　B. 参考号　　C. 件号　　D. 目的地或目的港

3. 根据单证性质分类的商业单据包括(　　)。

A. 原产地证　　B. 保险单　　C. 汇票　　D. 寄样证明

4. 随着海运事业的发展，下列(　　)发展成为可以转让的结算单据。

A. 海运单　　B. 提单　　C. 保单　　D. 关单

5. 以下关于信用证项下及时出单表述正确的是(　　)。

A. 收到信用证后应立即制作全套单据

B. 单据的制作日期应符合商业习惯的合理日期

C. 单据的出单日期不能超过信用证规定的效期

D. 向银行交单的日期不能超过信用证规定的交单期限

6. 出口企业审核单据的标准是(　　)。

A. 单据与信用证相符　　B. 单据与贸易合同相符

C. 单据与单据之间相符　　D. 单据与所代表的货物相符

7. 每种单据尽管用途不一，但约有80%的内容相同，这些相同内容的项目是(　　)。

A. 货物名称和数量　　B. 收货人和发货人

C. 启运地和目的地　　D. 单据签发人

8. 以下关于单证清晰要求表述正确的是(　　)。

A. 单证表面清洁，美观、大方　　B. 内容记载清楚，简洁、明了

C. 单证格式力求标准化和规模化　　D. 更改处无需加盖校对章或简签

9. 银行审核单据的标准是(　　)。

A. 单据与信用证相符　　B. 单据与贸易合同相符

C. 单据与单据之间相符　　D. 单据与所代表的货物相符

10. 单证管理的重要意义有(　　)。

A. 为完成履约提供保证　　B. 为统计分析提供原始数据

C. 标志着某一笔交易的开始　　D. 为查询和处理业务差错事故提供资料

☆判断题

1. 任何情况下，银行审核单据总是以《UCP600》为依据。(　　)

2. 信用证项下单证不符，开证行可以拒付货款；托收项下单据不符，买方可以拒付货款。(　　)

3. 根据《UCP600》，运输单据有以下八类：海运单据，不可转让海运单，租船合约提单，空运提单，多式联运单据，公路、铁路和内河运输单据，专递和邮政收据以及运输行出具的单据。（　　）

4. 信用证业务中，单证相符以单单相符为前提。（　　）

5. 在信用证支付方式下，卖方凭以向客户收取货款的，不是实际货物，而是与信用证要求完全相符的全套单据。（　　）

6. 与跟单托收或协定贸易支付方式不同，信用证支付方式下，单据的作用非常重要。（　　）

7. 信用证项下单据应在信用证效期和交单期内向银行提交。如果信用证对交单期未作规定，则交单期不得迟于运输单据日期后的 15 天，并且不得迟于信用主的效期。（　　）

8. 国际贸易货物的单据化，是指商品买卖可以通过单据买卖来实现。（　　）

9. 买卖双方往来的业务函电也可以作为制单和审单的依据。（　　）

10. 通常在后 T/T 下，出口企业应到银行交单。（　　）

☆讨论题

1. 外贸单证的作用有哪些？

2. 外贸单证工作的内容和要求有哪些？

3. 外贸单证岗位的要求有哪些？

4. 外贸合同履行中的主要业务及其单证有哪些？

5. 国外来证货名为“Apple Wine”缮制单证时用“Cider”，意思都是苹果酒，出口商能够安全收汇吗？为什么？

6. 信用证未规定交单日，但规定的有效期是 5 月 31 日。实际提单签发日是 5 月 5 日，交单日为 5 月 28 日。银行能够给予议付吗？为什么？

7. 苏州金和进出口公司审核一份信用证时，发现有多处内容与合同不符，对所有的不符点需要一次性提出修改吗？为什么？

☆操作题

1. 根据已知资料和惯例，改正你认为错误的单据签发日期。

已知资料：

卖方：苏州金和进出口公司

买方：XYZ COMPANY

贸易条件：CIF KOBE

信用证规定的交货期：NOT LATER THAN MAY 30TH，2014

信用证有效期：JUN. 15TH，2014

单据名称	签发日期	日期改正
出口许可证	2014 年 5 月 30 日	
商业发票	2014 年 5 月 31 日	
装箱单	2014 年 5 月 23 日	
原产地证明	2014 年 5 月 31 日	
出口商检证书	2014 年 5 月 31 日	
出口货物报关单	2014 年 5 月 30 日	
海运提单	2014 年 5 月 30 日	
保险单	2014 年 6 月 1 日	
装运通知	2014 年 5 月 31 日	
汇票	2014 年 6 月 3 日	

2. 根据时间顺序，写出即期信用证、CIF 贸易术语项下的进出口单证业务流程。

项目 2　跟单信用证业务流程与操作

导入案例

我国某省某外贸公司作为受益人，收到一份以英国标准麦加利银行伯明翰分行为开证行开立的信开本信用证，金额为 USD56000，通知行为伦敦国民西敏寺银行。由于通知行与受益人不在同一个国家，因而该信用证没有像往常一样经受益人当地银行通知，而是从国外直接寄给受益人。

问题：该受益人收到该信用证后，在发运货物前应首先做什么？

项目要点

1. 信用证的概念
2. 信用证的特点
3. 信用证的当事人
4. 信用证的种类
5. 信用证开证申请书的概念及制作
6. 信用证的内容
7. 信用证的审核与修改

任务一：信用证的概念、特点、当事人及种类的认知

一、信用证的概念和特点

信用证是银行的一种结算方式。在国际贸易结算中，为了获得卖方的信任，买方通过银行出面，向卖方预先开出一种支付的信用，即银行开立有条件的书面付款承诺。这样，信用证的概念应该是：信用证（letter of credit，L/C）是银行根据进口商的申请，或以其自身的名义，向第三者开立的承诺在一定期限凭规定的单据支付一定金额的书面文件。

信用证的特点主要有：

1. 是一种银行信用，开证行承担第一性的付款责任；
2. 是一种自足文件，不依附于贸易合同独立存在；
3. 一种纯粹的单据业务，处理对象是单据。

二、 信用证的当事人

信用证的业务流程见图 2-1。当事人如下：

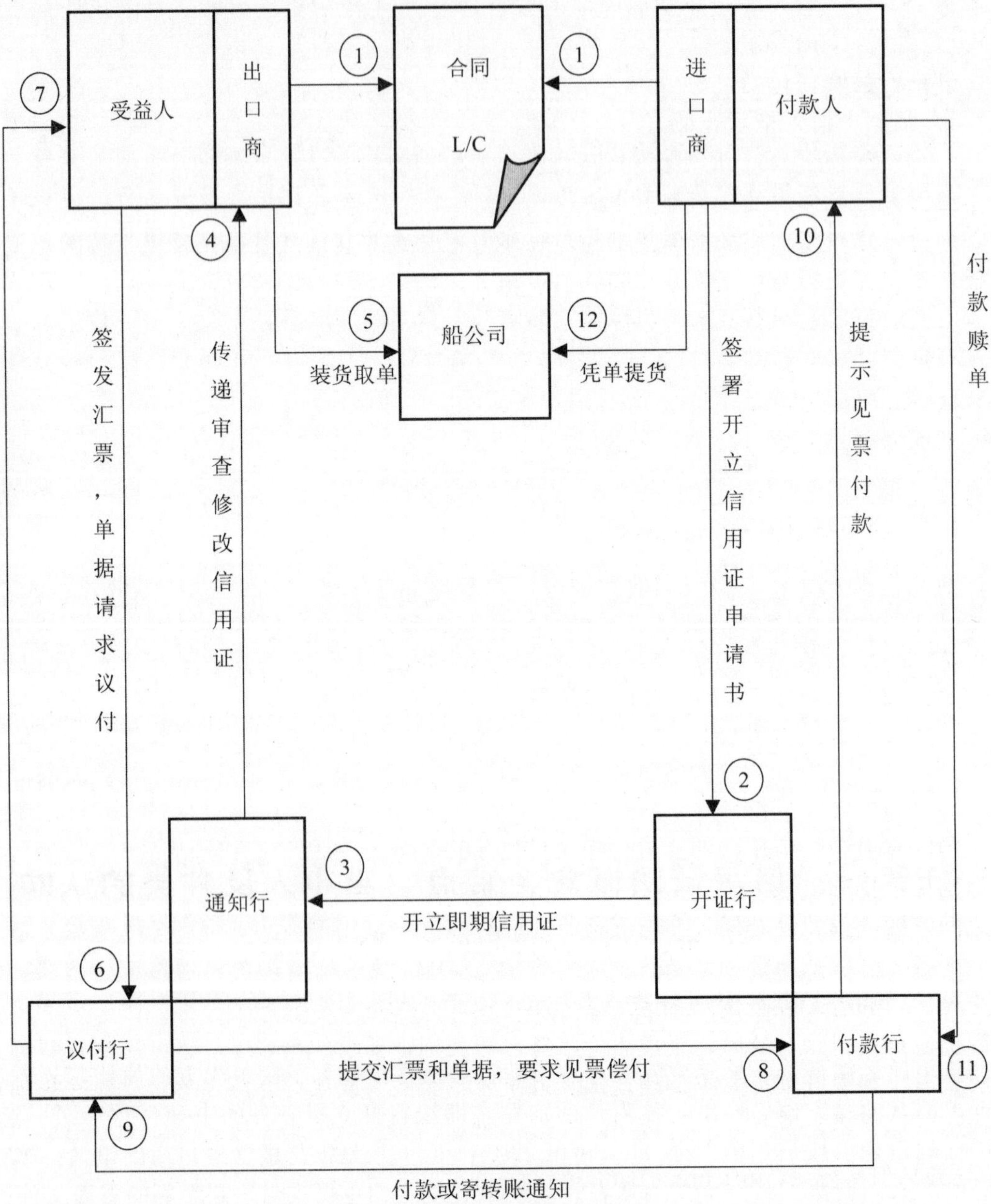

图 2-1 信用证业务流程图

（一）开证申请人（Applicant）

在国际贸易中，信用证的开证申请人是进口商（Importer）或买方（Buyer）。有时开证申请人也称开证人（Opener），他还是运输单据的收货人（Consignee）。进口商根据贸易合同的规定到其有业务往来的银行申请开立信用证。

（二）开证行（Issuing Bank）

接受开证申请人委托开立信用证的银行即是开证行。开证行也被称作开证人（Issuer）、允诺人（Grantor）。

开证行的责任包括：

1. 根据申请人指示开证。

2. 开证行是以自己的名义对信用证下的义务负责的。

虽然开证行同时受到开证申请书、信用证本身以及与通知行或议付行的代理关系约束，但是开证行依信用证所承担的付款、承兑汇票或议付或履行信用证项下的其他义务的责任，不受开证行与申请人或申请人与受益人之间产生纠纷的约束。

3. 拒付处理：用快捷方式通知，说明原因，妥善处理单据。

开证行的权利包括：

1. 收取押金或取得质押；

2. 有权审单及拒付；

3. 开证行在验单付款之后无权向受益人或其它前手追索。

（三）通知行（Advising Bank）

通知行是开证行在出口国的代理人。通知行的责任是及时通知或转递信用证，证明信用证的真实性并及时澄清疑点。如通知行不能确定信用证的表面真实性，即无法核对信用证的签署或密押，则应毫不延误地告知从其收到指示的银行，说明其不能确定信用证的真实性。如通知行仍决定通知该信用证，则必须告知受益人它不能核对信用证的真实性。

（四）受益人（Beneficiary）

国际贸易中，信用证的受益人是出口商（Exporter）或卖方（Seller）。受益人同时还是信用证汇票的出票人（Drawer）、货物运输单据的托运人（Shipper）。受益人与开证申请人之间存在一份贸易合同，而与开证行之间存在一份信用证。

受益人有权依照信用证条款和条件提交汇票及/或单据要求取得信用证的款项。受益人交单后，如遇开证行倒闭，信用证无法兑现，则受益人有权向进口商提出付款要求，进口商仍应负责付款。这时，受益人应将符合原信用证要求的单据通过银行寄交进口商进行托收索款。如果开证行并未倒闭，却无理拒收，受益人或议付行可以诉讼，也有权向进口商提出付款要求。

（五）保兑行（Confirming Bank）

保兑行是应开证行的要求在不可撤销信用证上加具保兑的银行。通常由通知行做保兑行。

保兑行一旦对该信用证加具了保兑，就对信用证负独立的确定的付款责任。如遇开证行无法履行付款时，保兑行履行验单付款的责任。

（六）付款行（Paying Bank）

付款行是开证行的付款代理人。开证行在信用证中指定另一家银行为信用证项下汇票上的付款人，这银行就是付款行。它可以是通知行或其它银行。

如果开证行资信不佳，付款行有权拒绝代为付款。但是，付款行一旦付款，即不得向受益人追索，而只能向开证行索偿。

（七）承兑行（Accepting Bank）

远期信用证如要求受益人出具远期汇票的，会指定一家银行作为受票行，由它对远期汇票做出承兑，这就是承兑行。

如果承兑行不是开证行，承兑后又最后不能履行付款，开证行应负最后付款的责任。若单证相符，而承兑行不承兑汇票，开证行可指示受益人另开具以开证行为受票人的远期汇票，由开证行承兑并到期付款。承兑行付款后向开证行要求偿付。

（八）议付行（Negotiating Bank）

议付是信用证的一种使用方法。它是指由一家信用证允许的银行买入该信用证项下的汇票和单据，向受益人提供资金融通。议付又被称作“买单”或“押汇”。买入单据的银行就是议付银行。具体做法是，议付行审单相符后买入单据垫付货款，即按票面金额扣除从议付日到汇票到期之日的利息，将净款付给出口商。

在信用证业务中，议付行是接受开证行在信用证中的邀请并且信任信用证中的付款担保，凭出口商提交的包括有代表货权的提单在内的全套出口单证的抵押，而买下单据的。议付行议付后，向开证行寄单索偿。如果开证行发现单据有不符信用证要求的情况存在，拒绝偿付，则议付行有向受益人或其它前手进行追索的权利。

（九）偿付行（Reimbursing Bank）

偿付行是开证行指定的对议付行或付款行、承兑行进行偿付的代理人。为了方便结算，开证行有时委托另一家有账户关系的银行代其向议付行、付款行或承兑行偿付，偿付行只有在开证行存有足够的款项并受到开证行的偿付指示时才付款。偿付行偿付后再向开证行索偿。

偿付行的费用以及利息损失一般由开证行承担。

偿付行不受单和审单，因此如事后开证行发现单证不符，只能向索偿行追索而不能向偿付行追索。如果偿付行没有对索偿行履行付款义务，开证行有责任付款。

三、 信用证的种类

（一）按信用证项下汇票是否附有单据划分

1. 光票信用证：仅凭收据或汇票即可付款。

2. 跟单信用证：凭跟单汇票或仅凭规定的单据付款的信用证。

国际贸易中使用的多为跟单信用证。

（二）按信用证的兑现方式划分

根据信用证下指定银行付款期限的不同，信用证又可分为即期信用证和延期付款信用证、承兑信用证和议付信用证。《跟单信用证统一惯例》（UCP600 号）第六条 b 款规定："信用证必须规定其是以即期付款、延期付款、承兑还是议付的方式兑用。"

1. 即期付款信用证（Credit available by payment at sight）

即期信用证要求受益人开立一张即期汇票，连同信用证下规定的单据一起提交到信用证中指定的付款银行，付款银行审单无误后即兑现付款。付款行付款后无追索权。

付款行多为出口地银行，对受益人有利，立即付款无追索权；若付款行为开证行，出口地银行就成了议付行，对受益人有追索权，较为不利。

2. 承兑信用证（Acceptance L/C）

承兑信用证是开证行或付款行在收到符合信用证条款的汇票和单据后，在汇票上做承兑，待汇票到期时才履行付款的信用证。

具体做法是：受益人开出以开证行或指定银行为受票人的远期汇票，连同商业单据一起交到信用证指定银行；银行收到汇票和单据后，先验单，如单据符合信用证条款，则在汇票正面写上"承兑"字样并签章，然后将汇票交还受益人（出口商），收进单据。待信用证到期时，受益人再向银行提示汇票要求付款，这时银行才付款。银行付款后无追索权。

使用承兑信用证一般都是在远期付款的背景下，贴现费用应由卖方承担，称卖方远期信用证；也有"买方远期信用证"，其背景是买卖合同是即期付款交易，但进口商需要资金融通，故开证行开立承兑信用证，银行承兑及贴现汇票的费用由进口商负担。即："假远期信用证"，其实质是对进口商的融资。

3. 延期付款信用证（Deferred Payment Credit）

这是开证行在信用证上规定受益人交单后若干天付款的信用证。延期信用证在条款中不规定要汇票，又称不要汇票的远期信用证，可减少印花税。

在业务处理上，延期付款信用证与承兑信用证类似，所不同的是受益人不需要出具汇票，只需将符合信用证规定的单据交到指定银行；指定银行在验单无误后收入单据，待信用证到期再行付款。

延期付款信用证由于没有汇票，也就没有银行承兑，对于受益人来说明显的不利处在于无法像承兑信用证那样去贴现汇票。如果受益人急需资金而向银行贷款，银行贷款利率比贴现率高，可见不利于企业对资金的利用。

4. 议付信用证（Negotiation L/C）

议付信用证是指在信用证内规定可以议付方式使用的信用证。议付的规定使得付款行或承兑行以外的其它被邀请使用此信用证。被邀请使用此信用证的银行买入此信用证下的汇票和单据，从而成为持票人，有资格按信用证的规定向开证银行交单索偿。

信用证议付的具体操作方法是，受益人开具汇票，连同单据一起向信用证允许的银行进行议付，议付银行则在审单后扣除垫付资金的利息，将余款付给受益人。然后议付行将汇票与单据按信用证规定的方法交与开证行索偿。

议付行是票据的买入者和后手，如果因单据有问题，遭开证行拒付，其有权向受益人追索票款。这是议付行与付款行的本质区别。

（三）按信用证是否有另一家银行加以保兑划分

根据是否有另一家银行对之加以保兑，不可撤销信用证又可分为保兑的和不保兑的信用证两种。

1. 保兑信用证（Confirmed Irrevocable Credit）

一份信用证上除了有开证银行确定的付款保证外，还有另一家银行确定的付款保证，这样的信用证就是保兑信用证。

保兑行对信用证所负担的责任与信用证开证行所负担的责任相当。即当信用证规定的单据提交到保兑行或任何一家指定银行时在完全符合信用证规定的情况下，则构成保兑行在开证行之外的确定承诺。因此，保兑的信用证的特点是有开证行和保兑行双重确定的付款承诺。

2. 不保兑信用证（Unconfirmed Irrevocable Credit）

不保兑信用证是未经另一家银行加保的信用证。即便开证行要求另一家银行加保，如果该银行不愿意在信用证上加具保兑，则被通知的信用证仍然只是一份未加保的不可撤销信用证。不保兑信用证的特点是只有开证行一重确定的付款责任。

（四）可转让信用证

可转让信用证（Transferable L/C）是指信用证的受益人（第一受益人）可以要求信用证中特别授权的转让银行，将该信用证全部或部分权利转让给一个或数个受益人（第二受益人）使用的信用证。

在新证内，原信用证的条款不能加以改变，但以下项目除外：

（1）信用证金额。新证的金额可以减少。

（2）规定的任何单价。单价可以缩小。

（3）到期日。到期日可早于原证。

（4）最后交单日期。最后交单日期也应当早于原证的最后交单日期。

（5）装运期限。装运期限应相应提前。

（6）必须投保的保险金额的投保比例。必须投保的保险金额的投保比例应当增加，以满足原信用证的保额。

缮制新证的银行对新证所负的责任与对原证相同，并不因开出新证而有所改变。银行开出新证后，应及时通知第二受益人。

（五）对背信用证

对背信用证（Back to Back L/C）是指一个信用证的受益人以这个信用证为保证，要求一家银行开立以该银行为开证行，以这个受益人为申请人的一份新的信用证。

对背信用证也称转开信用证，主要用于中间商的贸易活动。在这一点上对背信用证与可转让信用证的新证是相似的。但是，对背信用证有自己的特点：

(1) 对背信用证的原证与新证的开证行不同。原证的开证行是一家进口地银行，新证的开证行是出口地通知行或其它银行。这决定了对背信用证的开证行与新证的受益人之间是一笔新的信用证业务。对背信用证的受益人不会与原证开证行、进口商发生直接关系。

(2) 对背信用证无统一约束。

(3) 对背信用证有两次独立的交单议付，而可转让信用证只有一次。

(4) 对背信用证与原证是两个独立的信用证，两者并存，分别由两家银行保证付款。

(六) 对开信用证

对开信用证 (Reciprocal Credit) 是以交易双方互为开证申请人和受益人、金额大致相等的信用证。对开信用证中，第一份信用证的开证申请人就是第二份信用证的受益人；反之，第二份信用证的开证申请人就是第一份信用证的受益人。第二份信用证也被称作回头证。第一份信用证的通知行一般就是第二份信用证的开证行。

对开信用证生效有两种方法：

(1) 两份信用证同时生效。第一份信用证在开出以后不立即生效，要等对方开来的信用证被受益人接受以后，通知对方银行，两证同时生效。

(2) 两份信用证分别生效。各份信用证在开出以后立即生效，无须以另一份信用证的生效为条件。

对开信用证广泛用于易货贸易、来料加工贸易、补偿贸易等。

(七) 预支信用证

预支信用证 (Anticipatory Credit) 是允许出口商在装货交单前可以支取全部或部分货款的信用证。预支信用证中应有预支条款，这一条款以前是用红色打印的，所以这种信用证也被称作红条款信用证 (Red Clause L/C)。

预支信用证主要用于出口商组货而资金紧张的情况，所以这种信用证的预支是凭受益人光票和按时发货交单的保证进行的，有些信用证则规定受益人要提交货物仓单作抵押。

(八) 循环信用证

一种信用证规定该信用证的使用方法是在部分金额或全部金额被使用后，能够重新恢复原金额再被使用，如此循环使用，直到到达总金额为止。这种信用证就是循环信用证 (Revolving Credit)。适用于大额的、长期合同项下的分批交货。循环信用证上有一个循环使用条款，具体说明信用证的金额、循环的次数、循环达到的总金额。

(九) 软条款信用证

信用证条款中包括一个或一些灵活条款，这些灵活条款弹性较大，足以改变信用证的性质。其实质是变相的可撤销信用证。

任务二：信用证开证申请书的制作

一、 信用证开证申请书的概念

进口方与出口方签订国际贸易货物进出口合同并确认以信用证为结算方式后，即由进口方向有关银行申请开立信用证。开证申请是整个进口信用证处理实务的第一个环节，进口方应根据合同规定的时间或在规定的装船前一定时间内申请开证，并填制开证申请书，开证行根据有关规定收取开证押金和开证费用后开出信用证。

开证申请人（进口方）在向开证行申请开证时必须填制开证申请书。开证申请书是开证申请人对开证行的付款指示，也是开证申请人与开证行之间的一种书面契约，它规定了开证申请人与开证行的责任。在这一契约中，开证行只是开证申请人的付款代理人。

开证申请书主要依据贸易合同中的有关主要条款填制，申请人填制后附合同副本一并提交银行，供银行参考、核对。但信用证一经开立则独立于合同，因而在填写开证申请时应审慎查核合同的主要条款，并将其列入申请书中。

一般情况下，开证申请书都由开证银行事先印就，以便申请人直接填制。开证申请书通常为一式两联，申请人除填写正面内容外，还须签具背面的“开证申请人承诺书”。

二、信用证开证申请书样本

表 2-1 信用证开证申请书样本

IRREVOCABLE DOCUMENTARY CREDIT APPLICATION

TO: DESUN GLOBAL BANK　　　　Date: 030419

○ Issue by airmail ○ With brief advice by eletransmission ○ Issue by express delivery ◉ Issue by teletransmission(which shall be the operative instrument)	**Credit No.** Date and place of expiry 030525 CHINA
Applicant FASHION FORCE CO., LTD P.O.BOX 8935 NEW TERMINAL, ALTA, VISTA OTTAWA, CANADA	Beneficiary(Full name and address) NANJING DESUN TRADING CO.,LTD. ROOM 2901,HUARONG MANSION, GUANJIAQIAO 85#, NANJING 210005, P.R.CHINA
Advising Bank	Amount USD8937.6
Parital shipments: ○ allowed ◉ not allowed Transhipment: ○ allowed ◉ not allowed	Credit available with ANY BANK
Loading on board/dispatch/taking in charge at/from SHANGHAI PORT not later than 030510 for transportation to: MONTREAL PORT	by ○ sight payment ○ acceptance ◉ negotiation ○ deferred payment at against the documents detailed herein ◉ and beneficiary's draft(s) for 100 % of invoice value
○ FOB ○ CFR ◉ CIF ○ or other terms	at **** sight drawn on ISSUE BANK

Documents required:
+ COMMERCIAL INVOICES IN 3 COPIES SIGNED BY BENEFICIARY'S REPRESENTATIVE.
+ FULL SET OF ORIGINAL MARINE BILLS OF LADING CLEAN ON BOARD FLUS 2 NON NEGOTIABLE COPIES MADE OUT OR ENDORSED TO THE ORDER OF DESUN GLOBAL BANK MARKED FREIGHT PREPAID AND NOTIFY APPLICANT'S FULL NAME AND ADDRESS.
+ PACKING LIST IN 3 COPIES INDICATING QUANTITY, GROSS AND WEIGHTS OF EACH PACKAGE.
+ COPY OF CERTIFICATE OF ORIGIN FORM A.
+ INSURANCE POLICY OR CERTIFICATE IN 1 ORIGINAL AND 1 COPY ISSUED OR ENDORSED TO THE ORDER OF DESUN GLOBAL BANK FOR THE CIF INVOICE PLUS 10 PERCENT COVERING ALL RISKS, WAR RISKS.

Description of goods:
BEAR WITH 3 COLOR ASST
5DOZ PER CARTON 12 PCS
QUANTITY: 9120PCS
UNIT PRICE: USD0.98

Additional instructions:
+ IF DOCUMENTS PRESENTED ARE FOUND BY US NOT TO BE UN FULL COMPLIANCE WITH CREDIT TERMS. WE WILL ASSESS A CHARGE OF USD 55.00 PER SET OF DOCUMENTS.
+ ALL CERTIFICATES/LETTERS/STATEMENTS MUST BE SIGNED AND DATED.

保存

三、信用证开证申请书填写说明

（一）TO

致____行。

填写开证行名称，即进口行名称（见银行网站首页）。

（二）Date

申请开证日期，必须符合日期格式且在合同日期之后。

如：2014-05-15。

（三）Issue by airmail

以信开的形式开立信用证。

选择此种方式，开证行以航邮将信用证寄给通知行。

（四）With brief advice by teletransmission

以简电开的形式开立信用证。

选择此种方式，开证行将信用证主要内容发电预先通知受益人，银行承担必须使其生效的责任，但简电本身并非信用证的有效文本，不能凭以议付或付款，银行随后寄出的“证实书”才是正式的信用证。

（五）Issue by express delivery

以信开的形式开立信用证。

选择此种方式，开证行以快递（如：DHL）将信用证寄给通知行。

（六）Issue by teletransmission (which shall be the operative instrument)

以全电开的形式开立信用证。

选择此种方式，开证行将信用证的全部内容加注密押后发出，该电讯文本为有效的信用证正本。如今大多用“全电开证”的方式开立信用证。

（七）Credit No.

信用证号码，由银行填写。

（八）Date and place of expiry

信用证有效期及地点。有效期为日期格式（YYYYMMDD），且必须在申请开证日期之后。信用证的到期地点可以规定在出口地（议付行所在地，通常也是受益人所在地。受益人指信用证上所指定的有权使用该信用证的人，一般为出口商，也就是买卖合同的卖方）、进口地（开证行所在地）或第三国（付款行所在地）。

如：20110526 NEWYORK

（九）Applicant

开证申请人（applicant）又称开证人（opener），系指向银行提出申请开立信用证的人，一般为进口人，就是买卖合同的买方。开证申请人为信用证交易的发起人。

（十）Beneficiary（Full name and address）

受益人指信用证上所指定的有权使用该信用证的人。一般为出口人，也就是买卖合同的卖方。

（十一）Advising Bank

通知行。如果该信用证需要通过收报行以外的另一家银行转递、通知或加具保兑后给受益人，该项目内填写该银行。

（十二）Amount

信用证金额，填写合同币别和合同金额。
如：USD89600
USD EIGHTY NINE THOUSAND SIX HUNDRED ONLY。

（十三）Partial shipments

分批装运条款。填写跟单信用证项下是否允许分批装运。

（十四）Transshipment

转运条款。填写跟单信用证项下是否允许货物转运。

（十五）Loading on board/dispatch/taking in charge at/from

填写装运港名称。

（十六）Not later than

最迟装运期。必须为 8 位日期格式，并在开证日期之后、信用证有效期之前。
例如：20100616

（十七）For transportation to

填写目的港。

（十八）价格条款

根据合同内容选择或填写价格条款。

（十九）Credit available with

填写此信用证可由____银行即期付款、承兑、议付、延期付款，即押汇银行（出口地银行）名称。

如果信用证为自由议付信用证，银行可用“ANY BANK IN…（地名/国名）”表示。

如果该信用证为自由议付信用证，而且对议付地点也无限制时，可用“ANY BANK”

表示。

（二十）sight payment

勾选此项，表示开具即期付款信用证。

即期付款信用证是指受益人（出口商）根据开证行的指示开立即期汇票、或无须汇票仅凭运输单据即可向指定银行提示请求付款的信用证。

（二十一）acceptance

勾选此项，表示开具承兑信用证。

承兑信用证是指信用证规定开证行对于受益人开立以开证行为付款人或以其他银行为付款人的远期汇票，在审单无误后，应承担承兑汇票并于到期日付款的信用证。

如果选择承兑付款，则必须选择下面的“汇票”。

（二十二）negotiation

勾选此项，表示开具议付信用证。

议付信用证是指开证行承诺延伸至第三当事人，即议付行，其拥有议付或购买受益人提交信用证规定的汇票/单据权利行为的信用证。如果信用证不限制某银行议付，可由受益人（出口商）选择任何愿意议付的银行，提交汇票、单据给所选银行请求议付的信用证称为自由议付信用证，反之为限制性议付信用证。

（二十三）deferred payment at

勾选此项，表示开具延期付款信用证。

如果开具这类信用证，需要写明延期多少天付款，例如：at 60 days from payment confirmation（60 天承兑付款）、at 60 days from B/L date（提单日期后 60 天付款）等等。

延期付款信用证指不需汇票，仅凭受益人交来单据，审核相符，指定银行承担延期付款责任起，延长直至到期日付款。该信用证能够为欧洲地区进口商避免向政府交纳印花税而免开具汇票外，其他都类似于远期信用证。

（二十四）against the documents detailed herein and beneficiary's draft（s）for ____% of invoice value at ____ sight drawn on ____。

此栏为汇票信息，解释如下：

连同下列单据：

受益人按发票金额____%，做成限制为____天，付款人为____的汇票。注意延期付款信用证不需要选择连同此单据。

“at __________ sight”为付款期限。如果是即期，需要在“at ____ sight”之间填“****”或“————”，不能留空。

远期有几种情况：at xx days after date（出票后 xx 天），at xx days after sight（见票后 xx 天）或 at xx days after date of B/L（提单日后 xx 天）等。

如果是远期，要注意两种表达方式的不同：一种是见票后 xx 天（at xx days after sight），一种是提单日后 xx 天（at xx days after B/L date）。这两种表达方式在付款时间上是不同的，“见单后 xx 天”是指银行见到申请人提示的单据时间算起，而“提单日后 xx 天”是指从提单上的出具日开始计算的 xx 天，所以如果能尽量争取到以“见单后 xx 天”的条件成交，等于又争取了几天迟付款的时间。

“drawn on”为指定付款人。注意汇票的付款人应为开证行或指定的付款行。

如：

against the documents detailed herein and beneficiary's draft (s) for 100% of invoice value at * * * * sight drawn on THE CHARTERED BANK

（二十五）Documents required：(marked with X)

信用证需要提交的单据（用“X”标明）。

根据国际商会《跟单信用证统一惯例》规定，信用证业务是纯单据业务，与实际货物无关，所以信用证申请书上应按合同要求明确写出所应出具的单据，包括单据的种类，每种单据所表示的内容，正、副本的份数，出单人等。一般要求提示的单据有海运提单（或空运单、收货单）、发票、箱单、重量证明、保险单、数量证明、质量证明、产地证、装船通知、商检证明等等以及其他申请人要求的证明等。

1. 经签字的商业发票（commercial invoice）一式____正本（original）和____副本（copy），标明信用证号和合同号____。

2. 全套清洁已装船海运提单（clean on board Bills of Lading），作成空白抬头、空白背书，注明“运费 [] 待付/ [] 已付”，[] 标明运费金额，并通知____。

空运提单（Air Waybill）收货人为____，注明“运费 [] 待付/ [] 已付”，[] 标明运费金额，并通知____。

3. 保险单/保险凭证（Insurance Policy/Certificate）一式____正本和____副本，按发票金额的____%投保，注明赔付地在____，以汇票同种货币支付，空白背书，投保____。

4. 装箱单（Packing List）一式____正本和____副本，注明每一包装的数量、毛重和净重。

5. 数量/重量证书（Certificate of Quantity/Weight）一式____正本和____副本。

6. 品质证书（Certificate of Quality）一式____正本和____副本。

7. 一般原产地证书（Certificate of Origin）一式____正本和____副本。

（二十六）Other documents，if any

其他单据。

1. 植物检疫证书（Certificate of phytosanitary）一式____正本和____副本。

2. 健康证书（Health Certificate）一式____正本和____副本。

3. 普惠制产地证（Certificate of Origin Form A）一式____正本和____副本。

（二十七）Description of goods

货物描述。包括：商品编号、商品英文名称、商品英文描述（必须与合同上商品描述完全一致）、QUANTITY：商品销售数量（与合同一致，注意单位的单复数）、PRICE：商品单价。

（二十八）Additional instructions

附加条款，是对以上各条款未述之情况的补充和说明，且包括对银行的要求等。

1．开证行以外的所有银行费用由受益人担保。

2．所需单据须在运输单据出具日后____天内提交，但不得超过信用证有效期。

3．第三方为托运人不可接受，简式/背面空白提单不可接受。

4．数量及信用证金额允许有____%的增减。

5．所有单据须指定____船公司。

（二十九）Other terms，if any

其他条款。

任务三：信用证审核

一、 信用证审核的意义

虽然信用证的内容在合同中已有规定，但往往因买方的疏忽或立场不同，出口商可能会接到并非完全符合合同规定的信用证。为了确保交易的安全，除了平日多注意进口国的政经形势以及加强对进口商的资信调查外，出口商收到信用证后，必须详细审核信用证所列的条件，一旦发现问题，应及时通知进口商修改信用证。受益人能否认真审核和处理信用证，直接影响到处理信用证项下单证的主动权，是出口合同能否顺利履行和收汇是否安全的重要保证。如果信用证条款与合同规定不一致，而受益人又没有提出修改意见，就等于接受了信用证条款。因此只有认真审核信用证，才能及早发现信用证中存在的问题。

二、 审核信用证的要点

（一）对信用证本身的审核

1．信用证的页码是否齐全。

2．金额、币种是否与合同相符；大小写是否一致；溢短（more or less）是否适用金额。

3．是否按照合同规定的期限开出信用证。

4．装运期是否与合同规定的相符。

5．信用证有效期和到期地点是否符合合同规定。

6．信用证交单期一般在装船后10～15天。

7．信用证开证申请人和受益人的名称和地址是否有误。

8．通知行是否与受益人在同一地点。

（二）对信用证汇票条款的审核

1. 付款人是否为信用证中的开证行或指定的付款行。

2. 付款期限是否与合同中的付款期限相符。

（三）对信用证单据条款的审核。

1. 信用证项下要求受益人提交议付的单据通常包括商业发票、海运提单、保险单、装箱单、检验证书及其他证明文件。要注意单据由谁出具、信用证对单据是否有特殊要求、单据的规定是否与合同条款一致等。

2. 信用证中有无影响收款的软条款。

（四）对信用证中货物描述的审核

1. 信用证中商品的品名、规格、包装、数量、贸易术语是否与销售合同一致。就数量而言，对于大宗散装货物，除非信用证规定数量不得有增减，那么在支付金额不超过信用证的情况下，货物数量可以允许有5%的增减，但不适用于以包装单位或以个体为计算单位的货物。

2. 唛头是否对应合同中的唛头。

3. 详细资料参照……，所引用的合同是否与买卖双方签订的合同相符。

（五）对信用证装运条款的审核

1. 装运港与目的港是否与合同相符。若存在重名港问题，其后应加国别。

2. 装运时间是否恰当，若到证时间与装运期太近，无法如期装运，就应及时与开证申请人联系修改。逾期装运的运输单据将构成单证不符，银行有权不付款。

3. 货物是否允许转运，除非另有规定，货物是允许转运的。

4. 货物是否允许分批出运，若信用证中没有明确规定，应理解为货物是允许分批装运的。并且如果信用证中明确规定每一批货物出运的确切时间，则应注意能否悉数办到，如无法做到，则应立即要求修改。

（六）对信用证其他条款的审核

1. 信开/电开信用证是否有银行保证付款的责任文句，如：Undertaking clause of opening bank。

2. 信用证对费用的规定是否可接受。

3. 信用证是否受《UCP600》的约束。

审核的主要重点请参阅下表：

表 2-2 信用证审核表

序号	信用证	要点	处理原则
1	开证银行的信用是否良好？	如属于落后国家，容易有政变、内战、外汇管制或银行本身信用不佳的情况。	首先调查开证银行的信用，如该银行信用欠佳，应要求进口商另找出口地的银行（最好是通知行）保兑。

续表

序号	信用证	要点	处理原则
2	是否为正本信用证?	信用证副本或预备通知均为无效信用证。	要求进口商改开信用证正本。
3	信用证上是否有"revocable"可撤销)字样?	根据UCP600这种信用证视为可撤销，不宜轻易接受。	要求进口商修改。
4	信用证所列条件是否与买卖合同相符?	信用证是根据买卖合同开立的，二者内容如果矛盾，容易遭到议付行拒付。	如有不符或无法履行的条件，应迅速要求进口商进行修改。
5	信用证是否有难以履行的条款?	例如在出口地没有该买方的大使馆或领事馆，信用证上却要求领事馆签字。	请进口商修改或删除。
6	受益人与申请人的名称地址是否正确?	如果名称地址有误，所附单据会成为瑕疵单据。	要求进口商修改。
7	信用证的有效期限是否合理?	信用证有效日期必须晚于装船日，应当合理可行。	要求进口商修改。
8	信用证的金额是否正确?	信用证上的金额应与商业发票一致。	要求进口商修改。
9	远期信用证上是否有买方负担利息的文字?	如果应该由买方负担，信用证上需载明，否则归卖方负担。	要求修改为买方负担。
10	各条款间有无相互抵触?	出口商必须完全履行信用证项下条款要求才能获得押汇，如果条款间相互抵触，出口商肯定无法履行。	要求进口商修改。
11	有无列载适用于UCP600的条款?	除SWIFT信用证外，信用证上需注明是否依据UCP600开立，否则会引发条款解释纠纷。	请进口商修改或加注。
12	信用证条款与我国贸易外汇法规有无抵触?	条款不得抵触我国外汇管理条例及贸易法。	要求修改，并告知我国法规不允许处。
13	信用证必须另外指示或通知才生效?	信用证上若规定经指示或通知才生效，则如果进口商不作指示或通知，可能对出口商不利。	请进口商删除。
14	信用证有效期以进口地时间为准或未注明以何地为准。	信用证有效期应以出口地时间为准，因为汇票和单证寄出的时间出口商无法控制。	要求进口商修改为出口地时间。
15	信用证上有无开证银行保证兑付汇票的文字?	缺乏开证银行保证兑付汇票文字的信用证对出口商无保障。	要求加入保证兑付的文字。

任务四：信用证修改

一、 信用证修改程序

当出口商发现信用证上有条款需要修改时，应立刻要求进口商向开证银行申请修改。开证银行修改信用证的通知，可以航空邮递，也可以用电报方式，通常根据实际需要而采用适当的方法，但最好是仍由原信用证通知银行来转交。如果修改时间紧迫，信用证的修改也可以采取变通办法，即由出口商请通知银行以电报向开证银行询问修改事项是否可以接受，开证银行于征得进口商同意后，即以电报答复，如经出口商接受，就相当于该条款已确认修改。这两种修改步骤请参阅下图。

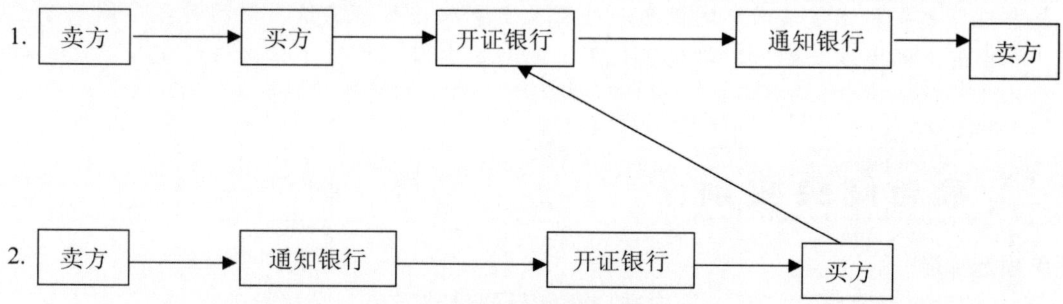

图 2-2　信用证修改步骤

二、 信用证常见修改条款

信用证常见的修改条款如下：

1. 更改受益人名称及地址，如“Amend the beneficiary's name and address to read ……”

2. 展延装运期及信用证有效期，如“Extend the dates of shipment to…and validity to ……”（当信用证有效期同时兼为最后装运日期的情况下，展延信用证有效期的修改通知，并不包含最后装运日期的延长。因此，出口商若希望一并延长装运有效期，在信用证修改通知上应一起载明。）

3. 增加或减少信用证金额，如“This credit amount to be increased by…making a total of…”或“This credit amount to be decreased by…leaving a balance of……”

4. 增加或减少货物数量，如“Increase (Decrease) the quantity of commodity by…to …”

5. 删除信用证条款，如“Delete the clause……”或“Item of special instructions to be deleted and substituted as……”

6. 更改装卸地名，如“Shipment to be made from…to……”

7. 修改货物名称或规格，如“Merchandise to be changed to read as……”或“Amend commodity description to read……”

8. 信用证需由……银行附加保兑，如“This credit shall be confirmed by…Bank.”

9. 修改为准许分批装运或转运，如“Partial shipments and/or transhipment are allowed.”

10. 更改船名，如“Shipment to be made per S/S…instead of…”

11. 修改为可转让信用证，如“This Credit is transferable.”

12. 修改为准许货物装在甲板上，如“Bills of lading indicating THE GOODS ARE LOADED ON DECK are allowed.”

项目小结

本项目主要阐述了信用证的概念、特点及当事人，总结了信用证的种类，阐明了信用证开证申请书的概念及制作，描述了信用证的基本内容，总结了信用证的审核要点与修改方法。

项目闯关实训

☆单项选择题

1. 信用证结算方式实际上是把进口商履行的付款义务，转移给(　　)。

A. 出口商　　B. 银行　　C. 供货商　　D. 最终用户

2. 在信用证结算方式，银行保证向受益人履行付款义务的条件是(　　)。

A. 受益人按期履行合同　　B. 受益人按信用证规定交货

C. 受益人提交符合信用证要求的单据　　D. 开证申请人付款赎单

3. 保兑行对保兑信用证承担的付款义务是(　　)。

A. 第一性的　　B. 第二性的　　C. 第三性的　　D. A与B

4. 受益人开立远期汇票但可通过贴现即期足额收款的信用证是(　　)。

A. 即期信用证　　B. 远期信用证　　C. 假远期信用证　　D. 预支信用证

5. 根据《UCP600》规定，可转让信用证可以转让(　　)。

A. 一次　　B. 二次　　C. 多次　　D. 没有明确规定

6. 某信用证每期用完一次金额后即可自动恢复到原金额使用，无需等待开证行的通知，这份信用证是(　　)。

A. 自动循环信用证　　B. 非自动循环信用证

C. 半自动循环信用证　　D. 按时间循环信用证

7. 在国际贸易中，用以统一解释、协调信用证各有关当事人矛盾的国际惯例是(　　)。

A.《托收统一规则》　　B.《国际商会第600号出版物》

C.《合约保证书统一规则》　　D. 以上答案均不对

8. 一张有效的信用证，必需规定一个(　　)。

A. 装运期　　B. 有效期　　C. 交单期　　D. 议付期

9. 按照《跟单信用证统一惯例》的规定，受益人最后向银行交单议付的期限是不迟于提单签发日后(　　)。

A. 11天　　B. 15天　　C. 21天　　D. 25天

10. 一份信用证若经另一银行保证对符合信用证要求的单据履行付款义务，这份信用证就成为(　　)。

A. 议付信用证　　B. 不可转让信用证　　C. 保兑信用证　　D. 不可撤销信用证

11. 假远期信用证的远期汇票利息及贴现费用由(　　)。

A. 受益人负担　B. 议付行负担　C. 付款行负担　D. 申请人负担

12. 在来料加工的补偿贸易中常使用的信用证是(　　)。

A. 循环信用证　B. 对开信用证　C. 对背信用证　D. 预支信用证

13. 如果信用证的有效期是 3 月 30 日，而实际装运日是 3 月 1 日，则最迟交单日应为(　　)。

A. 3 月 22 日　B. 3 月 30 日

C. AB 两个日期均可　D. 3 月 15 日

14. 信用证项下汇票的付款人，不应该是(　　)。

A. 付款行　B. 承兑行　C. 申请人　D. 开证行

15. 有信用证业务中，不负责审单的银行是(　　)。

A. 开证行　B. 议付行　C. 偿付行　D. 付款行

16. 对卖方来说，采用下列哪一种兑现方式的信用证最为有利(　　)。

A. sight payment　B. deferred payment

C. acceptance　D. negotiation

17. 在信用证业务中，通知行的基本义务是(　　)。

A. 及时通知信用证

B. 保兑；及时通知信用证

C. 及时通知信用证；验明信用证的真实性并及时澄清疑点

D. 保兑；及时通知信用证；验明信用证的真实性并及时澄清疑点

18. 开证行收到单据后要在合理的时间内作出付款或拒付的决定，该合理时间是指从收到单据的翌日起算(　　)。

A. 五个工作日　B. 七个工作日　C. 十个工作日　D. 十二个工作日

19. 开证行发现单据存在不符点不应采取的措施为(　　)。

A. 明确致电通知行拒付

B. 开证行自行决定洽商申请人放弃不符点

C. 开证行自行决定放弃不符点

D. 开证行与受益人联系，允许在有效期内修改不符点

20. 在信用证业务中各方所使用的共同语言，即国际共同语言是(　　)。

A. 遵循国际惯例　B. 国际商会制定的规则

C. 严格的单证相符　D.《UCP600》的语言

☆多项选择题

1. 开立信用证的主要形式有(　　)。

A. 信开本　B. 证实本　C. 电开本　D. 简电本

2. 以开证行所负的责任为标准，信用证可分为(　　)。

A. 保兑信用证　B. 不保兑信用证

C. 可撤销信用证　D. 不可撤销信用证

3. 在分批交货的大宗交易中，为节省开证费用易使用(　　)。

A. 对开信用证　B. 循环信用证

C. 时间循环信用证　　D. 金额循环信用证

4. 在信用证结算方式，开证行的付款方式有(　　)。

A. 开证行自己付款　　B. 指定另一家银行付款

C. 授权其他银行议付　　D. 指定进口商付款

5. 可转让信用证的新证与原证可在下述(　　)方面不同。

A. 申请人　　B. 货物单价　　C. 信用证金额　　D. 投保比例

6. 信用证结算方式的特点主要包括(　　)。

A. 信用证是银行信用　　B. 信用证是自足文件

C. 信用证是单据业务　　D. 银行处于第一付款人地位

7. 在信用证支付方式下，若使开证行履行付款义务，受益人需(　　)。

A. 提交符合信用证规定的单据　　B. 履行了信用证的规定

C. 按合同规定履行信用证的内容　　D. 按信用证的规定履行其合同义务

8. 信用证结算方式所涉及的主要当事人有(　　)。

A. 申请人　　B. 开证行　　C. 通知行　　D. 受益人

9. 对信用证的基本内容，需要在受益人提供的单据中表示出来的项目有(　　)。

A. 对信用证本身的说明　　B. 对货物的要求

C. 对运输的要求　　D. 对单据的需求

10. 对受益人有较大保障的信用证是(　　)。

A. 不可撤销信用证　　B. 对开信用证

C. 对背信用证　　D. 保兑信用证

11. 一般由中间商作为中介达成的交易，在结算时一般使用(　　)。

A. 可转让信用证　　B. 对开信用证

C. 对背信用证　　D. 预支信用证

12. 对不可撤销信用证的修改，需征得(　　)当事人的同意，修改才有效。

A. 开证行　　B. 通知行　　C. 申请人　　D. 受益人

13. 受益人交单给指定银行办理结算时，按照使用信用证金额的不同方式可分为(　　)。

A. 即期和延期付款信用证　　B. 承兑信用证

C. 保兑的与不保兑的信用证　　D. 议付信用证

14. 开证行在拒付时，应承担的责任是(　　)。

A. 说明拒付原因，指出单据不符点　　B. 保管好单据

C. 保管好货物　　D. 用快捷方式通知议付行

15. 跟单信用证的作用有(　　)。

A. 保证出口商安全收款　　B. 保证进口商安全收货

C. 银行为进出口商提供资金融通　　D. 银行只管单据不管货物

16. 开证申请人的责任主要有(　　)。

A. 在合理的时间内. 指示明确地申请开证

B. 申请开立内容符合合同规定的信用证

C. 提供开证担保并承担相关费用和及时赎单付款
D. 承担第二性的付款责任

17. 作为信用证的开立者，开证行要受哪些方面的约束(　　)。
A. 开证申请书　　B. 所开立的信用证
C. 信用证修改书　　D. 与通知行或议付行的代理关系

18. 预支信用证中的预支条款通常包括(　　)。
A. 规定受益人向预支银行交单的期限
B. 允许受益人预支的最高额度
C. 规定受益人必须向预支银行交单收款
D. 如发生意外，预支行可向开证行索偿

19. 在软条款信用证中常见的软条款类型有(　　)。
A. 除单证相符之外的有条件付款　　B. 暂不生效条款
C. 开证申请人说了算的条款　　D. 前后矛盾的条款

20. 开证申请书是开证银行开立信用证的依据，因此，申请人在填制开证申请书时应注意(　　)。
A. 申请书内容应与买卖合同条款相一致
B. 不能要求出口商提供无法获得单据
C. 对其他单据的要求应简单、简洁、准确地提出
D. 所有内容必须完整、简洁、准确

21. 开证银行接受申请人请求开出信用证，将要承担以下的风险(　　)。
A. 来自申请人方面的风险　　B. 来自受益人方面的风险
C. 来自法律法规方面的风险　　D. 来自市场方面的风险

22.《UCP600》关于受益人交单的相关规定有(　　)。
A. 要在到期日或到期日之前交单　　B. 要在信用证规定的交单期内交单
C. 遇节假日，则到期日的顺延　　D. 要在银行营业时间交单

23. 当单据存在不符点时，开证行、保兑行有权拒收单据，但必须做到(　　)。
A. 以快捷方式通知交单行或受益人
B. 通知要一次说明全部不符点
C. 通知中要说明单据处理情况
D. 在收到单据后5个银行工作日内发出通知

24. 议付行或指定行发现不符点且无法修改时，受益人可采取(　　)。
A. 要求银行作保留付款　　B. 要求银行向开证行作电提
C. 要求银行向开证行作表提　　D. 直接向进口商要求付款

25. 在信用证业务中，属于付款后没有追索的终局性付款有(　　)。
A. 保兑行付款　　B. 偿付行付款　　C. 付款行付款　　D. 开证行付款

☆判断题

1. 当买卖合同与信用证的内容有差别时，卖方应按合同来履行义务，这样才能保证按期得到足额货款。(　　)

2. 开证银行在得知开证申请人将要破产消息后，仍需对符合其所开的不可撤销信用证的单据承担承兑、付款的责任。（　　）

3. 在开证行资信差或成交额较大时，一般采用保兑信用证比较好。（　　）

4. 可转让信用证只能转让一次，因此，可转让信用证的受益人只能有一个。（　　）

5. 循环信用证可省去开证申请人多次开证的麻烦和费用支出，因此适用分批均匀交货的合同。（　　）

6. 受益人对同一信用证的修改书上涉及两个或两个以上条款的修改，可以部分同意，部分拒绝。（　　）

7. 一般情况下，国外来证绝大多数都列明“按《跟单信用证统一惯例》办理”。（　　）

8. 在信用证业务中，偿付行应审核单证一致后，才能向议付行偿付。（　　）

9. 信用证付款后，开证银行或其指定付款行如发现单据有不符点存在，可以向受益人退回单据，索还已支付的款项。（　　）

10. 延期付款信用证下，指定银行审单无误后收进单据，在受益人开具的远期汇票上做出承兑，待汇票到期再行付款。（　　）

11. 信用证修改书必须在受益人明确表示接受以后才能生效。（　　）

12. 开证行开立信用证时，应尽量使受益人所在地、通知行所在地、信用证有效地保持一致。（　　）

13. 受益人收到信用证后，首先要对信用证进行审核，以确定来证与合同致后再发货。（　　）

14. 如果申请人愿意接受非实质性的不符点，也就是愿接受单据，只要接受单据，就不能是有条件的。（　　）

15. 软条款信用证的实质就是变相的可撤销的信用证。（　　）

☆讨论题

1. 简述信用证的含义及信用证结算方式的特点？

2. 信用证有哪些主要内容？如果一份信用证没有注明是否可撤销，收益人可否接受该信用证？

3. 有笔出口业务，进出口商双方已经签订了合同，出口商已在合同规定的装运期内备好了货物，试问：

（1）结算方式为托收时，出口商可否立即装船出口？为什么？

（2）结算方式为信用证但尚未收到国外来证，可否立即装船出口？为什么？

4. 开立信用证有哪些形式？对一份电开本信用证，怎样判断是否为有效的信用证文本？

5. 简述可转让信用证与对背信用证的异同？

6. 如果单据表明货物符合信用证要求，其他方面也符合信用证要求，即单证完全相符，但货物实际上有缺陷，并已被开证行知悉。试问：开证行是否有权拒付？为什么？

7. 我某出口公司向中东某国出口素色绒10万码，但开证行开出的信用证上的品名误打为“考花”。出口公司为了使单证相符也就将错就错，所有单据上的品名均按“考花”

制作。试问：出口公司这种做法是否正确，为什么？

☆**操作题**

1. 根据下面合同资料和相关资料指出下列开证申请书中错误的地方

2013年6月20日，上海华联皮革制品有限公司（SHANGHAI HUALIAN LEATHER GOODS CO. LTD. 156 CHANGXING ROAD，SHANGHAL，CHINA）向 SVS DESIGN PLUS CO. LTD. 1—509 HANNAMDONG YOUNGSAN—KU，SEOUL，KOREA出口DOUBLE FACE SHEEPSKIN一批，达成以下主要合同条款：

1. Commodity：DOUBLE FACE SHEEPSKIN
   COLOUR CHESTNUT
2. Quantity：3175.25SQFT/平方英尺）
3. PACKING：IN CARTONS
4. UNIT Price：USD 7.40/SQFT CIF SEOUL
5. Amount：USD 23496.85
6. Time of shipment：During NOV. 2013
   Port of loadind：SHANGHAL，CHINA
   Port of Destination：SEOUL，KOREA
   Partial shipment：ALLOWED
   Transspipment：PROHIBITED
7. Insurance：TO BE COVERED BY THE SELLER FOR 130% INVOICE VALUE COVERING ALL RISK AND WAR RISK AS PER CIC OF THE PICC DATED 01/01/1981。
8. Payment：BY IRREVACABLE LETTER OF CREDIT AT 45 DAYS SIGHT TO REACH THE SELLER NOT LATER THAN JUNE 24，2013，VALID FOR NEGOTIATION IN CHINA UNTIL THE 15TH DAY AFTER TIME OF SHIPMENT
9. Document： + SIGNED COMMERCIAL INVOICE IN 3 FOLD
   + SIGNED PACKING LIST IN 3 FOLD
   + FULL SET OF CLEAN ON BAARD OCEAN B/L IN 3/3 ORIGINALS ISSUED TO ORDER AND BLANK ENDORSED MARKED “FREIGHT PREPAID” AND NOTIFY THE APPLICANT
   + CERTIFICATE OF ORIGIN IN 1 ORIGINAL AND 1 COPY ISSUED BY THE CHAMBER OF COMMERCE IN CHINA.
   + INSURANCE POLICY/CERTIFICATE IN DUPLICATE ENDORSED IN BLANK FOR130% INVOICE VALUE，COVERING ALL RISKS AND WAR RISKS OF CIC OF PICC（1/1/198）. SHOWING THE CLAIMING CURRENCY IS THE SAME AS THE CURRENCY OF CREDIT

相关资料：

（1）信用证号码：MO722131057

（2）合同号码：HL20130315

SVS DESIGN PLUS CO.，LTD 国际商务单证员金永浩于 2013 年 6 月 23 日向 KOOKMIN BANK. SEOUL，KOREA 办理申请电开信用证手续，通知行是 BANK OF CHINA，SHANGHAI BRANCH

IRREVOCABLE DOCUMENTARY CREDIT APPLICATION

TO：BANK OF CHINA　　　　Date：JUNE25，2013

<table>
<tr><td colspan="2">Beneficiary (full name and address)
SVS DESIGN PLUS CO.，LTD.
1-509 HANNAMDONG YOUNGSAN-KU，
SEOUL，KOREA</td><td>L/C NO. MO722131059
Contract No. HL20130315

Date and place of expiry of the credit
NOV. 15，2013 in CHINA</td></tr>
<tr><td>Partial shipments
Not allowed</td><td>Transshipment
allowed</td><td>Issue by teletransmission (which shall be the operative instrument)</td></tr>
<tr><td colspan="2">Loading on board / dispatch /taking in charge at /fron
SEOUL，KOREA
Not later than OCT. 31，2013
For transportation to SHANGHAI，CHINA</td><td>Amount (both in figures and words)
EUR 23496.85
(SAY EURO TWENTY THREE THOUSAND FOUR HUNDRED NINETY SIX POINT EIGHTY FIVE ONLY.)</td></tr>
<tr><td colspan="2">Descriptinon of goods：
DOUBLE FACE SHEEPSKIN
COLOUR CHESTNUT
3175.25PCS
Packing：IN GUNNY BAGS</td><td>Credit available with ANY BANK IN CHINA
By negotiation
Against the documents detailed herein
And beneficiary's draft for 100% of the invoice value
At SIGHT
On US

CFR</td></tr>
<tr><td colspan="3">Documents required：(marked with x)
1. (x) Signed Commercial Invoice in 5 copies indicating invoice no.，contract no.
2. (x) Full set of clean on board ocean Bills of Lading made out to order of issuing bank and blank endorsed，marked "freight (x) to collect /( ) prepaid ( ) showing freight amount" notifying the applicant.
3. (x) Insurance Policy /Certificate in 2 copies for 120 % of the invoice value showing claims payable in China in currency of the draft，bland endorsed，covering (x) Ocean Marine Transportation /( ) Air Transportation / ( ) Over Land Transportation) All risks，
4. (x) Packing Lit / Weight Memo in 5 copies indicating quantity / gross and net weights of each package and packing conditions as called for by the L/C.
5. ( )certificate of Quantity / weight incopies issued an independent surveyor at the loading port，indicating the actual surveyed quantity /weight of shipped goods as well as the paching condition.
6. ( )Certificate of Quality incopies issued by ( ) manufacturer / ( )public recogniaed surveyor / ( )
7. ( )Beneficiary's certified copy of FAX dispatched to the accountee with after shipment advising ( )name of vessel / ( )deat，quantity，weight and value of shiopment.</td></tr>
</table>

续表

8. (　　)Beneficiary's Certificate certifying that extra copies of the documents have been dispatched according to the contract terms.
9. (　　)Shipping company's Certificate attesting that the carrying vessel is chartered or booked by accountee or their shipping agents:
10. (x) Other documents, if any:
a) Certificate of Origin in 3 copies issued by authorized institution.
Additional instructions:

Advising bank:
KOOKMIN BANK, SEOUL, KOREA

错误的地方有：

2. 根据下述合同内容审核信用证，指出不符之处，并提出修改意见

SALES CONTRACT

The Seller: MAITY INTERNATIONAL CO., LTD.　　Contract No. MT13008
Address: NO. 29 JIANGNING ROAD,　　Signed At: Shanghai China
SHANGHAI, CHINA　　Date: Dec 6, 2012
The Buyer: DESEN EUROPE GMBH
Address: GIRARDETSTRASSE 2-38, EINGANG. 4 D-45131 ESSEN, GERMANY

This Sales Contract is made by and between the Seller and the Buyer, whereby the Seller agree to sell and the Buyer agree to buy the under-mentioned goods according to the terms and conditions stipulated below:

Description of Goods	Quantity	Unit Price	Amount
"RAIKOU" Homewear		CIF Hamburg	
RH1140 Blue	400PCS	€5.88	€2,352.00
RH1150 Pink	400PCS	€6.08	€2,432.00
DRRW005 Gray	400PCS	€5.38	€2,152.00
DRRW008 Purple	400PCS	€5.18	€2,072.00
AS PER ORDER NO. MY1301			
TOTAL	1600PCS		€9,008.00
Total Amount: Say Euro Nine Thousand and Eight Only			

Packing: 40pcs are packed in one export standard carton
Shipping Mark: RAIKOU
MT13008
HAMBURG

C/No. 1-40

Time of Shipment: NOT LATER THAN FEB. 15, 2013

Loading Port and Destination: From Shanghai, China to Hamburg, Germany

Partial Shipment: Not Allowed

Transshipment: Allowed

Insurance: To be effected by the seller for 110% invoice value covering All Risks and War Risk as per CIC of PICC dated 01/01/1981

Terms of Payment: By L/C at sight, reaching the seller before Dec. 31, 2012, and remaining valid for negotiation in China for further 15 days after the effected shipment. L/C must mention this contract number. L/C advised by BANK OF CHINA. All banking Charges outside China (the mainland of China) are for account of the Drawee.

Documents:

+ Signed commercial invoice in triplicate.

+ Full set (3/3) of clean on board ocean Bill of Lading marked "Freight Prepaid" made out to order blank endorsed notifying the applicant.

+ Insurance Policy in duplicate endorsed in blank for 110% of invoice value covering All Risks and War Risk as per CIC dated 01/01/1981.

+ Packing List in triplicate.

+ Certificate of Origin issued by China Chamber of Commerce

Signed by:

THE SELLER:	THE BUYER:
MAITY INTERNATIONAL CO., LTD.	DESEN EUROPE GMBH
GU TAO	Luty

信用证：

27: Sequence of total: 1/1

40A: Form of Documentary Credit: Irrevocable

20: Documentary Credit Number: 00130010018208A1

31C: Date of Issue: 130101

40E: Applicable Rules: UCP LATEST VERSION

31D: Date and Place of Expiry: 130220 GERMANY

50: Applicant: DESEN EUROPE GMBH

GIRARDETSTRASSE 2-38, EINGANG. 4 D-45131ESSEN, GERMANY

59: Beneficiary: MATY INTERNATIONAL CO., LTD.

NO. 29 JIANGNING ROAD, SHANGHAI, CHINA

32B: Currency Code, Amount: USD9008. 00

41A: Available With…By…: BANK OF CHINA

BY NEGOTIATION

42C: Drafts at…: 30 DAYS AFTER SIGHT

42A：Drawee：DESEN EUROPE GMBH

43P：Partial Shipments：not allowed

43T：Transhipment：not ALLOWED

44E：Port of Loading/Airport of Departure：ANY CHINESE PORT

44F：Port of Discharge/Airport of Destination：HAMBURG BY SEA.

44C：Latest Date of Shipment：130210

45A：Description of Goods and/or Services：

1600pcs Baby wear

as per Order No. MY1301 and s/c no. MT13008

CFR HAMBURG

packed in carton of 20pcs each

46A：Documents Required

+ SIGNED COMMERCIAL INVOICES IN TRIPLICATE INDICATING LC NO. AND CONTRACT NO.

+ Full set (3/3) of clean on board ocean Bill of Lading made out to APPLICANT AND blank endorsed marked "Freight TO COLLECT" notifying the applicant.

+ SIGNED PACKING LIST IN TRIPLICATE SHOWING THE FOLLOWING DETAILS：TOTAL NUMBER OF PACKAGES SHIPPED；CONTENT (S) OF PACKAGE (S)；GROSS WEIGHT，NET WEIGHT AND MEASUREMENT.

+ CERTIFICATE OF ORIGIN ISSUED AND SIGNED OR AUTHENTICATED BY A LOCAL CHAMBER OF COMMERCE LOCATED IN THE EXPORTING COUNTRY.

+ Insurance Policy/certificate in duplicate endorsed in blank for 120% invoice value, covering all risks of cic of picc (1/1/1981).

71B：Charges：ALL CHARGES AND COMMISSIONS ARE FOR ACCOUNT OF BENEFICIARY INCLUDING REIMBURSING CHARGES.

审证结果如下：

3. 根据下述合同内容审核信用证，指出不符之处，并提出修改意见

SALES CONTRACT

BUYER：Jae & Sons Papers Company
203 Lodia Hotel Office 1546，Dong-Gu，
Busan，Korea

NO. ST14-016
DATE：August 08，2014
SIGNED AT：Nanjing，China

SELLER：Wonder International Company Limited

No. 529，Qijiang Road He Dong District，
Nanjing，China

This Contract is made by the Seller; whereby the Buyers agree to buy and the Seller agrees to sell the under —mentioned commodity according to the terms and conditions stipulated below:

1. COMMODITY: UNBLEACHED KRAET LINEBOARD.
UNIT PRICE: USD390.00/PER METRIC TON，CFR BUSAN KOREA
TOTAL QUANTITY: 100METRIC TONS，±10% ARE ALLOWED.
PAYMENT TERM: BY IRREVOCABLE L/C 90 DAYS AFTER B/L DATE
2. TOTAL VALUE: USD39，000.00（SAY U. S. DOLLARS THIRTY NINE THOUSAND ONLY. 10% MORE OR LESS ALLOWED.）
3. PACKING: To be packed in strong wooden case (s)，suitable for long distance ocean transportation.
4. SHIIPPING MARK: The Seller shall mark each package with fadeless paint the package number，gross weight，measurement and the wording: "KEEP AWAY FROM MOUSTURE"，"HANDLE WITH CARE"，etc. and the shipping mark:

ST14-016
BUSAN KOREA

5. TIME OF SHIPMENT: BEFORE OCTOBER 02，2014
6. PORT OF SHIPMENT: MAIN PORTS OF CHINA
7. PORT OF DESTINATION: BUSAN，KOREA
8. INSURANCE: To be covered by the Buyer after shipment. (F. O. B Terms)
9. DOCUMENT:
   + Signed invoice indicating LC No and Contract No.
   + Full set (3/3) of clean on board ocean Bill of Lading marked "Freight to Collect" / "Freight Prepaid" made out to order blank endorsed notifying the applicant.
   + Packing List/Weight List indicating quantity/gross and net weight.
   + Certificate of Origin.
   + No solid wood packing certificate issued by manufacturer.
10. OTHER CONDIGTIONS REQD IN LC:
   + All banking charges outside the opening bank are for beneficiary's a/c.
   + Do not mention any shipping marks in your L/C.
   + Partial and transshipment allowed.
11. REMARKS: The last date of L/C opening: 20 August，2014.

BANK OF KOREA LIMITED，BUSAN

SEQUENCE OF TOTAL　*27: 1 / 1
FORM OF DOC. CREDIT *40 A: IRREVOCABLE

DOC. CREDIT NUMBER	*20：S100-108085
DATE OF ISSUE	31 C：20140825
EXPIRY	*31 D：DATE 20141001 PLACE APPLICANT'S COUNTRY
APPLICANT	*50：JAE & SONS PAPERS COMPANY，203 LODIA HOTEL OFFICE 1564，DONG－GU，BUSAN，KOREA
BENEFICIARY	*59：WONDER INTERNATIONAL COMPANY LIMITED，N0. 529，QIJIANG ROAD HE DONG DISTRICT，NANNING，CHINA
AMOUNT	*32 B：CURRENCY HKD AMOUNT 39，000.00
AVAILABLE WITH/BY	*41D：ANY BANK IN CHINABY NEGOTIATION
DRAFTS AT.	42 C：DRAFT AT 90 DAYS AT SIGHT FOR FULL INVOICE COST
DRAWEE	42 A：BANK OF KOREA LIMITED，BUSAN
PARTIAL SHIPMENTS	43 P：NOT ALLOWED
TRANSSHIPMENT	43 T：NOT ALLOWED
LOADING IN CHARGE	44 A：MAIN PORTS OF CHINA
FOR TRANSPORT TO.	44 B：MAIN PORTS OF KOREA
LATEST DATE OF SHIP.	44 C：20141031
SHIPMENT PERIOD	44：
DESCRIPT. OF GOODS	45 A：＋COMMODITY：UNBLEACHED KRAET LINEBOARD.

U/P：HKD 390.00/MT
TOTAL：100MT ±10% ARE ALLOWED.
PRICE TERM：CIF BUSAN KOREA
COUNTRY OF ORIGIN：P. R. CHINA
PACKING：STANDARD EXPORT PACKING
SHIPPING MARK：ST14-016
BUSAN KOREA

DOCUMENTS REQUIRED46 A：

1. COMMERCIAL INVOICE IN 3 COPIES INDICATING LC NO. & CONTRACT NO. ST14-018

2. FULL SET OF CLEAN ON BOARD OCEAN BILL OF LADING MADE OUT TO ORDER AND BLANK ENDORSED，MARKED FREIGHT TO COLLECT，NOTIFYING THE APPLICANT.

3. PACKING LIST/WEIGHT LIST IN 3 COPIES INDICATING QUANTITY/GROSS AND NET WEIGHTS

4. CERTIFICATE OF ORIGIN IN 3 COPIES

ADDITIONAL COND.　　47 B：ALL DOCUMENTS ARE TO BE PRESENTED TO

US IN ONE LOT BY COURIER/SPEED POST.

DETAILS OF CHARGES 71 B: ALL BANKING CHARGES OUTSIDE OF OPENING BANK ARE FOR BENEFICIARY'S ACCOUNT.

PRESENTATION PERIOD 48: DOCUMENTS TO BE PRESETNED WITHIN 21 DAYS AFTER THE DATE OF SHIPMENT BUT WITHIN THE VALIDITY OF THE CREDIT

CONFIRMATION *49: WITHOUT

INSTRUCTIONS 78:

+ WE HEREBY UNDERTAKE THAT DRAFTS DRAWN UNDER AND IN COMPLY WITH THE TERMS

AND CONDITIONS OF THIS CREDIT WILL BE PAID MATURITY.

SEND. TO REC. INFO. 72: /SUBJECT U. C. P. 2007 ICC PUBLICATION 600.

审证结果如下：

项目3　发票和包装单据的制作

导入案例

某信用证有效期为2013年9月30日，地点为德国，第43条允许分批装运，在信用证45A条对货物描述有如下规定："……3 sets before June 30，2013，3 sets before Aug. 31 2013"，8月下旬，开证行收到议付行寄来的第一套单据，其中提单日为8月11日，提单的货物描述未显示"……3 sets before June 30，2013，3 sets before Aug. 31 2013."字样，发票货物描述仅显示"3 sets before August. 31 2013"，未显示"3 sets before June 30，2013"字样。开证行于8月31日去电以晚装运和未显示"3 sets before Aug. 31 2013"为不符点拒付。

问题：开证行拒付是否有理？为什么？

项目要点

1. 发票的分类和作用
2. 商业发票的内容和制作方法
3. 包装单据的类别和作用
4. 装箱单的内容和制作方法

任务一：发票分类和作用的认知

一、 发票的概念

商业发票（Commercial Invoice）简称发票（Invoice），它是卖方开立的凭以向买方收取货款的价目清单，是装运货物的总说明。发票全面反映了合同和有关交易的详细内容，是各种单据的中心单据，也是卖方必须提供的基本单据之一。

二、发票的作用

发票主要有以下几个方面的作用：

1. 它是卖方履约情况的书面证明。

发票是交易的证明文件，在全套单据中，发票是卖方专为说明履约情况而提供的单据，从发票上可以看出交易的全貌，所以，发票是最重要的卖方履约的书面证明文件。

2. 它是买卖双方本身记账的依据。

3. 它是进出口商进出口报关、交税的重要依据。

4. 在不用汇票的情况下，发票替代汇票作为付款的依据。

除了以上几点外，发票还可作为统计的凭证、保险索赔时作为价值证明等等。

三、发票的分类

除了商业发票以外，还有其他种类的发票，如海关发票、领事发票、形式发票等。

（一）海关发票（Customs Invoice）

海关发票是某些进口国海关规定的进口报关必须提供的特定格式的发票，由出口方填制，供进口商凭以报关、纳税。

（二）领事发票（Consular Invoice）

领事发票又称签证发票。有些国家法令规定，进口货物必须要领取进口国在出口国领事签证的发票，作为有关货物征收进口关税的前提条件之一。领事发票是一份官方的单据，有些国家规定了领事发票的固定格式，这种格式可以从领事馆获得。

（三）形式发票（Proforma Invoice）

形式发票又称预开发票。出口商有时应进口商的要求，发出一份列有出售货物的名称、规格、单价等非正式参考性发票，供进口商向其本国贸易管理当局或外汇管理当局等申请进口许可证或批准给予外汇等的用途，这种发票就叫形式发票。

（四）厂商发票（Manufacturer Invoice）

厂商发票是国内厂商出具给出口商的销售货物的发票。信用证要求提供厂商发票，目的是检查是否有低价倾销行为。

（五）样品发票（Sample Invoice）

出口商为了说明推销商品的品质、规格、价格等，在交易之前发送实样，以便客户挑选，这种发票就是样品发票。样品发票的目的并不一定是要收取货款，主要是便于客户了解商品情况。所以，样品发票的收款，有的是免费赠送，有的是减半收费，也有全收。不论何种情况，都应在样品发票上注明。

其他种类的发票详见项目 9。

任务二：商业发票的内容和制作

一、商业发票的内容

商业发票并没有一个统一的格式，但其内容却大致相同。总的来说，商业发票的内容包括首文、本文和结文三个部分，见表3-1。

（一）首文部分

首文部分包括："发票"字样、卖方的全称和地址、买方的全称和地址、发票号码和日期、买卖合同号码、船名航次及装运港、卸货港等。

1. "发票"字样。

发票的首文部分一般都醒目的印刷着"发票"（Invoice）或"商业发票"（Commercial Invoice）。有时，由于信用证规定了其他名称的发票，发票字样还要按信用证要求进行更改。例如，如果信用证规定卖方提供"收妥发票"（Receipt Invoice），发票（Invoice）的字样前就需要加注"收妥"（Receipt）字样。

2. 卖方的全称和地址。

发票上的第一项内容往往是卖方的全称和地址。发票的签发人就是开具发票的单位，基本上都是卖方，即出口方。在信用证项下，发票的签发人应该是信用证的受益人。要特别注意核对信用证受益人与发票签发人的一致（包括名称与地址），以免造成不符点。

3. 买方的全称和地址。

买方习惯上被称为发票的抬头人。在信用证项下，除非信用证另有规定，发票的抬头人一般必须是开证申请人。如果信用证上有指定抬头人，则按来证规定制单。

4. 发票号码与日期。

发票号码由出口方统一编制，一般采用顺序号，以便查询。发票日期是签发发票的日期，它与运输单据的签发日期不宜相距过远，并且必须在信用证规定的有效期内。

5. 买卖双方的合同号码。

发票首文部分有时还注明买卖双方的合同号码，以供买卖双方核查履约情况。合同号与信用证上列明的应一致。

6. 船名航次及装运港、卸货港。

这样可以方便查询货物的船运情况。在符合信用证规定的前提下，应明确具体，不能含糊笼统。有重名的港口，应加列国家或地区的名称。

（二）本文部分

发票的本文是指通过对货物与货价的描述说明履约情况的部分，它是发票最中心的内容。本文内容包括唛头、货物名称与规格、货物数量、单价与总金额、包装以及毛重与净重等。

1. 唛头（Shipping Mark）。

信用证如规定有唛头，必须逐字按照规定制唛。如无指定，出口商可自行设计唛头。另外，发票上的唛头必须与装箱单、提单和保险单上的唛头相一致。

2．货物名称与规格（Name and Specification of Goods）。

发票上的货物名称规格必须完全符合信用证的描述，甚至字母顺序也不能相差。省略或增加货名规格的字或句，都可能造成单据表面不符。《UCP600》规定，商业发票中的货物描述必须与信用证规定相符。至于其它一切单据，则可使用货物统称，但不得与信用证规定的货物描述有抵触。

3．货物数量（Quantity）。

货物的数量必须根据实际情况在发票中列明，并与其他单据相一致。信用证规定有溢短装条款（More or Less Clause）的，货物数量可在信用证规定的范围内机动。凡信用证中有“约”、“大概”、“大约”或类似的词语，应理解为有关金额、数量或单价不超过10%的增减幅度。但是，在信用证没有相反规定时，根据惯例，散装货物或以度量衡计量（吨、公斤、米、码、升等）的货物，装运数量和发票上的数量允许有5%的增减；而以个数计量（件、套、箱、包等）的货物则不允许任何增减。

4．单价与总金额（Unit Price and Total Amount）。

单价的正确表示方法应包括四个部分：计价货币、单位价格金额、计量单位及贸易术语。例如：USD2.50/PC CIF OSAKA。这里特别要注意贸易术语千万不可遗漏，遗漏了贸易术语，会造成被拒付货款的事故。此外，还要注意佣金（Commission）、折扣（Discount）在单价中的表示，二者不可混淆使用。

除非信用证另有规定，发票的总金额要与汇票一致。总金额也不能超过信用证的规定的数字。但是，如果信用证中有数量溢短装条款，一般也会规定信用证总金额可以随数量的变化增减。当发票总金额超过信用证规定时，银行有两种处理方法：其一，拒绝接受超过信用证金额的商业发票；其二，接受超过信用证金额的发票，但银行付款或议付的金额不超过信用证金额，超出部分可用光票托收收款。

5．包装（Packing）。

包装是货物描述的一部分，在商业发票上需将包装的种类（如箱、包、桶、袋等）、包装件数列明，并注意将包装情况与信用证规定核对一致。发票上的包装与件数还应与装箱单、重量单、提单和保险单等相一致。

6．毛重与净重（Gross Weight and Net Weight）。

出口货物的重量，在单据中也是一项不可忽视的内容。在发票中标明时，要注意与其他单据相一致。同时，还应注意计量单位要换算成与信用证规定相同，以免造成不符。

（三）结文部分

1．特殊说明文字（Special Statement）。

根据信用证或合同的规定，商业发票上有时会缮制一些特殊的说明文字。例如，信用证号码、提单号码或受益人声明等。

2．进出口许可证号、外汇许可证号、税则号，以及有关买方参考号。

一些国外开来的信用证条款中规定，发票上要注明进出口许可证号、外汇许可证号、税则号，或其他参考号，都应按规定在发票的结文部分注明，以便进口海关核验放行。

3. 信用证不要求提供汇票时的做法。

有的做法是在发票末段加注汇票的出票条款，或注明类似“根据……银行第……号信用证已收货款”字句。

4. 发票最末端往往印有“E. & O. E”字样，即有错当查。

5. 许多国家习惯要求在发票上证明发票内容正确、真实，还要有货物产地的说明，均应按要求注明。

6. 卖方（出口商）签章（Signature）。

在实务中，商业发票一般都有出口商的签章。但是，根据《UCP600》的规定，商业发票无需签署，除非信用证另有规定。如果信用证规定发票签章，如“SIGNED COMMERCIAL INVOICE”，那么商业发票必须签章，所使用的图章和签字必须与其他所有单据的签字、图章相一致。如果要求手签时，则不能盖胶皮签字章。在信用证方式下，签章人必须是信用证受益人。

表 3-1 商业发票

COMMERCIAL INVOICE

TO:

INVOICE NO. ________
DATE: ________
S/C NO. ________
L/C NO. ________

FROM ________ VIA ________ TO ________ BY ________

MARKS& NUMBERS	DESCRIPTION OF GOODS	QUANTITY	UNIT PRICE	AMOUNT
TOTAL AMOUNT				

ISSUED BY:

二、 商业发票制作实例

已知资料如下：

出口商（托运人）：DAYU CUTTING TOOLS I/E CORP
774 DONG FENG EAST ROAD，TIANJIN，CHINA

进口商（收货人）：FAR EASTERN TRADING COMPANY LIMITED
336 LONG STREET，NEW YORK

发票日期：2014 年 5 月 15 日

发票号：X118

合同号：MK007

信用证号：41-19-03
装运港：TIANJIN
中转港：HONG KONG
目的港：NEW YORK
运输标志：FETC
MK007
NEW YORK
C/No. 1-UP
货名：CUTTING TOOLS
数量：1500 SETS
包装：纸箱装，每箱 3 SETS
单价：CIF NEW YORK USD 128/SET
提单日期：2014 年 5 月 20 日
船名航次：HONGXING V. 777
授权签署人：陈丹
已缮制的商业发票见表 3-2。

表 3-2 商业发票填制实例

DAYU CUTTING TOOLS I/E CORP
774 DONG FENG EAST ROAD，TIANJIN，CHINA
COMMERCIAL INVOICE

TO：FAR EASTERN TRADING COMPANY LIMITED
336 LONG STREET，NEW YORK

INVOICE NO. X118
DATE：MAY 15，2014
S/C NO. MKOO7
L/C NO. 41-19-03

FROM TIANJIN VIA HONG KONG TO NEW YORK BY SEA

MARKS& NUMBERS	DESCRIPTION OF GOODS	QUANTITY	UNIT PRICE	AMOUNT
FETC MK007 NEW YORK C/No. 1-500	CUTTING TOOLS	1500 SETS	CIF NEW YORK USD 128/SET	USD 192000. 00
TOTAL AMOUNT	SAY U. S. DOLLARS ONE HUNDRED AND NINTY TWO THOUSAND ONLY			

ISSUED BY：DAYU CUTTING TOOLS I/E CORP
陈丹

任务三：包装单据类别和作用的认知

包装单据（Packing Documents）是指记载或描述商品包装情况的单据，是商业发票的补充单据，也是货运单据中的一项重要单据。

一、包装单据的作用

除散装货物外，包装单是必不可少的文件。进口国海关验货，公证行检验，进口商核对货物时，都是以包装单据结合商业发票作为依据，用以了解包装件号内的具体内容。

二、包装单据的类别

根据不同商品以及不同客户的要求，包装单据有不同的种类，常用的有以下三种：

（一）装箱单（Packing list / Packing Slip）

装箱单是包装单据中最常见的一种，一般都详细列明货物包装即每个包装单位内的详细内容，如每件货物的规格、花色、样式等。因此，装箱单也被称为内容明细表，见表3-2。

装箱单的内容一般包括：发票号码和合同号，日期，唛头和号码，品名，规格，包装单位，每件包装单位的毛重、净重、尺码，总合计件数、重量和尺码，目的地、船名，进口商或收货人的姓名、地址等。

在装箱单填制和审核时，应注意：

1. 装箱单的内容必须与货物实际包装相符；
2. 与发票、提单等相应项目要一致；
3. 装箱单的签发日期不得早于发票日期；
4. 装箱单一般不应显示货物的单、总价。

表3-2 装箱单

PACKING LIST

TO：

INVOICE NO. ________

DATE：________

S/C NO. ________

L/C NO. ________

FROM ________ TO ________ BY ________

MARKS& NUMBERS	DESCRIPTION OF GOODS	QUANTITY	PACKAGE	G. W.	N. W.	MEAS.
TOTAL：						

ISSUED BY：

（二）重量单（Weight List / Weight Note）

重量单是用以说明每个包装单位中重量情况的单据。

重量单的签发人可以是出口商、商品检验机构、公证行、重量鉴定人等。其中，商品检验公司出具的重量单即是重量检验证明书（Weight Certificate），作用是证明装货重量与合同相符。

在实务中，经常把重量单和装箱单合并为装箱/重量单（Packing / Weight List），以简化单据。

（三）尺码单（Measurement List）

偏重于说明货物每件的尺码和总尺码，即在装箱单内容的基础上再重点说明每个不同规格项目的尺码和总尺码。

此外，包装单据还包括装箱明细单（Packing Details）、磅码单（Weight Memo）和花色搭配单（Assortment List）等。

三、装箱单制作实例

已知资料如下：

出口商：TLANJIN TECHSUN CO，LTD，

60 DONG FENG EAST ROAD，TIANJIN，CHINA

进口商：VESTE BEYAS ESYE SAN，TIC. A. S

ORGANIZE SANAY BOLGEST 45030，MANISA，TURKEY

开证行：ASYA KATILIM BANKASIA. S. ISTANBUL，TURKEY

信用证号：901L/C2519031

开证日期：2014 年 4 月 20 日

发票日期：2014 年 5 月 12 日

发票号：TECH126

合同号：TECH1305

装运港：TIANJIN，CHINA

目的港：IZMIR，TURKEY

运输标志：VESTE

TECH126

IZMIR

C/No.：1-1000

货名：CONDENSER

数量：20000 PCS

包装：纸箱装，每箱 20PCS

毛重：7600KGS

净重：7400KGS

体积：58CBM

授权签署人：陈丹

已缮制的装箱单见表 3-4。

表 3-4 装箱单填制实例

TIANJIN TECHSUN CO，LTD.
60 DONG FENG EASTROAD，TIANIN，CHINA
PACKING LISI

TO：VESTE BEYAS ESYE SAN，TIC. A. S
ORGANIZE SANAY BOLGEST 45030，MANISA，TURKEY

INVOICE NO. TECH126
DATE： MAY 12，2014
S/C NO. TECH1305
L/C NO. 901L/C2519031

FROM TIANJIN TO IZMIR BY

MARKS& NUMBERS	DESCRIPTION OF GOODS	QUANTITY	PACKAGE	G. W.	N. W.	MEAS.
VESTE TECH126 IZMIR C/No.：1-1000	CONDENSER	20000PCS	1000 CARTONS	7600KGS	7400KGS	58 CBM
TOTAL：	SAY ONE THOUSAND CARTONS ONLY					

ISSUED BY：TIANJIN HSUN CO. LTD
陈丹

项目小结

本项目主要阐述了发票的分类和作用，阐明了商业发票的内容和制作方法，描述了包装单据的类别和作用，总结了装箱单的内容和制作方法。

项目闯关实训

☆单项选择题

1. 发票的本文不包括( )。

A. 发票内容　　B. 唛头　　C. 货物名称　　D. 货物规格

2. 在信用证方式下，发票签章人必须是( )。

A. 开证行　　B. 开证人　　C. 议付行　　D. 受益人

3. 以下( )种单据不属于发票类。

A. 花色搭配单　　B. 海关发票　　C. 领事发票　　D. 形式发票

4. 包装单据一般不应显示货物的( )，因为进口商把商品转售时只要交付包装单据和货物，不愿泄漏其购买成本。

A. 品名、总金额　　B. 单价、总金额

C. 包装件数、品名　　D. 品名、单价

5. 发票上的货物数量应与信用证一致，如信用证在数量前使用“约”、“大约”字眼时，应理解为( )。

A. 货物数量有不超过 5%的增减幅度　　B. 货物数量有不超过 10%的增减幅度

C. 货物数量有不超过3%的增减幅度　　D. 货物数量不得增减

6. 信用证中规定"PACKING LIST IN FIVE COPIES"，则受益人提交的装箱单的份数为(　　)。

A. 5份副本　　B. 1份正本4份副本

C. 不需要提交正本　　D. 5份正本至5份副本

7. 信用证要求提供厂商发票的目的是(　　)。

A. 查验货物是否已经加工生产　　B. 核对货物数量是否与商业发票相符

C. 检查是否有反倾销行为　　D. 确认货物数量是否符合要求

8. 一般情况下，商业发票的金额应与(　　)一致。

A. 合同金额　　B. 信用证金额　　C. 保险金额　　D. 实际发货金额

9. 海关发票是由(　　)制定的一种特殊发票格式。

A. 出口方　　B. 进口方　　C. 出口国海关　　D. 进口国海关

10. 下列(　　)点不是商业发票的作用。

A. 是进出口报关完税必不可少的单据　　B. 是全套单据的核心

C. 是结算货款的依据　　D. 是物权凭证

☆多项选择题

1. 以下(　　)单据作为发票的附属单据，对发票起着说明作用。

A. 运输单据　　B. 保险单据　　C. 装箱单　　D. 重量单

2. 国际货物买卖合同中的商品单价包括(　　)。

A. 计价货币　　B. 单位价格金额　　C. 计价单位　　D. 佣金率

3. 如果信用证没对货物数量订有增减条款，只要同时符合下列哪些条件，该货物的出运数量允许有5%的增减幅度(　　)。

A. 信用证未规定数量不得增减

B. 支取金额不超过信用证金额

C. 货物的数量不是按包装单位或个数计数的，如长度（米，码），体积（立方米），容量（升，加仑），重量（吨，磅）

D. 信用证不准分批

4. 下面关于海关发票的描述中，正确的是(　　)。

A. 出口商填写的

B. 出口人向出口地海关报关时提供的单据

C. 是进口人向进口地海关报关时提供的单据

D. 是进口地海关进行估价定税，征收差别关税或反倾销税的依据

5. 以下单据中，对发票起补充说明作用的有(　　)。

A. 装箱单　　B. 提单　　C. 尺码单　　D. 重量单

6. 商业发票是卖方向买方签发的证明货物的品质、数量、包装和价格等内容并凭借索取货款的凭证，其作用主要有(　　)。

A. 是买卖双方收付货款以及记账的依据

B. 可作为运费的收据

C. 是买卖双方办理报关、纳税的依据

D. 是缮制其他出口单据的依据

7. 以下单据作为发票的附属单据，对发票起着说明作用的是(　　)。

A. 运输单据　　B. 保险单据　　C. 装箱单　　D. 重量单

8. 商业发票的抬头一般不是(　　)。

A. 出口商　　B. 进口商　　C. 开证银行　　D. 受益人

9. 信用证要求“发票”而未做进一步定义，则受益人可以提交的发票有(　　)。

A. 商业发票　　B. 最终发票　　C. 临时发票　　D. 海关发票

10. 美国纽约乙公司开立一转让信用证以甲公司为受益人。甲公司向转让行申请转让给最终供货方第二受益人丙公司。转让金额为 USD8，000.00。原可转让信用证条款如下：

FROM：ABN AMRO BANK，NEW YORK

TO：BANK OF CHINA，JIANGSU

EXPIRY DATE AND PLACE：041112 ISSUING BANK'S COUNTER

AMT：USD100，000.00

LATEST SHIPMENT DATE：041015

BENEFICIARY：A COMPANY，NANJING，CHINA

APPLICANT：B COMPANY，NEW YORK，USA

MERCHANDISE：MEN'S COTTON SHIRTS USD10.00/PC，FOB NANJING

DOCUMENTS REQUIRED：

+ INVOCES ISSUED IN TRIPLICATE IN FAVOR OF B COMPANY

+ FULL SET OF BILL OF LADING MADE OUT TO ORDER OF SHIPPER NOTIFYING THE APPLICANT MARKED FREIGHT COLLECT.

+ BENFICIARY'S FAX SENT TO APPLICANT (FAX NO. 1-212-345-6789) ADVISING SHIPMENT DETAILS INCLUDING UNIT PRICE，TTL AMT，SHIPMENT DATE AND ETC WTTHIN 2DAYS AFIER SHIPMENT.

结合 UCP600 的规定，为了达到转让信用证转让的目的并便于业务操作，甲公司在申请转让时应联系乙公司修改的条款是(　　)。

A. 发票抬头　　B. 提单通知人　　C. 受益人传真　　D. 贸易术语

☆判断题

1. 商业发票日期可以晚于汇票日期。(　)

2. 信用证关于货物的描述为“blue cotton wears”，发票显示为“colored cotton wears”是可以的。(　　)

3. 如果合同和信用证中均未规定具体唛头，则填写发票时，“唛头”一栏可以空白不填。(　)

4. 信用证要求 PACKING LIST TO BE MADE OUT IN NEUTRAL FORM，则装箱单中不能显示出具人名称。(　　)

5. 商业发票上的货物描述应详细，而装箱单的货物描述只需用商品品名。(　　)

6. 托运单是日后制作提单的依据，所以信用证下托运单的制作要依据提单条款。（　）

7. 装箱单的主要作用是补充商业发票内容的不足，便于买方掌握商品的包装、数量及供进口国海关检查和核对货物。（　）

8. 商业发票的日期应早于提单的日期。（　）

9. 除非信用证另有规定，商业发票必须由信用证的受益人开立。（　）

10. 商业发票上的货物描述应详细，与信用证严格一致，不可像其他单据那样使用统称。（　）

☆**讨论题**

1. 信用证条款如下：

APPLICANT：XYZ COMPANY，ANYTOWN

BENEFICIARY：ABC COMPANY NANJING

DOCUMENTS REQUIRED：COMMERCIAL INVOICE IN 6 COPIES。

请问发票的抬头人应怎么填写？

2. 信用证条款如下：

APPLICANT：MIDDLEMAN COMPANY，HONGKONG

BENEFICIARY：ABC COMPANY，NANJING

DOCUMENTS REQUIRED：

FULL SET OF CLEAN ON BOARD OCEAN B/L MADE OUT TO ORDER AND BLANK ENDORSED MARKED FREIGHT PREPAID NOTIFYING XYZ COMPANY，NEW YORK，USA

COMMERCIAL INVOICE IN 6 COPIES MADE OUT TO ABOVE NOTFY PARTY.

请问发票的抬头人应如何填写？

3. 信用证条款：

FM：HANG SENG BANK，HONGKONG

TO：BANK OF CHINA，NANJING

DD：040206

L/C NO. 1234

L/C AMT：USD10，000.00

APPLICANT：XYZ COMPANY，HONGKONG

BENEFICIARY：ABC COMPANY，NANJING

DESCRIPTION OF GOODS AND/OR SERVICES：MEN'S SLACKS

PRICE TERMS：CIF HONGKONG

DOCUMETNS REQUIRED：COMMERCIAL INVOICE IN 6 COPIES CERTIFYING THE COUNTRY OF ORIGIN IS CHINA.

信用证未对发票做任何其他规定。

受益人的有权签字人为陈丹。

请问发票应怎样签署？

☆操作题

1. 按以下材料缮制商业发票

ISSUING BANK：TOKYO BANK LTD.，TOKYO

L/C NO.：9426

DATE OF ISSUE：140615

APPLICANT：SAKA INTERNATIONAL FOOD CO.

26 TORIMI-CHO NISHI - PU，NAGOYA 546，JAPAN

BENEFICIARY：NINGBO NATIVE PRODUCTS CO. NO.115 DONGFENG ROAD，NINGBO，CHINA

LOADING IN CHARGE：NINGBO，CHINA

FOR TRANSPORTION TO：NAGOYA，JAPAN

DESCRIPTION OF GOODS：20M/T FRESH BAMBOO SHOOTS AT CIF NAGOYA USD 1080.00 PER M/T AND 30 M/T FRESH ASPARAGUS AT CIF NAGOYA USD1600.00 PER M/T AS PER CONTRACT NO. NP94051

DOCUMENTS REQUIRED：

+COMMERCIAL INVOICE IN TRIPLICATE AND CERTIFY THAT THE GOODS ARE OF CHINESE ORIGIN.

………

SHIPPING MARKS：NO MARKS

制作发票的日期：2014年6月19日

COMMERCIAL INVOICE

TO：

INVOICE NO. ____________

DATE：____________

S/C NO. ____________

L/C NO. ____________

FROM ____________ VLA ____________ TO ____________ BY ____________

MARKS& NUMBERS	DESCRIPTION OF GOODS	QUANTITY	UNIT PRICE	AMOUNT
TOTAL AMOUNT				

ISSUED BY：

2. 按以下材料缮制装箱单：

ISSUING BANK：THE HONGKONG AND SHANGHAI BANKING CORPORA-

TION, HONGKONG

L/C NO.: CMD 20808

APPLICANT: HONGKONG ABC COMPANY

NO. 18 BUILDING BROADSTONE STREET, HONGKONG, CHINA

BENEFICIARY: NINGBO SHANY IMP& EXP CO.

NO. 12 ZHISHAN ROAD, NINGBO

COVERING: FROZEN SOYABEANS 10M/T CIF HONGKONG USD 920.00 PER M/T FROM NINGBO TO HONGKONG

PACKING: IN SEAWORTHY CARTONS SIZE IS 30CM * 30CM * 40CM/CTN

NET WIGHT: 20KGS PER CARTON

GROSS WEIGHT: 21KGS PER CARTON

INVOICE NO.: SY22

INVOCE DATE: APR. 15, 2014

CONTRACT NO.: SYA2000663

PACKING LISI

TO:

INVOICE NO. ________

DATE: ________

S/C NO. ________

L/C NO. ________

FROM ________ TO ________ BY ________

MARKS& NUMBERS	DESCRIPTION OF GOODS	QUANTITY	PACKAGE	G. W.	N. W.	MEAS.
TOTAL:						

ISSUED BY:

项目4　运输单据的制作

导入案例

2014年3月，苏州永丰进出口有限公司（以下简称“永丰公司”）与美国迈克公司签订了出口3000吨散装货物的买卖合同，贸易条件为FOB。5月，永丰公司收到开证行开来的信用证，其中要求永丰公司在代表该批货物的提单的托运人栏内填写迈克公司的名称。5月，永丰公司将3000吨的货物交给了某远洋运输公司，装船完毕后承运人签发了清洁提单，并应要求载明托运人为迈克公司，收货人为“To order”，运费预付。

当载货船舶将货物运抵目的港后，几天不见提货单持有人前往码头提货。因此，承运人按提单托运人迈克公司的指令，将该批货物直接交给了收货人。

永丰公司在取得的清洁提单上背书后向银行办理结汇，但银行在其背书上打X并以单据不符为由退回公司。于是永丰公司持正本提单，以无单放货为由，要求远洋运输公司承担赔偿责任。但远洋运输公司则认为，永丰公司虽然持有正本提单，但该提单为指示提单，其托运人为迈克公司，提单未经托运人迈克公司背书，永丰公司不能证明其具有提单合法当事人的身份，因而永丰公司与运输公司不存在权利和义务关系，因此，永丰公司不能向远洋公司主张权利。

问题：1. 永丰公司是否有权向运输公司索赔？

2. 此例中卖方与承运人应分别吸取那些教训？

项目要点

1. 国际货物运输的关系人
2. 运输单据的概念和性质
3. 运输单据的种类
4. 海运出口货物托运与运输单据制作
5. 航空运输货物托运与运输单据制作
6. 其他运输方式的货物托运与运输单据制作

任务一：国际货物运输关系人的认知

国际货物运输的关系人很多，货物运输关系的主要当事人一般有托运人、承运人、收货人三方，还有被通知人、货运代理等等。

一、托运人（Shipper/Consignor）

托运人是与承运人签订运输合同的关系人，也称货方。在一般情况下，托运人即是发货人，它有权指定收货人及其它运输事项。在实务中，买方有时也会要求将自己作为托运人。这是因为，此时的买方往往是转卖货物的中间商。中间商通过将自己显示为托运人，可以有效地保护自己的商业秘密。

二、承运人（Carrier）

承运人是指与托运人签订运输合同的关系人。承运人不一定是拥有运输工具、实际执行货物运输的实际运输人。例如，海洋运输的承运人可能是船舶的所有人，即船东，也可能是租船人。承运人对按时、安全地将货物运至指定目的地负责。所以，如货物在运送过程中发生损坏与灭失，应由承运人负责。

三、收货人（Consignee）

收货人是在目的港凭提单向承运人提取货物的关系人，通常是买方。在提单的收货人一栏，凭发货人的指示，可以作成记名式、不记名式和指示式三种抬头。

四、被通知人（Notify Party）

运输单据上的被通知人是承运人为了方便货主在目的港提货而通知的关系人。在提单的被通知人一栏中，它可以是收货人（买方），也可以是买方的指定人。在没有规定时，此栏也可以空白。

五、货运代理（Freight Forwarder）

是指接受进出口货物收货人、发货人的委托，以委托人的名义或者以自己的名义，为委托人办理国际货物运输及相关业务并收取服务报酬的当事人。

任务二：运输单据的概念和性质认知

运输单据是托运人将货物交给承运人后，由承运人或其代理人签发的证明承运人已收到货物并应将货物及时运输并交付收货人的单据。不同的运输方式下，承运人签发的运输单据各不相同，实践中常用的运输单据以海运提单和航空运单为主。

一、 海洋运输单据

（一）海运提单的概念和作用

海运提单（Marine Bill of Lading 或 Ocean Bill of Lading），简称提单（Bill of Lading，B/L）。它是指用以证明海上货物运输合同和货物已经由承运人接收或装船，以及承运人保证据以交付货物的单证。简单地说，海运提单就是指承运人或其代理人（轮船公司或其代理人）签发的证明货物已经收到或已经装载船上，并约定将该项货物运往目的地交于提单持有人的物权凭证。

海运提单具有以下三个方面的主要作用：

1. 作为承运人收到托运货物的书面收据。海运承运人或其代理人收到货物或将货物装上船舶后，即签发提单，以证明已收到或接管提单所列货物。

2. 作为运输合同的证明。如果承运人与托运人之间订有运输合同，提单往往是运输合同成立的证明。如果双方没有其它约定，那么，提单就会被视为双方之间的运输合同。正因为如此，提单是承运人与托运人处理双方在运输中的权利和义务问题的主要依据。

3. 作为货物所有权证书。提单代表着货物所有权，所以，提单的合法持有人有权凭提单向承运人提取货物。提单还具有可转让性，经过背书，提单可以被合法地转让。因此，提单是极其重要的一种单据，交付提单与交付货物所有权具有相同效力。

（二）不可转让海运单（Non-negotiable Sea Waybill）的概念和性质

不可转让海运单简称海运单（Sea Waybill 或 Ocean Waybill）。它是证明海上货物运输合同和货物由承运人接管或装船，以及承运人保证据以将货物交付给单证所载明的收货人的一种不可流通的单证。

1. 海运单与提单的区别。如前所述，海运提单有三个作用，即作为承运人收到托运货物的书面收据；作为运输合同的证明；作为货物所有权证书。海运单具有提单的第一、二项作用，但它不是凭以提货的物权凭证，因此海运单不可以转让。具体说来，在海运提单的情况下，只要提单背书转让程序完备，承运人可把货交给提单的持有人；而在海运单的情况下，承运人不凭海运单而凭海运单载明的收货人的提货或收货凭条交付货物，只要该凭条能够证明其为海运单上注明的收货人即可。因此在任何情况下，不可转让海运单上的收货人一栏，只能是实际收货人，而不能作成不记名式抬头或可转让形式的凭指示（To Order）抬头及凭某某指示（To Order of XX）抬头。

2. 海运单的优点。目前，欧洲、斯堪的纳维亚半岛、北美和某些中东、远东地区越来越倾向于使用不可转让海运单，其主要原因如下：

（1）在信用证支付方式下，提单通过出口地银行审单转到进口地开证行，开证行审单后才会交给进口商，时间上往往落后于货物的到达，尤其是短途运输。进口商收不到提单，只能凭银行担保向船公司提货，这不仅费时费力，而且还需要支付担保手续费，增加了进口商额外经济负担。不可转让海运单不须凭提单提货，对进口商来说，提货及时，手续简便，费用节省。

(2) 由于海运单不可以背书转让，这在一定程度上减少了以假单据进行诈骗的现象。

(3) 海运提单作为货权凭证，其转让是通过纸张单证来实现的，但 EDI 的电子提单到目前为止还没有得到普遍承认，不可转让海运单在 EDI 的技术处理上就不存在这一困难。因此，为了 EDI 的顺利推行，国际上倾向于扩大不可转让海运单的使用。

3. 为了进一步扩大不可转让海运单在国际上的使用，亟需解决如下两个问题：

(1) 不可转让海运单在国际范围内作为一种运输单据使用，如果没有国际法规或统一惯例的制约，一旦有关各方发生争端，缺乏处理准则，这会增加人们在使用这种单据时的不安全感。

(2) 在信用证支付方式下，进口方、出口方和银行对于海运单各有顾虑之处，只有协调好各方的矛盾与风险问题，海运单才能被广泛的接受。

二、 航空运输单据

(一) 航空运输单据概念

航空运输（Air Transport）是一种现代化的运输方式。与其它运输方式相比，它具有运输速度快、运输安全准确、节省保险和储存费用以及运费贵、运量相对小的特点。所以，在国际贸易中，航空运输特别适合运送贵重商品、急用物资、季节性强的商品、鲜活商品及易腐商品等。空运分班机和包机两种方式。

航空运输单据通常称为航空运单（Air Waybill）。它是航空公司或其代理人签发的确认收到货物并保证负责将该货物以航空运输方式运至目的地交受货人的货运单据，是承托双方的运输合同，其内容对双方均具有约束力。

(二) 航空运单的性质

航空运单是货物的收据，也是托运人与承运人之间的运输契约的证明，但它不具有物权凭证的性质。收货人不是凭空运运单提货，而是凭航空公司的提货通知单提货，因此，航空运单是不可以转让的，也不能作为有价证券流通，在航空运单的收货人栏必须详细填写实际收货人的全称和地址，而不得作成不记名式抬头或指示式抬头。

(三) 航空运单的作用

航空运单的主要作用有：

1. 作为货物的收据。在发货人将货物发运后，承运人或其代理人就会将其中一份交给发货人，作为已经接受货物的证明。

2. 作为发货人和承运人之间的运输合同。

3. 作为运费账单及记账凭证。航空运单分别记载着属于收货人负担的费用，属于应支付给承运人的费用和应支付给代理人的费用，并详细列明费用的种类。

4. 可作为保险证书，即航空运单上可加载保险条款，则该运单又成为保险证书。

5. 是承运人办理业务的依据。航空运单随货同行，证明了货物的身份。运单上载有有关该票货物发送、转运、交付的事项，承运人会据此对货物的运输做出相应安排。

6. 是海关清关的重要单据。出口时航空运单是报关单证之一。在货物到达目的地机场进行进口报关时，航空运单也通常是海关查验放行的基本单证。

7. 是受益人按信用证规定向有关银行交单议付的单据。

任务三：运输单据种类认知

运输单据按运输方式的不同，分为海洋运输单据、空运单据、公路、铁路、内河运输单据、邮包收据或专递、多式运输单据等。

一、海运提单的种类

海运提单的种类繁多，可以从不同角度加以分类：

（一）根据货物是否已装船，分为“已装船提单”和“备运提单”

“已装船提单”（Shipped B/L，On Board B/L）是指承运人在货物已经装上指定船舶后所签发的提单。这种提单上必须注明装货船名和装船日期，提单签发日期即装船日期。

《UCP600》中规定，除非信用证另有规定，银行接受的海运提单是已装船提单。这是因为，根据多数国家的法律，只有在货物确已装船后，承运人才可签发已装船提单。所以已装船提单对按时到货较有把握，买方愿意接受已装船提单，一般信用证也大都规定要提交已装船提单。

“备运提单”（Received for Shipment B/L）又叫收妥备运提单、收货提单、收讫待运提单等，是指承运人已收到托运货物等待装运期间所签发的提单。备运提单与已装船提单有着明显区别。已装船提单在正面条款都规定：“Shipped on Board in Apparent Good Order and Condition……”或类似条款。备运提单则规定“Received in Apparent Good Order and Condition……”。备运提单即使列有承运船名，也只是计划要装的船只。如果嗣后未能装上该船，船公司并不负责。所以，备运提单实际上并非运输条约，它只是一张收据。为保护货方利益和银行利益，除非信用证另有规定，银行一般不接受备运提单。但是备运提单可以在项下货物装上载运船只后，由船公司换发给托运人已装船提单，也可以在原备运提单上加注“装船注记”（On Board Notation）后转换为已装船提单。这里需要注意的是，装船注记的内容应包括三个方面：“ON BOARD”字样，加注日期，以及承运人或其代表人签字。经过加注装船注记后转换为已装船提单的备运提单，与已装船提单具有相同效力，银行可以接受。在这种情况下，货物的装运日期是加注的装船日期，而不是备运提单的出单日期。

（二）根据提单上是否有批注，可分为“清洁提单”和“不清洁提单”

“清洁提单”（Clean B/L）也称洁净提单，是指承运人或其代理人对所签发的提单未批注关于货物的外表状况或包装状况有缺陷或不良等条款。一般提单均印有货物“表面状况良好”（In Apparent Good Order）字样。如果提单上未加注任何批注用以修改此文句，就说明货物装船时外观良好，不短少。这种提单就是清洁提单。值得注意的是，清洁提单说明的是货物装船时的外表状况和包装件数，并不说明货物的内在质量和具体数量。

“不清洁提单”（Unclean B/L，Foul B/L）也称不洁净提单，又称瑕疵提单、有批注提单。它是指带有承运人关于货物表面状况不良或包装有缺陷等批注的提单。承运人在收到货物或装载货物时，发现货物或其外包装有某种缺陷或各种不良情况，即在提单上给予相应批注，从而构成不清洁提单。例如，包装破裂、货物外漏、捆扎脱松、外箱潮湿、件数短少等。但是，并非所有的提单批注均构成不清洁提单。加注如下批注的提单则不视为不清洁提单：

1. 免责条款。主要说明由于货物的性质或包装产生的风险，承运人免责。

2. 未明确表示货物与包装不良的批注。例如，Second-hand Case（二手箱）。

3. 对运输方式、附加费用的说明。

4. 内容不知悉条款。即表示承运人对货物内容、品质、规格、重量、尺码等均不知悉。

根据《UCP600》的规定，除非信用证另有规定，银行将拒绝接受不清洁提单，而只接受清洁提单。这是因为，根据买卖合同，卖方必须提供合格的货物，这意味着货物本身和包装都是合格的、完好无损的。所以，收货人不愿意接受不清洁提单，银行也会拒绝接受、拒绝议付。

（三）根据提单的格式和条款是否全面，分为“全式提单”和“简式提单”

“全式提单”（Long Form B/L），又称“繁式提单”，是指不仅有齐全的正面内容，而且在背面还列有承运人和托运人在权利和义务方面的详细条款的提单。全式提单并不是在提单上印有“全式”字样，只要提单正面、背面条款完整、齐全，就是全式提单。在国际贸易中，目前使用的提单大多数是全式提单。

“简式提单”（Short Form B/L），又称为“略式提单”，是指背面无条款，而只列出正面内容和条款的提单。这种提单内一般都印有“本提单货物的收受、保管、运输和运费等事项，均按本公司全式提单上的条款办理”的字样。简式提单在美国使用较多，它对货方并无不利影响。根据《UCP600》的规定，银行对于简式提单也予以接受。

（四）根据航运业经营方式不同，分为“班轮提单”和“租船提单”

“班轮提单”（Liner B/L），是指由班轮公司承运货物后签发给托运人的提单。所谓班轮（Liner，或 Regular，Line Vessel），是指公布船期，按规定的时间、固定航线，沿途停靠固定的港口而航行的船舶。班轮运输时，承运人按公开的费率收取运费，所有的装卸费、理舱费等均记入班轮费率表中，不再另行收取费用。一般情况下，班轮公司以付清预付运费作为签发提单的条件，或以付清到付运费作为货主提货的条件。由于班轮提单的运费及其它规定是分开的，并且班轮具有稳定性和预期性，对收货人比较有利，因此按照惯例银行接受班轮提单。

“租船提单”（Charter Party B/L）又叫租船契约提单，是指承运人根据租船合同签发的提单。托运人在大宗货物交易的情况下，为了减少运费，通常是包租不定期船（Tramp）整船运输，托运人与船方签订租船契约。货物装上所租的船只后，船方出具的提单就是租船提单。租船提单上通常注明“一切条件、条款和免责事项按照某某租船合同”的字样。由于租船提单是根据租船契约出具的，所以该提单只列有货名、数量、船名、装运港、目的港等主要条件，不列详细条款。根据《UCP600》的规定，“除非信用证另有规定，银行将拒收注明以租船契约为准的运输单据。”这是因为，租船提单是根据租船契约签发的，要受租船契约的约束，它不是一个独立而完整的文件，仅从提单上银行无法看出它受租船契约约束的情况，加之租船契约条款复杂，银行不愿承担由此带来的额外责任与风险。如果信用证中规定可以接受租船提单，那么银行都要求卖方在提交提单时同时提供租船合同副本。

（五）根据承运方式不同，可分为“直达提单”、“转船提单”和“联运提单”

“直达提单”（Direct B/L），又叫直运提单，是指由同一船舶将货物直接从装运港运达目的港卸货而签发的提单。在国际贸易中，收货人一般都希望货物直运，因为：直运可以免去中途转运带来的货损风险；收货人可以较快收到货物；船方为一家船公司，责任明确。通常说来，直达提单上仅记载启运港和卸货港，其他如前段运输栏、收货地栏及最后目的地栏均为空白。一般说来，银行都接受直达提单。

“转船提单”（Transshipment B/L），是指载明转船运输的提单。从装运港载货的船舶不直接到达货物的目的港，须在中途其它港口换船转运的海洋运输，称为转船运输。在实务中，如果提单上除了列明装运港和卸货港外，还有一个名称不同于卸货港的最后目的港，那么这份提单就是转船提单。在转船提单的情况下，货物在卸货港的转运手续是由第一承运人即签发提单的船公司负责代办的，第一承运人签发的是全程提单，他对货物的全程运输负责。转船提单一般来说对进口商（收货人）不利，因为：货物在中途换船，一卸一装易于受损；运输时间较长；增加了转船附加费；运输环节较多导致货运风险增加。

“联运提单”（Through B/L），是指由海运和其它运输方式联合运输时由第一程承运人（船公司）所签发的，包括全程运输并能在目的港或由目的地凭以提货的提单。联运可以是相同运输方式的联运，如海海联运，也可以是不同运输方式的联运，如海陆联运、海空联运等。所以，联运提单的范畴大于转船提单，转船提单是联运提单的一种，属于联运提单中的海海联运提单。除转船提单外，联运提单还包括海陆联运提单、海空联运提单、海河联运提单等。

（六）根据收货人抬头不同，分为“记名提单”、“不记名提单”和“指示提单”

“记名提单”（Straight B/L）又叫收货人抬头提单（Named Consignee B/L），是指在提单上的收货人栏中填明特定的收货人名称，只能由该收货人凭以提货的提单。记名提单的抬头人可以是买方、开证行或托收业务中的代收行。记名提单不可转让，收货人提货时必须证明身份，故在一定程度上能防止冒领货物。目前记名提单一般用于高价商品或特定商品如原油、矿砂等。但是，由于记名提单不能通过背书进行转让，国际贸易中一般商品很少使用。

“不记名提单”（Open B/L，Blank B/L）又叫来人提单（Bear B/L），是指提单的收货人栏中留空不填，或填“交持票人”（To Bearer）的提单。这是一种货交来人式的提单，不论任何人持有这种提单，都可向承运人提取货物，提单的转让也不需经过任何背书手续，提单持有人仅凭提单就可提货。因此，提单如果遗失或被窃，然后再流入第三者手中，极易引起纠纷，对买卖双方风险太大，目前在国际贸易中也很少使用。

“指示提单”（Order B/L）是指在提单收货人栏内填写“凭指示”（To Order）或“凭某某人指示”（To Order of XX）字样的提单。目前这种提单使用比较普遍，一般信用证方式和托收方式都采用。在信用证项下，指示提单的收货人根据信用证的要求填写。其中，“凭指示”（To Order）抬头的提单使用最多。这是因为，出口方不仅可以直接通过持有提单控制物权，还可以通过背书将提单转让。这种“凭指示”抬头的提单也称为“空白抬头”提单。此外，还有“凭某某人指示”（To Order of XX）抬头的提单。

指示提单的转让必须要背书。背书分为空白背书和记名背书两种。前者是指仅由提单转让人在提单背面签字盖章而不注明被背书人的名称，后者是在提单背书签章后，还列明被背书人的名称。在国际贸易中大都采用空白抬头、空白背书的提单。值得注意的是，并非所有的提单都可以转让，只有不记名提单和指示提单可以转让。指示提单经空白背书后则成为不记名提单，持有人可凭以提货。

（七）根据提单能否先于载货船舶到达目的港，分为“正常提单”和“过期提单”

正常提单（Unstale B/L，Fresh B/L，或 Current B/L）。正常提单是相对于过期提单而言。对于出口商而言，正常提单指在信用证规定的有效期内交单的提单；对于进口商而言，正常提单指早于载货船舶到达目的港收货人手中的提单；对于银行而言，正常提单指可以早于载货船舶到达目的港交于对方银行的提单。根据《UCP600》的规定，如果信用证中未规定交单的期限，银行将拒收迟于出单日期 21 天后提交的单据。所以，提单只有在信用证规定的有效期及交单日期内提交银行议付（如未规定交单期限，最迟不得迟于提单出单日后 21 天），才是正常提单。

过期提单（Stale B/L）。过期提单是相对于正常提单而言。从出口商角度来看，未能在信用证规定的有效期内交单的提单是过期提单；从进口商角度来看，凡是货物抵达目的港后收货人才收到的提单是过期提单；从银行角度来看，预计晚于载货船舶到达目的港才能交于对方银行的提单也是过期提单。导致过期提单的原因主要有两个方面：一是由于托运人在交单结汇前有过不应有的延误；二是由于近洋短途运输（如我国运往日本、韩国等的货物，航程仅 3 天左右，货运单据处理速度无论如何也难跟得上货物运输的速度），很难避免过期提单的出现。由于过期提单不能使收货人于船到后及时提货，易于导致货物变质、保险过期或增加仓储费用，银行一般不接受过期提单。但是，对于近洋运输难免出现的过期提单现象，卖方可以要求信用证加列“过期提单可以接受”的条款或确保足够的交单期。

另外，一些银行将签发日期早于信用证开立日期的提单也视为过期提单。实际上，这种提单应称为“先期提单”，它说明在信用证开立之前已先行装运。对于这种先期提单，银行不应视为不符点，只要提单各项均符合信用证规定，而且又在信用证规定的有效期内向银行提交，银行应该接受。当然，如信用证中规定提单的签发日期不得早于信用证开立日期，则另当别论。

（八）根据运费支付方法不同，分为“运费预付提单”和“运费到付提单”

运费预付提单（Freight Prepaid B/L）。提单上注明“运费预付”（Freight Prepaid）字样者即为运费预付提单。在 CIF、CFR 价格条件下，卖方在托运货物时必须预付运费，由此产生运费预付提单。

运费到付提单（Freight Collect B/L.）。提单上注明“运费到付”（Freight Collect）字样者即为运费到付提单。在FOB价格条件下，运费是由买方支付，由此产生运费到付提单。

由于运费由谁负担是一个很重要的问题，提单上通常都注明运费是预付还是到付。根据《UCP600》的规定，如信用证中对运费的支付方有明确的规定，提单应按信用证的要求出具。如果信用证未作规定，银行可以接受运费到付提单，但运费到付不能和其他单据上的记载相矛盾。即，运费到付必须与价格条款的要求相一致。例如，提单上注明运费到付，但发票上的价格条款却标明CFR OSAKA。在这种情况下银行是不会接受运费到付提单的。

（九）根据提单使用效力，可分为正本提单和副本提单

正本提单（Original B/L）是指提单上有承运人、船长或其代理人签名盖章并注明签发日期的提单。正本提单上必须标明“正本”（Original）字样，一般有两份或三份，凭其中任何一份均可提货。但提货后其余的正本提单均告作废。由于正本提单在法律上是有效的单据，买方或银行通常都要求卖方提供船公司签发的全部正本提单，即所谓“全套”（Full Set）提单。

副本提单（Copy B/L）是指提单上没有承运人、船长或其代理人签字盖章，而仅供参考之用的提单。副本提单一般都标明“副本”（Copy）或“不可流转”（Non-negotiable）字样，或不标明“正本”（Original）字样。

值得注意的是，虽然提单根据不同的分类方法可以被归纳为不同的称呼，但每种称呼的提单之间并不是完全对立或独立的。例如，一份提单根据不同的分类方法，可以同时是已装船提单、直达提单、清洁提单、班轮提单、指示提单、运费预付提单、正常提单、全式提单等等。

二、航空运单的种类

（一）根据签发人的不同，航空运单可以分为主运单和分运单

1. 主运单（Master Air Waybill），简称MAWB。主运单是由航空公司签发的空运运单。

2. 分运单（House Air Waybill），简称HAWB。分运单是航空货运代理公司在办理航空货物集中托运业务时签发给托运人的空运单据。

主运单与分运单在内容上基本相同，法律效力也无不同。但长期以来，在信用证项下，HAWB的可接受性要差一点。

（二）航空运单的正副本

我国的航空运单按照国际习惯，共有正本一式三份：第一份正本注明“Original-for The Issuing Carrier”，由航空公司留存。第二份正本注明“Original-for The Consignee”，由航空公司随机带交收货人。第三份正本注明“Original-for The Shipper”，应交付托运

人。副本往往有多份，分别注明“For Airport of Destination”、“Delivery receipt”、“For Second Carrier”及“Extra Copy”等，由航空公司按规定和需要进行分发。

任务四：海运出口货物托运与单据制作

一、　海运出口货物托运

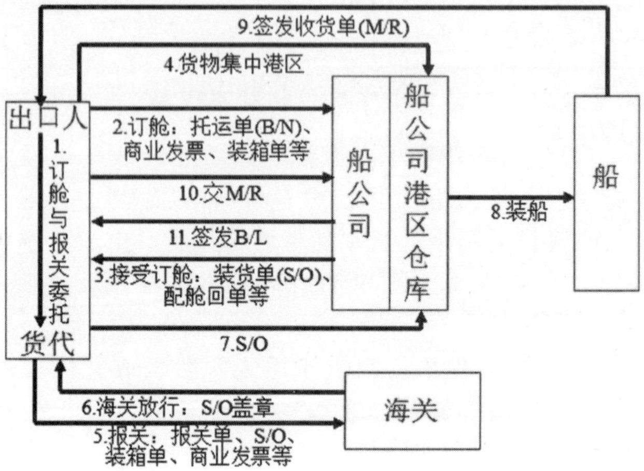

图 4-1　海运出口货物托运流程

（一）托运手续

在以 CIF 或 CFR 条件成交的国际贸易合同，应由卖方安排运输。出口企业在货、证备齐后，即可办理托运工作。

托运人（卖方）根据合同和货物实际出运情况填制订舱委托书，随附商业发票、装箱单等其它必要的单据，委托货运代理代为办理订舱手续。有时还委托其它代理报关及货物储运等事宜。货代接受订舱委托后，根据货主的具体要求按航线分类整理后，缮制货物托运单，随同商业发票、装箱单等必要单据一同向船公司或其代理办理订舱。卖方也可直接向船公司或其代理订舱。当船公司或其代理签出装货单后，订舱工作即告完成，意味着托运人和承运人之间的运输合同已经缔结。

（二）海运出口托运单的缮制

托运单（Booking Note）是出口商（发货人/托运人）在报关前向船方或其代理人（承运人）申请租船订舱的单据。它是缮制提单的主要背景资料，是船公司制做提单的依据，如果托运单缮制有岔错、延误等，就会影响到其他单证的流转。因此，需要正确、快速制单，从而保证安全收汇。

表 4-1 出口海运托运单

公司编号	出 口 货 物 托 运 单	日期
1)发货人	4)信用证号码	
	5)开证银行	
	6)合同号码	7)成交金额
	8) 装运口岸	9)目的港
2)收货人	10)转船运输	11)分批装运
	12)信用证效期	13)装船期限
	14)运费	15)成交条件
	16)公司联系人	17)电话/传真
3)通知人	18)公司开户行	19)银行帐号
	20)特别要求	

21)标记唛码	22)货号规格	23)包装件数	24)毛重 KGS	25)净重 KGS	26)数量 PCS	27)单价	28)总价
		29)总件数CTNS	30)总毛重	31)总净重	32)总数量	33)总尺码CBMS	34)总金额
34)备注							

1. 托运单编号（Number），一般填写商业发票的号码。

2. 发货人（Shipper），又称托运人。一般情况下，填写出口公司的名称和地址。

3. 收货人（Consignee）。在信用证支付的条件下，对收货人的规定常有以下两种表示方法：

（1）记名收货人。记名收货人是直接将收货人的名称、地址完整地表示出来。这时，收货人即是合同买方。但是记名收货人的单据不能直接转让，这给单据的买卖流通设下了障碍。故记名收货人的表示方法不常使用。

（2）指示收货人。指示收货人是将收货人以广义的形式表示出来。常用空白指示和记名指示两种表达法。指示收货人掩饰了具体的收货人的名称和地址，使单据可以转让。在空白指示（不记名指示）的情况下，单据的持有人可以自由转让单据。在记名指示情况下，记名人有权控制和转让单据。指示收货人的方法补充了记名收货人方法的缺陷，但也给船方通知货方提货带来了麻烦。对此被通知人栏目作出补充。

4. 被通知人（Notify Party），此栏填写信用证中规定的被通知人。被通知人的职责是及时接受船方发出的到货通知并将该通知转告真实收货人，被通知人无权提货。

5. 装运口岸（Port of Loading）。这一栏内容由出口企业按信用证规定的要求填写。

6. 目的港（Port of Destination）。此栏目按信用证的目的港填写。填写时注意重名港口现象，如有重名，往往在港口后写明国名。

如果目的地是一内陆城市，这一栏目填写卸下最后一艘海轮时的港口名称。

在计算运费时，是根据托运单的本项内容计算航程的。

7. 转船（Transhipment）。填写要求与“分批”一致，只能在“允许”或“不允许”

两者取一。

8. 分批（Partial Shipment）。按照合同或信用证条款填写。只能限在“允许”或“不允许”两者中取一。

9. 信用证效期（Expiry Date）。该栏目的填写一般按信用证的规定填写。

10. 装运期限（Time of Shipment）。在信用证支付条件下，装运期是最重要的期限之一，要求严格遵守。

11. 运费（Freight）。一般不显示具体运费，只填写“运费待付”或“运费预付/已付。

12. 运输标志（Shipping Marks）。此栏填写信用证或合同都规定的唛头，买卖合同或信用证中没有规定唛头，可填写 N/M。

13. 货物说明（Description of Goods）。填写商品的名称和规格，对这一栏的内容允许只写大类名称或统称，但是不能与信用证的规定相矛盾。如果同时出口不同的商品，应分别填写。

14. 重量（Gross Weight/Net Weight）。重量应分别计算毛重和净重。

15. 数量（Quantity）。托运单中的数量是指最大包装的件数。

16. 尺码（Measurement）。该栏目填写一批货的尺码总数，一般单位为立方米。

17. 特别条款，根据信用证要求或合同要求中有关运输方面的特殊条款。

18. 提单正本份数。一般一式三份，三份正本提单同时有效（THREE ORIGINAL BILL OF LADING 或者 ORIGINAL BILL OF LADINGIN THREE），FULL SET OF BILL OF LADING，指全套正本提单。

19. 签字，经办人签字，出口企业盖章。其他项目如船名、提单号码等由船方或其代理人填写。

二、 海运提单的制作

由于提单是由各航运公司自己设计的，所以提单的格式是不尽相同的。但是，随着近年来单据标准化的观点被国际上广泛接受，提单的主要内容却逐渐趋于一致。一般说来，提单内容包括正面和背面两部分内容。对于提单的缮制主要集中在正面内容上。

提单的正面

包括主要下列内容：

1. 提单（Bill of Lading）或联合运输提单（Combined Transport Bill of Lading）等字样。一般印刷在提单正面的最上端。

2. 提单号码（B/L No.）。提单号码是承运人进行业务处理必须的顺序号，可以用以区分不同的货物及托运人，一般位于提单的右上角。

3. 托运人（Shipper）。托运人一栏应根据信用证的要求填写托运货物者的全称。托运人一般为出口单位，也就是信用证的受益人，如信用证另有规定，也可以第三者作为托运人，这主要是为了贸易上商业机密的需要。

4. 承运人（Carrier）。这一部分一般位于提单的右上部分。根据国际商会银行委员会的意见，提单上必须标明承运人的名称，除非信用证有相反的规定。提单上的承运人必须表示以运输公司身份注册。

5. 收货人（Consignee）。这一栏很重要，应按信用证或合同的要求填写。一般说来，有三种方法填制，即记名式，不记名式和指示式。一般信用证支付方式多使用指示式。

6. 被通知人（Notify Party）。这一栏填写信用证或合同规定的被通知人，如未规定，也可以空白。一般说来，被通知人是收货人的代理人，货到目的港后承运人通知其办理提货前的有关事宜。所以要求提单的被通知人一定要有详细的地址，最好还有电话、传真等，以供承运人或其代理人及时通知。托收支付方式的被通知人一般填写托收的付款人。

7. 收货地（Place of Receipt）。收货地在班轮提单上是不填的，因为班轮运输时，船公司是自货物越过船舷，吊钩下或舱底开始接货的。只有在多式联运或集装箱运输的情况下，在远离港口的某地接货时才注明收货地。

8. 装货港（Port of Loading）。装货港即为起运港，是承运人责任的起点。在信用证方式下，如信用证规定为“中国港口”，提单不能照填“中国港口”，而应按我国实际出运港口的名称填写。

9. 卸货港（Port of Discharge）。卸货港是将货物从船舶上卸载的地方。一般就是目的港。信用证规定两个以上港口者，只能选其中之一卸货和填制提单。当然，如属 FOB 交货条件项下或由卖方选港而又在装运后才能宣布选港者除外。

10. 目的地（Place of Delivery）。目的地又叫交付地，普通海运提单上一般不用填写。

11. 船名（Name of Vessel）、航次（Voyage No.）。提单中须列明船名航次，尤其是班轮提单，如不列明，银行会认为该提单是“收讫备运提单”。

12. 唛头（Shipping Mark）、件数（Numbers）及包装（Kinds of Package）、货名（Description of Goods）、毛重（Gross Weight）、体积（Measurement）等。这些内容一般印刷在提单的中间部位，是提单的主体内容。信用证规定有唛头，应完全一样照填，并与货物唛头及其它单据上的唛头一致。件数号和包装单位都应与实际货物相一致，并在大写合计数栏填写大写的英文数目。如果货物包括两种以上不同包装单位，应分别填列不同包装单位的数量，然后再表示总和计件数。散装货物件数栏只填“In Bulk”，大写合计数栏可留空不填。除非信用证另有规定，提单一般不填净重，只表示毛重即可。毛重按公斤表示，公斤以下往往按四舍五入原则处理。容积一般以立方米表示，立方米以下保留小数点后三位。

13. 运费和其它费用（Freight and Charges）付款地点和方式（Payable at）。提单上一般只是说明“运费预付”或“运费到付”而不一定打出运费具体金额。在 CIF、CFR 等价格条件下，运费栏填写“Freight Prepaid”或“Freight Paid”；而在 FOB 价格条款下，运费栏填写“Freight Collect”或“Freight Payable at Destination”。租船提单一般要求填“Freight Payable as per Charter Party”。

14. 正本提单的张数（No. of Original B/L）。正本提单往往有几份，承运人必须在提单上说明整套提单的正本份数。如果信用证要求提交全套提单，那么正本提单的份数一张也不能少。通常说来，正本提单一式三份。

15. 提单签发地点、日期（Place and Date of Issue）。提单的签发地点就是承运人营业所在地；签发日期在备运提单上是收货日期（Date of Taking in Charge），在已装船提单上就是装运日期（Date of Shipment）。提单签发日期不能晚于信用证规定的装运期限。

16. 一些契约文字。包括：收货或装船文句，内容不知悉文句，承认接受文句，签署文句，等等。

17. 承运人签章（Signature of The Carrier）。提单上承运人签章栏的签章必须由承运人单位的全称和签字人名字的全称。签章可以是手签或盖章等。一般说来，有四种人可以签发提单，即承运人、载货船船长和与承运人或载货船船长订有代理合同的机构的有权签字人。

（二）提单的背面包括下列内容：

1. 货方的定义。一般说来，托运人（Shipper）、受货人（Receiver）、收货人（Consignee）、提单持有人（Holder）和货物所有人（Owner of Goods）被定义为货方的范畴。

2. 适用的法律条款。提单背面的适用法律条款包括：首要条款（Paramount Clause）、管辖权条款（Jurisdiction Clause）和诉讼条款（Law of Suit of Clause）等。这些条款规定了当提单发生争执，哪个法院有审理和解决案件的权力及依照何国法律审理。

3. 承运人责任条款。承运人责任条款亦称首要条款，规定提单受何种国际法制约。目前绝大多数提单应用1924年的海牙规则，因该规则对承运人最为有利。一般提单规定承运人的责任期从货物装上船舶起至卸离船舶为止。集装箱提单则规定从承运人接受货物至交付指定收货人为止。

4. 包装和标志（唛头）条款。要求托运人对货物提供妥善包装和正确清晰的唛头。

5. 运费和其它费用条款。预付运费及其它费用必须在装船前支付，最迟在取得提单前支付。到付则应在货物到达后换取提货单前支付。即使船货遭到灭失或损坏时运费仍应照付。

6. 舱面货物、活动物和植物条款。这三类货物的接收、搬运、运输、保管和装货风险均由托运人（或收货人）承担。

7. 留置权条款。该条款规定在何种情况下，承运人可以行使留置权。

8. 损害赔偿条款。规定承运人对货物灭失或损坏造成的损失如何赔偿及赔偿的时间和最高限额。

9. 转运、换船联运条款。规定船方在必要时有权以其他船转运货物，且船方只负责自己运输的一段。

10. 装货、卸货和交货条款。班轮并不规定每天的装卸货率，但规定船方有权日夜装卸货，包括周日及节假日，货主必须按此供货或提货。船方有权不加通知就卸货，并作为交货完毕。

11. 战争、检疫、冰冻、罢工和港口拥挤条款。该条款主要用于在战争、检疫、冰冻、罢工和港口拥挤等承运人不能控制的情况发生并导致船舶及货物不能安全到达目的港卸货时，赋予承运人在其它安全和便利的港口卸货的权利。这时，运输合同应认为已经履行。

12. 共同海损条款。规定发生共同海损时依照什么规则进行理算。

13. 此外，提单背面条款中还可能包括残短通知条款、集装箱装货条款和危险品条款等等。

三、 海运提单制作实例

信用证资料

FROM：UFJ BANK，TOKYO

TO：BANK OF CHINA，SHANGHAI BRANCH

DOCUMENTARY CREDIT NUMBER：HT2014

DATE AND PLACE OF EXPIRY：FEB. 25，2014

APPLICANT：XYZ COMPANY，6-2 OHTEMACHI，1-CHOME，CHIYADA-KU，TOKYO

BENEFICIARY：ABC COMPANY，NO. 128 JIEFANG ROAD，SHANGHAI

AMOUNT：USD9712.50

AVALIABLE WITH：ANY BANK

SHIPMENT FROM：SHANGHAI，CHINA

FOR TRANSPORTATION TO：TOKYO，JAPAN

LATEST DATE OF SHIPMENT：JAN. 18，2014

PARTIAL SHIPMENT AND TRANSHIPMENT ALLOWED.

COVERING：

GOODS：5250PCS HOSPITAL UNIFORM AT USD1.85/PC UNDER CONTRACT NO. 14JS002

PRICE TERM：CIF TOKYO

DOCUMENTS REQUIRED：

FULL SET（3/3）OF CLEAN SHIPPED ON BOARD OCEAN BILL OF LADING MADE OUT TO ORDER OF ISSUING BANK，NOTIFYING APPLICANT AND MARKED FREIGHT PREPAID SHOWING FINAL DESTINATION AS TOKYO.

……

ADDITIONAL CONDITIONS：

FOR SHIPMENT BY SEA，GOODS MUST BE SHIPPED IN CONTAINER.

附加信息：

SHIPPING MARKS：XYZ
TOKYO
14JS002
1-88 CTNS

船长签发的装货单显示：

SHIPPER：V-STAR COMPANY，SHANGHAI

5250 PCS HOSPITAL UNIFORM

OCEAN VESSEL VOYAGE：VICTORY V. 666

G. W.：1232KGS，MEAS.：4.20M3

PACKED IN 88 CARTONS.

SHIPPED IN ONE CONTAINER（CONTAINER NO. APLU123，SEAL NO. 006789，CY/CY）

海运提单由承运人的代理人 PERFECT LOGISTICS COMPANY 签发。签发地点：上海

签发日期：2014 年 1 月 17 日。签发人：陈丹

已填制的海运提单见表 4-2

表 4-2 海运提单实例

BILL OF LADING

1)SHIPPER V-STAR COMPANY,SHANGHAI		10)B/L NO. COS-SH-111 **COSCO**
2)CONSIGNEE		中国远洋运输（集团）总公司 CHINA OCEAN SHIPPING (GROUP) CO.
3)NOTIFY PARTY XYZ COMPANY，6-2 OHTEMACHI，1-CHOME，CHIYADA-KU，TOKYO		
4)PLACE OF RECEIPT SHANGHAI	5)OCEAN VESSEL VICTORY	
6)VOYAGE NO. V.666	7)PORT OF LOADING SHANGHAI	*ORIGINAL*
8)PORT OF DISCHARGE TOKYO	9)PLACE OF DELIVERY	Combined Transport BILL OF LADING

11)MARKS	12) NOS. & KINDS OF PKGS.	13)DESCRIPTION OF GOODS	14) G.W.(kg)	15) MEAS(m3)
XYZ TOKYO 14JS002 1-88 CTNS	5250PCS	HOSPITAL UNIFORM	1232.00KGS	4.20CBM

16)TOTAL NUMBER OF CONTAINERS OR PACKAGES(IN WORDS) SAY TOTAL EIGHTY EIGHT CARTONS ONLY

FREIGHT & CHARGES	REVENUE TONS	RATE	PER	PREPAID	COLLECT

PREPAID AT	PAYABLE AT	17)PLACE AND DATE OF ISSUE
TOTAL PREPAID	18)NUMBER OF ORIGINAL B(S)L THREE	SHANGHAI,AUG.17,2014 21)
19)DATE	20)BY PERFECT LOGISTICS CO. 陈丹 AS AGENT FOR CARRIER	

四、海运单的制作

不可转让海运单的正面各项内容，与海运提单基本相同，缮制方法可参照海运提单的缮制说明。但须特别注意，海运单的收货人栏只能填写确定的收货人，不能作成不记名式抬头或指示式抬头。

海运单与海运提单很相似，它可以作为承运人收到托运货物的书面收据；也可以作为运输合同的证明，但它不是凭以提货的物权凭证，因此海运单不可以转让，收货人栏只能填写确定的收货人，不能作成不记名式抬头或指示式抬头。

任务五：航空运输货物托运与单据制作

一、航空运输货物托运

（一）托运手续

出口货物的发货人采用航空方式运输货物时，一般委托航空货代向航空公司办理订舱手续。委托人填写委托书，即国际货物托运书，加盖公章，委托货运代理公司承办航空货物的出口运输。

一般，在备齐货物，收到开来的信用证经审核无误后，就可办理托运，即按信用证和合同内有关装运条款，以及货物名称、件数、装运日期、目的地等填写《航空货物托运书》并提供有关单证，送交航空货代公司作为订航班的依据。

航空货物托运书（Shipper's Letter of Instruction）是托运人用于委托承运人或其代理人填开航空货运单的一种书面文件，也是据以填写航空货运单的凭据。表单上列有填制货运单所需各项内容，并应印有授权于承运人或其代理人代其在货运单上签字的文字说明。

货运代理收到托运书及有关单据后，会同航空公司，根据配载原则、货物性质、货运数量、目的地等情况，结合航班，安排舱位，然后由航空公司签发航空运单。

航空货物托运书作为填开航空运单的依据，应由托运人自己填写，而且托运人必须在上面签字。

（二）航空货物托运书的缮制

航空货物托运书包括下列内容栏：

1. 托运人（Shipper）。填托运人的全称、街名、城市名称、国名，以及便于联系的电话号、电传号或传真号。

2. 收货人（Consignee）。填收货人的全称、街名、城市名称、国名，（特别是在不同国家内有相同城市名称时，必须要填上国名）以及电话号、电传号或传真号，本栏内不得填写"order"或"to order of the shipper"（按托运人的指示）等字样，因为航空货运单不能转让。

3. 始发站机场（Airport of Departure）。填始发站机场的全称。

4. 目的地机场（Airport of Destination）。填目的地机场（不知道机场名称时，可填城市名称），如果某一城市名称用于一个以上国家时，应加上国名。

5. 要求的路线/申请定仓（Requestedrouting/Requseting Booking）。本栏用于航空公司安排运输路线时使用，但如果托运人有特别要求时，也可填入本栏。

6. 供运输用的声明价值（Declaredvalue for Carriage）。填供运输用的声明价值金额，该价值即为承运人负赔偿责任的限额。

承运人按有关规定向托运人收取声明价值费，但如果所交运的货物毛重每公斤不超过20美元（或其等值货币），无需填写声明价值金额，可在本栏内填“NVD”（NO Value Declared 未声明价值），如本栏空着未填写时，承运人或其代理人可视为货物未声明价值。

7. 供海关用的声明价值（Declaredvalue for Customs）。国际货物通常要受到目的站海关的检查，海关根据此栏所填数额征税。

8. 保险金额（Insurance Amount Requested）中国民航各空运企业暂未开展国际航空运输代保险业务，本栏可空着不填。

9. 处理事项（Handling Information）填附加的处理要求，例如：另请通知（ALSO NOTIFY）。除填收货人之外，如托运人还希望在货物到达的同时通知他人，请另填写通知人的全名和地址。

10. 货运单所附文件（Document to Accompany Air Waybill）填随附在货运单上往目的地的文件，应填上所附文件的名称，例如：托运人的动物证明（SHIPPER SCERTIFICATION FOR LIVE ANIMALS）。

11. 件数和包装方式（Number and Kind of packages）填该批货物的总件数，并注明其包装方法，例如：包裹（Package）、纸板盒（Carton）、盒（Case）、板条箱（Crate）、袋（Bag）、卷（Roll）等，如货物没有包装时，就注明为散装（Loose）。

12. 实际毛重（Actual Gross Weight）本栏内的重量应由承运人或其代理人在称重后填入。如托运人已经填上重量，承运人或其代理人必须进行复核。

13. 运价类别（Rate Class）本栏可空着不填，由承运人或其代理人填写。

14. 计费重量（公斤）（Chargeable Weight）（kg）本栏内的计费重量应由承运人或其代理人在量过货物的尺寸（以厘米为单位）由承运人或其代理人算出计费重量后填人，如托运人已经填上时，承运人或其代理人必须进行复核。

15. 费率（Rate/Charge）本栏可空着不填。

16. 货物的品名及数量（包括体积及尺寸）（Nature and Quantity of Goods）。填货物的品名和数量（包括尺寸或体积）。货物中的每一项均须分开填写，并尽量填写详细。

表 4-3　国际货物托运书

航空货物托运书　　　　货运单号码

SHIPPER' S LETTER OF INSTRUCTION　　NO. OF AIR WAYBILL

托运人姓名及地址 SHIPPER' S NAME AND ADDRESS	托运人帐号 SHIPPER' S ACCOUNT NUMBER	供承运人用 FOR CARRIER USE ONLY	
		航班/日期 FLIGHT/DAY	航班/日期 FLIGHT/DAY
收货人姓名及地址 CONSIGNEE' S NAME AND ANDRESS	收货人帐号 CONSIGNEE' S ACCOUNT NUMBER	已预留吨位 BOOKED	
		运费 CHARGES	
代理人的名称和城市 Issuing Carrier Agent Name and City			
		ALSO notify:	
始发站 AIPPORT OF DEPARTUER			
到达站 AIPPORT OF DESTINATION			

托运人声明及价值 SHIPPER`S DECLARED VALUE		保险金额 AMOUNT OF INSURANCE	所附文件 DOCUMENTS TO ACCOMPANY AIR WAYBILL
供运输用 FOR CARRIAGE	供海关用 FOR CUSTOMS		

处理情况（包括包装方式货物标志及号码等） HANDLING INFORMATION（INCI. ME THOD OF PACKING IDENTIFYING MARKS AND NUMBERS. ETC）

件数 NO. OF PACKAGES	实际毛重千克（公斤） ACTUAL CROSS WEIGHT（kg）	运价类别 RATE CLASS	收费重量千克（公斤） CHARGEABLE WEIGHT（kg）	费率 RATE/CHARGE	货物品名及数量（包括体积或尺寸） NATURE AND QUANTITY OR GOODS（INCI. DIMENSIONS OF VOLUME）

托运人证实以上所填全部属实并愿遵守承运人的一切载运章程

THE SHIPPER CERTIFIES THAT THE PARTICULARS ON THE FACE HEREOF ARECORRECT AND AGEES TO THE CONDITIONS OF CARRIAGE OF THE CARRIER

托运人签字　　日期　　经手人　　日期

SIGNATURE OF SHIPPER　　DATE　　AGENT　　DATE

二、航空运单的制作

不同的航空公司有自己独特的航空运单格式，但各航空公司所使用的航空运单大多借鉴国际航空运输协会（简称 IATA）推荐的标准格式，所以差别不大。下面以标准格式为例来说明有关需要填写的栏目。

（一）航空运单的内容与制作

空运单据没有特别复杂的条款和项目，相对于海运单据来说，比较简单。航空运单主要包括如下内容：

1. 航空运单的号码：由航空公司编制。前三位数字是航空公司的代号，例如，中国国际航空公司代号是 999；中间七位表示航空货运单号，最后一位是检验号，第三位与第四位之间空一格，如 128 55674121.

2. 航空公司的名称：此栏除印有航空公司的全称及简称外，还可印有“不可转让（Non-Negotiable）”字样，明确表示空运运单是不可转让的。

3. 托运人的名称和地址（Shipper's Name and Address）。此栏应按信用证规定详细填写。

4. 收货人的名称和地址（Consignee's Name and Address）。除了注意按信用证规定填写外，还要注意此栏一律只能作成记名抬头，不可以作出指示性抬头。为了保障出口商的利益，信用证中最好规定以开证行为收货人，以防止进口商提取货物后又借口单据上或质量的问题拒绝或拖延付款。如以托收方式出口，则应以代收应行为空运单上的收货人，但事先必须得到代收银行的同意。

5. 启运地、转运地和目的地。启运地是飞机启航地的名称，转运地是指转运机场所在地的名称（如不转运，则不填），目的地是货物所运往地点的名称。三者均应按信用证要求填写。

6. 航班、日期。此栏填写已订妥的航班和日期。此日期是预计飞行日期，不一定是实际装运期。如果信用证规定空运单上必须注明航班日期（Flight Date），该航班日期就作为信用证的装运日期，但它必须在信用证规定的装运期限内。

7. 航空运费栏。航空运费也须按信用证规定在空运单上注明是运费预付还是到付。实务中，就是在印有 PP（Prepaid，预付）或 CC（Collect，到付）下面的空格内打一“X”字即可。支付货币以币制符号表示，如 USD 或 HKD 等等。

8. 申报价值。此栏填写托运货物价值总数，如货物在运输途中因航空公司的过失造成货损或灭失，可据此作为理赔的依据。此栏一般可将发票金额填入。如不愿意显示货值，则此栏内可填“NVD”（No Value Declared）字样，表示无申报价值。

9. 处理情况。此栏填写包括标记、件号、包装方法、被通知人的名址、随机文件等事项，也可填列发货人对本批货物运输问题的特别指示，对第二程承运人的要求等等。填写是注意唛头、包装等均须与其它单据保持一致并符合信用证规定。

10. 件数、毛重、货物品名和数量等栏。这些栏目应注意填写时按信用证规定并保持与其它单据的一致。

表 4-4　已填制的航空运单

999		999—
Shipper's Name and Address	Shipper's Account Number	Not Negotiable Air Waybill Issued by 中国国际航空公司 AIR CHINA BEIJING CHINA
HENRUN TRADING CO., LTD. 77,RENMIN ROAD, NANJING, CHINA TEL: FAX:		Copies 1, 2 and 3 of this Air Waybill are originals and have the same validity.
Consignee's Name and Address	Consignee's Account Number	It is agreed that the goods described herein are accepted for carriage in apparent good order And condition (except as noted) and SUBJECT TO THE CONDITIONS OF CONTRACT ON THE REVERSE HEREOF. ALL GOODS MAY BE CARRIED BY AND OTHER MEANS INCLUDING ROAD OR ANY OTHER CARRIER UNLESS SPECIFIC CONTRARY INSTRUCTIONS ARE GIVEN HEREON BY THE SHIPPER. THE SHIPPER'S ATTENTION IS DRAWN TO THE NOTICE CONCERNING CARRIER'S LIMITATION OF LIABILITY. Shipper may increase such limitation of liability by declaring a higher value for carriage and paying a supplemental charge if required.
TOKYO GENERAL TRADING CO. 6-2 OHTEMACHI,1-CHOME,CHIYADA-KU,TOKYO TEL: FAX:		
Issuing Carrier's Agent Name and City		Accounting Information FREIGHT PREPAID
Agent's IATA Code	Account No.	
Airport of Departure (Addr. of First Carrier) and Requested Routing NANJING		

To	By First Carrier Routing and Destination	to	by	to	by	Currency	CHGS Code	WT/VAL PPD	WT/VAL COLL	Other PPD	Other COLL	Declared Value for Carriage	Declared Value for Customs
						USD		X		X			

Airport of Destination	Flight/Date	For carrier Use Only Flight/Date	Amount of Insurance	INSURANCE - If Carrier offers insurance, and such insurance is requested in accordance with the conditions thereof, indicate amount to be insured in figures in box marked "Amount of Insurance."
TOKYO	FX0910	APRIL 7, 2014		

Handing Information

(For USA only) These commodities licensed by U.S. for ultimate destination ……………………………Diversion contrary to U.S. law is prohibited

No of Pieces RCP	Gross Weight	Kg lb		Rate Class / Commodity Item No.	Chargeable Weight	Rate / Charge	Total	Nature and Quantity of Goods (incl. Dimensions or Volume)
1700 CTNS	19074.44	K	N		19074.44	20.61	393124.21	CANNED MUSRHOOM PIECES & STEMS 24 TINS X 425 GRAMS

Prepaid	Weight Charge	Collect	Other Charges
393124.21			AWC: 50.00
	Valuation Charge		
	Tax		
	Total other Charges Due Agent		Shipper certifies that the particulars on the face hereof are correct and that insofar as any part of the consignment contains dangerous goods, such part is properly described by name and is in proper condition for carriage by air according to the applicable Dangerous Goods Regulations.
	Total other Charges Due Carrier		
50.00			Signature of Shipper or his Agent
Total Prepaid	Total Collect		
393174.21			7/APRIL/2014 　 NANJING 　 DESUN TRADING CO., LTD.
Currency Conversion Rates	CC Charges in Dest. Currency		Executed on (date) 　 at(place) 　 Signature of Issuing Carrier or its Agent
For Carrier's Use only at Destination	Charges at Destination		Total Collect Charges 　 999—

11. 计费重量。一般按毛重计费，如按起运价计收运费，本栏可以不填。如按体积计算的重量大于实际毛重，则将体积重量填入此栏。

12. 费率。一般按每公斤计算。

13. 签发地点和日期。如该运单无专门批注的飞行日期，则此签发日期为装运日期。

14. 承运人签章栏。凡是正本空运单均须承运人的签章方始生效。

15. 其他栏目。均应按信用证货合同规定填写。

由于航空运单不是物权凭证，所以银行对于航空运单的接受比较宽松。根据《UCP 600》的规定，如果信用证要求空运单据，除非信用证另有规定，银行将接受下列单据，不论其称谓如何：

1. 表面注明承运人名称并由承运人或作为承运人的具名代理或代表签字或以其他方式证实的单据。承运人的签字或证实必须表明承运人的身份，代理人代表承运人签字或证实亦须表明所代表的委托人的名称和身份。

2. 注明货物已收妥待运的单据。

3. 信用证要求实际发运日期，应对此日期作出专项批注。在空运单据上如此表示的发运日期，即视为装运日期。

4. 表明信用证规定的发运机场及目的地机场。

5. 开给托运人/发货人的正本空运单据，即使信用证规定全套正本，或有类似意义的词语。

6. 含有全部承运条件，或其中某些承运条件须参阅空运单以外的某一出处或文件者，银行对此类承运条件的内容将不予审核。

7. 有其它方面符合信用证规定。(即使信用证禁止转运，银行将接受注明将发生或可能发生转运的空运单据，只要是同一空运单据包括运输全程。)

任务六：其他运输方式的货物托运与单据制作

其他运输方式中我国目前应用较多的是对香港的铁路运输和对俄罗斯、东欧国家以及对东南亚、朝鲜等的国际铁路货物联运。公路运输则较多集中在深圳对香港的出口。内河运输至今尚未形成规模，本教材暂不叙述。

一、 铁路运输单据

铁路运输（Rail Transport）是国际货物运输的主要方式之一，也是我国对外贸易运输中仅次于海洋运输的重要运输方式。它具有运量较大、速度较快、安全可靠、深入内陆、运输准确、成本较低、货损较小、不受自然气候限制的诸多优点。我国对外贸易铁路运输包括对香港特别行政区的铁路运输和对俄罗斯、朝鲜、东欧国家和东南亚国家（如越南）的国际铁路货物联运两部分。因此就分别产生了承运货物收据和国际铁路联运运单这两种铁路运输单据。

1. 承运货物收据（Cargo Receipt，简称 C/R）

承运货物收据既是承运人的货物收据，也是承运人与托运人之间的运输契约。我国对于香港特别行政区铁路出口的货运单据，是由中国对外贸易公司承运，并签发承运货物收据给托运人，供托运人办理结汇手续。承运货物收据在性质上相当于海运提单，它代表货物的所有权，是收货人的提货凭证，所以承运货物收据是有价证券。签发单位要对货物的全程运输负责。

承运货物收据一般只出一份正本，各地格式不尽相同，但主要内容大同小异，正面项目包括：承运人的名称、承运货物收据的中英文字样、承运货物收据的编号、有关货物的发票编号、托运人、收货人、货至目的地被通知人、车号、运单号、装车日期、起运地、目的地、货物名称、件数、毛重、标记及运费支付声明、接洽提货地点、签发日期等。承运货物收据背面一般印有“承运简章”或“承运责任条款”，载明承运人的责任范围和免责条款。除信用证另有规定，承运货物收据可以中文出具，也可以英文填制。如信用证要求出具两份正本，也应当照办。

审核承运货物收据应注意以下要点：

（1）承运货物收据的签发日期一定要和铁路运单上的发车日期一致，且一定要在实际发运以后或同日签发，尚未发运的货物不能提前签发。

（2）承运货物收据上的车号和运单号要和铁路运单上记载一致。

（3）承运货物收据上的货物数量须是实际发运的货物数量，此数量应与铁路运单相同。

（4）非经深圳口岸转运香港的货物（如经广州黄埔等水运至香港）和非经深圳外运分公司承运的货物，不能使用深圳外运分公司提供的承运货物收据。

2. 国际铁路联运运单

国际铁路联运是只有铁路负责办理两个或两个以上国家铁路全程运送的货物运输。目前国际铁路联运业务主要集中在欧亚大陆，国际铁路联运的两个协定将业务范围一分为二。一个协定是《国际铁路货物联运协定》，简称“国际货协”，参加的国家包括中国、蒙古、俄罗斯、波兰、朝鲜、越南等国。另一个协定是《国际铁路货物运送公约》，简称“国际货约”，参加国家包括希腊、奥地利、英国、法国、意大利、荷兰、比利时、挪威等国。

按“国际货协”办理国际铁路联运，由铁路部门出具的铁路运单叫国际货协运单。我国使用的国际铁路联运运单一般都是国际货协运单。

国际货协运单由五联组成：第一联正本和第五联货物到达通知，由铁路部门随车送交收货人；第二联运行报单和第四联货物交付单，由铁路部门交给到达站；第三联副本，交给托运人凭以向银行结汇。

国际货协运单运单的栏目共有 98 项，其中约 50 项是由发货人填写，主要包括：发货人名址、销售合同号码、发货站站名、收货人的正确名称和地址（只能填注一个法人）、到达站、唛头或标记、包装种类、包装件数、货物的毛重公斤数及发货人签章等等。运单如果填错往往影响及时收货、造成索赔或拒付，因此要格外重视填写运单和审核运单的工作。总的填写原则是：各栏内容必须符合合同规定；一律使用蓝色或黑色钢笔或色带填制，不得使用红色；所有印章均使用蓝色印泥，不得使用红色；字体必须端正、清晰而规范化。

特别值得注意的是，不论是“国际货协”还是“国际货约”的联运单均是由发运站加盖日期戳签发的，它只是运输合约和货物收据，并不是物权凭证，一律只能作记名抬头，不可背书转让。货物到达目的地后，承运人通知运单抬头人提货。

二、 公路运输单据

在公路国际货运业务中，运单亦是运输合同，运单的签发表示运输合同成立。《国际公路货物运输合同公约》（简称 CMR）中对公路运单所下定义是：运单是运输合同，是承运人收到货物的初步证据和交货凭证。

运单主要包括如下内容：

1. 签发日期和地点；
2. 托运人的名称和地址；
3. 承运人的名称和地址；
4. 货物接管地点、日期及指定的交货地点；
5. 收货人的名称和地址；
6. 货物品名和包装方法，如属危险货物，应说明其基本性质；
7. 货物的件数，唛头、标志和号码；
8. 货物的毛重、体积；
9. 货物的价值；
10. 与运输有关的费用；
11. 承运人给予托运人的关于海关报关等手续的通知；
12. 是否允许转运；
13. 托运人支付的费用；
14. 托运人关于货物保险给予承运人的指示；
15. 交付承运人的单据清单；
16. 运输起止期限等。

托运人应对上述事项填制的准确性负责。原则上公路运单须经承托双方正式签字方可生效，但深圳、香港两地出入运输承托双方大部分都由长期友好的合作，约定成俗，不一定按以上原则办理，亦不一定包括以上全部内容。

三、 邮包收据及专递收据

国际贸易实务中，小件包裹（尤其是货样）可以通过邮局或专递公司寄往国外，并由邮局或专递公司出具邮包收据或专递收据。总的说来，通过邮局或专递公司运输比较简单，不需办理复杂的手续。卖方按合同或信用证规定，将商品（包裹）交付邮局或专递公司就算完成了交货任务，邮包收据或专递收据即可交出口地有关银行议付。但由于采用邮寄或专递运输费用较大，且包裹受尺寸和重量的限制，此类运输方式仅适用于少量、小件、急需的零星商品或物品。

（一）邮包收据

邮包收据是邮局承认收到包裹并保证负责邮寄该包裹至目的地交收货人的证明。邮包收据不是物权凭证，不能凭以提货，也不可背书转让。因此，邮包收据一律作记名抬头。

（二）专递收据

专递（或称快递）是比一般邮包航寄更为快捷的运送方式。这种方式按预先确定的计划赶班发运，传递过程中衔接紧密，由专人负责桌至桌运送，具有迅速、方便、安全、准确等优点。所以对于紧急文件或货样特别适用。目前该业务在我国的发展十分迅猛，主要包括：邮政特快专递（简称 EMS），联邦特快专递（简称 FEDEX），DHL，UPS，TNT 等等。专递公司签发给托运人的证明包裹已收到并负责运送该包裹至目的地收货人的单据，即为专递收据。同邮包收据一样，专递收据也不是物权凭证。

为了适应现代运输技术的发展，《UCP 600》规定：银行接收邮包和专递业务的运输收据，但这些收据必须指明运费已付或预付，银行不接受运费到付的邮包或专递单据。邮包或专递收据的日期以邮局或专递公司加盖的日期戳为准。邮包收据和专递收据的填制、审核内容与空运运单基本相同。

四、国际多式运输单据

（一）国际多式运输方式及其特点

国际多式运输（International Multimodal Transport），旧称联合运输（Combined Transport）。所谓国际多式运输，是在集装箱运输的基础上发展起来的一种综合性的连贯运输方式。它是指根据多式运输合同，以至少两种不用的运输方式由承运人将货物从一国境内接管地运至另一国境内交货地的运输。国际多式运输的基本形式是集运（Consolidation），即由多式运输的经营人将不同托运人或不同收货人的货物集中起来进行运输。

国际多式运输的特点是：不管路途多远，运程中的手续如何复杂，托运人只办理一次托运手续，支付一笔运费，取得一张多式运输单据。国际多式运输的经营人对全程负总责，如果货物在运输过程中发生货损或灭失之类的问题，只找总承运人解决即可。

（二）多式运输单据定义及其特点

使用两种及以上的不同运输工具，将货物从一国的接管地运到另一国指定交货地点的货运单据，就叫多式运输单据。多式运输单据既是运输合约也是货物收据，在单据作不记名式抬头或指示式抬头时，它还是物权凭证。

运输单据服从于运输方式，多式运输单据主要有如下特点：

1. 表示至少有两种不同运输方式的运输，即至少包含海运、空运、公路、铁路、内河运输的两种。但同一运输方式，不同运输工具的联结，例如海/海，空/空等联合运输，不能视为多式运输。

2. 多式运输单据正面列有货物收妥备运条款。

3. 多式运输承运人的责任是从接收货物起至交付货物止。

4. 多式运输单据的运输事项记载一般有六个栏目，即：Precarriage by（指收货地至装运港所使用的运输工具），Place of Receipt（指承运人收货之地，亦即托运人在内陆的发运地），Port of Loading（指海运段的装货港），Vessel（指海运段的船名），Port of Discharge（指海运段的卸货港）及 Place of Delivery（指内陆交货地）。其中，第一、二、六项是多式运输所特有的栏目。

5. 多式运输单据具有二元化特征。目前很多船公司的多式运输单据既用于多式运输，也用于港至港的单一海运，在后一种情况下，就须在单据表面另加注装船批注（“ON BOARD”字样，加注日期，以及承运人或其代表人签字）以便使之转变为已装船提单。

（三）多式运输单据与联运提单的区别

多式联运单据与联运提单（Through B/L）在概念上有许多相似之处，尤其双方都具有“联合运输”的性质。但是，二者还是有着显著的区别：

1. 适用的运输方式不同：如前所述，联运提单仅限于由海运与其它运输方式联合运输时使用。联运可以是相同运输方式的联运，如海海联运，也可以是不同运输方式的联运，如海陆联运、海空联运等等。而多式运输单据比联运提单适用的运输方式要多得多。它既可以适用于由海运和其它运输方式所组成的联合运输，也可以适用于不包括海运在内，仅由其它不同方式所组成的联合运输，如陆空联合运输等。所以，多式运输单据在适用范围上，包含了联运提单所适用的运输方式。

2. 单据签发人所承担的责任不同：联运提单是由第一程承运人或其代理人签发的包括全程运输在内的提单，但其仅对自身运输段负责。但货物从第一程运输工具转装到第二程运输工具时，提单签发人即处于托运人的代理地位，并不代表第二程承运人向托运人负责。多式运输单据的签发人必须对全程运输负责，而不论它实际承担运输的是哪一段。

3. 单据的性质和作用不同：联运提单是海运提单的一种，它具有海运提单的所有三个作用，即作为货物收据、运输合同的证明和物权凭证。所以联运提单可以背书转让，属于可转让单据性质。而多式运输单据虽也具有货物收据和运输合同证明的作用，但却不一定是物权凭证。只有当多式运输单据的抬头为不记名式或指示式时，它才可以转让并成为物权凭证。当它的抬头是指定的收货人时，多式运输单据就不是物权凭证了。因此，多式运输单据不具有确定的可转让单据性质。

（四）对于多式运输单据的审核

对于多式运输单据的审核基本与海运提单相似。略有不同的是：

1. 如信用证要求的运输单据是多式运输单据，只要该单据是由具名的承运人签发即可，该承运人不一定为拥有船舶的船公司或其代理人。

2. 发运、接受监管或装载，可在多式运输单据上以文字表明，且出单日期即视为发运、接受监管或装载日期及装运日期。然而，如果单据以盖章或其他方式标明发运、接受监管或装载日期，则此类日期即视为装运日期。

3. 多式运输单据中船名、装货港、卸货港如有“预期”（Intended）或类似意义的修饰词，银行可予接受。这是因为，多式运输是从起运地至目的地的全程运输，只要起运地和交货地符合信用证规定，海运段的船名和装卸港口虽不确定，但信用证如无特别规定，银行不予过问。

4. 即使信用证禁止转运，银行也将接受注明装运将发生或可能发生的多式运输单据，只要同一多式运输单据包括运输全程。

5. 含有全部承运条件或部分承运条件须参阅多式运输单据以外的某以出处或文件（简式/背面空白的多式运输单据）者，银行对此类承运条件的内容将不予审核。

项目小结

本项目主要描述了国际货物运输的关系人，阐述了各种运输单据的概念和性质，阐明了各种运输单据的主要内容以及缮制要求，总结了各种运输单据的种类和特点。

项目闯关实训

☆单项选择题

1. 关于海运提单的性质和作用，下列不正确的表述是(　　)。

A. 货物收据　　B. 运输合同的证明

C. 物权凭证　　D. 无条件支付命令

2. 海运提单的抬头是指提单的(　　)

A. Shipper　　B. Consignee　　C. Notify Party　　D. Voyage No.

3. "空白抬头，空白背书"提单是指(　　)。

A. 提单正面"Consignee"一栏空白，由托运人在提单背面签字

B. 提单正面"Consignee"一栏空白，无须背书

C. 提单正面"Consignee"一栏填"To Order"，由托运人在提单背面签字

D. 提单正面"Consignee"一栏填"To Bearer"，无须背书

4. 联运提单（THROUGH B/L）的签发人(　　)。

A. 对运输的全程负责

B. 只对第一程运输负责

C. 只对第二程运输负责

D. 接受第二程运输承运人的委托向原货主负责

5. 根据《UCP600》，以下(　　)标注在提单上的内容可以被银行接受。

A. Shipped on deck　　B. Five cartons are broken

C. Six bags are wet　　D. The goods may be carried on deck

6. 指示性提单的收货人一栏中可以做成(　　)。

A. To ABC Co，Only　　B. To order of shipper

C. To issuing bank　　D. To the bearer

7. 多式联运提单的签发人应(　　)。

A. 对运输全程负责

B. 对第一程运输负责

C. 接受第二程运输承运人的委托向原货主负责

D. 对第二程运输负责

8. 下列表示“已装船提单”的日期的是(   )。

A. 货于3月10日送交船公司　　B. 货于4月2日开始装船

C. 货于4月8日全部装完　　D. 货于4月28日抵达日本

9. 根据《UCP600》规定，如果信用证规定诸如“in triplicate”、”in three fold”、”in three copies”等用语要求提交多份单据，则至少提交(   )正本，其余使用副本单据来满足。

A. 一份　　B. 二份　　C. 三份　　D. 四份

10. 空运方式下，收货人凭(   )提货

A. 给托运人的空运单正本　　B. 给收货人的空运单正本

C. 用于记账的空运单正本　　D. 航空公司的到货通知

11. 表示唛码标记的英文缩写是(   )。

A. N/B　　B. N/M　　C. N/N　　D. B/L

12. H公司以海运、CIF贸易术语进口一批货物，采用班轮运输，国外卖方提交的海运提单上有关“运费支付”一项应写成(   )。

A. Freight prepaid　　B. Freight as arranged

C. Freight collect　　D. Freight payable at destination

☆**多项选择题**

1. 电子托运单订舱时实现未来我国“无纸化贸易运输”项目的一个发展趋势，电子订舱的优点主要在于(   )。

A. 订舱速度快

B. 形式简单

C. 改变了“凭场站收据换海运提单”的传统做法

D. 差错率低

2. 出口货物托运人缮制货物托运委托书的依据是(   )。

A. 外销出仓单　　B. 销售合同　　C. 信用证　　D. 配舱回单

3. 因租船订舱和装运而产生的单据是(   )。

A. 托运单　　B. 装货单　　C. 收货单　　D. 海运提单

4. 提单中的“发货人Shipper”一栏内通常可以记载(   )。

A. 销售合同项下的供应商　　B. 代表供应商与承运人签订合同的人

C. 将货物交给承运人的人　　D. 买卖合同下的购货商

5. 集装箱运输的主要交接方式有(   )。

A. 整箱/整箱（FCL/FCL）　　B. 整箱/拼箱（FCL/LCL）

C. 拼箱/整箱（LCL/FCL）　　D. 拼箱/拼箱（LCL/LCL）

☆**判断题**

1. 根据《UCP600》，如果信用证中没有规定是否可以分批装运与转运，应理解为不

允许分批装运与转运。(　　)

2. 不清洁提单是指承运人在签发提单时，对货物的包装等状况加注不良批注的提单。(　　)

3. 提单的收货人栏在填写“To order of shipper”内容情况下，提单需要作背书。(　　)

4. 信用证要求海运提单，货物运抵 LATTAKIA PORT IN TRANSIT TO DAMASCUS，提单实际显示的是：PORT OF DISCHARGE：LATTAKINA，PLACE OF DELEVERY：DAMASCUS (SYRIA)，因此，与信用证对海运提单的要求不符。(　　)

5. 如果信用证规定“FROM CHINESE MAIN PORT TO NEW YORK”，则提单的装运港一栏应填写“CHINESE MAIN PORT”，以符合单证一致的要求。(　　)

6. 提单上载明“货于 4 月 8 日全部装完”表示的是“已装船提单”的日期。(　　)

7. 提单在法律上具有物权凭证的作用，在国际贸易中，提单可以通过背书进行转让，转让也就意味着转让货物的所有权。(　　)

8. 海运提单的签发日期应早于保险单的签发日期。(　　)

9. 不清洁提单的不良批注是从大副收据上转注过来的。(　　)

10. 完整的物权由全套正本提单表示，所以收货人在提货时，应出示全套正本提单。(　　)

11. 不可转让海运单除了单据上写明的收货人外，他人不能提货。(　　)

12. 签发联运提单的承运人只对第一运输负责。(　　)

13. 签发国际多式联运提单的经营人，其责任只是对第一段运输负责。(　　)

14. 采用信用证收汇方式时，空运单最好作成“TO ORDER OF ISSUING BANK”，以防收汇风险。(　　)

15. 航空运单代表货物所有权，可凭之提取货物。(　　)

☆讨论题

1. 海运提单具有哪些性质？

2. 海运提单与海上货运单的区别与联系。

3. 简述航空货运单的作用和用途。

4. 多式运输单据与联运提单的区别是什么？

5. 某外贸公司与国外一进口商订立销售合同，我方出售手套 10000 打。合同规定，2014 年 5 月 30 日前开出信用证，6 月 20 日前装船。4 月 28 日买方按期来证，有效期 6 月 30 日。由于卖方按期装船发生困难，故书面向买方申请将装船期延至 7 月 5 日，买方回函表示同意，但未通知开证银行。7 月 3 日货物装船后，卖方 7 月 4 日到银行议付时，遭到拒绝。请问：银行是否有权拒付货款？为什么？

☆操作题

参照书中海运提单制作要求，根据下述信用证条款等相关信息，缮制海运提单。

信用证条款：

Dear Madam,

HONG KONG & SHANGHAI BANKING CORP.

Incorporated in Hong Kong with limited liability

SHANGHAI BRANCH

P.O.Box 008-110,

18 Nanjing Road, Shanghai

SHANGHAI YONGLIAN IMP./EXP. CO., LTD
18FL. WANDA BUILDING,
168 ZHONGSHAN ROAD(N),
SHANGHAI, CHINA

OUR REF.: 2014-08-S188
Date: MAY 4TH, 2014

Dear Sirs,

IRREVOCABLE DOCUMENTARY CREDIT NO. S-188CN
In accordance with the terms of Article 7a of UCP 600 we advise, without any engagement on our part, having received the following teletransmission

Dated	MAY 4TH, 2014
From	ISRAEL DISCOUNT BANK OF NEW YORK NEW YORK BRANCH
40A	FORM OF DC: ....IRREVOCABLE
20	DC NO:.......................... S-188CN
31C	DATE OF ISSUE: ....MAY 4TH,2014
31D	EXPIRY DATE AND PLACE:JUL 15TH, 2014 IN CHINA
50	APPLICANT: ....WWW TRADING CO.,LTD 445 KENNEDY DRIVE SAYREVILLE,NEW JERSEY
59	BENEFICIARY:..................SHANGHAI YONGLIAN IMP./EXP. CO., LTD 18FL. WANDA BUILDING, 168 ZHONGSHAN ROAD(N), SHANGHAI, CHINA
32B	DC AMOUNT:...................USD168，000.00
41D	AVAILABLE WITH /BY......ANY BANK IN CHINA BY NEGOTIATION
42C	DRAFTS AT: .... SIGHT
42D	DRAWEE:........................OURSELVES FOR 100.00PCT INVOICE VALUE
43P	PARTIAL SHIPMENTS:.......ALLOWED
43T	TRANSHIPMENT:.............ALLOWED
44A	LOADING/ DISPATCH AT/ FROM: SHANGHAI, CHINA
44B	FOR TRANSPORTATION TO: NEW YORK
44C	LATEST DATE OF SHIPMENT:..........JUN. 30TH, 2014
45A	GOODS: 23,600PCS OF 100% SILK SCARVES UNDER SALES CONFIRMATION NO. SS-14-158 DATED APR. 15, 2014 PRICE TERMSCIF NEW YORK
46B	DOCUMENTS REQUIRED: COMMERCIAL INVOICE IN TRIPLICATE SHOWING COUNTRY OF ORIGIN PACKING LIST IN TRIPLICATE INSURANCE POLICY AND/ OR CERTIFICATE FOR 110% OF INVOICE AMOUNT AGAINST ALL RISKS AND WAR RISKS AS PER PICC CLAUSES. FULL SET OF CLEAN ON BOARD MARINE BILL OF LADING MADE OUT TO ORDER OF SHIPPER, BLANK ENDORSEMENT, MARKED FREIGHT PREPAID AND NOTIFY APPLICANT. SHIPPING ADVISE STATING THIS L/C NO., S/C NO., B/L NO., NAME OF GOODS AND THE THE VESSEL NAME.
49	CONFIRMATION INSTRUCTION:.......WITHOUT
78	INFO TO PRESENTING BK: + ALL DOCUMENTS ARE TO BE DESPATCHED TO US IN ONE LOT BY AIRMAIL
47B	ADDITIONAL CONDITIONS: 5% MORE OR LESS BOTH IN QUANTITY AND AMOUNT ALLOWED COMMERCIAL INVOICE MUST STATE THIS L/C NO. AND THE S/C NO. EACH SET OF DISCREPANT DOCUMENTS WILL BE ASSESSED USD70.00 REPRESENTING OUR FEES FOR HANDLING DISCREPANCIES. THESE FEES ARE FOR THE BENEFICIARYS ACCOUNT AND WILL BE AUTOMATICALLY DEDUCTED FROM THE PROCEEDS OF THE PAYMENT WHEN EFFECTED.

相关托运信息：

OCEAN VESSEL：DONGFENG

VOYAGE NO.：V. 625

G. W.：500KGS，MEAS.：2.6M^3

PACKED IN 236 CARTONS.

SHIPPED IN TWO CONTAINERS (20')

DATE OF SHIPMENT：JUN 28TH，2014.

提单

<table>
<tr><td colspan="6">BILL OF LADING</td></tr>
<tr><td colspan="2">1)SHIPPER</td><td colspan="4">10)B/L NO.</td></tr>
<tr><td colspan="2">2)CONSIGNEE</td><td colspan="4" rowspan="2">COSCO
中国远洋运输（集团）总公司
CHINA OCEAN SHIPPING (GROUP) CO.</td></tr>
<tr><td colspan="2">3)NOTIFY PARTY</td></tr>
<tr><td>4)PLACE OF RECEIPT</td><td>5)OCEAN VESSEL</td><td colspan="4"></td></tr>
<tr><td>6)VOYAGE NO.</td><td>7)PORT OF LOADING</td><td colspan="4">ORIGINAL</td></tr>
<tr><td>8)PORT OF DISCHARGE</td><td>9)PLACE OF DELIVERY</td><td colspan="4">Combined Transport BILL OF LADING</td></tr>
<tr><td colspan="6">11)MARKS 12) NOS. & KINDS OF PKGS 13)DESCRIPTION OF GOODS 14) G.W.(kg) 15) MEAS(m3)</td></tr>
<tr><td colspan="6">16)TOTAL NUMBER OF CONTAINERS
OR PACKAGES(IN WORDS)</td></tr>
<tr><td>FREIGHT & CHARGES</td><td>REVENUE TONS</td><td>RATE</td><td>PER</td><td>PREPAID</td><td>COLLECT</td></tr>
<tr><td>PREPAID AT</td><td colspan="2">PAYABLE AT</td><td colspan="3">17)PLACE AND DATE OF ISSUE</td></tr>
<tr><td>TOTAL PREPAID</td><td colspan="2">18)NUMBER OF ORIGINAL B(S)L</td><td colspan="3"></td></tr>
<tr><td>19)DATE</td><td colspan="2">20)BY</td><td colspan="3">21)</td></tr>
</table>

项目5 保险单据的制作

导入案例

我国某进出口公司以CIF术语向日本UK商社出口毛绒玩具一批，日本TOKYO银行开来的SWIFT信用证中要求提供保险单一式两份，根据CIC投保一切险和战争险。本信用证受《UCP600》约束。该进出口公司在信用证规定的装运期限内将货物装运，并于交单期内向议付行交单议付，议付行随即向日本TOKYO银行寄单索偿。日本TOKYO银行收到单据后回电表示拒绝付款，其理由是单证有下列不符：保险单上的保险金额与发票金额相等，投保金额不足。

问题：日本TOKYO银行提出的拒付理由是否成立，并说明理由。

项目要点

1. 进出口业务中的保险条款
2. 进出口业务中的保险险别
3. 保险单据的种类
4. 国际货物运输保险投保与投保单的制作
5. 保险单的内容和制作

任务一：进出口业务中的保险条款与险别认知

目前世界上的保险业务一般分为财产保险、人身保险、责任保险和保证保险四类。国际贸易中的货物运输保险属于其中的财产保险。

一、货物运输保险的概念

货物运输保险是指投保人在货物出运以前，按一定的保险金额向保险人投保货物运输险。投保人按保险金额、投保险别及保险费率，向保险人支付保险费并取得保险单据。若被保险货物在运输途中遭受损失，则保险人负责对保险险别责任范围内的损失，按保险金额和损失程度赔偿保险单据的持有人。

二、 保险单据的当事人

（一）保险人（Insurer）

保险人是保险合同中与被保险人订约的一方，是收取保费并按照保险合同的规定负责赔偿损失的人，也称承保人，一般就是保险公司。为了保障被保险人的利益，世界各国都对保险人的资格有严格的限制。

（二）被保险人（The Assured或The Insured）

被保险人是指与保险人相对的当事人，包括投保人（Applicant，是同保险人订立保险合同并交付保险费的人）、被保险人（出险时受损者）、受益人（出险后索赔者）。在保险标的物遭受损失时，被保险人有权向保险人索赔。被保险人还有权力将保险单据转让。

三、 保险险别与保险条款

（一）损失

运输途中，被保险货物遭到损坏或灭失，按其损失程度的不同，损失可分为全部损失或部分损失。

1. 全部损失（Total Loss）。

简称全损。是指整批或不可分割的一批被保险货物在运输途中全部遭受损失。全部损失又分为实际全损和推定全损。

（1）实际全损（Actual Total Loss）。指保险标的物在运输途中完全灭失，或虽非全部灭失但已完全失去原有的性质与作用，或不能再归被保险人所拥有。

（2）推定全损（Constructive Total Loss）。指货物虽然尚未全部灭失，但其遭受损失的程度，使得对货物的施救、整理、修复原状并运往目的地的费用超过这类货物的完好状态在目的地的价值。

2. 部分损失（Partial Loss）。

是指没有达到全部损失程度的损失。按照造成损失的原因不同，部分损失又分为共同海损和单独海损两种。

（1）共同海损（General Average）。指海运途中，船只、货物和其他财产遭遇共同危险，为了共同安全，有意识而又合理地采取措施所直接造成的特殊牺牲、支付的特殊费用。

（2）单独海损（Particular Average）。指除共同海损以外的部分损失，且该损失由受损方单独承担。

（二）险别与条款

我国的货物运输保险险别，按能否单独投保，可分为基本险和附加险两类。

1. 基本险

(1) 平安险 (Free from Particular Average, F. P. A.)

又叫单独海损不赔。平安险除了对全部损失和共同海损负责外，对意外事故造成的单独海损和货物装卸时的部分损失也负责，但对自然灾害造成的单独海损不负责。

(2) 水渍险 (With Particular Average, W. P. A. 或 W. A.)

又叫单独海损赔偿。水渍险的承保责任包括了平安险不赔的那部分单独海损以及平安险的承保责任，即在平安险的基础上再加上由于自然灾害造成的单独海损。

(3) 一切险 (All Risks)

一切险的承保范围是在水渍险的基础上，还负责赔偿一般外来原因造成的损失，即一般附加险包括的责任。

2. 附加险

附加险是不能单独成立的一种险别，它是对基本险的补充和扩大，只有在投保了基本险之后才能加保一种或数种附加险。附加险通常分为一般附加险和特殊附加险两大类。

一般附加险承保的是由于一般外来风险所造成的全部或部分损失，其险别主要有以下11种：

(1) 偷窃提货不着险 (Theft, Pilferage, and Non-Delivery——T. P. N. D.)。承保被保险货物被偷窃或承运人在货物到达目的地时整件货物短少的损失。

(2) 淡水雨淋险 (Fresh Water, Rain Damage——F. W. R. D)。是对水渍险的补充，承保被保险货物因直接遭受雨淋或淡水所造成的损失。

(3) 短量险 (Risk of Shortage)。承保被保险货物正常损耗外的因外包装破裂或散装货物的重量、数量短少的损失。

(4) 玷污险 (Risk of Contamination)。承保被保险货物在运输途中混进杂质或被玷污而造成质量下降的损失。

(5) 渗漏险 (Risk of Leakage)。承保被保险货物因容器损坏而引起的渗漏损失。

(6) 碰损破碎险 (Risk of Clashing and Breakage Damage)。承保被保险货物在运输途中因碰击、受压、受震所造成的货物碰损和破碎损失。

(7) 串味险 (Risk of Odour Damage)。承保被保险货物因受其他货物的影响而引起的串味，导致质量的损失。

(8) 钩损险 (Hook Damage)。承保被保险货物在装卸过程中由于不当使用钩子而引起的损失，并对包装进行秀不货调换所支付的费用负责赔偿。

(9) 受潮受热险 (Damage Caused by Sweating and/or Heating)。承保被保险货物因气温突变或船上通风设备失灵致使船舱内水汽凝结、发潮或发热所造成的损失。

(10) 锈损险 (Risk of Rusting)。承保金属或金属制品货物因原装之外原因引起的锈蚀损失。

(11) 包装破裂险 (Loss and/or Damage Caused by Breakage of Packing)。承保被保险货物在运输途中因搬运、装卸不当而使包装破裂导致的货物短少、玷污、受潮等损失，包括修补调换包装的费用。

特殊附加险承保的是由于特殊外来风险所造成的全部或部分损失，主要有以下8种：

(1) 战争险 (War Risks)。承保被保险货物直接由于战争、敌对行动、武装冲突或海盗行为并由此引起的拘留、捕获、扣押等行为，以及使用常规武器所造成的损失。但对使用核武器而造成的货物的损失不负赔偿责任。

(2) 罢工险 (Strike Risks)。承保被保险货物由于罢工、暴动或民变人员的恶意行为而导致的直接损失。根据国际保险业惯例，已投保战争险后，加保罢工险，不另增收保险费。

(3) 交货不到险 (Failure to Deliver)。承保被保险货物自装船开始，不能在预定到达目的地的日期起6个月内交货的全部损失。

(4) 舱面险 (On Deck)。承保货装舱面而导致的损失。

(5) 黄曲霉素险 (Aflatoxin)。承保被保险货物因所含黄曲霉素超过进口国的标准，而被拒绝进口、没收销毁或强制改变用途的损失。

(6) 进口关税险 (Import Duty)。当被保险货物遭受保险责任范围内的损失，但到达目的地后，仍须按完好货物价值缴纳进口关税时，保险公司承保受损部分货物的进口关税损失。

(7) 拒收险 (Rejection)。承保被保险货物被进口国当局拒绝进口或没收的损失。

(8) 存仓火险责任扩展条款 (Fire Risk Extention Clause——F. R. E. C.)。被保险货物运抵港、澳后，如直接存放于保险单载明的过户银行指定的仓库，由于货主尚未付款，承保货物存仓期间可能发生的火灾损失。

任务二：保险单据的种类认知

保险单据是保险人与被保险人之间订立保险合同的证明文件，它反映了保险人与被保险人之间的权利义务关系。

保险单据可以从不同的角度进行分类。

一、从保险单据的格式来划分

保险单据可分为正式保险单、保险凭证、暂保单及联合凭证。

(一) 正式保险单 (Insurance Policy)

俗称大保单，是使用最广泛的一种保险单据。它是保险人根据被保险人的要求，表示已经接受承保责任而出具的一种独立文件。正式保险单是承保一个指定航程内某一批货物的运输保险，所以是逐笔投保逐笔签发的，货物安抵目的地，保险单效力即告终止。

(二) 保险凭证 (Insurance Certificate)。

俗称小保单，是正式保险单的简化形式，其特征是背面没有列入保险条款。保险凭证与上述正式保险单具有相同的法律效力。

（三）暂保单（Cover Note，Binder）

它是一种非正式的、临时性的保险单，是保险人在不了解货物装载船名及启航日期的情况下，预先签发的一种保险单据。在确定船名或启航日期后，被保险人再凭暂保单换取正式保险单或者通过批单的方式（所谓批单，就是指保险单出立后，投保人如需要补充或变更其内容时，可根据保险公司的规定，向保险公司提出申请，经同意后即另出一种凭证，注明更改或补充的内容，这种凭证即称为批单）加贴暂保单。保险人签发的暂保单主要用于进口商在以 FOB 或 CFR 条件下进口货物时的投保。值得注意的是，这里讲的暂保单是由保险人签发的，它在规定的有效期内（一般 30 天）效力等同于正式保险单。

（四）联合凭证（Combined Certificate）

又称承保证明，是我国大陆对港澳地区出口时使用的一种将发票与保险单相结合，比保险凭证还要为简单化的保险单据。保险公司利用商业发票上的空白处，注明该发票项下货物的运输险别、保险金额、运输工具、起运日期、理赔地点和凭证编号，其他条件均以商业发票上所列内容为准。联合凭证虽与保险单有相同的效力，但因其不可转让使用受到限制。

二、从保险价值是否确定来划分

保险单据可分为定值保险单和不定值保险单。

顾名思义，定值保险单就是指在保险单内订明保险人与投保人事先约定的保险标的价值的保险单。不定值保险单的含义则相反。

货物运输保险单一般都是定值保险单。

三、从保险期限的长短来划分

保险单据可分为航程保险单、定期保险单和混合保险单。

（一）航程保险单（Voyage Policy）

是保险人承保一定航程内风险的保险单，即保险单对保险标的所负责任以航程限定，航程结束，保险责任即告终止。

（二）定期保险单（Time Policy）

是保险人承保一定期限（如一年）内的风险的保险单。

（三）混合保险单（Mixed Policy）

是兼有航程和定期保险单性质的保险单。例如，海运保险中普遍采用的带有仓至仓条款的保险单，一方面规定保险责任在航程范围内有效，另一方面又规定货物卸离海轮后 60 天失效。

四、 从船名未定时保险范围的不同来划分

保险单据可分为流动保险单、预约保险单和总括保险单。

一般保险单都是船名已定保险单，凡投保人投保时不能确定载货船舶的名称、航次，需以后确定的，就是船名未定保险单。此种保险单根据保险范围不同分为如下三种：

（一）流动保险单（Floating Policy）

投保时只确定保险条件，而不确定哪一批货物的保险单。流动保险一般列明保险总金额。货物出运后，投保人逐笔向保险人申报船名、货物等内容，直到保险单总金额全部用完。

（二）预约保险单（Open Policy）

又称开口保险单（Open Cover），是一种长期性的保险单，它是由保险公司与投保人双方在没有确定船名航次的条件下预先签订的不规定保险总金额，但规定了其他一些保险条件的保险合同。在此范围内的保险标的，一经起运，保险公司即自动承保。投保人每次发运货物后根据具体数据申报，并换取保险人签发的保险凭证，凭以交货或向银行提交。我国目前的进口货物大都使用预约保险单，当货物出运后，被保险人将国外客户的装运通知书送交保险公司即可。这种保险单对于经常进口的单位来说极为方便，一方面可以防止漏保造成的损失，另一方面又可以大大简化保险手续。

（三）总括保险单（Blanket Policy）

又称闭口保险单（Closed Policy），是保险人在约定的保险期内对一定保险标的的总承保单。采用总括保险单形式投保时，投保人经与保险人对于保险条件进行协商确定后，只须支付一笔总的保险费。在约定的保险期限、保险范围内，投保人不需每批出运都通知保险人，一旦出险，每次赔款额从总保险金额种扣除，直至保险单总金额用尽。此类保险单多用于整批成交，分批多次出运，运输距离短，每次出运货物的种类及价值相似的货物。它对于保险人与投保人来说都具有简化保险手续、节约时间的优点。

五、 从运输方式的不同来划分

保险单据可分为海洋货物运输保险单、陆运货物保险单、航空运输货物保险单、邮政包裹运输保险单和多式运输货物保险单等

在各种运输货物保险中，起源最早、历史最久的是海洋运输货物保险，后来才陆续开办陆运、空运、邮运和多式运输货物的保险。不同运输方式的货物保险，虽然保险公司承保的责任有所不同，但其基本原则、格式内容、所保障的范围等等都是类似的。而且，由于国际货物买卖大部分通过海洋运输，所以海洋运输货物保险是最主要的保险类别。因此，准确掌握海洋运输货物保险的概念和内容，不仅对于正确处理海运货物投保和保险索赔事宜是必要的，而且对于理解和掌握其他各种运输方式下的货物保险也具有重要意义。

六、从不同国家保险协会制定保险条款来划分

国内目前的保险单据主要可分为 P. I. C. C. 保险单（目前国内最常用的条款是中国人民保险公司，简称 P. I. C. C.，于 1981 年 1 月 1 日修订的《海洋运输货物保险条款》），I. C. C. 保险单（英国伦敦保险协会于 1982 年 1 月 1 日实施的“协会货物条款”，即 INSTITUTE CARGO CLAUSES，简称 I. C. C，其条款也普遍为各国保险公司所接受）和 A. I. C. C. 保单（美国保险协会于 1966 年 4 月 1 日修订的美国协会货物条款 ERICAN INSTITUTE CARGO CLAUSES，目前在国内很少使用）。

任务三：国际货物运输保险投保与投保单的制作

一、国际货物运输保险投保

在出口货物从卖方运到买方的长途运输和装卸过程中，常常会由于自然灾害、意外事故或其他外来原因遭受损失。为了在货物受损后获得经济补偿，货主在货物出运前就必须及时向保险公司办理投保。采用不同的贸易方式出口，办理投保的人就不同。采用 FOB 及 CFR 条件成交时，在买卖合同中，应订明由进口方投保（to be effected/covered by the buyers）。以 CIF 条件成交的出口合同，均须向保险公司按保险金额、险别和适用的条款投保，并订明由卖方投保。

我国的进口货物一般多按 FOB 或 CFR 条件成交，由国内各进出口公司负责向保险公司办理保险。为了简化保险手续，各进出口公司同保险公司签订海运进口货物预约保险合同。

根据海运进口货物预约保险合同的规定，投保人在得悉每批货物起运时，应将船名、开航日期及航线、货物品名及数量、保险金额等内容，书面定期通知保险公司，即表示向保险公司办理了投保手续，保险公司就应对此负自动承包的责任，如果投保人未按预约保险合同规定办理投保手续，则货物发生损失时，保险公司不负赔偿责任。

以 CIF 和 CIP 条件成交的出口货物，由我国出口企业在当地保险公司办理投保手续（尤其是在仓至仓条款下），被保险人应在货物运离仓库前向保险公司办理投保手续。被保险人根据信用证或合同规定，在备妥货物并已确定装运日期和运输工具后，按规定格式逐笔填制运输保险投保单（application for transportation insurance）或其他名称的投保申请单。

二、投保单的制作

投保时应填制投保单并支付保险费，保险公司凭以出具保险单或保险凭证。投保的日期应不迟于货物装船的日期。投保单主要内容和项目要正确、齐全，因为保险公司是根据该投保申请单来出具正式保险单（或其他保险凭证）的。如果出现差错、不完整，则影响

将来安全、及时收汇，甚至造成国外拒付的事故。

1. 被保险人（Insured）。或称“抬头”，这一栏一般填投保人公司的名称，如信用证要求以进口商名称投保或指明要过户给银行，在投保单上应明确表明，以便保险公司按要求制作保险单据。

2. 标记（Marks & Nos）。与发票、提单上的标记一致，如标记繁杂，可以简化，如“与X号发票同”（as per invoice No. x）。

3. 包装及数量（Package & Quantity）。写明包装性质，如箱、捆、包以及具体数量，以集装箱装运的也要注明。

4. 货物名称（Description of Goods）。要写具体的品名，如大米、小五金等。可写统称但不能与发票所列货名相抵触。

5. 保险金额（Amount Insured）。按买卖合同规定的加成比例计算保险金额，保额小数点后进位成整数，所用币制应与发票一致。

6. 投保险别（Conditions）。要明确具体险别，不能笼统地写如“海运保险”。

7. 船名或装运工具（Per Conveyance S. S）。海运方式下填写船名加航次。例如：FENG NING V. 9103；如整个运输由两次运输完成时，应分别填写一程船名及二程船名，中间用“/”隔开。此处可参考提单内容填写。

8. 起运地和目的地（from…to…）。此栏填写实际装运的起运港和目的港名称。货物如转船，也应把转船地点写上。

10. 开航日期（slg on or abt）。可只填“As Per B/L”，也可根据提单签发日具体填写，如为备运提单应填装船日。

11. 投保日期。指填投保单的日期。不能迟于提单上的开航日期。

12. 投保人。填投保人公司名称（如为出口商投保请填公司中文名称）。

三、投保单填制实例

2014年6月12日，上海金信进出口有限公司所订舱位已经确认，该批货物将于6月25日装上由上海港开往英国伦敦的“HAMBURG WXPRESS”轮V. 625船次。请根据明细单相关内容于6月23日填写“投保单”，并随附商业发票向中国人民保险公司上海分公司（THE PEOPLE'S INSURANCE COMPANY OF CHINA SHANGHAI BRANCH）办理保险手续。

根据出口货物明细表（见表5-1）填制投保单（见表5-2）

表 5-1　出口货物明细表

2014 年 6 月 11 日

<table>
<tr><td rowspan="3" colspan="2">经营单位
(委托人)</td><td rowspan="3">SHANGHAI JINXIN IMP& EXP CORP.</td><td>合同号</td><td colspan="3">14NT4568</td></tr>
<tr><td>发票号码</td><td colspan="3">14NT456-3</td></tr>
<tr><td>信用证号</td><td>0377823CN</td><td>开证日期</td><td>28-APR-2014</td></tr>
<tr><td rowspan="5">提单或承运收据</td><td rowspan="2">抬头人</td><td rowspan="2">TO ORDER OF NATIONAL WESTMINSTER BANK LTD. LONDON</td><td>金额</td><td>￡5000.00</td><td>收汇方式</td><td>L/C AT SIGHT</td></tr>
<tr><td>货物性质</td><td></td><td>贸易国别</td><td>U. K.</td></tr>
<tr><td rowspan="2">通知人</td><td rowspan="2">LOYAL CO., LTD.
STATION RD, WICKWAR
WOTTON-UNDER-EDGE,
LONDONLO675YE,
GREAT BRITAIN</td><td>出口口岸</td><td>SHANGHAI</td><td>目的港</td><td>LONDON</td></tr>
<tr><td>可否转运</td><td>Yes</td><td>可否分批</td><td>YES</td></tr>
<tr><td>运费</td><td>FREIGHT PREPAID</td><td>装运期限</td><td>JUN. 30,2014</td><td>有效期限</td><td>JUL.15,2014</td></tr>
</table>

<table>
<tr><td rowspan="2">标记唛头</td><td rowspan="2">货名规格及货号</td><td rowspan="2">件数</td><td rowspan="2">数量</td><td>毛重</td><td>净重</td><td colspan="2">价格（成交条件）</td></tr>
<tr><td colspan="2">KG</td><td>单价</td><td>总价</td></tr>
<tr><td>LOYAL
LONDON
14NT4568
C/NO.1-200</td><td>AIR BLOWN PUC SLIPPER</td><td>200CTNS</td><td>6000PAIRS</td><td>5050</td><td>4050</td><td>￡5</td><td>￡30000.00</td></tr>
</table>

<table>
<tr><td>信用证保险条款</td><td>COVERING FOR TOTAL INVOICE VALUE PLUS 10% AGAINST INSTITUTE CARGO CLAUSES (A) AND INSTITUTE WAR CLAUSES(CARGO) INCLUDING W/W CLAUSES</td><td>总尺码</td><td>18.25 立方米</td></tr>
<tr><td rowspan="5">注
意
事
项</td><td rowspan="5"></td><td>船名：</td><td>HAMBURG WXPRESS</td></tr>
<tr><td>航次：</td><td>V.625</td></tr>
<tr><td>提单号：</td><td>HL67259</td></tr>
<tr><td>开航约期：</td><td>JUN.25,2014</td></tr>
<tr><td>联系人/
联系电话</td><td>李建/66501234</td></tr>
</table>

表 5-2 投保单填制实例

中国人民财产保险股份有限公司
PICC Property and Casualty Company Limited

进出口货物运输保险投保单
APPLICATION FORM FOR CARGO TRANSPORTATION INSURANCE

<table>
<tr><td>发票号
Invoice No.</td><td>14NT456-3</td><td>合同号
Contract No.</td><td colspan="2">14NT4568</td><td>信用证号
L/C No.</td><td>0377823CN</td></tr>
<tr><td>被保险人
Insured</td><td colspan="6">SHANGHAI JINXIN IMP& EXP CORP.</td></tr>
<tr><td colspan="2">标记
Marks & Numbers</td><td>包装及数量
Quantity</td><td colspan="2">保险货物项目
Description of Goods</td><td>发票金额
Invoice Value</td><td>保险金额
Insured Amount</td></tr>
<tr><td colspan="2">LOYAL
LONDON
14NT4568
C/NO.1-200</td><td>200CTNS/
6000PAIRS</td><td colspan="2">AIR BLOWN PUC SLIPPER</td><td>£30, 000. 00</td><td>£33, 000. 00</td></tr>
<tr><td>装载
运输工具
Conveyance</td><td>HAMBURG
WXPRESS V.625</td><td>起运日期
Date of
Commencement</td><td>AS PER B/L</td><td colspan="2">赔款偿付地点
Loss If Any Payable at</td><td>LONDON</td></tr>
<tr><td>运输路线
Voyage</td><td colspan="2">自
From SHANGHAI</td><td>到
To LONDON</td><td colspan="2">转载地点
Port of Transhipment</td><td></td></tr>
<tr><td colspan="4">投保险别
Insurance coveraged required:
COVER INGICC (A) AS PER INSTITUTE
CARGO CLAUSE OF 1982</td><td colspan="3">投保人（签名盖章）
Application's Signature & Stamp:
李建
SHANGHAI JINXIN IMP& EXP CORP.</td></tr>
<tr><td colspan="2">申请保险单正本份数为:3
Issued in 3 Original(s) Only.</td><td colspan="2">□保险单(Insurance Policy)
□保险凭证(Insurance Certificate)</td><td>投保日期
DATE</td><td colspan="2">2014.6.23</td></tr>
</table>

任务四：保险单的内容和制作

一、保险单的内容

一般说来，保险单由保险人事先拟定，印制成专用文件，正面应载明：

1. 被保险人名称；
2. 唛头标记；
3. 货物名称；
4. 保险金额。一般按发票金额加 10%；
5. 船名或装运工具；

6. 开航日期；
7. 费率，一般填“As arranged”；
8. 装运港、目的港；
9. 险别；
10. 赔款地点。一般在保险的目的地支付赔款；
11. 投保日期；
12. 保险人签章。

保险单背面则是合同条款，主要包括保险责任、除外责任等。

值得注意的是，保险单出具前如果已有投保单或暂保单存在，则保险单、投保单和暂保单等均应视为保险合同的组成部分。

二、保险单据的缮制

出口公司在发票制妥后（海运时在船只配妥后），即可办理保险。保险公司根据出口公司提供的资料缮制保险单（见表5-3），出口公司则根据信用证及发票等单据进行审核，其主要内容逐项说明如下：

1. 保险人：即保险公司的名称。
2. 单据名称：即保险单字样。在信用证要求出具保险单时，不可以保险凭证代替。另外银行一般也不接受保险经纪人签发的暂保单。
3. 保险单编号。
4. 被保险人：即投保人的名称。要求必须与信用证规定一致。
5. 唛头标记：参照发票上的货物唛头标记。
6. 包装和数量：参照发票或投保单缮打。
7. 保险货物名称：可以使用大类货物名称，但应与提单、产地证所列货名相一致。
8. 保险金额：应严格符合信用证规定，尤其是注意投保加成问题。
9. 保费和费率：一般只打“按照约定”（As Arranged）。
10. 运输工具：海运须打船名。
11. 开航日期：保险单上的开航日期允许填写大约日期，海运时常填写“As per B/L”，其他运输方式相类似。
12. 装运港、目的港：应参照运输单据。如中途转船须注明“With Transhipment”字样。
13. 承保险别：按投保单填写，险别内容必须与信用证保险条款相一致。中国人民保险公司可以接受按照英国伦敦保险业协会制订的“协会货物条款”（INSTITUTE CARGO CLAUSES，简称I. C. C.）投保。
14. 查勘代理人：就是保险公司在目的地或就近地区的代理人，保险单上应有详细地址，以便收货人在出险后与其联系和索赔。
15. 保险单签发日期和地点：保单的签发日期必须早于运输单据的签发日期，或最晚可与货运日期同一天。
16. 保险人签章：一般的保险单在右下角由保险人或其代表签字。但根据英国保险法，海上保险公司出具保险单是可以只盖图章。

表 5-3 保险单

中 国 人 民 保 险 公 司
THE PEOPLE'S INSURANCE COMPANY OF CHINA
总公司设于北京　　一九四九年创立
Head office: BEIJING　　Established in 1949

保 险 单　　保险单号次 MH-FJDBD07
INSURANCE POLICY　　POLICY NO.

中国人民保险公司(以下简称本公司)
THIS POLICY OF INSURANCE WITNESSES THAT THE PEOPLE'S INSURANCE COMPANY OF CHINA (HEREINAFTER CALLED "THE COMPANY")
根据
AT THE REQUEST OF ________
(以下简称被保险人)的要求，由被保险人向本公司缴付约
(HEREINAFTER CALLED "THE INSURED") AND IN CONSIDERATION OF THE AGREED PREMIUM PAID TO THE COMPANY BY THE
定的保险，按照本保险单承保险别和背面所载条款下列
INSURED UNDERTAKES TO INSURE THE UNDERMENTIONED GOODS IN TRANSPORTATION SUBJECT TO THE CONDITIONS OF THIS POLICY
特款承保下述货物运输保险，特立本保险单
AS PER THE CLAUSES PRINTED OVERLEAF AND OTHER SPECIAL CLAUSES ATTACHED HEREON

标记 MARKS § NOS	包装及数量 QUANTITY	保险货物项目 DESCRIPTION OF GOODS	保险金额 AMOUNT INSURED

总保险金额:
TOTAL AMOUNT INSURED: ________

保费　　费率　　装载运输工具
PREMIUM ________ RATE ________ PER CONVEYANCE SS. ________

开航日期　　自　　至
SLG. ON OR ABT. ________ FROM ________ TO ________

承保险别:
CONDITIONS

所保货物，如遇出险，本公司凭本保险单及其他有关证件给付赔款。
CLAIMS, IF ANY, PAYABLE ON SURRENDER OF THIS POLICY TOGETHER WITH OTHER RELEVANT DOCUMENTS
所保货物，如发生本保险单项下负责赔偿的损失或事故，
IN THE EVENT OF ACCIDENT WHEREBY LOSS OR DAMAGE MAY RESULT IN A CLAIM UNDER THIS POLICY IMMEDIATE NOTICE
应立即通知本公司下述代理人查勘。
APPLYING FOR SURVEY MUST BE GIVEN TO THE COMPANY'S AGENT AS MENTIONED HEREUNDER:

MANAZA MARINE AND FIRE INSURANCE CO., LTD.
1-CHOME, KANDA CHU-KU
TOKYO, JAPAN

赔款偿付地点
CLAIM PAYABLE AT/IN ________
日期　　上海
DATE ________ SHANGHAI

地址:中国上海中山东一路23号 TEL:3234305 3217466-44 Telex:33128 PICCS CN.
Address: 23 Zhongshan Dong Yi Lu Shanghai, China. Cable: 42001 Shanghai

____
General Manager

17. 保险单背书：为了将保险权益从卖方转到买方，卖方必须在保险单上背书以实现转让。背书一般采用空白背书方式，也可按信用证规定记名背书。

由于保险单是被保险人进行索赔的主要依据，属于有价证券，所以缮制及审核保险单一定要十分慎重，尽量做到不涂改，如实在需要更改，要加盖校对章。总的说来，对保险单的审核要注意做到单据一致，单单一致。

三、保险单据填制实例

已知资料：

出口商（托运人）：DAYU CUTTING TOOLS I/E CORP
774 DONG FENG EAST ROAD，TIANJIN，CHINA

进口商（收货人）：FAR EASTERN TRADING COMPANY LIMITED
336 LONG STREET，NEW YORK

发票日期：2014 年 5 月 15 日

发票号：X118

信用证号：41-19-03

装运港：TIANJIN

中转港：HONG KONG

目的港：NEW YORK

运输标志：FETC
MK007
NEW YORK
C/No. 1-UP

货名：CUTTING TOOLS

数量：1500 SETS

包装：纸箱装，每箱 3 SETS

单价：CIF NEW YORK USD 128/SET

保险单号：ABX999

保险单日期：2014 年 5 月 18 日

保险加成率：10%

提单日期：2014 年 5 月 20 日

船名航次：HONGXING V. 777

险别：COVERING ICC（A）AS PER INSTITUTE CARGO CLAUSE OF 1982

赔付地点：NEW YORK IN USD

已填制的保险单见表 5-4。

表 5-4 保险单填制实例

<table>
<tr><td colspan="4">中保财产保险有限公司
The People's Insurance (Property) Company of China, Ltd</td></tr>
<tr><td colspan="2">Invoice No.
X118</td><td colspan="2">Policy No.
ABX999</td></tr>
<tr><td colspan="4">海洋货物运输保险单
MARINE CARGO TRANSPORTATION INSURANCE POLICY</td></tr>
<tr><td colspan="4">Insured：DAYU CUTTING I/E CORP.</td></tr>
<tr><td colspan="4">中保财产保险有限公司（以下简称本公司）根据被保险人的要求，及其所缴付约定的保险费，按照本保险单承担险别和背面所载条款与下列特别条款承保下列货物运输保险，特签发本保险单。
This policy of Insutance witnesses that the People's Insurance (Property) Company of china, Ltd. (herein-after-called "The Company"), at the request of the Insured and in consideration of the agreed premium paid by the Insured, undertakes to insure the undermentioned goods in transportation subject to conditions of the Policy as per the Clauses printed overleaf and other sprcial Clauses attched hereon.</td></tr>
<tr><td>货物标记
Marks of Goods</td><td>包装单位
Packing Unit</td><td>保险货物项目
Descriptions of Goods</td><td>保险金额
Amount Insured</td></tr>
<tr><td>FETC
MK007
NEW YORK
C/No. 1-500</td><td>500 CARTONS</td><td>CUTTING TOOLS</td><td>USD 211200. 00</td></tr>
<tr><td colspan="4">总保险金额：
Total Amount Insured：SAY U. S. DOLLARS TWO HUNDRED ELEVEN THOUSAND AND TWO HUNDRED ONLY</td></tr>
<tr><td>保费
Premium AS ARRANGED</td><td colspan="2">开航日期
Slg. on or abt MAY 20, 2014</td><td>载运输工具）
Per conveyance S. S HONGXING V. 777</td></tr>
<tr><td colspan="4">承保险别
Conditions COVERING ICC (A) AS PER INSTITUTE CARGO CLAUSE OF 1982</td></tr>
<tr><td colspan="4">起运港 中转港 目的港
Form TIANJIN VIA HONGKONG To NEW YORK</td></tr>
<tr><td colspan="4">所保货物，如发生本保险单项下可能引起索赔的损失或损坏，应立即通知本公司下述代理人查勘。如有索赔，应向本公司提交保险单正本（本保险单共有 2 份正本）及有关文件。如一份正本已用于索赔，其余正本则自动失效。
In the event of loss or damang which may result in acclaim under this Policy, immediate notice must be given to the Company's Agent as mentioned hereunder. Claims, if any, one of the Original Policy which has beenissued in two original (s) together with the releveant documents shall be surrendered to the Company. If one of the Original Policy has been accomplished, the othersto be void.</td></tr>
<tr><td colspan="4">赔款偿付地点
Claim payable tt NEW YORK IN USD</td></tr>
<tr><td colspan="4">日期 中保财产保险有限公司天津分公司
Date The People's Insurance (Property) Company of China, Ltd. Tianjin Branch
MAY 18, 2014 XXX</td></tr>
</table>

项目小结

本项目主要阐述了进出口贸易中货物保险的保险条款与险别，描述了货物保险的种类，阐明了货物运输保险投保以及相关单据的主要内容，总结了保险单据的缮制要求。

项目闯关实训

☆单项选择题

1．转让保险单时，如信用证未明确规定背书方式，应采用(　　)的方式。

A．空白背书　　B．记名背书

C．记名指示背书　　D．不必背书

2．国际保险市场惯例，投保金额通常在CIF总值的基础上(　　)。

A．加一成　　B．加二成

C．加三成　　D．加四成

3．保险的赔付地点一般填写(　　)。

A．起运港（地）　　B．目的港（地）

C．投保人所在地　　D．保险公司所在地

4．被保险人向保险人索赔的主要依据是(　　)。

A．提货单　　B．运输单据

C．保险凭证　　D．保险单据

5．某外贸公司出口茶叶5公吨，在海运途中遭受暴风雨，海水涌入仓内，致使一部分茶叶发霉变质，这种损失属于(　　)。

A．实际全损　　B．推定全损　　C．共同海损　　D．单独海损

6．战争、罢工风险属于(　　)。

A．自然灾害　　B．意外事故

C．一般外来风险　　D．特殊外来风险

7．在国际货物保险中，不能单独投保的险别是(　　)。

A．平安险　　B．水渍险　　C．战争险　　D．一切险

8．根据我国《海洋货物运输保险条款》的规定，承保范围最小的基本险别是(　　)。

A．平安险　　B．水渍险　　C．一切险　　D．罢工险

9．银行通常不接受(　　)。

A．保险单　　B．保险凭证　　C．预约保险单　　D．暂保单

10．FCA/CIP术语下，办理保险者应为(　　)。

A．买方/买方　　B．卖方/买方

C．买方/卖方　　D．卖方/卖方

☆多项选择题

1．货物运输保险单据按保险单的形式划分，主要有(　　)。

A. 暂保单　B. 保险单　C. 保险凭证　D. 联合凭证

2. 在海上货物运输保险业务中，一般外来风险包括(　　)。

A. 偷窃　B. 短量　C. 淡水雨淋　D. 碰撞

3. 在海上保险业务中，构成被保险货物"实际全损"的情况有(　　)。

A. 收回保险标的物所有权花费的费用将超过收回后的标的价值

B. 保险标的物发生变质，失去原有使用价值

C. 保险标的物丧失已无法挽回

D. 船舶失踪达到一定时期

4. 在海运保险业务中，构成共同海损的条件是(　　)。

A. 共同海损的危险必须是实际存在的

B. 消除船货共同危险而采取的措施是有意合理的

C. 必须属于非常性质的损失

D. 费用支出是额外的

5. 共同海损分摊时，涉及的受益方包括(　　)。

A. 船方　B. 救助方　C. 货方　D. 运费方

6. 以下关于保险凭证的正确叙述是(　　)。

A. 俗称"小保单"，是一种简化的保险单

B. 既有正面内容，又有背面条款

C. 与保险单具有同等效力

D. 在实务中，保险凭证可以代替保险单

7. 以下关于保险单正确的选项(　　)。

A. 物权凭证　B. 索赔证明

C. 保险合同证明　D. 货物收据

8. 中国保险条款中属于一般附加险别的有(　　)。

A. 拒收险　B. 短量险

C. 钩损险　D. 黄曲霉素险

9. 根据《UCP600》的分类，保险单据包括(　　)。

A. 保险单　B. 保险凭证

C. 预约保险单　D. 投保声明

10. 根据《UCP600》，除非信用证有其他的规定，以下可以被银行接受的保险单据是(　　)。

A. 由 UNDERWRITER 出具的保险单据

B. 由 BOKER 签发的 COVER NOTE

C. 由 OPEN COVER 项下保险公司预签的保险证明

D. 在 UNDERWRITER 的代理人出具的保险声明

☆判断题

1. 保险加成是用来弥补进口商经营管理费用或预期利润的损失。(　　)

2. 我某公司按 FOB 贸易术语进口时，在国内投保了一切险，保险公司的保险责任起

讫应为“仓至仓”。( )

3. 载货船舶途中搁浅，船长有意识合理地将部分货物抛人海中，使船只能继续航行至目的港，上述搁浅和抛货损失均属于共同海损。( )

4. 运输途中部分纸箱受潮，箱装的服装出现了水渍由于该批货物投保了水渍险所以货主可向保险公司索赔。( )

5. 根据《UCP600》，银行拒绝接受表明投保生效日期迟于装运日期的保险单。( )

6. 一切险的责任范围涵盖所有险别，包括偷窃、提货不着险及战争险。( )

7. 按我国习惯做法，如以 CFR 和 FOB 贸易术语成交，进口商在接到国外出口商发的装船通知后，即应填制投保单或预约保险启运通知书向保险公司投保。( )

8. 信用证中关于保险条款，规定 irrespective of percentage，则保险单中应有免赔率的条款。( )

9. 按国际保险市场惯例，保险单与保险凭证具有同等法律效力。( )

10. 根据《UCP600》，信用证规定提供保险凭证时，出口商不能用保险单代替。( )

☆讨论题

1. 请简述出口贸易中货物运输保险的投保手续?

2. 保险单据有哪些种类?

3. 我国海洋运输货物保险的基本险别有哪三种? 三种基本险的责任范围有哪些?

4. 根据《UCP600》的规定，如果合同和信用证对投保金额未做规定，则投保金额如何确定?

5. 有一份 CIF 合同，卖方在装船前向保险公司投保了“仓至仓”条款一切险，但货物在从卖方仓库运往码头的途中，发生了承保范围以内的货物损失。事后卖方以保险单含有“仓至仓”条款为由，要求保险公司赔偿此项损失，但遭到保险公司拒绝。保险公司认为货物未装运，损失不在承保范围内。试问在上述情况下，保险公司能否拒赔?为什么?

☆操作题

根据任务三中的货物明细表资料，填制下面的保险单据。

中　国　人　民　保　险　公　司

THE PEOPLE'S INSURANCE COMPANY OF CHINA

总公司设于北京　　一九四九年创立

Head office: BEIJING　　Established in 1949

保险单 INSURANCE POLICY

保险单号次 POLICY NO. MH-FJDBD07

中国人民保险公司（以下简称本公司）
THIS POLICY OF INSURANCE WITNESSES THAT THE PEOPLE'S INSURANCE COMPANY OF CHINA (HEREINAFTER CALLED "THE COMPANY")
根据
AT THE REQUEST OF --
（以下简称被保险人）的要求，由被保险人向本公司缴付约
(HEREINAFTER CALLED "THE INSURED") AND IN CONSIDERATION OF THE AGREED PREMIUM PAID TO THE COMPANY BY THE
定的保险，按照本保险单承保险别和背面所载条款下列
INSURED UNDERTAKES TO INSURE THE UNDERMENTIONED GOODS IN TRANSPORTATION SUBJECT TO THE CONDITIONS OF THIS POLICY
特款承保下述货物运输保险，特立本保险单
AS PER THE CLAUSES PRINTED OVERLEAF AND OTHER SPECIAL CLAUSES ATTACHED HEREON

标记 MARKS § NOS	包装及数量 QUANTITY	保险货物项目 DESCRIPTION OF GOODS	保险金额 AMOUNT INSURED

总保险金额:
TOTAL AMOUNT INSURED: --

保费 PREMIUM ----------　费率 RATE ----------　装载运输工具 PER CONVEYANCE SS. ----------

开航日期 SLG. ON OR ABT. ----------　自 FROM ----------　至 TO ----------

承保险别:
CONDITIONS

所保货物，如遇出险，本公司凭本保险单及其他有关证件给付赔款。
CLAIMS, IF ANY, PAYABLE ON SURRENDER OF THIS POLICY TOGETHER WITH OTHER RELEVANT DOCUMENTS
所保货物，如发生本保险单项下负责赔偿的损失或事故，
IN THE EVENT OF ACCIDENT WHEREBY LOSS OR DAMAGE MAY RESULT IN A CLAIM UNDER THIS POLICY IMMEDIATE NOTICE
应立即通知本公司下述代理人查勘。
APPLYING FOR SURVEY MUST BE GIVEN TO THE COMPANY'S AGENT AS MENTIONED HEREUNDER:

MANAZA MARINE AND FIRE INSURANCE CO., LTD.
1-CHOME, KANDA CHU-KU
TOKYO, JAPAN

赔款偿付地点
CLAIM PAYABLE AT/IN ----------

日期　　上海
DATE ----------　SHANGHAI

地址:中国上海中山东一路23号 TEL:3234305 3217466-44 Telex:33128 PICCS CN.
Address: 23 Zhongshan Dong Yi Lu Shanghai, China. Cable: 42001 Shanghai

----
General Manager

项目 6　商品检验检疫证书的制作

导入案例

进口方委托银行开出的信用证上规定：卖方须提交“商品净重检验证书”。进口商在收到货物后，发现除质量不符外，卖方仅提供了重量单。买方立即委托开证行向议付行提出拒付，但货款已经押出。事后，议付行向开证行催付货款，并解释卖方所附的重量单即为净重检验证书。

问题：重量单与净重检验证书一样吗？开证行能否拒付货款给议付行？

项目要点

1. 出入境检验检疫报检范围
2. 报检单位与检验检疫机构
3. 进出境货物检验检疫
4. 出入境货物报检单的制作
5. 商品检验检疫证书的种类和作用
6. 客检证

任务一：出入境检验检疫的知识认知

一、 出入境检验检疫的含义

出入境检验检疫是指国家质量监督检验检疫总局（General Administration of Quality Supervision, Inspection and Quarantine of the People's Republic of China; AQSIQ）（下简称国家质检总局）作为政府的一个行政执行部门，以保护国家整体利益和社会利益为衡量标准，以法律、行政行规、国际惯例或进口国法规要求为准则，对出入境货物、交通运输工具、人员及其他事项进行管理及认证，并提供官方检验检疫证明、民间检验公证和鉴定证明的全部活动。

出入境商品检验检疫是指国家质检总局和下属机构对出入境货物进行检验检疫、管理认证、公证、鉴定证明的全部活动。

二、 出入境检验检疫报检范围

(一) 出入境检验检疫报检范围

1. 国家法律法规规定必须由出入境检验检疫机构检验检疫的。具体包括：

(1) 列入《出入境检验检疫机构实施检验检疫的进出境商品目录》内的货物；

(2) 入境废物、进口旧机电产品；

(3) 出口危险货物包装容器的性能检验和使用鉴定；

(4) 进出境集装箱；

(5) 进境、出境、过境的动植物、动植物产品及其他检疫物；

(6) 装载动植物、动植物产品和其他检疫物的装载容器、包装物、铺垫材料；进境动植物性包装物、铺垫材料；

(7) 来自动植物疫区的运输工具；装载进境、出境、过境的动植物、动植物产品及其他检疫物的运输工具；

(8) 进境拆解的废旧船舶；

(9) 出入境人员、交通工具、运输设备以及可能传播检疫传染病的行李、货物和邮包等物品；

(10) 旅客携带物（包括微生物、人体组织、生物制品、血液及其制品、骸骨、骨灰、废旧物品和可能传播传染病的物品以及动植物、动植物产品和其他检疫物）和携带伴侣动物；

(11) 国际邮寄物（包括动植物、动植物产品和其他检疫物、微生物、人体组织、生物制品、血液及其制品以及其他需要实施检疫的国际邮寄物）；

(12) 其他法律、行政法规规定需经检验检疫机构实施检验检疫的其他应检对象。

2. 输入国家或地区规定必须凭检验检疫机构出具的证书方准入境的；

3. 有关国际条约规定须经检验检疫的；

4. 对外贸易合同约定须凭检验检疫机构签发的证书进行交接、结算的；

5. 申请签发一般原产地证明书、普惠制原产地证明书等原产地证明书的。

(二)《出入境检验检疫机构实施检验检疫的进出境商品目录》(下称《法检目录》)

以《商品分类和编码协调制度》为基础编制而成，包括了大部分法定检验检疫的货物，是检验检疫机构依法对出入境货物实施检验检疫的主要执行依据。其中海关监管条件、检验检疫类别代码含义如下：

海关监管条件代码：

A：表示对应商品须实施进境检验检疫；

B：表示对应商品须实施出境检验检疫；

D：表示对应商品海关与检验检疫联合监管

检验检疫类别代码：

M：表示对应商品须实施进口商品检验；
N：表示对应商品须实施出口商品检验；
P：表示对应商品须实施进境动植物、动植物产品检疫；
Q：表示对应商品须实施出境动植物、动植物产品检疫；
R：表示对应商品须实施进口食品卫生监督检验；
S：表示对应商品须实施出口食品卫生监督检验；
L：表示对应商品须实施民用商品入境验证。

三、报检单位与报检员

（一）报检单位的分类及区别

报检单位包括自理报检单位和代理报检单位。

自理报检单位是指经国家质检总局备案，根据我国法律法规规定办理出入境检验检疫报检或委托代理报检单位办理出入境报检手续的货物的收发货人、进出口货物的生产、加工和经营单位等。

代理报检单位是指在出入境检验检疫机构注册登记，从事出入境运输工具、货物、物品报检业务的境内法人或组织。

自理报检和代理报检的区别：代理报检可以承揽自理报检单位的进出境运输工具、货物、物品的报检业务；自理报检仅限于从事本企业生产、经营范围的进出境运输工具、货物、物品的报检或可以将自己的报检业务委托给代理报检单位。

（二）报检员

报检业务由所在单位持《报检员证》的报检员办理。

报检员是指参加国家质检总局组织的统一考试并合格，获得《报检员资格证》，受聘于一家报检单位，并经所在地检验检疫机构注册后取得《报检员证》，代表所在单位办理出入境检验检疫报检业务的人员。

四、进出境检验检疫机构

在国际货物买卖中，交易双方除了自行对货物进行必要的检验外，还必须由某个机构进行检验，经检验合格后方可出境或入境。这种根据客户的委托或有关法律的规定对进出境商品进行检验、鉴定和管理的机构就是商品检验机构。

国际上的商品检验机构名称各异，有的称公正行（Authentic Surveyor），宣誓衡量人（Sworn Measurer）、有的称实验室（Laboratory）等。

（一）我国的进出境检验检疫机构

1. 官方检验检疫机构

官方检验机构是指由国家或地方政府投资，按照国家有关法律、行政法对进出口商品的质量检验工作实施法定检验检疫和监督管理的机构。

国家质检总局属于我国官方检验检疫机构，是国务院主管全国质量、计量、出入境商品检验、出入境卫生检疫、出入境动植物检疫、进出口食品安全和认证认可、标准化等工作，并行使行政执法职能的直属机构。

国家质检总局在各省、自治区、直辖市和计划单列市设有 35 个直属出入境检验检疫局（CIQ）。官方检验机构在职能上不分进出口商品和内销产品，而实行一体化管理。

国家质检总局的主要任务是法定检验、实施监督管理和提供公证鉴定服务。

2. 半官方检验检疫机构

半官方检验机构是指由国家批准设立的公证检验机构。它由政府授权，使其代表政府行使商品检验鉴定工作或某一方面检验管理工作，作为国家行政执法部门实施监督管理的有效依据。中国进出口商品检验总公司属于半官方检验检疫机构。

3. 非官方检验检疫机构

非官方检验检疫机构是指由私人创办的、具有专业检验鉴定技术能力的公证行或检验公司。例如，中国检验认证（集团）有限公司（CCIC）。

（二）国际上知名的检验检疫机构

1. 官方检验检疫机构

如美国食品和药品管理局（FDA）、德国技术检验代理机构网（TUV）、英国标准协会（BSI）、日本通商省检验所、荷兰卫生部等。

2. 半官方检验检疫机构

如日本海事鉴定协会（NKKK）等。

3. 非官方检验检疫机构

如瑞士通用公证行（SGS）、美国安全实验所（UL）、英国劳氏船级社、英国英之杰检验集团（IITS）等。

五、 我国出入境检验检疫业务内容

我国出入境检验检疫业务按业务内容分，包括进出口商品检验、进出境动物检疫和国境卫生检疫。

（一）法定检验检疫

法定检验检疫，又称为强制性检验检疫，是指出入境检验检疫机构对列入《法检目录》的进出口商品，必须经过出入境检验检疫机构进行检验。规定进口商品应检验而未检验的，不准销售、使用；出口商品未经检验合格的，不准出口。进出口商品检验包括品质检验、安全卫生、数量鉴定、重量鉴定等。

（二）进出口商检

除了上述商品外，实施“抽检”，对于合格商品，可以施加“检验检疫标志”或“封志”。

（三）动植物检疫

进出境动植物检疫，是指进出境检验检疫机构依《检疫法》和《进出境动植物检疫法实施条例》的有关规定，对动植物及相关物实施检疫和监督管理的行为。

表 6-1 进出境动植物检疫对象及管理措施

对象	措施
进境、出境、过境的动植物、动植物产品和其他检疫物	动植物检验检疫
装载动植物、其产品和检疫物装载容器、包装物、铺垫物	动植物检验检疫
来自动植物疫区的运输工具	动植物检验检疫
进境拆解的废旧船舶	动植物检验检疫
有关法律、行政法规、国际条约规定和合同约定的货物	动植物检验检疫
国家列明禁止进境动植物	退回或销毁处理
进境动物、动物产品、植物种子、种苗、其他繁殖材料	进境检验许可证、检疫审批
出境动物、动物产品、其他检验物的生产、加工、存放	检疫监管
来自疫区的运输工具	口岸现场检疫、消毒处理
过境运输的动植物、其产品和其他检疫物	检疫监管
进境携带、邮寄动植物、其产品和其他检疫物	检疫监管

（四）卫生检疫与处理

出入境检验检疫部门统一负责对出入境的人员、交通工具、集装箱、行李、货物、邮包等实施医学检查和卫生检查，有权要求出入境人员填写健康申明卡，出示预防接种证或其他证件。

表 6-2 卫生检疫与处理措施

对象	措施
对未染有检疫传染病或已实施卫生处理人员或交通工具	签发出入境检疫证，允许出入境
对患有鼠疫、黄热病、霍乱等传染并的进出境人员	实施隔离留验
对国境口岸出入境的人或交通工具的卫生状况	实施卫生监督
对来自疫区、被传染病污染交通工具、集装箱、行李等	实施消毒、除虫等卫生处理
对疑似检疫传染并的出入境人员	事实隔离、留验、就地诊验等
艾滋病、性病、麻疯病、精神病、开放性肺结核病人	阻止入境

（五）进口废物原料、旧机电产品装运前检验

我国对废物的国内收货人和国外供货人实行注册登记制度，国外供应商应取得国务院质监检验检疫部门的注册登记证书。国家对废物原料进口实行禁止、限制和自动管理，对于自动和限制进口类可用作原料的废物实行装运前检验，检验合格后方可装运。签订合同前必须取得环保总局《进口废物批准证书》；合同中订明“装运前检验”条款；到货后施检（法检）。

进口旧机电产品，签订合同前到总局或直属局进行备案，必要的装运前预检，到货后施检（法检）。

（六）进口商品认证管理

验证（书）、查验货证是否一致。

（七）出口商品质量许可和卫生注册管理

我国对重要出口商品实行质量许可制度，并对其出口实行验证管理（出口商品质量许可证）。出入境检验检疫部门单独或会同有关部门共同负责发放出口商品质量许可证的工作，未获证的商品不准出口。目前国家对机械、电子、轻工、机电、玩具、医疗器械、煤炭等类商品实施出口质量许可制度。国内生产企业或代理人均可向出入境检验检疫机构申请出口质量许可证书。

我国对食品相关产业实行卫生注册登记制度，取得卫生注册登记证书，方可从业。

（八）出口危险货物运输包装检验

对列入《商检机构实施检验的进出口商品种类表》和其他法律、法规规定必须经检验检疫机构检验的出口商品的运输包装，必须申请检验检疫机构或检验检疫机构指定的检验机构进行性能检验，未经检验或检验不合格的，不准用于盛装出口商品。对出口危险货物包装容器实行出口质量许可制度，生产单位须向检验检疫机构登记，申请办理出口质量许可证。危险货物包装容器须经检验检疫机构进行性能鉴定和使用鉴定后，方能生产和使用。

（九）外商投资财产鉴定

各地检验检疫机构凭财产关系人或代理人及经济利益有关各方的申请或司法、仲裁、验资等机构的指定或委托，办理外商投资财产鉴定包括价值鉴定，损失鉴定，品种、质量、数量鉴定等。出具《价值鉴定证书》，凭以办理验资手续。

（十）货物装载和残损鉴定

用船舶或集装箱装运粮油食品、冷冻品等易腐食品出口的，应向口岸检验检疫机构申请检验船舶和集装箱，经检验符合装运技术条件并发给证书后，方准装运。

对外贸易关系人及仲裁、司法等机构，对海运进口商品可向检验检疫机构申请办理检视、载损鉴定、监视卸载、海损鉴定、验残等残损鉴定工作。

（十一）进出口商品质量认证

合格者，允许商品上使用“质量认证标志”。

（十二）审核认可和监督涉外检验检疫、鉴定、认证机构

国家质检总局负责审核认可和监督涉外检验检疫、鉴定、认证机构，涉外公司或机构须取得《外商投资检验公司资格证书》。

（十三）与外国和国际组织开展合作

检验检疫部门承担 WTO/TBT 协议和 SPS 协议咨询点业务；承担 UN、APEC、ASEM 等国际组织在标准与一致化和检验检疫领域的联络点工作；负责对外签订政府部门间的检验检疫合作协议、认证认可合作协议、检验检疫协议执行议定书等，并组织实施。

六、 进出境货物检验检疫

（一）出境货物检验检疫

出境货物检验检疫工作程序，简单的说就是：申请报检—受理报检—实施检验检疫—评定合格—签证放行。

1. 出境报检分类

出境报检分为一般报检、出境换证报检和出境预报检。

（1）一般报检（产地和报关地一致）

出境货物一般报检检验检疫工作的一般程序是“报检后，先检验检疫，后通关放行”。

程序：

①法定检验检疫出境货物的发货人或者其代理人向检验检疫机构申请报检；

②检验检疫受理报检和计收费；

③转检验或检疫部门实施检验检疫，经检验检疫合格的，出具《出境货物通关单》；出境货物经检验检疫不合格的出具《出境货物不合格通知单》。

（2）出境换证报检（产地和报关地不一致）

在产地检验，检验检疫机构检验合格出具《出境货物换证凭条》，报检单位凭《出境货物换证凭单》或“出境货物换证凭条”向报关地检验检疫机构换发《出境货物通关单》。

（3）出境预报检

对暂时还不能出口的货物预先实施检验检疫，检验检疫合格的，检验检疫机构签发标明“预检”字样的《出境货物换证凭单》，正式出口，可凭此证申请办理放行手续。预报检适于某些经常出口的、非易腐烂变质、非易燃易爆的货物。

2. 出境货物报检的地点和时限

（1）出境货物最迟应在出口报关或装运前 7 天报检，对于个别检验检疫周期较长的货物，应留有相应的检验检疫时间；

（2）需隔离检疫的出境动物在出境前 60 天预报，隔离前 7 天报检；

（3）法定检验检疫货物，除活动物需由口岸检验检疫机构检验检疫外，原则上应坚持产地检验检疫。

3. 出境货物检验检疫流程图

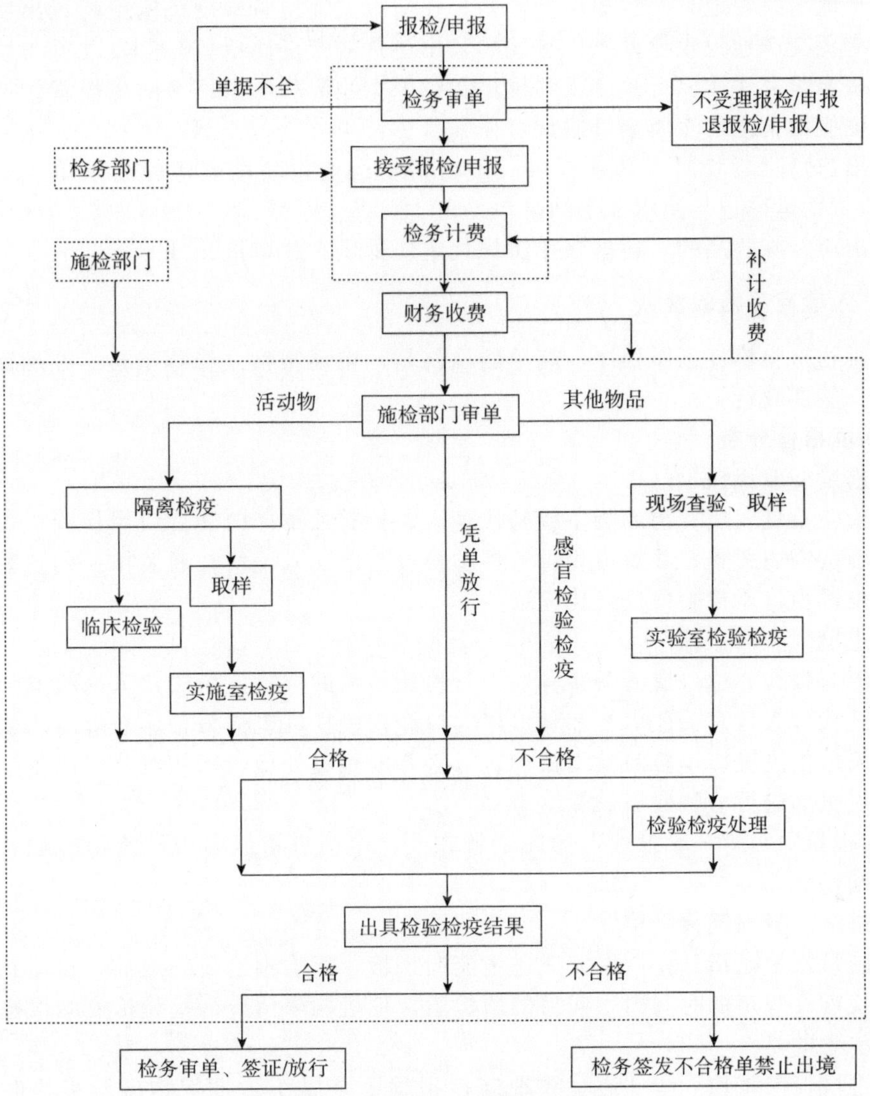

图 6-1 出境货物检验检疫流程图

4. 出境货物报检应提供的证单

(1) 出境货物报检时

①应填写《出境货物报检单》;

②外贸合同或销售确认书或订单、信用证、有关函电等外贸业务资料;

③生产经营部门出具的厂检结果单原件;

④检验检疫机构签发的《出境货物运输包装性能检验结果单》正本。(检验检疫类别为“N”或“S”的货物提供)

(2) 凭样品成交的,须提供样品。

(3) 经预检的货物,在向检验检疫机构办理换证放行手续时,应提供该检验检疫机构签发的《出境货物换证凭单》(正本)。

(4) 产地与报关地不一致的出境货物，在向报关地检验检疫机构申请《出境货物通关单》时，应提交产地检验检疫机构签发的《出境货物换证凭单》(正本)。

(5) 按照国家法律、行政法规的规定实行卫生注册和质量许可的出境货物，必须提供经检验检疫机构批准的注册编号或许可证编号。

(6) 出口危险货物时，必须提供《出境货物运输包装性能检验结果单》(正本) 和《出境危险货物运输包装使用鉴定结果单》(正本)。

(7) 出境特殊物品的，根据法律法规规定应提供有关审批文件。

(二) 入境商品检验检疫

入境货物检验检疫工作程序，简单的说就是：申请报检—受理报检—办理通关—实施检验检疫—签证放行。

1. 入境报检分类

(1) 进境一般报检

法定检验检疫入境货物的货主或其代理人，持有关单证向卸货口岸检验检疫机构申请取得《入境货物通关单》并对货物进行检验检疫，即《入境货物通关单》的签发和对货物的检验检疫都由口岸检验检疫机构完成。

(2) 进境"流向报检"

进境流向报检亦称口岸清关转异地进行检验检疫的报检，指法定入境检验检疫货物的收货人或其代理人持有关证单在卸货口岸向口岸检验检疫机构报检，获取《入境货物通关单》并通关后由进境口岸检验检疫机构进行必要的检疫处理，货物调往目的地后再由目的地检验检疫机构进行检验检疫监管。

"流向报检"与"一般报检"的区别就在于，申请进境流向报检货物的通关地与目的地属于不同辖区。

(3) 进境"异地施检报检"

异地施检报检是指已在口岸完成进境流向报检，货物到达目的地后，该批进境货物的货主或其代理在规定的时间内，向目的地检验检疫机构申请进行检验检疫的报检。

值得注意的是：

①"进境流向报检"和"进境异地施检报检"是属于一批货物进行报检时的两个环节，亦即经过货物的"进境流向报检"，就要有"进境异地施检报检"与其相对应。

②口岸检验检疫机构对"进境流向报检"货物只在口岸对装运货物的运输工具和外包装进行了必要的检疫处理，并未对整批货物进行检验检疫。

③只有当实施检验检疫的机构对货物实施了具体的检验、检疫后，货主才能获得相应的准许进口货物销售使用的合法凭证，也就是《入境货物检验检疫证明》，这样才完成了进境货物的检验检疫工作，货物可以自由买卖。

④在异地施检报检时应提供口岸检验检疫机构签发的《入境货物调离通知单》。

2. 入境货物报检的地点和时限

(1) 报检的时限

①输入微生物、人体组织、生物制品、血液及其制品或种畜、禽及其精液、胚胎、受

精卵的应当在入境前 30 天报检；

②输入其他动物的，应在入境前 15 天报检；

③输入植物、种子、种苗、及其他繁殖材料的，应在入境前 7 天报检；

④入境货物需对外索赔出证的，应在索赔有效期前不少于 20 天内向到货口岸或货物到达地的检验检疫机构报检。

（2）报检的地点

①政府有关审批、许可证等批文中已规定检验检疫地点的，在规定的地点报检；

②大宗散装商品、易腐烂变质商品、废旧物品、卸货时发现包装破损、数量短缺的商品，必须在卸货口岸检验检疫机构报检。

3．入境货物检验检疫流程图

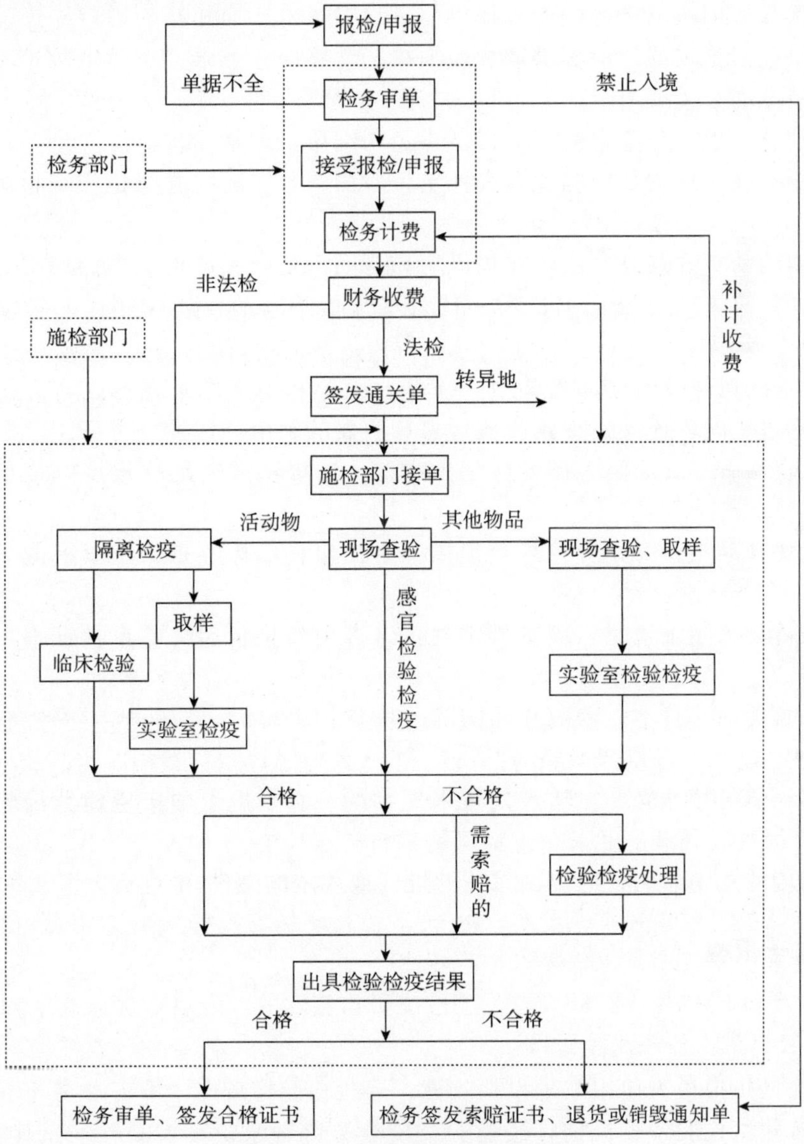

图 6-2　入境货物检验检疫流程图

4. 出境货物报检应提供的证单

(1) 入境报检时，应填写《入境货物报检单》，并提供外贸合同、发票、提（运）单、装箱单等有关单证。

(2) 凡实施安全质量许可、卫生注册、强制性产品认证、民用商品验证或其他需经审批审核的货物，应提供有关审批文件。

(3) 报检品质检验的还应提供国外品质证书或质量保证书、产品使用说明书及有关标准和技术资料；凭样成交的，须提供成交样品；以品级或公量计价结算的，应同时申请重量鉴定。

(4) 报检入境废物时，还应提供国家环保部门签发的《进口废物批准证书》、废物利用风险报告和经认可的检验机构签发的装运前检验合格证书等。

(5) 报检入境旧机电产品的还应提供与进口旧机电产品相符的进口许可证明。

(6) 申请残损鉴定的还应提供理货残损单、铁路商务记录、空运事故记录或海事报告等证明货损情况的有关证单。

(7) 申请重（数）量鉴定的还应提供重量明细单，理货清单等。

(8) 货物经收、用货部门验收或其他单位检测的，应随附验收报告或检测结果以及重量明细单等。

(9) 入境的动植物及其产品，在提供贸易合同、发票、产地证书的同时，还必须提供输出国家或地区官方的检疫证书；需办理入境审批手续的，还应提供入境动植物检疫许可证。

(10) 过境动植物及其产品报检时，应持分配单和输出国家或地区官方出具的检疫证书；运输动物过境时，还应提交国家质检总局签发的动植物过境许可证。

(11) 入境旅客、交通员工携带伴侣动物的，应提供进境动物检疫审批单及预防接种证明。

(12) 入境食品报检时，应按规定提供《进出口食品标签审核证书》或《标签审核受理证明》。

(13) 入境化妆品报检时，应按规定提供《进出口化妆品标签审核证书》或《标签审核受理证明》。

(14) 来自美国、日本、欧盟和韩国的入境货物报检时，应按规定提供有关包装情况的证书和声明。

(15) 因科研等特殊需要，输入禁止入境物的，必须提供国家质检总局签发的特许审批证明。

(16) 入境特殊物品的，应提供有关的批件或规定的文件。

七、 电子报检

(一) 含义

电子报检是指报检人使用电子报检软件，通过检验检疫电子业务服务平台将报检数据以电子方式传输给检验检疫机构，经检验检疫业务管理系统和检验检疫工作人员处理后，将受理报检信息反馈报检人，实现远程办理出入境检验检疫报检业务的过程。

（二）电子报检流程

企业通过“九城”单证系统实施电子报检。

1. 报检环节

对电子报检的数据审核是采取“先机审，后人审”的程序进行。

具体申报：企业端输机→检验检疫局局域端→企业得到“收到”回执→检验检疫局检务审单→企业得到“正确”或“错误”回执。如果“正确”→企业打印报检申请单。

三种回执状况的含义：

（1）收到：表示机审通过，尚未正确受理，产生预录入号为 15 位数。

（2）错误：表示系统审查有误退回或检务审核有误退回；

（3）正确：表示检务已正式受理报检，产生正式报检号为 15 位数。

出境货物受理电子报检后，报检人应按受理报检信息的要求，在检验检疫机构施检时，提交报检单和随附单据。入境货物受理电子报检后，报检人应按受理报检信息的要求，在领取《入境货物通关单》时，提交报检单和随附单据。电子报检人对已发送的报检申请需更改或撤消报检时应发送更改或撤消报检申请。

2. 施检环节

报检企业接到报检成功信息后，按信息中的提示与施检部门联系检验检疫。在现场检验疫时，持报检软件打印的报检单和全套随附单据交施人员审核，不符合要求的，施检人员通知报检企业立即理发，并将不符合情况反馈受理报检部门。

3. 计收费环节

计费由电子审单系统自动完成，接到施检部门转来的全套单据后，对照单据进行计费复核。报检单位逐票或按月缴纳检验检疫等有关费用。

4. 签证放行环节

签证部门按规定办理。

（三）报检应注意的问题

1. 电子报检信息真实、准确

电子报检人应确保电子报检信息真实、准确不得发送无效报检信息。报检人发送的电子报检信息应与提供的报检单及随附单据有关内容保持一致。

2. 规定的报检时限报检

电子报检人在规定的报检时限内将相关出入境货物的报检数据发送至报检地检验检疫机构。

3. 报检特殊要求的处理

对于合同或信用证中涉及检验检疫特殊条款和特殊要求的，电子报检人须在电子报检申请中同时提出。

4. 报检单位自身情况变更的处理

实行电子报检的报检单位的名称、法定代表人、经营范围、经营地址等变更时，应及时向当地检验检疫机构办理变更登记手续。

任务二：出入境货物报检单的制作

一、 出入境货物报检单

(一) 报检单含义

报检单是国家检验检疫部门根据检验检疫、鉴定工作的需要，为保证检验检疫工作规范化和程序化而设制的。它是报检人根据有关法律、行政法规或合同约定申请检验检疫机构对其某种货物实施检验检疫、鉴定意愿的书面凭证，它表明了申请人正式向检验检疫机构申请检验检疫、鉴定，以取得该批货物合法出口的合法凭证。报检单同时也是检验检疫机构对出入境货物实施检验检疫启动检验检疫程序的依据。

(二) 出境货物报检单格式及填制说明

1. 出境货物报检单格式

出境货物报检单格式，见表 6-3。

2. 出境货物报检单填制的基本规定

(1) 报检单必须使用国家局统一制定并统一印刷的报检单，目前使用的出境货物报检单格式编号为［1-2（2000.1.1）］。

(2) 出境报检以书面报检单和电子报检信息并存的形式进行，必须确保书面报检单和电子报检信息完全一致。

(3) 报检单必须按照所申报的货物内容填写，填写内容必须与随附单据相符，填写必须完整、准确、真实，不得涂改，对无法填写的栏目或无此内容的栏目，统一填写“＊＊＊”。

(4) 填制完毕的报检单必须加盖报检单位公章或已经向检验检疫机构备案的“报检专用章”，报检人应在签名栏签名，注意必须是本人手签，不得代签。

(5) 填制完毕的报检单在办理报检手续前必须认真审核，检查是否有错填、漏填的栏目，所填写的内容是否与随附单据一致，防止因填单差错而延误办理报检手续。

(6) 原则上一批货物填写一份报检单。“一批货物”是指：同一合同、同一类货物、同一运输工具、运往同一地点。特殊情况除外。

(7) 其余规定按《出入境检验检疫报检规定》执行。

3. 出境货物报检单的填制说明

(1) 报检单位（加盖公章）：应准确填写报检单位全称，并加盖本单位印章（公章或报检专用章）。

(2) 编号：由检验检疫机构受理报检人员填写。前 6 位为检验检疫机关代码，第 7 位为报检类代码，第 8、9 位为年代码，第 10 至 15 位为流水号。

(3) 报检单位登记号：报检单位在检验检疫机构登记的号码。

(4) 联系人：报检人员姓名。

表 6-3　出境货物报检单

中华人民共和国出入境检验检疫
出境货物报检单

*编　　号 ________

报检单位（加盖公章）:

报检单位登记号:　　　　联系人:　　　　电话:　　　　报检日期:　　年　　月　　日

发货人	（中文）
	（外文）
收货人	（中文）
	（外文）

货物名称(中/外文)	H.S.编码	产地	数/重量	货物总值	包装种类及数量

运输工具名称号码		贸易方式		货物存放地点	
合同号		信用证号		用途	
发货日期		输往国家(地区)		许可证／审批号	
起运地		到达口岸		生产单位注册号	
集装箱规格/数量及号码					

合同、信用证订立的检验检疫条款或特殊要求	标 记 及 号 码	随附单据（画“✓”或补填）	
		□合同 □信用证 □发票 □换证凭单 □装箱单 □厂检单	□包装性能结果单 □许可/审批文件 □ □ □

需要证单名称（画“✓”或补填）		*检验检疫费	
□品质证书 __正__副 □重量证书 __正__副 □数量证书 __正__副 □兽医卫生证书 __正__副 □健康证书 __正__副 □卫生证书 __正__副 □动物卫生证书 __正__副	□植物检疫证书 __正__副 □熏蒸/消毒证书 __正__副 □出境货物换证凭单 __正__副 □ □ □ □	总金额（人民币元）	
		计费人	
		收费人	

报检人郑重声明：	领 取 证 单	
1. 本人被授权报检。 2. 上列填写内容正确属实，货物无伪造或冒用他人的厂名、标志、认证标志，并承担货物质量责任。 签名：________	日期	
	签名	

注：有“*”号栏由出入境检验检疫机关填写　　　　◆国家出入境检验检疫局制

[1-2（2000.1.1）]

(5) 电话：报检人员的联系电话。

(6) 报检日期：检验检疫机构受理的日期，由受理人员统一用数字填写。

(7) 发货人：是指该批货物的贸易关系人，根据不同情况填写。预验报检的，可填写生产单位；出口报检的，填写合同卖方或信用证中的受益人名称，用中、英文对照分行填写。对于无合同和信用证的，可按发票的卖方填写。若检验检疫证书对发货人/收货人有特殊要求的，应在备注栏声明。

(8) 收货人：一般填写合同中的买方或信用证中的开证申请人。

(9) 货物名称（中/外文）：按合同或信用证上所列名称及规格填写，合同与信用证不一致时，以信用证为准。加填生产批号。如为废旧货物应注明。

(10) H. S编码：按《协调商品名称及编码制度》中所列编码填写。以当年海关公布的商品税则编码分类为准，目前为10位。H. S. 编码涉及报检、计收费、检验检疫、报关等环节，因此必须准确无误。

(11) 产地：指货物的实际生产（加工地），填写省、市、县名。如江苏省苏州市。

(12) 数/重量：按实际申请检验检疫的数/重量填写，注明货物的标准计量单位。按重量计价的还须列明毛/净/皮重；所填数量/重量应符合合同或信用证要求，在其溢短装幅度内；本栏目可以填报一个以上计量单位。

(13) 货物总值：按合同或发票或报关单上所列货物总值填写，需注明币种，加工贸易应按"成本价＋加工费"进行计算。本栏不要填写贸易术语。

(14) 包装种类及数量：填写实际包装材料的种类和包装数量。如有托盘的，则除了托盘数量和种类外，还应填写托盘上装的包装数量和种类；木质包装要注明木质种类；裸装或散装应注明"裸装"或"散装"；此栏目加填包装性能合格单号或包装容器编号。

(15) 运输工具名称号码：填报实际装运本批货物的运输工具名称和号码。如船舶填写船名、航次，飞机填写航班号等。如果报检时未确定运输工具名称和号码的，可以笼统填报，如填写"船舶"或"飞机"。

(16) 贸易方式：根据实际情况选填一般贸易、来料加工、进料加工、易货贸易、补偿贸易、边境贸易、无偿援助、外商投资、对外承包工程进出口货物、出口加工区进出境货物、出口加工区进出区货物、退运货物、过境货物、保税区进出境仓储、转口货物、保税区进出区货物、暂时进出区货物、暂时进出口留购货物、展览品、样品、其他非贸易品、其他贸易性货物。部分贸易方式见表8-19。

(17) 货物存放地点：注明具体地点、厂库，便于安排施检。

(18) 合同号：填写本批货物的贸易合同、订单或形式发票的号码。

(19) 信用证号：指本批货物所对应的信用证编号。非信用证结算的应在该栏目注明结汇方式。

(20) 用途：填写本批货物的用途。从以下9个选项中选择：①种用或繁殖；②食用；③奶用；④观赏或演艺；⑤伴侣动物；⑥试验；⑦药用；⑧饲用；⑨其他。

(21) 发货日期：实际发货日期，应在合同或信用证所列最迟装期、结汇效期之前，受理报检日期之后。预报检可不填。

(22) 输往国家（地区）：出口合同中货物的买方所在国或地区，或合同中注明的最终输往国或地区。

（23）许可证/审批号：属于质量许可证管理的货物，填写出口商品质量许可证号；需经审批的货物应填写审批号。如："出口产品质量许可证"、"出口生产企业卫生登记、注册证"、"出口食品标签审核证书"、"出口化装品标签审核证书"、"出口电池产品备案书"、"出口商品型式试验确认书"及其他证书的编号。

（24）起运地：填写货物最后离境的口岸及所在地。对本地货物需运往其他口岸报关出境的，应注意申请签发出境货物换证凭单或电子转单。出境活动物的起运地应填写起始运输地点。

（25）到达口岸：填写该批货物到达的境外口岸。

（26）生产单位注册号：出口申报货物涉及卫生注册登记管理范围内的食品、动植物及其产品，填写生产厂、冷库、仓库经由出入境检验检疫机构考核后签发的卫生注册证书号、检疫卫生登记证书号或检疫注册登记证书编号等。

（27）集装箱规格、数量及号码：货物若以集装箱运输，应填写集装箱的规格、数量及号码。如1×20'/MISU2369721。

（28）合同订立的特殊条款以及其他要求：合同或信用证对检验检疫有相关要求的或输入国家（地区）对检验检疫有特殊要求的，以及其他报检时需特别说明的，应在此栏注明。此栏兼作备注栏使用。

（29）标记及号码：货物的标记号码即为唛头，内容和形式上应与合同、信用证、发票等有关外贸单据保持一致。若没有标记号码或裸装货或散装货，本栏目则填写"N/M"。

（30）随附单据：按实际情况向检验检疫机构报检时提供的单据。在随附的单据种类前画"√"或补填。

（31）需要证单名称：画"√"或补填。检验检疫证书一般为一正二副，若对证书的正、副本数或证书的语种有特殊要求的，应在备注栏中声明。

（32）检验检疫费：由检验检疫机构计费人员核定费用后填写，如熏蒸费和消毒费等。

（33）报检人郑重声明：报检人员必须亲笔签名。

（34）领取证单：报检人在领取证单时填写领证日期及领证人姓名。

（三）入境货物报检单格式及填制说明

1. 入境货物报检单格式

入境货物报检单格式，见表6-4。

2. 入境货物报检单填制的基本规定

同一合同、同一商业发票、同一提单填写一份报检单。如果同一货运单中既有动物产品、又有植物产品，需按动物类和植物类分开报检。

其余同出境货物报检单填制的基本规定。

3. 入境货物报检单的填制说明

入境货物报检单的填制可以比照出境货物报检单的填制，需要特别说明的栏目如下：

（1）收货人：填外贸合同或商业发票中的买方。

企业性质：属于"三资"企业的在对应栏上划"√"。其他性质的企业该栏目不填写。

（2）发货人：填外贸合同或商业发票中的卖方。

表 6-4　入境货物报检单

中华人民共和国出入境检验检疫
入境货物报检单

报检单位（加盖公章）：　　　　　　　　　　　　　　　　*编　号＿＿＿＿＿＿＿＿

报检单位登记号：　　　　联系人：　　　　电话：　　　　报检日期：　　年　　月　　日

<table>
<tr><td rowspan="2">发货人</td><td>（中文）</td><td>企业性质（画“√”）</td><td>□合资□合作□外资</td></tr>
<tr><td colspan="3">（外文）</td></tr>
<tr><td rowspan="2">收货人</td><td colspan="3">（中文）</td></tr>
<tr><td colspan="3">（外文）</td></tr>
</table>

货物名称(中/外文)	H.S.编码	原产国（地区）	数/重量	货物总值	包装种类及数量

<table>
<tr><td>运输工具名称号码</td><td colspan="3"></td><td>合同号</td><td></td></tr>
<tr><td>贸易方式</td><td></td><td>贸易国别（地区）</td><td></td><td>提单/运单号</td><td></td></tr>
<tr><td>到货日期</td><td></td><td>起运国家（地区）</td><td></td><td>许可证 / 审批号</td><td></td></tr>
<tr><td>卸毕日期</td><td></td><td>起运口岸</td><td></td><td>入境口岸</td><td></td></tr>
<tr><td>索赔有效期至</td><td></td><td>经停口岸</td><td></td><td>目的地</td><td></td></tr>
<tr><td>集装箱规格/数量及号码</td><td colspan="5"></td></tr>
<tr><td rowspan="2">合同、信用证订立的
检验检疫条款或特殊要求</td><td rowspan="2" colspan="2"></td><td>货物存放地点</td><td colspan="2"></td></tr>
<tr><td>用途</td><td colspan="2"></td></tr>
</table>

<table>
<tr><td colspan="2">随附单据（划“✓”或补填）</td><td>标记及号码</td><td>*外商投资资产（画“√”）</td><td>□是□否</td></tr>
<tr><td rowspan="4">□合同
□发票
□提/运单
□兽医卫生证书
□植物检疫证书
□动物检疫证书
□卫生证书
□原产地证书
□许可/审批文件</td><td rowspan="4">□到货通知
□装箱单
□质保书
□理货清单
□磅码单
□验收报告
□
□</td><td rowspan="4"></td><td colspan="2">*检验检疫费
总金额
（人民币元）</td></tr>
<tr><td>总金额
（人民币元）</td><td></td></tr>
<tr><td>计费人</td><td></td></tr>
<tr><td>收费人</td><td></td></tr>
</table>

<table>
<tr><td rowspan="3">报检人郑重声明：
1. 本人被授权报检。
2. 上列填写内容正确属实。
签名：＿＿＿＿＿＿＿＿</td><td colspan="2">领　取　证　单</td></tr>
<tr><td>日期</td><td></td></tr>
<tr><td>签名</td><td></td></tr>
</table>

注：有“*”号栏由出入境检验检疫机关填写　　　　　　　　◆国家出入境检验检疫局制

[1-2（2000.1.1）]

（3）原产国（地区）：填写本批货物的原产、生产开采或制造国（地区）。

（4）运输工具名称和号码：填写装运本批货物的入境前的运输工具名称和号码。海运的应注明船名。

（5）贸易国别（地区）：填本批货物的购自国家或地区。

（6）提单/运单号：填写本批货物的海运提单或空运单的编号。有二程提单的应同时填写。

（7）到货日期：填写本批货物到达口岸的日期。

（8）起运国家（地区）：填写装运本批货物于运输工具的起运国家或地区。

（9）卸毕日期：填写本批货物在口岸卸货完毕的实际日期。

（10）起运口岸：填写装运本批货物于运输工具的起运口岸，一般是运输单据上的发货港。

（11）入境口岸：填写装运本批货物的运输工具的进境时首次停靠的口岸。

（12）索赔有效期至：从卸货完毕的日期开始计算。

（13）经停口岸：填写本批货物起运后入境前，中途曾经停靠的境外口岸名称。一般是运输单据上的中转港。

（14）目的地：填写本批货物预定最后到达的交货地。

（15）外商投资资产：由检验检疫机构受理报检人员填写，根据实际情况在对应的“□”内打“√”。

二、报检单填制实例

以出境货物报检单填制为例。

资料如下：

ISSUING BANK： DONTUSU COMMERCIAL BANK TOKYO，JAPAN
L/C NO.： KKT5846172
ISSUING DATE： OCT. 15，2013
BENEFICIARY： SHANGHAI MACHINERY IMP. &EXP. CORP. （GROUP）
726 CHUNGSHAN ROAD E. 1.，SHANGHAI，CHINA
APPLICANT： SHITAYA KINZOKU CO.，LTD.
6-11 7-CHOME UENO TAITO-KU TOKYO，JAPAN
AMOUNT： USD 15880.00

SHIPMENT FROM SHANGHAI FOR TRANSPORTATION TO YOKOHAMA. COVERING SHIPMENT OF “RABBIT” BRAND SHOVEL WITH METAL HANDLE, S501MH 210 DOZS AND S503MH 200 DOZS FOR 20 FT CONTAINER. AS PER S/C NO. A9700247

TRADE TERM： CIF YOKOHAMA
SHIPPING MARKS： A9700247
YOKOHAMA
NO. 1-410

发票号码： GD920059
发票日期： NOV. 2，2013
生产厂家： SHANGHAI CHONGMING FARMING TOOL FACTORY
产地： 上海崇明
包装： 1DOZ/CTN
船名： HANGTUV. 0134
集装箱号码： 1×20' FCL SCZU7854343
商品编号： 7216. 6100
提单编号： GK101024
总毛重： 10000 千克

商品型号	单价	净重	毛重	尺码
S501MH	USD 40. 00/DOZ	@24. 00KGS/CTN	@25. 00KGS/CTN	@ (97×36×23) cm^3/CTN
S503MH	USD 37. 40/DOZ	@22. 00KGS/CTN	@23. 00KGS/CTN	@ (97×36×25) cm^3/CTN

该批货物存于上海外高桥码头仓库，拟于 2013 年 11 月 21 日装运，2013 年 11 月 15 日由报检员陈丹向出入境检验检疫局报检，联系人电话 65052521。

出口公司的报检单位登记号为 4401AA490。

已填制的报检单见表 6-5。

任务三：商品检验检疫证书的内容及制作

一、 检验证书的含义与作用

(一) 含义

检验证书（Inspection Certificate）是指为了适应进口方的需要或进口国海关的需要或进出口国国家法规的需要，由政府机构或公证行或制造厂商等对商品进行检验后出具的关于商品品质、规格、重量、数量、包装、检疫等各方面或其他某方面鉴定的书面证明文件。

(二) 检验证书的主要作用

商检证书关系到有关各方的经济责任和权益，起着公正证明的作用，是买卖双方交接货物、结算货款和处理索赔、理赔的主要依据，也是通关纳税、结算运费的有效凭证。其作用表现为：

1. 作为卖方所交付货物的品质、重量、数量、包装及卫生条件等是否符合合同规定的依据。
2. 作为买方对品质、数量、重量、包装等提出异议、拒收货物、要求赔偿的凭证。
3. 作为卖方向银行议付货款的单据之一。
4. 作为出口国和进口国海关验放的有效证件。

表 6-5　出境货物报检单填制实例

中华人民共和国出入境检验检疫

出境货物报检单

报检单位（加盖公章）：上海机械进出口（集团）公司　　　　*编　　号 ______

报检单位登记号：4401AA490 联系人：陈丹　　电话：65052521 报检日期：2013 年 11 月 15 日

<table>
<tr><td rowspan="2">发货人</td><td>（中文）</td><td colspan="6">上海机械进出口（集团）公司</td></tr>
<tr><td>（外文）</td><td colspan="6">SHANGHAI MACHINERY IMP.&EXP.CORP.(GROUP)</td></tr>
<tr><td rowspan="2">收货人</td><td>（中文）</td><td colspan="6">***</td></tr>
<tr><td>（外文）</td><td colspan="6">SHITAYA KINZOKU CO.,LTD.</td></tr>
<tr><td colspan="2">货物名称(中/外文)</td><td>H.S.编码</td><td>产地</td><td>数/重量</td><td>货物总值</td><td colspan="2">包装种类及数量</td></tr>
<tr><td colspan="2">铲
“RABBIT” BRAND
SHOVEL WITH
METAL HANDLE</td><td>7216.6100</td><td>上海崇明</td><td>410 打
N.W. 9440 千克
G.W. 10000 千克</td><td>15880 美元</td><td colspan="2">410 纸箱</td></tr>
<tr><td>运输工具名称号码</td><td>HANGTU V.0134</td><td>贸易方式</td><td>一般贸易</td><td>货物存放地点</td><td colspan="3">外高桥码头仓库</td></tr>
<tr><td>合同号</td><td>A9700247</td><td>信用证号</td><td colspan="2">KKT5846172</td><td>用途</td><td colspan="2">其他</td></tr>
<tr><td>发货日期</td><td>2013.11.21</td><td>输往国家(地区)</td><td>日本</td><td>许可证 / 审批号</td><td colspan="3">***</td></tr>
<tr><td>起运地</td><td>上海</td><td>到达口岸</td><td>横滨</td><td>生产单位注册号</td><td colspan="3">***</td></tr>
<tr><td colspan="2">集装箱规格/数量及号码</td><td colspan="6">1×20’/SCZU7854343</td></tr>
<tr><td colspan="2">合同、信用证订立的检验检疫条款或特殊要求</td><td colspan="2">标 记 及 号 码</td><td colspan="4">随附单据（画“✓”或补填）</td></tr>
<tr><td colspan="2">***</td><td colspan="2">A9700247
YOKOHAMA
NO.1-410</td><td colspan="2">☑合同
☑信用证
☑发票
☐换证凭单
☑装箱单
☐厂检单</td><td colspan="2">☐包装性能结果单
☐许可/审批文件
☐
☐
☐</td></tr>
<tr><td colspan="5">需要证单名称（画“✓”或补填）</td><td colspan="3">*检验检疫费</td></tr>
<tr><td colspan="2" rowspan="3">☐品质证书 __正__副
☐重量证书 __正__副
☐数量证书 __正__副
☐兽医卫生证书 __正__副
☐健康证书 __正__副
☐卫生证书 __正__副
☐动物卫生证书 __正__副</td><td colspan="3" rowspan="3">☐植物检疫证书 __正__副
☐熏蒸/消毒证书 __正__副
☐出境货物换证凭单 __正__副
☑出境货物通关单 1 正 1 副
☐
☐
☐</td><td>总金额
（人民币元）</td><td colspan="2"></td></tr>
<tr><td>计费人</td><td colspan="2"></td></tr>
<tr><td>收费人</td><td colspan="2"></td></tr>
<tr><td colspan="5" rowspan="3">报检人郑重声明：
1. 本人被授权报检。
2. 上列填写内容正确属实，货物无伪造或冒用他人的厂名、标志、认证标志，并承担货物质量责任。
签名：陈丹</td><td colspan="3">领 取 证 单</td></tr>
<tr><td>日期</td><td colspan="2"></td></tr>
<tr><td>签名</td><td colspan="2"></td></tr>
</table>

注：有“*”号栏由出入境检验检疫机关填写　　◆国家出入境检验检疫局制

[1-2（2000.1.1）]

5. 作为证明货物在装卸、运输中实际状况、明确责任归属的依据。
6. 作为防止传染病扩大传播的一道屏障。

（三）商品检验检疫证书的签发机构

1. 由出口国政府机构签发。
2. 由出口国的同业公会、制造厂商签发。
3. 由外国检验机构签发。
4. 由申请人自己或其指定人签发。

二、 检验证书的种类

根据证明内容或检验方式的不同，主要的检验证明书见表 6-6。

表 6-6 我国主要的商检证书种类

序号	证书名称	证书用途
1	品质检验证书（Inspection Certificate of Quality）	（1）证明进出口商品的质量、规格、等级等的证明文件 （2）具体证明进出口商品质量、规格、等级等是否符合合同或有关规定的书面证明 （2）是出口商品交货结汇和进口商品结算索赔的有效凭证
2	重量或数量检验证书（Inspection Certificate of Weight or Quantity）	（1）证明进出口商品重量或数量的证明文件 （2）证明经何种计重方法或计量单位的得出的实际重量或数量是否符合合同的规定
3	包装检验证书（Inspection Certificate of Packing）	（1）证明进出口商品包装情况的证书 （2）一般列入品质检验证书或重量（数量）检验证书中证明，也有单独出具的包装证书
4	兽医检验证书（Veterinary Inspection Certificate）	（1）证明进出口动物产品经过检疫合格的检验证书，适用于冻畜肉、冻禽、禽畜罐头、冻兔、肠衣等出口商品 （2）凡是加上卫生检验内容的，称兽医卫生检验证书（Veterinary Sanitary Inspection Certificate） （3）对外交货、银行结汇和通关验放的有效证件
5	卫生检验证书（Sanitary Inspection Certificate）	（1）证明可供人类食用的出口动物产品、食品等经过卫生检验或检疫合格的证件。适用于肠衣、罐头、冻鱼、蛋品、乳制品、蜂蜜等 （2）对外交货、银行结汇和通关验放的有效证件
6	消毒检验证明书（Inspection Certificate of Disinfection or Sterilization）	（1）证明出口动物产品经过消毒处理，保证安全卫生的证件，适用于猪鬃、马尾、羽毛、人发等商品 （2）其证明内容也可在品质检验证书中附带 （3）对外交货、银行结汇和通关验放的有效证件
7	熏蒸证书（Inspection Certificate of Fumigation）	（1）证明出口粮谷、油籽、皮张等商品，以及包装用木材与植物性填充物等，已经过熏蒸灭虫的证书 （2）主要证明使用的药物、熏蒸的时间等情况 （3）对外交货、银行结汇和通关验放的有效证件 （4）如果国外不需单独出证，其证明内容也可在品质检验证书中附带

续表

序号	证书名称	证书用途
8	植物检验证书（Phytosanitary Certificate）	（1）证明植物基本不带有其他的有害物，适于林木种子、苗木、乔木、灌木、竹类、花卉、木材、竹材、药材、果品、盆景等 （2）证明是否符合输入国或地区的植物要求，作为通关的文件
9	温度检验证书（Certificate of Temperature）	（1）证明出口冷冻商品温度的证书 （2）如国外仅需要证明货物温度，不一定要单独的温度证书，可将测温结果列入品质证书。
10	残损检验证书（Inspection Certificate on Damage or Damaged Cargo）	（1）证明进口商品残损情况的证件，适用于进口商品发生残、短、渍、毁等情况 （2）可作为收货人向发货人或承运人或保险人等有关责任方索赔的有效证件
11	船舱检验证书（Inspection Certificate on Tank）	（1）证明承运出口商品的船舱清洁、冷藏效能及其他技术条件是否符合保护承载商品的质量和数量完整与安全的要求 （2）可作为承运人履行租船契约适载义务，对外贸易关系方进行货物交接和处理货损事故的依据
12	货载衡量检验证书（Inspection Certificate on Cargo Weight or Measuremen）	（1）证明进出口商品的重量、体积吨位的证件 （2）可作为计算运费和制订配载计划的依据
13	价值证明书（Certificate of Value）	（1）作为进口国管理外汇和征收关税的凭证 （2）在发票上签盖商检机构的价值证明章与价值证明书具有同等效

除了上述的证书外，还有积载鉴定证书、集装箱检验证书、生丝品级及公量检验证书、财产价值鉴定证书、产地检验证书（见下一项目的内容）、各种分析证书等。

三、 主要几种检验证书的内容及填制

（一）品质检验证书（样式见表 6-7）

各栏目内容填制：

1. 编号（No.）由检验检疫局根据不同申请单位及不同商品类别编制序号。

2. 证书名称（Name of Certificate）

为确保发货人安全收汇及商检证书的完整性，应根据合同或信用证的要求显示具体单据名称。如信用证规定："Quality Certificate" 或 "Certificate of Quality"，则本证书名称与信用证一致。

3. 发货人（Consignor）

货物的实际发货人，正常情况下就是信用证下的受益人，除非信用证有"第三方单据可以接受"条款；托收下的证书是合同的卖方。

4. 收货人（Consignee）

信用证项下填开证申请人。若出口商系中间商，收货人一栏可做成"To Whom It May Concern"或"To Order"，或如信用证规定要求留空时，本栏目则填"* * *"。托

收项下的证书为合同买方。

表 6-7 品质检验证书空白样本

中华人民共和国出入境检验检疫

ENTRY-EXIT INSPECTION AND QUARANTINE

OF THEPEOPLE'S REPUBLIC OF CHINA

品质检验证书

INSPECTION CERTIFICATE OF QUALITY

编号 No.：

发货人名称及地址
Name and Address of consignor ____________________

收货人名称及地址
Name and Address of consignee ____________________

品名 Description of goods ____________ 报检数量 Quantity Declared ____________ 包装种类及数量 Number&Type of Packages ____________ 运输工具 Means of conveyance ____________	标记及号码 Mark & No.

检验结果
Results of Inspection

印章 Official Stamp ________ 签证地点 Place of Issue ________ 签证日期 Date of Issue ____

授权签字人 Authorized Officer ________ 签名 Signature ________

我们已尽所知和最大能力实施上述检验，不能因我们签发本证书而免除买方或其他方面根据合同和法律所承担的产品质量责任和其他责任。All inspections are carried out conscientiously to the bestof our knowledge and ability. This certificatedoes not in any respect absolve the seller and other related parties from his contractual and legal obligationsespecially when product qu-ality is concerned.

5. 品名（Description of Goods）

按信用证或发票中所表明的货物名称填制。

6. 标记及号码（Marks & No）

按信用证或合同规定的唛头填制，必须与其他单据的唛头一致。如果没有唛头，填制"N/M"。

7. 报检数量/重童（Quantity/Weight Declared）

按发票相同内容填制。散装货物可用“IN BULK”注明，再加数量。如以净重计价的，填净重，以毛作净的填毛重。

8. 包装种类及数量（Number&Type of Packing）

包装种类和数量应与商业发票和提单内容相一致。如“200 CARTONS”。

9. 运输工具（Means of Conveyance）

填报运输工具名称，要求与提/运单中运输工具名称一致。例如填海运船名及航次，即“BY S. S. DAQING V. 111”。

10. 检验结果（Results of Inspection）

本栏是证书的核心内容，用于证明本批货物经检验后的实际品质。本栏结束后应打上结束符号“* * * * * *”。

若信用证对检验结果有明确规定，则检验证书上显示的检验结果应符合信用证的检验要求；若信用证未对检验结果有明确规定，但信用证中具体规定了商品的质量、成分，则检验结果不能接受含有对货物的规格、品质、包装等不利陈述的检验证书，除非信用证有特别授权。

11. 签证地点（Place of Issue）

填写签发本检验证书的检验检疫机构所在地。如：Suzhou，China

12. 签证日期（Date of Issue）

检验证书签发日期为实际检验检疫日期，一般不得晚于提单签发日。除非信用证有另外可予接受的明确规定（如散装油类），一般为实际检验检疫日期。如出口货物为鲜货，最好与装运日相同，否则，检验过早，已经不能证明装运时货物的质量。

13. 印章（Official Stamp）

由检验检疫局盖章。

14. 授权签字人（Authorized Officer）

填写检验检疫局授权签字人名。

15. 签名（Signature）

要求授权人在此签名，有些国家要求手签。如果信用证指定检验机构，则应由信用证指定的检验机构盖章并签字；如果信用证没有特别指定检验机构，任何检验机构均可出具，但须盖章和签署。

（二）重量检验证书（样式见表 6-8）

各栏目内容填制：

重量检验证书的内容填制与品质检验证书各栏目内容基本相同，不同之处有两个方面：一是证书名称不同，二是在检验结果一栏填制要求有区别，检验结果涉及三方面内容。

1. 包装情况。证明包装单位、特点、内包装条件或规格、每件重量等。如 Packing：packed in new gunny bags of 60 kgs，each gross for net.

粮谷类商品以麻袋包装，一般都不是非常准确的定量包装，信用证下数量前面通常要有“about”字样，否则要修改信用证。

表 6-8 重量检验证书空白样本

中华人民共和国出入境检验检疫

ENTRY-EXIT INSPECTION AND QUARANTINE

OF THEPEOPLE'S REPUBLIC OF CHINA

数量 / 重量证书

INSPECTION CERTIFICATE OF QUANTITY AND WEIGHT

编号 No. :

发货人名称及地址
Name and Address of consignor ____________________

收货人名称及地址
Name and Address of consignee____________________

品名 Description of goods____________ 报检数量 Quantity Declared____________ 包装种类及数量 Number&Type of Packages____________ 运输工具 Means of conveyance____________	标记及号码 Mark & No.

Results of Weight:

Packing:

The above commodity was weighed on tested scale with the results of weight as follows:

Total

Total gross

****

印章 Official Stamp____________ 签证地点 Place of Issue ____________ 签证日期 Date of Issue_____

授权签字人 Authorized Officer ____________ 签名 Signature____________

我们已尽所知和最大能力实施上述检验，不能因我们签发本证书而免除买方或其他方面根据合同和法律所承担的产品质量责任和其他责任。All inspections are carried out conscientiously to the best of our knowledge and ability. This certificatedoes not in any respect absolve the seller and other related parties from his contractual and legal obligationsespecially when product quality is concerned.

2. 件数。证明该批货物的总数量，如 200 纸箱；如属于散装货无件数，则表示“In Bulk”。

3. 总重量。证明本批货物的总毛重、净重、皮重。如属于以毛作净方式，可只表示总毛重。如 Total gross weight、Total tare weight、Total net weight.

（三）熏蒸/消毒证书（样式见表 6-9）

表 6-9 熏蒸/消毒证书样本格式

中华人民共和国出入境检验检疫
ENTRY-EXIT INSPECTION AND QUARANTINE
OF THEPEOPLE'S REPUBLIC OF CHINA
熏蒸/消毒证书
FUMIGATION/DISINFECTION CERTIFICATE

编号 No.：

发货人名称及地址
Name and Address of consignor ______

收货人名称及地址
Name and Address of consignee ______

品名 Description of goods ______	产地 Place of Origin ______
报检数量 Quantity Declared ______ 起运地 Place of despatch ______ 到达口岸 Port of Destination ______ 运输工具 Means of conveyance ______	标记及号码 Mark & No.

熏蒸/消毒处理
FUMIGATION/DISINFECTION TREATMENT

日期 Date	处理时间及温度 Duration &Temperature
处理方法 Treatment FUMIGATION	药剂及浓度 Chemical and Concentration PHOSPHINE 1.5g/CUBIC METER

****

附加声明
ADDITIONAL DECLARATION

印章 Official Stamp______ 签证地点 Place of Issue ______ 签证日期 Date of Issue______

授权签字人 Authorized Officer ______ 签名 Signature______

中华人民共和国出入境检验检疫机关及其官员或代表不承担签发本证书的任何财经责任。No financial liability with respect to this certificate shall attach to the entry-exit inspection and quarantine authorities of the P. R. of China or to any of its officers or representatives.

各栏目内容填制：

编号、发货人名称及地址、收货人名称及地址、品名、报检数量、运输工具、标记及号码、印章、签证地点、授权签字人、签名栏目的内容及填制均与品质检验证书相同，不同栏目内容或填制要求如下：

1. 证书名称（Name of Certificate）

证书名称为熏蒸/消毒证书（Fumigation/Disinfection Certificate）。

2. 产地（Place of Origin）

一般情况下填写“China”。

3. 起运地（Place of despatch）

填写货物的起运地，与运输单据上的起运地相同。

4. 到达口岸（Port of Destination）

按货物实际到达口岸填制，与运输单据上的目的地相同，必须与信用证规定一致。

5. 熏蒸/消毒处理（Fumigation/Disinfection Treatment）

本栏主要填写处理日期、处理方法等内容。本栏目是证书的核心内容，由出证机构证明本批货物经过消毒处理或经过熏蒸灭虫，保证卫生安全；阐明使用的药物、熏蒸消毒的时间等情况。

6. 附加声明（Additional Declaration）

根据信用证要求或买方要求需要特别声明某些文句时，可在本栏加以表示。

7. 签证日期（Date of Issue）

本栏目日期不得早于熏蒸/消毒处理的日期，也不应晚于运输单据日期。

（四）植物检验证书（样式见表 6-10）

各栏目内容填制如下：

编号、发货人名称及地址、收货人名称及地址、品名、报检数量、产地、到达口岸、运输工具、标记及号码、附加声明、印章、签证地点、授权签字人、签名栏目的内容及填制均与熏蒸/消毒证书相同，不同栏目内容或填制要求如下。

1. 证书名称（Name of Certificate）

证书名称为植物检疫证书（Phytosantary Certificate）。

2. 植物学名（Botanical Name of Plants）

填专业学名，如无，本栏目可不填。

3. 包装种类及数量（Number and Type of Packages）

填写货物的外包装件数，按发票、运输单据上的包装种类及件数填写。如 500 CARTONS。

4. 检验日期（Date of Inspection）

填写检验检疫机构实施检验的日期，不得晚于运输单据日期。

5. 证明文句（Certification）

证明文句是本证书的核心内容之一，由出证机构证明本批货物经检验不带有检疫性病害虫等，符合进口国现行检疫规定。

6. 杀虫和/或灭菌处理（Disinfestation and/or Desinfection Treatment）

表 6-10 植物检疫证书样本格式

中华人民共和国出入境检验检疫
ENTRY-EXIT INSPECTION AND QUARANTINE
OF THEPEOPLE'S REPUBLIC OF CHINA
植 物 检 疫 证 书
PHYTOSANITARY CERTIFICATE

编号 No.:

发货人名称及地址
Name and Address of consignor________

收货人名称及地址
Name and Address of consignee________

品名
Description of goods________

植物学名
Botanical Name of Plants________

报检数量
Quantity Declared________

包装种类及数量
Number and Type of Packages________

产地
Place of Origin________

到达口岸
Port of Destination________

标记及号码
Mark & No.

运输工具
Means of conveyance________

检验日期
Date of Inspection ________

兹证明上述植物、植物产品或其他检疫物已经按照规定程序进行检查和/或检验，被认为不带有输入国或地区规定的检疫性有害生物，并且基本不带有其他的有害生物，因而符合输入国或地区现行的植物检疫要求。

This is to certify that the plants, plant products or other regulated articles described above have been inspected and/or tested according to appropriate procedures and are considered to be free from quarantine pests specified by the importing country/region, and practically free from other injurious pests; and that they are considered to conform with the current phytosanitary requirements of the importing country/region.

杀虫和/或灭菌处理 DISINFESTATION AND/OR DESINFECTION TREATMENT

日期
Date ________

药剂及浓度
Chemical and Concentration ________

处理方法
Treatment ________

持续时间及温度
Duration and Temperature ________

附加声明
ADDITIONAL DECLARATION

印章 Official Stamp________ 签证地点 Place of Issue ________ 签证日期 Date of Issue________

授权签字人 Authorized Officer ________ 签名 Signature________

中华人民共和国出入境检验检疫机关及其官员或代表不承担签发本证书的任何财经责任。No financial liability with respect to this certificate shall attach to the entry-exit inspection and quarantine authorities of the P. R. of China or to any of its officers or representatives.

一般植物或其产品经过检疫合格者，未采取除虫或灭菌处理，在本拦下的各项均填写“＊＊＊＊＊＊＊＊”符号。如经过除虫或灭菌处理合格者，在本栏目填写处理日期、处理方法、持续时间及温度、药剂及浓度等内容。

7. 签证日期（Date of Issue）

不得早于检验日期，也不应晚于运输单据日期。

实例略。

任务四：客检证及其风险防范

信用证中常常会有客检证条款的要求，尤其在纺织品贸易和进料加工贸易中，客检证条款常被视为信用证的软条款，从而会导致受益人的权益可能受到损害。

一、 客检证概述

（一）含义

客检证，也称客检证书，是指卖方需获得由买方或其指定人对出口商品进行质量检验后签发的质量检验证，并作为交单议付的单据之一，即质量检验证由客户认可后始能生效。

（二）目的

信用证提出客检证的要求，往往有多种原因。进口商目的还是保护自己的利益，即能够收到符合合同质量要求的产品。

信用证结算方式下，各有关方处理的是单据而不是货物，这对进口方来说存在收到伪劣产品或数量短少等不符合产品要求的风险。为了防止这样的情况发生，督促出口方按产品质量要求发货，由进口方或其代理人在货物装运前验货并出具相应的检验证书，如果出口货物不合格，出口商就得不到进口方的检验证书，因而也收不到货款，起到保护进口商利益的作用。

（三）客检证条款

信用证中客检证条款示例：

1. “Inspection Certificate issued by the applicant or the authorized person of applicant.”

2. “Inspection Certificate issued by the applicant whose signature must comply with that on his passport.”

3. “Inspection Certificate in triplicate dated prior to shipment date and signed by Mr. K. O. MIN or M. S. KIM at Union Supplier Co.”

4. “Inspection Certificate issued by the authorized person of applicant whose signature must comply with that held our bank's record.”

……

有些客检证条款附带了条件，比如上面的第 2 项。

二、 客检证的风险

信用证中客检证条款使得单证相符的主动权完全掌握在进口商手中，使得开证行第一性付款责任大大被削弱了，这对出口方产生不利的影响。因为客检证是由开证申请人或其代理人出具，进口方可以根据市场价格变化或自身资金余缺情况进行决定是否出具客检证，如果受益人无法及时取得或不符合信用证要求的客检证，那么就会因为单证不符而导致被银行拒付或被进口方强行压价的风险。

三、 客检证的风险防范

对出口方来说，如果希望与国外买方达成交易，但买方也坚持客检证条款，那么出口方如何在这样的情况下减少收不到货款的风险，以下几种做法可供出口方考虑。

（一）做好资信调查

卖方应通过多种途径定期调查买方及其指定的货代公司、开证行的资信，避免买方与货代勾结甚至与开证行勾结而造成货款两空的损失。尤其需要注意的是客检证核签及 FOB 下买方指定货代的情况。

（二）仔细审查客检证条款与交货之间的关系

1. 注意不同型号、分批交货议付情况

如有一家欧洲客户，开出了一份几十万美元的信用证，分批交货，要求议付单据中提交客检证正本一份。因产品型号多及分批交货议付，业务员在托单时便按同一型号的产品出一票单据，与此配套，客户也应提供单一型号的客检证。但在装运前，客户的中方代理在验货时却坚持两至三个型号的产品出具同一份客检证而且只有一份正本，这样就使多票议付单据都存在同样的不符点。所以需要仔细审核不同型号、分批交货议付与客检证要求的情况，不能矛盾。

2. 货物所有权的控制

不接受信用证要求把 1/3 正本提单寄交开证申请人的条款。信用证中的提单收货人不能作成“To order of applicnt”、“Consigned to appilicant”等。

（三）选择公认的指定人出具客检证

买方坚持客检证由自己出具，作为双方的折中，应尽量选择第三方出具，对中国出口方来说尽量争取由中国出入境检验检疫局出具，也可以考虑检验证书由国际上信誉良好、中立的商检机构出具，如 SGS、UL 等。

（四）明确规定客检证的寄交时间

为了避免进口方拖延出证，在合同或信用证中明确规定客检证寄交的时间，比如规定在最迟装运期之前送达出口方或规定具体的最迟提交客检证的日期等。如果现场施检，应尽量要求进口方当场签发客检证。如果买方未及时提供符合要求的客检证，可以规定客检证不作为议付的单据之一。

(五) 要求寄出客检证前由开证行证实

客检证条款中加上"whose signature must be verified by the issuing bank before presentation"，即加上"寄出前由开证行证实"的词句，要求寄出前由开证行证实，这样是为了杜绝进口方客检证上作假，受益人可以通过通知行核实客检证上开证行印鉴的真实性，能够保证客检证的有效性。

(六) 要求在通知行预留客户签字

客检证条款应尽量要求将客户的签字样本留存在通知行中，用以核实客检证签字的真实性，对出口方来说有一定的保障。

(七) 投保信用险

如果无法采用上面的避险措施，且出口方认为进口方存有不良动机的嫌疑，不妨考虑将结汇方式改为信用证项下托收，并以 D/A 结汇方式投保信用险。因为该信用证对受益人来说已没有信用保障，而货权也不能得到完全控制，把其视为 D/A 来操作，以确保受益人的利益。

在实际业务中，还是需要进出口双方的沟通，尽量避免使用客检证，卖方应严格按期履约，提交符合约定质量的商品，赢得对方的信任。

项目小结

本项目主要阐述了商品检验检疫的基本知识，阐明了出入境报检单的制作，描述了检验证明的种类、主要检验证明的内容及制作要点，总结了客检证的风险与防范措施。

项目闯关实训

☆单项选择题

1. 出境动物产品，应在出境前(　　)天报检。

A. 15　　B. 10　　C. 7　　D. 5

2. 报检人向产地检验检疫机构报检，检验检疫合格后获取(　　)，凭其向口岸检验检疫机构报检。

A. 出境货物通关单　　B. 出境货物换证凭单

C. 合格通知单　　D. 检验检疫证

3. 口岸清关转异地进行检验检疫的报检也称之为(　　)。

A. 进境货物一般报检　　B. 口岸地报检

C. 异地施检报检　　D. 进境货物流向报检

4. 输入植物、种子、种苗及其他繁殖材料的，报检时限为(　　)。

A. 货物入境前 7 天　　B. 货物入境后 7 天
C. 货物到达口岸时　　D. 货物入境前 10 天

5. 对境外发货人责任造成残损短缺或品质等问题的法检货物，需要换货、退货或赔偿的，(　　)可作为通关免税或者退税的重要凭证。

A. 税务部门出具的证明　　B. 公证行出具的证明
C. 检验检疫机构出具的证书　　D. 代理报检单位出具的证明

6.《出境货物报检单》的“联系人”应填写(　　)。

A. 卖方负责人姓名　　B. 买方负责人姓名
C. 报检人员姓名　　D. 受理报检人员姓名

7. 某商品的“检验检疫类别”为“P. R/Q”，该商品出境时应实施(　　)。

A. 动植物检疫　　B. 食品卫生监督检验
C. 动植物检疫和食品卫生监督检验　　D. 商品检验和食品卫生监督检验

8. 对产地和报关地一致的出境货物，经检验检疫合格后出具(　　)。

A. 出境货物通关单　　B. 合格通知单
C. 出境货物换证凭单　　D. 检验检疫证

9. 出境观赏动物，应在出境前(　　)天到出境口岸检验检疫机构报检。

A. 15　　B. 20　　C. 30　　D. 60

10. 根据《出入境检验检疫机构实施检验检疫的进出境商品目录》，须实施出口食品卫生监督检验的商品，其商品编码对应的“检验检疫类别”应包含代码(　　)。

A. M　　B. Q　　C. R　　D. S

☆多项选择题

1. 国家对生产出境动物产品的(　　)等企业实施卫生注册登记制度。

A. 加工厂　　B. 屠宰厂　　C. 冷库　　D. 仓库

2. 下列关于《法检目录》中的商品说法中，正确的是(　　)。

A.《目录》中商品的“检验检疫类别”为“N”的表示进口商品检验
B.《目录》中商品的“检验检疫类别”为“L”的表示民用商品入境验证
C.《目录》中商品的“海关监管条件”为“A”的表示实施进境检验检疫
D.《目录》中商品的“海关监管条件”为“B”的表示实施出境检验检疫

3. 某企业从日本进口一批冻鱼，欲从大连口岸入境通关后转南京加工，下列表述正确的是(　　)。

A. 货物通关后，企业可以销售使用
B. 企业先到大连检验检疫局报检，取得入境货物通关单
C. 货物通关后，企业联系南京检验检疫局施检
D. 货物通关后，企业等待南京检验检疫局联系施检

4. 木质包装检验检疫的除害处理方法主要包括(　　)。

A. 热处理　　B. 辐照处理
C. 溴甲烷熏蒸处理　　D. 高纯度酒精消毒

5. 在《法检目录》中，某商品的“检验检疫类别”为“L，P/Q，S”，这种商品出入

境时检验检疫机构将对其实施(　　)。

A. 品质检验　　　　　　　　　　　　B. 民用商品入境验证

C. 食品卫生监督检验　　　　　　　　D. 动植物检疫

6. 某畜产品公司经理在法国参加完贸易洽谈会回国时，随身携带了2只活兔子、3张生兔皮样品、2包法国产的香肠和20粒法国名贵花木种子，以下表述正确的是(　　)。

A. 除生兔皮外，其他的都是禁止携带进境物。

B. 香肠是允许携带的，而且在申报时也无须提供标签审核证书

C. 只有花木种子是允许携带的，但应补办检疫审批手续

D. 活兔子即使是用于产品开发实验，也不允许携带入境

7. 苏州某企业第一次出口沐浴液，拟从上海吴淞港启运，下列描述正确的是(　　)。

A. 申请化妆品标签审核时，应提供产品配方

B. 报检时应提交"化妆品标签审核申请书"以及相关资料申请标签审核

C. 其产品经检验合格后，必须加贴检验检疫标志

D. 该企业应在江苏检验检疫局取得通关单后，到上海吴淞海关办理通关手续

8. 下列关于出口玩具的表述，正确的是(　　)。

A. 我国对出口玩具及其生产企业实施质量许可制度

B. 检验检疫机构凭"出口玩具质量许可证"接受报检

C. 出口玩具检验不合格的但符合双方合同要求的也可出口

D. 我国对出口玩具及其生产企业实施注册登记制度

9. 检验检疫机构对生产出口(　　)的企业实施注册、登记或质量许可管理制度。

A. 食品　　　　B. 化妆品　　　　C. 玩具　　　　D. 烟花爆竹

10. 关于自理报检单位备案登记，以下表述错误的有(　　)。

A. 应在首次办理报检业务前办理备案登记手续

B. 应向报检业务发生地检验检疫机构申请备案登记

C. 企业须聘有获得《报检员资格证书》的人员方可申请备案登记

D. 办理了备案登记的企业只能自行办理本企业进出口货物的报检业务

☆判断题

1. 信用证上的客检证条款属于软条款，出口方收到此类信用证，务必要求该证去掉该条款。(　　)

2. 须办理外商投资财产价值鉴定的货物，货主或其代理人应凭检验检疫机构签发的《价值鉴定证书》办理入境通关手续。(　　)

3. 国家质检总局对入境可用作原料的废物的境外供货企业实行备案制度。(　　)

4. 代理报检单位的管理与自理报检单位一样，都实行注册登记制。(　　)

5. 对入境人员的检查中，发现患有艾滋病、性病、麻风病、精神病、开放性肺结核的外国人被禁止入境。(　　)

6. 法定检验检疫的入境货物，海关凭目的地检验检疫机构签发的"入境货物通关单"验放。(　　)

7. 需隔离检验的出境动物在出境前60天预报，隔离前7天报检。(　　)

8. 一切出口食品必须经过检验，未经检验或检验不合格的不准出口。(　　)

9. 强制性产品认证的标志名称为“中国强制认证”，也可称为“QS”标志。(　　)

10. 入境货物经检验检疫不合格的，收货人可凭《入境货物通关单》对外索赔。(　　)

☆讨论题

1. 商品检验检疫证书的作用有哪些？

2. 出境货物报检和入境货物报检各分为哪几种情况？

3. 出境货物报检一般流程和入境报检一般流程的区别有哪些？

4. 电子报检的注意事项有哪些？

5. 出入境货物报检单的内容及填制的要求有哪些？

6. 我国商品检验证书的种类主要有哪些？

7. 品质证书、重量证书、熏蒸/消毒证书及植物检疫证书的内容及填制的要求有哪些？

8. 客检证的风险及其防范措施有哪些？

9. 我国 A 公司和美国 G 公司签定了一票进口 8 000 公吨茶叶的合同。由于当时运输市场紧张，在合同中规定允许分批装运，G 公司遂于同一时间把该批货物分为两部分分别装载于 C、D 两个运输工具上运出。A 公司在接到到货通知后，提取货物向有关部门进行报检。问我方能否以该货物为一批进行报检？为什么？

☆操作题

1. 广西贺州桂龙果品经营有限公司是一家长期经营热带水果进出口业务的民营企业，现有一批价值 40000.00 美元的新鲜荔枝从广西凭祥口岸出关出口至韩国。桂龙果品经营有限公司有自己的果园和出口包装业务并经过注册；货物由中外运贺州物流公司以集装箱承运。请你以该公司报检员的身份完成该批货物的报检工作。

2. 根据以下资料缮制《出境货物报检单》(出口货物属法检货物)。

售货确认书
SALES CONFIRMATION

编号 NO.:　13SUG0012
日期 DATE:　FEB.6,2013

THE SELLER	THE BUYER:
ZHONGCHENG INTERNATIONAL TRADE CO., LTD 20，HANZHONG RD., NANJING,P.R OF CHINA	GREEN TRADE CO. 22 MARK STREET,OSLO,NORWAY

下列签字双方同意按以下条款达成交易：
The undersigned Sellers and Buyers have agreed to close the following transactions according to the terms and conditions Stipulated below:

1 品名及规格 Commodity & Specification	2 数量 Quantity	3 单价 Unit Price	4 金额 Amount
HAND TOOLS		CIF OSLO	
ART NO. 1018	5000SETS	USD4.00/SET	USD20,000.00
ART NO. 1019	5000SETS	USD3.00/SET	USD15,000.00
GOODS ARE OF CHINESE ORIGIN	10000SETS		USD35,000.00

TOTAL AMOUNT:	SAY US DOLLARS THIRTY FIVE THOUSAND ONLY
5. 装运期限 TIME OF SHIPMENT	NOT LATER THAN APRIL 30, 2005. PARTIAL SHIPMENT ALLOWED.
6. 装运口岸 PORT OF LOADING	NANJING,CHINA
7. 目的口岸 PORT OF DESTINATION	PORT OF DISCHARGE:OSLO NORWAY
8. 付款方式 PAYMENT	BY D/P AT 30 DAYS AFTER B/L DATE
9. 保险 INSURANCE	TO BE EFFECTED BY THE SELLER AT 110% OF THE INVOICE VALUE COVERING ALL RISK AND WAR RISK AS PER PICC CLAUSES.
10. 单据 DOCUMENTS	+SIGNED INVOICE IN 3 COPIES. +FULL SET OF CLEAN ON BOARD B/L ISSUED BY APL SHIPPING CO. +DETAILED PACKING LIST +INSURANCE POLICY

The Buyer:
MARY

The Seller:
LI LING

其他资料：

制作发票和装箱单的日期：2013. 04. 10

船名：SPRING V. 011，开船日：2013. 04. 15

集装箱数量和编号：3 * 40'，APLU1234501，APLU1234502，APLU1234503

商品编码：8204. 1100

包装情况：

style 1018 10 套装一纸箱　每箱毛重 12 公斤净重 10 公斤　体积 0. 2m^3/箱

style 10198 套装一纸箱　每箱毛重 10 公斤净重 8 公斤　体积 0. 1m^3/箱

报检随附单据为合同、发票、装箱单

报检单位（众诚国际贸易有限公司）登记号：4401AA490

报检单位联系人：陈丹 电话：66386950

用途：其他　货物存放地点：江宁保税仓库

汇票日期：2013. 04. 20

唛头：GREEN
13SUG0012
OSLO
CTN. 1-1125

填制出境货物报检单：

中华人民共和国出入境检验检疫
出境货物报检单

报检单位（加盖公章）： *编　　号 ________

报检单位登记号： 联系人： 电话： 报检日期： 年 月 日

发货人	（中文）
	（外文）
收货人	（中文）
	（外文）

货物名称(中/外文)	H.S.编码	产地	数/重量	货物总值	包装种类及数量

运输工具名称号码		贸易方式		货物存放地点	
合同号		信用证号		用途	
发货日期		输往国家(地区)		许可证／审批号	
起运地		到达口岸		生产单位注册号	
集装箱规格/数量及号码					

合同、信用证订立的检验检疫条款或特殊要求	标 记 及 号 码	随附单据（画“✓”或补填）	
		□合同 □信用证 □发票 □换证凭单 □装箱单 □厂检单	□包装性能结果单 □许可/审批文件 □ □ □

需要证单名称（画“✓”或补填）		*检验检疫费	
□品质证书 __正__副 □重量证书 __正__副 □数量证书 __正__副 □兽医卫生证书 __正__副 □健康证书 __正__副 □卫生证书 __正__副 □动物卫生证书 __正__副	□植物检疫证书 __正__副 □熏蒸/消毒证书 __正__副 □出境货物换证凭单 __正__副 □ □ □ □	总金额（人民币元） 计费人 收费人	

报检人郑重声明：	领 取 证 单	
1. 本人被授权报检。 2. 上列填写内容正确属实，货物无伪造或冒用他人的厂名、标志、认证标志，并承担货物质量责任。 签名：________	日期	
	签名	

注：有“*”号栏由出入境检验检疫机关填写

◆国家出入境检验检疫局制

[1-2（2000.1.1）]

项目 7 原产地证明书的制作

导入案例

2008 年年底，大连中远船务公司总货值超过 7815 万美元的世界上最大的举力浮船坞顺利出口到韩国。由于运用了《亚太贸易协定》，辽宁省出入境检验检疫局为大连中远出具了原产地证书，使该企业少缴关税 195.39 万美元，合人民币 1300 多万元。这是国内企业利用自贸协定优惠政策促进出口、增加利润的一项成功案例。

问题：这个案例给我们带来了什么启示？

项目要点

1. 原产地证明书的概念
2. 原产地证明书的作用
3. 原产地证明书的种类
4. 一般原产地证书的内容与制作
5. 普惠制原产地证明书的概念
6. 普惠制原产地证明书的内容及其缮制

任务一：原产地证明书的概念、作用和种类认知

一、 原产地证明书的概念

原产地证明书（CERTIFICATE OF ORIGIN，C. O）简称产地证，是出口商应进口商的要求而提供的、由公证机构或政府或出口商出具的证明货物原产地和制造地的一种证明文件。

中华人民共和国出口货物原产地证明书是证明有关出口货物是在中国关境内获得或经过加工制造、并发生了实质性改变的证明文件。

二、原产地证明书的作用

1. 用于确定货物原产地的一种特定格式的有效证明文件。
2. 原产地证书是实行差别关税待遇的主要依据。
3. 原产地证书是进口国实行国别贸易政策和出口国享受配额待遇的通关凭证。
4. 是进口国海关进行贸易统计的依据之一。

三、原产地证明书的种类

(一) 根据签发人的不同，一般可分为

1. 政府授权机构签发的产地证明书

在我国，政府授权机构主要是指中华人民共和国国家质量监督检验检疫总局和商务部。

2. 商会签发的产地证明书

在我国，商会是指中国国际贸易促进委员会 CCPIT。

3. 出口厂商签发的产地证明书

当信用证规定受益人提供产地证明书，或只要求提供产地证明书而未规定签发人时，可出具受益人产地证明书。

(二) 根据性质的不同，一般可分为

1. 非优惠原产地证书，又称为一般原产地证书 C. O

2. 普遍优惠制原产地证书，简称为普惠制原产地证书

普惠制原产地证书主要有普惠制原产地证书格式 A、普惠制原产地证书格式 APR、普惠制原产地证书格式 59A 三种形式。

3. 自贸协定原产地证书

如亚太贸易协定《亚太贸易协定》(原《曼谷协定》)(FORM B)、《中国一东盟自贸区》原产地证书 (FORM E)、《中国一巴基斯坦自贸协定》(FORM P)、《中国一智利自贸协定》原产地证书 (FORM F)、《中国一新西兰自贸协定》、《中国一新加坡自贸协定》、《中国一秘鲁自由贸易协定》、《中国—哥斯达黎加自由贸易协定》等优惠原产地证明书。

任务二：一般原产地证书的内容与制作

一、中华人民共和国出口货物原产地证书（Certificate of Origin of The People's Republic of China）

(一) 含义和作用

中华人民共和国出口货物原产地证明书，简称产地证 (C. O)，俗称一般原产地证，

是证明出口货物符合中华人民共和国出口货物原产地规则的证明文件。该文件具有法律效力，也是通关、结汇、进行贸易统计的重要证明文件。各地检验检疫局和贸促会均可签发此种原产地证。

(二) 原产地证书的申请

根据我国有关规定，出口企业最迟于货物出运前 3 天向签证机构申请办理原产地证书，并按签证机构要求提供：

1. 一般原产地证明书申请书一份；
2. 已缮制的《中华人民共和国原产地证明书》（表 7-1）一套（1 正 3 副）；
3. 出口货物商业发票、装箱单各一份，及签证机构所需的其他证明文件。

(三) 原产地证明书的内容和缮制方法

原产地证明书的内容和缮制方法原产地证明书共有 12 项内容，除按检验检疫总局指定的号码入证书编号（Certificate No. ）以外，就其各栏目内容和缮制要点逐项介绍如下。

1. 第 1 栏 Exporter（出口商）。此栏包括出口商的全称和地址。信用证项下的证书，一般为信用证受益人，托收项下的是卖方。

2. 第 2 栏 Consignee（收货人）。填本批货物最终目的地的收货人全称和地址。信用证项下的证书一般为开证申请人，如信用证有具体规定，应按要求填写。

3. 第 3 栏 Means of transport and route（运输方式和路线）。应填装运港和目的港的名称，并说明运输方式。例如，From Shanghai to London by sea。如要转运，须注明转运地。例如，By s. s. from Shanghai to London W/T Hongkong。

4. 第 4 栏 Destination port（目的地国家/地区）。按信用证或合同规定的目的港的名称填制，也可同时列出国家或地区名称。例如，New York Port U. S. A. 。

5. 第 5 栏 For certifying authority use only（供鉴证机构使用）。本栏供检验检疫局根据需要加注说明，如补发. 后发证书等事项。

6. 第 6 栏 Marks and numbers of packages（唛头及包装件数）。按信用证中规定的内容进行缮制，且与发票和提单的同项内容一致，不得留空。

7. 第 7 栏 Description of goods, number and kind of packages（商品名称. 包装件数及种类）。填写具体的商品名称. 包装件数和种类，如散装货物用“In bulk”表示。

8. 第 8 栏 H. S. Code（H. S. 编码）。H. S. 是海关合作理事会《商品名称及编码协调制度》的英文缩写。商务部和海关总署根据 H. S. 分类编制了《中华人民共和国进出口商品的目录对照表》，规定了商品名称和编码。本栏应按该规定填入 H. S. 商品编码，若同一份证书包含有几种商品，则不同商品应分别标明不同的 H. S. 编码，本栏不得留空。

9. 第 9 栏 Quantity or weight（数量及重量）。依据发票和装箱单有关内容填写。重量应注明毛重和净重。例如，G. W. 40 000 kg，N. W. 38 000 kg。

10. 第 10 栏 Number and date of invoices（发票号码及日期）。按发票实际号码和日期填写，月份应用英文缩写表示。例如，DEC. 3，2013。本栏内容填写完毕，从第 6 项开始用“*”符号打成横线表示结束。

表 7-1 一般原产地证书

<table>
<tr><td colspan="5">ORIGINAL</td></tr>
<tr><td colspan="2">1. Exporter</td><td colspan="3" rowspan="2">Certificate No.

CERTIFICATE OF ORIGIN
OF
THE PEOPLE'S REPUBLIC OF CHINA</td></tr>
<tr><td colspan="2">2. Consignee</td></tr>
<tr><td colspan="2">3. Means of transport and route</td><td colspan="3" rowspan="2">5. For certifying authority use only</td></tr>
<tr><td colspan="2">4. Country/ region of destination</td></tr>
<tr><td>6. Marks and numbers</td><td>7. Number and Kind of packages; description of goods</td><td>8. H.S.code</td><td>9. Quantity</td><td>10. Number and date of invoices</td></tr>
<tr><td colspan="2">11. Declaration by the exporter
The undersigned hereby declares that the above details and statements are correct; that all the goods were produced in china and that they comply with the rules of origin of the people's republic of china.

Place and date. signature and stamp of certifying authority</td><td colspan="3">12. Certification
It is hereby certified that the declaration by the exporter is correct.

Place and date. signature and stamp of certifying authority</td></tr>
</table>

11. 第11栏 Declaration by the exporter（出口商声明）。由申领单位已在签证机构注册的申领员签字并加盖单位中英文印章，填写申领地点和日期。本栏日期不得早于发票日期。

12. 第12栏 Certificate（签证机构证明）。本栏由签证机构签字、盖章，并填写签证地点、日期。签发日期不得早于发票日期（第10栏）和申请日期（第11栏）。

需要注意的是，为避免对月份、日期的误解，月份一律用文字表述，例如“DEC. 3, 2013”。

二、 商务部签发的原产地证

商务部签发的特殊原产地证主要有如下两种：

1. 对欧盟出口的纺织品专用产地证明书（Europe Economic Community Certificate of Origin），简称：“EEC纺织品产地证书”。

2. 对美国出口的原产地声明书（Declaration of Country Origin），简称：“DCO产地证”，又称为“美国产地证”。

三、 出口厂商出具的原产地证

出口厂商出具的原产地证有各种形式，但总体上而言比较简单，可以参照上述各种产地证书的格式与缮制，在此就不多述了。

四、 一般原产地证制作案例

信用证资料：

SEQUENCE OF TOTAL	* 27	1 / 1
FORM OF DOC. CREDIT	* 40 A	IRREVOCABLE
DOC. CREDIT NUMBER	* 20	4006LC129336
DATE OF ISSUE	31 C	130801
EXPIRY	* 31	DDATE 131013 PLACE CHINA
APPLICANT	* 50	INTERCOM IMPOTR & EXPORT CO., LTD 123 FRIEDRICH-EBERT STREET, HAMBURG
BENEFICIARY	* 59	NANJING DECHUANGWEIYE IMPORT & EXPORT CO., LTD HONGWU ROAD 16#, NANJING 210004 P. R. CHINA
AMOUNT	* 32 B	CURRENCY USD AMOUNT 32400
POS. /NEG. TOL. (%)	39 A	03/03
AVAILABLE WITH/BY	* 41 D	ANY BANK IN CHINA, BY NEGOTIATION AGAINST THE DOCUMENTS DETAILED HEREIN AND BENEFICIARY'S DRAFT AT 30 DAYS SIGHT DRAWN ON US UNDER L/C NO. 4006LC129336 FOR 100P. C. OF THE INVOICE VALUE.
DRAWEE	42 A	THE CHARTERED BANK AG HAMBURG

续表

PARTIAL SHIPMTS	43 P	NOT ALLOWED
TRANSSHIPMENT	43 T	NOT ALLOWED
LOADING IN CHARGE	44 A	CHINA PORT
FOR TRANSPIRT TO···	44 B	HAMBURG
LATEST SHIPMENT	44 C	AT THE LATEST SEPT. 10，2013
GOODS DESCRIPT.	45 A	4439 CHINA BLACK TEA BAT. 8000KGS @ USD4. 13/KG CIF3% HAMBURG (1x20'FCL/200 PAPERSACKS) PACKED IN PAPERSACKS. PALLETIZED AND CUNTAINERI-ZED AS PER THE SALES CONFIRMATION NO. BT7095 THE PRICE IS TO BE UNDERSTOOD PER KILO NET SHIPPED WEIGHT CIF HAMBURG LESS 3 PERCENT COMISSION.
DOCS REQUIRED	46 A	+ SIGNED COMMERCIAL INVOICE IN 4-FOLD.
		+ PACKING LIST IN TRIPLICATE
		+ FULL SET OF CLEAN ON BOARD MARINE BILL OF LADING MADE OUT TO THE ORDER，MARKED FREIGHT PREPAID AND NOTIFY APPLICANT.
		+ CERTIFICATE OF WEIGHT IN 4-FOLD.
		+ CERTIFICATE OF ORIGIN，CERTIFYING GOODS OF ORIGIN IN CHINA，ISSUED BY COMPETENT AUTHORITIES.
		+ INSURANCE POLICY OR CERTIFICATE COVERING ALL RISKS AND WAR RISK，INCLUDING WAREHOUSE TO WAREHOUSE CLAUSE，ISSUED FOR AT LEAST 110 % OF CIF-VALUE.
ADDITIONAL CONDITION	47 A	IF BILL OF LADING ARE REQUIRED ABOVE，PLEASE FOR-WARD DOCUMENT IN TWO MAILS，ORIGINALS SEND BY COURIER AND DUPLICATES BY REGISTERED AIRMAIL.
DETAILS OF CHARGES	71 B	BANK CHARGES EXCLUDING ISSUING BANKS ARE FOR ACCOUNT OF BENEFICIARY.
PRESENTATION PERIOD	48	DOCUMENTS TO BE PRESENTED WITHIN 15 DAYS FROM SHIPMENT DATE
CONFIRMATION	* 49	WITHOUT
INSTRUCTIONS	78	DISCREPANT DOCUMENTS，IF ACCEPTABLE，WILL BE SUB-JECT TO A DISCREPANCY HANDLING FEE OF USD 50.00 OR E-QUIVALENT WHICH WILL BE FOR ACCOUNT OF BENEFICIA-RY. SPECIAL NOTE：ISSUING BANK WILL DISCOUNT ACCEPTAN-CES ON REQUEST，FOR A/C FO BENEFICIARY (UNLESS OTH-ERWISE STATED) AT APPROPRIATE LIBOR RATE PLUS 1.00PER CENT MARGIN.
SEND. TO REC. INFO.	72	THIS CREDIT IS ISSUED SUBJECT TO 2007 REVISION，I. C. C. PUBLICATIONS NO. 600

补充资料：
发票号码：WHC-13Y2988
发票日期：2013.08.15
C. O. 号码：GZ7/80067/0158
船名：SUISU/SENTOR V.001
产品原材料情况：完全自产品
HS CODE：0902.4090
装运港：NANJING
毛重：40.7KGS/PAPERSACK
净重：40KGS/PAPERSACK
总尺码：24CBM
提单日期：2013.09.01
唛头：H&L/HAMBUGR/NO.1-200
包装：200 PAPERSACK
经办人：陈丹
填制如下：

<table>
<tr><td colspan="2">1、Exporter
NANJING DECHUANGWEIYE IMPORT & EXPORT CO.,LTD
HONGWU ROAD 16#,NANJING 210004 P.R.CHINA</td><td colspan="3" rowspan="2">Certificate No. GZ7/80067/0158
CERTIFICATE OF ORIGIN
OF
THE PEOPLE'S REPUBLIC OF CHINA</td></tr>
<tr><td colspan="2">2、Consignee
INTERCOM IMPORT & EXPORT CO.,LTD
123 FRIEDRICH-EBERT STREET,
HAMBURG, GERMANY</td></tr>
<tr><td colspan="2">3、Means of transport and route
FROM NANJING PORT TO HAMBURG BY VESSEL</td><td colspan="3" rowspan="2">5、For certifying authority use only</td></tr>
<tr><td colspan="2">4、Country/region of destination
GERMANY</td></tr>
<tr><td>6、Marks and numbers
H&L
HAMBUGR
NO.1-200</td><td>7、Number and kind of packages; description of goods

TWO HUNDRED (200) PACKAGES OF 4439 CHINA BLACK TEA
***************************</td><td>8、H.s code

0902.4090</td><td>9、Quantity

G. W.
8140KGS</td><td>10、Number and date of invoices

WHC-13Y2988
AUG. 15TH, 2013</td></tr>
</table>

<table>
<tr>
<td>11、Declaration by the exporter
The undersigned hereby declares that the above details and statements are correct; that all the goods were produced in china and that they comply with the rules of origin of the people's republic of china.
（盖章）
NANJING, JIANGSU AUG.20, 2013 李英
Place and date, signature and stamp of certifying authority</td>
<td>12、Certification
It is hereby certified that the declaration by the exporter is correct.
CIQ 章
NANJING, JIANGSU AUG.20, 2013 王平
Place and date, signature and stamp of certifying authority</td>
</tr>
</table>

任务三：普惠制原产地证书（FORM A）的内容与制作

一、普惠制原产地证明书的概念

普惠制原产地证明书（Generalized System of Preference Certificate of Origin），简称“GSP 产地证”，又称为：“FORM A（格式 A）”

普惠制全称普遍优惠制（Generalized System of Preference），是指发达国家给予发展中国家或地区在经济、贸易方面的一种非互惠的关税优惠待遇。我国是发展中国家，现已有欧盟 28 国（比利时、丹麦、英国、德国、法国、爱尔兰、意大利、卢森堡、荷兰、希腊、葡萄牙、西班牙、奥地利、芬兰、瑞典、塞浦路斯、捷克、爱沙尼亚、匈牙利、立陶宛、拉脱维亚、马耳他、波兰、斯洛伐克、斯洛文尼亚、保加利亚、罗马尼亚及克罗地亚）以及挪威、瑞士、列支敦士登、土耳其、俄罗斯、白俄罗斯、乌克兰、哈萨克斯坦、日本、加拿大、澳大利亚和新西兰等国家对我国实行普惠制。根据大多数给惠国的规定，享受普惠制待遇必须持有我国官方机构签署的普惠制原产地证书。我国指定各地的检验检疫局作为签发普惠制原产地证书的官方机构。

由此可见，普惠制原产地证明书是发展中国家（受惠国）向发达国家（给惠国）出口时，按照联合国贸发会议规定的统一格式填制的一种证明商品原产地的文件，它也是进口国给予优惠关税待遇或免税的凭证。普惠制原产地证明书是普惠制的主要单据，可以用作进口国海关的减免关税的依据。因此，它也是一种有价证券。普惠制原产地证的书面格式名称为“格式 A”（FORM A）。但对新西兰除使用格式 A 外，还必须提供格式 59A 证书（FORM 59A），但对澳大利亚可不用任何格式，只需在商业发票上加注有关原产地声明文句即可。

二、普惠制原产地证明书的申请、内容及其缮制

（一）普惠制原产地证明书的申请

出口企业最迟于本批货物出运前 5 日到检验检疫机构办理申请事宜。

申请时一般应提交：

1.《普惠制产地证书申请书》一份；

2. 出口商业发票（副本）一份；

3. 装箱单一份；

4. 已缮制的《中华人民共和国普惠制原产地证明书》（表 7-2）一套（1 正 2 副）；

表 7-2 普惠制原产地证书（FORM A）

ORIGINAL

<table>
<tr><td colspan="3">1. Goods consigned from (Exporter's business name, address, country)</td><td colspan="3" rowspan="2">Reference No. SH-SS02-A01

GENERALIZED SYSTEM OF PREFERENCES
CERTIFICATE OF ORIGIN
(Combinced declaration and certificate)
FORM A
Issued in
(country)

See Notes overleaf</td></tr>
<tr><td colspan="3">2. Goods consigned to (Consignee's name, address, country)</td></tr>
<tr><td colspan="3">3. Means of transport and route (as far as known)</td><td colspan="3">4. For official use</td></tr>
<tr><td>5. Item number</td><td>6. Marks and numbers of packages</td><td>7. Number and Kind of packages; description of goods</td><td>8. Origin criterion (see Notes overleaf)</td><td>9. Gross weight or other quantity</td><td>10. Number and date of invoices</td></tr>
<tr><td colspan="3">11. Certification
It is hereby certified, on the basis of control carried out, that the declaration by the exporter is correct.

Place and date. signature and stamp of certifying authority</td><td colspan="3">12. Declaration by the exporter
The undersigned hereby declares that the above details and statements are correct; that all the goods were
produced in ------------------ (country)
and that they comply with the origin requirements specified for those goods in the Generalized System of Preferences for goods exported to
(importing country)

(signature)
Place and date. signature and stamp of certifying authority</td></tr>
</table>

5. 对含有进口成份的出口商品申请签证，申请人应填写《含进口成份商品成本明细单》，及签证机构所需的其他证明文件。

(二) 普惠制原产地证明书的内容和缮制方法

普惠制原产地证明书最常用的格式 A（FORM A.）共有十二栏，各栏的缮制方法如下：

1. 第 1 栏 Goods consigned from 为出口商的名称、地址、国别。

2. 第 2 栏 Goods Consigned to 为收货人的名称、地址、国别：一般应填给惠国最终收货人的名称，不要填中间转口商的名称。

3. 第 3 栏 Means of transport and route 为运输方式和路线：应就所知而言详细填写，如系转运，也应注明。

4. 第 4 栏 For official use 供官方当局填写，主要用于加盖后发章（Issued Retrospectively）及重新补签证书等。正常情况下，此栏空白。

5. 第 5 栏 Item number 填写顺序号，可按不同品种、不同发票号等分列顺序号。单项商品，此栏可不填。

6. 第 6 栏 Marks and number of packages 填写唛头及包装号。此栏应按发票填写唛头及包装号。如无唛头，应填“N/M”或“NO MARK”。如唛头过多，此栏不够，可在第 7、8、9 栏的空白处填写。

7. 第 7 栏 Number&kind of packages; destination of goods 填写包装件数及种类，商品说明。此栏注意件数要加注大写数目。如有要求填写合同、信用证号码等，也可在此栏下方的空白处填写。

8. 第 8 栏 Origin criterion（see notes overleaf）为原产地标准栏。此栏是国外海关审核的核心内容。其中，P 代表完全国产，无进口成份；W 代表含有进口成份，但符合原产地标准；F 表示对加拿大出口的商品含有进口成份，但占产品出厂价的 40%以下。

9. 第 9 栏 Gross weight or other quantity 填写毛重或其他数量。毛重须是实际毛重，并应与提单毛重保持一致。如果以净重计量，也可填写净重，但必须注明是净重。

10. 第 10 栏 Number and date of invoices 填写发票号及日期。此栏不得留空，必须照正式发票填写。

11. 第 11 栏 Certification 为签证当局的证明。填写签证地点、日期，此日期不得早于第十栏的发票日期。手签人的字迹必须清楚。

12. 第 12 栏 Declaration by the exporter 为出口商的申明。填制生产国为“中国”，并正确填写进口国的正式和全称的国名。申请单位的手签人员也应在此栏签字，并加盖中英文对照的印章，填写申报地点、日期。本栏日期不得早于发票日期。

三、普惠制原产地证明书制作案例

APPL. HEADER O 700 1332140223 SMITJPJSAXXX 4956 850438 1402231232 N
THE SUMITOMO BANK LTD OSAKA JAPAN
(BANK NO：2632001) + OSAKA，JAPAN

FORM OF DOCUMENTAY CREDIT : 40A: IRREVOCABLE
DOCUMENTAY CREDIT NUMBER : 20: G/FO-7752807
DATE OF ISSUE : 31C: 140223
DATE AND PLACE OF EXPIRY ; 31D: 140610 QINGDAO CHINA
APPLICANT : 50: TOSHU CORPORATION OSALM
12-36, KYUTARO-MACHI 4-CHOME
CHUO-KU, OSAKA 561-8177 JAPAN
BENEFICIARY : 59: DONGYUE KNITWEARS AND HOME TEXTILES IMPORT AND EXPORT CORPORATION
197 ZHONGHUA ROAD, QINGDAO, CHINA
AMOUNT : 32B: USD 201, 780.00
AVAILABLE WITH…BY… : 41D: ANY BANK
BY NEGOTIATION
DRAFTS AT … : 42C: AT SIGHT
DRAWEE : 42D: THE SUMITOMO BANK, LTD. OSAKA
PARTIAL SHIPMENT : 43P: ALLOWED
TRANSHIPMENT : 43T: PROHIBITED
LOADING/DISPATEH FROM : 44A: QINGDAO
FOR TRANSHIPMENT TO… : 44B: YOKOHAMA
LATESET DATE OF SHIPMENT : 44C: 140531
DESCRPT OF GOODS/SERVICES : 45A: CIF YOKOHAMA
MAN'S SHIRT (CONTRACT NO. 14JA7031KL)
ST/NO. Q'TY UNIT PRICE
71-800 67, 200PCS USD 1.43/PC
71-801 48, 000PCS USD1.46/PC
71-802 27, 600PCS USD1.29/PC
DOCUMENTS REQUIRED : 46A:
+ COMMERCIAL INVOICE IN DUPLICATE
+ FULL SET ORIGINAL CLEAN ON BOARD OCEAN BILL OF LADING MARKED FREIGHT PREPAID MADE OUT TO ORDER OF SHIPPER BLANK ENDORSED NOTIFY APPLICANT
+ PACKING LIST IN 3COPIES
+ G. S. P CERTIFICATE OF ORIGIN FORM A IN 3 COPIES
+ INSURANCE POLICY OR CERTIFICATE IN DUPLICATE ENDORSED IN BLANK WITH CLAIM PAYABLE IN JAPAN IN THE CURRENCY OF TH DRAFT

COVERING 110 PERCENT OF INVOICE VLUE INCLUDING INSTITUTE WAR CLAUSES INSTITUTE CARGO CLAUSES（ALL RISKS）INSTITUTE S. R. C. C. CLAUSES

＋BENEFICIARY'S CERTIFICATE STATING THAT ONE SET OF ORIGINAL SHIPPING DOCUMENTS INCLUDING CERTIFICTE OF ORIGIN FORM A HAS BEEN SENT DIRECTLY TO THE APPLICANT（ATTN. OSALM SECTION）WITHIN 2 DAYS AFTER SHIPMENT BY AIR COURIER.

PERIOD FOR PRESENTATION　　：48：DOCUMENTS TO BE PRESENTED WITHIN 10 DAYS AFTER THE DATE OF SHIPMENT BUT WITHIN THE VALIDITY OF THE CREDIT.

制单参考资料：

1. SHIPPED BY S. S. HONG V26 ON MAY 28th，2014
2. B/L NO. 1405358
3. INVOICE NO. JYS698；DATE MAY 3RD，2014
4. ORIGIN CRITERION："P"
5. HS CODE：6205. 2000
6. MARKS AND NUMBERS：T. C. O
14JA7031KL
YOKOHAMA
C/NO. 1-100
7. PACKED IN 100 CARTONS
8. GROSS WEIGHT：520 KGS NET WEIGHT：500 KGS
9. 经办人：陈丹

填制如下：

<table>
<tr><td colspan="3">1.Goods consigned from (Exporter's business name, address, country)
DONGYUE KNITWEARS AND HOME TEXTILES IMPORT AND EXPORT CORPORATION
197 ZHONGHUA ROAD, QINGDAO, CHINA</td><td colspan="3">Reference No. QD-SS022-A14
GENERALIZED SYSTEM OF PREFERENCES
CERTIFICATE OF ORIGIN
(Combined declaration and certificate)</td></tr>
<tr><td colspan="3">2.Goods consigned to (Consignee's name, address, country)
TOSHU CORPORATION OSALM
12-36,
KYUTARO-MACHI 4-CHOME
CHUO-KU,
OSAKA 561-8177 JAPAN</td><td colspan="3">FORM A
Issued in THE PEOPLE'S REPUBLIC OF CHINA
(country)
See Notes overleaf</td></tr>
<tr><td colspan="3">3.Means of transport and route (as far as known)
FROM QINGDAO TO YOKOHAMA BY SEA</td><td colspan="3">4.For official use</td></tr>
<tr><td>5.Item number</td><td>6.Marks and numbers of packages</td><td>7.Number and kind of packages; description of goods</td><td>8.Origin criterion(see Notes overleaf)</td><td>9.Gross weight or other quantity</td><td>10.Number and date of invoices</td></tr>
<tr><td></td><td></td><td></td><td></td><td></td><td></td></tr>
</table>

1	T.C.O 14JA7031KL YOKOHAMA C/NO. 1-100	ONE HUNDRED (100) CARTONS OF MAN'S SHIRT *******************	"P"	520 KGS	JYS698 MAY 3RD, 2014

11. Certification It is hereby certified, on the basis of control carried out, that the declaration by the exporter is correct. (CIQ 章) QINGDDAO MAY 22TH,2014 丁力 -- Place and date, signature and stamp of certifying authority	12.Declaration by the exporter The undersigned hereby declares that the above details and statements are correct, that all the goods were produced in CHINA (country) and that they comply with the origin requirements specified for those goods in the Generalized System of Preferences for goods exported to JAPAN (importing country) QINGDDAO MAY 20TH,2014 陈丹 (盖章) -- Place and date, signature and stamp of authorized signatory

项目小结

本项目主要阐述了原产地证明书的概念、作用、种类、一般原产地证书和普惠制原产地证书的内容与制作，阐明了原产地证明书的概念和种类，描述了一般原产地证书和普惠制原产地证书的主要内容，总结了一般原产地证书和普惠制原产地证书的制作要点。

项目闯关实训

☆单项选择题

1. 按 CIF 术语成交的合同，卖方交货后办理交单议付，必须提交的单据不包括(　　)。

A. B/L　　B. insurance policy　　C. invoice　　D. form a

2. 在《一般原产地证书》中在商品名称栏目填完后，在下面一行加上(　　)表示填写结束。

A. ＊＊＊＊＊＊＊＊　　B. 。。。。。。。。

C. ＋＋＋＋＋＋＋＋＋　　D. ——————————

3. 普惠制产地证书中的原产地标准一栏如填制拉“F”，则表示出口到(　　)，进口成分的价值(　　)产品出厂价的40%。

A. 俄罗斯　未超过　　B. 加拿大　超过

C. 加拿大　未超过　　D. 俄罗斯　超过

4. (　　)负责对原产地证书的签证工作实施管理。

A. 国家质检总局　B. 海关总署　　C. 商务部　　D. 财政部

5. 下列(　　)个国家不给予中国普惠制待遇。

A. 土耳其　B. 美国　C. 俄罗斯　D. 马耳他

6. 在我国，普惠制产地证的签发机构是(　　)。

A. 贸促会　B. 国家质检总局　C. 海关　D. 外贸公司

7. 如果出口商品完全是出口国自产的，不含任何进口成分，出口到所以给惠国时，FORM A 中的原产地标准一栏择选(　　)。

A. W　B. F　C. P　D. Y

8. 如信用证规定 “Certificate of Origin in duplicate indicating that the goods are of Chinese origin is issued by CCPIT”，根据此条款，该份原产地证书的签发机构为(　　)。

A. 贸促会　B. 商检会　C. 外贸公司　D. 海关

9. 普惠制是(　　)对从(　　)输入的商品，特别是制成品和半制成品，普遍给予优惠关税待遇的一种制度。

A. 发达国家、发达国家

B. 发展中国家（地区)、发展中国家（地区)

C. 发展中国家（地区)、发达国家

D. 发达国家、发展中国家（地区)

10. 出口企业在办理原产地证书时，必须随附(　　)。

A. 发票　B. 提单　C. 报关单　D. 汇票

☆多项选择题

1. 可以是有价证券的单据包括(　　)。

A. 海运提单　B. 保险单　C. 商业发票　D. FORM A

2. 原产地证明书是由出口国政府有关机构签发的一种证明货物原产地或制造地的证明文件，通常多用于不需要提供(　　)的国家或地区。

A. 海关发票　B. 领事发票　C. 证实发票　D. 联合发票

3. 我国签发原产地证书的机构包括(　　)。

A. 中华人民共和国海关　B. 国家质量监督检验检疫总局

C. 中国国际贸易促进委员会 CCPIT　D. 中国商务部 MOFTEC

4. 普惠制产地证明书主要有(　　)。

A. 格式 A　B. 格式 59A　C. 格式 APR　D. 格式 NIL

5. 普惠制的原则包括以下几项(　　)。

A. 普遍的　B. 非歧视的　C. 非互惠的　D. 普通的

6. 下面(　　)国家都是中国的给惠国。

A. 澳大利亚　B. 日本　C. 美国　D. 俄罗斯

7. 出口企业在向签证机构审核签发普惠制原产地证明书 FORM A 时，应递交的文件有(　　)。

A. 普惠制原产地证明书申请书　B. 普惠制原产地证明书 FORM A

C. 商业发票　D. 签证机构要求的其它文件

8. 下列属于区域性经济集团互惠原产地证书的有(　　)。

A. FORM E　　B. FORM B　　C. FORM P　　D. FORM F

9. 下列(　　)组国家符合签发普惠制证书的国家。

A. 英国、荷兰、德国、奥地利　　B. 土耳其、波兰、希腊、俄罗斯

C. 比利时、瑞士、瑞典、美国　　D. 西班牙、葡萄牙、日本、新西兰

10. 原产地规则将产品分为(　　)两大类。

A. 完全原产品　　B. 进口产品

C. 制成品　　D. 含有非原产成分的产品

☆**判断题**

1. 如果信用证未明确规定产地证书的出具者，银行审单时应接受权威机构出具的产地证书。(　　)

2. 目前给予中国普惠制待遇的国家一共有 28 个。(　　)

3. 普惠制原产地证书的签发，受惠商品必须符合给惠国原产地规则。(　　)

4. 普惠制原产地证书一般使用英文填制，如给惠国有要求，也可使用中文。(　　)

5. 原产地证书是指出口国（地区）根据原产地规则和有关要求签发的，明确指出该证中所列货物原产于某一特定国家（地区）的书面文件。(　　)

6. 根据我国规定，出口企业最迟于货物报关前三天向签证机构申请办理原产地证书。(　　)

7. GSP 产地证表示一般原产地证书。(　　)

8. 原产地证书是证明本批出口商品的生产地并符合《中华人民共和国出口货物原产地规则》的一种文件，如果信用证或合同对签证机构未作具体规定，一般由海关签发。(　　)

9. 我国和东盟之间签署的双边优惠贸易安排也可提供 FORM A 产地证。(　　)

10. 普惠制原产地证书的原产地标准一栏"P"字表示完全原产，无进口成份。(　　)

☆**讨论题**

1. 原产地证明书的种类有哪些?

2. 一般原产地证书的作用是什么? 应该向哪个部门申领?

3. 普惠制原产地证书的作用是什么? 应该向哪个部门申领?

4. 一般原产地证书的内容和制作要点是什么?

5. 普惠制原产地证书的内容和制作要点是什么?

6. 搜集资料查询至今为止与我国签订的自贸协定有哪些?

7. 普惠制产地证与一般产地证的主要区别是什么?

☆**操作题**

1. 根据所给资料缮制一般原产地证明书。

出口商（托运人）：DAYU CUTTING TOOLS I/E CORP
774 DONG FENG EAST ROAD，TIANJIN，CHINA

进口商（收货人）：FAR EASTERN TRADING COMPANY LIMITED
336 LONG STREET，NEW YORK

发票日期：2014年5月15日
发票号：X118
合同号：MK007
信用证号：41-19-14
装运港：TIANJIN
中转港：HONG KONG
目的港：NEW YORK
运输标志：FETC
MK007
NEW YORK
C/No. 1-UP
货名：CUTTING TOOLS
数量：1500 SETS
包装：纸箱装，每箱3 SETS
单价：CIF NEW YORK USD 128/SET
原产地证书号：IBO12345678
商品编码：1297.0400
提单日期：2014年5月20日
船名航次：HONGXING V.777
填制一般原产地证：

<table>
<tr><td colspan="2">1、Exporter</td><td colspan="3" rowspan="2">Certificate No.
CERTIFICATE OF ORIGIN
OF
THE PEOPLE'S REPUBLIC OF
CHINA</td></tr>
<tr><td colspan="2">2、Consignee</td></tr>
<tr><td colspan="2">3、Means of transport and route</td><td colspan="3" rowspan="2">5、For certifying authority use only</td></tr>
<tr><td colspan="2">4、Country/region of destination</td></tr>
<tr><td>6、Marks and numbers</td><td>7、Number and kind of packages; description of goods</td><td>8、H.s code</td><td>9、Quantity</td><td>10、Number and date of invoices</td></tr>
<tr><td></td><td></td><td></td><td></td><td></td></tr>
</table>

11、Declaration by the exporter The undersigned hereby declares that the above details and statements are correct; that all the goods were produced in china and that they comply with the rules of origin of the people's republic of china. 李英 ----------------------------------- Place and date, signature and stamp of certifying authority	12、Certification It is hereby certified that the declaration by the exporter is correct. 王平 ----------------------------------- Place and date, signature and stamp of certifying authority

2. 根据信用证及相关资料填制普惠制产地证。

ISSUE OF A DOCUMENTARY CREDIT

SEQUENCE OF TOTAL　　*27：1/1
FORM OF DOC CREDIT　　*40：IRREVOCABLE
DOC CREDIT NUMBER　　*20：ABLD. ANl075
DATE OF ISSUE　　*31C：140405
EXPIRY　　*31D：DATE 140615 PLACE：CHINA
APPLICANT，　　*50：ITOCHU CORPORATION，OSAKA，JAPAN OSAC Y SECTION
BENEFICIARY　　*59：SHANGHAI TEXTILES IMP. AND EXP. CORP. 127. ZHONGSHAN ROAD E. 1 SHANGHAI C HINA
AMOUNT　　*32B：CURRENCY USD AMOUNT USD9665.00
POS. /NEG. TOL.（%）　　*39A：10/10
AVAILABLE WITH/BY，　　*41D：BANK COMMUNICATION，SHANGHAI CHINA BY NEGOTIATION
DRAFTS AT　　*42 C：60 DAYS AFTER SIGHT FOR FULL INVOICE VALUE
DRAWEE　　*42 A：* ASAHI BANK LTD，TOKYO
PARTIAL SHIPMENTS　　*43 P：PROHIBITED
TRANSSHIPMENT　　*43 T：PROHIBITED
LOADING IN CHARGE　　*44 A：SHIPMENT FROM CHINESE PORT（S）
FOR TRANSPORT TO　　*44 B：TO OSAKA，JAPAN
LATEST DATE OF SHIP　　*44 C：140531
DESCRIPT. OF GOODS　　*45 A：100%COTTON APRON
ART NO.　　QUANTITY　　UNIT PRICE

4031 (01425) 3250PIECES USD 1.20

5052 (01426) 2700PIECES USD 1.30

5210 (01427) 2050 PIECES USD 1.1O

PRICE TERM：CIF OSAKA

DOCUMENTS REQUIRED *46 A：

+SIGNED COMMERCIAL INVOICE IN TRIPLICATE INDICATING "WE HEREBY CERTIFY THAT THE GOODS HEREIN INVOICED CONFIRM WITH S/C NO. AHM-1356，REV ORDER NO. 23051"

+ FULL SET OF CLEAN ON BOARD BILLS OF LADING MADE OUT TO ORDER OF SHIPPER AND BLANK ENDORSED，MARKED "FREIGHT PREPAID TO OSAKA" NOTIFYING APPLICANT（WITH FULL NAME AND ADDRESS）AND INDICATING FREIGHT CHARGES.

+ INSURANCE POLICY OR CERTIFICATE IN DUPLICATE ENDORSED IN BLANK。FOR 120%OF THE INVOICE VALUE INCLUDING：INSTITUTE CARGO CLAUSES（A），INSTITUTE WAR CLAUSES，INSURANCE CLAIMS TO BE PAYABLE IN JAPAN IN THECURRENCTY OF THE DRAFTS INDICATING INSURANCE CHARGES.

+ G. S. P CERTIFICATE OF ORIGIN FORM A IN 3 COPIES

+ PAKCING LIST IN 3 FOLD

INSTRUCTIONS *78：

UPON OUR RECEIPT OF DOCUMENTS IN ORDER WE WILL REMIT IN AC CORDANCE WITH NEGOTIATING BANK'S INSTRUCTIONS AT MATURITY.

ADDITIONAL COND. *47 A：

1 T. T. REIMBURSEMENT PROHIBITED

2 THE GOODS TO BE PACKED IN EXPORT CARTONS

3 SHIPPING MARK：SUNARA/WSC-4320A/OSAKA/NO. 1-UP

DETAILS OF C HARGES *71 B：

ALL CHARGES OUTSIDE JAPAN INCLUDING REIMBURSEMENT COMMISSIONS ARE FOR ACCOUNT OF BENEFICIARY.

PRESENTATION PERIOD *48：

DOC UMENTS TO BE PR. ESENTED WITHIN 15 DAYS AFTER THE DATE OF ISSUANCE OF THE SHIPPING DOCUMENTS BUT WITHIN THE VALIDITY OF THE CREDIT.

CONFIRMATION *49：WITHOUT

INSTRUCTION *78：

THE NEGOTIATION BANK MUST FORWARD THE DRAFTS AND ALL DOCUMENTS BY REGISTERED AIRMAIL DIRECT TO US（INT'L OPERATIONS CENTER MAIL ADDRESS：C. P. O BOX NO. 800 TOKYO 100-91 JAPAN）IN TWO

CONSECUTIVE LOTS. UPON RECEIPT OF THE DRAFTS AND DOCUMENTS IN ORDER WE WILL REMIT THE PROCEEDS AS INSTRUCTED BY THE NEGOTIATING BANK.

制单参考资料：

1. INVOICE NO. FWS07216
2. B/L NO. KJU 6878-A2
3. VESSEL'S NAME：HAN JIANG V5977
4. H. S. CODE：6117.1000
5. PACKING：
EACH PIECE IN A PLASTIC BAG，50 PIECES TO AN EXPORT CARTON
GW：35 KGS/CTN NW：32KGS/CTN MEAS：120CM×40CM×55 CM/CTN
6. ORIGIN CRITERION："P"
7. 经办人：陈丹

填制普惠制产地证：

<table>
<tr><td colspan="3">1.Goods consigned from (Exporter's business name, address, country)</td><td colspan="3" rowspan="2">Reference No.
GENERALIZED SYSTEM OF PREFERENCES
CERTIFICATE OF ORIGIN
(Combined declaration and certificate)
FORM A
Issued in THE PEOPLE'S REPUBLIC OF CHINA
(country)
See Notes overleaf</td></tr>
<tr><td colspan="3">2.Goods consigned to (Consignee's name, address, country)</td></tr>
<tr><td colspan="3">3.Means of transport and route (as far as known)</td><td colspan="3">4.For official use</td></tr>
<tr><td>5.Item number</td><td>6.Marks and numbers of packages</td><td>7.Number and kind of packages; description of goods</td><td>8.Origin criterion(see Notes overleaf)</td><td>9.Gross weight or other quantity</td><td>10.Number and date of invoices</td></tr>
<tr><td></td><td></td><td></td><td></td><td></td><td></td></tr>
<tr><td colspan="3">11. Certification
It is hereby certified, on the basis of control carried out, that the declaration by the exporter is correct.

Place and date, signature and stamp of certifying authority</td><td colspan="3">12.Declaration by the exporter
The undersigned hereby declares that the above details and statements are correct, that all the goods were produced in CHINA
(country)
and that they comply with the origin requirements specified for those goods in the Generalized System of Preferences for goods exported to
(importing country)
Place and date, signature and stamp of authorized signatory</td></tr>
</table>

项目8 报关单据的制作

导入案例

广州金辉造纸有限公司（海关注册编码4401442568）委托泛太纸业（东莞）有限公司（海关注册编码4419931142）进口废纸一批用于分类加工为再生纸。货物与2014年2月23日由深圳皇岗海关进境，办理转关手续后运至广州新风海关，于2014年2月24日成功办理进口申报手续。

已知：进境载货清单号：100046403117；承运车辆内地车牌号：粤ZSH90港；废纸法定计量单位：千克；监管条件：7ABP；固体废物进口许可证编号：SEPAZ2011005846；自动进口许可证编号：11-19WN8334；入境货物通关单编号：470100111005133000；集装箱自重：3923千克。

DENISON INTERNATIONAL CO.，LTD.

1302 CAC TOWER，135 HOI BUN ROAD，KWUN TONG，KOWLOON，HONG KONG

Commercial Invoice

To:

Pan-Pac Paper（Dongguan）Co.，Ltd.

He Xi Industrial Park，Hong mei，Dongguan，Guangdong，China

Tel：86 769 8841 xxxx

Invoice NO：CIGD1100223

Date：21-Feb-2014

Trade Term：CPT Guangzhou

Contract No.：IGD1100223

VIA ：BY Truck
POL ：Hong Kong
POD ：Guangzhou
ETD ：22-Feb-2014
ETA ：23-Feb-2014
Payment Term ：L/C 90 days
Country of Origin ：USA
AQSIQ Number ：A840042910

It is declared of that doesn't contain wood packing material.

Goods Description	Bales	Gross Weight	Net Weight	Unit Price（USD）	Amount（USD）
Waste Paper AOCC#11	55	21.013 MT	21.013MT	291.8000	6，131.59
Total:	55	21.013 MT	21.013MT	291.8000	6，131.59

USD SIX THOUSAND ONE HUNDRED THIRTY ONE AND CENTS FIFTY NINE ONLY.

REMARK： I：0.3%

FOR & on behalf of
Denison International CO.，Ltd.

Authorized Signature

DENISON INTERNATIONAL CO.，LTD.

1302 CAC TOWER，135 HOI BUN ROAD，KWUN TONG，KOWLOON，HONG KONG

Packing List

Pan-Pac Paper (Dongguan) Co.，Ltd.
He Xi Industrial Park，Hong mei，Dongguan，Guangdong，China
Tel：86 769 8841 xxxx

Invoice NO：CIGD1100223
Date：21-Feb-2014

Port of Loading： Hong Kong Port of Discharge：Guangzhou

Contract NO.	**S. O. No.**	**P. O. No.**	**Price Term**	**Payment Term**
IGD1100223	75433855	75433800CPT	Guangzhou	L/C 90 days

Product Description：Waste Paper AOCC＃11

	Container No.	Container Size	No. of Bales	Gross Weight (MT)	Net Weight (MT)
1	FSCU9242766	40ft	55	21.013	21.013
Total	1×40ft	55	21.013	21.013	

FOR & on behalf of
Denison International CO.，Ltd.

Authorized Signature

问题：

1. 假设广州金辉造纸有限公司自理报关，请写出该票货物的报关业务程序。
2. 请你根据上述资料填制进口货物报关单。

项目要点

1. 报关的分类及范围
2. 报关单位的类型
3. 海关的性质与任务
4. 报关业务的基本程序
5. 进出境阶段的4个环节
6. 进出口货物报关单的填制

任务一：报关基本知识的认知

一、 报关的含义、 分类及范围

(一) 报关的含义

报关是指进出口货物收发货人、进出境运输工具负责人、进出境物品的所有人或者他们的代理人向海关办理货物、物品或运输工具进出境手续及相关海关事务的过程。

通关与报关不同。通关不仅包含了报关，还包括海关对进出口货物、进出境物品或进出境运输工具依法监督管理，核准其进出境的管理过程。

另外，进出境过程中需要办理报检手续的货物，在报关前应先行向商检机构办理报检手续。

(二) 报关的分类

报关可以按照报关对象、目的、行为的性质进行分类（见表 8-1）。

表 8-1　报关的分类

<table>
<tr><th>分类依据</th><th colspan="2">种类</th></tr>
<tr><td>报关对象</td><td colspan="2">运输工具报关、货物报关、物品报关</td></tr>
<tr><td>报关目的</td><td colspan="2">进境报关、出境报关</td></tr>
<tr><td rowspan="3">报关行为的性质</td><td colspan="2">自理报关</td></tr>
<tr><td rowspan="2">代理报关</td><td>直接代理</td></tr>
<tr><td>间接代理</td></tr>
</table>

代理报关中直接代理与间接代理具有不同的行为属性及法律责任（见表 8-2）。

表 8-2　代理报关的属性与法律责任

报关性质	代理方式	行为属性	法律责任
代理报关	直接代理	委托代理行为	法律后果直接作用于被代理人（委托人）；报关企业亦应承担相应的法律责任
	间接代理	视同报关企业自己报关	法律后果直接作用于代理人（报关企业）；由报关企业承担委托人自己报关时所应承担的相同法律责任

代理报关业务中，我国报关企业大多数采取直接代理方式，只有经营快件业务的营运人等国际货物运输代理企业适用间接代理报关。

(三) 报关的基本内容

报关的基本内容见表 8-3。

表 8-3　报关的基本内容

报关对象	基本内容
进出境运输工具	进出境时间、航次；载运货物情况；服务人员名单及自用物品、货币等；所载旅客情况；邮递物品、行李物品情况；其他需要申报的情况；相关证明文件和保证书、保证金。
进出口货物	填制报关单并提交报关单证，向海关申报；海关审核后需查验时，应配合查验；办理缴纳税费、退税和补税；海关放行，安排提货或装货；另外：进出口之前办理加工贸易备案及变更、申领征免税证明等；进出境后办理核销、结案等手续
进出境物品	行李物品以自用合理数量为限，走绿色通道；其他行李物品填写“进出境旅客行李物品申报单”，走红色通道。邮寄物品必须由寄件人填写“报税单”，小包邮件填写“绿色标签”

注：运输工具舱单申报成为了进出境运输工具报关的一个重要事项。

二、报关单位

（一）报关单位的概念

报关单位是指依法在海关注册登记的进出口货物收发货人和报关企业。

进出口货物收发货人是指依法直接进口或者出口货物的中华人民共和国关境内的法人、其他组织或者个人。

报关企业是指按照本规定经海关准予注册登记，接受进出口货物收发货人的委托，以进出口货物收发货人名义或者以自己的名义，向海关办理代理报关业务，从事报关服务的境内企业法人。

（二）报关单位类型

报关单位有进出口货物收发货人和报关企业两种类型（见表 8-4）。

表 8-4　报关单位两种类型的比较

报关单位类型		主营业务	经营审批	报关注册登记	报关权限	报关地域范围
进出口货物收发货人		对外贸易经营（贸易型、生产型、仓储型等）	商务主管部门	直接到所在地海关办理注册登记	自理报关或委托报关企业办理自己的报关业务	关境各口岸或海关监管业务及中的地点
报关企业	主营代理报关	代理报关纳税业务	直属海关报关注册登记许可	经直属海关报关注册登记许可后，方能办理报关注册登记	代理报关（直接代理）	直属关区内各口岸或海关监管业务及中的地点
	兼营代理报关	国际货物运输代理和代理报关	商务或交通主管部门审批		代理报关（直接代理或间接代理）	

注：①某些没有经营权的但按国家有关规定需要从事非贸易性进出口活动的单位，如国家机关、学校等，在进出口时，海关也视其为收发货人。

②报关企业可以跨直属关区设立分支机构，在获得注册地分支机构注册登记许可后，办理注册登记，可在所在地口岸或海关监管业务及中的地点从事代理报关服务。

三、海关

(一) 海关的性质与任务

1. 海关的性质

海关是国家行政机关，是国务院直属机构。海关是国家进出境监督管理机关，监督管理的对象是所有进出关境的运输工具、货物和物品。实施监督管理的范围是进出关境及与之有关的活动。海关的监督管理是国家行政执法活动。

2. 海关的基本任务

海关的四项基本任务：监管、征税、缉私和统计。除了这四项基本任务外，还包括：知识产权海关保护、海关对反倾销及反补贴的调查等。

(二) 海关的管理体制与机构

1. 海关的管理体制

海关事务属中央事权，采取集中统一的垂直领导体制。海关独立行使职权，向海关总署负责。

海关的设关原则：在对外开放口岸、海关监管业务集中的地点。海关的隶属关系，不受行政区域规划的限制。

2. 海关的组织机构

海关机构的设置为海关总署、直属海关和隶属海关三级。隶属海关由直属海关领导，向直属海关负责；直属海关由海关总署领导，向海关总署负责。

①海关总署

海关总署是国务院的直属机构，在国务院领导下统一管理全国海关机构、人员编制、经费物资和各项海关业务，是海关系统的最高领导部门。下设广东分署，在上海和天津设立特派员办事处，作为其派出机构。海关总署的基本任务是在国务院领导下，领导和组织全国海关正确贯彻实施《海关法》和国家的有关政策、行政法规，积极发挥依法行政、为国把关的职能，促进和保护社会主义现代化建设。

②直属海关

直属海关是指直接由海关总署领导，负责管理一定区域范围内海关业务的海关。目前直属海关共有 42 个，除香港、澳门、台湾地区外，分布在全国 31 个省、自治区、直辖市。直属海关就本关区内的海关事务独立行使职责，向海关总署负责。直属海关承担着在关区内组织开展海关各项业务和关区集中审单作业、全面有效地贯彻执行海关各项政策、法律、法规、管理制度和作业规范的重要职责，在海关三级业务职能管理中发挥着承上启下的作用。

③隶属海关

隶属海关是指由直属海关领导，负责办理具体海关业务的海关，是海关进出境监督管理职能的基本执行单位，一般都设在口岸和海关业务集中的地点。

④海关缉私警察机构

1998 年设立。2003 年 1 月 1 日改成缉私局，实行海关总署和公安部双重领导，以海关领导为主的体制。在广东分署和各直属海关设立分局。

任务二：报关程序认知

一、 报关程序

进出口货物的报关程序是指进出口货物收发货人或其代理人按照海关的规定，办理货物进出境及相关海关事务的手续和步骤。

（一）基本程序

从海关对进出境货物监管的全过程来看，报关程序按时间先后分为前期阶段、进出境阶段和后续阶段，见表8-5。

表 8-5 海关监管货物的报关程序

报关程序 / 货物类别	前期阶段（进出口之前办理的备案手续）	进出境阶段（办理的4个环节手续）		后续阶段（办理的核销、销案、申请解除监管的手续）
		报关单位	海关	
一般进出口货物	—	进出口申报→	审单	—
保税进出口货物	备案，建立电子手册或账册	⇩ 配合查验→	⇩ 查验	核销
特定减免税货物	减免税备案、审批，申领减免税证明	⇩ 缴纳税费→	⇩ 征税	申请解除监管
暂准进出境货物	展览品进出境备案	⇩	⇩	销案
出料加工等其他	“出料加工”等备案	提货或装货→	放行	销案

注：进出境阶段一般进出口货物需要办理4个环节，其余的货物类别一般没有海关征税和申报单位缴纳税费的环节。

1. 前期阶段

前期阶段是指进出口货物收发货人或其代理人根据海关对进出境货物的监管要求，在货物进出口之前，向海关办理备案手续的过程。

2. 进出口阶段

进出口阶段是指进出口货物收发货人或其代理人根据海关对进出境货物的监管要求，在货物进出境时，向海关办理进出口申报、配合查验、缴纳税费、提取或装运货物手续的过程。

3. 后续阶段

后续阶段是指进出口货物收发货人或其代理人根据海关对进出境货物的监管要求，在货物进出境储存、加工、装配、使用、维修后，在规定的期限内办理上述进出口货物核销、销案、申请解除监管等手续的过程。

（二）进出境报关作业流程内容

进出境报关作业流程内容如图8-1。

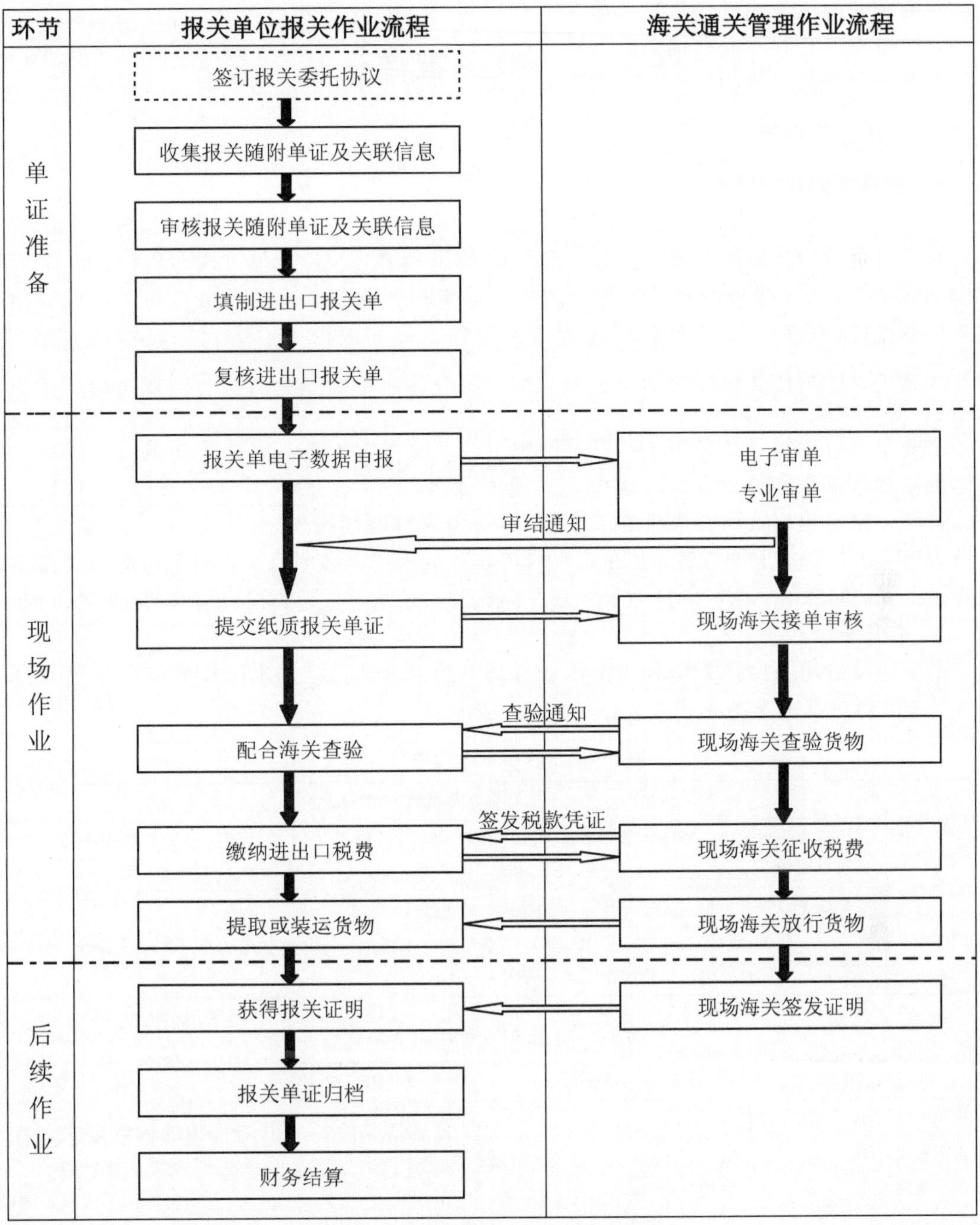

图 8-1　进出境报关作业流程内容

二、 一般进出口货物的报关程序

一般进出口货物是一般进口货物和一般出口货物的合称，是指在进出境环节缴纳了应征的进出口税费并办结了所有必要的海关手续，海关放行后不再进行监管，可以直接进入生产和消费领域流通的进口货物或海关放行后离境的出口货物。

一般进出口货物没有前期阶段和后续阶段，只有进出境阶段，报关程序完成以下四个环节工作，即进出口货物申报、配合查验、缴纳税费和提取或装运货物。

(一) 进出口申报

1. 申报前的运输准备

出口货物一般要先办理“出口货物托运”运输手续，出口托运在前，报关在后。办妥出口托运手续意味着取得了货运单据，比如取得海运装货单（S/O）、空运总运单（MAWB）等。对于进口货物一般先办理换取提货单运输手续，因此进口换单在前，报关在后。办妥进口换单，意味着取得提货货运单据，比如取得了空运到货通知书（A/N）、海运提货单（D/O）等。

2. 准备货物

主要是出口货物已经在海关监管范围内等待装上运输工具。海关接受报关的出口货物已运抵监管区接受监管。实际工作中，一般海运出口货物在船离境 48 小时前进入码头海关监管区，空运出口货物在飞机起飞 24 小时前进入空港机场。

为确定进口货物上午货名、规格、型号等，收货人可以在向海关申报前向海关申请看货取样。经海关同意的，派员到场监督。涉及商检的，还需要得到商检机构的书面批准证明。

3. 准备单证

准备递交给海关的报关单和随附单证，其中随附单证包括基本单证和特殊单证（见表 8-6）。进出口单证的准备见表 8-7。

表 8-6　报关单证的内容与分类

分类		主要种类和内容
报关单		进出口货物报关单、特殊监管区域备案清单、集中申报清单、ATA 单证册、过境货物报关单、快件报关单等等
随附单证	基本单证	提货单据、装货单据、商业发票、箱单等等。
	特殊单证	进出口许可证件、加工贸易电子手册和电子账册、特定减免税证明、原产地证明、贸易合同、原进出口货物报关单证等等

表 8-7　进出口申报的主要单证

准备出口单证	准备出口货物	准备进口单证	准备提取货物
装货单、总运单	运输工具离境 24 小时前，货送海关监管仓库；同时符合运输部门的送货要求。 海关已放行，但因故未出境货物，需退关后办提货或再出口。	到货通知、提货单	运输工具申报进境之日起，收货人或其代理人 14 天内需向海关申报；逾期海关按日征收到岸价的 0.5‰滞报金；3 个月不申报提货的，海关按弃货处理变卖。 凭海关放行通知在海关监管仓库提货。
代理报关委托书		代理报关委托书	
出口货物报关单		进口货物报关单	
商业发票		商业发票	
装箱单		装箱单	
出口许可证		进口许可证	
出境货物通关单		入境货物通关单	
加工贸易手册或账册		加工贸易手册或账册	
其他文件		其他文件	

4. 电子报关

进出口货物收发货人的报关方式可以选择自理报关方式，也可以选择委托报关方式。代理报关委托书与委托报关协议如下。

代 理 报 关 委 托 书

编号：

我单位现　　（A 逐票、B 长期）委托贵公司代理人　　等通关事宜。（A、报关查验 B、垫缴税款 C、办理海关证明联 D、审批手册 E、核销手册 F、申办减免税手续 G、其他）详见《委托报关协议》。

我单位保证遵守《海关法》和国家有关法规，保证所提供的情况真实、完整、单货相符。否则，愿承担相关法律责任。

本委托书有效期自签字之日直至　　年　　月　　日止。

委托方（盖章）：

法定代表人或其授权签署《代理报关委托书》的人（签字）

年　月　日

委 托 报 关 协 议

为明确委托报关具体事项和各自责任，双方经平等协商签订协议如下：

<table>
<tr><td>委托方</td><td></td></tr>
<tr><td>主要货物名称</td><td></td></tr>
<tr><td>HS 编码</td><td>□□□□□□□□□□</td></tr>
<tr><td>进出口日期</td><td>年　月　日</td></tr>
<tr><td>提单号</td><td></td></tr>
<tr><td>贸易方式</td><td></td></tr>
<tr><td>原产地/货源地</td><td></td></tr>
<tr><td>传真电话</td><td></td></tr>
<tr><td colspan="2">其他要求：</td></tr>
<tr><td colspan="2">背面所列通用条款是本协议不可分割的一部分，对本协议的签署构成了对背面通用条款的同意。</td></tr>
<tr><td colspan="2">委托方业务签章：
经办人签章：
联系电话：　　年　月　日</td></tr>
</table>

<table>
<tr><td>被委托方</td><td colspan="2"></td></tr>
<tr><td>报关单编码</td><td colspan="2">NO.</td></tr>
<tr><td>收到单证日期</td><td colspan="2">年　月　日</td></tr>
<tr><td rowspan="4">收到单证情况</td><td>合同□</td><td>发票□</td></tr>
<tr><td>装箱清单□</td><td>提（运）单□</td></tr>
<tr><td>加工贸易手册□</td><td>许可证□</td></tr>
<tr><td colspan="2">其他</td></tr>
<tr><td>报关收费</td><td colspan="2">人民币：　　元</td></tr>
<tr><td colspan="3">承诺说明：</td></tr>
<tr><td colspan="3">背面所列通用条款是本协议不可分割的一部分，对本协议的签署构成了对背面通用条款的同意。</td></tr>
<tr><td colspan="3">被委托方业务签章：
经办报关员签章：
联系电话：　　年　月　日</td></tr>
</table>

（白联：海关留存、黄联：被委托方留存、红联：委托方留存）　　中国报关协会监制

在单证和货物准备完毕后，报关单位选择通过终端申报、自行 EDI、委托 EDI、网上申报四种录入方式之一，将报关单上的数据录入海关计算机系统，生成电子报关单。

报关单位自收到海关“现场交单”或“放行交单”信息之日起 10 日内，持打印的纸质报关单，备齐随附单证并签名盖章，现场报关。对于符合条件享有通关作业无纸化的企业可以选择“通关无纸化”方式，海关对企业通过电子口岸录入申报的报关单及随附单证的电子数据进行无纸审核、验放处理。

（二）配合查验

1. 海关查验

海关查验是海关为确定报关单位向海关申报的内容是否与进出口货物的真实情况相符，或为确定商品的归类、价格、产地等，依法对进出口货物实际核查的执法行为。

2. 配合查验

海关决定实施查验时，对申报单位发出书面或电子报文形式的“查验通知”。报关代理企业应负责及时通知委托方并共同协助海关查验，按海关查验计划时间，到达查验现场，配合海关查验货物，按海关要求如实回答海关提问，负责搬移、开拆或重封被查验货物，协助海关取样，收取海关取样清单并签字确认“海关进出境货物查验记录单”等。

（三）缴纳税费

1. 进出口税费的种类

进出口税费是指在进出口环节中由海关依法征收的各种税费，包括关税、进口环节增值税、进口环节消费税、船舶吨税及海关监管手续费等。海关计征的税费以人民币计征，成交价格及有关费用以外币计价的，先按货物适用税率之日所适用的计征汇率折合人民币计算完税价格。完税价格、税额采用四舍五入法计算至分，起征点为 50 元人民币起。

2. 凭缴款书和收费票据缴纳税费

海关对进出口申报的数据进行审核，且对需要查验的货物先由海关查验后，对需要征税的货物核对计算机计算的税费，开具税款缴款书和收费票据。进出口货物收发货人或其代理人持税款缴款书和收费票据，到海关指定的银行缴纳税费。

实行中国电子口岸网上缴税和付费的海关，进出口货物收发货人或其代理人根据海关发出的电子税款缴款书和收费票据，通过网络向指定银行进行电子支付税费。一旦收到银行缴款成功的信息，即可报请海关办理货物放行手续。海关于缴核税单 2 小时内办结通关手续。纳税义务人在收到缴款书后 15 日内缴纳税费，逾期海关按日 0.5‰征收应纳税款的滞纳金。

（四）提取或装运货物

海关在审核报关数据、货物查验正常、征收税费后，在报关单和运输单据上签印放行，允许货物离开海关监管现场。

海关在进口提货单或进口到货通知书上签盖“海关放行章”，进口货物收货人或其代理人签收海关加盖海关放行章戳记的进口提货凭证，凭此到货物进境地的港区、机场、车站、邮局等地的海关监管仓库办理提货手续。

海关在在出口货物的海运装货单或空运总运单上签盖“海关放行章”，出口货物发货人或其代理人签收海关加盖海关放行章戳记的出口装货凭证，凭此到货物出境地的港区、机场、车站、邮局等地的海关监管仓库办理将货装上运输工具离境的手续。

在试行“无纸通关”申报方式的海关，海关通过计算机将“海关放行”报文发送给收发货人或其代理人和海关监管货物的现场，如监管仓库、卡口等。收发货人或其代理人自行打印海关通知放行的凭证，凭以办理提取货物或装运货物的手续。

进出口货物收发货人或其代理人，办理完提取货物或装运货物的手续后，根据需要向海关申请签发报关单证明联和办理其他证明手续。

对于一般进出口货物而言，放行就意味着结关；对其他类货物而言，放行并不意味着结关。

任务三：进出口货物报关单的内容及制作

一、 进出口货物报关单

（一）含义

进出口货物报关单指进出口货物的收发货人或其代理人，按照海关规定的格式对进出口货物的实际情况做出书面申明，以此要求海关对其货物按适用的海关制度办理报关手续的法律文书。

（二）分类

按货物的进出口流向、表现形式、监管方式、报关单用途等进行分类，如表 8-8。

表 8-8　报关单的分类

分类依据	报关单种类
进出口流向	进口货物报关单（纸质）：海关作业联、企业留存联、海关核销联、进口付汇证明联
	出口货物报关单（纸质）：海关作业联、企业留存联、海关核销联、收汇证明联、出口退税证明联
表现形式	纸质报关单；电子数据报关单（EDI 报关单）
监管方式	进料加工进、出口货物报关单（粉红色）
	来料加工和补偿贸易进、出口货物报关单（浅绿色）
	一般贸易进、出口货物报关单（蓝色）
	其他贸易进、出口货物报关单
用途	报关单预录入凭单；预录入报关单；EDI 报关单；报关单证明联

（三）报关单填制的一般要求

1. 申报人必须按照《海关法》、《进出口货物申报管理规定》、《报关单填制规范》、

《统计商品目录》、《规范申报目录》的有关规定和要求向海关申报，对申报内容的真实性、准确性、完整性和规范性承担法律责任。

2. 报关单填制应做到“单证相符”、“单货相符”。

3. 不同运输工具、不同航次、不同提运单、不同贸易方式、不同备案号、不同征免性质的货物，应分单填报。一份原产地证书只能对应一份报关单。

4. 不同商品编号、不同商品名称、不同计量单位、不同原产国（地区）/最终目的国（地区）、不同币制、不同征免的货物，在同一份报关单中须分项填报。

二、进出口货物报关单的内容与填制

进出口货物报关单除“预录入编号”、“海关编号”、“税费征收情况”及“海关审单、批注及放行日期签字”外，均由收发货人或其代理人填写。进口货物报关单格式见表8-9，出口货物报关单格式见表8-10。

进口货物报关单和出口货物报关单的栏目除了进口口岸/出口口岸、进口日期/出口日期、收货单位/发货单位、征税比例/结汇方式、启运国（地区）/运抵国（地区）、装货港/指运港、境内目的地/境内货源地、用途/生产厂家、原产国（地区）/最终目的国（地区）这9项栏目名称不同外，其余栏目名称均相同。

报关单的填制主要依据商业发票、装箱单、提（运）单等资料的内容进行填制，各栏目内容与填制要求如下：

（一）预录入编号

1. 含义

预录入编号是指预录入单位录入报关单的编号，用于申报单位与海关之间引用其申报后尚未接受申报的报关单。

2. 编号规则

由接受申报的海关决定编号规则，由计算机自动打印。

（二）海关编号

1. 含义

海关编号是海关接受申报时给予报关单的18位顺序编号。

例：

5 3 0 2	2 0 1 1	0	0 2 7 5 1 4 0 4 9
海关代码	年份	进出口标志	报关单顺序号

18位数字说明：前4位为接受申报的海关关区代码；第5～8位为海关接受申报的公历年份；第9位为进出口标志（“1”为进口，“0”为出口；集中申报清单“I”为进口，“E”为出口）；第10－18位为报关单顺序编号。

2. 编号规则：进口报关单与出口报关单分别编号，确保同一公历年能按进/出口唯一地标识本关区的每一份报关单。一般来说，海关编号就是预录入编号，由计算机自动打印，不需填写。

表 8-9　中华人民共和国海关进口货物报关单

中华人民共和国海关进口货物报关单

预录入编号：　　　　　　　　　　　　　　　　　　　　　　　　海关编号：

进口口岸	备案号	进口日期	申报日期	
经营单位	运输方式	运输工具名称	提运单号	
收货单位	贸易方式	征免性质	征税比例	
许可证号	启运国（地区）	装货港	境内目的地	
批准文号	成交方式	运费	保费	杂费
合同协议号	件数	包装种类	毛重（千克）	净重（千克）
集装箱号	随附单证	用途		
标记唛码及备注				

项号	商品编号	商品名称、规格型号	数量及单位	原产国（地区）	单价	总价	币制	征免

税费征收情况

录入员　录入单位	兹声明以上申报无讹并承担法律责任	海关审单批注放行日期（签章）
报关员	申报单位（签章）	审单　审价
单位地址		征税　统计
邮编　电话	填制日期	查验　放行

表 8-10　中华人民共和国海关出口货物报关单

中华人民共和国海关出口货物报关单

预录入编号：　　　　　　　　　　　　　　　　　　　　　　　　海关编号：

出口口岸		备案号		出口日期		申报日期			
经营单位		运输方式	运输工具名称		提运单号				
发货单位		贸易方式		征免性质		结汇方式			
许可证号	运抵国（地区）		指运港		境内货源地				
批准文号	成交方式	运费		保费		杂费			
合同协议号	件数	包装种类		毛重（千克）		净重（千克）			
集装箱号	随附单证				生产厂家				
标记唛码及备注									
项号	商品编号	商品名称、规格型号	数量及单位	最终目的国（地区）	单价	总价	币制	征免	
税费征收情况									
录入员　　录入单位	兹声明以上申报无讹并承担法律责任			海关审单批注放行日期（签章）					
报关员	申报单位（签章）			审单　　审价					
单位地址				征税　　统计					
邮编　　电话	填制日期			查验　　放行					

(三) 进口口岸/出口口岸

1. 含义

报关单中的“进口口岸/出口口岸”特指根据货物实际进出境的口岸海关。

表 8-11 关区代码表(部分)

关区代码	关区名称	关区代码	关区名称	关区代码	关区名称	关区代码	关区名称
0100	北京关区	1901	哈尔滨关	3701	厦门海关	5302	罗湖海关
0201	天津海关	1909	齐齐哈尔	4001	南昌海关	5720	中山海关
0202	新港海关	2200	上海海关	4200	青岛海关	6031	汕尾海关
0401	石家庄关	2202	吴淞海关	4602	洛阳海关	6810	江门海关
0402	秦皇岛关	2203	沪机场关	4701	宜昌海关	7201	南宁海关
0503	大同海关	2300	南京海关	4905	长沙海关	7202	北海海关
0600	满洲里关	2303	苏州海关	5000	广东分署	7204	桂林海关
0701	呼和浩特	2305	张家港关	5100	广州海关	7901	成都海关
0703	包头海关	2314	苏工业区	5141	广州机场	8001	重庆海关
0801	沈阳海关	2901	杭州海关	5180	佛山海关	8601	昆明海关
0802	锦州海关	3101	宁波海关	5204	东莞海关	8805	拉萨现场
0900	大连海关	3300	合肥海关	5206	惠州海关	9001	西安海关
0930	丹东海关	3301	芜湖海关	5300	深圳海关	9501	兰州海关
1501	长春海关	3501	马尾海关	5301	皇岗海关	9701	西宁海关

2. 填报要求

本栏目填报“关区代码表”中的相应口岸海关的名称及代码。

特殊填报要求见表 8-12。

表 8-12 口岸海关名称及代码填制特殊要求

不同情况	填报要求
进口/出口转关运输	填报实际进出境地口岸海关名称及代码
境内转关	出口填转出地海关名称及代码，进口填转入地海关名称及代码
特殊区域与区外之间流转的货物	本特殊区域的海关名称及代码
本特殊区域内流转的货物	本特殊区域的海关名称及代码
不同特殊区域之间相互流转的货物	填报对方特殊区域海关名称及代码
无实际进出境的货物	填报接受申报的海关名称及代码
无法确定进出口口岸的货物	填报接受申报的海关名称及代码
限定或指定进出口口岸的货物	填报限定或指定的海关名称及代码

注：转关是指进出境地和报关地不在同一个直属关区。

例如，苏州工业园区某企业从美国 BC 公司进口三台点焊机，向上海吴淞海关办理了转关手续，运输到苏州工业园区海关报关。那么进口货物报关单“进口口岸”栏目应填

写：吴淞海关（2202）

（四）备案号

1. 含义

备案号是指进出口货物收发货人办理报关手续时应递交的海关备案审批文件的编号。这些审批文件通常与享受保税、减免税、优惠税率有关，且由收发货人在进出口之前向海关办理。

备案号长度12位：

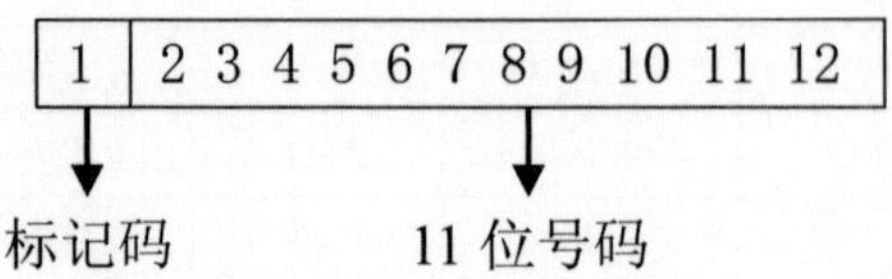

表 8-13 备案号首位代码代表的备案审批文件（部分）

首位代码	备案审批文件	首位代码	备案审批文件
B	加工贸易手册（来料加工）	E	加工贸易电子账册
C	加工贸易手册（进料加工）	Y	原产地证书
D	加工贸易不作价进口设备	Z	征免税证明
H	出口加工区电子账册	RZ	减免税进口货物联系结转函

2. 填报要求

（1）一份报关单只允许填报一个备案号。

（2）无备案审批文件的报关单，本栏目免予填报。

（3）备案号的首位标记应与报关单中"贸易方式"、"征免性质"、"征免"、"用途"、"项号"栏目内容相应。

例如，苏州新创轮胎有限公司从事橡胶轮胎保税加工业务，为此向海关申请建立了首位代码为C的电子手册，当天然橡胶、炭黑等保税料件进口报关时，如果原料天然橡胶在手册中的序号为03，在报关单上的序号为01，则报关单中以上关联栏目填报如下：

备案号	贸易方式	征免性质	用途	项号	征免
C***********	进料对口	进料加工	加工返销	01 03	全免

（4）加工贸易项下有手册或账册的一定要填写手册号或账册号。

（5）减免税备案审批货物填征免税证明编号。货物已经进境，尚未办理完毕凭担保现行放行的，本栏目免于填报，在"标记唛码及备注"栏填写：后补征免税证明。

（6）实行联网监管的港、澳CEPA（香港CEPA优惠贸易协定代码为03，澳门CEPA优惠贸易协定代码为04）项下的进口货物，本栏目填报：Y＋11位原产地证号，同时在"随附单证"栏填写Y：＜03＞或Y：＜04＞；未联网监管的优惠贸易协定下的进口货物，不得在本栏目下填写原产地证号。

（五）进口日期/出口日期

1. 含义

进口日期是指运载所申报进口货物的运输工具申报进境的日期。

出口日期是指运载所申报出口货物的运输工具办结出境手续的日期。

2. 填报要求

（1）日期均为 8 位数字，顺序为年（4 位）、月（2 位）、日（2 位）。

例如，2014 年 6 月 18 日进口一批货物，运输工具申报进境日期为 6 月 18 日，“进口日期”栏填报为：“20140618”。

（2）进口货物收货人或其代理人在进口申报时无法确知相应的运输工具的实际进境日期时，“进境日期”栏允许为空。

（3）“出口日期”栏供海关打印报关单证明联用，免于填报。

（4）集中申报的，进出口日期填报海关接受申报的日期

（5）无实际进出境的货物，进出口日期应填报海关接受申报的日期。

（六）申报日期

1. 含义

申报日期是指海关接受申报单位向海关申报的日期。

电子报关：申报日期为海关计算机系统接受申报数据的日期。

纸质报关：申报日期为海关接受纸质报关单并对报关单进行登记处理的日期。

2. 填报要求

本栏目申报时免于填报。

（七）经营单位

1. 含义

报关单中的经营单位是指在海关注册登记的、有外贸经营权的、中国境内的法人、其他组织或个人。

2. 海关注册编码

（1）海关注册编码是海关为企业在海关注册登记获得报关权时给予的 10 位编码。

（2）编码结构

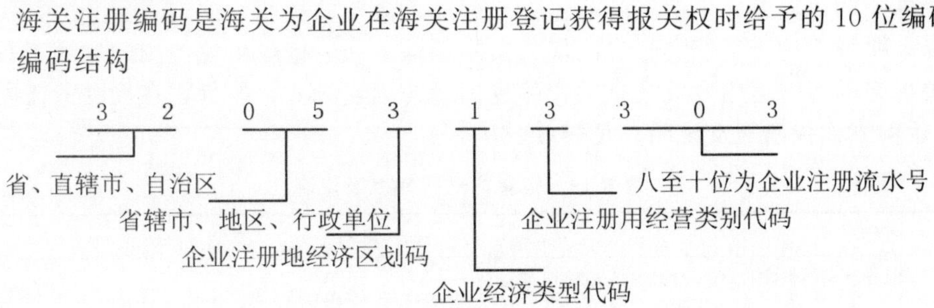

表 8-14　海关注册编码第 5、6、7 位的代码含义示例

海关注册编码第 5 位 企业注册地经济区划码	海关注册编码第 6 位 企业经济类型代码	海关注册编码第 7 位 企业注册用经营类别代码
1：经济特区 2：经济技术开发区 3：高新技术产业开发区 4：保税区 5：出口加工区/珠澳跨境工业园区 6：保税港区/综合保税区 7：保税物流园区 8：综合实验区 9：其他 A：国境边境合作中心 W：保税物流中心	1：国有企业 2：中外合作企业 3：中外合资企业 4：外商独资企业 5：集体企业 6：民营企业 7：个体工商户 8：报关企业 9：其他 A：国营对外加工企业（无进出口经营权） B：集体对外加工企业（无进出口经营权） C：私营对外加工企业（无进出口经营权）	0～9：进出口货物收发货人/报关企业 D～I：各类保税仓库 L：临时注册登记单位 Z：报关企业分支机构 J：国内结转型出口监管仓库 P：出口配送型出口监管仓库

3. 填报要求

（1）本栏目填报企业的中文名称及海关注册编码。

（2）存在代理进出口关系的，本栏目填报代理企业的中文名称和编码；但外商投资企业委托外贸企业进口投资设备、物品（监管方式为合资合作设备“2025”、外资设备物品“2225”），本栏目填报外商投资企业的中文名称及编码并在“标记唛码及备注”栏注明“委托＊＊公司进口”。

（3）合同的签订者和执行者不是同一企业的，本栏目填报执行合同的企业。

（4）援助、赠送、捐赠的进口货物，本栏目填报直接接受货物的单位的中文名称及编码。

（5）经营单位编码第 6 位数为“8”的报关企业，不得作为经营单位填报。

（八）运输方式

1. 含义

报关单中的运输方式包括实际运输方式和海关规定的特殊运输方式。

实际运输方式是指货物实际进出境的实际运输方式，按进出境使用的运输工具分类。

海关规定的特殊运输方式是指无实际进出境的运输方式，按货物在境内的流向分类。

2. 运输方式代码表及说明，见表 8-15

表 8-15　运输方式代码表及说明

代码	名称	说明
0	非保税区	非保税区运入保税区和保税区退区
1	监管仓库	境内存入保税仓库和出口监管仓库退仓
2	水路运输	
3	铁路运输	

续表

代码	名称	说明
4	公路运输	
5	航空运输	
6	邮件运输	
7	保税区	保税区运往境内非保税区
8	保税仓库	保税仓库转内销
9	其他运输	人扛、驮畜、输水管道、输油管道、输送带输电网等实际进出境货物；部分非实际进出境货物，含不复运进出境的展览品、特殊监管区域内或之间流转货物、保税监管场所之间流转货物、特殊监管区域外的加工贸易余料结转、深加工结转、内销货物等
H	边境特殊海关作业区	境内运入深港西部通道港方口岸区；境内进出中哈霍尔果斯边境合作中心中方区域
W	物流中心	从中心外运入保税物流中心或从保税物流中心运往中心外
X	物流园区	从境内特殊监管区域之外运入园区内或从保税物流园区运往境内
Y	保税港区	保税港区（不包括直通港区）运送区外和区外运入保税港区
Z	出口加工区	出口加工区运往区外和区外运入出口加工区（区外企业填报）

3. 填报要求

（1）本栏目按海关规定的“运输方式代码表”选择填报运输方式名称或代码。

（2）实际进出境货物按进入或运离我国关境第一口岸时的运输方式填报。具体运输方式代码包括 2、3、4、5、6、9。

（3）非实际进出境的按货物在境内的流向填报。

（九）运输工具名称

纸质报关单上，本栏目包括运输工具名称和航次号两项内容。

1. 含义

运输工具名称指运载货物进出境的运输工具的名称或运输工具编号。

航次号是指运载货物进出境的运输工具的航次编号。

报关单上专指载运货物进出境所使用的运输工具的种类名称或运输工具编号，即运输工具名称及航次号。

2. 填报要求

（1）一份报关单只允许填报一个运输工具名称及其航次号。

（2）实际进出境货物的运输工具名称的填报见表 8-16；非实际进出境货物，运输工具名称为空；采用“集中申报”通关方式办理报关手续的，填报“集中申报”4 个汉字。

（3）实际进出境货物的航次号的填报见表 8-17；非实际进出境货物，航次号免于填报。

表 8-16 实际进出境货物的运输工具名称的填报

<table>
<tr><th>运输方式</th><th>在进出境办理报关手续或
“属地申报、口岸验放”通关</th><th>转关运输货物</th></tr>
<tr><td rowspan="2">水路运输</td><td rowspan="2">填船舶编号（监管簿编号）或船舶英文名称</td><td>进口：直转、提前报关填“@”+16位转关申报单预录入号或13位载货清单号；中转填报进境英文船名</td></tr>
<tr><td>出口：非中转的，填“@”+16位转关申报单预录入号或13位载货清单号；中转的，境内水路运输填驳船名、境内铁路运输填车名［主管海关4位关别代码+“TRAIN”］、境内公路运输填车名［主管海关4位关别代码+“TRUCK”］</td></tr>
<tr><td rowspan="2">铁路运输</td><td rowspan="2">填车厢编号或交接单号</td><td>进口：直转、提前报关填“@”+16位转关申报单预录入号或13位载货清单号；中转填报车厢编号</td></tr>
<tr><td>出口：填“@”+16位转关申报单预录入号或13位载货清单号</td></tr>
<tr><td rowspan="2">航空运输</td><td rowspan="2">填航班号</td><td>进口：直转、提前报关填“@”+16位转关申报单预录入号或13位载货清单号；中转填报“@”</td></tr>
<tr><td>出口：填“@”+16位转关申报单预录入号或13位载货清单号</td></tr>
<tr><td>公路运输</td><td>填国内行驶车牌号，深圳提前报关填国内行驶车牌号+“/”+“提前报关”</td><td>填“@”+16位转关申报单预录入号或13位载货清单号</td></tr>
<tr><td>邮件运输</td><td>填邮政包裹单号</td><td>填“@”+16位转关申报单预录入号或13位载货清单号</td></tr>
<tr><td>其他运输</td><td>填具体运输方式名称，如管道、驮畜等</td><td>填“@”+16位转关申报单预录入号或13位载货清单号</td></tr>
</table>

注：①进口转关上述运输方式中使用广东地区载货清单转关的提前报关的货物应填报“@”+13位载货清单号，其他地区提前报关免于填报。

②出口转关中水路运输、铁路运输、航空运输中，如多张报关单需要通过一张转关单转关的，填报“@”。

表 8-17 实际进出境货物的航次号的填报

<table>
<tr><th>运输方式</th><th>在进出境办理报关手续</th><th>转关运输货物</th></tr>
<tr><td rowspan="2">水路运输</td><td rowspan="2">填船舶的航次号</td><td>进口：中转填报“@”+进境干线船舶航次；直转、提前报关免于填报</td></tr>
<tr><td>出口：非中转的，免于填报；中转的，境内水路运输填驳航次号、境内铁路运输填6位起运日期、境内公路运输填填6位起运日期，顺序为年、月、日各2位</td></tr>
<tr><td rowspan="2">铁路运输</td><td rowspan="2">填进出境日期［8位数字，顺序为年、月、日，其余同］</td><td>进口：填“@”+进出境日期</td></tr>
<tr><td>出口：免于填报</td></tr>
<tr><td>其他运输</td><td>免于填报</td><td>免于填报</td></tr>
</table>

（4）实际进出境纸质报关单本栏目的填报格式，见表 8-18。

表 8-18 实际进出境纸质报关单本栏目的填报格式

运输方式	在进出境办理报关手续
水路运输	填报船舶英文名称或船舶编号+“/”+航次号
铁路运输	填报车厢编号或交接单号+“/”+进出境日期

续表

运输方式	在进出境办理报关手续
航空运输	填报航班号
公路运输	填报国内行驶车牌号＋“/”＋进出境日期
邮件运输	填报邮政包裹单号＋“/”＋进出境日期
其他运输	填报具体运输方式名称，如管道、驮畜等

（十）提运单号

1. 含义

提（运）单号指进出口货物提单或运单的编号。提（运）单号必须与舱单数据一致。

2. 填报要求

（1）一份报关单只允许填写一个提单或运单号，一票货物对应多个提运单时，应分单填报。

（2）实际进出境货物的提运单号的填报见表 8-19；非实际进出境货物，本栏目免于填报；采用“集中申报”通关方式办理报关手续的，本栏目填报归并的集中申报清单的进出口起止日期［按年（4 位）月（2 位）日（2 位）年（4 位）月（2 位）日（2 位）］。

表 8-19　实际进出境货物的提运单号的填报

运输方式	在进出境办理报关手续或“属地申报、口岸验放”通关	转关运输货物
水路运输	填报提单号，有分提单的，填报进出口提单号＋“*”＋分提单号	进口：直转、中转填报提单号；提前报关免于填报
		出口：中转的，填报车牌号；非中转的免于填报
铁路运输	填报提运单号	进口：直转、中转填报铁路运单号；提前报关免于填报
		出口：免于填报
航空运输	填报总运单号＋“—”＋分运单号，无分运单的填报总运单号	进口：直转、中转填报总运单号＋“—”＋分运单号；提前报关免于填报
		出口：免于填报
其他运输		免于填报

注：上述运输方式进境或出境货物，广东省内汽车运输提前报关的转关货物，填报车牌号。

（十一）收货单位/发货单位

1. 含义

收货单位是指已知的进口货物在境内的最终消费、使用单位。

发货单位是指出口货物在境内的生产或销售单位。

2. 填报要求

（1）有海关注册编码的或加工生产企业编码的收、发货单位，本栏目填报其中文名称及编码；没有编码的，填报其中文名称。

（2）加工贸易报关单的收、发货单位应与加工贸易手册的“经营企业”或“加工企业”一致。

（3）减免税货物报关单的收、发货单位应与征免税证明的“申请单位”一致。

（4）收货单位无法确定的，应以货物进口时预知的最终收货单位为准填报；发货单位无法确定的，应以最早发运该出口货物的单位填报。

（十）贸易方式（监管方式）

1. 含义

报关单上所列的贸易方式专指以国际贸易中进出口货物的交易方式为基础，结合海关对进出口货物监督管理综合设定的对进出口货物的管理方式。

2. 常见贸易（监管）方式代码（部分）见表8-20。

表8-20 常见的贸易方式（监管方式）代码表（部分）

代码	简称	全称
0110	一般贸易	一般贸易
0214	来料加工	来料加工装配贸易进口料件及加工出口货物
0245	来料料件内销	来料加工料件转内销
0255	来料深加工	来料深加工结转货物
0258	来料余料结转	来料加工余料结转
0320	不作价设备	加工贸易外商提供的不作价进口设备
0420	加工贸易设备	加工贸易项下外商提供的进口设备
0500	减免设备结转	用于监管年限内减免设备的结转
0615	进料对口	进料加工
0644	进料料件内销	进料加工料件转内销
0654	进料深加工	进料深加工结转货物
0657	进料余料结转	进料加工余料结转
1233	保税仓库货物	保税仓库进出境货物
1300	修理物品	进出境修理物品
1500	租赁不满1年	租期不满1年的租赁贸易货物
1523	租赁贸易	租期在1年以上的租赁贸易货物
2025	合资合作设备	合资合作企业作为投资进口的设备物品
2225	外资设备物品	外资企业作为投资进口的设备物品
2600	暂时进出货物	暂时进出口货物
2700	展览品	进出境展览品
3100	无代价抵偿	无代价抵偿进出口货物
3339	其他进出口免费	其他进出口免费提供货物
4500	直接退运	直接退运
4561	退运货物	因质量不符、延误交货等原因退运进出境货物

3. 填报要求

（1）一份报关单只允许填报一种贸易（监管）方式。

（2）根据实际情况，按海关规定的“贸易方式代码表”选择填报相应的贸易（监管）方式简称或代码。

（十三）征免性质

1. 含义

征免性质是指海关根据《海关法》、《关税条例》及国家有关政策对进出口货物实施的征、减、免税管理的性质类别。

2. 征免性质代码（部分）见表 8-21。

表 8-21 征免性质代码表（部分）

代码	简称	全称
101	一般征税	一般征税进出口货物
299	其他法定	其他法定减免税进出口货物
401	科教用品	大专院校及科研机构进口科教用品
501	加工设备	加工贸易外商提供的不作价进口设备
502	来料加工	来料加工装配和补偿贸易进口料件及出口成品
503	进料加工	进料加工贸易进口料件及出口成品
789	鼓励项目	国家鼓励发展的内外资项目进口设备
799	自有资金	外商投资额度外利用自有资金进口设备、备件、配件

3. 填报要求

（1）按照海关核发的征免税证明中批注的征免性质填报，或根据实际情况，参照《征免性质代码表》选择填报相应的征免性质简称或代码。

（2）一份报关单只允许填报一种征免性质，一份合同下涉及多分征免性质的，应分单填报。

（3）加工贸易货物特殊情况填报要求如下：

加工贸易转内销货物，按实际应享受的征免性质填报，如“一般征税”、“科教用品”、“其他法定”等。

加工贸易料件退运出口、成品退运进口的货物填报“其他法定”；

加工贸易结转货物，本栏目为空。

（十四）征税比例/结汇方式

进口报关单“征税比例”栏目不需要填报。

1. 含义

结汇方式是指出口货物的发货人或其代理人收结外汇的方式。

2. 填报要求

（1）出口报关单按照“结汇方式代码表”（见表 8-22）选择填报相应的结汇方式名称或代码。

（2）出口报关单“结汇方式”栏目不得为空，出口货物不需要结汇的，填报“其他”。

表 8-22 结汇方式代码表

代码	结汇方式名称	英文缩写	代码	结汇方式名称	英文缩写
1	信汇	M/T	6	信用证	L/C
2	电汇	T/T	7	先出后结	
3	票汇	D/D	8	先结后出	
4	付款交单	D/P	9	其他	
5	承兑交单	D/A			

(十五) 许可证号

1. 含义

许可证号是指由商务部许可证事务局及其授权机构签发的进出口货物许可证编号。

2. 填报要求:

(1) 属于表 8-23 中的许可证必须要填许可证件的编号(不包括证件代码)。

表 8-23 许可证号栏目可以填写的许可证件

代码	监管证件名称	代码	监管证件名称
1	进口许可证	G	两用物项和技术出口许可证(定向)
2	两用物项和技术出口许可证	x	出口许可证(加工贸易)
3	两用物项和技术出口许可证	y	出口许可证(边境小额贸易)
4	出口许可证		

(2) 一份报关单只允许填报一个许可证号。

(3) 非许可证管理商品本栏目为空。

(十六) 启运国(地区)/运抵国(地区)

1. 含义

启运国(地区)是指进口货物起始发出直接运抵我国的国家或地区,或者在运输中转国(地区)未发生任何商业性交易的情况下运抵我国的国家或地区。

运抵国(地区)是指出口货物离开我国关境直接运抵的国家或地区,或者在运输中转国(地区)未发生任何商业性交易的情况下最后运抵的国家或地区。

2. 填报要求

(1) 本栏目填报相应国别(地区)的中文名称或代码,见表 8-24。

表 8-24 主要国别(地区)代码表(部分)

代码	中文名称	代码	中文名称	代码	中文名称
110	中国香港	143	台澎金马关税区	344	俄罗斯联邦
116	日本	303	英国	501	加拿大
133	韩国	304	德国	502	美国
142	中国	305	法国	601	澳大利亚

（2）直接运抵货物：进口报关单填报装货港所在国（地区）作为启运国（地区）；出口报关单填报出口货物的指运港所在国（地区）作为运抵国（地区）。

（3）中转货物：分为两种情况，一是在中转国（地区）未发生商业性交易；一是在中转国（地区）发生商业性交易。

在中转国（地区）未发生商业性交易：进口报关单填报始发国（地区）作为启运国（地区）；出口报关单填报出口货物的最终目的国（地区）作为运抵国（地区）。

在中转国（地区）发生商业性交易：中转地作为启运国（地区）或运抵国（地区）。

例如，苏州金和进出口公司从香港客户ABC公司进口一批纺织原料，其运输路线假设有以下几种可能，则见表8-25。

表8-25 启运国（地区）栏目填制示例

假设序号	装运港	中转港	卸货港	启运国（地区）填制	说明
1	香港	—	上海	中国香港或110	不能填"香港"
2	纽约	—	上海	美国或502	
3	纽约	新加坡	上海	美国或502	中转地未发生商业性交易
4	纽约	香港	上海	中国香港或110	中转地发生商业性交易

注：①判断中转与否，主要看发票中运输路线有无"VIA（经由）"、"IN TRANSIT TO（经由到达）"语句，如"FROM NEWYORK TO SHANGHAI VIA HONGKONG"译为从纽约经由香港到达上海，即在香港中转；如"HONGKONG IN TRANSIT TO SHANGHAI"，译为经由香港中转到达上海，即在香港中转。

②判断是否在中转地发生商业性交易（主要是指买卖关系），主要看发票中的买卖双方其中一方是否在中转地。

再例如，苏州金和进出口公司向美国客户XYZ公司出口一批成衣，其运输路线假设有以下几种可能，则见表8-26。

表8-26 运抵国（地区）栏目填制示例

假设序号	装运港	中转港	卸货港	运抵国（地区）填制	说明
1	上海	—	纽约	美国或502	
2	上海	—	汉堡	德国或304	
3	上海	香港	纽约	美国或502	中转地未发生商业性交易
4	上海	纽约	温哥华	美国或502	中转地发生商业性交易

（4）非实际进出境货物，启运国（地区）和运抵国（地区）均为"中国"或142。

（十七）装货港/指运港

1. 含义

装货港是指进口货物在运抵我国关境前的最后一个境外装运港。

指运港是指出口货物运往境外的最终目的港。

2. 填报要求

（1）应填港口中文名称或代码。

（2）直接运抵的货物：货物实际装货的港口就是装货港；货物直接运抵的港口就是指运港。

（3）发生中转的货物：最后一个中转港是装货港，指运港不受影响。

例如，苏州金和进出口公司从悉尼装运澳大利亚羊毛至马来西亚的吉隆坡，再从吉隆坡转船运抵广州黄埔港，这批羊毛的装货港是吉隆坡。

再例如：深圳某公司经香港中转出口一批服装至英国伦敦，报关单的指运港应填伦敦。

（4）无实际进出境货物：填报“中国境内”或142。

（十八）境内目的地/境内货源地

1. 含义

境内目的地是指已知的进口货物在境内的消费、使用地区或最终运抵的地点；

境内货源地是指已知的出口货物在境内的生产地或原始发货地（包括供货地点）。

2. 填报要求

（1）“境内目的地”栏和“境内货源地”栏均按《国内地区代码表》选择国内地区名称或代码填报，代码含义与经营单位代码前5位的定义相同。

（2）难以确定进口货物的消费、使用单位的，填报进口时预知的最终收货单位所在地。

（3）出口货物的产地难以确定的，填报最早发运该出口货物的单位所在地。

（十九）批准文号

本栏目免予填报。

（二十）成交方式

1. 含义

进出口贸易中，进出口商品的价格构成和买卖双方各自应承担的责任、费用和风险，以及货物所有权转移的界限，以贸易术语（价格术语）进行约定。

而报关单中所用的成交方式（见表8-27）与买卖双方用的贸易术语含义不同，适于任何运输方式，主要体现在成交价格的构成因素上（见表8-28）。

表8-27 成交方式代码表

成交方式代码	成交方式名称	成交方式代码	成交方式名称	成交方式代码	成交方式名称
1	CIF	3	FOB	5	市场价
2	CFR（C&F/CNF）	4	C&I	6	垫仓

表8-28 《2010年通则》11种贸易术语与报关单上的“成交方式”对应表

组别	E组	F组			C组				D组		
术语	EXW	FCA	FAS	FOB	CFR	CPT	CIF	CIP	DAT	DAP	DDP
成交方式	FOB				CFR		CIF				

3. 填报要求

（1）“成交方式”栏应根据发票中的价格条款，按《成交方式代码表》选择填报相应的成交方式名称或代码。

（2）无实际进出境的货物，进口成交方式为 CIF 或其代码，出口成交方式为 FOB 或其代码。

（3）采用集中申报的归并后的报关单，进口成交方式为 CIF 或其代码，出口成交方式为 FOB 或其代码。

另外，进口时海关最关注 CIF 价，出口海关最关注 FOB 价，以此为基础计算完税价格，海关通过简单的加减能够得到进口 CIF 价、出口 FOB 价，所以就涉及到下面的运费、保费之间的关系（见表 8-29）。

进口 CIF 价的换算公式：CIF＝FOB＋I＋F＝CFR＋I

出口 FOB 价的换算公式：FOB＝CFR－F＝CIF－I－F

表 8-29　成交方式、运费、保费各栏间的逻辑关系

<table>
<tr><th rowspan="2">成交方式</th><th colspan="2">进口（海关关注 CIF 价）</th><th colspan="2">出口（海关关注 FOB 价）</th></tr>
<tr><th>运费</th><th>保费</th><th>运费</th><th>保费</th></tr>
<tr><td rowspan="2">CIF</td><td rowspan="2">—</td><td rowspan="2">—</td><td>√</td><td>√</td></tr>
<tr><td>√</td><td>—</td></tr>
<tr><td>CFR</td><td>—</td><td>√</td><td>√</td><td>—</td></tr>
<tr><td rowspan="2">FOB</td><td>√</td><td>√</td><td rowspan="2">—</td><td rowspan="2">—</td></tr>
<tr><td>√</td><td>—</td></tr>
</table>

注：运保费合在一起的填在运费栏，保费栏为空。“√”表示要本栏目要填写，“—”表示本栏目为空。

（二十一）运费

1. 含义

进出口报关单所列运费是指除货价外，进口货物运抵我国境内输入地点起卸前的运输费用，出口货物运至我国境内输出地点装载后的运输费用。

2. 填报要求

（1）“运费”栏用于填报该份报关单所含全部货物的国际运输费用，即进口成交方式为 FOB，出口成交方式为 CFR、CIF 的均要填。

（2）可以选择运费单价、运费总价或运费率三种方式之一填报，同时注明运费标记、并按海关规定的“货币代码表”（见表 8-30）选择相应币种代码

运费标记“1”表示运费率，“2”表示每吨货物的运费单价，“3”表示运费总价。

表 8-30　货币代码表（部分）

货币代码	货币符号	货币名称	货币代码	货币符号	货币名称
110	HKD	港币	344	RUB	俄罗斯卢布
142	CNY	人民币	601	AUD	澳大利亚元
302	DKK	丹麦克朗	132	SGD	新加坡元
331	CHF	瑞士法郎	300	EUR	欧元
502	USD	美元	330	SEK	瑞典克朗

续表

货币代码	货币符号	货币名称	货币代码	货币符号	货币名称
116	JPY	日元	501	CAD	加拿大元
133	KRW	韩国元	609	NZD	新西兰元
303	GBP	英镑			

(3) 运保费合并计算的，运保费填报在“运费”栏中，“保费”栏为空。

(二十二) 保险费

1. 含义

进出口报关单所列的保费是指进出口货物在国际运输过程中，由被保险人付给保险人的保险费用。

其中，进口货物保险费是指货物运抵我国境内输入地点起卸前的保险费用，出口货物运至我国境内输出地点装载后的保险费用。

2. 填报要求

(1) “保费”栏用于填报进出口货物的全部国际运输的保险费用，即进口成交方式为FOB、CFR或出口成交方式为CIF的，应在本栏填报保险费。

(2) 本栏应根据具体情况选择保险费总价或保险费率两种方式之一填报，同时注明保险费标记，填报相应的币种代码。

保险费标记为“1”表示保险费率，“3”表示保险费总价。

(3) 运保费合并计算的，运保费填报在运费栏目中，本栏目免于填报。

(二十三) 杂费

1. 含义

杂费是指成交价格以外的，应计入货物价格或应从货物价格中扣除的费用，如手续费、佣金、折扣等。

2. 填报要求

(1) 本栏应根据具体情况选择杂费总价或杂费率两种方式之一填报，同时注明杂费标记，并按海关规定的《货币代码表》选择填报相应的币种代码，杂费标记“1”表示杂费率；“3”表示杂费总价。

(2) 应计入完税价格的杂费填报为正值或正率，应从完税价格中扣除的杂费填报为负值或负率。

(3) 无杂费时，本栏目免于填报。

3. 运费、保费、杂费的正确填报格式见表8-31。

表 8-31 运费、保费、杂费填写例表

项目	率 1	单价 2	总价 3
运费	5%⟶5/1	USD50/MT ⟶502/50/2	HKD5000 ⟶110/5000/3
保费	0.27%⟶0.27/1	—	EUR5000 ⟶300/5000/3

续表

项目	率 1	单价 2	总价 3
杂费（计入）	1%—→1/1	—	GBP5000—→303/5000/3
杂费（扣除）	1%—→−1/1	—	JPY5000—→116/ - 5000/3

（二十四）合同协议号

1. 含义

合同协议号是指在进出口贸易中，买卖双方或数方当事人根据国际贸易惯例或国家的法律、法规，自愿按照一定的条件买卖某种商品所签署的合同协议的编号。

2. 填报要求

填报进出口货物合同（包括协议或订单）的全部字头和号码。在原始单据（如发票）上合同协议号一般表示为“Contract No.”。

（二十五）件数

1. 含义

件数是指有外包装的单件进出口货物的实际件数，货物可以单独计数的一个包装称为一件。

2. 填报要求

（1）本栏目不得为空。

（2）件数不小于 1，不得填报“0”。

（3）裸装、散装货物，“件数”栏填报为“1”。

（4）舱单件数为集装箱的，填报集装箱个数；舱单件数为托盘的，填报托盘数。

（二十六）包装种类

1. 含义

进出口货物报关单所列的“包装种类”栏是指进出口货物在运输过程中外表所呈现的状态，包括包装材料、包装方式等。

2. 填报要求

（1）以装箱单或提运单据所反应的货物处于运输状态时的最外层包装或称运输包装作为“包装种类”向海关申报，并相应计算件数。

（2）本栏目应根据进出口货物的实际外包装种类，选择填报相应的包装种类，如木箱、纸箱、铁通、散装、裸装、托盘、包、捆、袋等，见表 8-32。

裸装主要指一些自然成件、能抵抗外在影响，不必要用包装的货物，在储存和运输过程中，可以保持原有状态，如圆钢、钢板、木材等。

散装主要指一些大宗的、廉价的、成粉粒快装的货物已经不必要包装、布置的包装的货物疏散的装在运输工具内，如：煤炭、矿砂、粮食、食油等。

（3）同一份报关单中不同包装种类的货物填报时，本栏目填报“其他”。

例如，“2 UNIT & 4 CARTONS ”，表明共有 2 个计件单位（辆、台、件等）和 4 个纸箱，件数合计为6，包装种类为“其他”。

表 8-32　包装种类中英文对照表（部分）

中文名称	英文名称	中文名称	英文名称	中文名称	英文名称
纸箱	Carton，CTNS（Cartons）	散装	Bulk	桶装	Drum/Barrel
木箱	（Wooden）Case	裸装	Nude	托盘	Pallet
包	Bale，BLS（Bales）				

（二十七）毛量（千克）

1. 含义

毛重是指商品重量加上商品的外包装物料的重量。

2. 填报要求

（1）本栏目不得为空。

（2）毛重的计量单位为千克，毛重应大于或等于1，不足1千克的填报为“1”。

毛重应以合同、发票、装箱单或提运单据“Gross Weight（缩写G. W.）”栏显示的重量进行确定。

（二十八）净重（千克）

1. 含义

净重是指商品毛重扣除外包装后的重量，即商品本身的实际重量。

部分商品的净重还包括直接接触商品的销售包装物料的重量（如罐头装食品等）。

2. 填报要求

（1）本栏目不得为空。

（2）净重的计量单位为千克，净重应大于或等于1，不足1千克的填报为“1”。

净重应以合同、发票、装箱单或提运单据“Net Weight（缩写N. W.）”栏显示的重量进行确定。

（3）合同、发票等单证不能确定净重的，可以估重填报。

（4）以毛重作为净重计价的，可填毛重。

（5）以公量计价的货物，填报公量重。

（二十九）集装箱号

1. 含义

集装箱号是在每个集装箱箱体两侧标示的全球唯一的编号。

集装箱号的组成规则是：箱主代号（3位字母）＋设备识别号“U”＋顺序号（6位数字）＋校验码（1位数字），例如：EASU9809490。

进出口报关单所列的集装箱号是指装载进出口货物（包括拼箱货物）的集装箱的箱体信息，包括集装箱箱体上标示的全球唯一编号、集装箱的规格和自重。

2. 填报要求

（1）本栏目填报格式为：集装箱号＋“/”＋规格＋“/”＋自重。例如：

TEXU3605231/20/2275。

（2）纸质报关单填报时涉及多个集装箱的，第一个集装箱号填报在“集装箱号”栏中，其余的依次填报在“标记唛码及备注”栏中。

（3）实际进出境的非集装箱货物，本栏目填报为“0”。

（4）非实际进出境货物采用集装箱运输的，本栏目免于填报。

（三十）随附单证

1. 含义

随附单证是指随进出口货物报关单一并向海关递交的，除商业、货运单证及“许可证号”栏填报的进出口许可证以外的监管证件。

2. 填报要求

（1）本栏目填报监管证件的代码及编号（见表 8-33），格式为：监管证件的代码＋“:”＋监管证件编号。

表 8-33　监管证件代码表（部分）

代码	监管证件名称	代码	监管证件名称
7	自动进口许可证	P	固体废物进口许可证
A	入境货物通关单	Y	原产地证明
B	出境货物通关单	v	自动进口许可证（加工贸易）
O	自动进口许可证（新旧机电）	t	关税配额证明
c	内销征税联系单	r	预归类标志

（2）所申报货物涉及多个监管证件的，一个监管证件代码和编号填报在“随附单证”栏，其余监管证件代码和编号填报在“标记唛码及备注”栏中。

（3）原产地证书相关内容的填报

①港澳 CEPA 项下实行原产地证书联网管理的，原产地证书编号填报在“备案号”栏，格式为：“Y”＋11 位原产地证书编号。在本栏中填报“Y:〈优惠贸易协定代码〉”。优惠贸易协定代码见表 8-34。

例如，香港 CEPA 项下进口商品，应填报为：“Y:〈03〉”。

②未实行原产地证书联网管理的，填报“Y:〈优惠贸易协定代码：需证商品序号〉”。

例如，《亚太贸易协定》项下进口报关单第 1 到第 3 项和第 5 项为优惠贸易协定项下的商品，应填报：“Y:〈01：1-3，5〉”。

③一份原产地证书只能对应一份报关单。

表 8-34　进口货物优惠贸易协定代码表

代码	优惠贸易协定	代码	优惠贸易协定
01	亚太贸易协定	09	对也门等国特别优惠关税待遇
02	中国—东盟自贸区	10	中新（西兰）自贸协定
03	香港 CEPA	11	中新（加坡）自贸协定

续表

代码	优惠贸易协定	代码	优惠贸易协定
04	澳门 CEPA	12	中秘自贸协定
05	对非洲特别优惠关税待遇	13	对最不发达国家的特别优惠关税待遇
06	台湾农产品零关税措施	14	ECFA
07	中巴自贸协定	15	中国一哥斯达黎加自贸协定
08	中智自贸协定		

(三十一) 用途/生产厂家

1. 含义

用途是指进口货物在境内实际应用的范围；

生产厂家是指出口货物的中国境内生产企业的名称。

2. 填报要求：

(1) 用途：进口货物填报，应根据进口货物的实际用途，按海关规定的"用途代码表"（见表 11-34）选择填报相应的用途名称或代码。

表 8-35　用途代码表

代码	名称	代码	名称	代码	名称	代码	名称
01	外贸自营内销	02	特区内销	03	其他内销	04	企业自用
05	加工返销	06	借用	07	收保证金	08	免费提供
09	作价提供	10	货样、广告品	11	其他		

(2) 生产厂家：出口货物填报，该栏仅供必要时填报。

(三十二) 标记唛码及备注

纸质报关单"标记唛码及备注"栏用于填报标记唛码、备注说明和集装箱号等与进出口货物有关的文字或数字。

1. 含义

标记唛码是运输标志的俗称。进出口货物报关单上标记唛码专指货物的运输标志。

备注是指除按报关单固定栏目申报进出口货物有关情况外，需要补充或特别说明的事项，包括关联备案号、关联报关单号，以及其他需要补充或特别说明的事项。

2. 填报要求

(1) 标记唛码项：货物标记唛码中除图形以外的所有文字和数字。标记唛码英文表述为：Marks、Marking、MKS、Marks & No.、Shipping Marks 等，在合同、发票、装箱单、提（运）单等单证中均有此栏目。

(2) 备注项：常见备注内容如下。

①受外商投资企业委托，代理进口投资设备、物品的进出口企业名称。例如："委托××公司进口"。

②所申报货物涉及多个监管证件的，除第一个监管证件以外的其余监管证件和代码。

格式为：监管证件代码＋“：”＋“监管证件编号”。

③所申报货物涉及多个集装箱的，除第一个集装箱号以外的其余的集装箱号，格式为：“集装箱号”＋“/”＋“规格”＋“/”＋“自重”。

④关联备案号。关联备案号是指与本报关单有关联关系的，同时在海关业务管理规范方面又要求填报的备案号，如加工贸易结转货物及凭征免税证明转内销货物，其对应的备案号应填报在此栏，格式为：“转至（自）…手册”。

⑤关联报关单号。关联报关单号是指与本报关单有关关系的，同时在海关业务管理规范方面又要求填报的报关单的海关编号，应填报此栏。

⑥加工贸易转内销货物，在备注项注明“活期”字样；加工贸易企业放弃半成品、残次品、副产品的，备注项中注明“半成品”、“残次品”和“副产品”等相关字样；加工贸易放弃货物通过销毁处理的，注明“销毁”字样；经海关批准由企业自行处理的，注明“自行处理”字样，如放弃半成品并销毁处理，注明“半成品/销毁”；来料加工出口成品报关单，注明料件费与工缴费金额。

⑦进口货物办理直接退运手续，备注“准予直接退运决定书”或者“责令直接退运通知书”编号。

⑧其他申报时必须说明的事项。

（三十三）项号

1. 含义

项号是指所申报货物在报关单中的商品排列序号及该项商品在加工贸易手册、征免税证明等备案单证中的顺序编号。

2. 填报要求

（1）一份报关单表体共有20栏，超过20项商品须分单填报。一张纸质报关单表体分为5栏，每项商品占据表体的一栏，可另外附带3张纸质报关单，合计最多打印20项商品。

（2）纸质报关单中的一项商品分两行填报：第一行填报该项商品在报关单中的商品排列序号；第二行专用于加工贸易手册、征免税证明、原产地联网管理等备案证明上的对应商品项号。

例如，一张加工贸易料件进口报关单上某项商品的项号是上“01 ”、下“11”，说明其列此报关单申报商品的第一项，且对应加工贸易手册备案料件第11项。

（3）不同商品编号、不同商品名称、不同计量单位、不同原产国（地区）/最终目的国（地区）、不同币制、不同征免的货物，都应各自占据表体的一栏。

（三十四）商品编号

1. 含义

商品编号是在《协调制度》基础上，按商品归类规则确定的进出口货物的海关监管商品代码。

2. 填报要求

（1）填报10位海关商品编号。

（2）应与加工贸易手册（账册）或征免税证明中备案的数据一致。

（3）加工贸易保税货物跨关区深加工结转的结转双方的商品编号的前4位必须一致。

（三十五）商品名称、规格型号

1. 含义

商品名称即商品品名，是指缔约双方同意买卖的商品的名称。报关单中的商品名称，是指进出口货物规范的中文名称。

商品的规格型号，是指反映商品性能、品质和规格的一系列指标，如品牌、等级、成分、含量、纯度、大小、长短、粗细等。

2. 填报要求

（1）本栏目分两行填报。

第一行，填进出口货物规范的中文名称。必要时可在中文后加注原文。

第二行，填报规格型号。

例如：

棕榈仁油　　（第一行，规范的中文名称）

H2100G，氢化，碘值0.21，游离脂肪酸0.014%　　（第二行，规格型号）

（2）商品名称及规格型号应据实填报，并与所提供的商业发票相符。

商品名称及规格型号体现在发票“Description of Goods”、“Product and Description”、“Goods Description”、“Quantities and Description”栏目。

（3）商品名称应当规范，规格型号应详细，以能满足海关归类、审价及许可证管理为准。

（4）减免税货物、加工贸易等已备案的货物，本栏填报的内容必须与已在海关备案登记中同项号下货物的名称与规格型号一致。

（5）对需要海关签发“货物进口证明书”的车辆，商品名称应填报“车辆＋排气量（注明cc）＋车型（如越野车、小轿车）等”，规格型号可填“汽油型”等。

（三十六）数量及单位

1. 含义

报关单上的“数量及单位”指进出口商品的实际数量及计量单位，以及海关法定计量单位及按海关法定计量单位计算的数量。

海关法定计量单位分为第一法定计量单位和第二法定计量单位。例如：天然水为千升/吨，毛皮衣服为千克/件，

2. 填报要求

（1）本栏目必须按海关法定计量单位和成交计量单位填报，分三行填报。

①海关法定第一计量单位及数量应填报在第一行。

②海关法定第二计量单位填及数量填报在第二行。无第二法定计量单位的，第二行为空。

③成交计量单位及数量填报在第三行。如成交计量单位与海关法定计量单位一致时，第三行为空。

例如，商品为全棉男式内裤的数量及单位填报示例。

数量及单位

122640 件　　　　（第一行，法定第一计量单位及数量）

1042 千克　　　　（第二行，法定第二计量单位及数量）

10220 打　　　　（第三行，成交计量单位及数量）

（2）本栏目长度为 13 位整数和 5 位小数。超出范围的，允许合理修正实际计量单位。

（3）加工贸易备案的货物、原产地证上的货物的成交计量单位要与备案证明一致。

（4）法定计量单位为“千克”的数量填报要求：

①装入可重复使用的包装容器的货物，按货物的净重填报。如罐装同位素、罐装氧气及类似品等，应扣除其包装容器的重量。

②使用不可分割包装材料和包装容器的货物，按货物的净重填报（即包括内层直接包装的净重重量）。如采用供零售包装的酒、罐头、化妆品及类似品等。

③按照商业惯例以公量重计价的商品，应按公量重填报。如未脱脂羊毛、羊毛条等。

④采用以毛重作为净重计价的货物，可按毛重填报。如散装粮食、饲料等价格较低的农副产品。

⑤采用零售包装的酒类、饮料，按照液体部分的重量申报。

（5）成套设备、减免税货物需分批进口，货物实际进口时，应按实际报验状态确定数量。

根据 HS 归类原则，零部件按整机归类的，法定计量单位是非重量的，其对应的法定数量填“0.1”。未制成品、不完整品具备制成品、完整品基本特征的，按完整品归类，按完整品的实际数量申报。

（6）法定计量单位是立方米的气体货物，按标准状况（即摄氏零度及 1 个标准大气压）下的体积进行填报。

（三十七）原产国（地区）/最终目的国（地区）

1. 含义

原产国（地区）指进口货物的生产、开采或加工制造国家或地区。

最终目的国（地区）指已知的出口货物的最后交付的国家或地区，即最终实际消费、使用或进一步加工制造国家或地区。

2. 填报要求

（1）按海关规定的《国别（地区）代码表》选择填报相应的国家（地区）名称或代码。

（2）同一批货物的原产地/最终目的国（地区）不同的，应当分别填报原产国（地区）/最终目的国（地区）。

（3）原产国（地区）应以发票或产地证上一般表示为“Made in…”“Origin/County of Origin：…”。

进口货物原产国（地区）无法确定的，填报“国别（地区）不详”（701）。

中性包装进口货物，原产国（地区）确实不详的，应填报“国别（地区）不详”（701）。

(4) 最终目的国（地区）填报直接运抵国（地区）或最后运往国（地区）；不能确定的，以尽可能预知的最后运往国（地区）为最终目的国（地区）。

(5) 加工贸易报关单特殊情况下填报要求

根据原产地规则，进口料件在中国加工后有实质性改变的（如 HS 编码改变），原产国（地区）填报“中国”或“142”；没有发生实质性改变的，则原产国（地区）填报原进口料件生产国（地区）。

出口报关单“最终目的国（地区）”栏目根据实际流向填报。在境内流转的或内销的，最终目的国（地区）填报“中国”或“142”；复运出境货物，填报实际最终目的国或地区。

(三十八) 单价、总价、币制

1. 含义

单价是指进出口货物实际成交的商品单位价格的金额部分。

总价是指进出口货物实际成交的商品总价的金额部分。

币制是指进出口货物实际成交的计价货币的名称。

2. 填报要求

(1) “单价”填报货物实际成交的商品单位价格的数字部分。无实际成交价格的，填报单位货值。

(2) “总价”填报货物实际成交的商品总价的数字部分。无实际成交价格的，填报货值。

(3) “币制”栏根据实际成交情况按海关规定的“货币代码表”选择填报相应的币制名称或代码。如“币制代码表”中无实际成交币种，需转换成“货币代码表”列明的货币填报。

(三十九) 征免

1. 含义

征免是指海关依照《海关法》、《进出口关税条例》及其他法律、行政法规，对进出口货物进行征税、减税、免税或特案处理的实际操作方式。

2. 填报要求

(1) 同一份报关单上可以填报不同的征减免税方式。

(2) 对报关单所列每项商品选择填报海关规定的“征减免税方式代码表”（见表 8-36）中相应的征免税方式的名称。

表 8-36　征免方式代码表

代码	名称	代码	名称
1	照章征税	5	随征免性质
2	折半征税	6	保证金
3	全免	7	保函
4	特案		

（四十）税费征收情况

海关经办人员填写。略。

（四十一）录入员及录入单位

录入员，负责将报关单内容的数据录入海关计算机系统并打印预录入报关单的实际操作人员签名确认。

录入单位，填报经海关核准，允许其将报关单内容输入海关计算机系统的单位。

（四十二）申报单位

本栏目包括申报单位，报关员，申报单位的地址、邮编和电话号码等项目。

1. 含义

申报单位是指在海关注册登记的进出口收发货人、报关企业。

报关员是具体负责该批货物向海关办理报关手续的人员。

2. 填报要求

（1）申报单位项填报申报单位的中文名称及编码，并签印。自理报关的，填写收发货人的中文名称及编码；委托报关的，填写代理报关的报关企业的中文名称及编码。

（2）报关员项由该报关员在该栏中签印。

（3）单位地址填报向海关办理报关手续的单位在境内居住或通信联系的地址。

（4）邮编及电话填报申报单位所在地区的邮政编码及通讯联系的电话号码。

（5）填制日期主要指该份报关单的填制日期，由经办的报关员负责填写。电子报关单由计算机自动打印。填制日期为 8 位数字，顺序为年（4 位）、月（2 位）、日（2 位）。

（四十三）海关审单批注放行日期（签章）

本栏目是供海关内部作业时签注的总栏目。略。

三、报关单填制示例

根据导入案例资料，填制的进口货物报关单如下。

中华人民共和国海关进口货物报关单

预录入编号：　　　　　　　　　　　　　　　　　　　　海关编号：

<table>
<tr><td colspan="2">进口口岸
皇岗海关　5301</td><td colspan="2">备案号</td><td>进口日期
20140223</td><td>申报日期</td></tr>
<tr><td colspan="2">经营单位
泛太纸业（东莞）有限公司（4419931142）</td><td>运输方式
4</td><td colspan="2">运输工具名称
@100046403117</td><td>提运单号
粤 ZSH90 港</td></tr>
<tr><td colspan="2">收货单位
广州金辉造纸有限公司（4401442568）</td><td colspan="2">贸易方式
0110</td><td>征免性质
101</td><td>征税比例</td></tr>
<tr><td>许可证号</td><td colspan="2">启运国（地区）
中国香港</td><td colspan="2">装货港
香港</td><td>境内目的地
44014</td></tr>
<tr><td>批准文号</td><td>成交方式
2</td><td colspan="2">运费</td><td>保费
0.3/1</td><td>杂费</td></tr>
</table>

合同协议号	件数	包装种类	毛重（千克）	净重（千克）
IGD1100223	55	包	21013	21013

集装箱号	随附单证	用途
FSCU9242766/40/3923	P：　SEPAZ2011005846	01

标记唛码及备注
7：11-19WN8334 A：470100111005133000

项号	商品编号	商品名称、规格型号	数量及单位	原产国（地区）	单价	总价	币制	征免
01	4707100000	废纸	21013　千克 21.013　公吨	美国	291.80	6131.59	美元	照章征税

税费征收情况

录入员　　录入单位	兹声明以上申报无讹并承担法律责任	海关审单批注放行日期（签章）
报关员	申报单位（签章）	审单　　审价
单位地址		征税　　统计
邮编　　电话	填制日期 20140224	查验　　放行

项目小结

本项目主要阐述了报关与报关单位的含义、分类与报关范围，阐明了海关性质与任务，描述了报关业务程序，详细讲解了进出口货物报关单的内容和填制要求。

项目闯关实训

☆单项选择题

1. 西安某具有对外贸易经营权的进出口企业，常年在西安、上海、深圳口岸进出口货物，该企业应(　　)。

A. 在西安向海关申请办理报关注册登记手续

B. 在上海向海关申请办理报关注册登记手续

C. 在深圳向海关申请办理报关注册登记手续

D. 在西安向海关申请办理报关注册登记手续，并分别在上海、深圳办理分支机构注册登记手续

2. 下列企业、单位中不属报关单位的是(　　)。

A. 经海关批准在海关临时注册登记的境内某大学

B. 在海关注册登记的经营进出境快件业务的某快递公司

C. 在海关注册登记的某外商投资企业

D. 在海关注册登记的经营转关运输货物境内运输业务的某承运人

3. 某外资企业委托国营外贸公司购买进口投资设备及用作生产原料的钢材一批。货物由某物流公司负责进口运输相关事宜，并委托某报关公司向海关办理进口报关手续。该批钢材报关时报关单经营单位应填报为(　　)。

A. 某外资企业　　B. 某国营外贸公司　C. 某物流公司　　D. 某报关公司

4. 苏州A公司收购了上海B贸易公司在安徽的合肥C工厂生产的服装，经张家港出口，出口报关单上的"发货单位"栏目应填写(　　)。

A. 苏州A公司　　B. 上海B贸易公司

C. 合肥C工厂　　D. 张家港

5. 进口货物的申报期限为装载货物的运输工具申报进境之日起(　　)内，进口货物装载货物的运输工具申报进境之日起超过(　　)仍未向海关申报的，货物由海关提取并依法变卖，正确选项是(　　)。

A. 15日；3个月　B. 14日；3个月　C. 15日；1个月　D. 14日；4个月

6. 报关企业注册登记许可，应由下列(　　)部门作出。

A. 海关总署　　B. 直属海关

C. 隶属海关　　D. 海关总署授权的直属海关或隶属海关

7. 吴江出口加工区甲企业从香港购进韩国产的薄型尼龙布一批，加工成女式服装后，经批准运往区外内销，该批服装向海关申报出区时，其原产国应申报为(　　)。

A. 中国香港　　B. 韩国　　C. 中国　　D. 国别不详

8. 出口300吨散装小麦，分装在同一条船舶的三个货仓内。以下关于出口报关单上的"件数"和"包装种类"两个栏目的填写正确的是(　　)。

A. 300吨　　B. 1　船舱　　C. 3　船舱　　D. 1　散装

9. 我国某进出口公司A与香港某公司B签订一份进口合同，合同订明，A向B购买5，000吨泰国香米，该香米由泰国经由新加坡、香港运至中国青岛。根据上述情况填写报关单时，以下填写正确的是(　　)。

A. 起运国（地区）为"中国香港"，装货港为"新加坡"

B. 起运国（地区）为"新加坡"，原产国（地区）为"泰国"

C. 起运国（地区）为"中国香港"，装货港为"香港"

D. 起运国（地区）为"泰国"，原产国（地区）为"中国香港"

10. 一份报关单所申报的货物，(　　)不同的，应分项填报。

A. 航次　　B. 备案号　　C. 原产国　　D. 征免性质

☆多项选择题

1. 根据海关规定，无需办理报关注册登记许可，可直接向海关办理报关注册登记的单位有(　　)。

A. 兼营进出口货物代理报关业务的国际货物运输公司

B. 有权从事对外贸易经营活动的境内个体工商业者

C. 有权从事对外贸易经营活动的境内商贸组织

D. 需从事非贸易性进出口活动的台湾企业驻沪办事处

2. 下列进口或者出口的货物，申报时应当在报关单“贸易方式”栏填报“一般贸易”的是(　　)。

A. 个体工商业者批准进口的小型生产工具

B. 外商投资企业进口供加工内销产品的料件

C. 国内经营租赁业务的企业进口自用设备

D. 补偿贸易业务中出口收汇的产品

3. 货物报关的进口阶段是指进口货物收货人或其代理人根据海关对进境货物的监管要求，在货物进境时，向海关办理相关手续的过程，包括(　　)的环节。

A. 进口申报　　B. 配合查验　　C. 缴纳税费　　D. 提取货物

4. 报关单“征免性质”栏应填为“其他法定”的有(　　)。

A. 因故退还的境外进口货物

B. 起卸后海关放行前，因不可抗力遭受损坏的货物

C. 非按全额货值征税的进口货物

D. 我国参加的国际条约规定减征、免征关税的货物

5. 在海关注册登记的某进出口公司自行进口货物，可以(　　)办理报关手续。

A. 由企业自身的报关员　　B. 委托其他进出口公司

C. 委托国际货运代理公司　　D. 委托报关行

6. 一般进口货物进境报关手续包括(　　)等环节。

A. 进口申报　　B. 配合查验　　C. 缴纳税费　　D. 申请解除监管

7. 同一批进口货物，涉及(　　)的，应分单位填报。

A. 多个商品编号　　B. 多份提单

C. 多个合同　　D. 多份原产地证书

8. 进出口货物收发货人或其代理人配合海关查验的工作主要包括(　　)。

A. 签字确认查验记录

B. 回答查验关员的询问

C. 负责提取海关需要作进一步检验、化验或鉴定的货样

D. 负责搬移货物，开拆和重封货物的包装

9. 向海关办理手续的报关业务范围包括(　　)。

A. 加工贸易保税货物的合同备案　　B. 减免税货物的审批

C. 进出口货物查验结关　　D. 进出口货物报关单的修改和撤销

10.（　　）是报关单随附单证中的基本单证。

A. 商品发票、装箱单　　　　　　　B. 进出口许可证

C. 提货、装货单据　　　　　　　　D. 加工贸易电子化手册

☆判断题

1. 报关单位必须在取得对外贸易经营权并依法在海关注册登记后，才能办理报关手续。（　　）

2. 进出口货物的价格及有关费用以外币计价的，海关按照该货物适用税率之日所适用的计征汇率折合人民币计算完税价格，完税价格采用四舍五入法计算至元。（　　）

3. 提货单是提取货物的凭证，其作用与提单完全相同。（　　）

4. 根据《中华人民共和国海关法》规定的设关原则，如果海关监督管理需要，国家可以在现有的行政区划之外安排海关的上下级关系和海关的相互关系。（　　）

5. 我国报关企业目前大都采取直接代理形式代理报关，即接受委托人（进出口货物收发货人）的委托，以报关企业自身的名义向海关办理进出口报关手续。（　　）

6. 一般进出口货物是指在进出境环节缴纳了应征的进出口税费并办结了所有必要的海关手续，海关放行后不再进行监管，可以直接进入生产和流通领域的进出口货物。其范围包括除特定减免税货物以外的实际进出口货物。（　　）

7. 报关单中的“成交方式”栏目所填写的贸易术语与《2010 通则》中的贸易术语对买卖双方的基本义务、责任划分、价格构成一致。（　　）

8. 报关单海关编号的前四位关别代码表示进口口岸海关或出口口岸海关的关别代码。（　　）

9. 如果进出境货物是非集装箱运输时，报关单上“集装箱号”栏目应该为空。（　　）

10. 报关企业和进出口货物发货人须经海关注册登记许可后方可向海关办理报关单位注册登记手续。（　　）

☆讨论题

1. 直接代理报关与间接代理报关的区别有哪些？

2. 收发货人和报关企业的海关注册程序有哪些差异？

3. 海关的基本任务有哪些？

4. 不同类型海关监管货物的报关程序有哪些主要区别？

5. 进出口货物报关单填制的要求是什么？

6. 中国成套设备进出口总公司（北京）（CHINA NATIONAL COMPLETE PLANT IMPORT & EXPORT CORP.）与法国 LECLEC 公司于 2013 年 7 月 8 日在广州签订了出售户外家具（outdoor furniture）的外贸合同，货名：花园椅（Garden Chair，铸铁底座的木椅，按规定出口时需要有动植物检验检疫证明），型号：TG0503，价格：USD58.00/PC FOB Guangzhou，数量：950 把，毛重：20KGS/PC，净重：18KGS/PC，包装：1PC/CTN，集装箱：1X20'，生产厂家：广东南海飞达家具厂，最迟装船日期：2013 年 9 月 8 日，起运港：广州港，目的港：马赛，支付方式：不可撤销信用证。

（1）如果中国成套设备进出口总公司委托广州鑫海报关行报关，应如何办理委托报关业务？

（2）如果装船时间是2013年9月8日10：00 am，那么，报关员应最迟何时报关完毕？

（3）如果报关员在8月20日以电子数据报关单向海关申报，8月22日收到海关“放行交单”的通知，那么，报关员应不迟于哪一天持打印的纸质报关单，备齐哪些单证到货物所在地海关提交书面单证并办理相关海关手续？

（4）应该缴纳哪些海关规定的税费？

☆操作题

1. 参照书中报关单格式，根据下述资料完成报关单的制作。

2013年5月，杭州凌云文具有限公司（3301944018）出口自产打孔机铁件（HS CODE：8472902100）一批，出口报关单号310420130546636188。货到目的地后客商检验发现货物存在质量问题，双方协商同意将货物退回凌云公司。2013年10月10日，所载打孔机铁件与该公司自同一客商购买的旧点焊机（HS CODE：8515390000）的运输工具申报进境（运费共计3300美元），在向宁波海关办理转关手续（转关申报单编号@1331049999505171）后，运抵杭州海关办理正式进口报关手续。点焊机属自动进口许可证管理商品，为凌云公司投资额内进口减免税货物（减免税证明第1项商品）。由该单位报关员陈丹向海关办理申报手续。两种货物的法定计量单位为千克。

发票与装箱单：

ACCO BRANDS CORPORATION
300 TOWER PARKWAY
LINCOLNSHIIRE，IL 60069-3604
WWW. ACCOBRANDS. COM

INVOICE &PACKING LIST

INVOICE NO.：NGBAO7011 **DATE**：SEP. 1，2013

<table>
<tr><td colspan="5">CONSIGNED TO:
HANGZHOU UNITOP STATIONERY CO.,LTD
RIVER HILL ROAD HANGZHOU,ZHEJIANG,CHINA</td><td colspan="2">SHIPPING MARK:
N/M</td></tr>
<tr><td colspan="2">SHIPPER PER
OCEAN VESSEL</td><td colspan="3">SAILING ON OR ABOUT
SEP.3,2013</td><td colspan="2">CONTRACT NO.
MHB23JS034</td></tr>
<tr><td colspan="2">FORM
LONG BEACH,USA</td><td colspan="3">TO
NINGBO,CHINA</td><td colspan="2"></td></tr>
<tr><td>DESCRIPTION</td><td>QTY.</td><td>P’KG</td><td>G.W.</td><td>N.W.</td><td>UNIT PRICE</td><td>AMOUNT</td></tr>
<tr><td></td><td></td><td></td><td></td><td></td><td>FCA NOGALES</td><td></td></tr>
<tr><td>1 .Welding machines (used)</td><td></td><td></td><td></td><td></td><td></td><td></td></tr>
<tr><td></td><td>8 sets</td><td>16pallets</td><td>16000kg</td><td>15600kg</td><td>@$17100</td><td>@$136800</td></tr>
<tr><td>2.Punch metal parts-retoured cargo</td><td></td><td></td><td></td><td></td><td></td><td></td></tr>
<tr><td></td><td>40400pcs</td><td>2cases</td><td>1600kg</td><td>1500kg</td><td>@$0.15</td><td>@$6060</td></tr>
<tr><td colspan="7">Price for customs declaration only</td></tr>
<tr><td colspan="6">Country of Origin: USA</td><td>I: 0.3%</td></tr>
</table>

ACCO BRANDS CORPORATION

Authorized Signature

提单：

<table>
<tr><td colspan="2">SHIPPER
ACCO BRANDS US LLC.
300 TOWER PARKWAY
LINCOLNSHIIRE, IL</td><td colspan="3" rowspan="4">B/L NO. KKLUUSO681814
“K” LINE
BILL OF LADING</td></tr>
<tr><td colspan="2">CONSIGNEE
HANGHZOU UNITOP SATATIONERY CO.,LTD
RIVER HILL ROAD,HANGZHOU,CHINA</td></tr>
<tr><td colspan="2">NOTIFY PARTY
SAME AS CONSIGNEE</td></tr>
<tr><td>PRE-CARRIAGE BY</td><td>PLACE OF RECEIPT
NOGALES</td></tr>
<tr><td colspan="2">VESSEL/VOYAGE
ROTTERDAM BRIDGE V.226W</td><td>PORT OF LOADING
LONG BEACH</td><td colspan="2">POINT AND COUNTRY ORIGIN
NOGALES,US</td></tr>
<tr><td colspan="2">PORT OF DISCHARGE
NINGBO</td><td>LACE OF DELIVERY
NINGBO</td><td colspan="2">TYPE OF MOVEMENT
DOOR/CY</td></tr>
<tr><td colspan="5">PARTICULARS FURNISHED BY SHIPPER</td></tr>
<tr><td>CONTANINER & SEAL NO.</td><td>NUMBER & KIND OF PACKAGES</td><td>DESCRIPTION OF GOODS</td><td>GROSS WEIGHT (KGS)</td><td>MEAS. (CBM)</td></tr>
<tr><td>KKFU7044043
6794</td><td colspan="2">1X40’ container (6794) actual tare 3389KG
12 pallets of used machinery
XTN# 265705100-NINGBO-40FT</td><td>12000</td><td>24.82</td></tr>
<tr><td>PRSU2206522
6531</td><td colspan="2">1X20’ container (6531) actual tare 2275KG
6 p’kg of used machinery and parts of other machines
XTN# 265705100-NINGBO-20FT
Shipper’s Load Stow and Count</td><td>5600</td><td>9.75</td></tr>
<tr><td colspan="5">TOTAL NO.CONTAINERS OR PACKAGES(IN WORDS)
SIXTEEN PALLETS AND TWO WOODEN CASES</td></tr>
<tr><td colspan="2">DATE LADEN ON BOARD
SEP. 03, 2013</td><td colspan="3">PLACE AND DATE OF B/L ISSUE
RICHMOND.VA
SEP. 03,2013</td></tr>
<tr><td colspan="2">FRIGHT AND CHARGES
FREIGHT PREPAID AS AREANGED</td><td colspan="3">NO. OF ORIGNIAL B/L ISSUED
THREE(3)</td></tr>
<tr><td colspan="2"></td><td colspan="3">STAMP AND SIGNATURE OF THE CARRIER OR ITS AGENT
“K” LINE AMERICA, INC.</td></tr>
</table>

2. 根据以上资料，写出该票业务的报关流程图。

项目9　具他单据的制作

导入案例

我某公司以CFR术语出口一批瓷器，我方按期在装运港装船后，即将有关交易单据寄交买方，要求买方支付货款。过后，业务人员才发现忘记向买方发出装运通知。此时，买方已来函向我方提出索赔，因为货物在运输中因海上风险而损毁。

问题：我方能否以货物运输风险是由买方承担为由拒绝买方的索赔？为什么？

项目要点

1. 装运通知的内容与制作方法
2. 受益人证明的内容与制作方法
3. 其它各种证明类单据的操作

任务一：装运通知的内容与制作

一、装运通知的含义

装运通知（Shipping Advice）又称 declaration of shipment 或 notice of shipment，也称为装船通知，是出口商向进口商发出货物已于某月某日或将于某月某日装运某船的通知。

在装运货物后，发货人应立即发送装运通知给买方或其指定的人，从而方便买方办理保险和安排接货等事宜。按照国际贸易的习惯做法，日期不能超过信用证约定的时间，常见的有以小时为准（Within 24/48 hours）和以天（within 2 days after shipment date）为准两种情形，信用证没有规定时应在装船后立即发出，如信用证规定“Immediately after shipment”（装船后立即通知），应掌握在提单后3天之内。

如卖方未及时发送上述装船通知给买方而使其不能及时办理保险或接货，卖方就应负责赔偿买方由此而引起的一切损害及/或损失。这项通知，大多以电报方式为之，也有用航邮方式的。装运通知的作用在方便买方保险、准备提货手续或转售；出口商作此项通知时，有时附上或另行寄上货运单据副本，以便进口商明了装货内容，并防货运单据正本迟到时，可及时办理担保提货（delivery against letter of guarantee）。

二、装运通知的内容与制作

装运通知的作用在方便买方购买保险或准备提货手续，其主要包括所发运货物的合同号或信用证号、品名、数量、金额、运输工具名称、开航日期、启运地和目的地、提运单号码、运输标志等，并且与其它相关单据保持一致，如信用证提出具体项目要求，应严格按规定出单。此外通知中还可能出现包装说明、ETD（船舶预离港时间）、ETA（船舶预抵港时间）、ETC（预计开始装船时间）等内容。具体如下：

单据名称，主要体现为：Shipping/Shipment Advice，Advice of shipment 等，也有人将其称为 shipping statement/declaration，如信用证有具体要求，按其规定。

Messrs 填列进口商名称及地址。

如：ARRCNS FAN COMPANY

NO.1023，LINDA VALID ST. WALLE 234 TU WONTERLA CITY CA，U.S. A.

Invoice No. 填写此笔交易对应的商业发票号码。

Date 填写装船通知签发日期。

L/C No. 填写此笔交易对应的信用证号码。

Purchase order No. 填写此笔交易对应的销货合同号码。

Vessel 填入装运船名与航次，须与 B/L、Invoice、其它单据相同。

如："SALLY OCEAN V-6"。

Port of Loading 起运港，须与 B/L 一致。

Port of Discharge 目的地，须与 B/L 一致。如：Yokohama。

On Board Date 写明装船日期。

Estimated Time of Arrival 写明预计到达日期。

Container 写明集装箱个数及种类。

Freight 写明海运费总金额。

Description of Goods 指所装运的货品内容，按实际情况填写。

Quantity 货物数量。须与商业发票所记载者相同。

Invoice Total Amount 货物总价。须与商业发票所记载者相同。如：USD6，950.00。

Documents enclosed

Commercial Invoice 写明所需商业发票份数。

如：In Duplicate 或 2 Copies

Packing List 写明所需包装单份数。

Bill of Lading 写明所需提单份数。

Insurance Policy 写明所需保险单份数。

下方空白栏：如还有其它单据随附，请填于下方空白栏。

右下方空白栏：填写出口商公司名称。

Manager of Foreign Trade Dept.：负责人签字。与商业发票相同，应由出口商签署。

三、 装运通知的注意事项

1. CFR/CPT 交易条件下发装运通知的必要性。因货物运输和保险分别由不同的当事人操作，所以受益人有义务向申请人对货物装运情况给予及时、充分的通知，以便进口商保险，否则如漏发通知，则货物越过船舷后的风险仍由受益人承担。

2. 通知应按规定的方式、时间、内容、份数发出。

3. 几个近似概念的区别。

shipping advice（装运通知）是由出口商（受益人）发给进口商（申请人）的；

shipping instructions 意思是“装运须知”，一般是进口商发给出口商的；

shipping note/ bill 指装货通知单/船货清单；

shipping order 简称 S/O，含义是装货单/关单/下货纸（是海关放行和命令船方将单据上载明的货物装船的文件）。

四、 装运通知条款分析

1. ORIGINAL FAX FROM BENEFICIARY TO OUR APPLICANT EVIDENCING B/L NO.，NAME OF SHIP，SHIPMENT DATE，QUANTITY AND VALUE OF GOODS.

其要求应向申请人提交正本通知一份，通知上列明提单号、船名、装运日期、货物的数量和金额。制作单据时只要按所列项目操作即可。

2. INSURANCE EFFECTED IN IRAN BY IRAN INSURANCE CO. THE NAME OF INSURANCE CO. AND THE POLICY NO. XXX DD. ______ HAVE TO BE MENTIONED ON B/L，SHIPMENT ADVICE TO BE MADE TO SAID INSURANCE CO. VIA TLX NO. XXX INDICATING POLICY NO. AND DETAILS OF SHIPMENT. A COPY OF WHICH IS TO BE ACCOMPANIED BY THE ORIGINAL DOCS.

该条款要求货物的保险由伊朗保险公司办理，提单上应明确保险公司的名称、保单号码和出单日期，所出的装运通知则应标明保险公司名称、电传号码、保单号码和货物的详细情况，电抄副本随正本单据向银行提交。

3. SHIPMENT ADVICE WITH FULL DETAILS INCLUDING SHIPPING MARKS，CTN NUMBERS，VESSEL'S NAME，B/L NUMBER，VALUE AND QUANTITY OF GOODS MUST BE SENT ON THE DATE OF SHIPMENT TO US.

该项规定要求装运通知应列明包括运输标志、箱号、船名、提单号、货物金额和数量在内的详细情况，并在货物发运当天寄开证行。

4. BENEFICIARY MUST FAX ADVISE TO THE APPLICANT FOR THE PARTICULARS BEFORE SHIPMENT EFFECTED AND A COPY OF THE ADVICE SHOULD BE PRESENTED FOR NEGOTIATION.

根据这条规定，受益人发出的装运通知的方式是传真，发出时间是在货物装运前，传真副本作为议付单据提交。

五、装运通知实例

(一) 装运通知实例一

DEAR XXX,

WE ARE PLEASED TO INFORM YOU THE XXX PRODUCTS UNDER YOUR ORDER: 001 # WERE SHIPPED ON 20TH, AUG 2013 PER "COSCO QINGDAO V. 001W". PLEASE FIND THE DETAILS AS FOLLOWS:

INVOICE NO.: XXXX

SHIPPING DETAILS

NAME OF VESSEL: COSCO QINGDAOV. 001W

CN/SN: GATU2032587/A80222

E. T. D.: 20TH, AUG 2013

E. T. A.: 01ST, OCT 2013

B/L NO.: COSUXXXXXXX

SHIPPING COMPANY: COSCO SHIPPING COMPANY

FREIGHT PREPAID

WE HOPE THE GOODS WILL REACH YOU AT THE DUE TIME. MEANWHILE WE ARE ENCLOSING THE COPIES OF DOCUMENTS B/L (NO. COSUXXXXXX) INVOICE (NO. FL4XXX)

B. REGARDS,
RAINY

(二) 装运通知实例二

Contract no. : CH/99/66. 809

L/C no. : LC84E0074/99

SHIPPING ADVICE

To Dalian Weida Trading Co., Ltd.
No. 10 Yunming Road Xigang District Dalian China

From Deling Trade bv

P. O. Box 100 3700 GC Bunsten Holland

Commodity DEMINERALIZED WHEY POWDER

Packing As called for by the L/C
4760 25kg in 4-ply paper sacks with inner polyethylene liner and big bags in 7x 20'containers

Quantity 119. 00 Mt

Gross weight 121380 kgs

Net weight 119000 kgs

Total value USD1118860.00

Please be informed that these goods have been shipped from Rotterdam to Dalian with mv Sea Nordica and Lindoe Maersk.

Shipment date September 15, 2013.

B/L no. SEAU871107101

We herewith certify this message to be true and correct.

Deling Trade bv
as beneficiary
Bunsten, September 17, 2013

(三) 装运通知实例三

福 建 福 日 电 子 股 份 有 限 公 司
FUJIAN FURI ELECTRONICS CO. LTD
NO 169, NORTH WUYI ROAD, FURI BUILDING FUZHOU, CHINA

SHIPMENT ADVICE

To Messrs:

SRL IDEALLUX
CORSO NOVARA 121 27029 VIGEVANO

L/C NO.: CR076/178820

SHIPMENT FROM FUZHOU CHINA TO GENOVA PORT, ITALY BY SEA

B/L NUMBER: BT/FUZ/07/08/022

VESSEL'S NAME: MSC FLORENTINA (V. T732)

INVOICE VALUE: USD27048.00

DATE OF SHIPMENT: AUG 21, 2014

ETA: SEP 17, 2014

签名
AUG 22, 2014

任务二：受益人声明的内容与制作

一、受益人声明的内容与制作

受益人声明（Beneficiary's Statement）是信用证结算方式下，出口商按信用证的规定出具的说明其已履行某种义务或办理某项工作的声明。实务中常见的有：

1. 关于商品品质的声明。例如，声明商品属于一流品质（Quality of First Class）等。

2. 关于商品包装的声明。例如，包装未使用木材的声明（We Declare that No Wooden Packing Has Been Used in Packing of Goods.）。

3. 关于商品原产地的声明。例如，申明出口货物原产地为中国（We Declare that The Goods Are of Chinese Origin）。

4. 关于已发装船通知、已寄样品、或已寄副本单据的声明。例如，有些信用证规定出口商装船后寄一套副本单据给开证申请人并出具已寄出副本单据的证明（We Certify that We Have Airmailed One Set Of Non-negotiable Documents to The Applicant）。

受益人声明可以是一份单独的文件，也可以与商业发票合并，在商业发票上加注声明即可。

二、 受益人声明条款分析

1. TWO SETS OF SHIPPING SAMPLES AND ONE SET OF NON-NEGOTIABLE SHIPPING DOCUMENTS MUST BE SENT TO APPLICANT BY SPEED POST/COURIER SERVICE WITHIN 5 DAYS FROM THE DATE OF BILL OF LADING AND A CERTIFICATE TO THIS EFFECT FROM BENEFICIARY TOGETHER WITH RELATIVE SPEED POST/ COURIER RECEIPT MUST ACCOMPANY THE DOCUMENTS。

该要求的意思是：两套船样和一套不可议付的装运单据须在提单日后 5 日内通过邮局快递寄给开证人，受益人证明应表明已照此行事，相应的邮政快递收据必须随议付单据提交，应注意要提交两样单据——受益人证明和邮政快递收据。

2. BENEFICIARY'S CERTIFICATE STATING THAT INTEREST CHARGES IF ANY FOR USANCE PERIOD INCLUDED IN INVOICE VALUE ARE NOT MORE THAN THE PREVAILING LIBOR FOR USD ON THE DATE OF SHIPMENT PLUS 0.50 PER CENT P. A. AND SEPARATE INVOICES TO BE PREPARED FOR CIF VALUE AND INTEREST，SUCH LIBOR SHOULD BE CERTIFIED BY THE NEGOTIATING BANK ON THEIR COVERING SCHEDULE TO THE DOCUMENTS，HOWEBER，TOTAL DRAWINGS UNDER THE CREDIT NOT TO EXCEED THE LETTER OF CREDIT VALUE，IF NO INTEREST CHARGES ARE INCLUDED IN THE INVOICE，BENEFICIARY'S CERTIFICATE CONFIRMING THE SAME IS REQUIRED.

这张受益人证明要求，如需要支付远期利息，发票金额应包括两部分（CIF 金额和利息），利息按货物装运当天美元 LIBOR 加 50 个点支付，议付行还需在交单面函上对 LIBOR 加以确认，如索偿金额不超过信用证金额，无远期贴息产生，受益人也要出证说明。

三、 受益人声明实例

XIANGTAN FOREIGN TRADE CO. LTD
JIANSHE ROAD，XIANGTAN，HUNAN，CHINA
TEL：0086-0731-52554248

OCT 18，2013

BENEFICIARY'S CERTIFICATE

CREDIT NUMBER. NAJ 40L09039

WE HEREBY CERTIFY THAT 1/3 ORIGINAL B/L. ONE COPY OF INVOICE, ONE COPY OF PACKING LIST HAVE BEEN MAILED BY EMS/DHL TO APPLICANT WITHIN 72 HOURS AFTER B/L DATE.

XIANGTAN FOREIGN TRADE CO. LTD

YULE

任务三：其它各种证明类单据的制作

一、有关运输方面的证明

根据信用证的要求，出口商有时还要提供一些有关运输方面的证明。例如，装船通知，船籍及航程证明，船龄证明，船级证明以及班轮公会船只证明等。

1. 装船通知（Shipping Advice）

见任务一。

2. 船籍及航程证明（Certificate of Registry）

例如，阿拉伯国家的来证中要求不得使用以色列籍的船舶且航程不得经过以色列转运。此证明一般由船代理或船公司出具。

3. 船龄证明

中东有些地区的信用证，因保险费率问题，规定装载船舶的船龄不得超过 15 年，受益人必须要求船公司或船代理出具装载船龄证明。

此外，根据信用证及进口商的不同需要，其他单据还包括运费账单，保险通知书（Insurance Declaration），保费收据，借记通知单（Debit Note）等等。

二、有关运输方面的证明实例

（一）船籍及航程证明实例

CERTIFICATE

TO WHOM IT MAY CONCERN,

L/C NO.：CR43000114600

B/L NO.：CNXMN4203801579

FULL NAME OF VESSEL：MSC VANESSA（V. T821R）

SHIPMENT FROM FUZHOU, CHINA TO LA SPEZIA PORT, ITALY

WE ARE HEREBY CERTIFYING THAT：

IT IS OVER 15 YEARS OF AGE BUT NOT OVER 25 YEARS OF AGE AND HAS

ESTABLISHED AND MAINTAINED A REGULAR PATTERN OF TRADING ON AN ADVERTISED SCHEDULE TO LOAD AND UNLOAD AT SPECIFIC PORTS.

签名

JUN 02，2014

（二）船龄证明实例

CERTIFICATE

LC NUMBER OF ISSUING BANK：1000521316

SHIPMENT FROM FUZHOU PORT，CHINA TO RIYADH DRYPORT BY SEA

WE ARE HEREBY STATING THAT THE VESSEL IS CLASSIFIED AS PER THE INSTITUTE CLASSIFICATION CLAUSE AND IS UNDER 15 YEARS OF AGE.

签名

JUN 14，2014

二、其他发票

（一）海关发票（Customs Invoice）

海关发票是某些进口国海关规定的进口报关必须提供的特定格式的发票，由出口方填制，供进口商凭以报关、纳税。

1. 海关发票的作用为：

（1）供进口国海关作估价定税的依据。

（2）供进口国海关核定货物的原产地，按照差别税率政策，征收不同税率的关税。

（3）供进口国海关审核是否低价倾销，或是否接受出口国补贴。

（4）供进口国海关作统计依据。

2. 海关发票的主要内容及其审核

（1）商品的价值（VALUE）。价值部分要求分别注明该货物在出口国的销售价格和运输费、保险费金额，并经出口方负责人以个人名义正式手签。

（2）商品的产地（ORIGIN OF GOODS）。产地是进口国决定征税税率的依据。

（3）凡与其他单据相同的项目，内容必须相互一致。如运费须与提单上的一致，品名和金额须与发票上的一致。

（4）各国海关发票有不同的格式，不能混用。

目前经常使用的有加拿大海关发票。

（二）领事发票（Consular Invoice）

领事发票又称签证发票。有些国家法令规定，进口货物必须要领取进口国在出口国领事签证的发票，作为有关货物征收进口关税的前提条件之一。领事发票是一份官方的单据，有些国家规定了领事发票的固定格式，这种格式可以从领事馆获得。在实务中，比较多的情况是有些国家的来证中规定由其领事在商业发票上认证，认证的目的是证实商品的确实产地，收取认证费。关于领事发票的缮制，要根据信用证条款和不同国家的不同要求、格式而定。

目前，已很少用领事发票。

（三）形式发票（Proforma Invoice）

形式发票又称预开发票。出口商有时应进口商的要求，发出一份列有出售货物的名称、规格、单价等非正式参考性发票，供进口商向其本国贸易管理当局或外汇管理当局等申请进口许可证或批准给予外汇等的用途，这种发票就叫形式发票。形式发票不是货物买卖的正式单据，对买卖双方都没有约束力，所以，形式发票不能作为国际结算的单据。正式成交后还要另外重新缮制商业发票。

（四）厂商发票（Manufacturer Invoice）

厂商发票是国内厂商出具给出口商的销售货物的发票。信用证要求提供厂商发票，目的是检查是否有低价倾销行为。

（五）样品发票（Sample Invoice）

出口商为了说明推销商品的品质、规格、价格等，在交易之前发送实样，以便客户挑选，这种发票就是样品发票。样品发票的目的并不一定是要收取货款，主要是便于客户了解商品情况。所以，样品发票的收款，有的是免费赠送，有的是减半收费，也有全收。不论何种情况，都应在样品发票上注明。

此外，其它还有银行发票（Bank Invoice），签证发票（Visaed Invoice），证实发票（Certified Invoice）和寄售发票（Consignment Invoice）等等，由于使用不多，故不详述。

项目小结

本项目主要阐述了装运通知的内容与制作方法；阐明了受益人证明的内容与制作方法，描述了其它各种证明类单据的操作。

项目闯关实训

☆单项选择题

1. 依照《国际贸易术语解释通则 2010》的规定，下列表述中正确的是(　　)。

A. 在 FOB 条件下，买方应及时向卖方发出装船通知

B. 在 CIF 条件下，卖方应投保一切险

C. 在 CIF 条件下，只能由买方亲自办理保险

D. 在 CIF 条件下，进口许可证须由卖方办理

2. 按 FOB 条件成交时，卖方在将货物备妥后，一般按约定向买方发出(　　)。

A. 装运通知　　B. 转运通知　　C. 保险通知　　D. 提货通知

3. CFR 合同下，如果卖方装船后未及时向买方发出装船通知，致使买方未能办理货

运保险，则运输途中的风险由(　　)。

A. 买方承担　　B. 卖方承担

C. 承运人承担　　D. 买卖双方各承担一半

4. G. S. P. Form A 是一种(　　)。

A. 船公司证明信　　B. 原产地证明书

C. 受益人证明信　　D. 检验检疫证明书

5. 厂商发票是厂方出具给出口商的销售货物的凭证。来证要求提供厂商发票，其目的是(　　)。

A. 检查是否有削价倾销行为，以便确定是否征收“反倾销税”

B. 按某些国家法令规定，出口商对其国家输入货物时必须取得进口国在出口国或其邻近地区的领事签证的、作为装运单据一部分和货物进口报关的前提条件之一的特殊发票

C. 为进口商向其本国当局申请进口许可证或请求核批外汇之用

D. 作为国际商务单据中的基础单据，是缮制报关单、产地证、报检单、投保单等其他单据的依据

6. 下列各种单据中，使用副本即可向银行议付的是(　　)。

A. 船长收据　　B. 船级证明　　C. 装运通知　　D. 提单

7. 以下（　　）种单据不属于发票类。

A. 花色搭配单　　B. 海关发票　　C. 领事发票　　D. 形式发票

8. 根据《URC522》的分类，(　　)不属于进口国官方要求的单据。

A. 原产地证明　　B. 船龄证明　　C. 领事发票　　D. 海关发票

☆多项选择题

1. 装运通知是指出口商在出口货物装运后，向收货人或其通知人发出货物装运情况的书面文件。其主要作用是(　　)。

A. CIF 条件下告知进口商做好接货准备

B. FOB、CFR 条件下提请进口商办理保险

C. 该副本是议付货款的单证之一

D. FOB、CFR 条件下自动承保的证明

2. 制作受益人证明等附属单据时，必须注意(　　)。

A. 单据名称和出具人签署应符合信用证要求

B. 单据内容应符合信用证要求，并与其他单据相关内容不矛盾

C. 应该至少提供一份正本

D. 应注明出单日

3. 关于形式发票，下列说法正确的是(　　)。

A. 形式发票不是一种正式发票

B. 形式发票能用于托收和议付，正式成交后不要另外重新缮制商业发票

C. 形式发票与商业发票的关系密切，信用证在货物描述后面常有“按照某月某日之形式发票”等条款

D. 假如来证附有形式发票，则形式发票构成信用证的组成部分，制单时要按形式发

票内容全部打上

4. 带有发票名称的单据有多种，以下项中能作为议付单据的是(　　)。

A. 商业发票　　B. 海关发票　　C. 领事发票　　D. 厂商发票

5. 下列(　　)条款应被视为信用证的“软条款”。

A. 开证人在检验证书上的签名必须与开证行所保留的签名样本相符

B. 信用证项下要求受益人提供船龄证明

C. 受益人出具的报关单、合同及商业发展必须做使馆认证

D. 必须得到开证人对样品的确认后，信用证可生效

☆判断题

1. 货物装船后，托运人是凭装运通知换取已装船提单。(　　)

2. 在FOB条件下，如合同未规定“装船通知”条款，卖方将货物装船后可不发装船通知，此做法不算违约。(　　)

3. 装船通知的通知对象应按信用证规定，具体讲可以是开证申请人、申请人的指定人或保险公司等。(　　)

4. 形式发票是一种正式发票，能用于托收和议付。(　　)

5. 不使用海关发票或领事发票的国家，通常要求出口商提供原产地证明书，以确定对货物征税的税率。(　　)

6. 领事发票是由进口国驻出口国的领事馆发给的具有固定格式的单据。(　　)

☆讨论题

1. 请分析以下装运通知条款：

(1) INSURANCE COVERED BY OPENERS. ALL SHIPMENTS UNDER THIS CREDIT MUST BE ADVISED BY YOU IMMEDIATELY AFTER SHIPMENT DIRECT TO M/S ABC INSURANCE CO. AND TO THE OPENERS REFERRING TO COVER NOTE NO. CA364 GIVIGNG FULL DETAILS OF SHIPMENT. A COPY OF THIS ADVICE TO ACCOMPANY EACH SET OF DOCUMENTS.

(2) BENEFICIARY′S CERTIFIED COPY OF FAX SENT TO APPLICANT WITHIN 48 HOURS AFTER SHIPMENT INDICATING CONTRACT NO., L/C NO., GOOD′S NAME, QUANTITY, INVOICE VALUE, VESSEL′S NAME, PACKAGE/CONTAINER NO., LOADING PORT, SHIPPING DATE AND ETA.

(3) SHIPMENT ADVICE QUOTING THE NAME OF THE CARRYING VESSEL, DATE OF SHIPMENT, NUMBER OF PACKAGES, SHIPPING MARKS, AMOUNT, LETTER OF CREDIT NUMBER, POLICY NUMBER MUST BE SENT TO APPLICANT BY FAX, COPIES OF TRANSMITTED SHIPMENT ADVICE ACCOMPANIED BY FAX TRANSMISSION REPORT MUST ACCOMPANY THE DOCUMENTS.

(4) BENEFICIARY′S CERTIFICATE CERTIFYING THAT THEY HAVE DESPATCHED THE SHIPMENT ADVICE TO APPLICANT BY FAX (FAX NO 2838G0983) WITHIN1DAY AFTER B/L DATE ADVISING SHIPMENT DETAILS INCLUDING CONTRACT NO, INVOICE VALUE, NAME OF THE VESSEL, LOAD

PORT, QUANTITY GOODS LOADED, B/LDATE, THE VESSEL MOVEMENT INCLUDING TIME OF ARRIVAL, TIME OF BERTHED, TIME OF START LOADING, TIME OF FINISH LOADING AND DEPARTURE TIME FROM DALI AN AND THIS CREDIT NO..

2. 请翻译以下受益人声明条款：

1. BENEFICIARY'S CERTIFICATE CERTIFYING THAT 2 LITRES OF COMPOSITE SAMPLE WHICH TO BE DRAWN FROM…

—1 LITRE FROM DALIAN SHORE TANK BY AQSIQ BEFORE LOADING

—1 LITRE ON BOARD THE VESSEL BY AQSIQ AFTER LOADING COMPLETED

INDICATING THAT THE SAMPLE HAS BEEN RETAINED AT AQSIA COUNTER FOR AT LEAST 90 DAYS AFTER SHIPMENT EFFECTED。

2. BENEFICIARY'S CERTIFICATE CERTIFYING THAT BENEFICIARY HAS FAXED THE SHIPPING DOCS（B/L, INVOICE, PACKING LIST, PHYTOSANITARY CERTIFICATE）WITHIN 2 WORKING DAYS AFTER SHIPMENT DATE TO APPLICANT AND THE RELATE CERTIFIED TRUE COPY OF FAX.

☆操作题

1. 根据项目2的操作题第2题所给资料以及修改过的信用证，缮制装运通知。

已知货物每箱毛重12KGS，净重10KGS，于2013年2月5日装上船，船名为COSCO SHANGHAIV. 009W，B/LS号码为BT/SHG/07/08/022，B/L日期即为开船日期，预计10天到达。

MAITY INTERNATIONAL CO., LTD
NO. 29 JIANGNING ROAD, SHANGHAI, CHINA

SHIPMENT ADVICE

To Messrs: Date:
CONTRACT. NO.:
L/C NO.:
SHIPMENT FROM TO BY SEA

B/L NUMBER:
VESSEL'S NAME:
DATE OF SHIPMENT:
ETA:
COMMODITY
PACKING
QUANTITY
GROSS WEIGHT

NET WEIGHT
TOTAL VALUE

PLEASE BE INFORMED THAT THESE GOODS HAVE BEEN SHIPPED FROM ________ TO ________.

WE HEREWITH CERTIFY THIS MESSAGE TO BE TRUE AND CORRECT.

2. 请根据上述资料缮制一份受益人声明，证明出口货物非木质包装。

CERTIFICATE

L/C NUMBER OF ISSUING BANK：
SHIPMENT FROM TO BY SEA

WE ARE HEREBY STATING THAT

项目 10　结算票据的制作

导入案例

英国某银行开来一份不可撤销信用证，金额为“About USD100，000.00”，汇票付款期限“At 30 Days after B/L Date”，并规定该信用证议付有效期为“Before AUG. 8”。我方8月1日备妥货物后出运后，单证员8月8日将与信用证描述一模一样的金额“About USD100，000.00”缮制到汇票上，并注明“At 30 Days after Sight”。该单证员当天将汇票和其他单证一起交银行议付，结果银行审核后拒付。

问题：银行拒付是否有理？作为单证员，制单时要考虑哪些因素？

项目要点

1. 汇票的定义和基本内容
2. 汇票的票据行为
3. 本票和支票
4. 汇票的种类
5. 跟单汇票的主要内容
6. 跟单汇票的制作方法和要点

任务一：汇票、本票和支票的认知

一、汇票

（一）汇票的定义和基本内容

汇票格式见表10-1。

汇票（Bill of Exchange，简称Exchange、Draft或Bill），是国际贸易结算中使用最广泛的一种票据。

表 10-1 汇票

① ③ ⑧ Exchange for GBP5000.00 Beijing, 5th April 2014 ⑥ ⑩ ② ⑤ At 90 days after sight pay to B Co. or order the sum of five thousand pounds ③ To Bank of Europe, ④ For A Company London ⑨ (signature) ⑦

①汇票字样；②无条件支付的命令；③确定金额；④付款人；⑤收款人；⑥出票日期；⑦出票人名称及签字；⑧出票地点；⑨付款地点；⑩付款期限。

1. 汇票的定义

《英国票据法》中，汇票是由一人向另一人开立的要求即期、定期或在可以确定的将来时间向指定人或根据其指令向来人无条件支付一定金额的书面命令。

《中华人民共和国票据法》中汇票的定义为："汇票是出票人签发的，委托付款人在见票时或者在指定日期无条件支付确定的金额给收款人或者持票人的票据。"

虽然汇票在严格意义上应归纳为票据的范畴，但由于它在信用证项下常常是必不可少的支付凭证，所以汇票也是重要的国际结算单证之一。

2. 汇票的基本内容

汇票必须包括：

(1) "汇票"字样；

(2) 无条件支付一定金额的命令；

(3) 付款人 (Payer，即受票人 Drawee)；

(4) 付款期限；

(5) 付款地点；

(6) 收款人 (Payee)；

(7) 出票日期和地点；

(8) 出票人 (Drawer) 签字。

(二) 汇票的票据行为

汇票的票据行为是指一张汇票从开立到正当付款而退出流通，所需要经历的一系列步骤。

1. 出票 (Issue, Draw)

出票是指汇票的出票人签发汇票并将其交付给收款人的票据行为。出票后，出票人即承担保证汇票得到承兑和付款的责任。如汇票遭到拒付，出票人应接受持票人的追索，清偿汇票金额、利息和有关费用。

出票行为的完成包括两个动作：

(1) 写成汇票并在汇票上签字；

(2) 将汇票交付给收款人。

出票行为只有在交付以后才算完成。

2. 承兑 (Acceptance)

承兑是指远期汇票的付款人在汇票上签名，承诺于到期付款的行为。具体做法是付款人在汇票正面写明“承兑（Accepted)”字样，注明承兑日期，于签章后交还持票人。付款人一旦对汇票作承兑，即成为承兑人以主债务人的地位承担汇票到期时付款的法律责任。

承兑行为的完成包括两个动作：

(1) 写成。

其手续是由付款人在汇票正面写上“已承兑（Accepted)”字样，注明承兑日期，并由付款人签名。

付款人签名后即成为承兑人。承兑人有在远期汇票到期时付款的责任。

(2) 交付给持票人。

3. 背书 (Endorsement)

背书是指持票人在汇票背面签名，并把汇票交给被背书人（Endorsee）即受让人，以实现票据转让的行为。受让人成为持票人，是票据的债权人。受让人有权以背书方式再行转让汇票的权利。在汇票经过不止一次转让时，背书必须连续，即被背书人和背书人名字前后一致。对受让人来说，所有以前的背书人和出票人都是他的前手（prior parties)，对背书人来说，所有他转让以后的受让人都是他的“后手”，前手对后手承担汇票得到承兑和付款的责任。

背书行为的完成包括两个动作：

(1) 写成背书。即在汇票背面签名，或再加上被背书人的名字。

(2) 交付给被背书人。

背书常见的方式有：记名背书和不记名背书。

记名背书又叫特别背书，是指背书人在汇票背面签名，并写明被背书人名称或其指定人。

不记名背书又叫空白背书，是指背书人只在汇票背面签名，不写明被背书人。

在金融市场上，最常见的背书转让为汇票的贴现，即远期汇票经承兑后，尚未到期，持票人背书后，由银行或贴现公司作为受让人。从票面金额中扣减按贴现率结算的贴息后，将余款付给持票人。贴现后余额的计算公式是：贴现后余额＝票面金额－（票面金额×贴现率×日数/360）－有关费用。

4. 提示 (Presentation)

提示是指持票人向付款人出示汇票，要求承兑或付款的行为，是持票人要求取得票据权利的必要程序。付款人看到汇票叫做见票（Sight)。

提示分为承兑提示和付款提示。

即期汇票的持票人直接向付款人作付款提示，付款人见票即付。

远期汇票的持票人先向付款人作承兑提示，到期时再作付款提示。

5. 付款 (Payment)

付款是指即期汇票或到期的远期承兑汇票的付款人见票时，向持票人支付票款的行为。

付款后，汇票的一切债权债务关系结束，汇票退出流通。

6. 拒付（Dishonour，又叫退票）

拒付是指当汇票的持票人在提示时，遭到付款人拒绝付款或拒绝承兑的行为。

拒付包括拒绝付款和拒绝承兑。另外，付款人逃匿、死亡或宣告破产，以致持票人无法实现提示，也称拒付。

7. 追索（Recourse）

追索是指持票人在票据被拒付时，向背书人、出票人及其他债务人请求偿还票款、利息即其他费用的行为。

出现拒付，持票人有追索权。即有权向其前手（背书人、出票人）要求偿付汇票金额、利息和其他费用的权利。持票人为了行使追索权，应及时做出拒绝证书（Protest）。拒绝证书是由付款地的法定公证人（Notary public）或其他有权作这种证书的机构（如法院、银行等）所作出的证明付款人拒付的文件。

二、 本票（Promissory note）

（一）本票的定义

本票格式见表10-2和10-3。

表10-2　本票

(1) Promissory Note for (7) GBP5000.00　　(5) London, 5th April 2014

(6) At 60 days after date we promise to pay (2) B Co. (3) or order

(7) the sum of five thousand pounds

(4) For Band of Europe, London.
(signature)

表10-3　本票

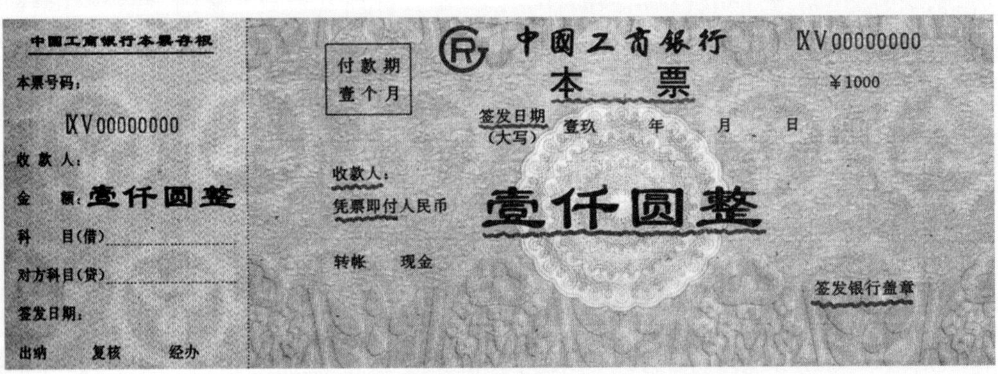
中国工商银行本票存根
本票号码：
ⅨV00000000
收款人：
金　额：壹仟圆整
科　目(借)
对方科目(贷)
签发日期：
出纳　复核　经办

付款期 壹个月
中国工商银行
本　票
ⅨV00000000
¥1000
签发日期(大写) 壹玖　年　月　日
收款人：
凭票即付人民币 壹仟圆整
转帐　现金
签发银行盖章

《中华人民共和国票据法》第 73 条规定本票的定义为："本票是由出票人签发的，承诺自己在见票时无条件支付确定的金额给收款人或持票人的票据。"第 2 款接着规定，本法所指的本票是指银行本票，不包括商业本票，更不包括个人本票。

（二）本票的当事人

1. 出票人（Maker），出票人即为付款人。
2. 收款人（Payee）。

（三）本票的必要项目

1. 根据《日内瓦统一法》规定，本票要求具备以下的必要项目：
(1)"本票"（PROMISSORY NOTE）字样；
(2) 无条件支付的承诺；
(3) 收款人或其指定人；
(4) 出票人签字；
(5) 出票日期和地点（未载明地点者，出票人名字旁的地点被为出票地）；
(6) 付款期限（未载明者，被称为见票即付）；
(7) 一定的货币金额；
(8) 付款地点（未载明者，出票地为付款地）。
2. 根据《中华人民共和国票据法》规定，本票必须记载以下事项：
(1) 标明其为"本票"字样；
(2) 无条件支付承诺；
(3) 确定的金额；
(4) 收款人名称；
(5) 出票日期；
(6) 出票人签章。

（四）本票的种类

1. 商业本票（一般本票）General promissory note

出票人为企业或个人，票据可以是即期本票，也可是远期本票。

2. 银行本票（Banker's/Cashier's order）

出票人是银行，只能是即期本票。

我国，皆为银行本票，且只有给中国人民银行审定的金融机构方可签发。

（五）本票和汇票的区别

本票和汇票有很多共同之处，关于汇票的有关出票、背书、保证、到期日、付款、参加付款、追索权和拒绝证书等规定，同样可适用于本票。但两者的区别也是显而易见的。

1. 本票是自付（约定本人付款）证券；汇票是委付（委托他人付款）证券。

2. 本票有两个出票人和收款人两个基本当事人；而汇票则有出票人、付款人和收款人三个基本当事人。

3. 本票的出票人即是付款人，是绝对的主债务人，远期本票亦不需承兑；而远期汇票须承兑，承兑人则成为主债务人。

4．本票只能开出一张；而汇票则可以开出一套，即一式二份成数份。

三、支票（Cheque/check）

（一）支票的定义

支票格式见表10-4和10-5。

表10-4　支票

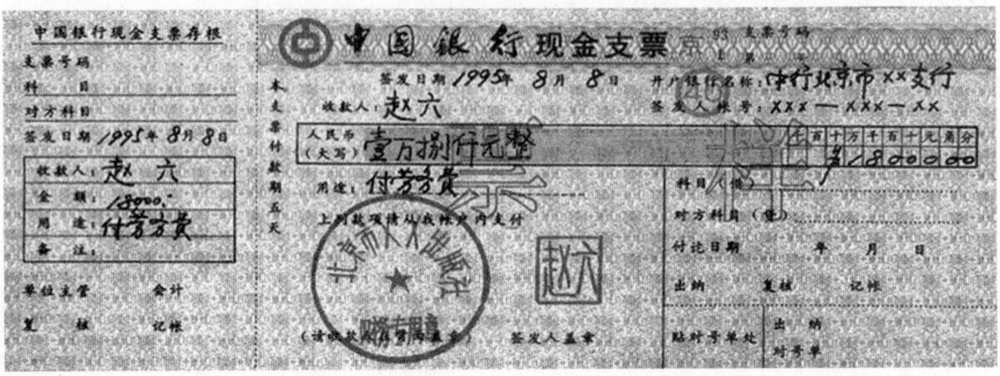
中国银行现金支票存根
支票号码
科　目
对方科目
签发日期 1995年8月8日
收款人：赵六
金　额：18000.-
用　途：付劳务费
备　注：
单位主管　会计
复　核　记帐

中国银行现金支票　京
签发日期 1995年8月8日　开户银行名称：中行北京市××支行
收款人：赵六　签发人帐号：×××—×××—××
人民币（大写）壹万捌仟元整　¥1800000
用途：付劳务费
上列款项请从我帐户内支付
本支票付款期五天
科目（借）
对方科目（贷）
付讫日期　年　月　日
出纳　复核　记帐
签发人盖章
贴对号单处　出纳　对号单

表10-5　支票

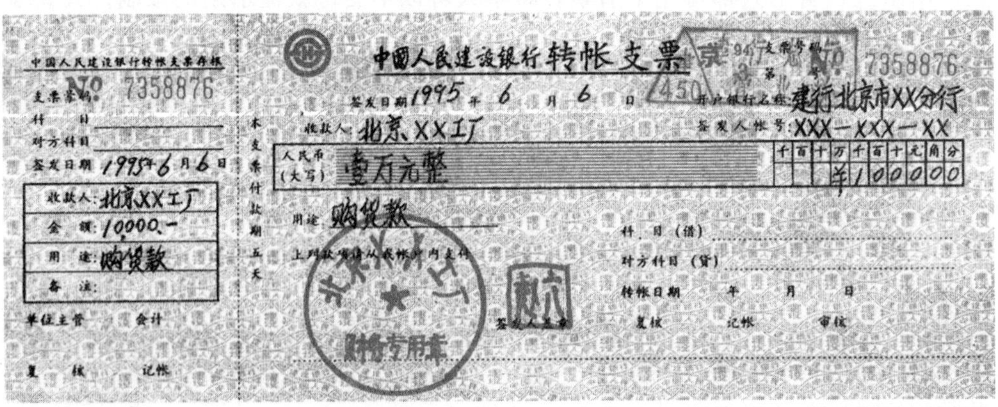
中国人民建设银行转帐支票存根
No 7358876
支票号码
科　目
对方科目
签发日期 1995年6月6日
收款人：北京XX工厂
金　额：10000.-
用　途：购货款
备　注：
单位主管　会计
复　核　记帐

中国人民建设银行转帐支票　京
7358876
签发日期 1995年6月6日　开户银行名称：建行北京市XX分行
收款人：北京XX工厂　签发人帐号：XXX－XXX－XX
人民币（大写）壹万元整　¥1000000
用途：购货款
上列款项请从我帐户内支付
本支票付款期五天
科目（借）
对方科目（贷）
转帐日期　年　月　日
签发人盖章　复核　记帐　审核

《中华人民共和国票据法》规定："支票是出票人签发的，委托办理支票存款业务的银行或者其他金融机构在见票时无条件支付确定金额给收款人或持票人的票据。"

（二）支票的当事人

1．出票人。
2．付款人。
3．收款人。

（三）支票的必要项目

根据《中华人民共和国票据法》规定，支票必须记载以下事项：

1. 表明“支票”的字样；
2. 无条件支付的委托；
3. 确定的金额；
4. 付款人名称；
5. 出票日期；
6. 出票人签章。

(四) 支票的类型

1. 记名支票 (Cheque payable to order)

是指在支票的抬头注明收款人名称的支票。

2. 不记名支票 (Cheque payable to bearer)

又叫空白抬头支票或来人支票，是指没有注明收款人名称或只写“付来人”字样的支票。任何人只要持有这种支票，即可要求银行付款，取款时不需要收款人签章。

3. 划线支票 (Crossed cheque)

是在支票正面划两道平行线的支票。划线支票不能直接提取现金，只能委托银行代收票款入帐。使用划线支票可以起到防止支票遗失或被人冒领的作用。

4. 保付支票 (Certified cheque)

保付支票是付款银行在支票上记载“保付”字样，由付款银行承担绝对付款义务的支票。由付款银行在支票上加盖“保付”戳记，一经保付，付款责任则银行承担，并成为主债务人，出票人、背书人都可免予追索，持票人可以不受付款提示期的限制。保付支票不会被银行退票，可以避免出票人开出空头支票。

任务二：汇票种类认知

汇票从不同的角度主要可分为以下几种：

一、 按出票人不同划分

1. 银行汇票 (Banker's draft)

银行汇票是指出票人和付款人都是银行的汇票。

2. 商业汇票 (Commercial bill)

商业汇票是指出票人是商业企业或个人，付款人为其它商号、个人或者银行的汇票。

二、 按承兑人不同划分

1. 银行承兑汇票 (Banker's acceptance bill)

银行承兑汇票是指由商号开立，以银行为付款人并经银行承兑的远期汇票。

2. 商业承兑汇票 (Commercial acceptance bill)

商业承兑汇票是指由商号开立，以另一商号为付款人，并经付款人承兑的远期汇票。

三、按是否附有货运单据划分

1. 跟单汇票 (Documentary draft)

跟单汇票又称信用汇票、押汇汇票，是指附有货运单据（主要包括：运输单据、商业发票、保险单据等）才能进行付款的汇票。跟单汇票一般为商业汇票，在国际贸易中经常使用。

2. 光票 (Clean bill)

光票是指不附有货运单据的汇票。银行汇票一般为光票。

四、按付款期限划分

1. 即期汇票 (Sight draft, Sight bill, Demand bill)

即期汇票是指付款人见票即付的汇票，又称见票即付汇票。

2. 远期汇票 (Usance bill, Time bill)

远期汇票是指规定付款人于将来的一定日期内付款的汇票。

任务三：信用证项下跟单汇票的内容和制作

一、信用证项下跟单汇票的内容

信用证项下跟单汇票格式见表 10-6 和 10-7。

(一) 出票条款

出票条款又叫出票根据，包含三个内容：开证行完整名称、信用证号码和开证日期。这三个内容应正确填入汇票相应的空格内，即“Drawn Under”后填入开证行名称或信用证规定的银行，“L/C No.”后填入信用证号码，“Dated”后填入开证日期。

(二) 利息条款

利息条款的内容包括有利率和利息的起讫日期。汇票上的利息条款都是开证行向进口方收取利息的依据，与出口方无关。信用证中如规定有利息条款，汇票制作时要按信用证规定的利率和利息的起讫日期列明。

(三) 汇票编号 (No.)

由出票人自行编号填入，一般都以相应的发票号码作为汇票编号，以便于核查。

(四) 汇票金额

包括文字大写金额（in words）和数字小写金额（in figures）两栏。汇票的金额和币别必须准确无误，不得模棱两可。

例如：金额小写 USD1000.00。

表 10-6 跟单汇票

BILL OF EXCHANGE

No.______________

For______________________ (amount in figure)　　　　______________________ (place and date of issue)

At______________________ sight of this FIRST Bill of exchange (SECOND being unpaid)

pay to______________________________________ or order the sum of

____ (amount in words)

Value received for ____________ (quantity) of ______________________ (name of commodity)

Drawn under____

L/C No. ______________________ dated ______________________

To: ______________________　　　　For and on behalf of

______________________ (Signature)

表 10-7 跟单汇票

凭
Drawn under____.

信用证 第 号
L/C No.______________________.

日期
Dated______________________.

按 息 付款
Payable with Interest@______________________ %per Annum

号码 汇票金额 中国，广州 年 月 日
No.:______________ Exchange for ______________ Guangzhou, China______________.

见票 日后（本汇票之副本未付）
At Sight of This of Exchange(Second of Exchange being Unpaid)

Pay to the Order of BANK OF CHINA, GUANGZHOU BRANCH或其指定人

付金额
The Sum of____.

To______________________.

金额大写 U. S. DOLLARS ONE THOUSAND ONLY。

缮制汇票金额时要注意以下各点：

1. 如信用证没有特别规定，汇票金额及币别应与发票一致并与信用证相符。总的说来，汇票金额不得超过信用证金额。但如果信用证金额前有"约"、"大约"、"大概"等字样，汇票金额可以在上下10%的范围内增减。例如，信用证金额规定为"About US$1, 000.00"，那么汇票金额既不得超过US$1，100.00，也不得少于US$900.00。

2. 如信用证规定汇票金额为发票金额的百分之几，例如：98%，那么发票金额开100%，汇票金额为98%，其差额2%，一般为应付的佣金。

3. 如信用证规定部分信用证付款，部分托收，应分别做两套汇票。信用证项下付款的按信用证允许的金额、以银行为付款人开立一套汇票；托收部分的应以进口方为付款人、以规定的金额开具另一套汇票。发票金额是两套汇票金额相加的和。

4. 汇票上的金额小写与大写必须一致。

5. 汇票金额不得涂改，不允许加盖更正章。

（五）出票地点和日期（Place and date of issue）

出票地点一般应是议付地点，通常位于汇票的右上方，和出票日期相连。出票日期一般填入议付日期，该日期不得早于信用证规定的运输单据的出单日期，也不得迟于信用证规定的交单期或出运日起21天，并且，不得迟于信用证的到期日。

（六）付款期限（Tenor）

可分为即期付款和远期付款。

1. 即期付款（At sight）。

2. 远期付款，包括：

（1）出票日后定期付款

例如：At 30 days after date pay to …

（2）见票日后定期付款

例如：At 30 days after sight pay to …

（3）定日付款（又叫板期付款）

例如：On Oct. 5th，2013 fixed pay to …

（4）运输单据签发日后定期付款

例如：At 30 days after date of B/L pay to …

付款期限应根据实际情况和信用证规定缮制。

（七）收款人（也称汇票抬头人）

收款人主要有三种填写方法：

1. 限制性抬头（Restrictive payee）。

例如：Pay to ××× only

Pay to ×××，not transferable

这种汇票不能转让。

2. 指示性抬头（To order）。

例如：Pay to the order of ×××

Pay to ××× or order

这是目前出口业务中使用最广泛的类型。指示性抬头的汇票须经背书才能转让。

3. 来人抬头（To bearer）。

例如：Pay to bearer

Pay to ××× or bearer

这种汇票不需背书，交付即是转让，安全性低，出口业务中很少使用。

信用证项下的汇票收款人可以填议付行，也可以填受益人，主要看信用证中的规定。在信用证没有规定时，汇票的收款人可以是议付行，也可以作成受益人自己（注明 Ourselves）。但值得注意的是，在收款人为受益人时，必须将汇票记名背书给议付行。

（八）付款人

汇票上的付款人又叫受票人，一般位于汇票的左下角，填在"To"后面。付款人应根据信用证的规定缮制。根据《UCP600》的规定，信用证项下的汇票付款人必须是开证行或其指定银行。这一规定使信用证项下的开证行承担第一性付款责任的性质更加明确。

（九）出票人

出票人一般位于汇票的右下角，通常为信用证的受益人（出口商），应填写企业全称和负责人的签字或盖章。

二、信用证项下跟单汇票的制作案例

1. 信用证资料

Issuing Bank	：METITABANKLTD.，FINLAND
Doc. Credit no.	：IRREVOCABLE
Credit Number	：LRT9802457
Date of Issue	：140428
Expiry	：DATE 140615 PLACE FINLAND
Applicant	：F. T. C. CORP. AKEDSANTERINK AUTO P. O. BOX. 9，FINLAND
Beneficiary	：GREAT WALL TRADING CO.，LTD. RM201 HUASHENG BUILDING NINGBO P. R. CHINA
Amount	：USD 36480.00 (SAY U. S. DOLLARS THIRTY SIX THOUSAND FOUR HUNDERD AND EIGHTY ONLY)
Available with/by	：ADVISED BY BANK OF CHINA NINGBO BRANCH BY NEGOTIATION
Draft at…	：DRAFTS AT SIGHT FOR FULL INVOICE VALUE

Partial Shipments : ALLOWED
Transhipment : ALLOWED
Loading in Charge : NINGBO
For Transport to : HELSINKI
Shipment Period : AT THE LATEST MAY 30, 2014
Descrip. of Goods : 9600PCS OF HALOGEN FITTING W500, USD3.80 PER PC AS PER SALES CONTRACT GW2014X06 DD APR. 22, 2014 CIF HESINKI
Documents required :

* COMMERCIAL INVOICE 1 SIGNED ORIGINAL AND 5 COPIES
* PACKING LIST IN 2 COPIES
* FULL SET OF CLEAN ON BOARD MARINE BILLS OF LADING, MADE OUT TO ORDER, MARKED "FREIGHT PREPAID" AND NOTIFY APPLICANT (AS INDICATE ABOVE)
* GSP CERTIFICATE OF ORIGIN FORM A, CERTIFYING GOODS OF ORIGIN IN CHINA, ISSUED BY COMPETENT AUTHORITIES
* INSURANCE POLICY/CERTIFICATE COVERING F. P. A OF PICC. INCLUDING WAREHOUSE TO WAREHOUSE CLAUSE UP TO FINAL DESTINATION AT HELSINKI, FOR AT LEAST 110 PCT OF CIF—VALUE.
* SHIPPING ADVICES MUST BE SENT TO APPLICANT WITHIN 2 DAYS AFTER SHIPMENT ADVISING NUMBER OF PACKAGES, GROSS & NET WEIGHT, VESSEL NAME, BILL OF LADING NO. AND DATE, CONTRACT NO., VALUE.

Presentation Period : 15 DAYS AFTER ISSUANCE DATE OF SHIPPING DOCUMENT
Confirmation : WITH
instructions : THE NEGOTIATION BANK MUST FORWARD THE DRAFTS AND ALL DOCUMENTS BY REGISTERED AIRMAIL DIRECT TO US IN TWO CONSECUTIVE LOTS, UPON RECEIPT OF THE DRAFTS AND DOCUMENTS IN ORDER, WE WILL REMIT THE PROCEEDS AS INSTRUCTED BY THE NEGOTIATING BANK.

2. 补充资料

发票号码：GW －14N04

提单日期：2014.05.30

BILL OF EXCHANGE

No. GW -14N04

For US$36,480.00 (amount in figure)　　　　NINGBO JUN. 1,2014 (place and date of issue)

At *** sight of this FIRST Bill of exchange(SECOND being unpaid)

pay to BANK OF CHINA, NINGBO BRANCH or order the sum of

US DOLLARS THIRTY SIX THOUSAND FOUR HUNDERD AND EIGHT ONLY
(amount in words)

Value received for 9600PCS of HALOGEN FITTING W500

Drawn under METITABANKLTD., FINLAND

L/C No. LRT9802457 dated APR. 28, 2014

To: METITABANKLTD., FINLAND
TRADE SERVICES DEPARTMENT
8 SHENTON WAY, METITA BUILDING TOWER TWO
HELSINKI

For and on behalf of

GREAT WALL TRADING CO., LTD.
(Signature)
XXX

项目小结

本项目主要阐述了汇票的定义、基本内容、票据行为、汇票的种类、跟单汇票的内容和制作，以及本票和支票，阐明了跟单汇票的概念和制作，描述了跟单汇票的主要内容，总结了跟单汇票的制作要点。

项目闯关实训

☆单项选择题

1. 承兑是(　　)对远期汇票表示承担到期付款责任的行为。

A. 付款人　　B. 收款人　　C. 出口商　　D. 议付行

2. 在其他条件相同的前提下，(　　)的远期汇票对收款人最为有利。

A. 出票后 30 天　　B. 见票后 30 天

C. 提单签发日后 30 天　　D. 货到目的港后 30 天

3. 如果汇票上注明："At three months after sight pay to ______" 则此种汇票(　　)。

A. 应提示承兑
B. 不应提示承兑
C. 可以提示承兑也可以不提示承兑
D. 以上都不对

4. 一张出票日为1月31日的远期汇票，付款期限是："At one month after date pay to ______" 则其到期日为(   )。

A. 2月28日　　B. 3月1日　　C. 3月2日　　D. 3月3日

5. 下述(   )种表示汇票金额的方法是正确的。

A. about USD2000　　B. USD2000
C. USD2000plus interst　　D. USD2000more or less5%

6. 不可转让的汇票，其收款人应为(   )。

A. 指示性抬头　　B. 限制性抬头　　C. 来人抬头　　D. 某人抬头

7. 下列票据中，(   )种是可能具有正副本的票据。

A. 汇票和本票　　B. 汇票和支票　　C. 汇票　　D. 本票

8. 某银行签发一张汇票，以另一家银行为受票人，则这张汇票是(   )。

A. 商业汇票　　B. 银行汇票　　C. 商业承兑汇票　　D. 银行承兑汇票

9. 在信用证结算方式下，汇票的收款人通常的抬头方式是(   )。

A. 限制性抬头　　B. 指示性抬头　　C. 来人抬头　　D. 持票人抬头

10. 在汇票的使用过程中，使汇票一切债务终止的票据行为是(   )。

A. 提示　　B. 承兑　　C. 背书　　D. 付款

☆**多项选择题**

1. 汇票的基本当事人有(   )。

A. 背书人　　B. 出票人　　C. 收款人　　D. 付款人

2. 国际贸易中汇票的种类有(   )。

A. 商业汇票和银行汇票　　B. 即期汇票与远期汇票
C. 光票和跟单汇票　　D. 商业承兑汇票和银行承兑汇票

3. 汇票的出票日期是指汇票签发的具体日期，其重要作用是(   )。

A. 决定汇票的有效期　　B. 决定到期日
C. 决定出票人的行为能力　　D. 决定付款人付款效力

4. 只有远期汇票才有可能发生承兑行为，下列必须提示承兑的汇票有(   )。

A. 见票后定期汇票
B. 有"必须提示承兑"字样的汇票
C. 由不在付款人同地的第三人付款的汇票
D. 定日付款汇票

5. 有一张汇票，其大小写金额不一致，那么在(   )票据法认为它是有效的。

A. 我国《票据法》　　B.《英国票据法》
C.《日内瓦统一票据法》　　D. 我国《票据法》和《英国票据法》

6. 下列说法中，正确的是(   )。

A. 汇票有即期和远期之分　　B. 汇票的当事人有两个
C. 远期汇票承兑后可以贴现　　D. 汇票的付款人是出票人
7. 信用证项下跟单汇票的出票条款包含(　　)。
A. 信用证开证日期　B. 信用证编号　C. 汇票编号　D. 开证行名称
8. 按照出票人的不同，汇票可分为(　　)。
A. 银行汇票　B. 银行承兑汇票　C. 商业汇票　D. 商业承兑汇票
9. 远期汇票的付款期限包括(　　)。
A. 出票日后定期付款　　B. 见票日后定期付款
C. 定日付款　　D. 运输单据签发日后定期付款
10. 汇票收款人的填写方法主要有(　　)。
A. 背书人抬头　B. 限制性抬头　C. 指示性抬头　D. 来人抬头

☆**判断题**

1. 汇票一经付款人承兑，付款人变为主债务人即承兑人，则汇票的出票人、背书人对汇票的责任均告免除。(　　)
2. 承兑行为是针对汇票而言的，并且只有远期汇票才有可能承兑。(　　)
3. 由于汇票是无条件支付命令，因此，如果付款人拒付，收款人或持票人有权强制付款人付款。(　　)
4. 汇票金额大小写数字不一致时，为维护出口商的利益，应以数字大的为准。(　　)
5. 汇票的出票日期即交单日，应不早于所有跟单单据的签发日期。(　　)
6. 当持票人提示汇票时，付款人拒绝付款，或拒绝承兑，或破产或逃匿等，这就是拒付。(　　)
7. 一张汇票往往可以同时具备几种性质，因此一张商业汇票，同时又可以是银行即期汇票。(　　)
8. 汇票和票汇是同一事物的不同称呼。(　　)
9. 汇票上未注明付款日期的，一概作为即期汇票。(　　)
10. 信用证项下跟单汇票的付款人只能是银行，而抬头人只能是出口商。(　　)

☆**讨论题**

1. 汇票的抬头有哪几种写法？
2. 汇票付款日期的种类有哪些？它们的含义是什么？
3. 简述汇票的流转程序。
4. 在跟单信用证项下，我们审核汇票的要点是什么？
5. 制作跟单信用证和跟单托收项下的汇票，主要区别是什么？
6. 制作跟单信用证项下的汇票金额，需要注意什么？
7. 下面有三种汇票，各是什么抬头？哪些可以转让？怎样转让？
(1) …pay to ABC Co. only
(2) …pay to the order of ABC co.
(3) …pay to bearer.

☆操作题

1. 根据下列资料填制汇票

资料如下：

L/C NO. 03/1234-B/128 DATED JUNE 2，2013

FROM：COMMERCIAL BANK OF KUWAIT

ADVISING BANK：BANK OF CHINA，SHANGHAI

APPLICANT：NEAMAGENRAL TRADING & CONTRACTING EST. KUWAIT

AMOUNT：USD 20060.00

BENEFICIARY：SHANGHAI CHEMICALS IMPORT & EXPORT CORPORATION

WE OPEN THIS IRREVOCABLE DOCUMENTARY CREDIT FAVOURING YOURSELVES FOR 97% OF THE INVOICE VALUE AVAILABLE AGAINST YOUR DRAFT AT SIGHT BY NEGOTIATION WITH ADVISING BANK ON US

QUANTITY OF GOODS：1000KGS NET

UNIT PRICE：USD 20.00 PER KGS CIFC3 KUWAIT

INVOICE NO.：12345

BILL OF EXCHANGE

凭
Drawn under ………………………………………… 不可撤销信用证 Irrevocable L/C No. ……………………

日期
Dated …………………… 支取 Payable with interest @…… % …… 按 …… 息 …… 付款

号码
No. ………… 汇票金额 Exchange for ______________ SHANGHAI ………………………………

见票 ………… 日后（本汇票之副本未付）付交 金额
………………… sight of this FIRST of Exchange (Second of Exchange being unpaid)

Pay to the order of the sum of

____

此致：
To ………………………………………………

2. 根据下列资料填制汇票

资料如下：

L/C NO. A-12B-34C DATED NOV. 11，2013

ISSUING BANK：ISREAL DISCOUNT BANK OF NEW YORK，NEW

YORK BRANCH

APPICANT：THE ABCDE GROUP，INC

BENEFICIARY：ZHEJIANG TEXITILES IMPORT & EXPORT CORPORATION

AMOUNT：USD 5390.00

COVERING：1000PCS OF 100% COTTON CUSHIONS

WE OPEN THIS IRREVOCABLE DOCUMENTARY CREDIT FAVOURING YOURSELVES AVAILABLE AGAINST YOUR DRAFT AT SIGHT BY NEGOTIATION

OTHER TERMS AND CONDITIONS：INVOICE NOT TO SHOW ANY COMMISSION BUT TO SHOW TOTAL CFR NEW YORK USD 5500.00

COMMISSION OF 2% TO SHOW ONLY ON BILL OF EXCHANGE

INVOICE NO.：12355

BILL OF EXCHANGE

凭 Drawn Under　　不可撤销信用证 Irrevocable L/C No.

日期 Date　　支取 Payable With interest　　付款

号码 No.　　汇票金额 Exchange for　　杭州 Hangzhou

见票 at　日后（本汇票之副本未付）付交 sight of this FIRST of Exchange (Second of Exchange Being unpaid) Pay to the order of

金额 the sum of

此致 To

签字

项目11 外汇管理新规和出口退税操作

导入案例

某外贸公司2013年1月从某日用化妆品公司购进出口用化妆品1000箱，取得的增值税专用发票注明的价款为500万元，进项税额为85万元，货款已用银行存款支付。当月该批商品已全部出口，售价为每箱1032美元（当日汇率为1美元=6.2元人民币），申请退税的单证齐全。该化妆品的价款中已含消费税额150万元，增值税退税率为13%。

问题：该外贸公司如何办理出口退税？尝试计算应退税额多少？

项目要点

1. 货物贸易外汇管理方式的变化
2. 出口收汇管理的流程
3. 出口退税制度沿革
4. 出口退税流程

任务一：外汇管理新变化的认知

一、外汇管理的新规定

国家外汇管理局（下称外汇局）、海关总署、国家税务总局决定，自2012年8月1日起在全国实施货物贸易外汇管理制度改革。

（一）改革目的

政府为大幅度减少行政审批程序，降低企业成本，加强企业自律，提高工作效率，通过外汇收入的总量控制，减轻外汇管理的条条框框羁绊，让国内企业在更加宽松的外汇管理体制下运作，达到促进贸易便利化的目的。

(二) 货物贸易外汇管理方式的变化

1. 报关流程变化

取消出口收汇核销单，企业不再办理出口收汇核销手续。

2. 管理方式变化

外汇局对企业的贸易外汇管理方式由原来的现场逐笔核销改变为非现场总量核查。

非现场总量核查是指外汇局通过货物贸易外汇监测系统，全面采集企业货物进出口和贸易外汇收支逐笔数据，定期比对、评估企业货物流与资金流总体匹配情况，一方面便利合规企业贸易外汇收支，另一方面对存在异常的企业进行重点监测，必要时实施现场核查。

3. 货物贸易外汇管理制度运行变化

货物贸易外汇管理制度运行由企业自律、金融机构专业审查和外管局监管三方面结合。企业应严格遵守规定，增强诚信意识，加强自律管理，自觉守法经营。金融机构专业审查的责任加大。

(三) 外管局的监管方式

1. 企业名录登记管理

企业获得外贸经营权后，到外汇局办理名录登记，外汇局向金融机构发布名录，金融机构为名录内的企业办理贸易外汇收支业务。

2. 非现场总量核查

非现场总量核查属于常规监管方式，外管局对一定时期内企业的进出口数据和贸易外汇收支数据进行总量比对，核查贸易外汇收支的真实性及其进出口的一致性。

3. 现场核查

对异常或可疑的企业或/和金融机构的合规性、及时性、完整性、准确性进行现场核查。

4. 分类动态管理

将名录内的企业分为 A、B、C 三类，对 A 类企业实施简化进口单证、出口收汇无需联网、银行审核手续简化的措施；对 B、C 类企业严格监管，B 类企业贸易外汇收支由银行实施电子数据核查；C 类企业贸易外汇收支经外管局逐笔登记后办理；对名录内的企业动态调整。

二、出口收汇管理的流程

以初次办理出口收汇的企业为例，其单笔出口收汇管理的流程见图 10-1。

外汇局对出口企业收汇核销管理改为了非现场总量核查，取消了出口收汇核销单，对企业来说，出口收汇管理流程大大简化了。

取得外贸经营权后到海关办理“中国电子口岸”入网手续，办理IC卡的电子认证

↓

到外汇局办理名录登记

↓

发生预收预付实际发生三十日内在外汇管理应用服务平台上要向外汇局报告

↓

提供报关单、报关委托书、发票、装箱单、申报要素等，货物向海关报关出口

↓

海关签发出口报关单退税联

↓

银行办理出口收汇后，出具结汇水单或收汇通知书

↓

（外汇局对可疑单位进行现场核查）

↓

持“一单一票”即出口报关单退税联、发票等相关凭证到税务局办理出口退税

↓

税务局参考外汇局提供的企业出口收汇信息和分类情况，审核企业出口退税

图 10-1　出口收汇管理的流程

任务二：出口退税操作

一、出口退税的含义

出口退税是指出口企业在货物报关出口后，向税务机关申请，将其出口商品在国内生产和流通各环节中已缴纳的增值税和消费税等税款，全部或部分退还给该企业。

出口退税制度的目的是避免对出口货物的重复征税，使出口货物能在国际市场上具有更强的竞争力，从而增强出口企业的积极性，促进出口贸易的发展。

二、我国出口退税制度沿革

出口退税是世界各国普遍采用的国际惯例，它体现了公平税负、自由竞争的基本贸易原则。由于出口退税的实施难度小且不容易遭到进口国政府的贸易报复，世界上许多国家，如英国、法国、德国、意大利、瑞士、瑞典阿根廷、韩国等都实行了出口退税制度。

1985 年之前，我国的出口退税是一种对出口企业的补贴，没有形成正式的规章制度，只是一些临时性的政策性文件。

1985 年，财政部颁布了《关于对进出口产品、征、退产品税或增值税的规定》，这标志着我国出口退税制度的正式建立。

1988 年我国设立了“征多少、退多少、不征不退和彻底退税”的出口退税原则，退还出口商品所含环节的间接税，实行出口货物零税率。

1991 年 1 月颁布的《关于加强出口产品退税管理的联合通知》，实行出口收汇核销管理和出口退税管理挂钩的政策。

1993 年，国务院颁布了《中华人民国和国增值税暂行条例》、《中华人民国和国消费税暂行条例》，对出口退税政策从税法的基础上做了明确规定。

1994 年，我国进行了史上最大规模的里程碑式的财税体制改革，国家税务总局先后制定并颁布了《出口货物退（免）税管理办法》、《出口退税电子化管理办法》等规定，对退税范围、计算办法、常规管理、清算检查等作出具体规定，并随后根据实际情况进行了多次的改革和完善。大大提高了出口企业的积极性。

2003 年，财政部和国税总局颁布了《关于改革现行出口退税机制的决定》对出口退税政策进行了调整，提高和保持高附加值、高技术含量的产品出口退税率，降低或取消了“两高一资”产品的出口退税率，平均出口退税率由 15.11%降为 12.16%。

2008 年，为应对金融危机，对出口退税率进行了新一轮的上调，至今为止，经过了多次的调整，基本上延续 2003 年的退税调整思路。

出口退税制度的实施对于提高我国出口产品的竞争力，扩大产品出口起到了巨大的积极促进作用。

三、 我国出口退税制度的主要内容

目前，我国出口退税制度的内容主要有以下几方面：

（一）我国出口退税制度适用的企业范围

即享有出口退税权的企业，是指经有关部门批准的、有进出口经营权的企业。主要是外贸公司和有进出口权的生产企业，包括外商投资企业。另外还有出口量较小的一些特殊企业，如外轮供应公司、免税品公司等等。

（二）我国出口退税制度适用的货物范围

除免税货物、禁止出口货物和明文规定不予退税货物外，其他货物都可享受退税政策，包括视同出口的 7 类货物、生产企业代理出口可享受退税的货物。

（三）我国出口退税制度适用的税种范围

出口退税的税种为增值税和消费税，我国的出口退税率一直处于频繁的调整中。目前，我国平均退税率为 13%左右。消费税的退税率按法定的征税率执行。

（四）我国出口退税主要实行的两种办法

一是对外贸企业出口货物实行免税和退税的办法，即对出口货物销售环节免征增值税，对出口货物在前各个生产流通环节已缴纳增值税予以退税。

二是对生产企业自营或委托出口的货物实行免、抵、退税办法，对出口货物出口环节免征增值税，对出口货物所采购的原材料、包装物等所含的增值税允许抵减其内销货物的应缴税款，对未抵减完的部分再予以退税。

(五) 我国出口退税主要实行的管理手段

自从 2003 年起启用了“口岸电子执法系统”出口退税子系统后，我国对于出口企业的出口退税全部实行计算机电子化管理。通过计算机对出口企业申报退税的报关单、外汇核销单等出口退税凭证进行申报、审核、审批，实现了与签发单证的相关单位的信息对审，确保了申报单据的真实性和准确性。自 2012 年 8 月 1 日起报关出口的货物，出口企业申报出口退税时，不再提供核销单。

2012 年 7 月的新规定放宽了企业申报退税的期限，由原来的 90 天调整为最长 470 天，所以当年发生的业务可在次年 4 月 30 日前完成申报。

四、 出口退税流程

以外贸企业首次办理出口退税为例，其出口退税流程见图 10-2。

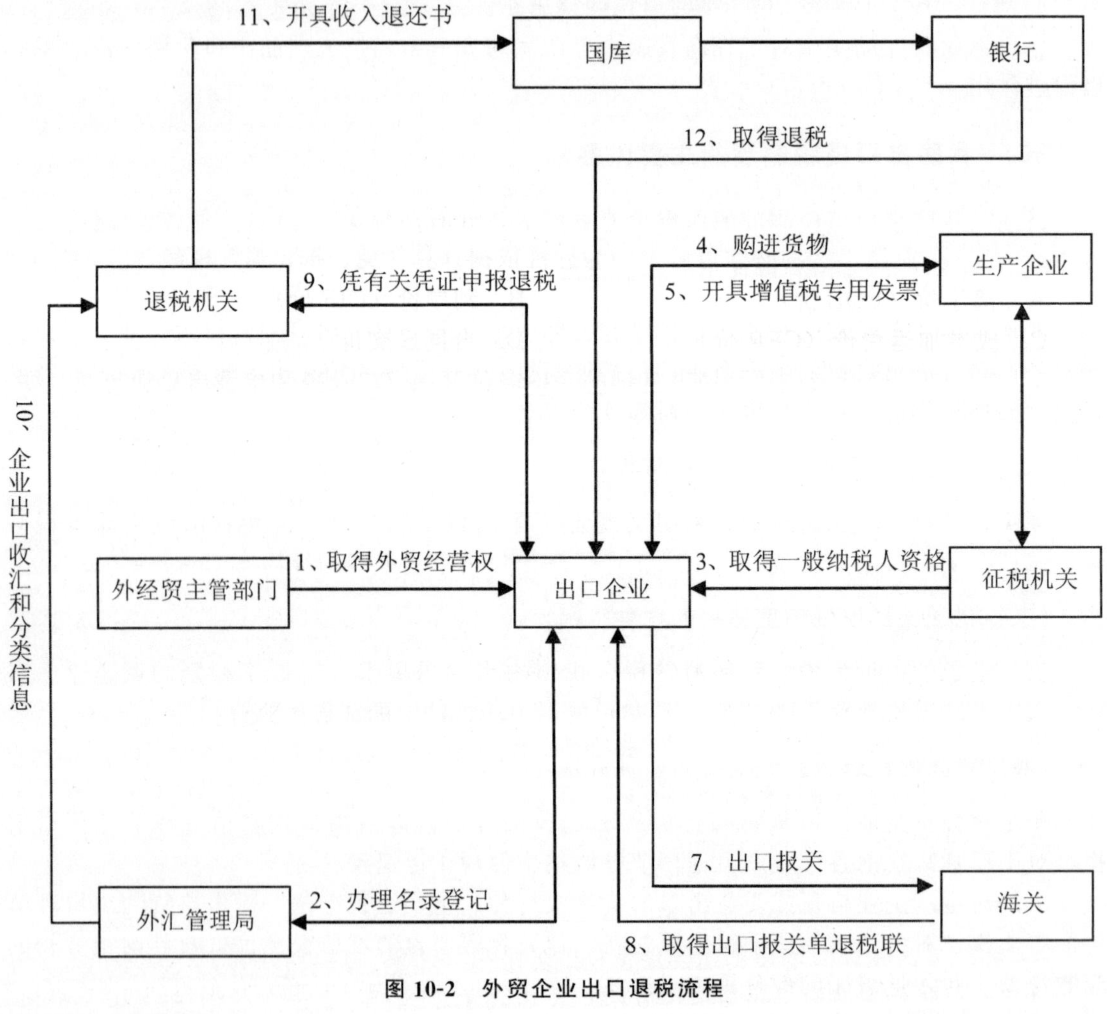

图 10-2 外贸企业出口退税流程

项目小结

本项目主要阐述了外汇管理的新变化，阐明了出口收汇管理的流程，概述了出口退税历史沿革，总结了出口退税流程。

项目闯关实训

☆单项选择题

1. 出口货物的出口日期以(　　)为准。

A. 外销发票的开票日期　　B. 报关单注明的签发日期
C. 报关单注明的出口日期　　D. 提运单日期

2. 一外贸公司购进一批货物出口，增值税发票注明进项金额 50000 元，税额 6500 元，征税率 13%，退税率 5%，该批货物全部出口，收汇额 9888.54 美元，记账汇率 6.28 元/美元，则该企业可退增值税(　　)。

A. 2500 元　　B. 6500 元　　C. 3750 元　　D. 3105 元

3. 我国现行出口货物退（免）税的税种有(　　)。

A. 增值税　　B. 营业税　　C. 企业所得税　　D. 城建税

4. 生产企业出口货物必须以(　　)为计税依据计算“免、抵、退”税额。

A. 离岸价（FOB 价）　　B. 到岸价（CIF 价）
C. 成本加运费价（CFR 价）　　D. 合同成交价

5. 对外贸易经营者应按照备案登记的身份名称开展出口业务和申请出口退（免）税。以下不可直接申请出口退（免）税的是(　　)。

A. 外国个人　　B. 个体工商户　　C. 个人独资企业　　D. 合伙企业

☆多项选择题

1. 出口货物退（免）税的计税依据主要有(　　)。

A. 出口离岸价　　B. 出口货物购进金额
C. 出口数量　　D. 进口料件组成计税价格

2. 外贸公司向当地税务局申请退税，应提供的证明资料有(　　)。

A. 出口报关单退税联　　B. 出口销售发票
C. 进货发票　　D. 银行结汇水单

3. 出口收汇管理中涉及的单位有(　　)。

A. 出口企业　　B. 银行　　C. 行业协会　　D. 外汇局

4. 出口货物退税计算方法主要有(　　)。

A. 先征后退　　B. 免、抵、退　　C. 免税　　D. 免、退税

5. 外贸企业出口货物申请退还增值税的凭证（“一单一票”）是指(　　)。

A. 出口货物报关单（出口退税专用）
B. 出口货物销售发票

C. 购进货物取得的增值税专用发票（抵扣联）

D. 出口收汇核销单（出口退税专用）

☆判断题

1. 所有出口商品均可申请出口退税。（ ）

2. 货物出口后，企业应及时将海关报关单以及银行出具的结汇水单等资料到外汇管理局办理核销手续。（ ）

3. 报关单位如需申请出口退税，应增填一份“出口货物报关单”，并在右上角注明“申请出口产品退税专用联”。（ ）

4. 自2012年8月1日起，出口企业不再需要办理出口收汇核销手续。（ ）

5. 企业申报退税的期限最长为470天。（ ）

☆讨论题

1. 2012年8月起，外汇管理的新变化有哪些？

2. 外汇局取消出口核销单的意义是什么？

3. 新规前后的出口收汇管理流程有何不同？

4. 搜集资料查阅出口退税政策最新的变化是什么？

☆操作题

苏州金和进出口公司是刚成立的一家新公司，从事服装产品的出口业务，现在需要向外汇局办理名录登记，陈丹作为公司的手续经办人，她该如何向外汇局办理名录登记手续？首批货物出口后需要办理出口退税，陈丹如何办理出口退税业务？

项目12　汇款与托收单据制作

导入案例

有一出口合同，付款条件为45天见票付款交单方式。出口商在填写的托收委托书中，虽说明除本金外需加收利息，但并未说明利息不能免除。在出口商所提交的汇票上也未列明利息条款。当银行向进口商提示单据时，进口商只肯支付本金而拒付利息，在此情况下，银行在收到本金后即交出单据，并通知出口商有关拒付利息的情况。

问题：出口方能否追究代收行未收利息即行交单的责任？

项目要点

1. 汇款的概念、种类与流程
2. 托收的概念、种类与流程
3. 托收项下汇票的内容和制作方法
4. 多种结算方式结合时跟单汇票的处理

任务一：汇款的概念、种类及流程的认知

一、汇款的概念

汇款（remittance）又称汇付，即银行应付款人的要求，以一定的方式将款项，通过国外联行或代理行，交付收款人的结算方式。汇款的基本当事人有四个：汇款人（Remitter），拥有款项并申请汇出的一方；汇出行（Remitting Bank），接受汇款人委托而汇出款项的银行；汇入行或解付行（Paying Bank），接受汇入行委托，协助办理汇款业务的银行；收款人或受益人（Payee or Beneficiary）：通常是出口方或债权人。

二、汇款的种类

按照汇出行通知汇入行付款的方式不同，或支付授权书、汇款委托书的传递方式不

同，可分为电汇、信汇、票汇三种。

（一）电汇（Telegraphic Transfer，T/T）

电汇是汇款人委托银行以电报（Cable）、电传（Telex）、环球银行间金融电信网络（SWIFT）方式，指示出口地某一银行（其分行或代理行）作为汇入行，解付一定金额给收款人的汇款方式。

电汇方式的显著特点是快。在银行，电汇的优先级最高，一般均在当天处理。而且，由于银行之间的直接通讯，差错率较低，遗失的可能性也很小。但由于汇出行占压汇款资金时间极短，甚至根本不占压，因此收费也较高。汇款人只有在金额较大或比较紧急的情况下才使用电汇。

（二）信汇（Mail Transfer，M/T）

信汇是汇出行应汇款人申请，将信汇委托书或支付委托书邮寄给汇入行，授权其解付一定金额给收款人的一种汇款方式。

信汇方式收费较低廉，但信汇收款人必须等收到银行汇款通知书才能前来领款，因此主动性、灵活性不如票汇。实务中较少使用。

（三）票汇（Banker's Demand，D/D）

票汇是银行用即期汇票作为汇款工具的结算方式。汇出行应汇款人要求，并在其把汇款交给银行后，银行开立一张银行汇票交给汇款人，由汇款人将汇票带到国外亲自去取款，或由汇款人将汇票寄给国外收款人，由收款人前去取款。

由于汇票本身是一张独立的票据，它可以通过背书流通转让。而且票汇不象信汇那样，收款人只能向汇入行一家取款，一般来说，国外银行只要能核对汇票上签字的真伪，就能买进汇票。因此，收款人收款主动性、方便性较大。

三、 汇款的流程

（一）汇款方式的一般业务程序

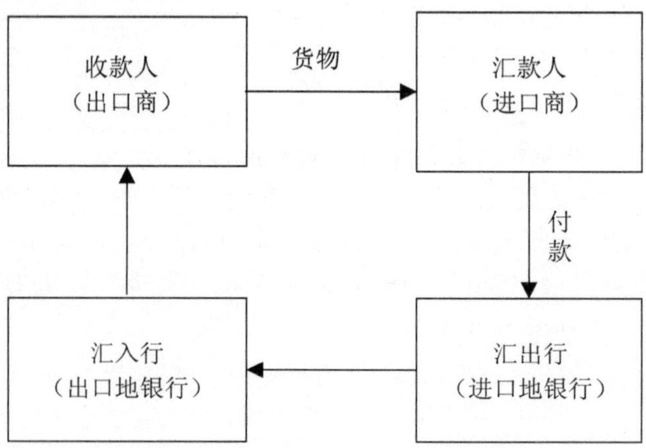

图 12-1 汇款方式的一般业务程序图

（二）电汇的业务流程

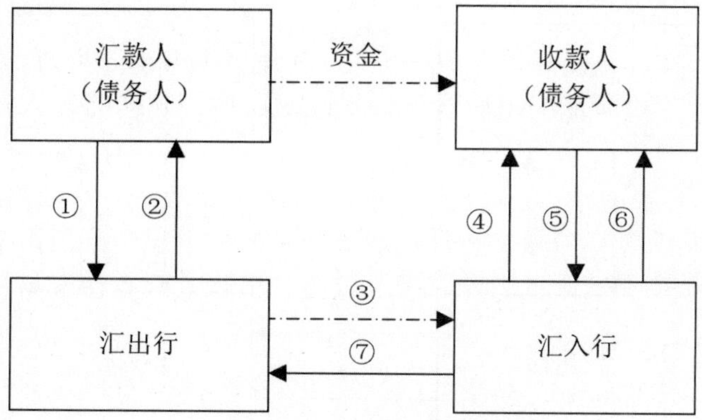

图 12-2　电汇的业务流程图

①电汇申请书；
②电汇回执；
③汇出行用电传或 SWIFT 方式向国外代理行发出汇款委托；
④核对密押，缮制电汇通知书，通知收款人取款；
⑤收款人收据；
⑥解付汇款；
⑦付讫借记通知书。

（三）信汇业务流程

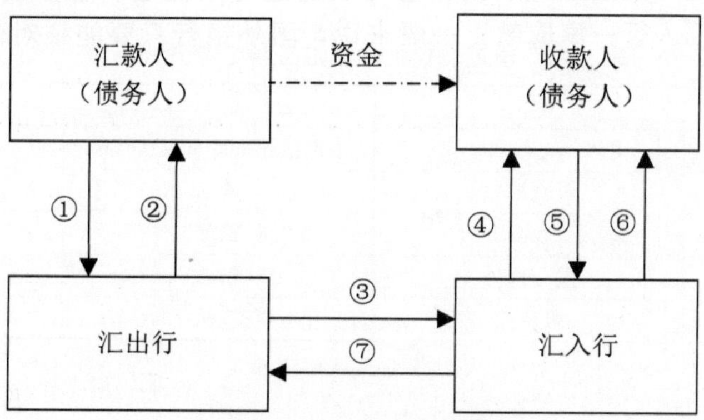

图 12-3　信汇的业务流程图

①信汇申请书；
②信汇回执；
③航邮信汇委托书；
④核对签字，发出汇款通知书；
⑤收款人收据；
⑥解付汇款；
⑦付讫借记通知书。

(四) 票汇的业务流程

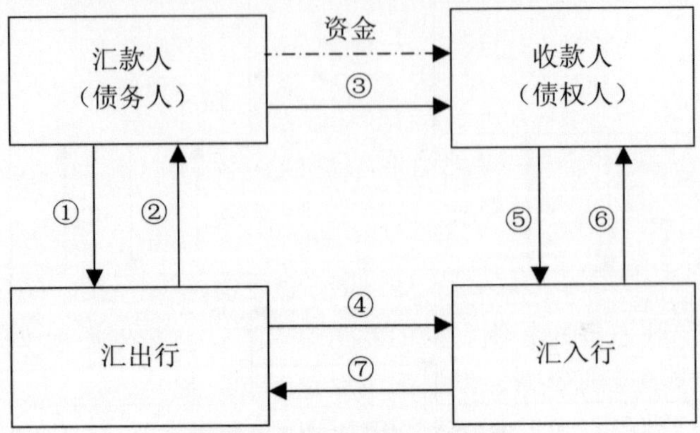

图 12-4　票汇的业务流程图

①票汇申请书;
②开立银行即期汇票;
③自行邮寄汇票或亲自转交汇票;
④邮寄汇款通知书（票根）;
⑤提示汇票;
⑥核对签字后，解付票款给收款人;
⑦付讫借记通知书。

(五) 电汇、信汇和票汇三种汇款方式的比较

表 12-1　电汇、信汇和票汇三种汇款方式比较

项目	电汇	信汇	票汇
使用结算工具	电报、电传或 swift	信汇委托书或支付授权书	银行即期汇票
查验工具	密押	签字	签字
成本费用	较高	较低	较低
安全性	安全性高	较低	较低
汇款速度	最快捷	较慢	较灵活

任务二：托收的概念、种类及流程的认知

一、 托收的概念

托收是委托人向银行提交凭以收款的金融票据或商业票据或两者兼有，委托银行（托收行）向付款人收取货款的一种结算方式。

在托收方式下，银行仅作为委托人的代理人，提供服务，不保证收到款项。托收不是进口商或债务人的主动付款，而是出口商或债权人的催收。其实质是利用银行间的代理关系和资金划拨渠道加以延伸，使两端的客户间的债权债务得以清偿。

二、托收的种类

（一）光票托收

光票托收是仅凭金融单据而不附带商业单据的托收，不涉及货物的转移，业务较简单。金额一般都不大，多数为即期付款。

（二）跟单托收

跟单托收是附带商业单据的托收，标的物仍是汇票，商业单据起支持汇票的作用。最实质的要件是代表货权的运输单据。根据交单条件不同，可分为：

1. 付款交单（documents against payment，D/P）

是指代收行以进口商的付款为条件向进口商交单。办理此类托收时，委托人（出口商）必须在托收申请书中指示托收行，只有在进口商付清货款的条件下，才能向其交单。付款交单根据付款时间的不同又可分为：

（1）即期付款交单：（D/P at sight）是指当代收行向进口商提示汇票和单据，要求其付款赎单，进口商审核单据并决定接受时立即付款，代收行在收到货款后将单据交付进口商的托收方式。

（2）远期付款交单：（D/P at …days after sight）是指出口商开具远期汇票，附带单据通过托收行一并寄代收行，代收行收到单据后，立即向进口商提示远期汇票和单据，进口商审单后随即予以签字承兑，代收行收回汇票及单据，待汇票到期时再向进口商提示，要求其付款，在收到货款后将单据交进口商。

2. 承兑交单：（documents against acceptance，D/A）

承兑交单是指代收行以进口商的承兑为条件向进口商交单。即代收行向进口商提示远期汇票和单据时，进口商审单后签字承兑，代收行留下进口商已承兑的汇票，将全部单据交给付款人，待汇票到期时付款人才履行付款义务。

三、托收的流程

（一）基本业务流程

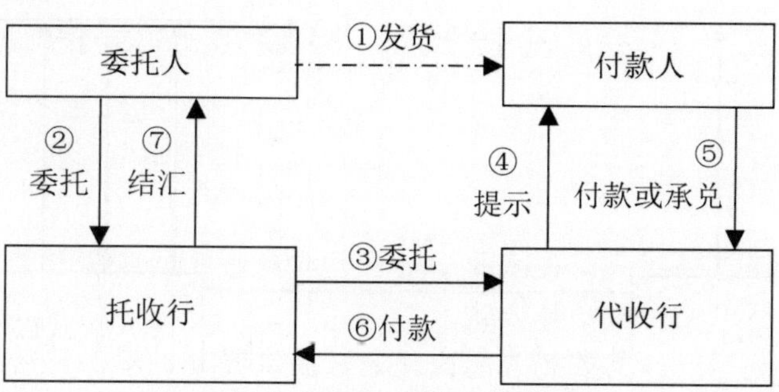

图 12-5　托收业务基本流程图

请注意：①发货发生在付款人⑤付款或承兑之前，所以可能发生出口商已发货而进口商拒绝付款的行为，成为风险的根源。

（二）付款交单（documents against payment，D/P）

1. 托收即期付款交单

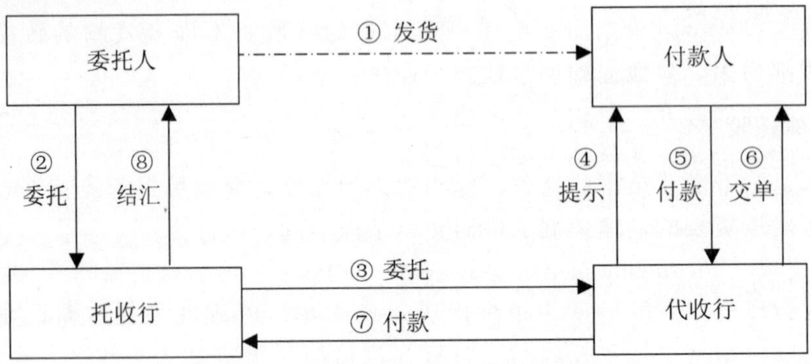

图 12-6 托收远期付款交单业务流程图

2. 托收远期付款交单

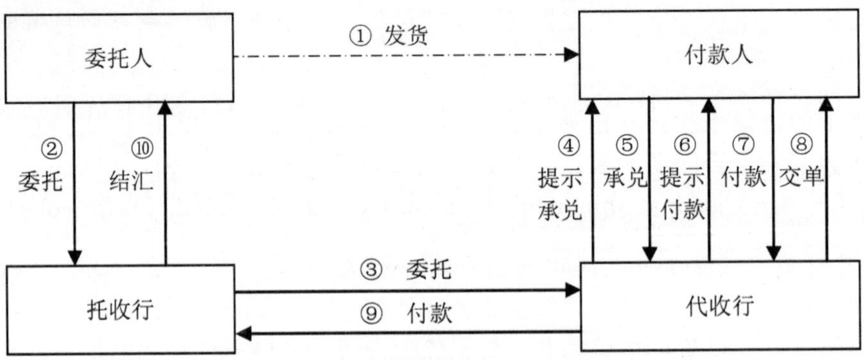

图 12-7 托收即期付款交单业务流程图

（二）承兑交单：（documents against acceptance，D/A）

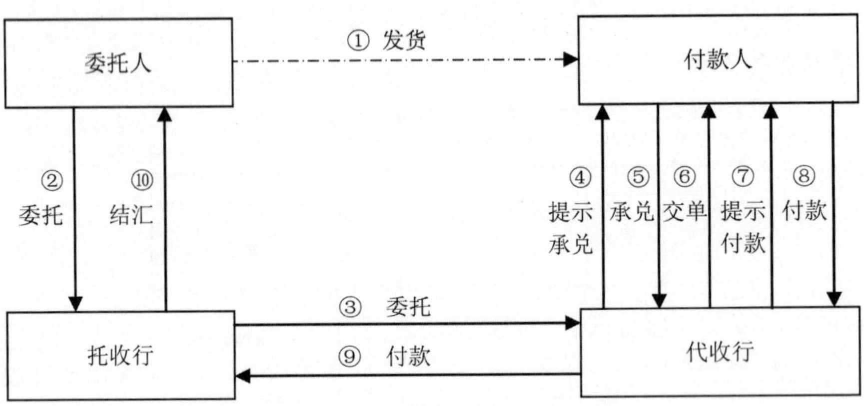

图 12-8 托收承兑交单业务流程图

任务三：托收项下汇票内容的认知和制作

一、 汇票的概念

结汇单证中使用的汇票，指用于托收和信用证收汇方式中，出口商向进口商或银行签发的，要求后者即期或在一个固定的日期或在可以确定的将来时间，对某人或某指定人或持票人支付一定金额的无条件的书面支付命令。

汇票属于资金单据，它可以代替货币进行转让或流通。因此，汇票是一种很重要的有价证券。为了防止丢失，一般汇票都有两张正本，即 First Exchange 和 Second Exchange。根据票据法的规定，两张正本汇票具有同等效力，但付款人付一不付二，付二不付一，先到先付，后到无效。银行在寄送单据时，一般也要将两张正本汇票分为两个邮次向国外寄发，以防在邮程中丢失。

二、 跟单托收项下汇票缮制的基本要点

托收结算方式汇票的填制，有九个项目需要填写：

1. 出票条款（Drawn under）

托收项下的出票条款须在出票条款栏内或其他位置加注“FOR COLLECTION”。一般要求列出为某某号合同项下装运多少数量的某商品办理托收，即：“Drawn under Contract NO. （* * *）against shipment of （quantity） of （Commodity） for collection”。

例如：Drawn under Contact No. MNS606 against shipment of 50 bales of shoes for collection.

2. 汇票号码（NUMBER），一般填写发票号码。

3. 小写金额（AMOUNT IN FIGURES）：即托收总金额，也就是发票金额；先打币制，紧接着是以阿拉伯数字表示的金额，小数点后保留两位，第三位小数四舍五入，应端正地打在虚线内，不得涂改。

4. 出票地点和日期（PLACE AND DATE OF ISSUE），一般由银行代填。

5. 支付方式和付款期限（TENOR AND MODE OF PAYMENT），即期付款交单（D/P at sight），在本栏填写“D/P at sight”，即在“At”和“Sight”之间连续打三个“*”然后在“At Sight”前加“D/P”；远期付款交单（D/P after sight），在“D/P at”与“days after sight”之间填入付款的天数，例如：D/P at 90 days after sight；承兑交单（D/A），在“At”与“Sight”之间填入付款的天数，例如：“D/A at 45 days after sight”。

6. 收款人栏目，在实际业务中，托收项下汇票的受款人一般使用指示抬头，即以托收行指示方式为受款人，例如：Pay to the order of ××× Bank.

7. 大写金额（AMOUNT IN WORDS），先打货币名称，再用英文大写表明托收金额，大小写应相一致。句尾加打一个“ONLY”。

8. 付款人（DRAWEE），托收项下的付款人，汇票左下角的"TO"栏，即合同的买方，可根据合同的买方名称、地址填入，以备持票人查找、提示。根据《托收统一规则》规定：托收指示书应列明付款人或提示所在地的完整地址，代收行对于因所提供的地址不完整或不准确而引起的任何延误不承担责任。

9. 出票人签字（SIGNATURE OF THE DRAWER），在汇票右下角打出或盖上出口方公司名称并由负责人签字或盖章。

三、跟单托收项下汇票样单

BILL OF EXCHANGE

Drawn under S/C NO. 12345 AGAINST SHIPMENT OF 200 CARTONS OF SHOES FROM SHANGHAI TO NEWYORK FOR COLLECTION

Dated 07-JULY-2014　　Payable with interest@ ______ % ______

No. ABC789　　Exchange for USD 10，000.00　　Shanghai China ______

D/PAt * * * sight of this FIRST of Exchange (Second of Exchange being unpaid)

Pay TO THE ORDER OF BANK OF CHINA，SHANGHAI BRANCH

The sum of SAY U. S. DOLLARS TEN THOUSAND ONLY

To THE ABCDE GROUP，INC.

445 KENNEDY DRIVE SAYREVILLE，NEW JERSEY

CHINA ARTEX SHANGHAI

IMPORT AND EXORT CORPORATION

Chendan

任务四：多种结算方式下跟单汇票的处理

一、多种结算方式综合运用

在国际贸易业务中，一笔交易的货款结算，可以只使用一种结算方式（通常如此），也可根据需要，例如不同的交易商品，不同的交易对象，不同的交易做法，将两种或两种以上的结算方式结合使用，或有利于促成交易，或有利于安全及时收汇，或有利于妥善处理付汇。常见的不同结算方式结合使用的形式有：

（一）信用证与汇付结合

这是指一笔交易的货款，部分用信用证方式支付，余额用汇付方式结算。这种结算方式的结合形式常用于允许其交货数量有一定机动幅度的某些初级产品的交易。对此，经双方同意，信用证规定凭装运单据先付发票金额或在货物发运前预付金额若干成，余额待货到目的地（港）后或经再检验的实际数量用汇付方式支付。使用这种结合形式，必须首先订明采用的是何种信用证和何种汇付方式以及按信用证支付金额的比例。

（二）信用证与托收结合

这是指一笔交易的货款，部分用信用证方式支付，余额用托收方式结算。这种结合形式的具体做法通常是：信用证规定受益人（出口人）开立两张汇票，属于信用证项下的部分货款凭光票支付，而其余额则将货运单据附在托收的汇票项下，按即期或远期付款交单方式托收。这种做法，对出口人收汇较为安全，对进口人可减少垫金，易为双方接受。但信用证必须订明信用证的种类和支付金额以及托收方式的种类，也必须订明“在全部付清发票金额后方可交单”的条款。

二、多种结算方式综合运用时的跟单汇票

在合同中，对于信用证与托收结合方式的条款通常可作如下规定：“买方通过卖方可接受的银行于装运月份前××天开立并送达卖方不可撤销的即期信用证，规定发票金额的××%凭即期光票支付，下余××%用托收方式即期付款交单。发票金额100%的全套货运单据随附托收项下，于买方付清发票全部金额后交出。如买方未付清全部发票金额，则货运单据须由开证行掌握凭卖方指示处理。”也即如下条款：

Payment by irrevocable letter of credit to reach the sellers X X days before the month of shipment stipulating that the remaining X X% against X X% of the invoice value available against clean draft while the draft on D/P sight basis; The full set of shipping documents shall accompany the collection draft and shall only be released after full payment of the invoice value. If the buyers fail to pay the full invoice value, the shipping documents shall be held by the issuing bank at the seller's disposal.

例题：根据所给资料，填写汇票

（一）销售合同书

上海进出口贸易公司
SHANGHAI IMPORT & EXPORT TRADE CORPORATION
1321 ZHONGSHAN ROAD, SHANGHAI, CHINA.

Post code：200032　　销售确认书　　S/C No：ST303
Fax：(21) 65788876　　SALES CONFIRMATION　　DATE：AUG. 1, 2014
TEL：(21) 65788877

To Messers：
YIYANG TRADING CORPORATION
88 HEGOMEISOELL AVE, DONCASTER 2904TTN
MARSEILLE FRANCE

Dear Sirs,

We hereby confirm having sold to you the following goods on terms and conditions as specified bellow：

SHIPPING MARK	DESCRIPTION OF GOODS SPECIFICATIONS, PACKING	QUANTITY	UNIT PRICE	AMOUNT (EUR)
Y. Y. T. C. LE HAVRE C/No. 1-40	PRECISION HIGH SPEED AUTOMATIC PRESS WITH GRIPPER FEEDER		CIF LE HAVRE	
	GX-80B	300 SETS	EUR 25.00	7500.00
	GX-97C	500 SETS	EUR 45.00	22500.00

1. LOADING PORT AND DESTINATION: FROM SHANGHAI TO LE HAVRE
2. TIME OF SHIPMENT: NOT LATER THAN OCT. 31, 2014
3. PARTIAL SHIPMENT: ALLOWED
4. TRANSHIPMENT: ALLOWED
5. INSURANCE: FOR 110 PCT OF INVOICE VALUE COVERING ALL RISKS
6. TERMS OF PAYMENT: The Buyer shall open through a bank acceptable to the Sellers an Irrevocable Sight Letter of Credit to reach the Sellers ___30___ days before the month of shipment, stipulating that 50% of the invoice value against clean draft at sight while the remaining 50% on Documents against Payment at sight on Collection basis. The full set of the shipping documents of 100% invoice value shall accompany the Collection item and shall only be released after full payment of the invoice value.
7. GSP Certificate of Origin Form A issued by China Inspection and Quarantine。
8. For transactions concluded on C. I. F. basis, it is understood that the insurance amount will be for 110% of the invoice value against the risks specified in the Sales Confirmation. If additional insurance amount or coverage is required, the buyers must have the consent of the Sellers before Shipment and the additional premium is to be borne by the Buyer.
9. QUALITY/QUANTITY DISCREPANCY: In case of quality discrepancy, claim should be filed by the Buyer within ___60___ days after the arrival of the goods at port of destination, while for quantity discrepancy, claim should be filed by the Buyer within ___40___ days after the arrival of the goods at port of destination. It is understood that the Sellers shall not be liable for any discrepancy of the goods shipped due to causes for which the Insurance Company, Shipping Company, other transportation organization/or Post Office are liable.
10. The Sellers shall not be held liable for failure or delay in delivery of the entire lot or a portion of the goods under this Sales Confirmation on consequence of any Force Majeure incidents.
11. The Buyer is requested always to quote THE NUMBER OF THIS Sales Confirmation in the Letter of Credit to be opened in favor of the Seller.
12. The Buyer is requested to sign and return one copy of the Sales Confirmation immediately afte the receipt of the same. Objection, if any, should be raised by the Buyer

within five days after the receipt of this Sales Confirmation, in the absence of which it is understood that the Buyer has accepted the terms and conditions of the sales confirmation.

THE BUYER:
YIYANG TRADING CORPORATION

THE SELLER:
SHANGHAI IMPORT & EXPORT
TRADE CORPORATION

（二）光票信用证

Sequence of Total	*27:	1/1
Form of Doc. Credit	*40A:	CLEAN
DOC. CREDIT NUMBER	*20:	TH2003
DATE OF ISSUE	31C:	140828
EXPIRY	*31D:	DATE 141105 PLACE IN COUNTRY OF BENEFICIAR
APPLICANT	*50:	YIYANG TRADING CORPORATION 88 HEGOMEISOELL AVE, DONCASTER 2904TTN MARSEILLE FRANCE
ISSUING BANK	52A:	NATIONAL PARIS BANK 24 MARSHALL VEDONCASTER MARSEILLE FRANCE
BENEFICIARY	*59:	SHANGHAI IMPORT & EXPORT TRADE CORPORATION 1321 ZHONGSHAN ROAD, SHANGHAI, CHINA.
AMOUNT	*32B:	CURRENCY EUR AMOUNT 15000.00
AILABLE WITH/BY	*41D:	ANY BANK IN CHINA BY NEGOTIATION
DRAFTS AT …	42C:	DRAFTS AT SIGHT
DRAWEE	42A:	NATIONAL PARIS BANK
PARTIAL SHIPMENT	43P:	ALLOWED
TRANSHIPMENT	43T:	ALLOWED
LOADING IN CHARGE	44A:	SHANGHAI
FOR TRANSPORT TO	44B:	LE HAVRE
LATEST DATE OF SHIP	44C:	141031
DESCRIPT. OF GOODS	45A:	PRECISION HIGH SPEED

AUTOMATIC PRESS WITH GRIPPER FEEDER

GX-80B	300 SETS	EUR 25.00
GX-97C	500 SETS	EUR 45.00

CIF LE HAVRE

CHARGES	71B:	ALL BANKING CHARGES OUTSIDE CANADA ARE FOR ACCOUNT OF BENEFICIARY

（三）补充资料

INVOICE NO.：XH051111

INVOICE DATE：OCT. 01，2014

PACKING：PACKED IN ONE CARTON OF 20 SETS

G. W.：25KGS/CTN

N. W.：20KGS/CTN

MEAS.：0.02CBM/CTN

TOTAL ONE 20' CONTAINER NO. COSU112244

跟单托收汇票如下：

BILL OF EXCHANGE

Drawn under S/C NO. ST303 AGAINST SHIPMENT OF 800 SETS OF PRECISION HIGH SPEED AUTOMATIC PRESS WITH GRIPPER FEEDER FROM SHANGHAI TO LE HAVRE FOR COLLECTION

Dated 01-AUG-2014 Payable with interest@ ____ % ____

No. XH051111 Exchange for EUR 15，000.00 Shanghai China ____

D/PAt * * * sight of this FIRST of Exchange (Second of Exchange being unpaid)

Pay TO THE ORDER OF BANK OF CHINA，SHANGHAI BRANCH

The sum of SAY EUR FIFTEEN THOUSAND ONLY

To YIYANG TRADING CORPORATION

88 HEGOMEISOELL AVE，DONCASTER 2904TTN

MARSEILLE FRANCE

SHANGHAI IMPORT & EXPORT
TRADE CORPORATION
WANGYI

信用证项下汇票如下：

BILL OF EXCHANGE

Drawn under NATIONAL PARIS BANK L/C NO. TH2003

Dated 28-AUG-2014 Payable with interest@ ____ % ____

No. XH051111 Exchange for EUR 15，000.00 Shanghai China ____

At * * * sight of this FIRST of Exchange (Second of Exchange being unpaid)

Pay to the order of BANK OF CHINA，SHANGHAI BRANCH

The sum of SAY EUR FIFTEEN THOUSAND ONLY

To NATIONAL PARIS BANK

SHANGHAI IMPORT & EXPORT
TRADE CORPORATION
CHENDAN

项目小结

本项目主要阐述了汇款和托收的概念、种类及流程，总结了托收项下汇票的内容和制作方法，阐明了多种结算方式结合时跟单汇票的处理。

项目闯关实训

☆单项选择题

1. T/T 的含义是指(　　)。

A. 提单　　B. 电汇　　C. 信用证　　D. 银行保函

2. 通过汇出行开立银行汇票，实现货款支付的方式是(　　)。

A. 电汇　　B. 信汇　　C. 票汇　　D. 银行转账

3. 我国的鲜活商品、易损易碎商品的出口往往采用的贸易方式为(　　)。

A. 寄售方式　　B. 预付货款　　C. 交单付现　　D. 售定方式

4. 托收的交单方式即代收行将单据交付进口商或付款人的条件的决定者是(　　)。

A. 进口商　　B. 出口商　　C. 托收申请书　　D. 贸易合同

5. 在托收结算方式下，一旦货款被买方拒付，在进口地承担货物的提货、报关、存仓、转售等责任的当事人是(　　)。

A. 委托人　　B. 托收银行　　C. 代收银行　　D. 付款人

6. 在托收委托书中，D/P. T/R 意指(　　)。

A. 付款交单　　B. 承兑交单

C. 付款交单凭信托收据借单　　D. 承兑交单凭信托收据借单

7. 承兑交单方式下开立的汇票一定是(　　)。

A. 即期汇票　　B. 远期汇票　　C. 银行汇票　　D. 银行承兑汇票

8. 下列业务中，不属于托收行责任的是(　　)。

A. 按委托人指示办事　　B. 对邮寄单据遗失负责

C. 按业务常规选择代收行　　D. 以应有的勤勉和谨慎处理业务

9. 付款人拒付时，银行尚未交单，货物所有权仍属于委托人，以下(　　)不是委托人对货物的处理方式。

A. 在进口地找到新买主，就地将货物处理掉

B. 由委托人在进口地的可靠代理人付款提货

C. 派人前往进口地与进口商协商处理

D. 委托承运人运回货物

10. 在托收业务中，付款人拒付时，代收行的主要职责是(　　)。

A. 立即将单据退回托收行　　B. 代委托人提货存仓

C. 保管好单据听候处理　　D. 委托承运人将货物运回

11. 在托收业务各当事人的关系中，代收行与付款人之间(　　)。

A. 并不存在契约关系　　B. 存在债权债务关系

C. 存在委托代理关系　　D. 存在票据关系

12. 跟单托收中有远期汇票的情况下，如果托收委托书中没有指明交单条件，由代收行的正确做法是(　　)。

A. 立即向委托行明确交单条件　　B. 单据在进口商付款后交付

C. 单据在进口商承兑后交付　　D. 单据在承兑或付款后交付均可

☆**多项选择题**

1. 下列属于汇付活动当事人的是(　　)。

A. 委托人　　B. 汇出行　　C. 代收行　　D. 索偿行

2. 在下面所列中，适宜于寄售方式的有(　　)。

A. 推销新产品　　B. 推销鲜活商品　　C. 开拓新市场　　D. 推销滞销商品

3. 根据结算工具的传递方式不同，汇款结算方式的种类包括(　　)。

A. 电汇　　B. 信汇　　C. 票汇　　D. D/P

4. 在国际贸易中，汇付方式通常适用的业务活动有(　　)。

A. 预付货款　　B. 交单付现　　C. 赊销　　D. 寄售

5. 交单付现是买方汇款后，卖方交单时才能收取货款，其特点有(　　)。

A. 买方付款在先　　B. 进口商主动付款

C. 受《URC522》约束　　D. 不受《URC522》约束

6. 托收行是委托人的代理人，基本职责是(　　)。

A. 根据委托人的指示行事　　B. 按《托收统一规则》行事

C. 按常规处理业务　　D. 承担过失责任

7. 托收结算方式时，出口商防范风险的主要措施有(　　)。

A. 认真履行贸易合同

B. 加强对进口商的资信调查掌握好授信额度

C. 了解进口国家的有关规定

D. 选择合理的交单条件及价格条款

8. 在托收业务中，进口商必须在付清货款后才能取得货运单据，这种交单方式可以是(　　)。

A. 光票托收　　B. 即期付款交单　　C. 远期付款交单　　D. 承兑交单

9. 委托人在委托申请书中，对拒付处理的指示主要包括(　　)。

A. 是否作拒绝证书　　B. 货物的处理

C. 是否放弃银行费用　　D. 是否改变交单方式

10. 按《URC522》的解释，银行可在下列情况下免责(　　)。

A. 专门性的术语在翻译上的错误　　B. 信件或单据在寄送途中延误或失落

C. 电报. 电传在传送中延误或错误　　D. 罢工致使银行营业间断所造成的后果

11. 付款交单可分即期付款交单和远期付款交单，与即期付款交单相比，远期付款交单有以下特点(　　)。

A. 出口商开具的是远期汇票　　B. 进口商应先予承兑汇票

C. 进口商承兑汇票取得单据　　D. 汇票到期才付款赎单

12. 在跟单托收业务中，进出口商的融资主要有(　　)。

A. 票据贴现　　B. 凭信托收据借单提货

C. 凭银行担保提货　　D. 出口托收押汇

13. 在跟单托收方式中进口商防范风险的主要措施有(　　)。

A. 慎重选择贸易伙伴　　B. 了解出口国家有关规定

C. 最好选择承兑交单　　D. 仔细审核单据

14. 简单地说，信托收据是进口商借单时提供的书面信用担保文件，用以表明出具人(　　)。

A. 以代收行的受托人身份提货存仓　　B. 以出口商的受托人身份提货存仓

C. 承认货物所有权仍属于代收行　　D. 承认货物所有权仍属于进口商

15. 对实际交货条件的价格术语，不宜采用托收支付方式。那么下列可采用托收结算方式的价格术语有(　　)。

A. CIF　　B. FOB　　C. CFR　　D. FCA

☆判断题

1. 汇票和票汇是同一事物的不同称呼。(　　)

2. 汇付方式是和种对买卖双方都有较大风险的结算方式。(　　)

3. 货到付款与预付货款刚好相反，是有利于进口商而不利于出口商的汇款结算方式。(　　)

4. 一般情况下，汇入行可以在未收妥汇出行拨交的头寸时，向收款人解付款项。(　　)

5. 寄售双方实质上是一种委托关系而不是买卖关系。(　　)

6. 托收不是进口商或债务人的主动付款，而是出口商或债权人对款项的催收。(　　)

7. 在托收业务中，如果因委托人的指示不明确造成托收款项的延误或损失，概由委托人自己承担。(　　)

8. 如果因付款人拒付而收不到货款，损失由委托人自己承担，相应地，委托行和代收行就不能向委托人收取代理手续费。(　　)

9. 托收行的职责之一是审查委托申请书和核对单据，因此托收行有义务审核单据的内容，以确保托收款项顺利收回。(　　)

10. 在付款交单凭信托收据借单的方式下，代收行在买方到期不付款时承担向委托人按期支付货款的责任。(　　)

11. 在远期付款交单情况下，买方若想抓住行情，不失时机转售货物，只能在到期前提前付款赎单，别无他法。(　　)

12. 托收因借助银行实现货款的收付，所以，托收是属于银行信用。(　　)

13. 按照《UCR522》的规定，委托人为防止货到目的地后因买方拒付货款而致货物无人领取、保管，可以直接将货物发给进口地的代收行。(　　)

14. 银行在托收业务中，所有来往交涉的函电，均需加上有效印鉴或密押一律以书

面、电传或SWIFT文字为准，不凭口头或电话办事。(　　)

15. 在托收业务中银行只是委托人的代理人，并没有做出任何付款承诺，因此，银行在托收业务中绝对无风险。(　　)

16. 出口押汇的实质是银行有追索权地向进口商购买跟单汇票。(　　)

17. 托收是一种相对有利于出口商，不利于进口商的结算方式。(　　)

18. 委托人有委托银行办理托收之后，就不得通知银行改变托收金额和托收条件。(　　)

☆**讨论题**

1. 简述汇款结算方式的特点。

2. 某公司出口三批货物，合同分别规定以D/P即期、D/P30天、D/A30天托收方式结算。设寄单之邮程为7天，托收日为8月1日。问：这三笔托收业务的提示日、承兑日、付款日、交单日各为何日？(不计银行合理工作时间)

3. 什么是托收？简述托收结算方式的特点？

4. 跟单托收有几种交单条件？对出口商和进口商最有利的交单条件各是什么？

5. 国内某公司以D/P付款交单方式出口，并委托国内甲银行将跟单汇票寄由第三国乙银行转给进口国丙银行托收。后来得知丙银行破产收不到货款，该公司要求退回有关单证却毫无结果，请问托收银行应负什么责任？

6. 我国某公司出口一批货物，结算方式为D/P90天托收。汇票及货运单据通过托收银行寄抵国外代收行后买方进行了承兑。但货物到达目的地后，恰巧这时行市上涨，于是付款人出具信托收据（T/R）向银行借得单据并提货。货物出售后进口商倒闭。代收行将上述情况通知托收行，表示货款已无法收回。那么我方出口商是否应承担货款损失？

☆**操作题**

1. 根据下列资料填写汇票

The Seller：SHANGHAI IMP. /EXP. CO.

The Buyer：SINGAPORE A CO.，LTD

品名：TOOLS

数量：20000SETS

总金额：USD16，000.00

包装：100 CTNS

发票号码：ST008

船名、航次：SEA LION V. 18

贸易术语：CIF SINGAPORE

提单签发日：JUN. 16，2014

合同日期：APRIL. 1，2014

合同号：C/N123

SHIPPING MARKS：A
SINGAPORE
NO. 1-472

信用证信息摘录：开证行：BANK OF SINGAPORE

信用证号码：Y-12388

开证日期：MAY 4TH，2014

最迟装运日期：JUN. 30TH，2014

到期日：JUL 15TH，2014

议付行：BANK OF CHINA

受票人：BANK OF SINGAPORE

FOR 100.00PCT INVOICE VALUE

L/C AT SIGHT

INSURANCE POLICY FOR 110% OF INVOICE AMOUNT AGAINST ALL RISKS AND WAR RISKS AS PER PICC CLAUSES.

Documents required：Documents must be presented within 15 days after the date of issuance of transport documents but within the validity of this credit.

BILL OF EXCHANGE

Drawn under ____________________ L/C NO. __________

Dated __________ Payable with interest@ ______ % ________

No. ______ Exchange for __________ Shanghai China __________

At ______ sight of this FIRST of Exchange (Second of Exchange being unpaid)

Pay to the order of ______________________________

The sum of ____________________________________

To ____________________

____

2. 已知发票金额为$738000.00，发票号码为81609D3030。来证有关内容如下：

ISSUING BANK：BANK OF CHINA SHANDONG BRANCH

L/C NO.：810080000797

DATED：2013-11-07

EXPIRY DATE：2014-01-08 PLACE KOREA

APPLICANT：QINGHE LIGHT IND. PROD. IMP. &EXP. CORP

NO.55 SHANDONG RD.，QINGDAO，CHINA

BENEFICIARY：SUNKUONG LINITED (HSRO) C. P. O. BOX 1780，SEOUL，KOREA.

AMOUNT：USD AMOUNT 738000.00

AILABLE WITH/BY：BKCHKRSE BANK OF CHINA SEOUL BRANCH SEOUL

BY NEGOTIATION DAFTS AT：

120 DAYS AFTER THE DATE OF SHIPMENT FOR 100PCT OF THE INVOICE VALUE

DRAWEE：BKCHCNBJ810 BANK OF CHINA QINGDAO (SHANDONG BRANCH)

QUANTITY：5 PCT MORE OR LESS ARE ALLOWED.
LATEST SHIPMENT：2013-12-23
请根据上述资料填写汇票。

BILL OF EXCHANGE

Drawn under ________________ L/C NO. ________
Dated ________ Payable with interest@ ____ % ____
No. ________ Exchange for ______ Shanghai China ______
At ______ sight of this FIRST of Exchange (Second of Exchange being unpaid)
Pay to the order of ____________________
The sum of ________________________
To ______________

____

项目 13　综合审单

导入案例

2014 年 3 月，青岛 M 工艺品进口公司向巴基斯坦 BC 贸易有限公司成交一笔贸易，6 月 5 日对方开来信用证，有关部分条款规定："…350 SET OF DINNER SET，PRICE：USD. 35.00 PER SET，C&F KARACHI，SHIPMENT FROM QINGDAO TO KARACHI，SHIPPING MARK TO BE 'B. C. /381 AND 451/KARACHI'"（350 套西餐具，价格每套 35 美元，C&F 卡拉奇，从青岛装运至卡拉奇，运输标志仅为"B. C. /381 AND451/KARACHI."），工艺品进出口公司根据上述信用证条款，在装运后即备齐单据向议付行交单，未料到单寄至国外，开证行提出拒付意见："第 XXXX 号信用证项下单据存在如下不符点：

1. 你提单及发票等单据上表示的运输标志与信用证不符。信用证规定'B. C. /381 AND 451/KARACHI'，你提单及发货票等单据的运输标志为'B. C. /381 & 451/KARACHI'。

2. 我信用证规定价格条款为 USD 35 PER SET，C&F KARACHI。你发票上表示的价格条件为 USD 35.00 PER SET，CFR KARACH。

3. 包装单上运输标志栏表示：'AS PER INVOICE'，系据哪个发票？漏发票号码，应表示出依据第 XXXX 号发票。根据上述，单证不符，我行无法接受。单据暂代保管，请告处理意见"。

问题：出口方应如何制单和审单？出现单证不符时，有什么补救措施？

项目要点

1. 审单的原则
2. 审单方法
3. 单证审核的要点
4. 单证不符的处理

任务一：审单原则认知

审单是对已经缮制备妥的单据对照信用证或合同等有关内容进行单证或单同、单单的及时检查和核对，发现问题，及时更正。对出口方来说，这关乎能否安全及时收汇；对于进口方来说，关乎能否安全及时收货。汇付和托收结汇方式的审单依据是外贸合同，与之相比较，信用证业务是纯粹的单据买卖，审单依据主要是信用证、《UCP600》和《ISBP745》，对单据的要求最为严格。本教材以信用证项下的单据审核为例进行讲解，且信用证项下审单的许多方法和要点同样适合于托收等非信用证结算方式下的审单。

一、审单的两个原则

长期以来，银行在审单时通常采取严格相符的原则或实质一致的原则。

(一) 严格相符的原则

严格相符的原则（The Doctrine of Strict Compliance）是指单据就像是信用证的“镜子影像”（Mirror Image）一样，单据中的每个字、字母皆必须与信用证中的写法相同，否则即构成单证不符。实务中，各国司法实践中对信用证严格相符原则的运用几乎达到了镜像标准，即受益人提交的单据在字面上应像一面镜子一样按照信用证的字句进行审单。开证行或保兑行以及议付行应该像手里拿着一个镜子一样拿着信用证，按照信用证的条件和条款一字不苟地对照受益人提交的单据进行审单，只要单据出现任何差异，无论该差异是大或小，该单据均不予接受。

但是，任何有经验的银行都知道，在单据和信用证条款之间，字对字、字母对字母的绝对相符是很困难的。调查结果表明，信用证受益人或其代理银行第一次提示的单据中90%存在不符点。由于该标准过于刚性化，受益人担心成为法院执行镜像标准的受害人已成为一个普遍现象。开证行和买方有可能滥用该标准以拒绝付款，尤其是在货物行情下滑时，买方会要求开证行尽量找出不符点以便拒付货款，甚至主动参与到寻找不符点的程序中来；有时银行因开证申请人资信不好或因其他原因导致申请人可能无力向银行付款赎单时，银行更是全力以赴找出任何微小的不符点以拒付，来达到转嫁或规避风险的目的。

(二) 实质一致的原则

实质一致的原则（The Principle of Substantial Compliance）是指允许受益人所交的单据与信用证有差异，只要该差异不损害进口方，或不违反法庭的“合理、公平、善意”的概念即可。该原则要求审单员在审单时应当抛开信用证条款的字面意思，要考虑不符点是否给审单员在审查关键方面造成了不确定感、该不符点是否误导审单员认为其与信用证的规定相符、该不符点是否将误导审单员作出对自身有害的决定等问题；要求在考虑信用证交易的背景后，再分析从字面上理解是否合理。

实质一致的原则克服了严格相符原则过于刚性的缺点，是对其进行软化和修正，即允许受益人提交的单据与信用证的要求之间存在相当大的差异时，只要该不符点属于非实质性的，仍然认定单据符合信用证的要求。实际上，如何区分一般不符和实质不符还是比较困难的，如何来划分实际中遇到的问题的性质缺乏相应的具体标准，因而银行之间在认定上存在一定的差异。

实质一致的原则能够避免或降低开证行或申请人不当利用严格相符原则刚性的可能性，使信用证交易更加公平合理，更加符合诚信和善意的要求。但顾此不能失彼，若不适当地对严格相符原则进行软化和修正，则会给信用证交易带来不稳定感和不可预测性，造成信用证不再是便利可靠的支付手段，反而成了动荡纷争的摇篮。

二、原则的适用

UCP 历经几次修改，但其条例中对单据审核须把握的标准却始终如一，严格规定单据的“表面一致”是单据审核的唯一依据。在审单中有依据的内容应采取严格相符的原则，亦即常说的“单证一致”、“单单一致”；对于没有依据的内容应采取实质一致的原则。从《UCP600》内容来看，近乎一半的条款都是与审单相关。

《UCP600》第 14 条款审核单据的标准（Standard for Examination of Documents）：

a. A nominated bank acting on its nomination, a confirming bank, if any, and the issuing bank must examine a presentation to determine, on the basis of the documents alone, whether or not the documents appear on their face to constitute a complying presentation. 意即按照指定行事的被指定银行、保兑行（如有）以及开证行必须对提示的单据进行审核，并仅以单据为基础，以决定单据在表面上看来是否构成相符提示。

b. A nominated bank acting on its nomination, a confirming bank, if any, and the issuing bank shall each have a maximum of five banking days following the day of presentation to determine if a presentation is complying. This period is not curtailed or otherwise affected by the occurrence on or after the date of presentation of any expiry date or last day for presentation. 意即按照指定行事的被指定银行、保兑行（如有）以及开证行，自其收到提示单据的翌日起算，应各自拥有最多不超过 5 个银行工作日的时间以决定提示是否相符。该期限不因单据提示日适逢信用证有效期或最迟提示期或在其之后而被缩减或受到其它影响。

c. A presentation including one or more original transport documents subject to articles 19, 20, 21, 22, 23, 24 or 25 must be made by or on behalf of the beneficiary not later than 21 calendar days after the date of shipment as described in these rules, but in any event not later than the expiry date of the credit. 意即提示若包含一份或多份按照本惯例第 19 条、20 条、21 条、22 条、23 条、24 条或 25 条出具的正本运输单据，则必须由受益人或其代表按照相关条款在不迟于装运日后的 21 个公历日内提交，但无论如何不得迟于信用证的到期日。

d. Data in a document, when read in context with the credit, the document itself and international standard banking practice, need not be identical to, but must not conflict with, data in that document, any other stipulated document or the credit. 意即单据中内容的描述不必与信用证、信用证对该项单据的描述以及国际标准银行实务完全一致，但不得

与该项单据中的内容、其它规定的单据或信用证相冲突。

e. In documents other than the commercial invoice, the description of the goods, services or performance, if stated, may be in general terms not conflicting with their description in the credit. 意即除商业发票外，其它单据中的货物、服务或行为描述若须规定，可使用统称，但不得与信用证规定的描述相矛盾。

f. If a credit requires presentation of a document other than a transport document, insurance document or commercial invoice, without stipulating by whom the document is to be issued or its data content, banks will accept the document as presented if its content appears to fulfill the function of the required document and otherwise complies with sub-article 14 (d). 意即 如果信用证要求提示运输单据、保险单据和商业发票以外的单据，但未规定该单据由何人出具或单据的内容。如信用证对此未做规定，只要所提交单据的内容看来满足其功能需要且其它方面与十四条（d）款相符，银行将对提示的单据予以接受。

g. A document presented but not required by the credit will be disregarded and may be returned to the presenter. 意即提示信用证中未要求提交的单据，银行将不予置理。如果收到此类单据，可以退还提示人。

h. If a credit contains a condition without stipulating the document to indicate compliance with the condition, banks will deem such condition as not stated and will disregard it. 意即如果信用证中包含某项条件而未规定需提交与之相符的单据，银行将认为未列明此条件，并对此不予置理。

i. A document may be dated prior to the issuance date of the credit, but must not be dated later than its date of presentation. 意即单据的出单日期可以早于信用证开立日期，但不得迟于信用证规定的提示日期。

j. When the addresses of the beneficiary and the applicant appear in any stipulated document, they need not be the same as those stated in the credit or in any other stipulated document, but must be within the same country as the respective addresses mentioned in the credit. Contact details (tealeaf, telephone, email and the like) stated as part of the beneficiary's and the applicant's address will be disregarded. However, when the address and contact details of the applicant appear as part of the consignee or notify party details on a transport document subject to articles 19, 20, 21, 22, 23, 24 or 25, they must be as stated in the credit. 意即当受益人和申请人的地址显示在任何规定的单据上时，不必与信用证或其它规定单据中显示的地址相同，但必须与信用证中述及的各自地址处于同一国家内。用于联系的资料（电传、电话、电子邮箱及类似方式）如作为受益人和申请人地址的组成部分将被不予置理。然而，当申请人的地址及联系信息作为按照 19 条、20 条、21 条、22 条、23 条、24 条或 25 条出具的运输单据中收货人或通知方详址的组成部分时，则必须按照信用证规定予以显示。

k. The shipper or consignor of the goods indicated on any document need not be the beneficiary of the credit. 意即显示在任何单据中的货物的托运人或发货人不必是信用证的受益人。

l. A transport document may be issued by any party other than a carrier, owner, master or chartered provided that the transport document meets the requirements of articles 19, 20, 21, 22, 23 or 24 of these rules. 意即假如运输单据能够满足本惯例第19条、20条、21条、22条、23条或24条的要求，则运输单据可以由承运人、船东、船长或租船人以外的任何一方出具。

任务二：审单方法的运用

一、审单要则

（一）速审

涉及的内容主要有：信用证是否仍然有效；单据是否过期；金额是否一致；货物数量是否一致；出运日期是否在最迟装期之前；所列单据是否全部提交。

（二）总审

涉及的内容主要有：所有单据的名称和地址是否一致；所有单据的货物描述是否一致；所有单据的唛头是否一致；所有单据的更正处是否加具签字或小签。

二、审单方法

（一）先数后文法

如果已经集中了全套单据，将每种单据的所有数字进行全面复核，比如单价、总价、数量、净重、毛重、尺码、包装件数等。然后，再采用纵横审单法对其他内容进行审核。

（二）纵横审单法

纵横审单法，即单据和信用证对照审核法。如图13-1所示。

纵审的目的就是追求“单证一致”；横审的目的是追求“单单一致”。纵审时，将信用证和信用证修改书（如果有的话）、全套单据、审单记录表从左往右从左往右置于桌上，中间的全套单据按汇票、商业发票、箱单……提（运）单从上而下依次排好，依据信用证和信用证修改书（如果有的话）规定的条款，分析涉及的每一种单据及其具体填制的内容和应提交的份数，两者对照，一句一字的予以审核。如果有不符点，应及时在单据上标注并在审单记录表（见图13-2）上做好记录（见附录具体审单记录实例），以免遗漏。审完的单据反转置于桌上中间未审单据的前面，直至审完全套单据。如果按信用证审完涉及的单据后仍有剩余单据的，应予以退还给交单人。

在纵审基础上进行横审，通常选择商业发票或汇票作为主要的单据（也称为大单据），以大单据为中心逐一核对其他单据，审核共有项目的一致性，审核签发日期是否合理，核对保单和提（运）单，如有不符点，应及时在单据上标注并在审单记录表上做好记录，并在记录文字后标记“改”、“加”、“补”字样，便于单据的修改。

对于单据上的不符点，应与上一道业务环节保持沟通，落实修改措施，待改妥单据后，记录文字后标记“改”、“加”、“补”字上画圈表示不再有此不符点，确保“单证一致”、“单单一致”，当全部字画圈后，就可以向银行交单了。

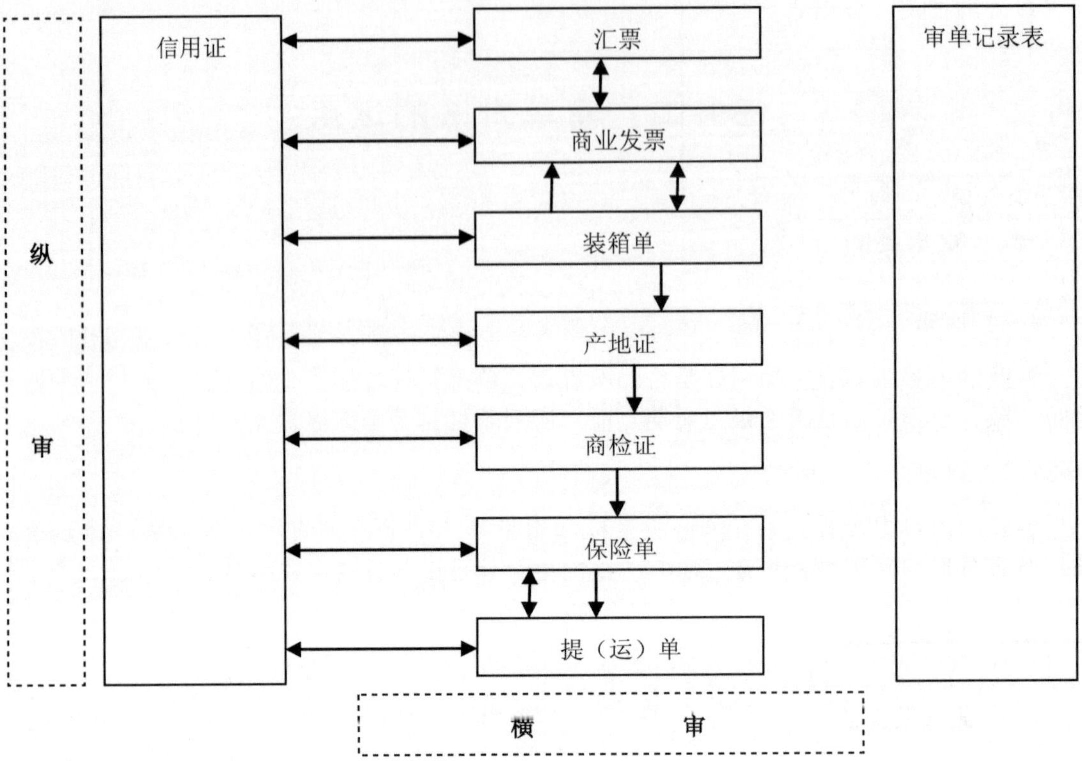

图 13-1　纵横结合法

(三)“装期”审单法

对于出口业务量大、批次又多的企业，化整为零，将制单、审单、改单程序合为一体，协同运输进度安排与审单进度，按照货物装运日期的先后依次进行审核，争取在提单签发前完成预审工作，及时改正差错，以便在取得正本提单后可以立即向银行交单。

(四) 分地区客户审单法

对于业务量较大的单位，可采用分地区客户审单的工作方法。例如，过去许多省级外贸公司在处理出口业务时，常分“欧洲科、日本科、北美科或中东非洲科”等等，这些业务人员对某一地区的交易习惯了如指掌。因为不同国别、不同进口商对出口单证的要求各异，同一国别、地区或同一客户对出口单证的要求则基本相同。审单人员对世界各地区或进口商的单证特点往往不能全面掌握，可能会对某一地区客户的特殊要求有所疏漏，造成单证不符。

除了以上四种方法外，还有项目 1 所提及的“一缮一审”和“综合复审”相结合的方法；先将信用证从头到尾通读一遍，然后再按信用证条款依次审核的先读后审法；在审单先后顺序的安排上可以先做“简单的单据”，后做“繁复的单据”的先简后繁法；按信用证条款依次审核各种单据后，再通读信用证全文，确保每一条款未被遗漏的先审后读法……等等。

表 13-2　审单记录

运编号					收B/L			
装　期	L/C效期	交单期		价格条款	投　保	转运	分批	溢　短
结汇单	份数							
汇　票								
发　票								
B/L、AWB、FCR								
装箱单								
重量单								
详细P/L								
保险单								
GSP								
产地证								
客检证								
海关发票								
许可证								
检验证明								
邮　据								
订　单		船公司证明			样品证明		其它证明	
装船通知		传真报告			已寄单证明			
担保原因	逾装、效、交单期		价格条款		数量、金额、款号		目的港	
	运输方式		单据短缺、疵点		分批	其它		
正常	担保		不合格		交单日	交单行		
						中、工、农、交、商、浦、招、光		

任务三：单证审核的要点识别

一、认清单证的常见差错

单证的常见差错，见表13-3。

表 13-3　单证的常见差错

序号	内容
1	汇票大、小写金额打错
2	汇票的付款人名称、地址打错
3	发票的抬头人打错
4	有关单据如汇票、发票、保险单等的币制名称不一致或不符合信用证的规定
5	发票上的货物描述不符合信用证的规定
6	多装或短装
7	有关单据的类型不符合信用证要求
8	单单之间商品名称、数量、件数、唛头、毛净重等不一致
9	应提交的单据提交不全或份数不足?
10	未按信用证要求对有关单据如发票/产地证等进行认证
11	漏签字或盖章
12	汇票/运输提单/保险单据上未按要求进行背书
13	逾期装运
14	逾期交单

二、 单证审核的要点

(一) 单证综合审核的要点

单证综合审核的要点见表 13-4。

表 13-4　单证综合审核的要点

序号	内容
1	检查规定的单证是否齐全，包括所需单证的份数
2	检查所提供的文件名称和类型是否符合要求
3	有些单证是否按规定进行了认证
4	单证之间的货物描述、数量、金额、重量、体积、运输标志等是否一致
5	单证出具或提交的日期是否符合要求

(二) 单证分类审核的要点

单证分类审核的要点见表 13-5。

表 13-5　单证分类审核的要点

单据种类	审核要点	
	序号	具体内容
汇票	1	金额应与发票和信用证金额相符，金额的大、小写必须一致，填写规范
	2	币制名称应与信用证、发票上的币制名称相一致
	3	应按规定列明利息条款
	4	付款期限要符合信用证或合同（非信用证付款条件下）规定，即期、远期应填写规范
	5	汇票的付款人名称、地址是否正确
	6	出票人、受款人、付款人都必须符合信用证或合同（非信用证付款条件下）的规定？
	7	是否由出票人进行了签署
	8	出票条款是否正确，如出票所根据的信用证或合同号码是否正确
	9	是否按需要进行了背书
	10	汇票份数是否正确，如“只此一张”或“汇票一式二份，有第一汇票和第二汇票”
商业发票	1	发票名称应与信用证规定相符
	2	抬头人必须符合信用证规定
	3	装运港、目的港需与提单一致
	4	商品的描述必须完全符合信用证的要求，不能有拼写错误
	5	单价、价格条件、数量必须符合信用证的规定
	6	发票的金额不得超出信用证的金额，如数量、金额均有“大约”字样，可按10%的增减幅度掌握
	7	佣金/折扣的处理要与信用证规定相符
	8	信用证要求表明和证明的内容不能遗漏，不能机械照搬信用证中的证明词句
	9	提交的正副本份数必须符合信用证的要求
包装单据	1	名称应与信用证规定相符
	2	共有内容要与发票、提单相一致
	3	不应出现单价、总金额
	4	日期填写要符合逻辑
	5	内容要与货物的实际包装完全相符
	6	缮制要求要符合信用证规定
保险单据	1	保险单据的类型应与信用证的要求相一致，除非信用证另有规定，保险经纪人出具的暂保单银行不予接受
	2	保险单的抬头人要与信用证规定相符
	3	保险金额要与信用证规定相符
	4	保险金额大小写要一致
	5	币制应与信用证上的币制相一致
	6	包装件数、唛头等必须与发票和其他单据相一致
	7	运输工具名、起运地及目的地，都必须与信用证及其他单据相一致

续表

单据种类	审核要点	
	序号	具体内容
保险单据	8	投保险种必须符合信用证规定并且无遗漏
	9	投保加成必须符合信用证的规定
	10	如转运，保险期限必须包括全程运输
	11	保险单据的正副本份数应齐全，如保险单据注明出具一式多份正本，除非信用证另有规定，所有正本都必须提交
	12	保险单的签发日期不得迟于运输单据的签发日期
	13	赔付地点或赔付货币不能遗漏
	14	背书不能遗漏或书写错误
	15	保险单据必须由保险公司或其代理出具
运输单据	1	运输单据的类型须符合信用证的规定
	2	托运人、收货人和被通知人须符合信用证规定
	3	装运日期、出单日期须符合信用证的规定，不能超过信用证规定的装期
	4	起运地、转运地、目的地须符合信用证的规定
	5	唛头须与其他单据相一致
	6	商品名称可使用货物的统称，但不得与发票上货物说明的写法相抵触
	7	包装件数须与信用证和其他单据相一致，大小写要一致，大写不能遗漏
	8	运费预付或运费到付应正确进行批注，不能遗漏
	9	收妥待运海运提单应进行已装船批注且内容完整
	10	运输单据上不应有不良批注
	11	应加背书的运输单据，按信用证要求背书，不能遗漏
	12	正副本份数应符合信用证的要求，全套正本都须盖妥承运人或其代理人的印章及签发日期章，份数应与信用证相符，不能漏填正本份数
产地证	1	出口商应符合信用证要求
	2	收货人不得填写中间商的名称及国别、地区
	3	唛头不能简单写成“as per invoice no. ××××”
	4	货物描述与信用证要求一致，不能过于笼统，能够查找到对应的 HS CODE，货物描述结束时须打结束符号“＊＊＊＊＊＊＊”
	5	货物件数的大小写要一致
	6	原产地标准引用的应符合信用证要求
	7	发票日期、申请日期、签发日期、装运日期应符合逻辑关系
	8	信用证中对产地证的其他要求不能遗漏
	9	出口商声明栏中出口商的盖章与签字不能重叠
	10	签发机构应与信用证规定相符
	11	正副本份数应符合信用证的要求

续表

单据种类	审核要点	
	序号	具体内容
商检证书	1	检验证书种类符合信用证规定
	2	商品名称、数量应与发票、提单等其他单据相符
	3	唛头须与信用证和其他单据相一致
	4	检验项目及内容与信用证规定相符，除非另有规定，检验证书不能包括有关货物、规格、品质、包装等不利的描述
	5	检验日期不得迟于运输单据日期，鲜活、易腐烂商品检验不能过早
	6	授权人签署、部门签章不能遗漏
	7	附页不能漏盖骑缝章
	8	不能擅自涂改检验内容，如需更改的证书在更改处应盖“更改章”及授权人签字
	9	出证机构应与信用证规定一致
其他单据	1	单据名称应与信用证相符
	2	内容应详尽，与信用证规定相符，与关联单据无矛盾
	3	证明文句的内容不能盲目机械照抄信用证内容
	4	出单日期应符合信用证或惯例的规定，与关联单据无矛盾
	5	更改处应应盖“更改章”及签字
	6	签署不能遗漏
	7	使用联合单据是否符合信用证规定
	8	是否体现了信用证的其他特殊规定
	9	正副本份数应符合信用证要求

任务四：单据不符的处理

一、 单据不符的原因

（一）制单员的业务知识局限和操作疏忽

制单员业务知识的局限和操作的疏忽是导致单据不符的直接原因，也是最常见的原因。由于企业业务范围的限制，可能会出现与一个地区的业务较多，而与其他地区的业务较少的情况，由于每个地区的信用证名字和特点不同，这就会出现一些业务员对一些信用证不太熟悉的情况。此外，制单员的制单疏忽也是产生单据不符的主要因素，小到由于打字错误引起的误解，大到造成实质性的不符。例如，某信开信用证规定了唛头，由于唛头在信用证的下方，最后一行打上了 P. T. O. 三个字，制单员对此也未深究，把 P. T. O. 三个字也包括在唛头中，导致开证行拒付。P. T. O. 是 please turnover 的缩写，意即请见反面。该不符点的造成纯粹是因为制单员的大意和不求甚解。

（二）信用证本身的缺陷

信用证本身的缺陷往往对单据不符产生致命的影响，其一般有以下几种情况：

1. 信用证中含有软条款

这种软条款往往会使出口商无法执行信用证，或者是不能获得信用证要求下的单据。例如，信用证规定由开证申请人或其代表签字的检验证，而申请人既不验货又不出具相关证书，则出口商无法提交此单据，不符点因而产生。

2. 信用证本身的含糊或自相矛盾

这主要是在开出信用证时考虑不周全或开证申请人的疏忽或故意导致。例如，信用证要求提交全套正本提单，而同时规定 1/3 提单直接邮寄给开证申请人。

3. 信用证修改也有可能引发不符点

这类不符点的产生经常是由于开证行疏漏和受益人忽略对修改内容以外条款的审查引起的。例如，改 CIF 价格条款为 CFR 或 FOB 时，未删除信用证所要求的保险单。

4. 信用证条款与实际操作有冲突

在实务中往往信用证的一些规定在实际操作中无法执行。例如，在转让信用证和背对背信用证中经常遇到一个条款，“除发票外其他任何单据均不允许出现发票号码”，当信用证同时要求普惠制产地证时就会遇到问题，因为根据相关惯例，普惠制产地证必须注明发票号码。

（三）关联机构或部门不熟悉国际惯例

一些船公司、保险公司以及商检机构等关联部门，对国际惯例不熟悉或者误解而产生的不符。一般情况下，这些部门出具的单据往往是信用证要求的重要单据，如果不相符，其将会产生很大的影响。例如，有船公司在签发提单时做得不规范，在表明身份时使用“as agent for carrier Of B/L title”或“as agent for the carrier showed in B/L title”，大意为作为提单抬头所表明的承运人的代理，按此意可推断提单、抬头中表明了承运人的名称，但往往抬头中除了船公司名称外并未明确表明该公司即为承运人。如果从信用证技术上考虑，提单表面未表明承运人名称也使签发人的单据均获付款，实际上这作为一种隐患，开证行有权决定单据是否相符。

（四）受益人经营过程中的失误或自身素质不高

信用证项下的受益人在规定的时间内按质量地备货、生产、发运显得尤为重要，及时履行合同，但由于公司经营造成的失误，如货物无法在规定时间内产出、质量缺陷、短装、船期赶不上等等，这些导致的单据与信用证不相符合。此外，一些出口公司因为自身素质问题，往往在业务中，尤其是在单据制作和审核方面不进行深入管理，而是安全依赖银行，如果遇到银行中业务不熟练的经办员，也容易出现错误。

总之，不符点的产生原因是多方面的。在信用证交易的每一个步骤都要时刻留心，早加防范。从最初的谈判到对信用证的审核，从货物的生产、储运到制单审单，杜绝单据的不符点要靠整个过程中所有人的努力才能奏效。

二、单据不符的处理

（一）议付银行的处理

1. 改单后议付

将单据退回受益人修改，指出单证的不符之处，并在有效期内要求受益人修改单据并提交，经审核无误后议付。

2. 凭保议付

对于无法及时修改的单证，受益人向议付行出具担保书，承认单据的瑕疵并声明如果开证行拒付，则由受益人偿还由议付行垫付的款项和费用。同时，受益人电请开证申请人，说明单据出现的不符点，请他授权开证行接受不符单据。议付行在收到担保书和开证行接受不符单据的指示后，可议付不符单据。

3. 表提

议付行作为寄单行，把不符点列在寄单函上，征求开证行的意见，由开证行接洽开证申请人是否同意付款。如开证申请人不予接受，则开证行退单给议付行，议付行退单给受益人。表提适于单据不符并不严重，或虽实质性不符，但事先接洽了开证申请人已同意接受不符单据的情况。

4. 电提

议付行暂不向开证行寄单，而是致电开证行，列明单据的不符点，征询可否议付。如开证行同意付款，议付行议付后寄单，若不同意，受益人可及早收回单据，设法改正或采取措施处理在途货物。电提适于单证实质不符，且金额较大；受益人同意或要求电提并承担费用的情况。

5. 照常议付

如不符点模棱两可或微不足道，可以采取内部确认的办法，即要求受益人承认不符，而对外照常议付。

6. 追索退款

针对已议付的单据，如果开证行提出的不符点客观存在，议付行应及时通知受益人，妥善解决，应退款的应及时退款。

（二）受益人的处理

受益人在收到开证行的拒付通知时，首先审核拒付通知的有效性，有效的拒付通知应同时符合下列条件：

1. 开证行必须以单据为依据明确提出单据的不符点；
2. 开证行必须以自身的名义提出的不符点；
3. 开证行应在收到单据翌日起 5 个银行工作日内提出；
4. 开证行必须一次性提出所有不符点；
5. 拒付电必须明确表示“拒绝接受”字样；
6. 声明单据的处理方式或直接退单。

如果拒付通知无效或银行私自放单，则开证行或保兑行仍须承担兑付责任。如果拒付通知有效，则受益人对开证行所列不符点对照留底单据进行认真审核。

根据审核的结果，受益人有以下处理方式。

1. 反拒付

如果不符点不成立，受益人立即通过交单行进行反拒付，交单行（通常是议付行）须尽最大的努力与开证行交涉，并通知受益人尽速联系开证申请人接受单据，如果反拒付成功，则开证行不应扣减不符点产生的费用。

2. 修改交单

如果不符点成立，应争取在有效期内修改并寄单，开证行视为全新单据进行审核，可以提出与第一次不同的不符点；如果受益人接受的是不符单据的退单修改，则开证行只能对原不符点审核并提出不符点。所以，受益人重新提交的单据一定要仔细，确保没有新的不符点。

3. 积极与开证申请人沟通

如果不能在效期内修改并寄单，则受益人尽速联系开证申请人劝说其接受不符单据，赎单提货，避免货物滞留目的港产生滞港费、仓储费等额外费用或被进口国海关没收等意外情况发生；如果开证申请人不同意接受不符单据，一方面受益人应积极与开证申请人沟通，适当让步比如降价等以劝说开证申请人接受不符单据，赎单提货。

4. 密切关注货物下落

开证行拒付后，受益人应立即查询货物下落，了解银行是否私自放单或开证申请人是否已经凭开证行的提货担保提取货物。如果货物已经被提，不管单证是否具有不符点，不管进口商是否赎单，开证行必须付款。

5. 另寻买主或退单退货

在与开证申请人交涉不力的情况下，权衡利弊，积极寻找新的买主。在开证行提出的不符点属于实质性的且拒付行为规范、在开证申请人拒绝接受不符单据和寻找新买主而不得的情况下，可以研究退单退货；如果运回成本高于运回的收益，则可以将货物放弃在目的港，由进口国海关处置。

任务五：审单案例操作

一、 根据信用证审核单据

（一）信用证

FROM：STATE BANK OF MAURITIUS，PORT LOUIS MAURITIUS
TO：BANK OF CHINA SHANGONG BRANCH
FORM OF DOC Credit　40A：Irrevocable
Doc Credit Num　20：I9143658FMK
Date of Issue　31C：140104

Date AND Place of EXPIRY 31D：Date 140330 CHINA
Applicant 50：LI YONG FONG AND SONS LTD
85 ROYAL ST PORT LOUIS MAURITIUS
Beneficiary 59：SANTO DIY TOOLS AND HARDWARE CO LTD
NO IQUTANGXIA ROAD QINGDAO CHINA
Curr Code，Amt 32 B：USD Amount 2950.84
Percentage Credit 39 A：03/03
Available with… by… 41 D：ANY BANKBY PAYMENT
Drafts At 42 C：AT SIGHT
Drawee 42 A：STATE BANK OF MAURITIUS，PORT LOUIS MAURITIUS
Partial shipments 43 P：ALLOWED
Transshipment 43 T：ALLOWED
Loading on Board 44A：ANY CHINESE PORT
Transport to 44B：PORT LOUIS，MAURITIUS
Latest Shipment 44 C：140305
Goods Descript 5A：TOOLS AND GENERAL MERCHANDISE AS PER PROFORMA INVOICE NO 170/2013/1431，CIF LOUIS
Docs Required 46 A：

+SIGNED INVOICE IN 4 COPIES IN THE NAME OF OPENERS SHOWING SEPARATELY THE FOB INSUANCE AND FREIGHT VALUES QUOTING INDENT NO 2247

+FULL SET OF CLEAN SHIPPED ON BOARD OCEAN BILLS OF LADING DRAWN ON OR ENDORSED TO THE ORDER OF STATE BANK OF MAURITIUS LTD SHOWING FREIGHT PREPAID AND MARKED NOTIFY STATE BANK OF MAURITIUS LTD AND APPLICANT. B/L SHOULD ALSO INDICATE THE NAME AND ADDRESS，TELPHONE AND FAX NUMBER OF CARRIER'S AGENTS AT DESTINATION.

+ MARINE INSURANCE CERTIFICATE IN DUPLICATE DRAWN TO ORDER AND BLANK ENDORSED FOR TEN PER CENT OVER THE INVOICE VALUE COVERING MARINE RISKS AS PER. INSTITUTE CARGO CLAUSES A. B. C. FROM WAREHOUSE TO FINAL WAREHOUSE IN MAURITIUS. INSURANCE CLAIMS PAYABLE IRRESPECTIVE OF PERCENTAGE IN MAURITIUS. IF GOODS ARE SUBJECT TO TRANSHIPMENT，RISKS OF TRANSHIPMENT MUST BE COVERED UNDER THE MARINE POLICY.

+PACKING LIST IN TRIPLICATE

+ INSPECTION CERTIFICATE IN QUADRUPLICATE ISSUED BY JIN XIANG LAN

ADDITIONAL CONDITIONS： 47A：

ALL DOCUMENTS PRESENTED MUST BE MARKED ‘DRAWN UNDER LC NO. I9143658 FMK.

2.5PCT COMMISSION WILL BE DEDUCTED FROM CIF VALUE UPON NEGOTIATION AND PAYMENT WILL BE EFFECTED BY US TO GENERAL HARDWARE AND ELECTRICAL AGENCIES，PO BOX ES6072 ROYAL ST，PORT LOUIS，MAURITIUS.

SHIPPING MARK MUST BE SHOWN ON ALL DOCUMENTS.

TRANSPORTDOCUMENTS BEARING REFERENCE BY STAMP OR OTHERWISE TO COSTS ADDITIONAL TO THE FREIGHT CHARGE，SUCH AS COST INCURRED IN CONNECTION WITH LOADING，UNLOADING OR SIMILAR OPERATIONS ARE NOT ACCEPTABLE.

CHARGES 71B：ALL OVERSEAS BANK'S CHARGES ARE FOR BENEFICIARY'S ACCOUNT

PERIOD FOR PRES 48：15 DAYS FROM SHIPMENT DATE

CONFIRMATION INSTR 49：WITHOUT

REIMBURS BANK 53 A：FIRST UNION NATIONAL BANK NEW YORK，(NEW YORK INTERNATIONAL BRANCH)

INS PAYING BANK 78：USD 65 (OR EQUIV) WILL BE DEDUCTED AT PAYMENT FOR EACH PRESENTATION OF DISCREPANT DOC. THIS CHARGE IS FOR ACCOUNT OF BENEFICIARY. DOCS TO BE SENT BY EXPRESS COURIER IN 2 SETS WE SHALL REMIT PROCEEDS UPON RECEIPT OF COMPLIANT DOCS AT OUR COUNTERS.

THE PRESENT CREDIT IS SUBJECT TO UCP FOR DOCUMENTARY CREDIT 2007 REVISION ICC PUBLICATION 600.

(二) 汇票

TWO ORIGINALS

DRAWN UNDER STATE BANK OF MAURITIUS.，PORT LOUIS MAURITIUS. L/C NO. I9143658 FMK DATE OF ISSUE JAN. 14TH，2014.

NO. ST/291431

EXCHANGE FOR USD2950.84 QINGDAO MAR 20TH，2014

AT SIGHT OF THIS FIRST OF EXCHANGE (SECOND OF THE SAME TENOR AND DATE UNPAID) PAY TO THE ORDER OF BANK OF CHINATHIS SUM OF U.S. DOLLARS TWO THOUSAND NINE HUNDRED AND FIFTY AND CENTS EIGHTY FOUR ONLY.

TO：BANK OF MAURITIUS.，

PORT LOUIS MAURITIUS

SANTO DIY TOOLS AND HARDWARE CO., LTD.
QINGDAO CHINA
ПОРТЕR

（三）发票

ONE ORIGINAL AND THREE COPIES

SANTO DIY TOOLS AND HARDWARE CO., LTD.
NO 1 QUTANGXIA ROAD QINGDAO CHINA
INVOICE

TO: LI YONG FONG AND SONS LTD　INV. NO. ST/291431
85 ROYAL ST　PORT LOUIS MAURITIUS　DATE: 04 MAR. 2014
L/C NO. I9143658 FMK

MARKS&NOS.
LOTUS
PORT LOUIS
MAURITIUS
NO. 1-134
SHIPMENT FROM QINGDAO PORT, CHINA TO PORT LOUIS, MAURITIUS

QUANTITY PACKING AND DESCRIPTION		UNIT PRICE	AMOUNT
TOOLS		FOB QINGDAO	
BUTCHER HATCHET	50 DOZ	USD7.75	USD387.50
BRITISH BRICKLAYER	40 DOZ	USD 2.95	USD118.00
ALUMINIUM OXIDE	1000PCS	USD 0.158	USD158.00
SHARPENING STONE ENGINEER BALL PEIN	120 DOZ	USD 5.585	USD670.20
HAMMER RUBBER MALLET	32 DOZ	USD 4.12	USD131.84
STEEL WIRE BRUSH	50 DOZ	USD 1.70	USD85.00
GLASS CUTTER	500 PCS	USD 0.60	USD300.00
MASONARY DRILL	5000PCS	USD 0.029	USD145.00
COMB PLIER W/SIDE	50 DOZ	USD 8.59	USD429.50
CUTTING NIPPERS	30 DOZ	USD 5.25	USD157.50
LONG NOSE PLIER	50 DOZ	USD 5.51	USD275.50
SCRAPER	80 DOZ	USD 1.16	USD92.80
PACKED IN 134 CARTONS FOB VALUE: USD2667.84 FRIGHT VALUE: USD245.00 INSURANCE VALUE: USD38.00 INDENT NO. 2247		TOTAL	USD2950.84

SANTO DIY TOOLS AND HARDWARE CO., LTD.

（四）海运提单

<table>
<tr><td colspan="2">SHIPPER:
SANTO DIY TOOLS AND HARDWARE CO., LTD.
NO 1 QUTANGXIA ROAD
QINGDAO CHINA</td><td rowspan="2">B/L NO. ABCABC111

BILL OF LADING</td></tr>
<tr><td colspan="2">CONSIGNEE:
TO THE ORDER OF ISSUEING BANK</td></tr>
<tr><td colspan="2">NOTIFY PARTY:
. LI YONG FONG AND SONS LTD
85 ROYAL ST PORT LOUIS MAURITIUS</td><td rowspan="4">PANDA
INT'L TRANSPORTATION
CO., LTD.</td></tr>
<tr><td colspan="2">PLACE OF RECEIPT: QINGDAO CFS</td></tr>
<tr><td>OCEAN VESSEL
KOTA PERMASAN</td><td>PORT OF LOADING:
QINGDAO PORT</td></tr>
<tr><td>PORT OF DISCHARGE:
PORT LOUIS MAU</td><td>PLACE OF DELIVERY:
PORT LOUIS CFS</td></tr>
<tr><td colspan="3">MARKS AND NORSPACKAGES DESCRIPTION OF GOODSG. W. MEAS.
134 TOOLS 2694KGS 3.00CBM
LOTUS CARTONS
PORT LOUIS
MAURITIUS
NO. 1-134 DRAWN UNDER LC NO. I9143658 FMK

SHIPPED ON BOARD QINGDAO PORT

FREIGHT PREPAID</td></tr>
<tr><td colspan="2">NUMBER OF ORIGINAL B (S) L:
THREE</td><td>PLACE AND DATE OF ISSUE:
QINGDAO 20140304</td></tr>
<tr><td colspan="2">TAKEN IN CHARGE IN APPARENT GOOD ORDER
AND CONDITION, UNLESS OTHERWISE NOTET
HEREIN AT THE PLACE OF RECEIPT OR
TRANSPORT AND DELIVERY AS MENTIONED
ABOVE</td><td>SIGNED BY:
AS THE MASTER OF S. S. KOTA
PERMASAN</td></tr>
</table>

其他单据略。

审单结果如下，见表 13-6。

表13-6 审单记录表

<table>
<tr><td colspan="5">运编号 ABCABC111</td><td colspan="4">收B/L</td></tr>
<tr><td>装期</td><td>L/C效期</td><td>交单期</td><td></td><td>价格条款</td><td>投保</td><td>转运</td><td>分批</td><td>溢短</td></tr>
<tr><td></td><td>2014.3.30</td><td></td><td></td><td></td><td></td><td>允许</td><td>允许</td><td>3%</td></tr>
<tr><td>结汇单</td><td>份数</td><td colspan="7" rowspan="15">1. 汇票出票时间不对，应在MAR.15.2014之前；改
2. 汇票付款人不对：BANK之前掉了STATE；改
3. 商业发票货物描述不全，应该是：TOOLS AND GENERAL MERCHANDISE AS PER PROFORMA INVOICE NO 170/2013/1431；改
4. 发票上单价应该是CIF LOUIS；改
5. 发票无签字；补
6. 提单抬头ISSUEING BANK应该换成具体开证行名字；改
7. 被通知人还应加上开证行名字；加
8. 已装船批注没有具体时间；补
9. 没有注明承运人在目的地的代理人名字、电话、传真、地址；补
10. 签字栏没有承运人身份及名字。补</td></tr>
<tr><td>汇票</td><td>2</td></tr>
<tr><td>发票</td><td>4</td></tr>
<tr><td>B/L、AWB、FCR</td><td>3</td></tr>
<tr><td>装箱单</td><td>3</td></tr>
<tr><td>重量单</td><td></td></tr>
<tr><td>详细P/L</td><td></td></tr>
<tr><td>保险单</td><td>2</td></tr>
<tr><td>GSP</td><td></td></tr>
<tr><td>产地证</td><td></td></tr>
<tr><td>客检证</td><td></td></tr>
<tr><td>海关发票</td><td></td></tr>
<tr><td>许可证</td><td></td></tr>
<tr><td>检验证明</td><td>4</td></tr>
<tr><td>邮据</td><td></td></tr>
<tr><td>订单</td><td></td><td colspan="2">船公司证明</td><td></td><td>样品证明</td><td></td><td>其它证明</td><td></td></tr>
<tr><td>装船通知</td><td></td><td colspan="2">传真报告</td><td></td><td>已寄单证明</td><td></td><td></td><td></td></tr>
<tr><td></td><td></td><td></td><td></td><td></td><td></td><td></td><td></td><td></td></tr>
<tr><td>担保原因</td><td colspan="2">逾装、效、交单期</td><td colspan="2">价格条款</td><td colspan="2">数量、金额、款号</td><td colspan="2">目的港</td></tr>
<tr><td></td><td colspan="2">运输方式</td><td colspan="2">单据短缺、疵点</td><td>分批</td><td>其它</td><td colspan="2"></td></tr>
<tr><td>正常</td><td colspan="2">担保</td><td colspan="2">不合格</td><td>交单日</td><td>交单行</td><td colspan="2"></td></tr>
<tr><td></td><td colspan="2"></td><td colspan="2"></td><td></td><td colspan="3">中、工、农、交、商、浦、招、光</td></tr>
</table>

项目小结

本项目主要阐述了外贸单证审核的原则，阐明了审核单据的主要方法，总结了单证审核常见的差错和主要单据审核的要点，分析了单证不符的处理方法，最后列举了审单实例。

项目闯关实训

☆单项选择题

1. 采用信用证方式的，按 L/C 要求办，若没有具体要求时，发票的抬头应做成(　　)。

A. 受益人　　B. 开证行

C. 议付行　　D. L/C 的开证申请人

2. 如果信用证规定汇票的期限为 30 DAYS FROM DATE OF BILL OF LADING，提单日期为 MAR. 1ST，2014，则根据《国际银行标准实务》，汇票的到期日应为(　　)。

A. 2014 年 3 月 31 日　　B. 2014 年 3 月 30 日

C. 2014 年 3 月 20 日　　D. 2014 年 4 月 1 日

3. 非信用证支付方式下，制单和审单的首要依据是(　　)。

A. 信用证　　B. 买卖合同

C. 相关国际惯例　　D. 有关商品的原始资料

4. 凡"约"、"大概"、"大约"或类似的词语，用于信用证数量时，应理解为(　　)。

A. 有关数量不超过 10％的增减幅度

B. 有关数量不超过 15％的增减幅度

C. 有关数量的增减幅度可双方协议

D. 有关数量的增减幅度可按单方要求来定

5.《UCP600》规定，开证行的合理审单时间是收到单据翌日起(　　)个工作日之内。

A. 5　　B. 6　　C. 7　　D. 8

6. "单单一致"的纵审时，通常以(　　)为中心。

A. 保险单　　B. 商业发票　　C. 海运提单　　D. 装箱单

7. 开证行在审单时发现不符点，以下(　　)项不是开证行所必须做的。

A. 说明全部不符点　　B. 拒付时必须以单据为依据

C. 应用书信方式通知寄单行　　D. 必须在 5 个工作日内拒付

8. 国际上普遍对于不符点单据的交单，规定出口方提供给议付行的额外单据是(　　)。

A. 权威机构出具的检验证书　　B. 担保书

C. 出口方的财务报表　　D. 出口方的经营情况

9. 如采用信用证支付方式，进口货物单据的审核，一般审核单据的单位是(　　)。

A. 仅由开证行审核即可

B. 只由进口企业审核即可

C. 仅由议付行审核即可

D. 由开证行和进口企业共同对单据进行审核

10. 关于各种单据出单日期，下列表述正确的是(　　)。

A. 保险单的出单期可以晚于已装船提单的出单期

B. 提单签发日可迟于信用证或合同规定的装运期限

C. 汇票的日期可以比发票早

D. 议付单据中，发票日期一般比其他单据早

☆多项选择题

1. 信用证项下正常交单的要求是(　　)。

A. 单据齐备　　B. 内容正确　　C. 表面清洁　　D. 提交及时

2. 制作和审核出口单据的主要依据是(　　)。

A. 买卖双方签订的合同

B. 国外银行开立的信用证

C. 有关商品的原始资料

D. UCP600、URC522等国际惯例

3. 审单员在审核信用证项下商业发票时应注意的要点有(　　)。

A. 除非信用证另有规定，发票金额应与汇票金额一致，且不得超过信用证金额

B. 发票的抬头人应是信用证开证申请人

C. 发票的出票日期不应迟于汇票的出票日期，亦不应迟于信用证的议付有效期

D. 商品名称、数量、规格、单价、包装、价格条款、合同号码等及货物描述必须与信用证的规定相符，单价乘以数量必须与发票总金额相符

4. 审单工作中，银行将审查(　　)。

A. 单据的完整性　　B. 单据的真伪性

C. 单据的法律效力　　D. 单据表面是否与信用证条款相符

5. 加有如下批注的(　　)提单，会被银行认为属于不符点，从而被拒付。

A. 2 bags torn

B. Not responsible for rusty

C. Not responsible for breakage

D. 10 cases short shipped

6. 采用信用证结算方式，银行拒付的理由可能是(　　)。

A. 单单不符　　B. 信用证与合同不符

C. 货物与合同不符　　D. 单证不符

7. 单证审核工作中对汇票的审查要求有(　　)。

A. 大、小写金额及货币名称和代号必须一致而规范化，汇票金额不能超出信用证限额

B. 付款期限必须符合合同或信用证的规定

C. 出票人、受款人、付款人必须正确填写

D. 出票条款须正确填写。出票人印章或签字不得遗漏，信用证规定的其他条款

8. 出口方审核单据的标准是(　　)。

A. 单据与信用证相符

B. 单据与贸易合同相符

C. 单据与单据之间相符

D. 单据与所代表的货物相符

9. 以下属于信用证项下“非单据条件”的有(　　)。

A. 载货船舶的船龄不超过15年

B. 载货船舶挂巴拿马国旗

C. 装船后立即通知申请人装货细节

D. 货物原产中国并提供原产地证

10. 由于以下(　　)信用证软条款而造成单证不符。

A. 货物运抵目的港后，待进口地商检机构检验合格并出具书面证书后通知开证行付款

B. 一份开证申请人手签的质量检验证书，字迹须和开证行预留签字样本相符

C. 三份正本已装船海运提单，做成“凭指定”抬头，通知买方

D. 所装船名和船期由进口商通知开证行，开证行以信用证修改形式通知受益人

☆**判断题**

1. 审核提单时应注意海运提单一般为“备运提单”提单，而多式联运提单属于“已装船”。(　　)

2. 除信用证项下正常交单外，还存在含有不符点单据的交单。(　　)

3. 信用证下，如受益人提供的单据与信用证表面不符，但提供的货物与合同规定相符，经出口方签署不符点递交保函后，开证银行仍须对出口方付款。(　　)

4. 信用证规定装运港为Chinese Port，缮制提单时，装运港一栏应照样填Chinese Port，以免造成单证不符。(　　)

5. 买卖双方往来的业务函电不可以作为制单和审单的依据。(　　)

6. 对同一信用证修改通知中的修改内容允许受益人部分接受。(　　)

7. 过装期的L/C依然有效，银行仍然承担付款责任。(　　)

8. 发票中的数量、单价和金额前面可以冠以“大约”　(about)或类似的文字。(　　)

9. 银行对信用证未规定的单据将不予审核。(　　)

10. 银行在托收业务中，并无责任根据贸易合同来校对和审查单据。(　　)

☆**讨论题**

1. 审单员在审单时应如何掌握审单的原则?

2. 审单之前的准备工作有哪些?

3. 纵横审单法的主要操作步骤是什么?

4. 开证行提出不符点必须遵守哪些条件?

5. 出口方就国外银行提出的不符点有哪些应对措施?

☆**操作题**

1. 根据信用证和受益人提交的全套单据，审核单据中存在的不符点。

Dear Madam,

HONG KONG & SHANGHAI BANKING CORP.

Incorporated in Hong Kong with limited liability

SHANGHAI BRANCH

P.O.Box 008-110,

365 Tian Tian Road, Shanghai

SHANGHAI LINSHENG TRADING CO. LTD. **OUR REF.: 8899000**
548 YANPING ROAD **Date: JUN. 17, 2014**
SHANGHAI, CHINA

Dear Sirs,

IRREVOCABLE DOCUMENTARY CREDIT NO. BRT-LSLC06
In accordance with the terms of Article 7a of UCP 500 we advise, without any engagement on our part, having received the following teletransmission
Dated JUN. 17, 2014
From DBS BANK
TRADE SERVICES DEPARTMENT
6 SHENTON WAY, DBS BUILDING TOWER TWO
SINGAPORE, 0106

40A FORM OF DC: ....IRREVOCABLE
20 DC NO:............................ BRT-LSLC06
31C DATE OF ISSUE: 140617
31D EXPIRY DATE AND PLACE: AUG. 31TH, 2014IN CHINA
50 APPLICANT: ....BRIGHT STATIONERY CO.
125 SUNFLOWER PLAZA
SINGAPORE
59 BENEFICIARY:....................SHANGHAI LINSHENG TRADING CO. LTD.
548 YANPING ROAD
SHANGHAI, CHINA
32B DC AMOUNT:.....................US$42788.58
41D AVAILABLE WITH /BY........ ANY BANK IN CHINA
BY NEGOTICATION
42C DRAFTS AT: .... SIGHT
42D DRAWEE:.......................... OURSELVES
FOR 100.00PCT INVOICE VALUE
43P PARTIAL SHIPMENTS:.......ALLOWED
43T TRANSHIPMENT:............. ALLOWED
44A LOADING/ DISPATCH AT/ FROM:
SHANGHAI, CHINA
44B FOR TRANSPORTATION TO:
SINGAPORE
44C LATEST DATE OF SHIPMENT:.......... AUG. 15TH, 2014
45A GOODS:
414 SETS OF BRIGHT BRAND DRAFTING MACHINES
UNDER SALES CONFIRMATION NO. LS-BRTSC06 DATED JUN. 1, 2014
PRICE TERMSCIFC5 SINGAPORE
46B DOCUMENTS REQUIRED:
COMMERCIAL INVOICE IN QUINTUPLICATE SHOWING CONTRACT NO., PACKING AND TOTAL GROSS WEIGHT
PACKING LIST IN TRIPLICATE
GSP FORM A IN ONE ORIGINAL AND ONE COPY
INSURANCE POLICY AND/ OR CERTIFICATE FOR 110% OF INVOICE AMOUNT AGAINST ALL RISKS AND WAR RISKS AS PER PICC CLAUSES.
FULL SET OF CLEAN ON BOARD MARINE BILL OF LADING MADE OUT TO ORDER , BLANK ENDORSEMENT, MARKED FREIGHT PREPAID AND NOTIFY APPLICANT.
SHIPPING ADVISE STATING THIS L/C NO., S/C NO., B/L NO., NAME OF GOODS AND THE VESSEL NAME.
49 CONFIRMATION INSTRUCTION:.......WITHOUT
78 INFO TO PRESENTING BK:
\+ ALL DOCUMENTS ARE TO BE DESPATCHED TO US IN ONE LOT BY AIRMAIL
47B ADDITIONAL CONDITIONS:
EACH SET OF DISCREPANT DOCUMENTS WILL BE ASSESSED USD70.00 REPRESENTING OUR FEES FOR HANDLING DISCREPANCIES. THESE FEES ARE FOR THE BENEFICIARYS ACCOUNT AND WILL BE AUTOMATICALLY DEDUCTED FROM THE PROCEEDS OF THE PAYMENT WHEN EFFECTED.
ALL DRAFTS MUST BE MARKED DRAWN UNDER DBS BANK STATING THE DOCUMENTARY CREDIT NUMBER AND THE DATE OF THIS CREDIT.

THIS DOCUMENTARY CREDIT IS SUBJECT TO THE UCP (2007 REVISION), ICC PUBLICATION NO. 600.

HERE ENDS THE FOREGOING TELETRANSMISSION. THIS ADVICE CONSTITUTES A DOCUMENTARY CREDIT ISSUED BY THE ABOVE BANK AND MUST BE PRESENTED WITH THE DOCUMENTS/ DRAFTS FOR NEGOTIATION/ PAYMENT . THE AMOUNT OF EACH DRAWING MUST BE ENDORSED BY THE NEGOTIATING BANK ON THE REVERSE HEREOF.

JANE WONG LI (1688) RAPHEAL Z F YIN (6555)

EXCEPTS SO FAR AS OTHERWISE EXPRESSLY STATED, THIS DOCUMENTARY CREDIT IS SUBJECT TO UNIFORM CUSTOMS AND PRACTICE FOR DOCUMENTARY CREDITS (2007 REVISION), INTERNATIONAL CHAMBER OF COMMERCE PUBLICATION NO. 600.

公司编号 LS-BRTSC06	出 口 货 物 托 运 单			日期 2014年8月1日
1)发货人 SHANGHAI LINSHENG TRADING CO. LTD. 548 YANPING ROAD SHANGHAI CHINA	4)信用证号码 BRT-LSLC06			
	5)开证银行 DBS BANK			
	6)合同号码 LS-BRTSC06		7)成交金额 US$42788.58	
	8) 装运口岸 SHANGHAI		9)目的港 SINGAPORE	
2)收货人 TO ORDER	10)转船运输 YES		11)分批装运 YES	
	12)信用证效期 AUG. 31TH, 2014		13)装船期限 AUG. 15TH, 2014	
	14)运费 PREPAID		15)成交条件 CIFC5 SINGAPORE	
	16)公司联系人 XXX		17)电话/传真 86-21-65436543	
3)通知人 BRIGHT STATIONERY CO. 125 SUNFLOWER PLAZA SINGAPORE	18)公司开户行 Bank of China		19)银行帐号 20140801	
	20)特别要求			

21)标记唛码	22)货号规格	23)包装件数	24)毛重 KGS	25)净重 KGS	26)数量	27)单价	28)总价
	414 SETS OF BRIGHT BRAND DRAFTING MACHINES UNDER SALES CONFIRMATION NO.LS-BRTSC06						CIFC5 SINGAPORE
BRIGHT SINGAPORE	7003	285	@25.00	@23.00	285 SETS	@US$94.00	US$26790.00
C/NO.1-414	SDM02	129	@25.00	@23.00	129 SETS	@US$124.02	US$15998.58
		29)总件数CTNS	30)总毛重	31)总净重	32)总数量	33)总尺码CBMS	34)总金额
		414	10350	9522	414 SETS	49.883M3	US$42788.58

34)备注

PACKING LIST

1) SELLER	3) INVOICE NO.	4) INVOICE DATE
SHANGHAI LINSHENG TRADING CO. LTD. 548 YANPING ROAD SHANGHAI CHINA	LS-BRTIV06	JUL. 5, 2014
	5) FROM SHANGHAI	6) TO SINGAPORE
	7) TOTAL PACKAGES(IN WORDS) FOUR HUNDRED AND FORTEEN CARTONS ONLY	
2) BUYER BRIGHT STATIONERY CO.	8) MARKS & NOS. BRIGHT SINGAPORE C/NO.1-UP	

9) C/NOS.	10) NOS. & KINDS OF PKGS.	11) ITEM	12)QTY.	13) G.W.(KGS)	14) N.W.(KGS)	15) MEAS.
1-285	285 CTNS	SDM02	285 CTNS	25/7125	23/6655	24.938 M3
285-414	128CTNS	7003	129 CTNS	25/3125	23/2697	24.945M3
	414 CTNS	16)TOTAL:	414 CTNS	10350	9522	49.882M3

16) ISSUED BY
SHANGHAI LINSHENG TRADING CO. LTD.

17) SIGNATURE
XXX

COMMERCIAL INVOICE

1) SELLER	3) INVOICE NO.	4) INVOICE DATE
SHANGHAI LINSHENG TRADING CO. LTD. 548 YANPING ROAD SHANGHAI CHINA	LS-BRTINV06	JUL. 5, 2014
	5) L/C NO. LS-BRTSC06	6) DATE JUL. 17, 2014
	7) ISSUED BY DBS BANK	
2) BUYER BRIGHT STATIONERY CO.	8) CONTRACT NO. BRT-LSLC06	9) DATE JUL. 1, 2014
	10) FROM SHANGHAI	11) TO SINGAPORE
	12) SHIPPED BY HAILING V.022	13)PRICE TERM CIF SINGAPORE

14)MARKS & NOS.	15)DESCRIPTION	16)QTY.	17)UNIT PRICE	18)AMOUNT
	414 CTNS OF BRIGHT BRAND DRAFTING MACHINES UNDER SALES CONFIRMATION NO.BRT-LSLC06	CIF SINGAPORE		(USD)
BRIGHT	SDM02	285SETS	@US$94.00	US$26790.00
SINGAPORE	7003	129SETS	@US$124.00	US$15998.50
C/NO.1-UP		TOTAL AMOUNT:		US$42788.50

19) TOTAL VALUE (IN WORDS)
SAY FORTY-TWO THOUSAND SEVEN HUNDRED AND
EIGHTY-EIGHT AND CENTS FIFTY ONLY

20) CERTIFICATION
AS PER SALES CONFIRMATION NO.BRT-LSLC06

21) PACKING
7003 TO BE PACKED IN 285 CTNS OF ONE EACH
SDM02 TO BE PACKED IN 129 CTNS OF ONE EACH
TOTAL FOUR HUNDRED AND FOURTEEN CARTONS ONLY

22) GROSS WEIGHT
1035KGS

23) ISSUED BY
SHANGHAI LINSHENG TRADING CO. LTD.

24) SIGNATURE
XXX

ORIGINAL

1. Goods consigned from (Exporter's business name, address, country)
SHANGHAI LINSHENG TRADING CO. LTD.
548 YANPING ROAD
SHANGHAI CHINA

Reference No. **SH-SS02-A01**

GENERALIZED SYSTEM OF PREFERENCES
CERTIFICATE OF ORIGIN
(Combinced declaration and certificate)
FORM A
Issued in THE PEOPLE'S REPUBLIC OF CHINA
(country)

See Notes overleaf

2. Goods consigned to (Consignee's name, address, country)
BRIGHT STATIONERY CO.
125 SUNFLOWER PLAZA
SINGAPORE

3. Means of transport and route (as far as known)
FROM SHANGHAI TO SINGAPORE BY SEA

4. For official use

5. Item number	6. Marks and numbers of packages	7. Number and Kind of packages; description of goods	8. Origin criterion (see Notes overleaf)	9. Gross weight or other quantity	10. Number and date of invoices
1	**BRIGHT SINGAPORE C/NO.1-414**	**FOUR HUNDRED AND FOURTEEN (414) CARTONS OF BRIGHT BRAND DRAFTING MACHINES**	**"P"**	**10350 KGS**	**LS-BRTINV06 AUG. 5, 2014**

11. Certification
It is hereby certified, on the basis of control carried out, that the declaration by the exporter is correct.

SHANGHAI IMPORT AND EXPORT COMMODITY INSPECTION BUREAU

SHANGHAI **x x x** **AUG. 8, 2014**
Place and date. signature and stamp of certifying authority

12. Declaration by the exporter
The undersigned hereby declares that the above details and statements are correct; that all the goods were

produced in **CHINA** (country)
and that they comply with the origin requirements specified for those goods in the Generalized System of Preferences for goods exported to

SINGAPORE (importing country)

SHANGHAI LINSHENG TRADING CO. LTD.
SHANGHAI **AUG. 7, 2014** **X X X** (signature)
Place and date. signature and stamp of certifying authority

2 COPIES

中国人民保险公司

THE PEOPLE'S INSURANCE COMPANY OF CHINA

总公司设于北京　　一九四九年创立

Head office: BEIJING　　Established in 1949

保险单

INSURANCE POLICY

保险单号次

POLICY NO. LS-BRTBD06

中国人民保险公司（以下简称本公司）

THIS POLICY OF INSURANCE WITNESSES THAT THE PEOPLE'S INSURANCE COMPANY OF CHINA (HEREINAFTER CALLED "THE COMPANY")

根据

AT THE REQUEST OF BRIGHT STATIONERY CO.

(以下简称被保险人)的要求，由被保险人向本公司缴付约

(HEREINAFTER CALLED "THE INSURED") AND IN CONSIDERATION OF THE AGREED PREMIUM PAID TO THE COMPANY BY THE

定的保险，按照本保险单承保险别和背面所载条款下列

INSURED UNDERTAKES TO INSURE THE NDERMENTIONED GOODS IN TRANSPORTATION SUBJECT TO THE CONDITIONS OF THIS POLICY

特款承保下述货物运输保险，特立本保险单

AS PER THE CLAUSES PRINTED OVERLEAF AND OTHER SPECIAL CLAUSES ATTACHED HEREON

标　记 MARKS § NOS	包装及数量 QUANTITY	保险货物项目 DESCRIPTION OF GOODS	保险金额 AMOUNT INSURED
BRIGHT SINGAPORE C/NO.1-UP	414 SETS	DRAFTING MACHINES	US$42788.50

总保险金额:

TOTAL AMOUNT INSURED: US DOLLARS FORTY-TWO THOUSAND SEVEN HUNDRED AND EIGHTY-EIGHT AND CENTS FIFTY ONLY

保费 PREMIUM AS ARRANGED　费率 RATE AS ARRANGED　装载运输工具 PER CONVEYANCE SS. HAILING V.22

开航日期 SLG. ON OR ABT. AS PER B/L　自 FROM SINGAPORE　至 TO SHANGHAI

承保险别:

CONDITIONS　COVERING ALL RISKS ,WAR RISKS AND STRIKE RISKS FOR 110% OF INVOICE VALUE AS PER AND SUBJECT TO OCEAN MARINE CARGO CLAUSES OF THE PEOPLES INSURANCE COMPANY OF CHINA DATED 1/1/1981.

所保货物，如遇出险，本公司凭本保险单及其他有关证件给付赔款。

CLAIMS, IF ANY, PAYABLE ON SURRENDER OF THIS POLICY TOGETHER WITH OTHER RELEVANT DOCUMENTS

所保货物，如发生本保险单项下负责赔偿的损失或事故，

IN THE EVENT OF ACCIDENT WHEREBY LOSS OR DAMAGE MAY RESULT IN A CLAIM UNDER THIS POLICY IMMEDIATE NOTICE

应立即通知本公司下述代理人查勘。

APPLYING FOR SURVEY MUST BE GIVEN TO THE COMPANY'S AGENT AS MENTIONED HEREUNDER:

YELTA INSURES & CO.
87 STAR PLAZA
SINGAPORE　TEL: 065-746850

中国人民保险公司

THE PEOPLE'S INSURANCE CO. OF CHINA

赔款偿付地点

CLAIM PAYABLE AT/IN　SHANGHAI

日期　　上海

DATE　JUL. 9TH, 2014　SHANGHAI

地址:中国上海中山东一路23号 TEL:3234305 3217466-44 Telex:33128 PICCS CN.

Address: 23 Zhongshan Dong Yi Lu Shanghai, China. Cable: 42001 Shanghai

高洪勤

General Manager

BILL OF LADING

1)SHIPPER SHANGHAI LINSHENG TRADING CO. LTD. 548 YANPING ROAD SHANGHAI CHINA		10)B/L NO. LS-BRTBL06
2)CONSIGNEE TO ORDER OF SHIPPER		COSCO 中國遠洋運輸(集團)總公司 CHINA OCEAN SHIPPING (GROUP) CO. CABLE: COSCO BEIJING TLX: 210740 CPC CN
3)NOTIFY PARTY BRIGHT STATIONERY CO.		
4)PLACE OF RECEIPT SINGAPORE	5)OCEAN VESSEL HAILING	
6)VOYAGE NO. V.22	7)PORT OF LOADING SHANGHAI	***ORIGINAL***
8)PORT OF DISCHARGE SINGPORE	9)PLACE OF DELIVERY SHANGHAI	**Combined Transport BILL OF LADING**

11)MARKS	12) NOS.KINDS OF PKGS.	13)DESCRIPTION OF GOODS	14) G.W.(kg)	15) MEAS(m3)
BRIGHT SINGAPORE C/NO.1-414	414 SETS	BRIGHT BRAND DRAFTING MACHINES ART. NO.7003 ART.NO.SDM02	1035	49.882

16)TOTAL NUMBER OF CONTAINERS OR PACKAGES(IN WORDS) US DOLLARS FORTY-TWO THOUSAND SEVEN HUNDRED AND EIGHTY-EIGHT AND CENTS FIFTY ONLY

FREIGHT & CHARGES	REVENUE TONS	RATE	PER	PREPAID	COLLECT

PREPAID AT SHANGHAI	PAYABLE AT	17)PLACE AND DATE OF ISSUE SINGPORE JULY 10TH, 2014
TOTAL PREPAID	18)NUMBER OF ORIGINAL B(S)L THREE	21) COSCO-MIDSON SHIPPING INC. 林自强
19)DATE JULY 10TH, 2014	20)BY COSCO-MIDSON SHIPPING INC. 林自强	

BILL OF EXCHANGE

No. LS-BRTIV06

For US$42788.50 (amount in figure) SINGAPORE JUL. 31,2014 (place and date of issue)

At 30 DAYS' AFTER sight of this FIRST Bill of exchange(SECOND being unpaid)

pay to BANK OF CHINA, SHANGHAI BRANCH or order the sum of

US DOLLARS FORTY-TWO THOUSAND SEVEN HUNDRED AND EIGHTY-EIGHT AND CENTS FIFTY ONLY
(amount in words)

Value received for 414 CTNS of DRAFTING MACHINES

Drawn under DBS BANK

L/C No. LS-BRTSC06 dated JUL. 17, 2014

To: BRIGHT STATIONERY CO.
TRADE SERVICES DEPARTMENT
6 SHENTON WAY, DBS BUILDING TOWER TWO
SINGAPORE, 0106

For and on behalf of

BRIGHT STATIONERY CO.
(Signature)
XXX

2. 根据信用证审核单证。

FROM：ROYAL BANK OF CANADA，PAYMENTS CENTRE，MONTREAL
TO： BANK OF CHINA，JIANGSU BR. NANJING CHUNGKUO
MT 700 ISSUE OF A DOCUMENTARY CREDIT
27/ SEQUENCE OF TOTAL：1/1
40A/ FORM OF DOCUMENTARY CREDIT：IRREVOCABLE
20/ DOCUMENTARY CREDIT NUMBER：178460M05501
31C/ DATE OF ISSUE 130830
31D/ DATE AND PLACE OF EXPIRY：131015 THE PR OF CHINA
50/ APPLICANT：EMVAL CREATION INC.
55 MOLIERE ST. MONTREAL，QUEBEC
H2R IN7
59/ BENEFICIARY：CHINA JIANGSU TEXTILES IMPORT AND EXPORT CORP.
23 MAFU STREET，NANJING，THE PR OF CHINA 210002
32B/ AMOUNT AND CURRENCY： 17280.00CANADLAN DOLLAR
39B/ MAXIMUM CREDIT AMOUNT： MAXIMUM
41D/ AVAILABLE WITH…BY…：ANY BANK BY NEGOTIATION
42D/ DRAWEE：ROYAL BANK OF CANADA TRADE SERVICE CENTRE
TORONTO MONTREAL M5J 1J5

43P/ PARTIAL SHIPMENT: PERMITTED

43T/ TRANSHIPMENT: PERMITTED

44A/ LOAD ON BOARD/DISPATCH/TAKING IN CHARGE AT/FROM: THE P. R. OF CHINA

44B/ FOR TRANSPORTATION TO…: MONTREAL QUEBEC CANADA

44C/ LATEST DATE OF SHIPMENT: 130930

45A/ DESCRIPTION OF GOODS:

S/C 13JC044 PRINTED FLANNELETTE 90CM 16000 METERS ASSORTED PRINTS, PRINTS AS PER SALES CONTRACT AT CAD 1.08 PER METER COST, INSURANCE PLUS FREIGHT MONTREAL QUEBEC CANADA

46A/ DOCUMENTS REQUIRED:

+FULL SET CLEAN "ON BOARD" MARINE BILL OF LADING DATED NO LATER THAN SEPTEMBER 30 2013 MAEKED 'FREIGH PREPAID' MADE OUT TO THE ORDER OF ROYAL BANK OF CANADA AND NOTIFY EMVAL CREATIONS INC 55 MOLIERE ST. MONTREAL QUEBEC H2R IN7 AND EVIDENCING SHIPMENT VIA WEST COAST VESSEL ONLY

+ ORIGINAL AND 2 COPIES OF MARINE INSURANCE POLICY OR CERTIFICATE COVERING ALL RISKS INCLUDING WAR RISKS AS PER CIC. DATED JAN. 1/1981 FOR CIF VALUE PLUS 10PCT IN NEGOTIABLE FORM WITH LOSS PAYABLE TO ROYAL BANK OF CANADA IN MONTREAL CANADA

+ COMMERCIAL INVOICE

+ CANADA CUSTOMS INVOICE

+ PACKING LIST

+ COPY OF INSURANCE PREMIUM RECEIPT

+ COPY OF FREIGHT RECEIPT

+ BENEFICIARY'S CERTIFICATE STATING THAT ONE COPY OF INVOICE HAS BEEN SENT TO GORDON PACIFIC ENIERPRISES INC.

+ORIGINAL OF EXPORT LICENCE

47/ ADDITIONAL CONDITONS:

CONTAINER SHIPMENT PERMITTED.

DOCUMENTS TO BE SENT BY COURIER OR REGISTERED AIRMAIL TO US.

A DISCRIPANCY FEE OF CAD 50.00 IS PAYABLE BY THE BENEFICIARY FOR EACH DRAWING PRESENTED WITCH DOCS NOT STRICTLY COMPLY WLTH THE TERMS OF THIS LETTER OF CREDIT.

48/ RERIOD FOR PRESENTATION:
DOCUMENTS MUST BE PRESENTED WITHIN 15 DAYS AFITER DATE OF TRANSPORT DOCUMENTS BUT BEFORE EXPIRY DATE OF CREDIT.

72/ SENDER TO RECEIVER INFORMATION:
PLEASE ADVISE BENEFICIARY IMMEDIATELY.

Drawn under: Royal Bank of Canada, Payments Center, Montreal Irrevocable L/C No.: 178460M0501
Dated: Sept. 30, 2013
Inv. No. SU154427-6 Exchange for CAD 17280.00 Jiangsu Oct. 4, 2013
At ______ sight of this FIRST of Exchange (Second of Exchange being unpaid) Pay to the order of Bank of China Jiangsu Branch
The sum of CANADIAN DOLLARS SEVENTEEN THOUSAND TWO HUNDRBD ONLY
TO: ROYAL BANK OF CANADA TRADE SERVICE CENTRE
TORONTO MONTREAL M5J 1J5

CHINA JIANGSU TEXTILES IMPORT AND EXPORT CORPORATION
LIU JIN DUO
General Manager

CHINA JIANGSU TEXTILES IMPORT AND
EXPORT CORP. 23 MAFU STREET NANJING.
THE PR OF CHINA 210002
INVOICE

EMVAL CREATION INC. 55 MOLIERE ST.
MONTREAL. QUEBEC H2R IN7

Invoice Number: SU154427-6Z
S/C No: 13JC044
Date of invoice: Sep. 23. 2013

From: The PR OF CHINA To: QUEBBC. CANADA
L/C No: 178460M05501 ISSUED BY: ROYAL BANK OF CANADA, PAYMENTS CENTRE, MONTREAL

Marks and Numbers	Description of Goods:	Total Amount
EMAL 13JC044/L071 MONTREAL TTL: 32 Bales	16000METERS COST, TNSURANCE+FREIGHT MONTREAL, QUEBEC, CANADAS/C 13JC044 PRINTED FLANNELETTE 90CMASSORTED PRINTS, PRINTS AS PER SALES CONTRACT @CAD 1.08/M PACKED IN 32 BALES ONLY AS PER S/C No. 13JC044 DESIGNS: BABY BLOCKS-BEAR 4000METERS HEART-BEAR 4000METERS ELEPHANT 4000METERS BLOCKS-STRIPE 4000METERS	CAD 17280.00

CHINA JIANGSU TEXTILES IMPORT AND EXPORT
CORP. NANJING CHINA

<table>
<tr><td rowspan="2">1. Exporter (name, full address, country)
CHINA JIANGSU TEXTILES IMPORT
AND EXPORT, 23 MAFU STREET
NANJING, THE PR OF CHINA 210002</td><td>ORIGINAL</td><td>NO. 663210</td></tr>
<tr><td>3. Quota year
2013</td><td>4. Category No
32A</td></tr>
<tr><td rowspan="2">5. Consignee (name, full address, country)
EMVAL CREATIONS INC.,
55 MOLIERE ST.,
MONTREAL, QUEBEC
H2R IN7</td><td colspan="2">EXPORT LICENCE
(Textile products)</td></tr>
<tr><td>6. Country of origin:
CHINA</td><td>7. Country of destination
MONTREAL</td></tr>
<tr><td>8. Place and date of shipment
Means of transport
FROM THE PR OF CHINA TO MONTREAL
QUEBEC, CANADA BY SEA DURING
SEP AND OCT. 2013</td><td colspan="2">9. Supplementary details</td></tr>
<tr><td>10. Marks and numbers - Number and Kind of Packages-Description of Goods
EMVAL S/C 13JC0044 PRINTED
02JC0044/LOT1 FLANNELETTE
MONTREAL SU154427-6
TTL: 32 BALES
PACKED IN 32 BALES ONLY
TTL: SAY TWO THOUSAND TWO HUNDRED KGS ONLY
M. I. D NAME: DONGFENG PRINTING-DYEING MILL OF GUANGZHOU
ADDR: NO. 65 YAN LING DONG RD.,
CHANGZHOU CHINA

CITY: CHANGZHOU
TOTAL: 16, 076.00 CAD</td><td>11. Quantity
2240KGS</td><td>12. FOB Value
CAD16, 076.00</td></tr>
<tr><td>13. CERTIFICATION BY THE COMPETENT AUTHORITY: the undersigned Certify that the goods described above have been charged against the quantitative limit established for the year shown in box NO. 3 in respect the category shown in box No. 4 by the provisions regulating trade in textile products with CANADA.</td><td colspan="2">14 Competent authority (name, full address, country)
COMMISSION OF FOREIGN ECONOMIC RELATIONS & TRADE, JIANGSU PROVINCE
EAST BEIJING ROAD, NANJING, CHINA
Sep. 25 2013
signature
× × ×</td></tr>
</table>

<table>
<tr><td colspan="2" align="center">THE PEOPLE'S INSURANCE COMPANY OF CHINA
PREMIUM RECEIPT</td></tr>
<tr><td></td><td align="right">Date: Sep. 30, 2013</td></tr>
<tr><td colspan="2">Received from CHINA JIANGSU TEXTILES IMP. & EXP. CORP.
The sum of CANADIAN DALLARS ONE HUNDRED & 74%
Being INVOICE NO. SU 154427-6 policy NO. NK08/0209576</td></tr>
<tr><td colspan="2" align="center">THE PEOPLE'S INSURANCE CO. OF CHINA
JIANGSU BRANCH</td></tr>
<tr><td>CAD 100. 74</td><td>signature
x x x</td></tr>
</table>

THE PEOPLE'S INSURANCE COMPANY OF CHINA

Head Office: BEIJING Established in 1949

INSURANCE POLICY

NVOICE NO. SU154427-6 ORIGINAL POLICY NO. NK08/02095576

THIS POLICY OF INSURANCE WITNESSES TRAT THE PEOPLE'S INSURANCE COMPANY OF CHINA

(HEREINAFTER CALLED THE COMPANY)

AT THE REQUEST OF CHINA JIANGSU TEXTILES IMPORT AND EXPORT CORP. TO THE ORDER OF ROYAL BANK OF CANADA HEREINAFTER CALLED "THE INSURED" AND IN CONSIDERATION OF THE AGREED PREMIRM PAID TO THE COMPANY BY THE INSURED UNDERTAKES TO INSURE THE UNDERMENTIONED GOODS IN TRANSPORTATION SUBJECT TO THE CONDITIONS OF THIS POLICY AS PER THE CLAUSED PRINTED OVERLEAF AND OTHER SPECIAL CLAUSES ATTACHED HEREON

MARKS & NOS	QUANTITY	DESCRIPTION OF GOODS	AMOUNT INSURED
As per Invoice No. SU154427-6	30 BALES	S/C 13JC044 PRINTED FLANNELETTE	CAD19, 000. --

TOTAL AMOUNT INSURED: CANADIAN DOLLARS NINETEEN THOUSAND ONLY.

PREMIUM AS ARRANGED RATE AS ARRANGED PER CONVEYANCE S. S GANG JI 8189 SLG ON OR ABT as per B/L FROM CHINA PORT TO MONTREA, QUEBEC, CANADA

CONDITIONS:

COVERING ALL RISKS AS PER OCEAN MARINE CARGO CLAUSES (1/1/1981)

OF THE PEOPLE'S INSURANCE COMPANY OF CHINA. (ABBREVIATED AS

I. C. C ALL RISKS).

(WAREHOUSE TO WAREHOUSE CLAUSE IS INCLUDED)

NUMBER OF ORIGINAL: ONE

IN THE EVENT OF ACCIDENT WHEREBY LOSS OR DAMAGE MAY RESULT IN A CLAIM UNDER THIS POLICY IMMEDIATE NOTICE APPLYING FOR SURVEY MUST BE GIVEN TO THE COMPANY'S AGENT AS MENTIONED HEREUNDER:

TOPLIS AND HARDING OF CANADA LID.
2190 BOULEVARO RENE LEVESQUE QUEST
MONTREAL QUEBEC H3H JR6 CANADA
Tel: (514) 933-3848
Telex: 05-25335 THE PEOPLE'S INSURANCE CO. OF CHINA
CLAIM PAYABLE AT CHINA JIANGSU BRANCH
DATE: SEP. 30. 2013 NANJING sign

RAN-STAR INERNATIONAL CARGO SERVICE CO. LTD
FREIGHT RECEIPT

BOOKING NO:	INVOICE NO: SU154427-6	
VESSEL NAME: GANGJI 898	VOYAGE: V. 0214	B/L NO: PSNJG0208
LOADING PORT: NANJING, CHINA	DESTINATION: MONTREAL	
FREIGHT PREPAID: USD 800. 38 PAN-STAR INT'L CARGO SERVICE CO. LTD AUTHORIZED SIGNATURE ISSUE DATE: SEPT. 25. 2013		

Shipper CHINA JIANGSU TEXTILES IMPORTAND EXPORT CORPORATION		B/L NO.: PSNJ0208SU154427-6Z
Consignee TO THE ORDER		BILL OF LADING BORG INTERNATIONAL FREIGHT SERVICES INC
Notify EMVAL CREATIONS INC., 55 MOLIERE ST. MONTREAL, QUEBEC H2R IN7		
VESSEL/ VOYAGE/FLAG GANGJI 898 V. 0214	PORT OF LOADING NANJING, CHINA	
PORT OF DISCHARGE MONTREAL, QUEBEC, CANADA		
PARTICULARS FURNISHED BY SHIPPER		

MARKS&NUMBERS	QUANTITY PACKAGES	DESCRIPTION OF PACKAGES AND GOODS	GROSS WEIGHT	MEASUREMENT
EMVAL 13JC044/LOT1 MONTREAL TLL：32 BALES CONTAINER NO： KLFU1186170 SEAL NO：A22442	32BALES	S/C 13JC044 PRINTED FLANNELETTE SAY THIRTY TWO BALES ONLY	2204.00KGS ON BOARD SEP. 25. 2013	7.920M³

FREIGHT PAYABLE AT： FREIGHT PREPAID	ORIGINALS：3 PLACE AND DATE OF ISSUE NANJING SEP. 25 2013 SIGNATURE PAN-STAR INT'L CARGO SERVICE CO. LID AS AGENT FOR THE CARRIER： BORG INTERNATIONAL FREIGHT SERVICES INC.

CERTIFICATE

Nanjing DATE：SEP. 25. 2013

EMVAL CREATIONS INC. 55 MOLIERE ST.,
MONTREAL，QUEBEC H2R IN7

To whom it may concern：

Re：invoice No：SU154427-6Z

WE CERTIFY THAT：

ONE COPY OF INVOICE HAS BEEN SENT TO GORDON PACIFIC ENTERPRISES INC.

CHINA JIANGSU TEXTILES IMPORT AND EXPORT CORPORATION
NANJING，CHINA.
SIGN.

审单记录如下：

<table>
<tr><td colspan="5">运编号</td><td colspan="4">收 B/L</td></tr>
<tr><td>装　期</td><td>L/C 效期</td><td>交单期</td><td></td><td>价格条款</td><td>投　保</td><td>转运</td><td>分批</td><td>溢　短</td></tr>
<tr><td></td><td></td><td></td><td></td><td></td><td></td><td></td><td></td><td></td></tr>
<tr><td>结 汇 单</td><td>份 数</td><td colspan="7" rowspan="15"></td></tr>
<tr><td>汇　票</td><td></td></tr>
<tr><td>发　票</td><td></td></tr>
<tr><td>B/L、AWB、FCR</td><td></td></tr>
<tr><td>装 箱 单</td><td></td></tr>
<tr><td>重 量 单</td><td></td></tr>
<tr><td>详细 P/L</td><td></td></tr>
<tr><td>保 险 单</td><td></td></tr>
<tr><td>GSP</td><td></td></tr>
<tr><td>产 地 证</td><td></td></tr>
<tr><td>客 检 证</td><td></td></tr>
<tr><td>海关发票</td><td></td></tr>
<tr><td>许 可 证</td><td></td></tr>
<tr><td>检验证明</td><td></td></tr>
<tr><td>邮　据</td><td></td></tr>
<tr><td>订　单</td><td></td><td colspan="2">船公司证明</td><td></td><td>样品证明</td><td></td><td>其它证明</td><td></td></tr>
<tr><td>装船通知</td><td></td><td colspan="2">传真报告</td><td></td><td>已寄单证明</td><td></td><td></td><td></td></tr>
<tr><td></td><td></td><td></td><td></td><td></td><td></td><td></td><td></td><td></td></tr>
<tr><td>担保原因</td><td colspan="2">逾装、效、交单期</td><td colspan="2">价格条款</td><td colspan="2">数量、金额、款号</td><td colspan="2">目的港</td></tr>
<tr><td></td><td colspan="2">运输方式</td><td colspan="2">单据短缺、疵点</td><td>分批</td><td>其它</td><td colspan="2"></td></tr>
<tr><td>正常</td><td colspan="2">担保</td><td colspan="2">不合格</td><td>交单日</td><td>交单行</td><td colspan="2"></td></tr>
<tr><td></td><td colspan="2"></td><td colspan="2"></td><td></td><td colspan="3">中、工、农、交、商、浦、招、光</td></tr>
</table>

附录　企业单据实例

COPY

```
电文编号:140110R103001165
------------------------------------------------------------
Sequence Number: 754851
Message Type: 700
Sender Institution: CITISGSG
  CITIBANK, N. A.
  300 TAMPINES AVENUE 5  TAMPINES JUN
  CTION HEX 06-00
  SINGAPORE
Receiver Institution: ABOCCNBJ103
  AGRICULTURAL BANK OF CHINA, THE
  SUZHOU
Message Status: 0
Message Input Date: 140110
Message Output Date: 140110
MUR: 108:40110KLH51032SGD
Message Priority: N
----------------Message Content : --------------------------
27:Sequence of Total
   1/2
40A:Form of Documentary Credit
   IRREVOCABLE
20:Documentary Credit Number
   5944428036
31C:Date of Issue
   140110
40E:Applicable Rules
   UCP LATEST VERSION
31D:Date and Place of Expiry
   140519IN COUNTRY OF APPLICANT
50:Applicant
   LF CREDIT PTE LTD-LFS


   SINGAPORE
59:Beneficiary
   SUZHOU HENGRUN IMP. AND EXP.CORP.
   LTD NO.201 ZHUHUI ROAD, SUZHOU
   CHINA
32B:Currency Code, Amount
   USD
   162657,12
39A:Percentage Credit Amount Tolerance
   5/5
41D:Available With ... By ...
   ANY BANK
   BY NEGOTIATION
42C:Drafts at ...
   SIGHT
42A:Drawee
   CITISGSG
43T:Transshipment
   NOT ALLOWED
45A:Description of Goods and/or Services
   .
   PORT OF LOADING : SHANGHAI
   .
   PORT OF DISCHARGE :
   FOR SEA SHIPMENT - OAKLAND
   FOR AIR SHIPMENT - SAN FRANCISCO
   .
   PORT OF DESTINATION : DIXON, CA, USA.
   .
   SHIPMENT TERMS : FOB SHANGHAI
   .
   GOODS DESCRIPTION : GARMENT
   .
   LN NO CASE NO.          PO NO.                STYLE NO.
   +------------------------------------------------------------
```

第1页

```
                                   QTY                  ITEM COST
+------------------------------------------------------------------
DLY. DATE    SHIP. MODE PORT OF LOADING             TCS FEE (PCT)
+------------------------------------------------------------------
 PLI RATE                  AAMT RATE
+------------------------------------------------------------------
1      13-CGYMBSW-0058  206905                      BG91857
                              3,953.00                     4.4300
24-FEB-2014 SEA         SHANGHAI                           -3.00
 -0.1 PCT                     NIL
.
2      13-CGYMBSW-0058  206905                      BG91857
                              7,817.00                     4.4300
24-FEB-2014 SEA         SHANGHAI                           -3.00
 -0.1 PCT                     NIL
.
3      13-CGYMBSW-0058  207010                      LG95029
                             10,283.00                     4.5800
24-FEB-2014 SEA         SHANGHAI                           -3.00
 -0.1 PCT                     NIL
.
4      13-CGYMBSW-0059  207901                      BG91857
                              5,346.00                     4.4300
28-APR-2014 SEA         SHANGHAI                           -3.00
 -0.1 PCT                     NIL
.
5      13-CGYMBSW-0059  207901                      BG91857
                              8,970.00                     4.4300
28-APR-2014 SEA         SHANGHAI                           -3.00
 -0.1 PCT                     NIL
.
```

PARTIAL SHIPMENTS ARE ALLOWED PROVIDED EACH P.O. NUMBER IS SHIPPED IN IT'S ENTIRETY.

.

46A:Documents Required

.

1. SIGNED COMMERCIAL INVOICE IN 2 COPIES INDICATING THE PO NO., COUNTRY OF ORIGIN, CAT NO. AND HTS NO., ISSUED TO GYMBOREE MANUFACTURING INC. 500 HOWARD STREET, SAN FRANCISCO, CA 94105, USA. AND SHOWING LI AND FUNG (TRADING) LTD. AS BUYING AGENT FOR AND ON BEHALF OF GYMBOREE MANUFACTURING INC.

.

2. SIGNED PACKING LIST IN 2 COPIES INDICATING PO NO, PM NO., REF NO., SKU NO, NET NET WEIGHT PER STYLE PER SIZE PER PIECE/SET/PAIR, TOTAL GROSS WEIGHT, TOTAL NET WEIGHT, TOTAL NET NET WEIGHT, SINGLE PREPACK, MULTI PREPACK, WEB PREPACK AND SUMMARY OF SIZE BREAKDOWN.

.

3. COPY OF GENERAL CONFORMITY CERTIFICATE OR CERTIFICATION OF CONFORMITY.

.

4. PHOTOCOPY OF FINAL INSPECTION REPORT TO BE ISSUED AND SIGNED BY LI AND FUNG (TRADING) LTD. OR ITS RELATED AFFILIATE COMPANY.

.

5.A) FOR SEA SHIPMENT, PHOTOCOPY OF FCR ISSUED BY OOCL LOGISTICS (OR ITS AGENT) MARKED 'FREIGHT COLLECT' AND STATE :
A) CONSIGNEE : GYMBOREE MANUFACTURING, INC., 500 HOWARD STREET, SAN FRANCISCO, CA 94105, USA
B) NOTIFY PARTY : SAME AS CONSIGNEE
C) ALSO NOTIFY PARTY FOR SHIPMENTS FROM HK, CHINA, INDIA AND THAILAND : FEDEX TRADE NETWORKS, 19601 HAMILTON AVENUE TORRANCE, CA 90502 TEL (310) 353-3344 FAX (310) 353-3217
ATTN: HONGDAO ONG EMAIL:GYMBOREE2ATFTN.FEDEX.COM
D) ALSO NOTIFY PARTY FOR SHIPMENTS OTHER THAN FROM HK, CHINA, INDIA AND THAILAND : CLEAR FREIGHT INC.
1067 SNEATH LANE, SAN BRUNO, CA 94066 ATTN MANASES CALIXTO
TEL (650) 871-9580

.

5.B) FOR AIR SHIPMENT, PHOTOCOPY OF HAWB ISSUED BY FEDEX TRADE

第2页

NETWORKS TRANSPORT (OR ITS AGENT) OR MAIN FREIGHT OR EXPOLANKA FREIGHT (OR ITS AGENT) MARKED 'FREIGHT COLLECT' OR 'FREIGHT PREPAID LESS OCEAN FREIGHT' AND STATE :
A) CONSIGNEE : GYMBOREE MANUFACTURING, INC., 500 HOWARD STREET, SAN FRANCISCO, CA 94105, USA
B) NOTIFY PARTY : SAME AS CONSIGNEE
C) ALSO NOTIFY PARTY : MAIN FREIGHT OR FEDEX TRADE NETWORKS OR EXPOLANKA USA LLC

.

5.C) IF AIR SHIPMENT UNDER 'FREIGHT PREPAID'. BENEFICIARY'S CERTIFICATE CERTIFYING THAT ORIGINAL HAWB HAVE BEEN SENT TO LI AND FUNG PANYU OFFICE BY COURIER OR DHL OR FEDEX WITHIN 3 DAYS AFTER
THE DATE OF SHIPMENT ON HAWB.

.

6. FOR SEA SHIPMENT, BENEFICIARY'S CERTIFICATE CERTIFYING THAT :-
A) 1 ORIGINAL PLUS 2 COPIES SET OF SHIPPING DOCUMENTS PER POINT 1-3 HAVE BEEN SENT TO THE FORWARDING AGENT WITHIN 3 DAYS FROM SHIPMENT DATE.
B) 1 COPY OF ORIGINAL FCR AND 1 SET OF DOCUMENTS PER POINT 1-4 HAVE BEEN SENT THROUGH LI AND FUNG'S VENDOR PORTAL.
C) AN ELECTRONIC COPY OF GENERAL CONFORMITY CERTIFICATE OR CERTIFICATION OF CONFORMITY HAS BEEN EMAILED TO GCCATGYMBOREE.COM WITHIN 5 WORKING DAYS AFTER CARGO RECEIVED DATE OR ON BOARD DATE. SUBJECT HEADER MUST INCLUDE PO NUMBER, FACTORY NAME, AND MANUFACTURE DATE (MM-YY). AN EMAIL COPY HAS BEEN SENT TO APPLICANT.

.

7. FOR AIR SHIPMENT, BENEFICIARY'S CERTIFICATE CERTIFYING THAT:-
A) 3 SETS OF ORIGINAL SHIPPING DOCUMENTS PER POINT 1-3 HAVE BEEN SENT TO FORWARDING AGENT AT THE SAME DATE OF AIR SHIPMENT DEPARTURE.
B) ONE COMPLETE SET OF DOCUMENTS AS ABOVE MENTIONED HAVE ACCOMPANIED AIR SHIPMENT.
C) 1 COPY OF HAWB AND 1 SET OF
DOCUMENTS PER POINT 1-4 HAVE BEEN SENT THROUGH LI AND FUNG'S VENDOR PORTAL.
D) AN ELECTRONIC COPY OF GENERAL CONFORMITY CERTIFICATE OR CERTIFICATION OF CONFORMITY HAS BEEN EMAILED TO GCCATGYMBOREE.COM AT THE SAME DATE OF AIR SHIPMENT DEPARTURE.. SUBJECT HEADER MUST INCLUDE PO NBR, FACTORY NAME, AND MANUFACTURE DATE (MM-YY). AN EMAIL COPY HAS BEEN SENT TO APPLICANT.

.

8. COPY OF PAYMENT AUTHORISATION CONFIRMATION (PAC) ISSUED BY LI AND FUNG GROUP OR ITS RELATED AFFILIATED COMPANY ON THE COMPANY LETTERHEAD WITH WATERMARK.

.

47A:Additional Conditions

.

ALL OPENING CHARGES ARE FOR ACCOUNT OF APPLICANT AND OTHER BANK CHARGES ARE FOR ACCOUNT OF BENEFICIARY

.

L/C IS NOT TRANSFERABLE

.

SHIPMENT TO BE EFFECTED FROM CHINA TO USA NOT LATER THAN THE SHIPMENT DATE AS MENTIONED.

.

THE 'CARGO RECEIVED DATE' SHOWN ON FORWARDER CARGO RECEIPT OR HAWB WILL BE TREATED AS THE SHIPMENT DATE. IF IN CASE THE FORWARDER CARGO RECEIPT NOT SHOWING THE 'CARGO RECEIVED DATE', THE 'SAILING DATE' OR 'ON BOARD DATE' ON FCR, AND THE 'FLIGHT DATE' ON HAWB WILL BE TREATED AS THE SHIPMENT DATE.

.

DOCUMENTS MUST BE PRESENTED FOR NEGOTIATION WITHIN 21 DAYS AFTER SHIPMENT DATE, BUT, WITHIN THE VALIDITY OF THIS CREDIT.

第3页

THIRD PARTY DOCUMENTS ARE ACCEPTABLE EXCEPT DRAFT(S) AND INVOICE. IN THE EVENT OF TRANSFER, DOCUMENTS PRESENTED WITHOUT SUBSTITUTION OF DRAFT AND COMMERCIAL INVOICE FROM THE FIRST BENEFICIARY IS PROHIBITED.

COUNTRY OF ACTUAL EXPORT DIFFERS FROM COUNTRY OF ACTUAL MANUFACTURER IS ACCEPTABLE.

.

5PERCENTAGE MORE OR LESS IN AMOUNT AND QUANTITY IS ACCEPTABLE BUT EXCEPT PO ENDING WITH 'CA' ONLY.

.

CASE NO. AND PM NO. NOT SHOWING IN INVOICE IS ACCEPTABLE.

.

AS INSTRUCT BY APPLICANT, ISSUING BANK SHALL DEDUCT USD40.00 BEING DISCREPANCY DOCUMENTS FROM THE PROCEEDS AT TIME OF EACH REIMBURSEMENT.

.

AS INSTRUCTED BY APPLICANT, PERCENT ON RELEVANT TRADE TERM'S VALUE (REFER TO GOODS DETAILS) BEING PLI WILL BE DEDUCTED FROM THE PROCEEDS UPON EVERY DRAWING, BUT THE DEDUCTION MUST NOT BE SHOWN ON INVOICE.

.

AS INSTRUCTED BY APPLICANT, BELOW CHARGES WILL BE DEDUCTED FROM PROCEEDS AT TIME OF EACH REIMBURSEMENT UNDER THIS CREDIT BUT THE DEDUCTION MUST NOT SHOWN ON THE INVOICE.
A) PERCENT ON RELEVANT TRADE TERM'S VALUE, BEING TCS (REFER TO GOODS DETAILS)
B) PERCENT ON RELEVANT TRADE TERM'S VALUE OR PER UNIT OR LUMP SUM, BEING AAMT (REFER TO GOODS DETAILS)

.

INSURANCE COVERED BY ULTIMATE BUYER.

.

THIS CREDIT IS NOT SUBJECT TO ART. 32 OF UCP 600.

.

PAYMENT AUTHORISATION CONFIRMATION SHOWING ADJUSTMENTS , IF ANY, ARE ACCEPTABLE . PAYMENT WILL BE EFFECTED AGAINST PAYMENT AUTHORIZATION CONFIRMATION NET AMOUNT CALCULATED AND OTHER DEDUCTION(S) MENTIONED ON THE LC TERMS. THE AMOUNT OF DEDUCTION(S) AND/OR ADDITONAL CHARGES ARE TO BE DEDUCTED FROM OR ADDED TO THE PROCEEDS WITHOUT PRIOR APPROVAL OF THE BENEFICIARY.

.

IN CASE OF ANY ADJUSTMENTS ON PAYMENT AUTHORISATION CONFIRMATION SHOWING CURRENCY IS DIFFERENT FROM THE DC CURRENCY, THE APPLICANT IS ALLOWED TO APPLY THE EXCHANGE RATE PREVAILING ON THE DATE OF PAYMENT TO CONVERT THE DEDUCTION (S) AND/OR ADDITONAL AMOUNT AS THE SAME CURRENCY OF THE BILL DRAWING. AS SUCH, PRIOR CONSENT FROM THE BENEFICIARY IS NOT REQUIRED

.

INVOICE SHOWING AMOUNT DIFFERENT FROM DRAFTS AND THE NET AMOUNT(S) CALCULATED IN THE PAYMENT AUTHORISATION CONFIRMATION IS ACCEPTABLE

.

A SPECIAL DISCREPANCY HANDLING FEE OF USD65.00 WILL BE DEDUCTED FROM THE PROCEEDS FOR THE PROCESSING OF DOCUMENTS WHICH DO NOT COMPLY WITH THE TERMS AND CONDITIONS OF THE LETTER OF CREDIT.

.

THE NEGOTIATING BANK IS REQUESTED TO SEND DOCUMENTS DIRECTLY TO CITIBANK N.A. 9/F., TWO HARBOURFRONT, 22 TAK FUNG STREET, HUNGHOM, KOWLOON, HONG KONG. TELEX: 73243, GCN CODE: HKGZC IN ONE LOT BY COURIER. NO DOCUMENTS REQUIRED UNDER THE LC ARE REQUIRED TO BE SENT TO CITIBANK N.A. SINGAPORE. ANY OTHER CORRESPONDENCES SHALL BE SENT TO CITIBANK N.A. SINGAPORE. PENALTY AMOUNT OF USD100 WILL BE CHARGED PER PRESENTATION OF DOCUMENTS FOR ANY ROUTING OF DOCUMENTS THAT IS NOT IN ACCORDANCE TO THE INSTRUCTION GIVEN ABOVE

.

71B:Charges

.

49:Confirmation Instructions

第4页

```
    WITHOUT
57D:Advise Through Bank
    AGRICULTURAL BANK OF CHINA
    SU ZHOU BRANCH
    4FL, 3BEIJU, SUZHOU,
    CHINA
------------------------------------------------------------
```

第5页

中国农业银行
AGRICULTURAL BANK OF CHINA

COPY

信用证通知书

OFFICE: 姑苏支行　　NOTIFICATION OF DOCUMENTARY CREDIT　　404001-0010

ADDRESS: 18/F, 65 SHISHAN ROAD, SUZHOU, CHINA 215011 TEL:0512-68417818

Date 日期 2014-01-13

TO:致 苏州恒润进出口有限公司 苏州竹辉路201号	Our Ref NO. 我行编号 105554AD14000010 Currency and Amount币种及金额USD 162657.12
Issuing Bank开证行 CITIBANK N.A., SINGAPORE	Advised through 转通知行 Transferred from 转让行
L/C NO.信用证号 5944428036 Transferring Bank's Ref NO. 转让行编号	Issuing Date开证日期 20140110 Transferring Date 转让日期

Dear Sirs, 敬启者:

We have pleasure in advising you that we have received from the A/M bank a(n)

兹通知贵公司，我行收自上述银行

☒ issued by SWIFT　SWIFT 开立　☐ ineffective　未生效

☐ issued by mail　信开

☐ pre-advising of　预先通知　☐ mail confirmation of　证实书

☒ original　正本　☐ copy　副本

Letter of Credit, contents of which are as per attached sheet(s).

This advice and the attached sheet(s) must accompany the relative documents when presented.

信用证一份，现随附通知。贵公司交单时，请将本通知书及信用证一并提示。

☐ Please note that this advice does not constitute our confirmation of the above L/C nor does it convey any engagement or obligation on our part.

本通知书不构成我行对该信用证之保兑及其他任何责任。

☐ Please note that we have added our confirmation to the above L/C, which is available with ourselves only.

上述信用证已由我行加具保兑，并限向我行交单。

Remarks备注:

信用证核押相符

Li Fang　None

This L/C consists of 1 sheet(s), including the covering letter and attachment(s).

该信用证连同本面函及附件共1 页。

If you find any terms and conditions in the L/C which you are unable to comply with and/or any error(s), it is suggested that you contact applicant directly for necessary amendment(s) so as to avoid any difficulties which may arise when documents are presented.

如该信用证有无法办到的条款及/或错误，请迳与开证申请人联系进行必要的修改，以排除交单时可能发生的问题

Please credit　　as advising fee to our A/C　　H40K059/0607

No.　　with

本通知费　　请划入我行　　账户，

账号

Yours Faithfully

AGRICULTURAL BANK OF CHINA

中国农业银行

COPY

电文编号:140110R103001166

Sequence Number: 754852
Message Type: 701
Sender Institution: CITISGSG
  CITIBANK, N.A.
  300 TAMPINES AVENUE 5 TAMPINES JUN
  CTION HEX 06-00
  SINGAPORE
Receiver Institution: ABOCCNBJ103
  AGRICULTURAL BANK OF CHINA, THE
  SUZHOU
Message Status: 0
Message Input Date: 140110
Message Output Date: 140110
MUR: 108:40110KLH51030SGD
Message Priority: N

----------------Message Content : --------------------------

27:Sequence of Total
   2/2
20:Documentary Credit Number
   5944428036
47B:Additional Conditions
   WHERE APPLICABLE, B/L SHOWING THE CLAUSE ''CARRIER RESERVES ITS RIGHT TO RELEASE GOODS WITHOUT RECEIVING THE B/L'' OR WORDINGS OF SIMILAR EFFECT , ON ITS FACE, IS NOT ACCEPTABLE .
   .
   ALL DOCUMENTS PRESENTED UNDER THIS LETTER OF CREDIT MUST BE ISSUED IN THE SAME LANGUAGE AS THIS LETTER OF CREDIT. DOCUMENTS BEARING ANY OTHER LANGUAGE WILL BE DEEMED TO BE DISCREPANT
   .
   ALL DRAWINGS MUST BE DULY ENDORSED ON THE REVERSE OF THE ORIGINAL LC.
   .
   PLEASE BE INFORMED THAT SATURDAY IS TO BE CONSIDERED A NON-BANKING BUSINESS DAY FOR OUR TRADE FINANCE PROCESSING/OPERATIONS UNIT ALTHOUGH OUR BANK IS OTHERWISE OPEN FOR BUSINESS .
   .
   ALL PARTIES TO THIS LETTER OF CREDIT ARE ADVISED THAT THE U.S. GOVERNMENT HAS IN PLACE CERTAIN SANCTIONS AGAINST CERTAIN COUNTRIES, INDIVIDUALS, ENTITIES, AND VESSELS. CITIGROUP ENTITIES, INCLUDING BRANCHES AND, IN CERTAIN CIRCUMSTANCES, SUBSIDIARIES, ARE/WILL BE PROHIBITED FROM ENGAGING IN TRANSACTIONS OR OTHER ACTIVITIES WITHIN THE SCOPE OF APPLICABLE SANCTIONS.
   .
   WE HEREBY UNDERTAKE WITH DRAWERS AND/OR BONAFIDE HOLDERS THAT DRAFTS DRAWN AND PRESENTED WITH DOCUMENTS IN COMPLIANCE WITH THE TERMS AND CONDITIONS OF THIS CREDIT WILL BE DULY HONOURED. THE AMOUNT OF EACH DRAWING MUST BE ENDORSED ON THE REVERSE OF THIS CREDIT.
   .
   FOR YOUR INFORMATION:
   CITIBANK QUOTES HIGHLY COMPETITIVE DISCOUNTING AS WELL AS FX RATES FOR NEGOTIATION OF BILLS AND COMPLIANT DOCUMENTS FOR QUALIFYING CREDITS.
   PLEASE CONTACT CHINA TRADE SERVICES FOR FURTHER INFORMATION. ADDRESS: ROOM 217, 2ND FLOOR, BUILDING W1, 1000 CHENHUI ROAD, PUDONG NEW AREA, SHANGHAI, 201203 PEOPLE?S REPUBLIC OF CHINA
   BENECARE DESK: 800 988 0860

第1页

苏州恒润进出口有限公司
SUZHOU HENGRUN IMPORT & EXPORT CORP.,LTD.

To:

发票号码
INVOICE NO. HH404060F
合同号
CONTRACT NO.: 2014HR040033F
日期
DATE: Feb.12,2014

发票

Destination: OAKLAND
L/C No. BY T/T

SHIPPING MARKS	DESCRIPTIONS	QUANTITY	UNIT PRICE	AMOUNT
			FOB SHANGHAI CHINA	
GYMBOREE PO# 207010 US DEPT# 8-GY Newborn MPP PACK SKU NO. 940327693 WEB PACK SKU NO.241300282-83/85-87 SPP PACK SKU NO.241300282-83/85-87 MASTER COLLECTION:14 GY SUMMER FINAL DESTATION#DIXON, CA COUNTRY OF ORIGIN# CHINA CARTON NO.1-129	BABY GIRL'S 100%COTTON KNIT CARDIGAN 婴儿开衫，针织， 100%棉 品牌：GYMBOREE	10,283.00PCS	USD3.90/PC	USD40,103.70
		10,283.00PCS		USD40,103.70

SAY TOTAL USD FORTY THOUSAND ONE HUNDRED AND THREE AND CENTS SEVENTY ONLY.

TOTAL PACKED IN 129CARTONS ONLY.

苏州恒润进出口有限公司
SUZHOU HENGRUN IMPORT & EXPORT CORP.,LTD.

苏州恒润进出口有限公司
SUZHOU HENGRUN IMPORT & EXPORT CORP.,LTD.

To:

发票号码
INVOICE NO. :HH404059F
合 同 号
CONTRACT NO.: 2014HR040033F
日 期
DATE: Feb.12,2014

发 票

Destination: OAKLAND

L/C No. BY T/T

SHIPPING MARKS	DESCRIPTIONS	QUANTITY	UNIT PRICE	AMOUNT
GYMBOREE		FOB SHANGHAI CHINA		
PO# 206905 US DEPT#15-GY Baby Girl MPP PACK SKU NO.940326853 WEB PACK SKU NO.241341136-42 SPP PACK SKU NO.241341136-42	BABY GIRL'S 70%COTTON 30%NYLON KNIT CARDIGAN 婴儿开衫，针织， 70%棉30%尼龙 品牌：GYMBOREE	3,953.00PCS	USD4.00/PC	USD15,812.00
MASTER COLLECTION:14 GY SUMMER FINAL DESTATION#DIXON，CA COUNTRY OF ORIGIN# CHINA CARTON NO.1-199	GIRL'S 70%COTTON 30%NYLON KNIT CARDIGAN 女童开衫，针织， 70%棉30%尼龙 品牌：GYMBOREE	7,817.00PCS	USD4.00/PC	USD31,268.00
		11,770.00PCS		USD47,080.00

SAY TOTAL USD FORTY SEVEN THOUSAND AND EIGHTY ONLY.
TOTAL PACKED IN 199CARTONS ONLY.

苏州恒润进出口有限公司
SUZHOU HENGRUN IMPORT & EXPORT CORP.,LTD.

苏州恒润进出口有限公司
SUZHOU HENGRUN IMPORT & EXPORT CORP.,LTD.

发票号码
INVOICE NO. : HH404060F
合同号
CONTRACT NO.: 2014HR040033F
日期
DATE: Feb.12,2014

装箱单
PACKING LIST

箱号 PKG. NO.	箱数 PKGS	品名 DESCRIPTIONS	数量 QUANTITY	毛重 G.W.(KGS)	净重 N.W.(KGS)	体积 MEAS.$(M)^3$
1-129	129CTNS	BABY GIRLY'S 100%COTTON KNIT CARDIGAN 婴儿开衫，针织, 100%棉 品牌：GYMBOREE	10,283.00PCS	1,334.41	1,079.35	9.430
			10,283.00PCS	1,334.41	1,079.35	9.430

G.W. :1334.41KGS
N.W. :1079.35KGS
MEAS.:9.430CBM
TOTAL PACKED IN 129CARTONS ONLY.

苏州恒润进出口有限公司
SUZHOU HENGRUN IMPORT & EXPORT CORP.,LTD.

苏州恒润进出口有限公司
SUZHOU HENGRUN IMPORT & EXPORT CORP., LTD.

To:

发票号码
INVOICE NO. :HH404059F

合同号
CONTRACT NO.: 2014HR040033F

日期
DATE: Feb.12,2014

装箱单
PACKING LIST

箱号 PKG. NO.	箱数 PKGS	品名 DESCRIPTIONS	数量 QUANTITY	毛重 G.W.(KGS)	净重 N.W.(KGS)	体积 MEAS.(M)³
1-199	199CTNS	BABY GIRL'S 70%COTTON 30%NYLON KNIT CARDIGAN 婴儿开衫，针织， 70%棉30%尼龙 品牌：GYMBOREE	3,953.00PCS	1,738.20	385.49	10.080
		GIRL'S 70%COTTON 30%NYLON KNIT CARDIGAN 女童开衫，针织， 70%棉30%尼龙 品牌：GYMBOREE	7,817.00PCS		954.97	
			11,770.00PCS		1,340.46	

G.W. :1738.20KGS
N.W. :1340.46KGS
MEAS.:10.080CBM
TOTAL PACKED IN 199CARTONS ONLY.

苏州恒润进出口有限公司
SUZHOU HENGRUN IMPORT & EXPORT CORP., LTD.

JG02

中华人民共和国海关出口货物报关单

预录入编号：　　　　　　　　　　　　　　海关编号：

出口口岸 SHANGHAI		备案号		出口日期	申报日期
经营单位 苏州[illegible]进出口有限公司(3205910261)		运输方式 BY SEA	运输工具名称	提运单号	
发货单位 AS ABOVE		贸易方式 一般贸易	征免性质 101		结汇方式 T/T
许可证号	运抵国(地区) UNITED STATES		指运港 OAKLAND		境内货源地 苏州其他
批准文号 HH404060F	成交方式 FOB	运费	保费 0		杂费
合同协议号 2014HR040033F (HH404060F)	件数 129	包装种类 CARTONS	毛重(千克) 1,334.41		净重(千克) 1,079.35
集装箱号	随附单证 INV., P/L				生产厂家

标记唛码及备注

AS INVOICE NO.: HH404060F　　　　税务登记号320502725224984

项号	商品编号	商品名称、规格型号	数量及单位	最终目的国(地区)	单价	总价	币制	征免
1	6111200050	BABY GIRL'S 100%COTTON KNIT CARDIGAN 婴儿开衫，针织，100%棉 品牌：GYMBOREE	10,283.00PCS	UNITED STATES	3.90/PC	40,103.70	USD	3
			10,283.00PCS			40,103.70		

税费征收情况

GYMBOREE
PO# 207010 US
DEPT# 8-GY Newborn
MPP PACK SKU NO. 940327693
WEB PACK SKU NO.241300282-83/85-87
SPP PACK SKU NO.241300282-83/85-87
MASTER COLLECTION:14 GY SUMMER
FINAL DESTATION#DIXON，CA
COUNTRY OF ORIGIN# CHINA
CARTON NO.1-129
商品编码：6111200050
商品描述：棉制针织婴儿其他服装
申报要素：1.品名:婴儿开衫 2.织造方法:针织，非起绒;3.种类:开衫;4.类别:婴儿;5.成分含量; 100%棉
6.品牌;GYMBOREE 7.尺寸:衣长 29.21cm

录入员　　录入单位	兹声明以上申报无讹并承担法律责任	海关审单批注及放行日期(签章)	
报关员			
单位地址	申报单位(签章)	征税	统计
邮编　　电话	填制日期 Feb.12,2014	查验	放行

JG02

中华人民共和国海关出口货物报关单

预录入编号： 海关编号：

出口口岸	备案号	出口日期	申报日期
SHANGHAI			

经营单位	运输方式	运输工具名称	提运单号
苏州[illegible]进出口有限公司(3205910261)	BY SEA		

发货单位	贸易方式	征免性质	结汇方式
AS ABOVE	一般贸易	101	T/T

许可证号	运抵国(地区)	指运港	境内货源地
	UNITED STATES	OAKLAND	苏州其他

批准文号	成交方式	运费	保费	杂费
	FOB		0	

合同协议号	件数	包装种类	毛重(千克)	净重(千克)
HH404059F	199	CARTONS	1,738.20	1,340.46

集装箱号	随附单证	生产厂家
2014HR040033F (HH404059F)	INV., P/L	

标记唛码及备注

AS INVOICE NO.：HH404059F 税务登记号320502725224984

项号	商品编号	商品名称、规格型号	数量及单位	最终目的国(地区)	单价	总价	币制	征免
1	6111200050	BABY GIRL'S 70%COTTON 30%NYLON KNIT CARDIGAN 婴儿开衫，针织，70%棉30%尼龙 品牌：GYMBOREE	3,953.00PCS	UNITED STATES	4.00/PC	15,812.00	USD	3
2	6110200099	GIRL'S 70%COTTON 30%NYLON KNIT CARDIGAN 女童开衫，针织，70%棉30%尼龙 品牌：GYMBOREE	7,817.00PCS	UNITED STATES	4.00/PC	31,268.00	USD	3
			11,770.00PCS			47,080.00		

税费征收情况

GYMBOREE
PO# 206905 US
DEPT#15-GY Baby Girl
MPP PACK SKU NO.940326853
WEB PACK SKU NO.241341136-42
SPP PACK SKU NO.241341136-42
MASTER COLLECTION:14 GY SUMMER
FINAL DESTATION#DIXON，CA
COUNTRY OF ORIGIN# CHINA
CARTON NO.1-199

录入员 录入单位 兹声明以上申报无讹并承担法律责任 海关审单批注及放行日期(签章)

商品编码：6111200050
商品描述：棉制针织婴儿其他服装
申报要素：1.品名:婴儿开衫 2.织造方法:针织，非起绒;3.种类:开衫;4.类别:婴儿;5.成分含量;70%棉30%尼龙 6.品牌;GYMBOREE 7.尺寸:衣长 31.75cm

报关员

商品编码：6110200099
商品描述：棉制针织女童开衫
申报单位(签章) 征税 统计

单位地址

申报要素：1.品名;女童开衫2.织造方法:针织，非起绒;3.种类:开衫;4.类别:女式;5.成分含量;70%棉30%尼龙 6.品牌;GYMBOREE

查验 放行

邮编 电话 填制日期 Feb.12,2014

404001

审 单 记 录

2.

运编号 HH404OJP/160F					收B/L 3/18			
装期	L/C效期	交单期		价格条款	投保	转运	分批	溢短

结汇单	份数	
汇票		INV. 船名航次 唛头、 P/L. SKU NO. 唛头.
发票		
B/L、AWB、FCR		
装箱单		
重量单		
详细P/L		
保险单		
GSP		
产地证		
客检证		
海关发票		
许可证		
检验证明		
邮据		

订单		船公司证明		样品证明		其它证明	
装船通知		传真报告		已寄单证明			

担保原因	逾装、效、交单期	价格条款	数量、金额、款号	目的港
	运输方式	单据短缺、疵点	分批	其它

正常	担保	不合格	交单日	交单行	
	√			中、工、农、交、商、浦、招、光	

副本 COPY

凭 Drawn under: 404001-0010 CITIBANK, N.A.SINGAPORE

不可撤销信用证 Irrevocable L/C No. 5944428036

日期 Dated 140110

支取 payable with interest @____% ____ 按 ____ 息 ____ 付款

号码 No. HH404059F ~~HH404060F~~

汇款金额 Exchange for US$99,210.66

江苏 Jiangsu

L/C

见票 at AT SIGHT 日后付交 sight pay to the order of

金额 the sum of U.S. DOLLARS NINETY NINE THOUSAND TWO HUNDRED AND TEN AND CENTS SIXTY SIX ONLY

此致 To

CITISGSG

一般贸易

苏州恒润进出口有限公司
SUZHOU HENGRUN IMPORT & EXPORT CORP. LTD

苏州恒润进出口有限公司
SUZHOU HENGRUN IMP. AND EXP. CORP. LTD.
NO.201 ZHUHUI ROAD, SUZHOU, CHINA

COMMERCIAL INVOICE

Seller& Shipper	SUZHOU HENGRUN IMP. AND EXP CORP. LTD. NO.201 ZHUHUI ROAD, SUZHOU, CHINA Tel#0512-65162735 Fax# 0512-65260165

Invoice number	HH404059F
Invoice date	FEB 12.2014
Payment terms	L/C
L/C Number	5944428036
L/C Date	140110
Terms of Sale	FOB SHANGHAI
Currency	USD$

Consignee

Ship to

U. S. A.

DIXON, CA 95620 USA (Attn: Receiving Team)

For account of LI & FUNG (TRADING) LIMITED AS BUYING AGENT FOR AND ON BEHALF OF GYMBOREE MANUFACTURING INC.

Manufacturer

Name	SUZHOU HENGJIN APPAREL CO., LTD
Address	NO.88 XIHUAN ROAD, CANGLIANG DISTRICT SUZHOU ,CHINA
City/Country	SUZHOU CHINA

Origin conferring operation
knitting to shape of panels
panel linking and looping

Country of Origin: CHINA
Port of loading: shanghai

Shipped per APL HOLLAND 213E
Shipped on FEB 27, 2014

If multiple PO's and Manufacturers, list additional Manufacturer's on an attached sheet and cross reference PO# to each Manufacturer

PO#/Vendor Style#	Description	HTS		Units	Dozen	Unit price	Total
	GARMENTS						
206905 US 140125993	BABY GIRL'S 70%COTTON 30%NYLON KNIT CARDIGAN (>9st/2cm and <=18st/2cm and importer confirmed garment meets SN6 requirements.)	6111.20.3000		4006	334	4.43	$17,746.58
	SIZE:6-12M -18-24M	Duty rate Category	239				
206905 US	GIRL'S 70%COTTON 30%NYLON KNIT CARDIGAN (>9st/2cm and <=18st/2cm and importer confirmed garment meets SN6 requirements.)	6110.20.2077		7758	647	4.43	$34,367.94
140125993	SIZE:2T-5T	Duty rate Category	339				

STYLE NO BG91857 TOTAL 11764 TOTAL VALUE: $52,114.52

PORT OF DISCHARGE: OAKLAND
PORT OF DESTINATION: DIXON,CA,USA

Port of entry : San Francisco
Carton marks and numbers stated on Packing List
"Merchandise is as per Purchase Order or Contract"

TOTAL Nbr of CARTONS: 199

THE SHIPMENT CONTAINS NO SOLID WOOD PACKING MATERIALS

The undersigned certifies that all information stated herein is true and correct.

Total Weight in	KGS
Gross Weight	1738.20
Net Weight	1338.32
Net Net Weight	1103.04

Signature

Name ZHANG YAN
Title MANAGER
Company SUZHOU HENGRUN IMP. AND EXP. CORP. LTD.
NO.201 ZHUHUI ROAD,
SUZHOU, CHINA

Other information:

GYMBOREE
PO# 206905 US
REF#BG91857
DEPT#15-GY Baby Girl
MPP PACK SKU NO.940326853
WEB PACK SKU NO.241341136-42
SPP PACK SKU NO.241341136-42
MASTER COLLECTION:14 GY SUMMER

PACKING LIST

INVOICE NO. HH404059F
P.O. NO. : 206905 US
P/M NO. : 13-CGYMBSW-0058-1
REF.NO. : BG91857
QUANTITY : 11,764 PCS.
DESCRIPTION : BABY GIRL'S /GIRL'S 70%COTTON 30%NYLON KNIT CARDIGAN
CARTON MEAS : 50*40*45CM CTN NO.1-40, 185-199 53*28*24CM CTN NO.41-184

PAGE 1 OF 1VENDOR NAME:

SUZHOU HENGRUN IMP. AND EXP. CORP. LTD.
NO. 201 ZHUHUI ROAD, SUZHOU, CHINA
Tel#0512-65162735 Fax# 0512-65260165

MPP DEFINITION:			1	1	1	1	1	1	1	7 PCS in Each MPP		18MPPs in Each Carton			Carton No.		1-39
MPP DEFINITION:			1	1	1	1	1	1	1	7 PCS in Each MPP		4MPPs in Each Carton			Carton No.		40
CARTON NUMBER	PACK TYPE	COLOR	SIZE BREAKDOWN 6-12M	12-18M	18-24M	2T	3T	4T	5T	TOTAL PCS	NO. OF CTNS	G.W. CTN	N.W. CTN	N.N.W. CTN	TOTAL G.W.	TOTAL N.W.	TOTAL N.N.W
1 - 39	MPP	IRIS ORCHID	18	18	18	18	18	18	18	4914	39	16.076	14.076	11.556	626.964	548.964	450.684
40 - 40	MPP		4	4	4	4	4	4	4	28	1	5.128	3.128	2.568	5.128	3.128	2.568
41 - 44	WPP		50							200	4	6.300	4.300	3.300	25.200	17.200	13.200
45 - 54	WPP			46						460	10	6.462	4.462	3.542	64.620	44.620	35.420
55 - 67	WPP				41					533	13	6.305	4.305	3.485	81.965	55.965	45.305
68 - 91	WPP					39				936	24	6.368	4.368	3.588	152.832	104.832	86.112
92 - 125	WPP						36			1224	34	6.284	4.284	3.564	213.656	145.656	121.176
126 - 151	WPP							34		884	26	6.284	4.284	3.604	163.384	111.384	93.704
152 - 181	WPP								30	900	30	6.110	4.110	3.510	183.300	123.300	105.300
182 - 182	WPP		14	13	11					38	1	5.620	3.620	2.860	5.620	3.620	2.860
183 - 183	WPP					35	7			42	1	6.753	4.753	3.913	6.753	4.753	3.913
184 - 184	WPP							12	21	33	1	6.389	4.389	3.729	6.389	4.389	3.729
185 - 185	SPP			130						130	1	14.997	12.610	10.010	14.997	12.610	10.010
186 186	SPP			124						124	1	14.028	12.028	9.548	14.028	12.028	9.548
187 - 188	SPP				123					246	2	14.915	12.915	10.455	29.830	25.830	20.910
189 - 193	SPP					116				580	5	15.292	12.992	10.672	76.460	64.960	53.360
194 194	SPP					46	58			104	1	14.054	12.054	9.974	14.054	12.054	9.974
195 - 196	SPP						109			218	2	14.971	12.971	10.791	29.942	25.942	21.582
197 - 197	SPP			72		13				85	1	10.440	8.440	6.740	10.440	8.440	6.740
198 - 198	SPP				70					70	1	9.350	7.350	5.950	9.350	7.350	5.950
199 - 199	SPP		15							15	1	3.290	1.290	0.990	3.290	1.290	0.990
1 - 199	SUB TOTAL		935	1505	1566	2316	2213	1602	1627	11764 PCS	199 CTNS				1738.20 KGS	1338.32 KGS	1103.04 KGS

		6-12M	12-18M	18-24M	2T	3T	4T	5T	TOTAL	
MULTI PREPACK	40 CTNS	706	706	706	706	706	706	706	4942	PCS
WEB PREPACK	144 CTNS	214	473	544	971	1231	896	921	5250	PCS
SINGLE PREPACK	15 CTNS	15	326	316	639	276	0	0	1572	PCS

SUMMARY:

PO NO.	6-12M	12-18M	18-24M	2T	3T	4T	5T	TOTAL QUANTITY	
206905 US	935	1505	1566	2316	2213	1602	1627	11764	PCS.
N.N.W. (KGS/PC.)	0.066	0.077	0.085	0.092	0.099	0.106	0.117		
N.W. (KGS/PC.)	0.086	0.097	0.105	0.112	0.119	0.126	0.137		
TOTAL N.N.W. (KGS.)	61.710	115.885	133.110	213.072	219.087	169.812	190.359	1103.04	KGS.
TOTAL N.W. (KGS.)	80.410	145.985	164.430	259.392	263.347	201.852	222.899	1338.32	KGS.

SHIPPING MARK:
GYMBOREE
PO# 206905 US
DEPT#15-GY Baby Girl
MPP PACK SKU NO.940326853
WEB PACK SKU NO.241341136-42
SPP PACK SKU NO.241341136-42
MASTER COLLECTION:14 GY SUMMER
FINAL DESTATION#DIXON, CA
COUNTRY OF ORIGIN# CHINA
CARTON NO.1-199

CERTIFICATION OF CONFORMITY
FOR
CONSUMER PRODUCT SAFETY IMPROVEMENT ACT

Jan 16, 2014
Page 1 of 2

US IMPORTER/DOMESTIC MANUFACTURER

TEL NO:

PERSON MAINTAINING RECORDS

PETER TYBURSKI/ KENNETH CHAN
THE GYMBOREE CORPORATION

UNITED STATES

Tel. No.:

Sample Description: S ORCHID CRDI SMR

Manufacturer: SUZHOU HENGJIN APPAREL CO. LTD.

Place of Manufacture: NO. 88 XIHUAN ROAD, CANGLIANG DISTRICT, SUZHOU, JIANGSU, 215151, CHINA
YIYUE CHEN, OLIVER PAN, SHELLY GONG, KEVIN CHENG: 86-512-89570087

Date of Manufacture: DEC / 2013

Place of Testing: Bureau Veritas Consumer Products Services Division (Shanghai) No.168, Guanghua Road, Zhuanqiao Town, Minhang, Shanghai, China. Post Code: 201108, 86-21-24081888

Purchase Order #: 206905

Style: 140125993

Country of Origin: CHINA

I (we) hereby certify that the product contained within this shipment complies with the following applicable rules, bans, regulations and standards enforced by the CPSC based on testing.

The following rules, bans, standards and regulations were tested for this product:

CPSC Product Category	Test Description	Law/Act	Federal Regulations Title 16 CFR Part No./ Section No.
Lead in Substrates	Lead in Substrates	CPSIA	101
Toys/ Children's Products mechanical hazards	Use & Abuse, Sharp points, Sharp Edges	FHSA	16 CFR 1500.48-53
Wearing Apparel	Wearing Apparel Flammability	FFA	16 CFR 1610
Toys/Children's Products small parts	Small Parts	FHSA	FHSA / 16 CFR 1501

Note: CPSA – Consumer Product Safety Act
FHSA – Federal Hazardous Substances Act
FFA – Flammable Fabric Act

Gymboree Testing Compliance

I (we) hereby certify that the product contained within this shipment complies with all The Gymboree Corporation Testing Requirements.

Stage	Report Number	Date
Development	/	/
Bulk	/	/
Pre-Production	(6613)339-0878	Dec.15, 2013
Top Of Production	(6614)007-0270	Jan 16, 2014

OOCL Logistics

1740x0597

OOCL Logistics

(ORIGINAL)
CARGO RECEIPT

Shipper (Full Name/Address/Tel/Contact Person)	Document No.	Cargo Receipt No.
SUZHOU HENGRUN IMP. AND EXP.CORP. LTD NO.201 ZHUHUI ROAD,SUZHOU CHINA	SHA1748869	SHA174886900
	Export Reference	
Consignee (Full Name/Address/Tel/Contact Person) TEL:	Point and Country of origin of goods	
Notify Party (Full Name/Address/Tel/Contact Person) TEL:	Also Notify Party (Full Name/Address/Tel/Contact Person) FEDEX TRADE NETWORKS 19601 HAMILTON AVENUE TORRANCE, CA. 90502 ATTENTION: HONGDAO ONG GYMBOREE2@FTN.FEDEX.COM TEL:310 - 353 - 3344 *	

Vessel/Voyage		Pre-Carriage By	Type of Movement
APL TURKEY 035E			CFS-CY
Place of Receipt SHANGHAI, CHINA	Port of Loading SHANGHAI, CHINA	Date Cargo Receipt 27-FEB-2014	Date Laden on Board 06-MAR-2014
Port of Discharge OAKLAND, CALIFORNIA	Place of Delivery DIXON, CALIFORNIA	Loading Pier/Terminal	Originals to be Released at SHANGHAI

PARTICULARS FURNISHED BY SHIPPER

Container No.s w/Seal No.s Marks & Numbers	Quantity Packages	Description of Packages and Goods (including Hazardous Cargo Details, if any)	Gross Weight (KGs)	Measurement (CBM)
MOAU6780448 / BA14570 / 20' GP / 199 CTN(S) / 1738.200 KG(S) / 10.080 CBM / CFS-CY				
GYMBOREE PO# 206905 US DEPT#15-GY BABY GIRL MPP PACK SKU NO.940326853 WEB PACK SKU NO.241341136-42 SPP PACK SKU NO.241341136-42	199 CTN(S)	SAID TO CONTAIN BABY GIRL'S /GIRL'S 70%COTTON 30% NYLON KNIT CARDIGAN PO#206905 STY#BG91857	1738.200	10.080

The Company (as hereinafter defined), hereby acknowledge receipt for and on behalf of the Customer (as hereinafter defined) the packages or other shipping units said to contain the Goods (as hereinafter defined), in apparent external good order and condition unless otherwise stated, the customer and all others having an interest in the goods are advised,and by delivering the goods and accepting this Cargo Receipt, agree that the receipt custody consolidation and forwarding of the Goods, by the Company on behalf of the Customer are subject to all the terms and conditions set forth on this side and the reverse hereof, whether written, stamped, or printed.This CARGO RECEIPT is not a document of title and is not negotiable.	This Cargo Receipt is issued by OOCL LOGISTICS (ASIA PACIFIC) LTD. Signed by: OOCL LOGISTICS (CHINA) LTD. (Authorised Signature)
Issue Date: 06-MAR-2014 / Signed Originals: 2	

OOCL Logistics

(ORIGINAL)
CARGO RECEIPT
Attachment 1 / 1

OOCL Logistics

PARTICULARS FURNISHED BY SHIPPER			Cargo Receipt No. SHA174886900	
Container No.s w/Seal No.s Marks & Numbers	**Quantity Packages**	**Description of Packages and Goods**	**Gross Weight (KGs)**	**Measurement (CBM)**
MASTER COLLECTION:14 GY SUMMER FINAL DESTATION#DIXON , CA COUNTRY OF ORIGIN# CHINA CARTON NO.1-199				
GRAND TOTAL:	199 CTN(S)	(ONE HUNDRED AND NINETY NINE CARTON(S))	1738.200	10.080

THIS SHIPMENT CONTAINS NO WOOD PACKAGING MATERIALS

OCEAN FREIGHT COLLECT
*FAX:310 - 353 - 3217

OOCL LOGISTICS (CHINA) LTD.

LI & FUNG

FINAL INSPECTION REPORT

Date : 26-02-2014
P. : 1 / 2

Inspection No. :	1402-0-44135	Inspected By :	Jane Wang
Supplier :	SUZHOU HENGRUN IMP. AND EXP.CORP. LTD	Factory :	SUZHOU HENGJIN APPAREL CO., LTD.

Buyer	PM No	PO	Style	Shp#	Product	Ord Qty	Insp Qty	Merchandiser
GYMBOREE MANUFACTURING INC.	13-CGYMBSW-0058	206905	BG91857	1	S RED CRDI TCAP	3953 PCS	3953 PCS	LUCY DQ CHEN
GYMBOREE MANUFACTURING INC.	13-CGYMBSW-0058	206905	BG91857	1	S RED CRDI TCAP	7817 PCS	7817 PCS	LUCY DQ CHEN
					TTL	11770 PCS	11770 PCS	

	Critical	Major	Minor
Defect Group : GROUP1			
2. FABRIC DEFECTS			
>Foreign or different color yarn		1	
Foreign or different color yarn - flyers /		2	1
4. a. WORKMANSHIP- SEWING CONSTRUCTION			
Wavy rib edges - uneven at hem /		2	3
4. b. WORKMANSHIP- Visual (Thread ends or Dirt / Glue)			

	Critical	Major	Minor
>Untrimmed thread ends		1	5
>Dirty and/or stains		2	3
21. PRESSING, FINISHING AND GARMENT WASHING			
Poor pressing		2	5
Sampling Plan : Single Sampling Level : Tightened Inspection Level : II			
Sample Size : 315 AQL Max Def. Qty	 0 0	 2.5 12	 4.0 18
TTL		10	17

How many cartons are counted for final inspection ?	199	% of Packed cartons is ready for final inspection ?	90
Carton number opened:	6.8.30.34.21.199.186.188.198.192.196.42.45.67.87.129.97.160	Comply with Pull test policy	Yes
Packing list check:	Yes	Hangtag check:	Yes
Label check:	Yes	Shipping mark:	Yes
Contract (Sweater) weight:	2.5-3lbs/doz	Actual (Sweater) weight:	2.6lbs/doz
Qty accurary check in carton: MPP Carton #:	40	MPP Qty:	126
Qty accurary check in carton: WEB Carton#:	53	WEB Qty:	46
Qty accurary check in carton: SPP Carton#:	187	SPP Qty:	123
Garment test result:	Good	Accepted by buyer: (Yes/No)	

九、安全制度 183
十、家长联系制度 184
第二节 幼儿园生活活动的卫生保健 186
一、幼儿园一日生活活动制度的制订 186
二、幼儿园生活制度的执行 189
三、幼儿园一日生活环节的卫生要求 191
第三节 幼儿园教学活动的卫生保健 196
一、幼儿园教学活动中的身体及心理保健 196
二、幼儿游戏及户外活动的卫生保健 198
第四节 幼儿体育锻炼的卫生保健 199
一、幼儿体育锻炼的身体保健 199
二、幼儿体育锻炼的心理保健 201
三、幼儿体育锻炼的自然因素 202
【真题再现】 207
【考点模拟】 208
【拓展阅读】 209

第八章 幼儿园的环境卫生 210
【考点聚焦】 210
第一节 幼儿园物质环境卫生 211
一、幼儿园的建筑卫生 211
二、幼儿园的房舍卫生 212
三、托幼机构室内卫生 213
四、幼儿园设备卫生 213
第二节 幼儿园精神环境卫生 215
一、幼儿园精神环境的创设意义及卫生要求 215
二、幼儿园与家庭、社区精神环境的联系 216
【考点模拟】 218
【拓展阅读】 219

附录 A 中国 7 岁以下儿童生长发育参照标准 220

附录 B 《国民体质测定标准手册》（幼儿部分） 231

附录 C 托儿所幼儿园卫生保健工作规范（节选） 247

附录 D 常见食物成分表 254

参考文献 264

第一章　学前儿童生理发育特点与保健

保教知识

【考点聚焦】

幼儿教师资格证考试《保教知识与能力》科目考试目标指出，要求考生掌握学前儿童发展知识和了解儿童的能力，还要求考生熟悉儿童生理与心理发展基本规律、年龄阶段特征、个体差异及其影响因素的相关知识，并能够运用这些知识了解儿童。

本章系统梳理了个体八大系统以及皮肤和感觉器官的组成、结构和功能，学前儿童的生理发育特点和保健。这些内容是相互联系的，幼儿教师资格证考试中常以选择题的形式出现。这些内容为材料分析题等主观题的作答提供了理论支持。

- 学前儿童生理发育特点与保健
  - 运动系统
    - 运动系统概述
    - 学前儿童运动系统的特点
    - 学前儿童运动系统的卫生保健
  - 呼吸系统
    - 呼吸系统概述
    - 学前儿童呼吸系统的特点
    - 学前儿童呼吸系统的卫生保健
  - 循环系统
    - 循环系统概述
    - 学前儿童循环系统的特点
    - 学前儿童循环系统的卫生保健
  - 消化系统
    - 消化系统概述
    - 学前儿童消化系统的特点
    - 学前儿童消化系统的卫生保健

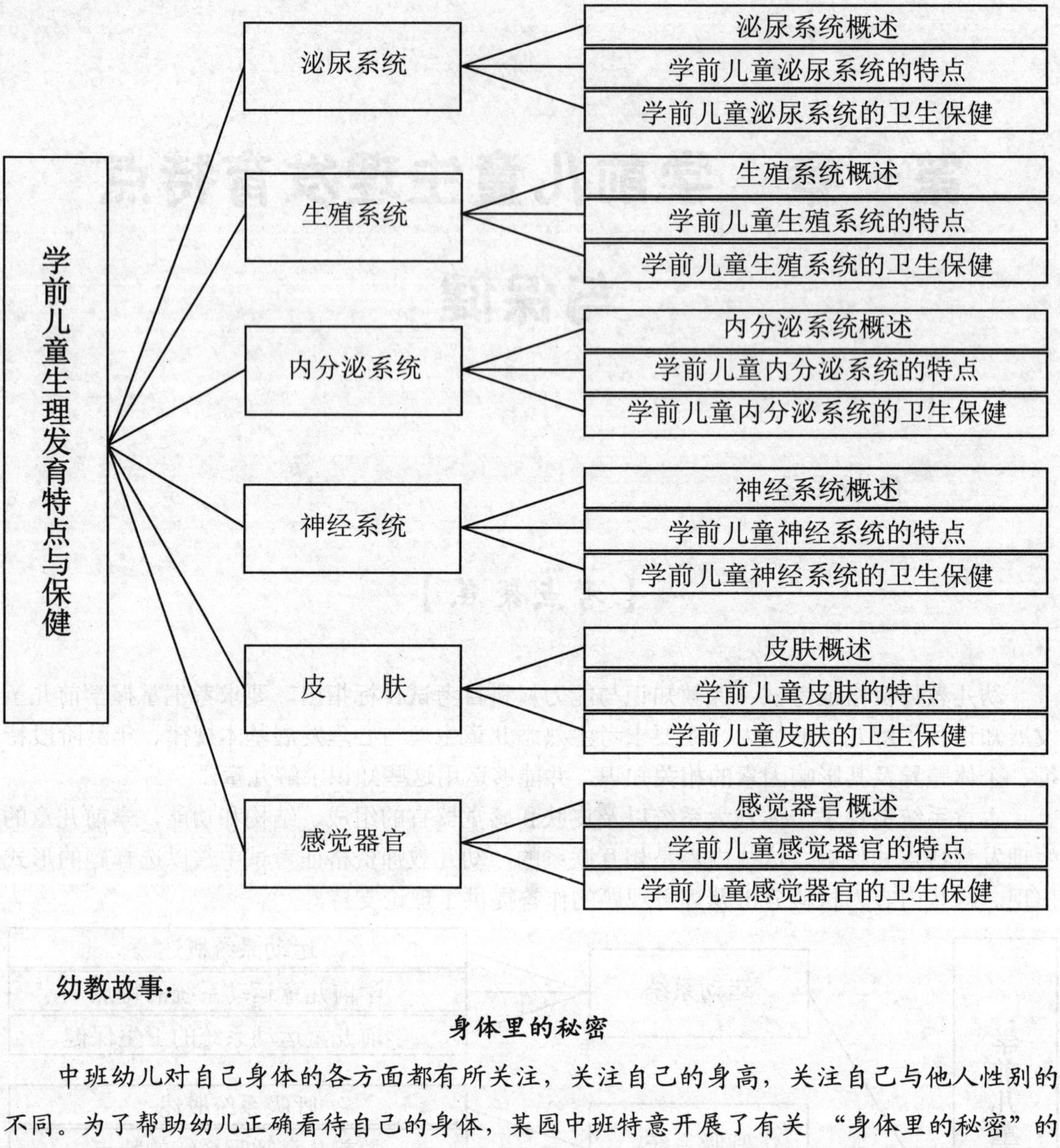

幼教故事：

身体里的秘密

中班幼儿对自己身体的各方面都有所关注，关注自己的身高，关注自己与他人性别的不同。为了帮助幼儿正确看待自己的身体，某园中班特意开展了有关 “身体里的秘密”的系列主题活动，介绍了人体各器官的作用和一些有趣的现象。孩子们很感兴趣，在自由活动时间，他们会好奇地说与“细胞”“胃”“大脑”等有关的事情，对身体里的秘密的兴趣愈加浓厚。孩子们提出的问题也很有趣，例如：“洗头时耳朵里进水了要紧吗？”“为什么跑步后人的心跳加快？”“为什么会尿裤子？”

分析：中班幼儿对自己的身体很感兴趣，那你了解自己的身体构造吗？你知道如何根据学前儿童的生理发育特点来开展恰当的保健和教育活动吗？接下来让我们一起学习学前儿童的身体生理特点与卫生保健吧。

第一节　运　动　系　统

学前儿童的身体正处于生长发育阶段，相较于成人的身体有其特殊的特点。人体的运动系统在神经系统的支配下，对身体有重要作用，具有运动、支持、保护和造血功能。

学一学:

北方的冬季，室外温度很低，寒风阵阵。聪明屋幼儿园每天组织幼儿进行户外活动。有些家长不理解。家长们问老师："在室内安静地做游戏不是挺好的吗？"老师却告诉家长们："幼儿的运动系统和成人不同，一定要合理锻炼，从而促进它的发育，而室外活动对于促进运动系统的正常发育有着不可替代的作用。"

一、运动系统概述

运动系统由骨、骨连结和骨骼肌三种器官组成。可以活动的骨连结叫关节。肌肉是运动系统的主要动力装置，在神经支配下，肌肉收缩，牵拉其所附着的骨，以可动的骨连结为枢纽，实现其运动功能。

成人体内有 206 块骨，新生儿有 300 多块骨。根据形状不同，骨可以分为长骨、短骨、扁骨和不规则骨。胎儿和婴幼儿时期，红骨髓在骨髓腔和骨松质的空隙里。6 岁以后，骨髓中的红骨髓逐渐被脂肪组织所替代，颜色变黄，称为黄骨髓，失去造血功能。但在大量失血或严重贫血的状况下，黄骨髓可转变成红骨髓，恢复造血功能。

二、学前儿童运动系统的特点

（一）学前儿童的骨骼特点

1. 学前儿童骨骼生长迅速

学前儿童的身体正处于发育期，骨膜较厚，含有丰富的血管和神经，对骨有良好的营养作用。学前儿童骨短而细，在不断长长、长粗。人的长高主要是由于下肢骨和脊柱的不断加长。充足的营养、阳光及适量的运动有助于骨骼的生长与发育。

2. 学前儿童骨骼柔软，易弯曲发生"青枝骨折"

不同年龄段的人，骨组织中的化学成分（无机盐和有机盐）是有所区别的，具体见表 1-1。相对于成人，学前儿童的骨骼弹性较大，犹如柳枝，可以做诸如吃脚趾等成人无法做到的动作。学前儿童的骨骼比较柔软，软骨多，容易发生"青枝骨折"，即折而不断的现象。但如果缺乏维生素和钙的吸收，则容易导致 O 型腿和 X 型腿。

表 1-1　骨成分的特点

成分（无机盐和有机盐的比例）	特　点
成人 7∶3	硬度大，弹性小。成人的骨头如同干树枝，不易弯曲
儿童 1∶1	硬度小，弹性大。学前儿童的骨头如鲜嫩柳枝，易弯曲，易发生“青枝骨折”

3．学前儿童颅骨骨化未完成

新生儿颅骨未发育完全，骨与骨之间的间隙较大，在颅骨顶部有两个大小不一的间隙，称为颅囟。前囟在婴儿 1～1.5 岁闭合，后囟在新生儿 2～4 个月闭合。颅囟闭合时间反映了颅骨骨化的程度①。颅囟提前闭合，会造成小头畸形，同时伴有智力落后；颅囟闭合过晚，可能导致佝偻病、呆小症和脑积水等。正常时前囟是平坦的，当婴儿呕吐频繁或腹泻次数多，大量丢失水分时，可能导致前囟凹陷。脑膜炎、脑炎、维生素 A 过量、上呼吸道感染或其他原因引起的发热等都可导致前囟膨胀或凸起。因此，要多注意婴儿前囟的变化。

4．学前儿童腕骨未完全钙化

新生儿没有腕骨，仅有软骨，6 个月以后腕骨逐渐钙化，到 10～13 岁才能全部钙化完成，女孩一般比男孩早完成两年。通常可以根据腕骨来检测儿童的骨龄，腕骨钙化完全，则腕部力量不足，做手部的精细动作就比较困难。掌指骨 18 岁前才能钙化完全，所以婴幼儿的手劲较小，做精细动作比较困难。这就要求家长为他们准备的玩具要轻；幼儿书写、绘画和劳动时，要适当地控制其活动量；适当安排拍球、绘画、穿珠、拧瓶盖等活动来促进幼儿腕部的发育。

5．学前儿童胸骨还没有完全结合

学前儿童的胸骨分为胸骨柄、胸骨体、胸骨剑突三部分，要到 20～25 岁才结合成一个整体。若幼儿缺乏维生素 D、钙，或者幼儿有呼吸系统疾病及幼儿坐姿不正确，都容易造成胸骨畸形，如鸡胸、漏斗胸。

6．学前儿童骨盆尚未长结实

学前儿童完整的骨盆是由脊柱下部的骶骨、尾骨与髋骨共同组成的，学前儿童的髋骨是由髋骨、坐骨和耻骨借助软骨连结起来的，一般在 18～25 岁才能完全成为完整的骨。因此，不正确的运动方式，可能导致这三块骨的移位而发生危险。学前儿童在从高处往硬地板跳时，要注意安全，因为可能伤到骨盆的骨头，使骨盆变形。

7．学前儿童脊柱生理弯曲未固定

脊柱是人体的主要支柱，是由脊椎骨叠加而成的，脊柱的变化反映了椎骨的发育情况。成人的管柱从侧面看呈 S 形的弯曲（见图 1-1），并非“直棍儿”，这些弯曲可以缓冲运动时的震动，保护内脏和脑；能够平衡身体，并能负重。脊柱的生理弯曲随着动作的发展而逐渐形成，从上而下分别包括：颈曲、胸曲、腰曲、骶曲。3 个月左右的幼儿会抬头，逐渐形成第一道弯曲——颈曲；6 个月左右的幼儿能坐，形成第二道弯曲——胸曲；1 岁左右的

① 任绮，高立. 学前儿童体育与健康[M]. 北京：清华大学出版社，2012.

幼儿开始站立行走，形成第三道弯曲——腰曲，以维持行走时身体的平衡；1 岁多的幼儿会蹦蹦跳跳，形成第四道弯曲——骶曲。这四道生理弯曲称为脊柱生理弯曲。颈曲和胸曲要到 7 岁以后才能被韧带固定，腰曲要在 13 岁左右才能被固定。一般到 18～25 岁，脊柱的生理弯曲才能完全被固定。学前儿童的脊柱未完全定型以前，不良的体姿会导致脊柱变形，发生不该有的弯曲，脊柱的功能也将受到影响。

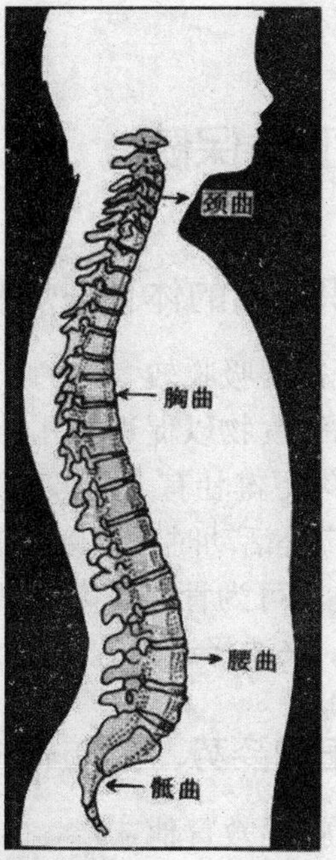

图 1-1　脊柱的生理弯曲

（二）学前儿童的肌肉特点

1．学前儿童肌肉容易疲劳

新生儿肌肉的重量仅占体重的 1/5，随着年龄的增长，肌肉占体重的比例将逐渐上升，5 岁时其比例达 1/2。幼儿的肌肉中所含水分较多，蛋白质、糖和无机盐含量较少，故幼儿易产生疲劳。但由于幼儿新陈代谢旺盛，所以疲劳后恢复快。幼儿园在组织幼儿进行户外活动时，要适时让他们休息，避免过度疲劳。

2．学前儿童大肌肉群发育早，小肌肉群发育晚

学前儿童婴幼儿时期，支配大肌肉群活动的神经中枢发育较早，活动能力较强，3～4 岁时上、下肢的活动已比较协调。但支配小肌肉群的神经中枢发育较晚，手部、腕部小肌肉群的活动能力较差，难以完成精细动作。例如：小班的幼儿会跑、会跳了，但很难画直线。因此，可以通过穿珠、撕纸、剥水果皮等动作锻炼幼儿的小肌肉群。

3．学前儿童关节窝浅，肘关节易脱臼

幼儿的关节囊比较松弛，关节周围的韧带不够结实，关节活动性与延伸性较强，但牢固性差。当肘部处于伸直状态时，在强外力的作用下，容易发生脱臼。手臂若被猛力牵拉，容易发生脱臼。造成脱臼的原因常常是大人带着幼儿上楼梯、过马路或帮幼儿穿脱衣服时，用力牵拉、提拎幼儿的手臂。因此，要注意“牵手莫忘护肘”。

4．足弓不结实，易形成“扁平足”

婴儿会站、会走以后逐渐出现足弓。足弓靠肌肉、韧带来维持，有足弓，脚才有弹性，才能缓冲运动产生的震动，同时增加人站立的稳定性。学前儿童的足弓周围韧带较松弛，肌肉细弱，如果长时间站立、行走，则会因为足底负重过多而引起足弓塌陷，从而造成“平脚”或“扁平足”。因此，可以通过训练学前儿童的走、跑、跳、投掷、钻爬等动作来发展大肌肉群。

三、学前儿童运动系统的卫生保健

（一）保证充足营养，组织适当的体育锻炼和户外活动

学前儿童的骨骼处于生长期，需要吸收较多的钙、磷、维生素 D，因此应该给儿童补充诸如牛肉、瘦肉、虾皮、豆制品等食物以促进幼儿骨骼的生长。

体育锻炼和户外活动，可使肌肉更健壮有力，可刺激骨的生长，利于身体长高，并促进骨中无机盐的积淀，使骨更坚硬。户外活动时适量接受阳光照射，可使身体产生维生素 D 以预防佝偻病。锻炼时血液循环加快，可为骨骼肌肉提供更多的营养。在组织体育锻炼和户外活动时，要根据幼儿的年龄特点，来选择运动方式及运动量，使幼儿全身得到充分锻炼。

（二）教育学前儿童保持正确姿势，预防脊柱变形

要想预防学前儿童脊柱变形，就要教育他们“坐有坐相、站有站相”，这不仅是为了美观，更是为了保证其身心健康发育。不良体态，如驼背、严重脊柱侧弯（见图 1-2）等，会使胸部畸形，会严重影响幼儿的心肺发育，易患呼吸系统疾病。体态不良的幼儿也容易产生自卑感，影响健全性格的形成。学前儿童形成良好体态，需注意以下几点：

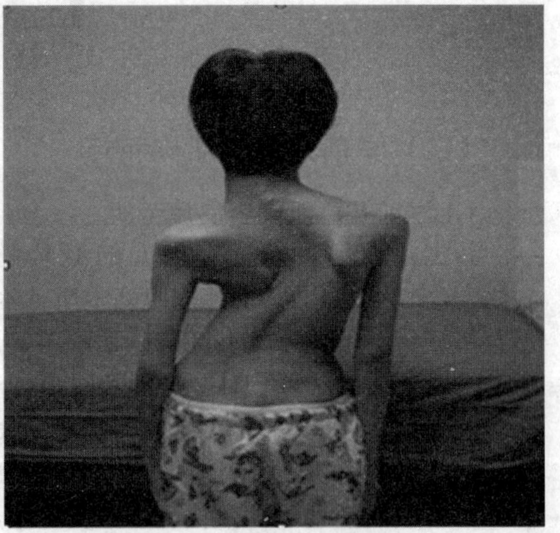

图 1-2　严重脊柱侧弯

（1）不宜过早坐和站，不宜睡软床和沙发；

（2）负重不要超过体重的 1/8，不能单肩长时间负重；

（3）书写和绘画的桌椅要适宜，及时纠正不正确的握笔姿势；

（4）纠正幼儿坐、立、走等不正确姿势。

相关链接：

《3～6岁儿童学习与发展指南》中提到“提醒幼儿保持正确的站、坐、走姿势；发现有八字脚、罗圈儿腿、驼背等骨骼发育异常的情况，应及时就医矫治。”

（三）保护好关节，避免猛力牵拉引起脱臼

成人在生活中牵拉幼儿时，尤其是在引导幼儿学步、上下楼梯，帮助幼儿穿脱衣物时不宜用力过猛，防止幼儿脱臼，同时应提醒幼儿在没有保护措施时，不可以从高处往硬地跳，以避免伤了骨盆，尤其是女生。幼儿教师在组织户外活动时，也应该尽量避免让幼儿在硬地上做跳跃活动。

（四）衣物、鞋袜宽松，适量运动，促进足弓正常发育

对于学前儿童不宜穿过紧的衣物、鞋袜，以免影响血液循环。另外，鞋子过小，会影响足弓的发育。在生活中要预防学前儿童形成“扁平足”，注意不宜使学前儿童长时间站立、行走或者负重，而应该让学前儿童穿大小适宜的衣物、鞋袜，做适量的运动。

第二节　呼吸系统

人体在新陈代谢过程中，不断消耗氧气并产生二氧化碳。呼吸系统的主要功能是维持人体不断呼吸新鲜空气，没了呼吸，生命将受到威胁。因此了解幼儿的呼吸系统，并根据其呼吸系统特征进行卫生保健，势在必行。

学一学：

冬春交替的季节，是呼吸系统疾病容易发生和流行的时节，不同年龄班的学前儿童常常因感冒而缺席课堂。因此，要加强班里的通风和消毒工作。

一、呼吸系统概述

呼吸系统是机体和外界进行气体交换的器官的总称。呼吸系统包括呼吸道和肺，其中呼吸道又包含上呼吸道（鼻、咽、喉）和下呼吸道（气管和支气管），具体如图 1-3 所示。

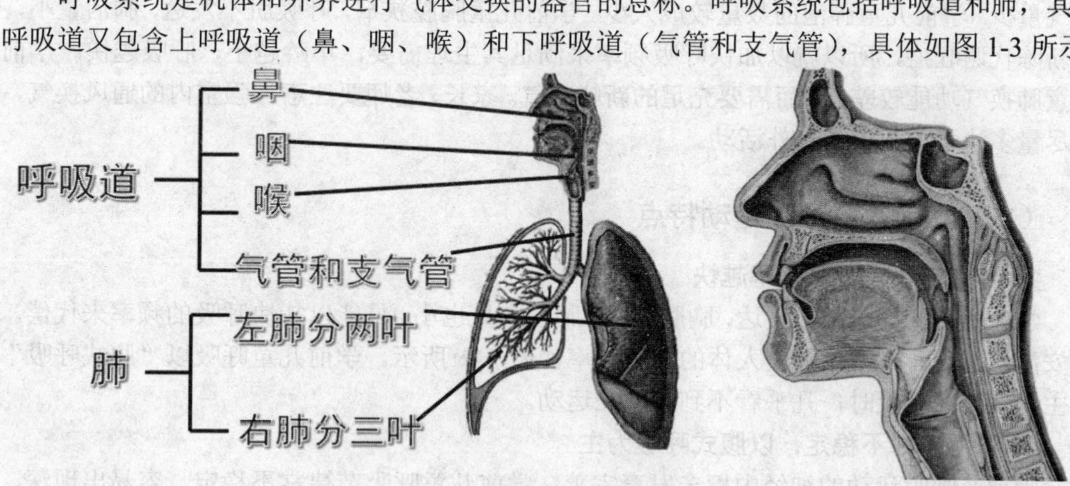

图 1-3　呼吸系统的组成

二、学前儿童呼吸系统的特点

（一）学前儿童呼吸器官特点

1．鼻腔富有血管，没有鼻毛，易感染

学前儿童鼻腔较狭窄，黏膜柔嫩，血管丰富，无鼻毛，极易受感染。感染时鼻黏膜充血肿胀，致使鼻腔更加狭窄，甚至鼻塞。婴儿不会张口呼吸，鼻塞会导致其烦躁不安及呼吸困难和拒绝吮乳。鼻中隔前下方易因干燥、外伤而出血。

2．耳咽管较短、宽、平直

学前儿童鼻泪管短，开口接近于内眦部，其瓣膜发育不全，因而其鼻腔感染时，病菌易侵入结膜囊引起炎症。婴儿咽鼓管较直、短、粗，呈水平位置，故咽部有炎症时易侵入中耳，引起中耳炎。人体咽部淋巴组织丰富时，易患扁桃体炎。一般孩子的扁桃体是在出生的6个月内发育，4～10岁发育达高峰，故扁桃体炎常见于年长的孩子，婴儿则较少见。

3．喉腔狭窄，黏膜柔嫩，富有血管和淋巴

学前儿童喉腔狭窄，软骨柔软，黏膜脆弱，膜下组织较疏松，富含淋巴组织和血管，故轻微炎症即可引起梗阻而致呼吸困难，严重时可发生窒息。学前儿童声带较短而薄，声门肌肉娇嫩易疲劳，易充血肿胀，造成声音嘶哑。学前儿童喉头保护性差，更容易发生食物、药物、玩具等异物进入气管的情况。

4．管腔较狭窄，柔软、缺少弹性组织，较干燥，易发炎

学前儿童管腔狭窄，管壁柔软，黏膜血管丰富，易发生感染导致充血、水肿、分泌物增加等情况。气管上与喉相接，下入胸腔，分为左右支气管。如果学前儿童有炎症，就会致使管腔变窄，导致呼吸阻塞，引起呼吸困难。学前儿童右侧支气管比较垂直，因此异物容易进入右侧支气管。

5．肺弹力组织发育差，血管丰富，肺泡量较少，易被黏液堵塞

学前儿童肺的弹性纤维发育较差，间质组织比较多，血管比较丰富，肺含血量多，而含气量少。学前儿童肺泡的数量较成人少。学前儿童胸腔狭窄，呼吸肌不发达，肺活量小，但新陈代谢旺盛，所以就以加快呼吸频率来满足其生理需要，年龄越小，呼吸越快。学前儿童肺换气功能较差，因而需要充足的新鲜空气。家长、老师要注意加强室内的通风换气，并尽量多让学前儿童在户外活动。

（二）学前儿童呼吸运动特点

1．年龄越小，呼吸频率越快

学前儿童胸部肌肉不发达，胸腔狭小，肺的容量也小，只能以加快呼吸的频率来代偿。在安静状态下，不同年龄段人体的呼吸频率如表 1-2 所示。学前儿童呼吸以“腹式呼吸”为主。幼儿在呼吸时，几乎看不到胸部在运动。

2．呼吸节律不稳定，以腹式呼吸为主

因调节呼吸运动的神经中枢未发育完善，学前儿童呼吸节律常不稳定，容易出现深、浅呼吸交替，或呼吸节律不齐、间歇、暂停现象。

表 1-2　不同年龄段呼吸频率

呼吸频率/（次/min）	年　龄				
	新生儿	1～3 岁	4～7 岁	10～14 岁	成人
	40～44	25～30	20～25	20 左右	16～18

学一学：

小孩打鼾是怎么回事

小孩鼻腔后壁的淋巴组织发炎或者鼻咽后壁增殖腺肥大，把鼻腔的通路堵住，空气不能流通时，易造成小孩熟睡后鼾声大作。用口呼吸的危害大，如发现小孩有白天精神萎靡、开唇露齿、漏斗胸、消化不良等情况，应该注意检查鼻咽。

学前儿童胸廓呈桶状，膈肌的位置较高，胸腔狭小，肺相对较大，呼吸肌不发达，力量差，呼吸时表现为膈肌上下移动明显，呈腹式呼吸。2 岁以后，幼儿已能行走自如，促使幼儿膈肌位置下移，肋骨也随之呈倾斜位，呼吸肌随幼儿年龄的增加也逐渐发达起来，开始出现胸式呼吸。

3．声带不够坚韧，需保护嗓子

学前儿童的声带不够坚韧，如果幼儿经常喊叫或者扯着嗓子唱歌，不注意保护嗓子，则嗓子将失去圆润、清亮的音质，变成“小哑嗓”。

三、学前儿童呼吸系统的卫生保健

（一）养成良好的呼吸卫生习惯

（1）幼儿应养成用鼻呼吸的习惯，充分发挥鼻腔的保护作用。

（2）教育幼儿不挖鼻孔，以防止鼻腔感染或者鼻子出血。

（3）教育幼儿不随地吐痰，咳嗽和打喷嚏时，不可以面对他人，要用手帕捂住口鼻。

（4）教给幼儿正确的擤鼻涕方法。擤鼻涕的正确方法：轻轻捂住一侧鼻孔，擤完再擤另一侧。擤时不要太用力，不要把鼻孔全捂上使劲地擤。因为鼻腔里有一条条“暗道”与“邻里”相通。例如鼻泪管与眼相通，咽鼓管与中耳相通等，如果擤鼻涕时太用劲，就可能把鼻腔里的细菌挤到中耳、眼和鼻窦里，从而引发中耳炎、鼻泪管炎、鼻窦炎等疾病。

相关链接：

《3～6 岁儿童学习与发展指南》指出，培养学前儿童良好的生活习惯、卫生习惯和呼吸习惯有利于其面部及胸肌的发展。

（二）科学组织学前儿童进行体育锻炼和户外活动

经常参加户外体育锻炼，可以加强学前儿童呼吸肌的力量促进其胸廓和肺的正常发育。户外活动还能提高学前儿童呼吸系统对疾病的抵抗力，预防呼吸道感染。

（三）严防呼吸道异物

鼓励学前儿童养成安静进餐的习惯，不要边吃边说笑。教育幼儿不要边玩边吃小食品，更不可将食物抛起来“接食”。学前儿童在玩玻璃球、硬币、扣子、豆类等小东西时，成人应该给出安全提醒，并时刻关注。教育孩子不要把这些小物件放入鼻孔、耳朵等部位。另外，成人也要教育孩子玩塑料袋时，应注意安全，以防他们将塑料袋套到头上或是被塑料袋缠住脚而被绊倒。

知识拓展：

十类容易引起呼吸道堵塞的食物

①果冻；②麻花、糖果；③鱿鱼丝、牛肉干；④花生酱；⑤坚果类；⑥小巧、圆形、带核的水果(如荔枝、葡萄、樱桃、枣等)；⑦多纤维蔬菜(如芹菜、豆芽等)；⑧大肉块；⑨长面条；⑩多刺的鱼。

（四）保护声带

学前儿童保护声带的措施有：不大声哭喊或扯着嗓子唱歌；不唱成人歌曲，选择适合学前儿童音域特点的歌曲或朗读材料；唱歌场所的空气要新鲜，避免在尘土飞扬的环境中唱歌；冬天不要顶着寒风喊叫、唱歌；夏天玩得很热时不要马上吃冷食；得了伤风感冒，要多喝水、少说话。

小案例：

案例一：游戏时，大喊大叫

老师带着小朋友们玩木头人的游戏，乐乐很兴奋地大声说：“1、2、3，木头人，不许说话、不许动。”

案例二：迎风大声说话

冬天北风呼呼地吹，某天晨间锻炼时，乐乐在跑道上边跑步边张大嘴巴和同伴说笑，偶尔还对着风喊叫对方的名字，他觉得这样很好玩。

案例三：扯着嗓子唱歌

老师在组织音乐游戏活动后，乐乐回到家，对自己熟悉的曲目扯着嗓子不断重复地唱。第二天，他跟妈妈说：“妈妈，我的嗓子很疼。”

分析：乐乐玩木头人游戏时，是用什么声音讲话的？用这样的声音讲话是否好？乐乐在晨间锻炼时，一边跑步一边做什么？乐乐张嘴说笑时，冬天的冷风吹到哪里去了？乐乐用怎样的声音唱歌，嗓子会变得怎么样？（提示：用很大的声音喊叫，嗓子容易哑。对着冷风说话、嬉笑，冷风进入嘴巴，嗓子会受凉发炎，严重时说不出话。扯着嗓子反复唱歌，嗓子会干涩发疼。）

（五）保持室内空气清新

通风环境良好，可减少室内外温差，既能防止学前儿童感冒，又能预防传染病。学前儿童新陈代谢旺盛，呼吸浅，频率快，肺换气功能差。学前儿童的气管、支气管的纤毛运动能力不如成人，自净能力差，若空气污浊，则易患肺炎。因此家长或老师应注意室内的通风换气，并尽量多让学前儿童在户外活动。

养肺护肺小知识

第三节　循　环　系　统

循环是指各种体液不断地流动和相互交换的过程。循环系统是一个密闭的、连续性的管道系统，它包括血液循环系统和淋巴系统。

小案例：

户外运动前后做好准备

一次，某幼儿园中班组织户外运动时，有部分幼儿突然出现恶心、呕吐、面色苍白、心慌甚至晕倒等症状。事后，园长进行调查才发现，这是由于教师在组织户外运动前没能带领幼儿做好准备活动，在户外运动结束时没能带领幼儿做好整理活动。

分析：人在运动时，心脏会向骨骼肌输送大量血液，这时如果立即停止运动，血液将仍留存在肌肉中，静脉回流减少，使心输出量减少，血压降低，可造成脑暂时缺血，从而引起恶心、呕吐、面色苍白、心慌甚至晕倒等后果。

所以作为幼儿教师，应该了解相关的知识，避免安全事故的发生。这一节将帮助幼儿教师更好地了解如何对学前儿童的循环系统进行卫生保健。

一、循环系统概述

在人体的生理活动中，各组织要不断得到氧气和养料，同时又要把体内产生的二氧化碳及其他废物不断地排出体外，这个过程主要由循环系统来完成。循环系统包括血液循环系统和淋巴循环系统。血液循环是指血液从心脏流向全身，再从全身回到心脏的过程，该系统包括血液、心脏和血管。血液是存在于心脏和血管里的液体，包括血浆和血细胞两部分。血细胞由红细胞、白细胞和血小板等组成。淋巴循环是指全身淋巴液进入血管、参与血液循环的过程。淋巴系统包括淋巴液、淋巴管和淋巴结，其主要功能是运输全身淋巴液进入静脉，是静脉回流的辅助装置，同时，淋巴系统还具有防御的重要机能。

二、学前儿童循环系统的特点

（一）心脏重量占比大于成人，年龄越小，心率越快

新生儿的心脏重量约占体重的 0.8%，成人为 0.5%。新生儿出生时，心脏重量为 20～25 g；1 岁时，心脏重量为 40～75 g，为出生时的 2～3 倍；5 岁时，心脏重量为出生时的

4 倍；青春期达到成人水平。学前儿童因为心肌薄弱，心腔小，新陈代谢旺盛，故心跳要比成人快。不同年龄段人体心脏跳动频率（心率），如表 1-3 所示。

表 1-3　不同年龄段人体的心率

年　龄	新生儿	1～2 岁	3～4 岁	5～6 岁	7～8 岁	成人
平均心率/（次/min）	140	110	105	95	85	72

（二）血液量相对大，血浆水分多，凝血功能差，易感染

学前儿童血液总量占体重的 8%～10%，年龄越小，所占的比率越大。但学前儿童的造血器官容易受伤，某些药物及放射性污染对其造血器官危害极大。学前儿童的血液循环量增加很快，如果喂养不当，或幼儿严重挑食，容易发生贫血。血液中的血浆含水分比较多，含有的凝血物质（纤维蛋白、钙等）较少，红细胞数和血红蛋白量不稳定。因此，一旦出血，则血液凝固速度会很慢。新生儿出血，5～8 min 可以凝固；学前儿童出血，需要 4～6 min 凝固；成人出血需要 3～4 min 凝固。此外，学前儿童白细胞中的中性粒细胞百分比小，白细胞吞噬病菌能力差，发生感染容易扩散。①

想一想：

给病人输液时，为什么将药液输入静脉，而不输入动脉？

静脉血是流回心脏的，静脉输液时，药物可随血液流到心脏，之后在心脏内通过动脉分布到全身。

如果动脉输液的话，药物只能随动脉血分布到部分组织或者器官。

（三）血管壁柔软，毛细血管丰富，血压低

学前儿童血管壁较柔软，管径相对较粗；毛细血管丰富，血流量大，供氧充足；血管长度比成人短，血液在体内循环一周所需的时间较短。学前儿童血压相对比成人低，年龄越小，血压越低。学前儿童心肌收缩力弱，心脏排出的血量比较少，再加上主动脉管径较粗，血液在血管中流动的阻力小，因而血压较低。

（四）学前儿童淋巴结尚未发育成熟，易发生感染

学前儿童淋巴结的屏障作用较差，尚未发育成熟，易感染易扩散。学前儿童受到局部感染，可导致淋巴结发炎、肿大，甚至化脓。常摸幼儿颈部淋巴结，可提前感知幼儿头、面部的感染情况。如果淋巴结比较大，摸上去就会比较硬，许多淋巴结粘连在一起，就不是正常的淋巴结。2 岁以后，幼儿的扁桃体增大较快，在 4～10 岁时扁桃体发育达高峰，14～15 岁时扁桃体逐渐退化，故学前儿童常见的扁桃体肥大往往是生理现象。图 1-4 所示为正常情况下的扁桃体和肿胀的扁桃体。

① 韦美翔．幼儿血液循环的生理特点和保健[J]．早期教育：教师版，2000（24）．

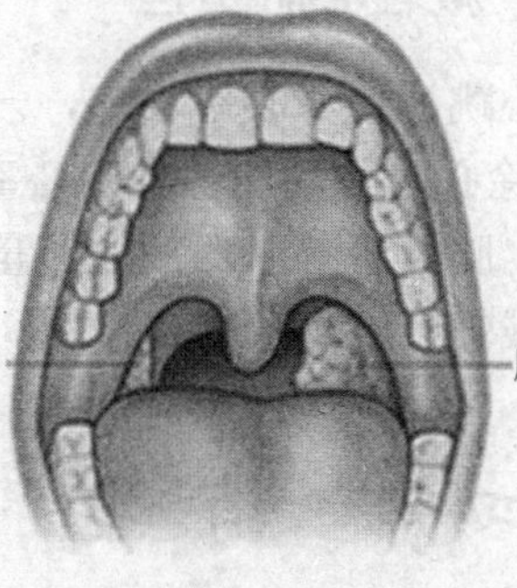

图 1-4　扁桃体

三、学前儿童循环系统的卫生保健

（一）合理组织体育锻炼，增强体质

锻炼可强身，但运动量要适度。经常锻炼可使心肌收缩力加强，增强造血功能；可以提高心脏工作能力，增加血液搏出量。但锻炼应该注意以下几点：第一，要根据不同年龄段和学前儿童个体体质，安排适量运动，否则可能损伤机体；第二，活动程序要符合学前儿童的生理要求，活动前要做好准备活动，结束时要做好整理活动；第三，在剧烈运动后不宜马上停止，更不宜马上喝大量的开水。

相关链接：

《幼儿园工作规程》中规定，在正常情况下，幼儿户外活动时间（包括户外体育活动时间）每天不得少于2 h，寄宿制幼儿园不得少于3 h，高寒、高温地区可酌情增减。

（二）纠正幼儿挑食、偏食的毛病，预防缺铁性贫血

学前儿童正处于发育期，我们必须保证给孩子足够的营养。学前儿童以乳类为主食，但奶和乳制品含铁极少。前六个月婴儿自身储备了足够的铁元素，但是半岁以后自身储备的铁元素用完了，幼儿对铁元素的需求量剧增，如果不能及时从膳食中获取足够的铁元素，非常容易造成缺铁性贫血。瘦肉、黄豆、芝麻酱、动物肝脏、海带等食物含铁丰富并且好吸收，所以要及时地纠正学前儿童不合理的饮食习惯，让他们多食用这些含铁丰富的食物以预防缺铁性贫血的发生。

缺铁性贫血饮食应注意什么？

（三）预防动脉硬化始于学前儿童

预防动脉硬化关键在于一个“早”字。因为学前期是儿童饮食习惯等生活方式基本形成的时期。为学前儿童提供合理的膳食，并让他们养成良好的饮食习惯可以使他们受益终身。学前儿童的膳食应该控制胆固醇与饱和脂肪酸的摄入量，同时宜少盐，口味要“淡”。

（四）发热时卧床休息，减轻心脏负担

发热时心脏受累，表现为心跳加快、心率增加，一般体温每升高 1℃，心率每分钟可增加 10～20 次。另外，发热时除心脏跳动加快导致心率增加外，心脏跳动加快也会对血压有影响：每分钟血液输出增多，脑及肾等脏器的血流量也随之增加。因此，学前儿童发热时要让学前儿童卧床休息，以减轻心脏的负担。

第四节 消化系统

人体需要从外界摄取营养物质，供给机体新陈代谢，才能维持生命活动。人体的营养物质来自食物，而食物中的蛋白质、脂肪和碳水化合物等是复杂的大分子物质，只有通过消化系统的消化作用才能供人体的代谢需求。

一、消化系统概述

消化是指食物通过消化管的运动和消化液的作用，被分解为可吸收成分的过程。消化系统是由消化道和消化腺两部分组成的。消化道包括口腔、咽、食管、胃、小肠、大肠和肛门等。消化腺主要有唾液腺、胃腺、肠腺、肝脏和胰腺等，其分泌液直接进入消化管的管腔中。

消化过程可概括为两方面，即物理性消化和化学性消化。物理性消化的作用是经过牙齿的咀嚼和胃肠的蠕动，将食物磨碎、搅拌并与消化液混合。化学性消化的作用是通过消化液中消化酶的作用，使食物分解成可吸收的物质。

二、学前儿童消化系统的特点

（一）牙齿

人体一生有两套牙齿，即乳牙和恒牙。牙齿是人体最坚硬的器官，分为牙冠、牙颈和牙根。牙齿由牙釉质、牙本质及牙骨质组成。

婴儿吃奶时开始长的牙龈称为乳牙。幼儿牙齿的发育始于胚胎第六周，到出生时已有 20 颗乳牙，牙胚出生后 6～10 个月时，下中切牙萌出，2～2.5 岁出齐 20 颗乳牙。在乳牙萌出过程中，恒牙已经开始发育。一般于 6 岁左右，幼儿萌出恒牙，首先萌出的恒牙称为第一恒磨牙，又称六龄齿。乳牙的功能有以下几种。

（1）咀嚼食物，帮助消化。出牙后，幼儿食用的食物就可以由流质逐渐过渡到半流质和固体食物。

（2）能促进面部（尤其是“下颌骨”）的正常发育。婴幼儿时期正是脸部迅速发育的阶

段，随着婴幼儿咀嚼的刺激，下颌骨正常生长，使脸型逐渐拉长，面容也更加和谐、自然。

（3）发音功能，有助于口齿伶俐。乳牙正常萌出，有助于婴幼儿正常发音。

（4）有助于恒牙的健康。若幼儿乳牙早失(患龋齿，不得不拔去残根)，邻近的牙向空隙倾倒，恒牙就不能在正常位置萌出，导致牙齿排列不整齐。

（二）唾液腺

新生儿及较小婴儿，由于唾液腺未发育成熟，分泌唾液较少，因此口腔较干燥。婴幼儿出生后4～6个月，唾液腺逐渐发育，唾液分泌增多，由于他们不能及时将唾液咽下，因此唾液常会流出口外，这种现象称为“生理性流涎”（见图 1-5），随着幼儿的生长，“生理性流涎”可逐渐消失。

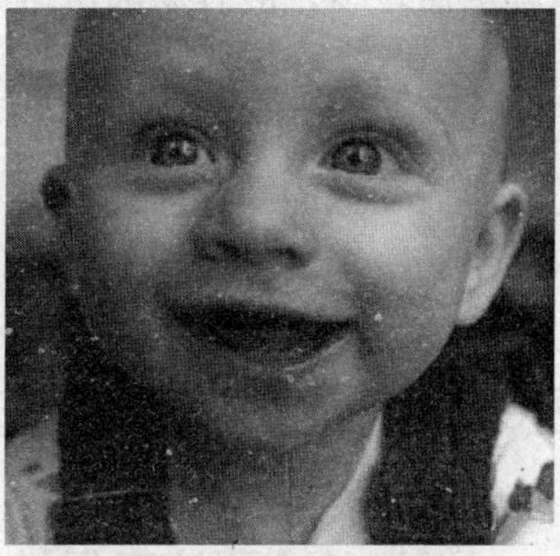

图 1-5　幼儿生理性流涎

小案例：

大班的可乐小朋友近期对刚出生不久的妹妹朵朵很是喜欢。朵朵是 5 个月大的宝宝，可乐说妹妹朵朵口水特别多，妈妈说妹妹要出牙了，可乐听后非常兴奋。可是等朵朵到了 9 个月的时候她才开始出牙。朵朵的父母很纳闷，不是宝宝流口水就表示要出牙了吗？

分析：朵朵的父母对于宝宝流口水最大的误解，就是认为流口水过多，是由于宝宝出牙引起的。虽然出牙可能会增加口水的产生量，但流口水这个现象可能早在宝宝准备出牙之前就出现，所以大量流口水只能表明宝宝的餐单中需要增加固体食物。同时流口水也不是引起胃酸反流的原因，有胃酸反流的宝宝会吐出母乳或奶粉等，而不是口水。

（三）胃

学前儿童胃壁肌肉薄弱、伸展性较差，胃的容量小，并且消化能力较弱。因此在给学前儿童提供食物及安排每餐的间隔时间时，应该考虑到其年龄的特点。婴儿的胃没有发育完善，几乎呈现平位，所以婴幼儿吃完奶后易发生漾奶。

想一想：

婴儿漾奶，是什么原因引起的，应如何避免

分析：这是因为婴儿的贲门（贲门是胃的上口与食道连接的地方）比较松弛。避免的方法有两种。一是婴儿的胃不能撑，胃撑会导致其胃动力失常；二是要实行分餐制。幽门螺杆菌可以通过唾液传染疾病，所以我们提倡婴儿分餐制。

（四）肠

学前儿童管肠相对较长，小肠黏膜吸收能力较强，但婴幼儿植物神经的调节能力差，所以容易发生肠道功能紊乱，造成腹泻或便秘。学前儿童的肠道固定功能较差，易发生“肠套叠”。

（五）肝脏

肝脏是人体最大的消化腺，位于腹腔的右上部，肝脏具有分泌胆汁、物质代谢、解毒和储存营养等功能。学前儿童的肝脏相对较大，肝脏解毒能力较差，在肋缘下摸到肝脏下缘，一般为生理现象。学前儿童因肝脏分泌胆汁较少，故对脂肪的消化能力较差；因肝脏储存糖原较少，故容易因饥饿发生低血糖。

（六）胰腺

学前儿童的胰腺对淀粉类和脂肪类的食物消化能力较弱，淀粉类和脂肪类的食物主要依靠小肠液来消化。随着年纪的增长，学前儿童的胰腺功能日趋完善。

三、学前儿童消化系统的卫生保健

（一）从小要注意保护乳牙

（1）多晒太阳，多摄取营养物质。

在日常生活中，要注意让幼儿多进行户外活动如晒太阳，以助幼儿产生维生素 D，促进钙、磷的吸收；使其牙釉质钙化加快，增强抗龋能力。在日常饮食中，还要注意幼儿时含钙食物的摄取。

（2）定期检查牙齿。

每半年至少带婴幼儿去检查一次牙齿，以便及时发现问题，及时矫治。

（3）养成漱口和刷牙的好习惯。

从幼儿两岁开始训练其饭后漱口，三岁左右开始训练其养成早晚刷牙的好习惯。指导幼儿学会正确的刷牙方法：刷牙时要顺着牙缝竖刷，刷上颌牙时要从上往下刷，刷下颌牙时要从下往上刷；刷磨牙的里外时要竖刷，刷咬合面时要横刷，刷牙时间不要太短，要使牙齿里外及细小的牙缝都被刷到；为幼儿选择合适的儿童牙刷，牙刷刷头要小，刷毛要软、要稀，每三个月左右要为儿童更换一次牙刷；每次刷牙后帮他们将牙刷清洗干净并甩干，放置牙刷时刷头要向上放。刷牙步骤及口诀如图 1-6 所示。

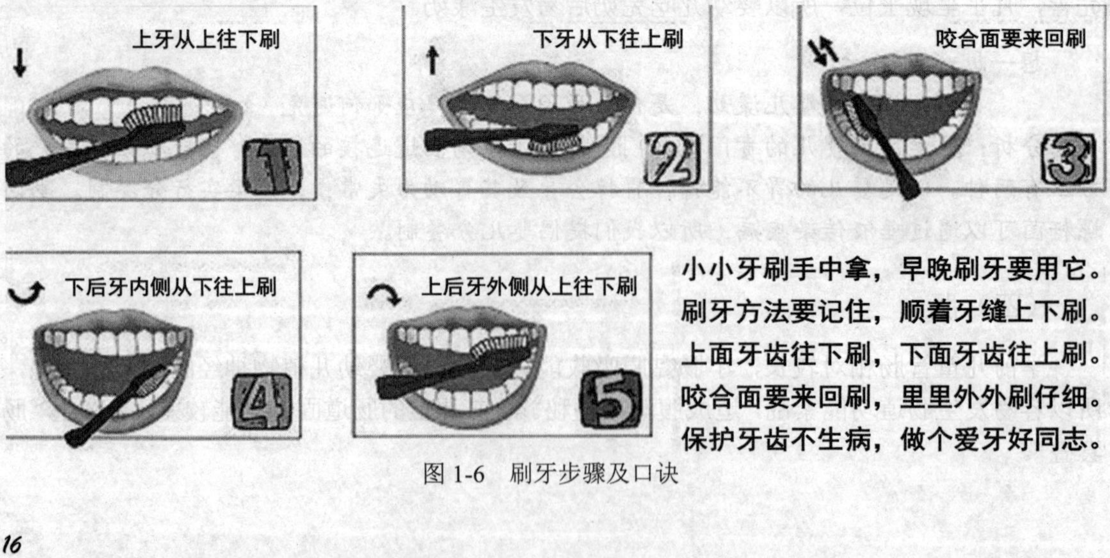

图 1-6　刷牙步骤及口诀

（4）适宜地刺激。

婴儿快要出牙时，使用一些较硬的食物如烤馒头片、面包干等来磨牙床，可以促进其牙齿的萌发。断奶以后，应逐渐给婴幼儿添加耐嚼的食物如菜末、粗粮等。食物太精细不利于婴幼儿牙齿和颌骨的正常发育。防止婴幼儿外伤，避免其磕着牙齿，另外还要教育婴幼儿不要咬坚硬的东西。

（5）要及时纠正婴幼儿的某些不良行为习惯，如托腮、咬舌、咬唇、咬指甲、吃手指等。

（二）培养幼儿良好的进餐习惯

（1）饭后擦嘴、漱口。

良好的进餐习惯如饭后擦嘴、漱口可以预防幼儿龋齿的发生。在幼儿吃完零食，尤其是糖果等食物后，一定要让幼儿及时漱口以减少食物在口腔内停留的时间。

（2）养成细嚼慢咽的习惯。

细嚼慢咽有利于食物与消化液充分混合，能减轻肠胃负担，促进人体对营养物质的吸收。细嚼慢咽还可使饱食神经中枢及时收到"吃饱"的信号，从而避免过量饮食。

（3）饮食定时定量，不暴饮暴食。

幼儿的消化系统还没有发育完善，故幼儿两餐的间隔时间不应少于 3 h，以免加重消化系统的负担。另外还要注意培养幼儿不暴饮暴食的好习惯。

（三）饭前饭后不要组织幼儿进行剧烈运动

饭前可安排幼儿进行轻微活动，如室内较安静的一些活动；饭后可组织幼儿散步15～20 min 再入睡；幼儿在饭后 1～2 h 方可进行体育活动。

（四）培养幼儿定时排便的习惯，预防便秘

幼儿过了半岁就可以培养其定时排便的习惯了。幼儿常有"胃—结肠反射"情形，吃过奶、吃过辅食后就要坐盆排便，如果 5～10 min 还未排便，就应让他起来，避免长时间坐便盆和边玩边排便。有些幼儿玩得高兴时，就不愿意去厕所排便，这样很容易形成习惯性便秘。适当运动，多吃蔬菜、水果等含粗纤维较多的食物，多喝开水，都可促进幼儿肠道蠕动，预防其便秘。正常的大便是酱色的、成形的、软的，易顺畅排出。擦大便时应该从前往后擦，以避免幼儿感染。

第五节　泌尿系统

一、泌尿系统概述

人体在新陈代谢过程中，所产生的二氧化碳、尿液、尿酸、水、无机盐等代谢产物，大多是由泌尿系统及时排出体外，以维持机体内环境的稳定。泌尿系统包括肾脏、输尿管、

膀胱和尿道。在肾脏生成的尿液经输尿管—膀胱—尿道排出。膀胱还能暂时储存尿液。人体新陈代谢产生的大部分代谢产物，都是通过泌尿系统，以尿的形式排出体外的。

二、学前儿童泌尿系统的特点

（一）肾脏

相比成人，新生儿的肾脏重量占比较大，出生时的婴儿两个肾约重 25g，约占体重的 1/120，而成人的两个肾约重 300g，约占体重的 1/200。出生后婴儿的肾脏位置较低，以后随着躯体长高，肾脏位置也逐渐升高，最后肾脏位置达到腰部。肾脏不仅是重要的排泄器官，也是维持机体内环境稳定的重要调节器官和内分泌器官。

足月儿在出生后肾脏已能发挥一定的生理功能，但是幼儿肾脏的储备能力差，调节机制不够成熟，当被喂养不当、发生疾病或应激状态时就易出现肾功能紊乱。年龄越小，肾小管越短，其吸收和排泄功能就越差，肾小球滤过率越低，尿浓缩能力就越差。如果肾脏经常处于负荷过重状态，一旦遇到疾病或应激情况则容易出现脱水现象。

在儿童 1 岁和 12～15 岁两个阶段，肾脏的发育最快。就整体而言，学前儿童的肾脏发育不完善，浓缩尿及排泄毒物的功能较差。

（二）输尿管

幼儿输尿管较长且弯曲，管壁肌肉及弹力组织发育不良，容易扩张并易受扭曲而导致梗阻，造成尿潴留，从而诱发感染。

（三）膀胱

幼儿的膀胱位置较高，尿充盈时易升入腹腔，随年龄增长逐渐下降至盆腔内。

学前儿童新陈代谢旺盛，尿总量较多，而膀胱容量小，黏膜柔软，肌肉层及弹性组织不发达，储尿功能差，所以年龄越小，其每天排尿次数越多。出生后一周的新生儿，每天排尿 20～25 次；一岁时每天排尿十五六次；2～3 岁时每天排尿 10 次左右；4～7 岁时每天排尿六七次。6～7 岁时幼儿每次尿量约 30 mL；1 岁时幼儿每次尿量约 60 mL；7～8 岁时幼儿每次尿量约 150 mL。

由于幼儿神经系统发育不健全，对排尿的调节能力差，故当膀胱内尿液充盈到一定量时，就会发生不自觉地排尿的现象。年龄越小，这种现象就表现得越突出，他们时常会出现遗尿的现象。

（四）尿道

幼儿尿道短，尤其女婴尿道更短。新生男婴尿道长 5～6 cm，尿道生长速度缓慢，直至青春期才会显著增长；新生女婴刚出生时尿道仅长 1～3 cm，15～16 岁时才增长至 3～5 cm。

学前儿童尿道黏膜柔嫩，弹性组织发育也不完全，尿路黏膜容易损伤和脱落。而且，女孩的尿道口开口接近肛门，如果不注意保持外阴部的清洁就容易发生尿道感染而引起炎症。感染后，细菌可以经尿道上行到膀胱、输尿管、肾脏，从而引起膀胱炎、肾盂肾炎，称“上行性泌尿道感染”。

三、学前儿童泌尿系统的卫生保健

（一）培养幼儿及时排尿的习惯

从学前儿童 3 个月起，成人就应该有意识地培养其定时排尿的习惯。若训练得当，1 岁左右学前儿童就能表示要大小便，并能自己主动去小便；2～3 岁后就能夜间不小便；4～5 岁后将不再尿床。

6 个月左右的婴儿，可以在成人的帮助下坐便盆，到 1 岁时即可主动坐便盆排尿。不要让婴幼儿长时间坐便盆，以免影响正常的排尿反射。

教师应注意培养幼儿及时排尿的习惯，不要让其长时间憋尿。如果经常憋尿，不仅难以及时清除身体废物，还容易发生尿道感染。教师可在活动前及睡觉之前提醒幼儿排尿，让他们养成及时排尿的习惯。但不要频繁提醒幼儿排尿，以免形成尿频，影响其膀胱正常的储尿机能。

（二）保持会阴部卫生，预防尿道感染

第一，让幼儿养成每晚睡前清洗外阴的习惯。要用专用毛巾、洗屁股盆。不要用洗脚水洗外阴。毛巾要经常消毒。

第二，1 岁以后，活动自如的学前儿童就可穿封裆裤，教育学前儿童不要坐在地上。

第三，教会幼儿大便后擦屁股要从前往后擦，以免粪便中的细菌感染尿道。

第四，托幼园所的厕所、便盆每天应消毒。

学一学：

不会擦屁股的幼儿的护理

幼儿如厕时常见的困难是不会自己擦屁股，或自己擦了屁股但没有擦干净，结果粪便染了裤子。这种情况一般多见于小、中班幼儿。教师可通过讲故事或身边的事例，告诉幼儿擦屁股的方法及要求；再通过玩游戏、动手操作等方法，引导幼儿掌握正确的方法，提高自我服务能力。如让幼儿当妈妈，在游戏活动中练习给布娃娃擦屁股，逐渐掌握使用卫生纸的正确方法；或是让幼儿扮演不同的小动物，轮流演示上厕所、擦屁股的动作，提高幼儿的技能水平。

（三）供给充分的水分

学前儿童每天适量喝水，既可以满足机体新陈代谢的需要，及时排泄废物，又可通过排尿起到清洁尿道的作用，从而减少尿道感染。

想一想：

小班黄老师正在开展讲故事的集体活动，涵涵小朋友表示想去尿尿。请问黄老师怎么做更利于幼儿的身心健康发展？（1）允许涵涵自行如厕。（2）拒绝涵涵的请求，活动后统一如厕。为什么？

第六节　生 殖 系 统

一、生殖系统概述

生殖系统分内生殖器和外生殖器两部分。男性内生殖器由睾丸、附睾、输精管、精囊、射精管和前列腺等组成，外生殖器包括阴囊和阴茎。睾丸是男性的主要性器官，有分泌雄性激素和产生精子的功能。

女性内生殖器由卵巢、输卵管、子宫和阴道组成。女性外生殖器官又叫作外阴，由阴阜、大阴唇、小阴唇、阴道口等组成。卵巢是女性的主要性器官，位于盆腔内子宫两侧的前上方，左右各一个，呈扁卵圆形，它能够产生卵子和分泌雌性激素、孕激素。子宫位于盆腔内，子宫壁很厚，有丰富的肌肉，妊娠过程中可以逐渐扩展，有利于孕育胎儿。

想一想：

性教育是幼儿教育不可缺少的教育内容，请你想一想幼儿阶段的性教育应该包括什么内容。

二、学前儿童生殖系统的特点

人体各系统在发育过程中，生殖系统发育最晚，其发育主要通过下丘脑—垂体促性腺激素—性腺轴调节。学前儿童生殖系统发育极为缓慢，到青春期时，生殖系统才处于一个发育高峰期。青春期前，男女两性生殖系统的发育呈现以下特点。

对于男性而言，在胎儿期，睾丸具有重要的内分泌的功能，促使生殖管道和外生殖器向着男性方向发展；新生儿期和儿童期的睾丸不分泌雄性激素，外生殖器处于幼稚阶段，外观无明显变化；12 岁以前，睾丸处于幼稚未成熟阶段，为青春期前阶段。

对于女性而言，其在娩出时外阴较丰满，乳房略隆起或有少许泌乳；与母体及胎盘分离后，体内女性激素水平迅速下降，上述的生理现象很快消退；在出生后 4 周到 8 岁阶段，下丘脑促性腺激素释放激素（GnRH）分泌处于抑制状态，垂体促性腺激素水平低下，卵巢内原始卵泡可持续自主发育，到初级卵泡阶段即凋亡，无分泌雌性激素的功能，生殖器呈幼稚型[①]；8 岁后，垂体促性腺激素开始分泌，卵巢具备了分泌雌性激素的功能。

三、学前儿童生殖系统的卫生保健

（一）关注外生殖器官发育情况

生殖器官的发育情况是衡量儿童生殖系统健康的标志之一。特别是外生殖器官的疾患，会对成年后的生殖能力产生巨大影响，因此父母要随时关注学前儿童外生殖器官的发育情况，及时发现阴道炎、处女膜封闭、小阴唇粘连和先天性无阴道等女性生长发育问题，以及包皮过长或包茎、隐睾、鞘膜积液、睾丸扭转和睾丸炎等男性生长发育问题，做到早发现早治疗。

（二）注意生殖器官的清洁卫生

保持生殖器官的清洁卫生是促进生殖系统健康发育的一个重要手段。儿童的生殖器官极易受外界感染，因此要保持外阴清洁与干燥，定期使用专用洁具对外生殖器官与肛门进行清洁，特别是便后要保持清洁卫生。当然，过度清洁也可能对学前儿童带来伤害，特别是女童。女童日常形成的一些分泌物是一种天然的屏障，可以对女童的外阴黏膜起到保护作用，而过度的清洗会破坏这种天然屏障，对女童外生殖器官有害而无益。

（三）注意学前儿童衣物的适度宽松

衣物的质地、松紧对学前儿童生殖系统的发育也会产生一定的影响。非纯棉质地、过于紧身的衣物不仅束缚生殖系统的生长发育，而且对学前儿童骨骼的发育也极为不利。因此，家长在为学前儿童选择衣物时，要选择天然纯棉材质、保暖性好、透气性佳且宽松适度的衣物，避免引起学前儿童过敏。

（四）注意学前儿童生殖系统发育的特殊异常——性早熟

儿童性早熟已成为困扰儿童健康成长的第二大问题[②]。性早熟是指儿童的性发育年龄显著早于正常阈值，女孩在 8 岁前，男孩在 10 岁前出现第二性征。女孩表现为乳房发育，阴道黏膜和小阴唇增厚、色素加深甚至可有分泌物溢出或因雌性激素水平上升后再下降发生撤退性阴道出血。男孩则表现为阴囊松弛、阴茎增长和增粗、喉结呈现或变声等[③]。两性均会长出阴毛、腋毛等。性早熟儿童的身高、体重和骨龄的发育均快于相同年龄的正常儿童，若不及时治疗，最终会促使儿童骨骺提前闭合，导致身材较小。研究表明，影响儿童性早熟的因素有父母和睦、言情类电视剧或小说、母亲初潮年龄、居住区域，另外家庭中使用

---

① 狄文，李铮，张君慧. 生殖系统[M]. 上海：上海交通大学出版社，2013.
② 胡华燕，汪龙辉，黎娟娟，等. 九江市城区 3-12 岁儿童性早熟流行病学调查[J]. 中国儿童保健杂志，2012，20（11）.
③ 胡华燕，谢薇，杨培，等. 儿童性早熟 192 例临床分析[J]. 中国妇幼保健，2012，27（16）.

塑料制品，服用营养滋补品，动物性食品或高蛋白饮食，经常食用洋快餐及食用含防腐剂、色素食品等都可引起儿童性早熟[1]。

小案例：

6岁女孩娜娜由于吃饭少，挑食，爱吃零食，从小长得又瘦又小。为了让她长高长胖，父母每天都要弄许多营养品给她吃。半年下来，她果然长得很圆润，身高也一下子蹿了不少。父母还没来得及高兴，就发现女儿的胸部开始隆起，2年后女儿的初潮也随即到来。

性教育内容

医生诊断：娜娜青春期发育提前了，“性早熟”了！

第七节　内分泌系统

一、内分泌系统概述

内分泌系统是人体的调节系统，它由许多内分泌腺、内分泌组织和内分泌细胞组成，释放的化学物质被称为激素。激素直接进入血管、淋巴管内，然后通过血液运送到全身。激素对人体的新陈代谢、生长发育、性成熟以及免疫力的增强都起着很重要的作用。人体主要的内分泌腺有脑垂体、甲状腺、胸腺、肾上腺等。

二、学前儿童内分泌系统的特点

（一）脑垂体分泌的生长素较多

作为人体最重要的内分泌器官，脑垂体的主要功能是分泌生长激素。生长激素具有促进人体生长发育的作用。然而，在白天和黑夜，脑垂体分泌此种激素的速度是不均匀的。夜间睡眠时生长激素的分泌量较多，白天分泌量则较少。学前儿童特别是新生儿，睡眠时间较长，生长激素分泌量就会增加，骨骼生长发育就会加速。这也是儿童在出生头一年身高增长较快，随后增长速度逐渐缓慢趋于平衡的原因。

相关链接：

《3～6岁儿童学习与发展指南》指出：保证儿童每天睡11～12 h，其中午睡时间一般应达到2 h左右。午睡时间可根据儿童的年龄、季节的变化和个体差异适当减少。

① 杨挺，王明欢. 儿童性早熟与影响因素的调查分析[J]. 中国妇幼保健，2016，31（07）.

（二）碘缺乏影响学前儿童甲状腺功能

作为人体最大的内分泌腺，甲状腺主要的功能是分泌甲状腺素，调节新陈代谢，促进骨骼的生长发育。碘在体内主要参与甲状腺激素的合成，甲状腺激素具有增强新陈代谢，促进生长发育（尤其是脑发育）的作用。当人体碘缺乏时，可因甲状腺功能紊乱而导致“碘缺乏病”。碘缺乏在人类不同生长发育阶段的表现形式不一，儿童碘缺乏易患“克汀病”（也叫呆小症）[①]。

学一学：

富含碘的食物：1. 碘盐；2. 海带；3. 紫菜；4. 虾皮、裙带菜（干）等。

（三）胸腺发育不全影响学前儿童的免疫系统

胸腺分泌胸腺素，骨髓制造的淋巴干细胞只有在胸腺素的作用下才能发挥免疫功能。因此，胸腺发育不全会影响胸腺素的分泌，进而对机体的免疫功能产生影响，发生呼吸道感染、腹泻等疾病。

（四）肾上腺的重要作用

肾上腺由皮质和髓质两部分组成。肾上腺皮质分泌的激素主要功能是调节水和电解物质的代谢与平衡，调节糖和蛋白质的代谢，调节性器官的发育及第二性征的发育。肾上腺髓质分泌的激素与血压升高、淋巴系统及心血管系统的兴奋和维持体温都有密切的关系。

三、学前儿童内分泌系统的卫生保健

首先，科学、合理安排膳食，保证学前儿童摄入足够的营养。科学、合理的营养是保证内分泌系统发挥功能的前提。碘缺乏影响甲状腺素的分泌，从而阻碍学前儿童骨骼的正常发育，引起其他疾病。

其次，合理安排生活作息，确保学前儿童生活的丰富多彩。合理的作息是指根据学前儿童的年龄特点，安排其睡眠、进餐、游戏、作业、运动等，使每个环节在时间上、顺序上和次数上间隔合理。保证学前儿童生活的丰富多彩和劳逸结合，也是促进内分泌系统生长发育的有利条件。

最后，营造良好的家庭氛围，以身作则培养学前儿童的良好习惯。良好的家庭氛围包括符合学前儿童生长特点的共同的兴趣爱好、和睦的家庭关系、合理的作息制度和科学的日常膳食等。父母要避免不良的生活习惯，为学前儿童营造温馨、健康的家庭氛围，培养学前儿童良好的饮食习惯、作息习惯和兴趣爱好等。

---

① 马宁，毛伟峰，李建文，等. 膳食碘缺乏与过量对人类健康的危害[J]. 卫生研究，2011，40（02）：142-146.

第八节　神经系统

一、神经系统概述

神经系统是人体结构和功能最为复杂的一个系统，是统帅和管理其他各器官、系统活动的“司令部”。在它的统一协调下，人体各器官和系统才能进行正常的生命活动。

神经系统由中枢神经系统和周围神经系统两部分组成。中枢神经系统由脑和脊髓组成，周围神经系统由脑发出的 12 对脑神经和脊髓发出的 31 对脊神经组成。

（一）中枢神经系统

1．脑

脑位于颅腔内，由脑干、小脑、间脑和大脑组成。

脑干包括延髓、脑桥和中脑。脑干中有一些调节人体基本生命活动的重要中枢，如呼吸中枢、心血管中枢等。如果这一部分中枢受到损伤，会立即引起呼吸、心跳、血压的严重障碍，导致人体死亡，因此脑干有“生命中枢”之称。

小脑具有调节神经运动、维持身体平衡和协调肌肉运动的作用。若小脑受到损伤，会出现运动障碍，如站立不稳、走路摇晃、不能做精细动作等。

间脑位于中脑之上，尾状核和内囊的内侧。

大脑是神经系统中最高级的部位，由左右两个半球构成。大脑半球表面凹凸不平，充满许多深浅不同的沟和裂，沟、裂之间的隆起称为脑回。这些沟、裂将大脑半球分为四叶，即额叶、顶叶、枕叶、颞叶。大脑半球由灰质和白质构成。灰质主要覆盖在半球表面，称为大脑皮层。大脑皮层有许多中枢，如运动中枢、感觉中枢、视觉中枢、听觉中枢、语言中枢等。这些中枢按其生理功能划分为不同的功能区，称为大脑皮层功能定位。大脑皮层对全身的各项活动具有控制、管理的作用，也对神经系统的其他部位具有控制、管理的作用。此外，大脑还具有进行思维活动和产生意识的功能。

2．脊髓

脊髓位于脊柱的椎管内，脊髓比椎管短，呈前后略扁的圆柱形。脊髓是中枢神经系统的低级部位，主要功能是反射和传导。它将收来的信息刺激传达到脑，再把脑的指令下达到各个器官。当脊髓受到损伤时，上、下行兴奋的传导就会中断，使身体在损伤面以下的感觉和运动发生障碍，成为截瘫。

（二）周围神经系统

周围神经系统由 12 对脑神经、31 对脊神经组成，其中包括支配内脏器官活动的自主性神经（又称植物性神经）。它们把中枢神经和全身各器官联系起来，脑神经支配头部各器官的运动，并接收外界的信息，使人产生感觉和表情；脊神经支配躯干和四肢的运动，并感受刺激；自主性神经分交感神经和副交感神经，分布于内脏，体内各个脏器均受这两种神经的双重支配，两者交互抑制，保证了器官的协调作用。

二、学前儿童神经系统的特点

（一）神经系统发展迅速，脑重量增加较快，脑细胞耗氧量大

在生命早期，大脑以一种惊人的速度生长。新生儿出生时，大脑重量占成人脑重量的25%；2 岁时，儿童脑重量已占成人脑重量的 75%；到 7 岁时，儿童脑重量已基本接近成人的脑重量。在脑细胞数量的增长上，婴幼儿出生头半年到 1 岁，是脑细胞数量增加的重要时期。1 岁后，幼儿脑细胞的数量不再继续增加，细胞突起开始由短变长、分值由少变多，从而为儿童智力发育提供了生理基础。此外，脑细胞的耗氧量较大，儿童脑细胞的耗氧量为全身耗氧量的 50%。

（二）神经纤维的髓鞘化

髓鞘化是指神经元细胞被包入蜡质的髓鞘的过程。髓鞘的作用类似于电线中包裹在铜线外的绝缘体，它为神经元建立一条专有通道，以此提高神经元传递信息的速度，使大脑和身体其他部位的信息沟通更加有效。出生前几年，随着大脑髓鞘化的进行，儿童逐步掌握各种动作，如抬头和挺胸、伸胳膊和手、翻身和站立，最后，学会了行走和跑动。出生头一年，是髓鞘化进展最为迅速的时期，但是大脑的某些区域（如前额皮层等）的髓鞘化进程则要延续到十五六岁。

（三）遵循“先皮下，后皮质”的中枢神经发育顺序

新生儿神经纤维的髓鞘化保证了呼吸、消化、血液循环和排泄器官的正常活动，在神经系统的发育顺序上，遵循“先皮下，后皮质”的原则。新生儿小脑发育较差，1 岁左右小脑才开始迅速发展，小脑的发育也带动了动作的发育。3 岁时，学前儿童小脑的发育基本与成人相同。学前儿童大脑皮质的发育也是随年龄增长而发育成熟的，3 岁时，学前儿童脑皮质细胞体积增大，7 岁时，学前儿童脑皮质的发育基本接近成人。

（四）高级神经系统活动呈现的特点

高级神经系统活动的特点体现在以下三方面。

一是新生儿大脑皮质的兴奋过程占着优势，幼儿容易激动，控制自己的能力较差，因此睡眠时间较长，不能控制大小便。随着年龄增长，抑制过程逐渐增强，学前儿童逐渐学会控制自己的行为，并进行精确的活动。二是条件反射建立少。一般来说，婴儿对外界的感知较少，所以大脑皮质条件反射的建立相对较少，使婴儿知识经验缺乏，因此婴儿对一切事物都感兴趣，具体表现为好奇、好问、好模仿，有强烈的求知欲。三是第一信号系统发育早于第二信号系统的高级神经活动特点。6 岁以前，学前儿童的语言中枢发育尚未成

熟，左脑未定型，因此这一时期学前儿童基本上用右脑观察和分析事物，第一信号系统发育早于第二信号系统，容易对具体的、鲜明的、形象的事物感兴趣，并且注意力维持时间相对较长。

（五）可利用的能量来源单一，膳食中需摄入足够的糖量

研究发现，大脑发育可利用的能量来源为糖类，较为单一，因此学前儿童膳食要注意糖类的摄入。

三、学前儿童神经系统的卫生保健

（一）注意用脑卫生

脑与人体的各项机能密切相关。对学前儿童而言，科学地用脑需遵守“优势原则”“镶嵌式活动原则”“动力定型原则”。“优势原则”能够让儿童全身心地投入自己所从事的活动中；“镶嵌式活动原则”能够让学前教育工作者和父母根据学前儿童神经系统的发育特点合理安排学前儿童活动的时间和内容；“动力定型原则”能够帮助学前儿童建立规律的生活节奏。

（二）制定和执行合理的生活制度

托儿所应根据学前儿童的年龄特点，合理地制定生活制度，安排好不同年龄班一日活动的时间和内容。生活有规律，形成良好的作息习惯，可以使学前儿童更好地发挥神经系统的功能。

（三）提供合理膳食

全面、丰富的营养对学前儿童神经系统的发育至关重要。膳食中要富含维生素 A、B 族维生素、维生素 C 和维生素 D 等多种物质，保证蛋白质、维生素和无机盐的摄入。

（四）塑造良好的室内环境

由于学前儿童缺氧耐受力不如成人，因此要为其提供空气新鲜、富有童趣、宽敞明亮且通风性好的室内环境，保证学前儿童脑力活动的氧需求量充足。

（五）安排丰富的活动及适当的体育锻炼

丰富的活动，特别是适合学前儿童年龄特点的体育锻炼，能促进脑的发育，能提高神经系统反应的灵敏性和准确性。为使学前儿童大脑两半球均衡发展，应使其动作多样化，如尝试让幼儿两手同时做手指操、攀爬及各种基本体操等动作。日常生活中，让儿童多动

手，让其尽早学习使用筷子用餐，学会使用剪刀，学会玩串珠子游戏，等等。让学前儿童在活动中“左右开弓”，能更好地促进学前儿童大脑两半球的发育。

学一学：

大脑怕什么

①长期饱食；②轻视早餐；③睡眠不足；④沉默寡言；⑤不愿动脑；⑥带病用脑；⑦缺少血液和氧气；⑧嗜酒。

第九节 皮 肤

一、皮肤概述

皮肤是人体的感觉器官之一，它由表皮、真皮和皮下组织构成。此外，皮肤还附有毛发、汗腺、皮脂腺和指甲等附属器官。皮肤的生理功能主要包括以下几点。

（一）感觉功能

皮肤有丰富的感觉神经末梢和感受器。外界环境对皮肤的刺激通过神经末梢和感觉器传入中枢神经系统，在大脑皮层形成冷、热、疼和痒等感觉，再通过传出神经使我们体验到各种不同的感觉。

（二）调节功能

皮肤中的小汗腺通过排出汗液调节体温。当体温过高时，皮下血管开始扩张，汗腺分泌便会增多，可以使身体散发热量；当体温过低时，皮下血管开始收缩，汗腺分泌便会减少，从而减少身体热量的散发。同时，皮下组织中的脂肪组织也具有调温作用。

（三）保护功能

作为一道天然屏障，皮肤对人体具有一定的保护作用。皮肤具有柔软、抗拉和润泽的功能，因此可以缓冲外界的撞击、摩擦和挤压等机械力量对身体的损伤，同时也可以滋润身体。此外，皮肤中的角质蛋白、黑素体还能够防御紫外线的侵害；完整的表皮对弱酸、弱碱等物质的深入也具有一定的屏障作用。

（四）吸收与代谢功能

脂溶性物质等可通过皮肤对人体产生影响，特别是娇嫩的皮肤更容易对外界粘在皮肤上的物质产生感应。因此，要慎用皮肤用药和化妆品。除吸收功能外，皮肤还具有代谢功能。皮肤参与水、电解质、蛋白质、糖和脂类等物质的代谢。皮肤中水含量较多，发挥着维持皮肤内环境和调节身体水分代谢的功能。皮肤中的糖类，发挥着供给细胞代谢能量的作用；皮肤中的某些不饱和脂肪酸发挥着抑制真菌的作用。

二、学前儿童皮肤的生理特点

（一）保护功能弱

学前儿童皮肤嫩薄，易受损伤，若不注意皮肤清洁，就容易生疮长疖。学前儿童皮下脂肪较少，保护功能弱，对外界冲击、紫外线辐射和细菌侵蚀等抵抗力远不及成人，易受损伤和感染。

（二）调节体温功能差

学前儿童皮肤里毛细血管网较密，通过皮肤的血量相对比成人多，散热较快；年龄越小，皮肤的表面积相对越大，因此当环境温度升高时，学前儿童皮肤的温度也随之升高。这也说明，学前儿童神经系统的体温调节作用还不稳定，很难适应外界环境变化，因此容易感冒。

（三）渗透作用强

学前儿童皮肤中的黑色素生成少，色素层较薄，容易受紫外线伤害。学前儿童皮肤层较为细嫩，容易被外界刺激性或有毒物质渗透，发生过敏与红肿等现象。

三、学前儿童皮肤的卫生保健

（一）养成良好的卫生习惯，保持皮肤清洁

培养学前儿童爱清洁的习惯。给学前儿童洗头时，要避免皂沫进入其眼睛。学前儿童以留短发为宜。给学前儿童修剪指甲时，手指甲应剪成圆弧形，脚指甲则应剪平，边缘稍微修剪即可。

（二）加强锻炼

经常组织学前儿童进行户外活动，坚持给学前儿童用冷水洗脸，可以改善幼儿皮肤的血液循环，提高其皮肤调节体温的能力，使其遇到冷热刺激时反应灵敏，使其体温保持相对恒定，增强其对冷热变化的适应性。

（三）注意衣着卫生

当季节、气候变化时，应提醒学前儿童及时增减衣服。学前儿童平日着装不宜过多，以提高其机体的适应能力。衣着应以安全舒适、式样简单且便于穿脱为主。内衣以棉织品为好。

（四）不用刺激性强的洗涤用品、护肤品

学前儿童皮肤薄、皮脂分泌少，不宜用刺激性强的洗涤用品；洗脸洗手后应使用儿童护肤品，不宜用成人护肤品或化妆品；不要烫发或戴首饰。

练一练：

教师组织学前儿童进行日光浴的方法和注意事项如下。

（1）避免学前儿童着凉。

（2）不要让阳光直射在学前儿童头部或面部，要给学前儿童戴上帽子或盖着遮阳伞，特别要注意保护学前儿童的眼睛。

（3）要选择日光浴的合适时间。夏季不可暴晒，以免阳光灼伤学前儿童的皮肤；冬季可选择阳光充足的中午，让学前儿童在室内或向阳避风处进行日光浴。可分段暴露学前儿童身体的局部，亦可短时间全裸。

（4）让学前儿童在室内做日光浴时，不能只透过玻璃窗，必须打开窗户在直射阳光下沐浴。

（5）学前儿童生病时不做日光浴。学前儿童患湿疹并且湿疹很严重的时候，注意不要让阳光直接照射患部。

（6）学前儿童做日光浴后要及时擦汗、洗澡、换内衣；同时，要及时地补充水分。

婴幼儿皮肤护理
—冬季精选辑

第十节　感觉器官

一、视觉器官——眼

（一）眼的结构和功能

眼球包括眼球壁和内容物两部分。眼球壁分为外膜、中膜和内膜三层。外膜分前后两部分，前 1/6 部分是角膜，角膜无色透明，可以透过光线；与角膜相连接的后 5/6 部分叫巩膜，呈乳白色，俗称白眼珠。中膜分为三部分，在角膜内面的部分叫虹膜，其颜色就是眼球的颜色。中膜的后 2/3 部分为脉络膜。脉络膜向前延伸到巩膜前部的内面增厚，成为环形的睫状体，含有丰富的平滑肌，悬韧带与晶状体相连。内膜即视网膜，含有许多感光细胞，能感受光的刺激，并形成物像。其中视锥细胞能感受强光和色光的刺激，视杆细胞主要在弱光下起作用。

内容物是眼内透光的物质，包括房水、晶状体和玻璃体三部分，它们和角膜共同构成眼的折光系统。

眼的附属物部分包括眼睑、结膜、泪器及眼外肌等结构，另外还有眉毛和睫毛。眼睑时开时闭，使泪液润湿眼球的表面，保持角膜光泽，保护眼球。结膜是一层黏膜，薄而透明，覆盖在眼睑内面和巩膜上，结膜容易发炎。

（二）学前儿童眼球的特点

1．眼球的前后径较短

学前儿童眼球的前后距离较短，物体成像于视网膜的后面，俗称生理性远视。随着眼球的发育，眼球前后距离逐渐变长，一般到 5 岁左右，就可发展为正常视力。

2．晶状体的弹性好

学前儿童晶状体的弹性好，调节范围广，使很近的物体也能因晶状体的凸度加大成像在视网膜上。所以，即使把书放在离眼睛很近的地方，也能看清楚书上面的字。但若长时间形成习惯，就会使睫状肌疲劳，形成近视眼。

（三）学前儿童眼的保健要点

1．教育学前儿童养成良好的用眼习惯

良好的用眼习惯包括：

①不在光线过强或过暗的地方看书、画画；

②看书写字时眼距离书本保持一尺（33.33 厘米）以上；

③不躺着看书，以免眼与书距离过近，不在走路或乘车时看书，因为身体活动可导致书与眼的距离经常发生变化，造成视觉疲劳；

④集中用眼一段时间后远望或到户外活动，以消除眼疲劳。

容易导致学前儿童用眼时间过程的活动主要是看电视和玩电脑游戏等，因此，要限制学前儿童看电视的时间，一般规定其每周看电视次数为 1～2 次，每次不超过 1 h，小班不超过半小时，看完电视适当进行户外活动。

2．为学前儿童创设良好的采光条件、适宜的读物和教具

学前儿童活动室的窗户应大小适中，使自然光充足。室内墙壁及桌椅家具等宜用浅色，反光较好。自然光不足时，宜用白炽灯照明。

为学前儿童提供的书籍，字体宜大，字迹和图案应清晰；教具大小要适中，颜色鲜艳，画面清楚。

3．定期给学前儿童检查视力

要定期为学前儿童检查视力，以便发现异常，及时矫治。在日常生活中，教师要注意观察学前儿童的行为，及时发现学前儿童视力异常的表现，比如两眼“黑眼珠”不对称，经常眨眼、皱眉和眯眼，眼睛发红，经常流泪，看东西经常偏着头，经常混淆形状相似的图形，看图片只喜欢大的，手眼协调能力差等。

4．教育学前儿童注意用眼安全和卫生

教师要教育学前儿童不要揉眼睛，毛巾和手绢要专用，用流动的水洗手洗脸，以防沙眼和结膜炎；教育学前儿童不玩可能伤害眼睛的危险品，如竹签、弹弓和小刀等，不燃放

鞭炮，不玩沙子等，以防眼外伤。

5．照顾视力差的学前儿童

对视力较差的学前儿童，应减轻他们的用眼负担，合理安排他们的座位，限制其近距离用眼时间并让他们经常远望。若学前儿童佩戴矫治眼镜，应要求学前儿童按医生的嘱咐去做。

6．培养和发展学前儿童的辨色力

应组织学前儿童进行辨认颜色的活动，使学前儿童学会区分近似的颜色并说出它们的名称。多提供颜色鲜艳的玩具及教具，使学前儿童的辨色力得到发展。

小案例：

4岁的轩轩，喜欢拿着爸爸的手机玩，一玩就上瘾。妈妈怕这样会影响轩轩的视力，于是带他来医院检查。检查结果显示轩轩的双眼视力均能达到1.0，爸爸妈妈知道后很高兴，而医生却建议他们再做一个电脑验光检查，电脑验光检查结果发现轩轩为轻度近视。

这几年，随着全球化、城市化和信息化的进程加快，智能手机、平板电脑与网络快速兴起。人们越来越多的室内活动和近距离用眼，越来越少的户外活动时间，使近视成为流行。在我国，近视发生率逐年增高，人们的近视程度逐渐加深，近视眼的发生年龄更低龄化。有调查显示，学龄前6～7岁儿童近视发生率已经达10%～20%。

二、听觉器官——耳

（一）耳的结构与功能

人耳有双重感觉功能，既是听觉器官又是机体位置和平衡感觉器官，它由外耳、中耳及内耳组成。

外耳包括耳郭及外耳道。耳郭的功能是聚集声波，外耳道是外界声波传入中耳的通道，它的内侧段与中耳交界处是鼓膜。外耳道皮肤耵聍腺的分泌物叫耵聍（俗称耳屎），具有保护作用。中耳包括鼓膜、鼓室和听小骨。鼓膜是椭圆形，中央向内凹陷的薄膜。鼓室的内侧是一个很小的空腔。鼓室内有三块相连的听小骨，分别是锤骨、砧骨和镫骨。中耳的功能是传导声音。内耳由耳蜗、前庭和半规管组成，由于它们的结构极为复杂，所以又叫迷路。耳蜗形似蜗牛壳，内有听觉感受器。前庭和半规管内有感受头部位置变动的感受器，它们的主要功能是感受头部的位置、人体的姿势和运动状态。它们在人体位置变化的刺激下产生神经冲动，神经冲动传入大脑后，通过一系列调节来保持身体平衡。前庭和半规管过分敏感的人，乘车、船、飞机时，会由于颠簸发生头晕、恶心和呕吐等现象。

学一学：

取出外耳道异物的方法

外耳道进入异物的事情在幼儿园时有发生，教师应该如何帮助幼儿取出呢？

外耳道异物一般分为两种：一种是生物异物，如小飞虫；另一种是非生物异物，如幼儿玩耍时塞入的纽扣、豆类、石块等。

当小昆虫进入外耳道时，可用手电筒照射幼儿外耳道，或吹入香烟烟雾将小虫引出来，若不见效，速上医院。

当非生物异物进入外耳道时，可用倾斜头和单脚跳跃的方式将异物弹出，若无效，应去医院处理，切不可用小棍捅或用镊子夹，以免造成外耳道和骨膜损伤。

（二）学前儿童耳的特点

1．外耳道比较狭窄，外耳道壁尚未完全骨化

学前儿童的耳正在发育过程中，5 岁前，外耳道壁还未完全骨化和愈合，直到 10 岁，外耳道壁才骨化完成，12 岁听觉器官才发育完全。

2．咽鼓管相对较短、平直、管径较粗

学前儿童的咽鼓管比成人的短、粗，位置水平，所以，咽、喉和鼻腔感染时，病菌易侵入中耳，引起中耳炎。

3．耳蜗的感受性较强

学前儿童耳蜗的感受性比成人强，对声音比较敏感，听觉比成人敏锐。学前儿童对噪声敏感，当声音达到 60 分贝时，呼吸就会有所改变，开始影响睡眠和休息。

（三）学前儿童耳的卫生保健

1．不要用锐利的工具给学前儿童掏耳

挖耳可能引起外耳道感染，若不慎损伤鼓膜，则会影响听力。一般，耵聍会自动脱落，若耵聍较多，发生栓塞，可请医生取出。

2．要预防中耳炎

要教学前儿童学会正确的擤鼻涕方法：用手指按住一个鼻孔擤另一边鼻孔，不要太用力，更不要按住两个鼻孔同时擤，以免鼻腔分泌物经咽鼓管进入中耳。不要让学前儿童躺着进食、喝水，防止污水进入外耳道。若在洗头、游泳时有污水进入外耳道，可将头偏向进水一侧，单脚跳几下，将水控出。

3．减少环境中的噪声

要防止学前儿童受噪声的影响，平时成人与学前儿童讲话时声音要适中，不要大喊大叫，家电的音量切勿开得太大。另外，教学前儿童听到过大的声音要张嘴、捂耳，以免强音震破鼓膜影响听力。

4．及时发现听觉异常

教师应注意观察学前儿童的活动，及时发现其听觉异常。如婴幼儿对突发的或过强的声音反应不敏感；与人交流时总盯着对方的嘴；听人说话喜欢侧着头，耳朵对着声源；不爱说话，或发音不清、说话声音很大；平时很乖，很安静，睡觉不怕吵；经常用手搔耳朵，说耳闷、耳内有声响；等等。这些都是学前儿童听觉有异常的表现。

5．发展学前儿童听觉

经常组织学前儿童欣赏音乐、唱歌等，以培养学前儿童的节奏感，丰富想象力；引导学前儿童留心听大自然的一些声音，如风声、雨声、鸟叫声等，以促进学前儿童听觉的分化，从而学会辨别各种细微和复杂的声音。

三、鼻和舌

（一）鼻

在鼻腔上部的黏膜里，有嗅觉感觉器，可以感受气味的刺激，从而产生兴奋的感觉，由嗅觉神经传入大脑形成嗅觉。

学前儿童对各种气味的辨别能力较差，应通过各种活动引导学前儿童辨别各种物质所散发出来的气味，促进其嗅觉的发展。

（二）舌

味觉与嗅觉密切相关。味觉感受器主要是味蕾，它分布在舌的表面（特别是舌尖和舌两侧）和舌乳头中。

舌能辨别酸、甜、苦、咸四种基本味道。对甜味最敏感的是舌尖，对苦味最敏感的是舌根，对酸味最敏感的是舌两侧，对咸味最敏感的是舌尖和舌两侧。其为保证机体的营养和维持内环境的稳定起着重要的作用。

（三）学前儿童鼻、舌的保健要点

学前儿童出生后已能辨别酸、甜、苦、咸。在安排学前儿童膳食时，应当注意提供多种味道的食物，从小培养学前儿童不挑食的习惯。

学前儿童由于年龄小，缺乏知识和经验，所以应引导他们观察周围食物，充分利用他们的感觉器官，让他们多看看，多听听，多摸摸，多闻闻以及多尝尝，让学前儿童从实践中感知周围的事物，促使其感觉器官的发育和功能的完善。

保教能力

【实践操作】

1．以小组为单位，在实训室利用图文并茂的方式，介绍学前儿童运动系统及感觉器官的生理特点，并提出相应保健措施。

2．结合见习，观察小班学前儿童呼吸运动的特点，并根据特点提出保健措施。

3．结合所学知识及人体模型介绍学前儿童循环系统的生理特点，并能提出相应的保健措施应用于幼儿园实践中。

活动方法：分小组讨论分享各系统的特点，选择本组两名学生进行角色扮演，一名作为“学前儿童”，一名作为“教师”。其他成员对于教师提出的保健措施做出点评和补充。

最后小组完成各自系统的思维导图展板。

4．性教育是学前儿童教育不可或缺的组成部分，请就认识外阴的教学内容设计一个活动方案。

5．请入园观察幼儿园一日生活的作息安排表，并分析其作息安排是否合理。

6．撰写组织学前儿童进行日光浴的活动方案。

7．请根据学前儿童听觉发育的特点，利用废旧物品，设计并制作促进儿童听觉能力发展的道具。

【学练结合】

1．小雨的爸爸是一个“运动迷”，羽毛球、田径等样样精通，还屡次在单位举办的职工运动会中获得殊荣。小雨的爸爸不知道在哪里听说小升初要考体育，而且体育考试的分数还要占很大比例，于是在小雨还是婴儿的时候，他就开始培养她的运动技能，让不到1岁的小雨练双杠。寒暑假期间小雨还要去学习游泳、乒乓球和轮滑。除此之外，爸爸还经常带她去白云山和帽峰山爬山，去操场上练习长跑。

思考：

（1）案例中，小雨的爸爸为小雨安排的运动项目科学吗？请结合幼儿运动系统的特点进行分析。

（2）培养婴幼儿的运动技能要注意哪些问题呢？

2．某园中班学前儿童正在吃午餐，妞妞边大声说笑，边吃东西，一不小心就呛到了，请结合学前儿童呼吸系统的特点解释为什么妞妞会呛到。

3．伤口为什么会化脓？请结合相关内容进行解释。

4．请列举含碘丰富的食物。

5．每两位同学一组，进行膝跳反射实验。

6．请个别同学示范，并与其他同学共同练习做眼保健操。

7．请结合学前儿童泌尿系统的生理特点进行分析：为什么不提倡给婴幼儿尤其是女婴穿开裆裤？

8．学前儿童大脑发展非常迅速。有些家长为了促进学前儿童大脑的发展，一味要求学前儿童在室内学写字、背诗及练算术。请结合学前儿童神经系统的特点和保健要求，对这类教养方式进行分析。

【考点总结】

考点一：个体八大系统、皮肤和感觉器官的组成、结构与功能，以及学前儿童阶段的发育特点、保育方法。该考点常以选择题的形式考查。

考点二：将学前儿童生理保育知识与教育教学活动相结合，以材料分析等主观题的形式考查。

【真题再现】

一、选择题

1.（2017 年下半年·保教知识与能力）对儿童如厕，教师最合理的做法是（　　）。

A．允许儿童按需自由如厕

B．要求排队如厕

C．控制儿童如厕次数

D．控制儿童如厕的间隔时间

【答案】A。

2.（2014 年上半年·保教知识与能力）婴幼儿应多吃蛋、奶等食物，保证维生素 D 的摄入，以防止因维生素 D 缺乏而引起（　　）。

A．呆小症　　B．异嗜癖　　C．佝偻病　　D．坏血病

【答案】C。

3.（2017 年上半年·保教知识与能力）教师引导幼儿擤鼻涕的正确方法是（　　）。

A．把鼻涕吸进鼻腔　　B．先捂一侧鼻孔，再轻擤另一侧

C．同时捏住鼻翼两侧擤　　D．用手背擦鼻涕

【答案】B。

二、简答题

（2014 年下半年·保教知识与能力）请简述老师在户外体育活动中应如何保障幼儿安全。

答案要点：首先，老师要时刻怀有安全意识，如在开展活动之前，老师要对活动范围、场地及玩具设施都进行事先检查，清除不安全因素；检查幼儿服装是否整齐，衣袋中有无尖利物品，增强幼儿的自我保护意识，同时要注意幼儿的衣着，活动前减衣服，活动后加衣服；在活动时，注意调节幼儿运动负荷，幼儿如果出汗要帮他们及时擦干；老师要来回走动，及时纠正幼儿的危险动作；聆听幼儿交谈，发现问题及时给予指导和帮助。

其次，幼儿在进行户外活动时，老师要组织和引导幼儿玩耍，而不是限制他们的自由活动，如在组织幼儿户外活动时，老师可带领幼儿进行实地观察，让幼儿与同伴交流经验，学会如何安全地玩，以免身体受到伤害；老师还要把游戏规则交代清楚，使幼儿玩得既自由又有规则可遵循。

【考点模拟】

选择题

1．当婴儿上呼吸道感染时，容易侵及（　　），引起发炎，损伤听力。

A．外耳　　B．中耳　　C．内耳　　D．耳蜗

2．阳光中的紫外线照射到皮肤上，可生成（　　）。

A．维生素 A　　B．维生素 B_1　　C．维生素 C　　D．维生素 D

3．（　　）是人类进行思考和意识活动的器官，是人的身体组织中最高级的器官。

A．神经　　B．心脏　　C．大脑　　D．脊髓

4．幼儿的眼球前后径较短，物体成像于视网膜后方称（　　）。

A．正常视力　　B．生理性近视　　C．生理性远视　　D．弱势

5．以下做法哪一项不适合发展学前儿童的感觉器官？（　　）

A．看一些字体较大，图案清晰的书籍

B．经常欣赏音乐，唱歌、

C．食物口味应多选择儿童喜欢的甜味

D．经常观察周围的事物，多多体验

6．以下哪一项不是皮肤所具备的功能？（　　）

A．感觉　　B．体温调节　　C．分泌排泄　　D．吸收氧气和养料

7．学前儿童的心率特点是（　　）。

A．年龄越大，心率越快　　B．年龄越小，心率越慢

C．年龄越小，心率越快　　D．心率与年龄没有关系

8．预防学前儿童便秘的方法不包括（　　）

A．适当运动　　B．多吃零食

C．多吃蔬菜水果　　D．多喝开水

9．下面不是鼻腔的生理功能的是（　　）。

A．呼吸和消化的共同通道　　B．温暖、湿润冷空气

C．保护肺的第一道防线　　D．阻挡灰尘、细菌

10．学前儿童的囟门闭合时间都有一定规律，一般后囟在 2～4 个月闭和，前囟闭合的时间是（　　）。

A．12～18 个月　　B．9～10 个月　　C．11～12 个月　　D．8～9 个月

答案：1. B 2. D 3. C 4. C 5. C 6. D 7. C 8. B 9. A 10. A

【拓展阅读】

1. 孔育．保教结合理念下幼儿园保育工作评价指标构建研究[D].云南师范大学，2014.

推荐理由：在幼儿园工作中，保教结合很重要，但是很多幼儿园重教轻保的现象明显，这一篇论文可以帮助我们更好地理解与评价幼儿园的保育工作。

2．BBC 脑科学纪录片《人脑漫游 Brain Story》

推荐理由：该纪录片分为六集，分别讲述了大脑的结构、情感和思想等内容，有助于帮助人们更好地了解大脑。

第二章　学前儿童生长发育及评价

保教知识

【考点聚焦】

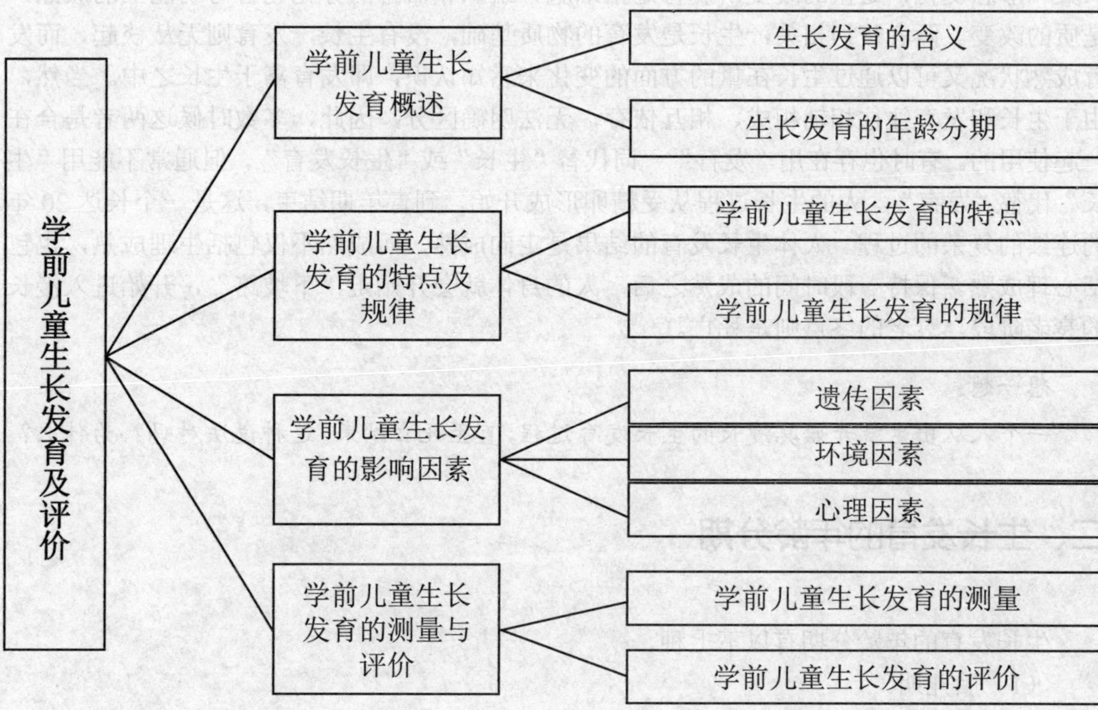

幼教故事：

光知道学前儿童生长发育快是远远不够的

在一次“学前儿童的生长发育”这一部分内容的教学时，李老师下意识地问了一下学生：“对于婴幼儿的生长发育，你们有什么样的认识？”许多同学给出了“小孩子生长发育很快，个子、体重增加都比较快”之类的回答。李老师则试探性地追问：“你们凭什么判断他们生长发育快呢？”这回，除了极个别的同学小声地说是通过“肉眼观察”外，应者寥寥。

的确，大家对学前儿童的生长发育，多有“发育快、迅速”这样的笼统认识，但具体到通过哪些指标来衡量其生长发育，这些指标如何精确获取，又如何根据这些数值评价其生长发育，等等，则很难说出一二。本章会就这些方面为大家一一展开叙述。

第一节　学前儿童生长发育概述

一、生长发育的含义

生长是指细胞的繁殖、增大和细胞间质的增加，表现为身体各系统、器官、组织等的长大和形态变化，是量的改变；发育是指细胞、组织和器官的分化完善与功能上的成熟，是质的改变。两者密切相关，生长是发育的物质基础，没有生长，发育则无从谈起，而发育成熟状况又可以通过生长在量的方面的变化来感知认识，即发育寓于生长之中。当然，由于生长和发育往往相辅相成、相互依存，无法明确区分，因此，多数时候这两者是合在一起使用的。有时也存在用“发育”一词代替“生长”或“生长发育”，但通常不能用“生长”代替“发育”。人的生长过程从受精卵形成开始，到青年期结束，这是一个长达20年的连续的复杂的过程。人体生长发育的结果是走向成熟，而成熟不仅包括生理成熟，也包括心理成熟。保持一段时间的成熟之后，人的身体就会开始走“下坡路”，开始进入漫长的衰老阶段，衰老的终点则是死亡。

想一想：

一个人从出生就开始其漫长的生长发育过程，直至死亡结束。这种说法对吗？为什么？

二、生长发育的年龄分期

生长发育的年龄分期有以下七种。

（1）胎儿期。

（2）新生儿期（0～1个月）。

（3）婴儿期（1个月至1岁）。

（4）先学前期（1～3岁）。

（5）学前期（3岁到6、7岁）。

（6）学龄期（6、7岁开始，11、12岁结束）。

（7）青春期（10～12岁开始，17～19岁结束）。

第二节 学前儿童生长发育的特点及规律

一、学前儿童生长发育的特点

（一）新生儿期（0～1 个月）生长发育的特点

这一时期，从外部生长特征来看，新生儿出生时头围 34 cm，身长一般为 47～52 cm，平均身长 50 cm，男女婴存在 0.2～0.5 cm 的差距。到满月时，男婴平均身长可达到 54.5 cm，女婴平均身长可达到 53.5 cm。此时的新生儿皮肤光滑柔软，略带轻微红色，阳光照射下会有红斑，被称为婴儿斑，婴儿斑一般一周左右会消失。从内部发育特征来看，在呼吸方式上，新生儿有两种不同的呼吸方式：腹式呼吸和胸式呼吸。婴儿呼吸时会有腹部起伏和胸部起伏两种表现，以前者为主，婴儿呼吸急促时会表现为小腹起伏加快。婴儿清醒时一般的呼吸频率为 40～50 次/min，睡眠时呼吸频率快慢不一，但婴儿若呼吸过快或者过慢，都应该及时送医院检查。新生儿刚出生时心跳较慢，随后心跳逐渐加快，最终趋于稳定。从外部适应性看，新生儿脱离了子宫环境独立生存，对环境变化适应性差，死亡率较高。若在保暖、喂养、消毒、清洁卫生等方面稍有不慎，就会对新生儿造成伤害，因此这一阶段必须加强护理。

（二）婴儿期（1 个月至 1 岁）生长发育的特点

从出生 1 个月到 1 岁，这个阶段被称为婴儿期，这一阶段是生长发育迅速的时期。从外部指标看，此时婴儿的体重增长了 2 倍，已从出生时的平均 3 kg 增长至 1 岁时的 9 kg 以上；身长一年中平均增长 50%，每月平均增长 3～3.5 cm，4 个月时增长 10～12 cm，1 岁时可达出生时的 1.5 倍，平均身长 75 cm。此时婴儿的骨骼系统发育也较为迅速，从 2～3 个月开始，脊柱的四个生理性弯曲相继形成，肌肉的力量不断增强，逐渐能支撑住身体重量，外部行为表现为能抬头、翻身、坐、爬、站，有时甚至能不稳地走上几步。但此时婴儿的骨化过程尚未完成，骨骼易变形，肌肉易疲劳，因此婴儿各种动作的练习要适度，练习时间不宜过长，不要过早让婴儿学习站立和走。

从神经系统结构发育来看，前六个月婴儿的头围增长 8～10 cm，后面增长 2～4 cm，到 1 岁时婴儿的头围平均为 46 cm，此后生长速度缓慢。婴儿大脑的发育也较为迅速，脑细胞体积变大，树突分支增多，轴突变长，大脑皮层厚度增加，脑重量比出生时增加了一倍多，到 1 岁时婴儿大脑的重量可达 900 g，这为复杂神经联系的建立提供了可能。从神经系统机能的发展来看，婴儿皮质兴奋机能增强，主要表现为睡眠时间减少，逐渐从出生时每天 20 h 的睡眠，减少为 1 岁时每天 14 h 左右的睡眠。另外，此时婴儿的条件反射比新生儿更容易形成，这也是神经系统机能发育的一个重要表现。

从动作发展来看，婴儿动作发展受神经系统、骨骼发育的制约。婴儿最初的动作发展是全身性的、非专门化的，然后会逐渐发展为从上到下的、局部的、专门化的动作。这主要表现为：2～3 个月的时候婴儿学会抬头；4～5 个月的时候学会翻身；5～6 个月的时候学会坐；6 个月以后相继学会爬、站、走。由于营养和训练条件的差异，婴儿发育快慢存在个体差异，但发育顺序不会变。

（三）先学前期（1～3 岁）生长发育的特点

1～3 岁被称为先学前期。这一时期的生长发育特点是身高、体重等较前一阶段增长有所减慢，中枢神经系统发育加快，动作、语言、思维、交往能力迅速发展。具体来说，在身体发育上，先学前期的幼儿身高平均每年增加 8～10 cm，2 岁时约达 85 cm，3 岁时可达 93 cm，比出生时增加近 1 倍；体重在 3 岁时可达到出生时的 4 倍，大约 13 kg。先学前期的幼儿，骨骼仍在继续骨化，弹性大、易弯曲，不能从事精细、灵活的活动。这一时期内脏器官也有了发展，3 岁时幼儿心率为 100 次/min，仍然较快，因此不宜做剧烈运动。

在神经系统的发育上，幼儿脑重不断增加，3 岁时达到 1 000 g，各种内抑制机能相继发展，神经系统在言语形成和发展的基础上得到锻炼，这也不断增强了对行为的调节作用，即幼儿能在较长时间内从事某种活动，或按照成人的指示来支配自己的行为。此外，以词语为刺激物而形成的第二信号系统开始发展，幼儿借助词语的作用逐渐形成多级、复杂的条件发射。在动作发展上，1 岁左右的幼儿可以练习独立行走；2 岁以后能够跑跳，爬上爬下，越过小障碍；到 3 岁时，可以进行独脚跳等复杂的活动。此时是幼儿易受外界伤害的时期，因此做好相关保护措施至关重要。在言语发展上，此时正是幼儿的言语形成期。幼儿言语发展的基本规律可以概括为先懂后说。1～1.5 岁是幼儿言语理解能力发展的迅速期，能够主动说出些许词语。2 岁以后，是幼儿言语表达能力发展迅速的时期，能够用较为完善的语句表达自己的思想和要求。

在思维和交往能力上，此时幼儿对“类”的概念有了朦胧的意识，能够进行具有概括性的活动，如根据物体的性质进行活动，能够用“试误”的方法解决问题，这标志着个体思维的发生。幼儿的交往能力此时也得到迅速发展，1 岁以后的幼儿在亲子交往的基础上有了同伴交往，这是积极情感发展、自我意识发展、认知能力发展的重要后盾。

（四）学前期（3 岁到 6、7 岁）生长发育的特点

3 岁到 6、7 岁称为学前期。此时幼儿身高、体重发育减慢，四肢增长较快，神经系统发育较快，智能发育进一步增强，有很强的求知欲和好奇心，运动的协调能力在不断完善。

具体来说，在身体发育上，幼儿平均身高在这一时期达到 110 cm 左右，平均体重达到 20 kg 左右，骨骼变得较为坚硬，但骨化过程尚未完成，因此走、坐的姿势要端正且走、坐的时间不宜过长。在神经系统的发展上，幼儿脑重增加到 1 000 g 左右，脑技能也发展起来，如皮质兴奋和抑制过程加强，幼儿睡眠时间相对减少，已学会控制自身行为；条件反射易建立且较为巩固，记忆力增强；第二信号的作用大大加强，幼儿能够通过词的描述、讲解获得间接经验。

《3～6 岁儿童学习与发展指南》（节选）——健康领域目标

在动作发展上，这一阶段幼儿的动作行为是在活动中发展起来的，而游戏是幼儿最主要的活动形式。作为一种社会性活动，它是现实生活的写照。在游戏中，幼儿能够对生活进行模仿，做一些精细化动作，进

而产生创造性活动，并习得社会性行为。总之，这一阶段幼儿各方面的发展为学前教育和小学教育奠定了基础。

二、学前儿童生长发育的规律

根据上述年龄阶段学前儿童生长发育的特点，我们可以发现，学前儿童生长发育具有连续性与阶段性、不均衡性、相互联系性和个体差异性。这为我们更好地对学前儿童进行养护提供了指导。

（一）学前儿童生长发育的连续性与阶段性

学前儿童的生长发育是有一定连续性与阶段性的。每一发展阶段具有各自不同的特点，又彼此交替、衔接。前一阶段的发展为后一阶段的发展提供了基础，前一阶段的发展质量决定了后一阶段的发展好坏，无法跨越某一阶段的发展而进入下一阶段。例如：在婴幼儿消化系统的发展上，出生时婴儿只能吃流质食物，到 1 岁时才能吃多种普通食品；在动作发展上，新生儿只会躺卧，3 个月后，才能逐渐掌握翻身、坐、爬、站立、行走、跑等动作。

学前儿童生长发育的连续性与阶段性在言语发展上体现得尤为突出：刚出生的婴儿只会啼哭；2 个月以后开始发音；4～8 个月可以连续重复同一音节；9 个月以后能够把某个语音与具体的事物联系起来，并模仿发音；1 岁以后便能主动说出一些词语，能够说出不完整的语句；3 岁时能够说出完整的句子。3 岁学前儿童言语的发展如表 2-1 所示。

如果学前儿童生长发育的某一阶段发生障碍，会影响幼儿整个学前期的发育，阻碍幼儿前期的健康成长。

表 2-1　3 岁学前儿童言语的发展

言语发展期	言语发展阶段	年龄	发音特点
言语准备期	简单发音阶段	1～3 个月	ei、ou、nei、ai 等音
	连续音节阶段	4～8 个月	自动发音，重复同一音节，如 a-ba-ba-ba
	模仿发音——学话萌芽阶段	9～12 个月	不同音节连续发音，近似词发音增多，开始模仿成人语音
言语形成期	单词音节阶段	1～1.5 岁	单音重叠，如“拿拿”；一词多义，如见到狗叫“狗狗”，见到其他毛绒类物品都叫“狗狗”；以词带句
	双词句阶段	1.5～2 岁	句子简单、不完整，语序颠倒
	完整句阶段	2～3 岁	词汇量增加，能说完整简单句、复合句，幼儿言语基本形成

（二）学前儿童生长发育的不均衡性

学前儿童身体的发育速度并不均衡，而是快慢交替，呈曲线波浪式发展。以身体各部分的生长发育为例，人的身体有两个飞速发育期，第一个是在出生前两年，另一个是在青春期。出生前两年，学前儿童的身高体重是增长最快的。1 岁时儿童身高比出生时增长 50%，体重为出生时的 3 倍，头围增长了近 1 倍，上肢增长了 3 倍，下肢增长了 4 倍。儿童 1～2 岁时，生长速度也较快，其后才逐渐缓慢，保持平稳至青春期。

学前期幼儿各个系统的发育也不均衡。神经系统中幼儿大脑在出生后的发育一直处于领先地位，各种生理机能、语言发展和动作发展也较为迅速。出生发育较为迅速的另一个系统为淋巴系统，儿童 10 岁左右，淋巴系统的发育达到高峰，这主要是因为幼儿时期，儿童对疾病的抵抗力较弱，需要淋巴系统的保护。10 岁以后，随着少年期的到来，儿童身体各系统对疾病的抵抗力增强，淋巴系统的发育趋于稳定，逐渐退缩。

（三）学前儿童生长发育的相互联系性

学前儿童发育虽然不均衡，但各系统的生长并不是独立的，而是相互联系、相互影响的一个整体。神经系统的发育可以推动运动系统的发展，反之，运动系统的活动又能促进神经系统的发展。循环系统的发育快慢会直接影响运动系统、神经系统的发育。

学前儿童的生理发育与其心理发育也是密切相关的。身高、体重、言语等生理缺陷会对学前儿童心理产生严重的影响。如听觉异常的儿童，由于听不到或是听不清楚别人的言语发音，可能会受到教师或家长的责备，易造成口吃或者发音不正确的结果；有些矮小体弱的幼儿，学习、活动能力较低，容易产生自卑感。同样，幼儿的情绪异常也会对其生理发育产生一定的影响。精神、情绪正常的幼儿，经常处于信心百倍的状态；情绪、精神异常的幼儿，容易出现注意力不集中、不爱活动、脱离群体的特征。因此，对有生理缺陷与心理缺陷的幼儿，家长及教师要积极引导，帮助幼儿身心健康成长。

（四）学前儿童生长发育的个体差异性

学前儿童的生长发育有一定的规律，但因遗传因素与后天环境差异，无论是身体形态发育还是各神经系统的发展，都存在一定的区别，不存在生长发育过程与发育水平完全相同的幼儿。有些父母身高偏矮或患有遗传性疾病，其子女身高偏矮或患遗传性疾病的概率就会较大；有些幼儿言语发展较快，而有些幼儿发展较慢。这些都是由学前儿童的个体差异性决定的。在家庭活动与幼儿园活动中应密切关注幼儿的生长发育规律，关注他们的个体差异性，针对不同的幼儿采取不同的教育方式。

第三节　学前儿童生长发育的影响因素

学前儿童的生长发育受到多种因素的影响，包括遗传因素、环境因素、心理因素。遗传因素决定了幼儿生长发育的潜力，为其生长发育提供了可能性；环境因素将遗传因素所赋予的生长发育潜力发挥到最大水平，决定了幼儿生长发育的最大限度，即生长发育的现实性；心理因素决定了幼儿神经系统、循环系统、心理发育的水平与高度。

一、遗传因素

人的外貌特征、智商水平、发展趋向与限度等都受到遗传因素的影响。父母的身高、体重和体型，决定了子女的身高、体重和体型。父母神经系统和内分泌系统的发育，对子女相应系统的生长发育也会产生一定的影响。例如，在美国洛杉矶长大的日本幼儿，生活环境与美国白种人相近，但其腿长却低于当地同等身高的白种人幼儿，而和日本本土长大的幼儿相似。再如父母若患有家族遗传精神病，其子女患类似疾病的概率会增加。当前，有研究表明，精神分裂症患者近亲患病率比普通人高数倍，而且血缘关系越近，发病率越高。父母若为先天性甲状腺功能减低症患者，其子女也较为容易患上甲状腺功能减低症，智商较低。这说明，遗传因素决定了幼儿的生长发育潜力。

二、环境因素

在影响学前儿童生长发育的各个因素中，良好的生长环境是幼儿健康发育的重要因素，它包括均衡的营养、经常性的体育锻炼、良好的家庭经济状况和生活习惯等。这些因素对幼儿健康体型、神经系统、内分泌系统、智力发展、心理和抵抗力的形成都具有推动作用。

（一）营养对学前儿童生长发育的影响

均衡营养是学前儿童生长发育的物质基础。足够的热量、充足的蛋白质、均衡的维生素、矿物质和微量元素的摄入，都是学前儿童生长发育所需的。膳食结构不合理、营养素摄入不均衡会导致营养素缺乏。处于快速生长发育期的学前儿童，对营养素的缺乏极为敏感，极易出现身高、体重、消化系统发育缓慢或患上某种疾病的现象。国外学者曾就缺乏某一种营养素对学前儿童生长发育的影响进行了调查研究，结果表明，轻度维生素A缺乏（夜盲症或毕脱氏斑）与幼儿肠道、呼吸道等感染性疾病的发病率和死亡率呈正相关。目前，随着我国国民经济的发展、国民生活水平的提升，学前儿童的营养环境大为改观。现在应该注意在幼儿养育过程中平衡其膳食，以保证营养的均衡摄入。

（二）体育锻炼对学前儿童生长发育的影响

体育锻炼是幼儿增强体质的重要手段。一定强度的体育运动可以使学前儿童心肺、身高、体重和激素分泌得到良好的发育。经常进行体育锻炼，可增强幼儿的心肌收缩能力、心肺储备能力、适应能力，增进呼吸系统、循环系统、肌肉、骨骼等的调节功能，促进生长激素、皮质激素等激素分泌的增加，加速学前儿童的生长。此外，从小加强体育锻炼，还可以促进幼儿的智力发育，帮助幼儿形成良好的心态和健康的人格。

（三）疾病对学前儿童生长发育的影响

各种急慢性疾病对学前儿童生长发育会产生不利因素。某种机体的病变、外伤、中毒等原因，可对幼儿中枢神经系统特别是大脑造成损伤，可能导致幼儿生理活动失常，进而引起内脏器官质性或功能性的改变。某些急性的病症，如腹泻、咳嗽等，如果得不到及时的治疗，会对幼儿的消化系统、呼吸系统造成长期的影响，导致幼儿脾胃虚弱、形成支气管炎。学前儿童处于快速生长发育的阶段，机体对外界环境变化带来的威胁也极为敏感，稍有不慎便会产生机体损伤，因此保护幼儿不受疾病侵害，是学前期幼儿保健的重点。

（四）生活习惯对学前儿童生长发育的影响

不良的生活习惯也是影响学前儿童生长发育的一个重要因素。不合理的作息时间、不均衡的膳食、较少的体育活动，会对学前儿童的神经系统、消化系统、动作发展产生不良影响。良好的饮食习惯、规律的体育运动、合理的睡眠时间等，是幼儿生长发育的有利基础，可以为学前儿童的健康成长提供保障。因此，从小培养学前儿童的良好生活习惯至关重要。

除上述因素以外，还有诸多影响学前儿童生长发育的因素，如家庭经济状况、地区经济水平、地区污染程度、季节等，在此不再一一赘述。

三、心理因素

抑郁、恐惧、紧张、自卑等心理因素对处于生长发育期的学前儿童会产生不利影响。除因遗传因素导致的精神不正常、神经系统障碍外，长期得不到父母的关爱、家庭不和睦、父母离异、常受父母打骂等，也会使学前儿童产生自卑、郁闷、恐惧、抑郁等心理，甚至有些学前儿童还会出现暴力行为。不良心理状态会导致学前儿童体内生长激素分泌量减少，进而影响身高、体重、外在行为等的发展。因此，为学前儿童创造一个良好的心理环境，使其保持良好的心理情绪和心理状态，对其生长发育至关重要。

考点精要：

《保教知识与能力》考试内容模块与要求中提到：考生要掌握幼儿身体发育、动作发展的基本规律和特点，并能够在教育活动中应用。

相关链接：

《幼儿园教育指导纲要（试行）》解读幼儿园健康领域的总目标：

1. 身体健康，在集体生活中情绪安定、愉快；
2. 生活、卫生习惯良好，有基本的生活自理能力；
3. 知道必要的安全保健常识，学习保护自己；
4. 喜欢参加体育活动，动作协调、灵活。

《3～6 岁儿童学习与发展指南》解读

健康是指人在身体、心理和社会适应方面的良好状态。幼儿阶段是儿童身体发育和机能发展极为迅速的时期，也是形成安全感和乐观态度的重要阶段。发育良好的身体、愉快的情绪、强健的体质、协调的动作、良好的生活习惯和基本生活能力是幼儿身心健康的重要标志，也是其他领域学习与发展的基础。为有效促进幼儿身心健康发展，成人应为幼儿提供合理均衡的营养，保证幼儿充足的睡眠和适宜的锻炼，满足幼儿生长发育的需要；创设温馨的人际环境，让幼儿充分感受到亲情和关爱，形成积极稳定的情绪情感；帮助幼儿养成良好的生活与卫生习惯，提高幼儿的自我保护能力，形成使其终身受益的生活能力和文明生活方式。幼儿身心发育尚未成熟，需要成人的精心呵护和照顾，但不宜过度保护和以包办代替，以免剥夺幼儿自主学习的机会，养成其过于依赖的不良习惯，影响其主动性、独立性的发展。

第四节　学前儿童生长发育的测量与评价

学前儿童生长发育的测量要依据固定的测量指标，采用一定的测量方法，对学前儿童的形态、生理功能、心理等方面进行标准化计算；学前儿童生长发育的评价是根据测量结果，对照某一阶段幼儿形态、生理、心理等应该达到的标准，对幼儿的生长发育水平进行判断。对学前儿童生长发育进行测量，是了解和评价学前儿童生长发育状况、及时发现学前儿童发育迟缓现象的有效手段。

一、学前儿童生长发育的测量

生长发育的测量在学前儿童卫生工作中运用广泛，主要目的在于对学前儿童的外在形态、生理功能、心理机能进行计算，以此评价学前儿童的生长发育水平。

（一）测量指标

目前，对学前儿童进行测量，我们通常依据三类指标：形态指标、生理功能指标和心理指标。形态指标包括身高、体重、胸围、头围和坐高；生理功能指标包括肺活量、脉搏和血压；心理指标包括感觉、直觉、语言、记忆、思维和情感等。

（二）测量方法

对不同年龄阶段的学前儿童进行生长发育测量需要采取不同的方法。

1．形态指标测量的方法

1）身高测量

身高也就是所谓的身长，是从头到足底的垂直长度，它是学前儿童生长发育的重要评价指标。身高的测量可采取两种方法：一种是工具测量法，即使用量床、量尺等工具对学前儿童的身高进行测量。3 岁以下幼儿采用量床测量，以厘米为单位，精确至小数点后一位；3 岁以上幼儿用身高计或固定于墙壁的立尺测量，以厘米为单位，精确至小数点后一位。另一种是公式计算法，即采用数学方法对学前儿童、少年幼儿群体的平均身高进行计算。一般 2～12 岁身高的估算公式为：年龄×5+80。

2）体重的测量

体重是反映学前儿童生长发育的最灵敏的指标之一。不同年龄阶段的学前儿童采用不同的测量方法。与身高测量方式相同，我们可以采用两种方式对学前儿童的体重进行测量。一种是公式计算法，通常所用公式为：

0～6 个月　　体重（g）=出生体重（g）+月龄×700

7 个月～1 岁　体重（g）=6 000+月龄×250

1～10 岁　　体重（kg）=年龄×2+8

另一种是工具测量法，即用电子秤测量体重。一般来说，学前儿童体重的测量一般在清晨空腹排便后裸体或仅穿内衣时进行。婴儿体重测量采用卧位式电子秤，精确到 0.01 kg；幼儿体重测量采用坐式杠杆秤，精确到 0.1 kg。坐式杠杆秤测量方法：测量前校正秤的零点，然后将幼儿置于坐式杠杆秤上，再移动砝码至相应刻度并读数，最后记下测量值。

3）胸围的测量

胸围可以反映胸廓大小和肌肉的发育情况。3 岁以下幼儿采用卧位或立位测量胸围；3 岁以上幼儿采用立位测量。测量时被测者两手自然平放或下垂，两眼平视，测量者立于前方或右方，用左手拇指将软尺零点固定于乳头下缘，右手将软尺经右侧绕至背部，以两肩胛下角下缘为准，经左侧面回至零点，取平静呼吸气时的中间读数，误差不超过 0.1 cm。

4）头围的测量

头围的大小反映了学前儿童的脑发育状况。从双眉上最突出处，经枕后结节绕头一周的长度，就是学前儿童的头围。我们用工具测量法来测量头围。一般来说，所用工具为软尺。测量时，软尺需紧贴皮肤，零点固定于学前儿童的额头眉间处，右侧经枕骨最突出处，绕回至零点。需要注意的是，测量用的软尺不能过于柔软，手势不能过松或过紧，否则测量的数据可能会出现误差。

5）坐高的测量

学前儿童的坐高直接反映了躯干的长度，间接反映了内脏器官的发育状况。坐高是头顶至坐骨结节的长度。3 岁以内学前儿童测量坐高，即量顶臀长，测量方法如下：测量者左手提起学前儿童的小腿，使其膝关节屈曲，同时使其骼骨紧贴底板，大腿与底板垂直，然后移动足板使其贴近被测者臀部，最后读刻度，刻度精确至 0.1 cm。

3 岁以上学前儿童采用坐高计进行测量，测量方法如下：被测者坐在坐高计的坐盘上，先使身体前倾，让骸部紧靠立柱，然后坐直，大腿并拢，使膝关节屈曲成直角，足尖向前，两脚平放在地面上，测量者移下头板使之与被测者头顶接触，最后读刻度，刻度精确至 0.1 cm。

2．生理功能指标的测量方法

1）心率的测量

心率反映了学前儿童心跳速度与心脏健康程度。一般来说，我们采用两种方法对学前儿童的心率进行测量：脉搏测量法和听诊器测量法。采用脉搏测量法测量心率，需用食指、中指以及无名指按在手腕的外侧（桡动脉），婴儿也可以测颞动脉（在耳朵的前上方），一分钟内脉搏跳动的次数就是学前儿童的心率；采用听诊器测量法，需将听诊器的探头置于学前儿童的心尖部位，计算学前儿童一分钟内的心跳次数。对学前儿童的心率进行测量，需要在安静状态下进行。学前儿童正常心率范围如表 2-2 所示。

表 2-2　学前儿童正常心率范围

年　　龄	心率/（次/min）
胎儿	140～150
初生婴儿	130～140
1 个月至 1 岁	110～130
2 岁	96～115
3 岁	86～105

2）肺活量的测量

肺活量反映了学前儿童呼吸肌的力量和肺的容量及其发育状况，是指受测者在深吸气后能够呼出的最大空气量。检测人员先将消过毒的吹嘴按在进气管上，交给受测者，受测者取站立位，可做 1～2 次深呼吸，手握吹嘴，头部略向后仰，尽力深呼吸直到不能再吸气为止，然后将嘴对准吹嘴慢慢地呼气，直到不能呼气为止，此时即可读数，以毫升为单位。

3）血压的测量

血压的高低影响学前儿童身高、内脏等的生长发育状况。对学前儿童进行血压测量，须根据年龄选择专用袖带，袖带的宽度是上臂长度的 1/3～1/2，将袖带接到成人台式血压表上测量即可。测量方法如下：测量血压前 1 h 让孩子安静下来，不要进行剧烈的运动，不吃食物和饮料，排空膀胱。

测量血压时取坐位，袖带缚住右上臂，右上臂及血压表平心脏高度，手臂外展 45°。袖带下缘应在肘关节上 2 cm 处，不可过紧或过松。将听诊器放在肘动脉上，袖带充气使汞柱达到动脉搏动消失的高度后再升高 20～30 mL，然后缓慢放气，汞柱下降的速度以 2 mm/s 为宜。听到的第一音是收缩压，声音突然变低沉时即是舒张压，为了排除因紧张造成的血压异常，要连续测量 3 次，取后两次的平均值为孩子的血压。注意每次测量完后要间隔 1 min，将上臂上举 5～6 s，再做下一次测量。

一般来说，我们按照如下公式计算学前儿童的正常血压：

正常收缩血压＝年龄×2+80，舒张压相当于收缩压的 3/5～2/3。

学前儿童的血压应低于 110/70 毫米汞柱，如果高于此值，则可能患高血压。

3．心理机能指标的测量方法

目前，通常采用量表测量幼儿的心理发育水平。专门的学前儿童心理测量量表包括韦克斯勒幼儿智力量表、格塞尔发展顺序量表、贝雷婴儿发展量表、皮亚杰认知发展量表、卡德威尔观察家庭环境量表、丹佛发展筛选测验、凯里婴儿气质问卷等。此外，比奈智力测量（比奈-西蒙量表）、斯坦福-比奈量表、瑞文图形推理测验、古迪纳夫-哈里斯绘人智能测验等几大心理测验量表也可适用于学前儿童的心理检测。

二、学前儿童生长发育的评价

评价学前儿童的生长发育状况是幼儿卫生保健工作中的一项重要内容。定期对幼儿的生长发育状况进行测量和判断，有助于我们及早发现儿童身材矮小、营养不良、体重过轻或肥胖等问题，及时采取措施进行矫正。

（一）学前儿童生长发育的参数标准

学前儿童生长发育的参数标准是评价学前儿童生长发育状况的尺度，一般可通过一次性、大数量的生长发育调查，取得某几项生长发育的测量数据，经过统计学的方法处理后得到的结果即是生长发育评价标准。当前，我国常用的学前儿童生长发育参数标准有三类：美国国家卫生统计中心（NCHS）建议参考值，中国城市、郊区幼儿体格发育调查资料参考值，2006 年 4 月 WHO（世界卫生组织）公布的《儿童生长发育标准》（以下简称 WHO 参考标准）。

美国国家卫生统计中心（NCHS）的建议参考值是通过对 1960—1975 年美国 0～2 岁和 2 岁以上幼儿的调查得到的结果，涵盖了不同经济和自然条件的美国地区，代表性较强。我国从 1995 年开始将此参考标准用于妇幼保健领域及全国性的营养调查。

我国城市、郊区幼儿体格发育调查资料参考值，是 1975 年、1985 年、1995 年对东、南、西、北、中 5 个区域多个城市的幼儿生长发育抽样调查得到的结果。这一标准客观反映了中国幼儿生长发育状况和变化趋势。

WHO 参考标准是在 1997—2003 年对不同种族和文化背景的幼儿进行调查的基础上制定的。制定过程中，选取加纳、印度、挪威、阿曼和美国母乳喂养的 8 440 个健康幼儿为研究对象，提供良好生长环境保证他们生长潜力的充分发挥。这一标准选取了不同国家的样本，采用现代分析方法开展研究，研究过程充分考虑了婴儿期的喂养方式、母乳喂养期间母亲的营养供应、母亲吸烟和环境等因素，得出的结果具有一定的代表性。但是，目前我国还较少采用这一评价标准分析幼儿生长发育状况。

（二）学前儿童生长发育的评价方法

学前儿童生长发育有多种评价方法，常用 Z 评分法、生长曲线法、身高标准体重法和上臂围评价法。

1. Z 评分法

Z 评分法是评价学前儿童营养状况的常用方法之一。Z 值计算公式为：Z 值=（测量数据-参考值中位数）/参考值标准差。以<-2 和<-3 为界值点来诊断中、重度营养不良，以≥2 和≥3 为界值来诊断中、重度超重或肥胖。这一方法的优点是将年龄进行了标化，可以跨年龄组进行分析。在群体水平上，不但可以估计低于或高于某界值点的幼儿比例，而且可以计算出群体 Z 值的均数和标准差，可利用回归分析等方法进行统计分析，区分幼儿营养不良的严重程度。运用 Z 评分法需要依照标准，筛选不合理数据。

2. 生长曲线法

生长曲线法是根据幼儿的身高、体重和测量值在曲线中的位置，判断幼儿生长发育状况的一种方法。如依据身高判断幼儿生长发育状况，在采用生长曲线法进行测量时，需要将年龄设为横坐标，身高设为纵坐标，建立生长曲线模型，据此测量学前儿童的生长发育水平。

3. 身高标准体重法

身高标准体重法是评价幼儿营养状况的一种方法。这一方法是以幼儿的身高为基础观察其体重与营养良好幼儿体重间的关系，与生长发育无明显关系，不涉及慢性长期的营养改变，并可消除种族和遗传因素的影响，主要反映幼儿期的营养状况，表现幼儿体格的匀称度。具体来说，它是以同等身高营养良好幼儿体重的第 80 百分位数作为标准体重(100%)，+/-10%标准体重范围为正常（90%～110%），低于 90%为营养不良，营养不良又分为轻度（<90%）、中度（<80%）、重度（<70%）和极重度（<60%）4 个等级；超过标准体重的 10%为超重，超过标准体重的 20%为肥胖。

4. 上臂围评价法

上臂围评价法是一种简单易行的评价幼儿营养状况的方法。评价标准可用平均数法和百分位数法，前者以超过均数+/-3 个标准差为营养不良和营养过度，后者则以小于 3%位数为营养不良，大于 97%位数为营养过度。此方法的优点是简单易行，适用于群体营养检测中营养不良或营养过度的筛查。

（三）学前儿童生长发育的评价指标

当前，我们综合运用年龄别体重、年龄别身高、身高别体重、年龄别上臂围的评价指标对学前儿童的生长发育与营养状况进行评价。年龄别体重是反映学前儿童近期营养状况的重要指标。年龄别体重过低，超过一定的界值点，意味着体重过低；年龄别体重过高，超过一定的界值点，意味着超重。

同上所述，年龄别身高是反映幼儿个体生长发育状况和营养程度的重要指标。年龄别身高过低，意味着发育迟缓。身高别体重是反映学前儿童近期营养状况的指标。身高别体重过低，超过一定界值点，意味着消瘦；身高别体重过高，超过一定的界值点，意味着肥胖。年龄别上臂围是间接反映皮下脂肪度的指标，当体重、身高的指标的获得比较困难时，它可以作为身高体重的替代指标。

考点精要：

《保教知识与能力》考试内容模块与要求中提到：了解幼儿身体发育和心理发育中容易出现的问题或障碍，如发育迟缓、肥胖、自闭倾向等。

保教能力

【实践操作】

根据常州日报2008年7月22日报道，常州市第三人民医院儿科副主任医师江红告知记者，在临床工作中，他们常会碰到一些焦虑的家长诉说烦恼：“我的孩子怎么了？几乎不吃饭！”小儿厌食症是非常常见的现象，但我们要搞清楚“厌食症”和“厌食”这两个概念。小儿厌食症是小儿较长期食欲减退或食欲缺乏，但并不是凭“食欲不振”就可以诊断为“厌食症”的。

请根据小儿厌食症的相关理论，对上述材料加以分析，详细谈谈小儿厌食症的原因和治疗方法。

【学练结合】

简答题

1．学前儿童生长发育的规律是什么？

2．简述影响学前儿童生长发育的因素。

【真题再现】

选择题

1．（2015上半年）幼儿如果能够认识到他们的性别不会随着年龄的增长而发生改变，说明他已经具有（　　）。

A．性别倾向性　B．性别差异性　C．性别独特性　D．性别恒常性

【答案】D。

2．评价幼儿生长发育最重要的指标是（　　）。

A．体重和头围　B．头围和胸围　C．身高和脚围　D．身高和体重

【答案】D。生长发育的形态指标是指身体及某个部分在形态上可测出的各种量度，如身高、体重、坐高、肩宽和头围等，真实身高和体重是最重要和常用的形态指标。

【考点模拟】

选择题

1．学前儿童年龄阶段划分为新生儿期（0～1 个月）、婴儿期（1 个月～1 岁）、先学前期（1～3 岁）和（ ）。

A. 学前期 3～4 岁　　B. 学前期 5～6 岁　　C. 学前期 3 岁～6、7 岁

2．新生儿出生时头围为 34 cm，平均身长为（ ）。

A. 80 cm　　B. 50 cm　　C. 60 cm

3．新生儿皮肤光滑柔软，略带轻微红色，阳光下照射会有红斑，被称为（ ）。

A. 婴儿斑　　B. 老年斑　　C. 青斑

4．2 岁幼儿的正常心率是（ ）。

A. 140～150 次/min　　B. 96～115 次/min　　C. 76～90 次/min

5．评价幼儿生长发育最重要的指标是( )。

A. 体重和头围　　B. 身高和胸围　　C. 身高和体重

6．3 岁幼儿的标准体重是（ ）。

A. 14 kg　　B. 20 kg　　C. 16 kg

7．学前儿童生长发育的影响因素有（ ）。

A. 遗传因素　　B. 心理因素　　C. 环境因素

8．学前儿童生长发育的规律有（ ）。

A. 连续性与阶段性　　B. 不均衡性　　C. 相互联系性和个体差异性

答案：1．C　2．B　3．A　4．B　5．C　6．A　7．ABC　8．ABC

【拓展阅读】

1．童慧玲. 幼儿健康教育的目标与对策[J].安徽师范大学学报：人文社会科学版，2000（4）：611.

推荐理由：幼儿是祖国未来发展的希望，而幼儿的健康教育是幼儿素质教育的一个重要组成部分，更应该引起重视。本书介绍了幼儿健康教育的目标、内容，从多个方面探讨了幼儿健康教育的对策，希望为相关的研究提供一定的指导和借鉴。

2．陈家麟.学校心理健康教育：原理与操作[M].北京：教育科学出版社，2002.

推荐理由：学校心理健康教育是一种现代教育理念和教育活动。及时有效地对学生进行心理健康教育，既是现代教育的必然要求，也是广大教育工作者所面临的一项紧迫任务。

本书是一部专门研究学校心理健康教育问题的著作。全书分为15章，分别论述了心理健康的概念、沿革及其标准，学校心理健康教育的含义、发展简史、现状及前瞻，与素质教育的关系及开展这项工作的意义，学校心理健康教育的目标、内容、原则、方法、途径和评价等问题。

本书既是作者在世纪之交对国内外学校心理健康教育理论研究和实践工作的巡礼，也是作者对自己近20年来从事学校心理健康教育的研究、实践和教学工作的总结。本书融理论性与实践性、学术性与可读性于一体，不仅便于读者把握学校心理教育工作中诸多“为什么”的理论要点，也为如何开展这项工作提供了“怎么办”的操作性借鉴。

3．麦少美，高秀欣.学前卫生学[M].2版.上海：复旦大学出版社，2009.

推荐理由：全书共分八章。第一章简要介绍人体的基本概况；第二章阐明人体八大系统及感觉器官的组成和主要功能，叙述学前儿童各系统及感觉器官的特点和保育要点；第三章介绍学前儿童生长发育年龄阶段的划分，重点叙述学前儿童生长发育的规律及影响因素，评价学前儿童生长发育的指标及测量方法；第四章阐述了学前儿童生活制度及保健制度；第五章讨论了有关营养学的基础知识及学前儿童营养需求的相关常识，提出学前儿童合理的膳食制度及饮食卫生要求；第六章介绍托幼机构安全教育的内容，提出相应的安全措施，并具体介绍了几种常见意外事故的处理方法；第七章重点叙述有关传染病的基础知识，简单介绍学前儿童常见的传染病、其他常见病的有关知识以及常用的护理技术；第八章阐述了学前儿童常见的心理问题及其预防措施。

第三章　学前儿童营养与膳食

保教知识

【考点聚焦】

- 学前儿童营养与膳食
  - 营养学基础知识
    - 营养素
    - 学前儿童对能量的需求
    - 各种营养素的生理功能及食物来源
  - 学前儿童膳食
    - 学前儿童膳食的特点
    - 学前儿童膳食配制的原则
    - 学前儿童良好饮食习惯的培养

幼教故事：

某私立幼儿园每日保证给学前儿童的饮食中配备炸鸡或炸薯条等油炸食品，当有的家长提出反对意见时，幼儿园领导回应：这样的配餐是孩子们非常喜欢的，那么多的洋快餐也是得到大部分家长的支持的，而且幼儿园为了满足家长和学前儿童的需要，也是进行了高投入的。

油炸食品是否适合提供给学前儿童？是否符合学前儿童科学且合理膳食的搭配？这些都是本章所要研究的问题。

第一节　营养学基础知识

人体为了维持生命和健康，满足生长发育、机体代谢和修补组织等生命活动需要，把摄取、消化、吸收和利用食物养料的生物学过程称为营养。学前儿童正处于生长发育极为旺盛的时期，合理的营养尤为重要。本节主要讲述营养学基本概念、学前儿童对能量的需求、各种营养素的生理功能及食物来源等方面的基础知识，为做好学前儿童科学和合理膳食提供理论基础。

一、营养素

（一）基本概念

营养的物质基础是食物，因为食物中含有维持人体正常生理功能所需要的各种物质。营养素指的是由食物提供的、能维持生命和健康，并能促进人体正常生长发育的化学物质。尽管食物种类繁多，功用各异，但归纳起来，营养素一般分为六大类：蛋白质、脂类、碳水化合物（或糖类）、维生素、无机盐（或矿物质）和水。

1．产能营养素与非产能营养素

各类营养素具有不同的生理功能。蛋白质、脂类、碳水化合物除构成细胞的组成以外，还可以在体内氧化，产生热能，称为三大产能营养素。

其余三种营养素——维生素、无机盐和水，均不能产生热能，称为非产能营养素。

2．宏量营养素与微量营养素

从人体对营养素的需要量来看，碳水化合物、蛋白质和脂类这三类营养素需要量多，在膳食中所占的比重大，每天生理需要量以克来计，因此称为宏量营养素。而维生素和无机盐这两大类营养素，人体需要量相对较少，在膳食中所占比重也较小，每天需要量以毫克或微克来计，称为微量营养素。

（二）营养素需要与营养素供给

关于营养素的需要与供给，在实际运用中涉及以下三个概念。

1．营养素的需要量

营养素的需要量，是指维持身体正常功能所需要的营养素的最低数量，若低于这个数量，将不能保持人体健康。

2．营养素的供给量

营养素的供给量（RDA），是指每日通过膳食向人体供给一定数量的各种营养素。供给量是在满足人体正常生理需要量的基础上，参照饮食习惯和食物供应情况而确定的最适宜的数量，一般要略高于人体对营养素的需要量。

3．营养素参考摄入量

营养素参考摄入量（Dietary Reference Intakes，DRIs）。我国营养学会引入 DRIs 概念，制定中国居民膳食营养素参考摄入量。它包括 4 项内容：平均需要量（EAR）、推荐摄入量（RNI）、适宜摄入量（AD）和可耐受最高摄入量（UL）。

（三）营养素与学前儿童生长发育的关系

学前儿童不仅像成人一样需要通过营养来维持生命和生理活动并修补损耗组织，而且还必须通过额外的营养以保证生长发育的需要。学前儿童的营养水平可通过体格发育指标反映出来，如体重是反映目前和近期营养的最敏感、最可靠、最重要且最易获得的指标，身高则与长期或远期营养有关。

从生命刚开始，胎儿就不断地从母体摄取各种营养素。出生后，除阳光和空气外，幼儿完全要靠食物和饮水为身体供给各种营养素，以保证自身正常地生长发育。在遗传因素和其他外在环境条件一定的情况下，学前儿童生长发育的表现对膳食营养供给的变化极为敏感。膳食营养供给充足，可使学前儿童的生长发育稳步前进，可促进学前儿童体格的生长和智力的发育。营养缺乏，包括能量和各种营养素供给不足，则可导致学前儿童生长迟缓、体重不增，甚至发生营养障碍，严重者可造成死亡。例如，膳食中铁、碘和锌等微量营养素的缺乏，极易导致儿童从幼儿至学龄时期的智力发育及学习能力不足。而如果膳食摄入过度，能量摄入过多，虽然生长发育不会受到抑制，甚至还会超前，但营养过剩也会带来一系列问题，如体重超标、肥胖症以及由此可能引发的脂肪肝和脂肪性肝炎，学前儿童龋齿，学前儿童性早熟，学前儿童心理问题，等等。

总之，营养作为生长发育的物质基础，是生长发育最为重要的外界环境因素之一，对学前儿童的生长发育具有非常明显的影响。

做一做：

从幼儿至学龄时期的智力发育及学习能力不足的儿童，在膳食中应加强哪些营养素的摄入？

二、学前儿童对能量的需求

（一）能量的作用

人体的生命活动如细胞的生长繁殖、组织合成、维持体温、心脏跳动和呼吸等，都要有能量供给。这些能量主要由碳水化合物、脂肪和蛋白质三种营养素在代谢过程中氧化所释放的能量提供，来源于每天摄入的食物。

学前儿童正处于生长发育阶段，所需要的热能相对比成人多。为保证学前儿童健康，充足的能量供应是至关重要的。若学前儿童长期能量供给不足，机体会动用自身的能量储备甚至消耗自身的组织以满足生命活动的能量需要，将导致学前儿童营养不良、生长发育迟缓、消瘦以及活力消失，对疾病的抵抗力降低，还会影响学前儿童智力的正常发育；若长期摄入过多能量，则会使学前儿童体内脂肪储存过多，引起肥胖症。

（二）能量的单位

能量有多种形式和不同的表示方式。机体所摄入和消耗的能量，通常用热量单位卡（cal）或千卡（kcal）表示。1 kcal，即表示在正常大气压下，将 1 kg 水从 14.5℃加热到 15.5℃所需要的热量。营养学上用千卡作为常用单位。目前，国际上则以焦耳（J）作为热量单位。日常应用以千焦（kJ）或兆焦（MJ）作为单位。

焦耳与卡的换算关系如下：

1 卡（cal）=4.186 焦耳（J）

1 千焦（kJ）=0. 239 千卡（kcal）

根据测定，每克蛋白质产生热量 4 kcal，每克脂肪产生热量 9 kcal，每克碳水化合物产生热量 4 kcal。

（三）学前儿童对能量的需求

学前儿童对能量的需求主要包括以下几个方面。

1．基础代谢消耗热量

基础代谢是机体在清醒、静卧和空腹（饭后 12～14 h）的情况下，在气温为 8℃～25℃适宜环境中，为维持生命最基本活动所需要的能量。基础代谢包括维持体温、肌肉张力、循环、呼吸和腺体活动等。

基础代谢受多种因素的影响，如体形、性别、年龄、生理状态、气候和营养状态等。由于学前儿童体表面积相对较大，热量散失较多；机体组织生长旺盛，从而参与新陈代谢的组织占有较大的比例，因此，儿童年龄越小，相对基础代谢率就越高。婴儿期每日每千克体重约需热量 55 kcal；7 岁时儿童每日每千克体重约需 44 kcal；儿童 12 岁以后至成年每日每千克体重约需 30 kcal。可见，基础代谢率是随体表面积的增加而逐渐减少的。不同的器官在基础代谢中所占比例也随年龄而有所不同，例如，脑代谢占总基础代谢的比例在婴儿期为 1/3，到成年期则减少到 1/4；肌肉消耗的热量在婴儿期仅占总基础代谢的 8%，到成年期则为 30%。

学前儿童的基础代谢率比成人高 10%～12%，学前儿童期基础代谢的需要约占总热能需要量的 60%。

2．食物的特殊动力作用消耗热量

食物的特殊动力作用是指由于摄取食物而引起机体能量代谢的额外增高。它只是增加机体热量消耗，并非增加热量的来源。各类食物所引起的能量消耗不相同，其中蛋白质的特殊动力作用最大，为蛋白质自身产能的 20%～30%，持续时间长达 10～12 h；碳水化合物的特殊动力作用为其本身产生热量的 5%～6%，脂肪的特殊动力作用为自身产生热量的 4%～5%，持续时间为 1 h。对婴儿来说，其摄入的食物相对较多，蛋白质需要量也较大，故食物的特殊动力作用较高，占总热量的 7%～8%，而对采用混合膳食的学前儿童来说，则食物特殊动力作用占总热量的 5%左右。

3．儿童活动消耗热量

儿童活动需要消耗热量，其多少与活动量的大小、活动的时间及活动的类型关系密切。不同的儿童活动，消耗的热量差异较大，好哭多动的儿童比同年龄安静型的儿童，热量的消耗要高出3～4倍。一般来说，婴儿每日每千克体重需消耗15～20 kcal热量。随着年龄增长，儿童活动量、活动时间以及活动的复杂程度增加，活动消耗的热量也相应增加，到12～13岁时，儿童每日每千克体重约需消耗30kcal热量。

4．生长发育所需

儿童处于生长发育十分旺盛的特殊时期，体格器官的增大及功能的成熟，均须增加能量消耗。生长发育所需的热量与儿童生长速度成正比，生长速度越快，所需热量越多。生长发育期内，如果能量供应不足，则生长停滞；而能量供应较多时，生长加速。学前儿童体重每增加1 g，大约需消耗5 kcal（20.92 kJ）的能量。出生6个月以内的婴儿，每日每千克体重需要的热量为40～50 kcal；6个月至1岁的儿童，每日每千克体重需要的热量为15～20 kcal；1周岁以后，儿童每日每千克体重需要的热量为5 kcal；以后儿童每日每千克体重需要的热量逐渐减低，到青春期又增高。

5．排泄损失

摄入体内的食物不能完全被消化吸收而随粪便排出体外，在正常情况下，从食物不被吸收部分丢失的热量占总热量的10%以下，腹泻时能量丢失增加。

想一想：

儿童正处于生长发育阶段，所需要的热量相对比成人多。若长期能量供给不足，会对学前儿童营养有什么影响？而长期摄入能量过多，又会对学前儿童营养造成什么影响？

三、各种营养素的生理功能及食物来源

人体所需要的各种营养素主要包括蛋白质、脂类、碳水化合物、维生素、无机盐和水六类物质。下面重点介绍这些营养素的主要生理功能及其主要食物来源。

（一）蛋白质

蛋白质是人类生命活动中最重要的物质，是一切细胞必不可少的组成部分。在人体中，蛋白质的含量仅次于水，约占体重的18%。其中大部分存在于肌肉组织中，在血液、软组织、骨骼和牙齿中也有分布。

1．蛋白质的结构

蛋白质是一种复杂的高分子化合物，主要含碳、氢、氧、氮和硫等元素，有些蛋白质含有磷，少数蛋白质还含有铁、铜、锌、钴和钼等金属元素。蛋白质种类虽多，但其含氮量都相当接近，平均值约为16%。在三大产能营养素中，由于碳水化合物和脂类只含碳、氢、氧，不含氮，所以蛋白质是人体中氮元素的唯一来源。

蛋白质的基本组成单位是氨基酸。构成人体蛋白质的氨基酸有20种，其中有8种是人体自身不能合成或合成速度远不能满足人体需要的，必须由外界食物提供，这8种氨基酸被称为人体必需氨基酸。如果缺少一种或数种必需氨基酸，蛋白质就不能合成。相对于8种必需氨基酸，其余12种氨基酸则被称为非必需氨基酸。非必需氨基酸也并不是人体不需要的，只是因为它们在人体内可以自行合成，不一定要由食物提供而已。人体必需的氨基酸

有苏氨酸、赖氨酸、苯丙氨酸、蛋氨酸、缬氨酸、色氨酸、亮氨酸和异亮氨酸。对学前儿童而言，组氨酸也不能自行合成，故也属于必需氨基酸。

2．蛋白质的分类

蛋白质所含的氨基酸种类和数量不同，其营养价值也各不相同。在营养学上，根据蛋白质所含氨基酸的种类和数量将蛋白质分为三类。

1）完全蛋白质

完全蛋白质又称优质蛋白质，其所含的必需氨基酸种类齐全，数量充足且彼此比例适当（即与人体蛋白质比例非常接近)。这一类蛋白质不但可以维持人体健康，还可以促进儿童的生长发育。例如奶、蛋、鱼和肉中的蛋白质以及黄豆中的黄豆蛋白，都属于完全蛋白质。

2）半完全蛋白质

半完全蛋白质所含氨基酸虽然种类齐全，但相互比例与人体蛋白质比例差异较大，不能被人体充分利用，不能满足人体合成蛋白质的需要。它们可以维持生命，但不能促进生长发育。例如，小麦中的麦胶蛋白便是半完全蛋白质，含赖氨酸很少。

3）不完全蛋白质

不完全蛋白质又称劣质蛋白质，所含必需氨基酸种类不全，缺少一种或数种必需氨基酸。当这类蛋白质作为膳食蛋白质的唯一来源时，仅能维持机体的生命，但不能促进儿童的生长发育。例如，肉皮中的胶原蛋白和玉米中的玉米胶蛋白，就属于不完全蛋白质。

3．蛋白质的互补作用

蛋白质的营养价值主要取决于必需氨基酸的有无、多寡和构成比例是否适合。若某种食物中蛋白质所含的必需氨基酸在种类和构成比例上，均与合成体内组织蛋白质所含的必需氨基酸完全相同，则此种食物蛋白质被完全消化吸收，即利用率为100%。这是一种理想蛋白质，自然界中除母乳和鸡蛋以外，几乎不存在这样的食物蛋白质。实际上，食物蛋白质所含的必需氨基酸的种类、数量和构成比例与体内蛋白质总是有差异的。

可将两种或两种以上蛋白质利用率较低的食物，按照一定的比例混合食用，使混合物所含必需氨基酸的种类和数量互相补充，从而提高蛋白质的利用率。例如玉米、小米和大豆三者单独食用，其生物学价值分别为60、57和64，如果按23∶25∶52的比例混合食用，则生物学价值可以提高到73。因此，一般来说，混合蛋白质的利用率多高于单一蛋白质的利用率。通过混合不同的食物蛋白质，使其在人体内的利用率高于单一食物蛋白质的利用率，称为蛋白质的互补作用。

4．蛋白质的生理功能及需要量

1）蛋白质的生理功能

（1）构成和修补机体组织。蛋白质是一切生命的物质基础，是机体细胞的重要组成部分，是人体组织更新和修补的主要原料。人体的毛发、皮肤、肌肉、骨骼、内脏、大脑、血液和神经等都由蛋白质参与组成。学前儿童正处于长身体时期，需要不断增殖新的细胞和新的组织，这就需要蛋白质作为原料。蛋白质不仅是人体的“建筑材料”，还能主动对人体被破坏的组织和细胞等进行修补和恢复。

（2）调节生理功能。蛋白质是构成人体内的酶、激素和抗体等活性物质的原料。这些物质都参与调节机体的生理功能。酶是一类具有催化功能的蛋白质，由于细胞内存在酶的催化作用，因此可以使人体完成各种生理活动，表现出复杂的生命现象。许多激素属于蛋白质或多肽，它们将人体的新陈代谢过程调节到正常范围内。抗体是活跃在血液中的一支“突击队”，具有保卫机体免受细菌和病毒的侵害和提高机体抵抗力的作用。

(3)供给机体能量。在一般情况下，人体每天所需的热量有10%～15%来源于蛋白质，蛋白质不是热量的主要来源。但当碳水化合物和脂肪供给不足和能量缺乏时，体内蛋白质将作为人体热能的主要来源，这样既不经济，也影响蛋白质的利用。

(4)运载功能。红细胞中的血红蛋白具有运载氧气的功能。

2）蛋白质的需要量

人体对蛋白质需要量的多少是一个比较复杂的问题。营养学有两个常用术语，即蛋白质最低生理需求量和蛋白质供给量。最低生理需求量是指维持身体正常生理功能所必需的蛋白质最低数量；供给量是指在满足正常生理需要的基础上，考虑群体中存在的个体差异，确保群体中大多数人都能获得的所需营养素。显然，供给量应比需求量更充裕。为此，中国营养学会于2013年推荐的蛋白质摄入量如表3-1所示。

表3-1 中国居民膳食蛋白质推荐摄入量（RNI）

年龄/岁	男	女
0～	1.5～3.0 g/（kg·d）	
1～	35	35
2～	40	40
3～	45	45
4～	50	50
5～	55	55
6～	55	55
7～	60	60
8～	65	65
9～	65	65
10～	70	65
11～	75	75
14～	85	80
18～		
轻体力劳动	75	65
中体力劳动	80	70
重体力劳动	90	80
孕妇		第一孕期＋5，第二孕期＋15，第三孕期＋20
乳母		＋20
70～		
轻体力劳动	75	65

续表

年龄/岁	男	女
中体力劳动	75	65
80～	75	65

注：

I.表中的“RNI”是新标准“推荐摄入量”的代号，“g/（kg·d）”表示每日每千克体重摄入多少克。

II.在“孕妇”一项里的“第一孕期+5”，表示孕妇要根据不同体力劳动状况，将蛋白质摄入量再加 5g，譬如孕妇是中体力劳动，则每日蛋白质摄入量为 70 g+5 g=75 g。

5. 蛋白质的来源

蛋白质的食物来源广泛，几乎所有的动物性和植物性食物中均有。含蛋白质的食物有两类，一类是动物性的，如鱼、肉、蛋和牛奶等，它们所含的蛋白质统称为动物蛋白；另一类是植物性的，如大米、面粉、五谷杂粮、豆类和硬果（如花生、核桃）等，它们所含的蛋白质统称为植物蛋白。动物性蛋白质与植物性蛋白质中，豆类蛋白质的营养价值高，被称为优质蛋白质，学前儿童膳食中应该尽量多选用。

1）动物性食物

动物性食物主要有畜禽肉类、河海鲜类、禽蛋类、乳类及其制品。它们的蛋白质含量一般在 15%以上，几乎均可纳入完全蛋白质类食物。

2）植物性食物

植物性食物以豆类蛋白质最为丰富，其中大豆的蛋白质含量高达 36%。而谷类蛋白质的含量则较低，一般在 10%以下。但由于植物性食物蛋白质（豆类蛋白质除外）必需氨基酸含量往往不足，构成比例与人体需要的差距较大，加上其消化过程受植物纤维素影响，因此蛋白质的营养价值较低。

学前儿童生长发育旺盛，要求蛋白质的供给量相对比成人多，学前儿童由蛋白质所供给的热量占每日总热量的 8%～15%。学前儿童为了满足机体生长的需要，每日摄取的蛋白质最好有一半是优质蛋白。如果蛋白质摄取不足，就会导致生长发育迟缓，体重减轻，容易疲劳，并易产生贫血，抵抗传染病的能力下降，创伤不易愈合，骨折恢复缓慢。蛋白质严重缺乏时，会出现营养不良性水肿。

（二）脂类

脂类是脂肪和类脂质的总称，它们的共同物理特性是不溶于水。脂肪，包括甘油和脂肪酸，脂肪氧化是体内产热的主要形式之一。类脂质包括磷脂、糖脂和固醇等，是构成细胞膜的基本成分。

1. 脂类的生理功能及供给量

1）脂类的生理功能

（1）构成人体细胞。人体细胞膜是双层脂质膜，其主要成分磷脂、糖脂和固醇等均属于类脂质。脂肪是细胞膜的必需成分，一切人体组织都含有脂肪。

（2）具有保温防护作用。脂类作为人体与外界环境的屏障，由于其导热性能差，能防止人体热量的散失，有助于御寒；另外，由于脂肪层如同软垫，因此它也是许多组织、器官的保护层，可使各种脏器免受震动伤害。

（3）储存（供给）能量。脂类是一类富含热量的营养素，被称为“人体能量的燃料库”。人体有些特殊的细胞叫脂肪细胞，其主要功能就是储存脂肪。当摄入热量多时，人体以脂肪的形式储存能量，一旦机体需要（如饥饿时）又可被氧化而释放能量，以避免消耗蛋白质。

（4）促进脂溶性维生素的吸收。维生素 A、维生素 D、维生素 E 和维生素 K 等脂溶性维生素，要在人体内发挥作用，进行有关生化反应，必须要有脂类的参与，否则反应将无法进行。

（5）提供必需脂肪酸。必需脂肪酸是指在人体内不能自行合成，必须由膳食供给的不饱和脂肪酸，如亚油酸、亚麻酸等。对于人体来说，必需脂肪酸是人类正常生长和维护健康所必需的。这些必需脂肪酸的来源正是脂肪，特别是富含不饱和脂肪酸的植物油和鱼油（尤其是深海鱼）。

2）脂类的供给量

一般情况下，脂类日供给量应占日热能需要量的 20%～30%，每日膳食中有 50 g 脂肪即可满足需要量。需要说明的是，膳食中的脂肪不仅仅是指食用油脂，同时还应包括各种食物本身所含的脂肪量。

脂类的供给不仅要考虑量，还要考虑质，这与脂肪酸的组成是密切相关的。不饱和脂肪酸的营养价值高且包括多种人体必需脂肪酸，而不饱和脂肪酸多存在于植物油中。

肥胖、高血压、冠心病、胆结石等与机体脂肪摄入过多有关。脂肪摄入过多也会对学前儿童的身心发展产生危害，不仅导致学前儿童消化差，大便多，而且有动脉粥样硬化的隐患。因此学前儿童要控制脂肪的摄入，尤其要适当限制胆固醇含量过高的食物摄入。1～6 岁学前儿童每日膳食中脂肪推荐的热量摄入量，应占总热量的 30%～35%；7 岁以上儿童每日膳食中脂肪推荐的热量摄入量，应占总热量的 25%～30%。

2. 脂类的主要来源

脂类普遍存在于各类动物性食物和植物性食物中。

1）动物性食物

动物性食物主要有乳类、禽蛋类、畜禽肉类、动物肝脏、鱼类、鱼肝油、肥肉和动物油（猪油、牛油、羊油、鸡油、鸭油、鱼油）等。其中，动物肝脏和蛋类等胆固醇含量高，而动物油（鱼油除外）含饱和脂肪酸较多。

2）植物性食物

植物性食物主要是植物油，如橄榄油、花生油、豆油、菜籽油、芝麻油、玉米油和葵花籽油等。植物油的胆固醇含量较低，不饱和脂肪酸（多为必需脂肪酸）含量较高，其中还有不少是人体不能自己合成的必需脂肪酸。这些必需脂肪酸不仅容易吸收，营养价值也比动物油脂高，所以，应该尽量食用植物油。

（三）碳水化合物

碳水化合物由碳、氢和氧三种元素构成，包括可吸收的碳水化合物和不可吸收的碳水化合物两种。可吸收的碳水化合物又称糖类物质，在自然界分布广泛，是最经济的营养素。

根据其分子结构不同，可吸收的碳水化合物可分为单糖、二糖和多糖等。不可吸收的碳水化合物主要指膳食纤维和果胶。食物中常见的几种碳水化合物如表 3-2 所示。

表 3-2 食物中常见的几种碳水化合物

分 类	常 见 种 类	水解终产物	食 物 来 源
单糖	葡萄糖	葡萄糖	广泛
	果糖	果糖	瓜果
	半乳糖	半乳糖	—
二糖	蔗糖	葡萄糖、果糖	食糖、广泛
	麦芽糖	葡萄糖	—
	乳糖	葡萄糖、半乳糖	乳汁
多糖	淀粉	葡萄糖	谷类、薯类、豆类
	糖原（动物淀粉）	葡萄糖	肉、肝
	纤维素	葡萄糖	蔬菜、瓜果

资料来源：程双奇，陈兆平. 营养学[M]. 广州：华南理工大学出版社，1999.

1. 碳水化合物的生理功能及需求量

1）生理功能

（1）提供能量。糖类是人体最主要的供能物质，1 g 糖在人体内氧化后，可产生 4 000 cal 热量。虽然糖产生的热能低于同等质量的脂肪产生的热能，但由于其价格比较低廉，可以大量食用，且不会像脂肪一样让人产生油腻感，同时糖在人体内释放热量也比较快，因此，被认为是人体最经济和最主要的热能来源。

（2）构成机体组织。糖类是构成人体组织的重要物质，在生命活动中起着重要作用。人体的每个细胞都有糖类，其主要以糖脂、糖蛋白等形式存在，分布在细胞膜、细胞质和细胞间质中。

（3）合成糖原。吸收入血的糖叫血糖。血糖经过血液循环，供给各个器官使用，若有多余，则以肝糖原和肌糖原的形式贮存于肝脏和肌肉中。当人体肝脏内的糖原充足时，可使肝脏对致病微生物感染引起的毒血症和某些化合物（如酒精、服用的药物）等的解毒功能增强。

（4）促进消化和排泄。该功能主要是膳食纤维（如纤维素、果胶等）的作用。这些糖类虽然在人体内不能被消化吸收，但能促进肠道蠕动，有助于通便，同时由于它们体积较大，可使其他食物摄入量减少，因此对控制肥胖也有积极意义。所以，膳食纤维有“肠道清道夫”之称。

2）学前儿童对碳水化合物的需求量

学前儿童所需碳水化合物的供给量比成人相对要多。1 岁以内的婴儿，每日每千克体重约需 12 g 碳水化合物；2 岁以上的儿童，每日每千克体重约需 10 g 碳水化合物。学前儿童膳食中糖类的摄取量应适量，不宜过多，否则大量的葡萄糖会转化为脂肪堆积在体内，导致肥胖症。但如果糖类摄入不足，又会导致体内蛋白质消耗增加，对生长发育产生不利影响。根据《中国居民膳食指南（2016）》，3～6 岁学前儿童每日膳食中糖类提供的热量应占总热量的 50%～65%。

2．碳水化合物的主要来源

碳水化合物来源非常广泛，但动物性食物含糖量甚微，主要是由植物性食物供给。食物中碳水化合物的主要来源是谷类（米、面和杂粮等）和根茎类食物（土豆、山芋、藕和山药等），这两类食物中含有大量的淀粉和少量单糖或双糖；其次是来自各种食糖，但对人体来说，不宜食用过多的纯糖和甜食，因为它们只能提供热能，而不含其他营养素，摄入过多，会影响营养素的全面摄入。近年有调查资料表明，冠心病发病率的上升与精制蔗糖消费量逐年增加有关。

（四）维生素

维生素是人和动物为维持正常的生理功能而必须从食物中获得的一类微量有机物质，在人体生长、代谢和发育过程中发挥着重要作用。

1．维生素的特点及种类

维生素又名维他命（vitamin），即维持生命的物质，是维持人体生命活动必需的一类有机化合物，也是保持人体健康的重要活性物质。虽然各种维生素的化学结构以及物理、化学性质不同，但它们却有着以下共同点。

（1）维生素均以维生素原（维生素前体）的形式存在于食物中。大多数的维生素，人体不能合成或合成量不足，不能满足人体需要，必须经常通过食物获得。人体对维生素的需要量虽然很小，但一旦缺乏就会引发相应的缺乏症，过量则导致中毒。

（2）维生素种类繁多，结构各异，物理、化学性质和生理功能也各不相同，目前已知的维生素有 20 多种。一般来说，根据其溶解性，维生素可分为脂溶性维生素和水溶性维生素两大类，脂溶性维生素有维生素 A、维生素 D、维生素 E 和维生素 K 等，水溶性维生素主要包括 B 族维生素（维生素 B_1、维生素 B_2、维生素 B_4、维生素 B_{12}）、叶酸和维生素 C 等。脂溶性维生素在食物中常与脂类混在一起，在吸收过程中也与脂类相伴进行。水溶性维生素易溶于水，若在食物洗涤、加工和烹调过程中处理不当，则会随水流失。

2．主要维生素的生理功能、缺乏症及来源

1）维生素 A

维生素 A 又名视黄醇或抗干眼病维生素，主要存在于哺乳动物和鱼的肝脏中。另外，植物组织中存在的胡萝卜素在人体内可以转变为维生素 A，因此，胡萝卜素又称为维生素 A 原。

（1）生理功能及缺乏表现。

① 构成视网膜的感光物质——视色素。该物质对弱光敏感，在傍晚或暗处视物时会起到作用。如果维生素 A 缺乏，视觉的暗适应能力会降低，甚至会出现夜盲症。

② 维持上皮组织的健全。维生素 A 能促进上皮细胞的正常生成。若维生素 A 缺乏，上皮细胞就会干枯、角化，其中以眼、呼吸道、消化道等上皮组织受到影响最为明显，造成干眼病等。

③ 促进正常生长发育。近年来的动物实验研究证明：幼年动物缺乏维生素 A，可导致

其生长停滞，骨骼和牙齿形成缓慢；缺乏维生素A，动物的肿瘤发病率升高。

（2）需要量。学前儿童对维生素A的储存能力比较差，但因生长发育的需要，对维生素A的需要量又相对较大。学前儿童每日膳食中维生素A的供应量：3～4岁为500 μg，4～7岁为600 μg。另外，由于人体对胡萝卜素的利用率比较低，因此每日摄入的维生素A应至少有1/3来自动物性食物，剩余的可以来自植物性食物。

（3）食物来源。人体从食物中获得维生素A主要有两个来源。一类是来源于动物性食物，这些食物主要包括动物肝脏、鱼肝油、鱼卵、蛋黄、全奶和奶油等。另一类来源于植物性食物中的胡萝卜素，这些食物主要是指黄绿色和深绿色的蔬菜，如胡萝卜、菠菜、南瓜、红心甜薯、青椒、豌豆苗、苋菜和莴苣等，另外像芒果、杏子和柿子等黄（绿）色水果中胡萝卜素含量也较为丰富。

2）维生素D

维生素D又名抗佝偻病维生素和钙化醇。

（1）生理功能及缺乏表现。

① 维生素D的生理功能主要表现为参与人体钙磷代谢，促进骨质更新。

② 学前儿童缺乏维生素D，会影响钙和磷的吸收以及骨盐的形成，造成骨质生长障碍和骨化不全，即佝偻病。血钙下降，则会导致产生手足抽搐和惊厥等症状。

（2）需要量。处于生长发育阶段的学前儿童对于维生素D的需要量是比较大的，单靠晒太阳难以满足学前儿童对维生素D的需要，因此还需要从日常膳食中摄取。根据《中国居民膳食指南（2016）》推算，学前儿童每日维生素D的摄入量为10 μg，每日的最高限量为20 μg。

如果维生素D摄入过量，会引起维生素D中毒症，常见的急性中毒表现为食欲下降、恶心、呕吐、腹泻、头疼、多尿和口渴等，慢性中毒则表现为体重减轻、皮肤苍白、便秘和腹泻交替发生以及骨化过度，甚至会出现肾衰竭。

（3）来源。维生素D的来源主要有两个。

① 经常晒太阳，接受紫外线的照射。学前儿童最好通过户外活动来实现。

② 从食物中获得。维生素D主要存在于动物性食物中，如鱼肝油、海鱼（如鲱鱼、鲑鱼和沙丁鱼等）、禽蛋（特别是蛋黄）和动物肝脏等。

3）维生素B_1

维生素B_1，又名硫胺素和抗脚气病维生素。

（1）生理功能及缺乏表现。

① 参与糖类代谢。维生素B_1是构成辅酶的主要成分，辅酶对调节人体内糖代谢起着重要作用。

② 维生素B_1缺乏时，糖代谢受阻，导致神经组织得不到足够的能量，使人健忘、不安以及易发怒，继而会出现四肢无力、肌肉疼痛和下肢麻痹等，严重时会心力衰竭，临床上称为“脚气病”（不同于真菌引起的脚癣）。

（2）需要量。3～7岁学前儿童每日维生素B_1需要量为0.6～0.7 mg。

（3）食物来源。维生素B_1在植物中分布广泛，主要存在于种子的外皮和胚芽中，故糙米和全麦粉中维生素B_1的含量比精米和精面粉中要高。另外，豆类以及瘦肉和动物内脏等动物性食物中维生素B_1的含量也比较高。

需要注意的是，由于维生素 B_1 水溶性强，因此食物过分浸洗会导致其大量流失。另外，维生素 B_1 在碱中受热易被破坏，因此，富含维生素 B_1 的食物在加工过程中如果加入碱，也会造成其大量损失。

4）维生素 B_2

维生素 B_2，又名核黄素。它虽属于水溶性维生素，但在水中溶解度很低。另外，它的耐酸性和耐热性比较强，而在碱性环境中则易分解，受紫外线照射也容易被破坏。

（1）生理功能及缺乏表现。

① 维生素 B_2 是许多重要辅酶的组成成分，参与糖类和脂肪的代谢。它们在体内物质的氧化过程中起着重要作用。

② 一旦人体内维生素 B_2 含量不足，则会导致物质代谢紊乱，进而出现一系列的症状，如口角炎、唇炎、舌炎、脂溢性皮炎和阴囊炎等。

（2）需要量。3～7 岁学前儿童每日需要维生素 B_2 的量与需要维生素 B_1 的量相同，也是 0.6～0.7 mg。

（3）食物来源。维生素 B_2 在动植物中广泛存在，常与维生素 B_1 共存。维生素 B_2 最主要的食物来源是动物性食物，如动物的肝、心、禽蛋（尤其是蛋黄）和乳类等。另外，豆类和新鲜的蔬菜中维生素 B_2 的含量也较高。

5）叶酸

叶酸是水溶性物质，多存在于蔬菜叶和动物肝脏中。

（1）生理功能及缺乏表现。

① 叶酸是人体在利用糖分和氨基酸时的必要物质，是机体细胞生长和繁殖所必需的物质。叶酸是制造红细胞不可缺少的物质。人体如果缺乏叶酸，可引起巨幼红细胞性贫血以及白细胞减少症等。

② 叶酸对细胞的增殖起着重要的作用。叶酸是胎儿生长发育不可缺少的营养素。孕妇缺乏叶酸，有可能导致胎儿出生时出现低体重、唇腭裂和心脏缺陷等疾病，还会引起胎儿神经管发育缺陷，从而增加颅裂和无脑儿的出生率。

③ 抗肿瘤作用。国外研究人员发现，叶酸可引起癌细胞凋亡，对癌细胞的基因表达有一定影响，故属于一种天然抗癌维生素。

（2）需要量。4～7 岁学前儿童每日叶酸的推荐摄入量为 200 mg。

（3）食物来源。自然界中，含叶酸的食物很多，主要包括绿色蔬菜——莴苣、菠菜、花椰菜、青菜、扁豆、豆荚、西红柿、胡萝卜、南瓜和蘑菇等；新鲜水果——猕猴桃、橘子、草莓、樱桃、香蕉、柠檬、桃子、李子、杏、杨梅、海棠、酸枣、山楂、石榴、葡萄、梨、胡桃等；动物食品——动物的肝脏、肾脏、禽肉及蛋类等；豆类、坚果类食品——大豆、豆制品、核桃（包括核桃油）、腰果、栗子、杏仁和松子等；谷物类——全麦面粉和糙米等。常见食物中叶酸的含量（可食部）如表 3-3 所示。

表 3-3　常见食物中叶酸的含量（可食部）

食物	含量/（μg/100 g）	食物	含量/（μg/100 g）	食物	含量/（μg/100 g）
猪肝	425.1	猪肾	9.2	鸡肝	1 172.2
鸡蛋	70.7	鸭蛋	125.4	菠菜	87.9
韭菜	61.2	茴香	120.9	油菜	46.2

续表

食物	含量/（μg/100 g）	食物	含量/（μg/100 g）	食物	含量/（μg/100 g）
小白菜	57.2	蒜苗	90.9	辣椒	69.4
黄豆	181.1	豌豆	82.6	豇豆	66.0
扁豆	49.6	花生	107.5	核桃	102.6

资料来源：杨月欣，王光亚，潘兴昌. 中国食物成分表 2002. 北京：北京医科大学出版社，2002.

但由于叶酸遇光遇热就不稳定，容易失去活性，所以人体真正能从食物中获得的叶酸并不多，应提倡服用叶酸片或含叶酸的多种维生素片。

6）维生素 C

维生素 C 又名抗坏血酸。它易溶于水及乙醇，不耐热，易氧化，在酸性溶液和碱性溶液中相对稳定。

（1）生理功能及缺乏表现。

① 促进胶原蛋白合成。维生素 C 有助于伤口愈合及止血。而维生素 C 严重缺乏时，则会引起坏血病，主要表现为牙龈和角化的毛囊及其四周出血，严重者皮下肌肉和关节也会出血。

② 促进铁吸收。维生素 C 能使三价铁还原为二价铁，有利于铁的吸收和利用，对缺铁性贫血的治疗起到一定作用，对防治巨幼红细胞性贫血也有辅助作用。

③ 增强免疫力。维生素 C 能促进细胞生物氧化，增加代谢强度，增强人体抵抗力，预防疾病。

④ 参与胆固醇代谢。维生素 C 有利于降低血液中胆固醇的含量，对防治心血管疾病有一定作用。

⑤ 抗氧化作用。维生素 C 是一种极强的还原剂，它可以保护维生素 A、E 以及必需脂肪酸免受氧化，减少自由基对人体的损害，对防癌和抗癌有一定作用。

（2）需要量。3～4 岁学前儿童每日需要维生素 C 的量是 60 mg，4～7 岁学前儿童每日需要维生素 C 的量是 70 mg。

（3）食物来源。膳食中维生素 C 的主要来源是新鲜的蔬菜和水果，如深色蔬菜（如韭菜、菠菜、青椒等），以及柑橘、柚子、山楂、鲜枣、猕猴桃和刺梨等水果中维生素 C 的含量极为丰富。一般来说，维生素 C 在蔬菜中的含量，细茎的比粗茎的高，新鲜的比枯萎的高；而在水果中，果实越成熟，维生素 C 含量越高。富含维生素 C 的食物见表 3-4。

表 3-4　富含维生素 C 的食物（可食部）

食物	含量/（μg/100 g）	食物	含量/（μg/100 g）	食物	含量/（μg/100 g）
枣（鲜）	243	大芥菜	72	菜花	61
沙棘	204	甜椒	72	紫菜薹	57
VC 橘汁	187	豌豆苗	67	苦瓜	56
小红辣椒	144	油菜薹	65	红果	53
苜蓿	118	中华猕猴桃	62	西兰花	51
芥兰	76	青尖辣椒	62	草莓	47

续表

食物	含量/（μg/100 g）	食物	含量/（μg/100 g）	食物	含量/（μg/100 g）
乌塌菜	45	荠菜	43	油菜	36
木瓜	44	荔枝	41	蒜苗	35
白菜薹	44	白豆角	39		

资料来源：杨月欣，王光亚，潘兴昌. 中国食物成分表 2002. 北京：北京医科大学出版社，2002.

需要注意的是，食物中的维生素 C 极易流失或被破坏，因此加工和处理方法对保护维生素 C 是相当重要的。例如，去皮的土豆整个在净水中浸洗 12 h，维生素 C 流失 9%，如先切片后浸洗，流失达 51%；再如，生吃某些蔬菜（如西红柿）也可免烹调流失。另外，蔬菜和水果的储存过程中也会导致维生素 C 流失，而低温储存和避光储存则可减少流失量。

除了上述所介绍的 6 种维生素以外，其他常见的维生素的生理功能、缺乏症、日需量及主要食物来源见表 3-5。

表 3-5 其他常见维生素的生理功能、缺乏症、日需量及主要食物来源

名称	生理功能	缺乏症	4～7 岁 日推荐摄入量/mg	食物来源
维生素 B_3 维生素（PP）	维持消化系统健康，维持皮肤健康，参与女性荷尔蒙合成	糙皮病	7	谷类、花生、酵母和肉类
维生素 B_4 （胆碱）	促进脑发育和提高记忆能力，保证信息传递，调控细胞凋亡，促进脂肪代谢	引起肝脏脂肪的变性、动脉硬化，记忆力减退	250	蛋类、动物脑、动物心脏与肝、绿叶蔬菜、啤酒、酵母和大豆卵磷脂
维生素 B_5 （泛酸）	抗应激，抗寒冷，抗感染，防止某些抗生素的毒性参与酰基转移，参与脂类泛酸代谢	低血糖，血液及皮肤异常，食欲不振，消化不良	3.0	广泛存在于动植物细胞组织
维生素 B_6 （吡哆醇）	参与蛋白质和氨基酸代谢	呕吐，抽筋	0.6	谷类、豆类、酵母、肝和蛋黄
维生素 B_7 （辅酶 R）	帮助人体细胞把碳水化合物、脂肪和蛋白质转换成它们可以使用的能量，有助于控制糖尿病	脱发，少年白发，皮肤炎，失眠，抑郁	0.012	蛋黄、肝、牛奶、蘑菇和坚果
维生素 B_{12} （辅酶 B_{12}）	促进甲基转移、核酸合成以及红细胞性成熟	巨幼红细胞性贫血	0.001 2	肝脏、鱼肉和蛋类
维生素 E （生育酚）	维持正常生殖机能，健全肌肉和外周血管系统的结构和功能，抗氧化	不育，流产，肌肉性萎缩	5	植物油、谷物胚芽、豆类、蛋黄和鱼类鱼肝油
维生素 K （凝血维生素）	促使血液凝固，促进体内生物氧化，增强代谢强度	新生儿出血少及慢性肠炎，成人不正常凝血	0.055	肝脏、蛋、肉和绿色蔬菜

（五）无机盐

一般认为，人体的生物元素有三十余种，其中碳、氢、氧和氮是机体有机物的主要组成元素，其他元素无论其含量多少，均以盐的形式存在，统称为无机盐或矿物质。

1．人体内的主要无机元素

人体内的无机元素按其含量的多少可分为常量元素和微量元素。对于人体而言，常量元素有 7 种，它们分别是钙、磷、硫、钾、钠、氯和镁，这些元素在人体内含量较多，分别占人体总重量的万分之一以上；微量元素，如铁、锌、碘、氟和铜等在人体内存在的数量极少，各自的含量不足万分之一。

2．学前儿童易缺乏的无机盐

无机盐在食物中分布很广，对于学前儿童来说，比较容易缺乏的常量元素主要是钙，比较容易缺乏的微量元素主要是铁、锌和碘等。

1）钙

（1）生理功能及缺乏表现。

① 钙是构成骨骼和牙齿的重要成分。人体 99%的钙存在于骨骼和牙齿中，另有 1%的钙存在于软组织、细胞外液和血液中。学前儿童时期，如果钙缺乏，会影响到儿童骨骼和牙齿的生长发育，严重时则会出现佝偻病。

② 维持细胞的正常生理状态，如肌肉收缩、神经兴奋性维持及传递等。当学前儿童血液中的钙过低时，神经肌肉的兴奋性增强，可发生手足抽搐症。

③ 参与血液凝固过程。

（2）需要量。每日膳食中，3～4 岁学前儿童钙的适宜摄入量为 600 mg，4～7 岁学前儿童为 800 mg。为保证摄入适量的钙，学前儿童每日饮用的牛奶量应为 300～600 mL。

（3）食物来源。奶和奶制品中的钙含量丰富，吸收利用率高，是食物中钙的最好来源，也是利于学前儿童吸收的最理想的钙源。虾皮、海带等含钙也很丰富。豆类（尤其是大豆、黑豆）及其制品和绿叶蔬菜含钙也比较多，但由于植物中含有植酸和草酸，它们容易与钙结合形成不溶于水的钙盐，故豆类及其制品和蔬菜中钙的吸收利用率比较低。

2）铁

（1）生理功能及缺乏表现。铁大部分存在于红细胞中，是组成和制造血红蛋白的原料，参与体内氧的运输和利用。人体（特别是学前儿童）缺铁，严重时会导致缺铁性贫血。

（2）需要量。学前儿童每日膳食中铁的适宜摄入量为 12 mg。

（3）食物来源。含铁的动物性食物，主要包括动物血、动物肝脏、瘦肉（特别是猪、牛、羊肉）、鱼类和蛋黄等；植物性食物，主要包括黑木耳、紫菜、芝麻酱、豆类、绿叶蔬菜等。

需要注意的是，膳食中的铁主要有血红素铁和非血红素铁，血红素铁的吸收率较高，非血红素铁因对肠道环境的改变非常敏感而吸收率较低。动物性食物中血红素铁含量较多，植物性食物中的铁主要是非血红素铁。如果植物性食物与鱼类或其他肉类食物同时食用，或在植物性食物中加入维生素 C、乳糖、果糖和氨基酸等，就可以提高植物性食物中铁的吸收率。

3）锌

（1）生理功能及缺乏表现。

① 参与多种酶及蛋白质合成，促进酶的活性。含锌的酶往往都参与脂类、蛋白质和糖类等的代谢。因此，学前儿童缺锌时会表现出生长发育迟缓，严重时甚至会出现侏儒症。

② 与头发、皮肤和骨骼等的正常生长有密切关系。人体内胶原和角蛋白的合成也必须有锌参与。

③ 维持味觉及免疫功能，促进创伤组织愈合。因此，学前儿童缺锌时，常表现出食欲减退，味觉也有所改变。

（2）需要量。与铁一样，学前儿童每日膳食中锌的适宜摄入量为 12 mg。

（3）食物来源。锌最好的食物来源是海贝类食物，如牡蛎、扇贝和文蛤等，而且其利用率也较高。其次，像牛肉、动物肝脏、蛋类、乳类、鱼类和其他动物性海产品等，锌的含量也比较高。另外，蘑菇、坚果和豆类等含锌量也较高。谷物类食物含锌则较少。

需要注意的是，与钙和铁等一样，植物性食物中的植酸和草酸等会降低锌的吸收率。另外，虽然谷物类食物中锌的含量较少，但经过发酵的面食（如馒头、面包等），其吸收率会有所提升。

4）碘

（1）生理功能及缺乏表现。碘是合成甲状腺素的主要原料。甲状腺素主要参与能量代谢，能促进学前儿童的生长发育。当碘缺乏时，甲状腺素合成不足，就会引起甲状腺肿大。儿童严重缺碘，易患呆小症。成人缺碘，则会出现黏液性水肿。

（2）需要量。3～4 岁学前儿童每日膳食中碘的适宜摄入量为 50 mg，4～7 岁学前儿童为 90 mg。

（3）食物来源。含碘丰富的食物主要是海产品，如海带、紫菜、海鱼、海虾、海贝和海蜇等。另外，碘盐也是膳食中碘的重要来源。

（六）水

水是人体成分中含量最多、维持生命最重要的物质。

1．水的生理功能

（1）作为人体中各种物质的载体。人体所需要的营养物质、生物活性物质以及代谢的废物都可以借助水进行运输。

（2）作为体温调节系统的主要组成部分。人体内能量代谢产生的热，通过体液传到皮肤，再经蒸发或出汗来调节体温，保持体温的恒定。

（3）作为组织和关节等的润滑剂。水能滋润人体皮肤，皮肤缺水，就会变得干燥，失去弹性，显得面容苍老。体内一些关节囊液和浆膜液（其主要成分为水）可使器官之间免于摩擦受损，且能转动灵活。眼泪和唾液也都是相应器官的润滑剂。

（4）作为人体生化反应的介质。水在人体细胞内构成介质，人体内所有的生化反应都依赖于水。

2．失衡后果

水分在人体内过度堆积，导致组织液回流受阻，就容易发生水肿，严重时，甚至会引起水中毒。而这种情况多见于一些疾病状况，如肾脏病、肝病和充血性心力衰竭等。正常人则极少出现水中毒。

人体内水分丢失过多，会出现细胞缺水和人体脱水现象，除口渴以外，还有皮肤干燥脱皮、心情烦躁、精神不集中、身体乏力等症状。当失水达到体重的2%时，人体会感到口渴，出现尿少；当失水达到体重的10%时，人体会烦躁、全身无力、体温升高、血压下降以及皮肤失去弹性；当失水超过体重的20%时，会引起人体死亡。

3．来源

人体内的水有三个来源：饮水约占50%，食物中含有的水为40%左右，体内代谢产生的水占10%左右。人体每天平均从食物中获得1 000 mL的水，蛋白质、糖类和脂肪代谢可供给300 mL的代谢水，除此以外的水（约1 200 mL）必须以液态食物、白开水或饮料等来补充，以保证体内水的平衡。

教一教:

明明的父母都长得比较高，可他却是班里最矮小的孩子，每次体检身高和体重都不达标，请结合本节课的知识，给他一些营养与膳食的建议。（可从两个方面进行分析和建议：1．膳食单一；2．蛋白质摄取不足）

小案例:

某幼儿园的午餐时间，浩浩小朋友看到今天的午餐又有菠菜汤，马上噘起了小嘴。浩浩一直不喜欢菠菜汤，经常找各种借口把汤剩下。他的这个行为被细心的保育员陈老师发现了。给孩子们发完饭菜后，陈老师走到浩浩旁边，陪他坐了下来。

"知道大力水手吗，浩浩？"陈老师问。

"不知道。"浩浩回答。

"那陈老师给你讲一讲好不好？"于是，陈老师讲了一段大力水手的故事，并鼓励浩浩，菠菜是有营养的，对人体健康有益，应该多吃。

浩浩听完陈老师的故事，把午餐的菠菜汤都喝掉了。

中午陈老师通过查阅资料充分了解了食物的营养等知识：菠菜含有大量的植物粗纤维，具有促进肠道蠕动的作用；菠菜中所含的胡萝卜素，在人体内转变成维生素A，促进生长发育，增强抗病能力；菠菜还能够保障人体营养，增进健康。所以幼儿宜食用菠菜等营养丰富的绿色蔬菜。

晚上离园的时候，陈老师特意找到浩浩的妈妈了解了一下浩浩不爱吃菠菜的原因，并把中午了解到的菠菜的营养知识告诉浩浩的妈妈，建议她适当给浩浩提供含菠菜的食物，让浩浩的营养更均衡。

考点精要:

掌握人体所需要的六类营养素，知道这些营养素的主要生理功能及其主要食物来源，并能分析学前儿童生长发育过程中的营养需求。

第二节　学前儿童膳食

学前儿童膳食一般是指3岁～6、7岁儿童的膳食。随着学前儿童消化能力的不断加强，学前儿童膳食中食物的种类和烹调方法等也逐渐接近成人的饮食，但学前儿童膳食还是有其自身特点。为了满足学前儿童基础代谢、生活活动以及生长发育等的需要，学前儿童膳食还应做到适量和平衡。食物是保证学前儿童身心健康的物质基础，营养是促进其生长发育的重要因素。本节主要介绍学前儿童的膳食特点、配制原则，学前儿童良好饮食习惯的培养及学前儿童膳食的管理等相关知识，为配制学前儿童合理膳食提供理论基础。

一、学前儿童膳食的特点

3岁～6、7岁学前儿童的乳牙已经全部出齐，咀嚼能力和消化能力较3岁前有所增强。他们的膳食种类已与成人基本相同，食物的烹调制备也无须像此前那样过于细致。例如，饭可以不用做得很软，肉和菜不用切得很细碎，此时学前儿童的膳食已处于向成人膳食过渡阶段，但其膳食仍须注意，要易于消化吸收，要色香味美，避免辛辣刺激性食物等。具体而言，学前儿童膳食制备应符合以下特点。

（一）营养全面

学前儿童饮食与婴儿饮食已大不相同，食物的形式已经由流质和半流质过渡到一般食物。因此，学前儿童饮食应强调食物种类的多样：既要有米面类的主食，又要有富含优质蛋白质的豆、蛋、乳、肉、鱼和虾等，还要再加上大量蔬菜和水果等。

（二）利于消化

由于学前儿童的消化系统发育不完善，特别是各消化腺所分泌的消化液量少质差（即消化液中所含的消化酶少），再加上学前儿童的牙齿咀嚼能力比较差，胃肠道的蠕动能力也比较差，因此，对食物的消化能力比较弱。所以学前儿童的膳食还应尽量做到碎一点儿、细一点儿、烂一点儿以及透一点儿，软硬适中。

（三）餐次较多

虽然学前儿童已不像婴儿那样按需哺乳（进食），但他们也不能像成人那样只安排一日三餐。由于学前儿童胃容量小，每次摄入的食物量少，再加上此时他们的新陈代谢旺盛，又很活泼好动，对营养和热量的需求量大，因此，要给他们安排更多的餐次。一般来说，在　口三餐的基础上，再安排一两次加餐。

（四）高质量的营养素

与成人相比，学前儿童所摄入的食物，不仅要有维持其自身的基础代谢、身体活动和食物消化等所需要的热量和营养素，还需要通过这些热量和营养素来保证其自身生长发育的需要，一旦某些营养素摄入不足，甚至没有摄入，对学前儿童生长发育的影响往往是不可逆的。因此，学前儿童所摄入的营养素的种类和数量等都必须是高质量的。

做一做：

学前儿童的消化系统发育不完善，牙齿的咀嚼能力比较差，胃肠道的蠕动能力也比较差，所以对食物的消化能力比较弱。根据这些情况，你对学前儿童的膳食有什么建议？

二、学前儿童膳食配制的原则

（一）满足学前儿童的营养需求

学前儿童膳食中的食物能够提供种类齐全的营养素，而且各种营养素的供应量及其相互之间的比例也是恰当、合适的，以便能满足学前儿童迅速生长发育时所必需的营养物质。所选择的食物应充分考虑并满足学前儿童对能量的需要，要注意增加优质蛋白质和必需脂肪酸（如α-亚麻酸）等的摄入，另外像钙、铁和维生素A等营养素的供应也要充足。

（二）适合学前儿童的消化特点

学前儿童膳食中食物的品种、数量和烹调方法等，都应适合学前儿童胃肠道的消化和吸收特点。例如，坚硬的食物（如炒蚕豆）、腌腊食品、油炸食品等，都不宜作为学前儿童的食物。食物在烹调时，也要尽量做到碎、细、软、烂、松、嫩等，如将蔬菜切小一点儿、细一点儿、以利于学前儿童的咀嚼和吞咽。

（三）促进学前儿童的食欲

学前儿童膳食应尽量使食物同时做到外形美、色诱人、味可口、香气浓以及花样多，以促进学前儿童的食欲。但这一原则是建立在前面两条要求得以满足的基础之上的，否则，仅为了促进学前儿童的食欲而忽略食物本身的营养价值及是否符合学前儿童的需求等，无疑是本末倒置。

（四）符合学前儿童饮食的卫生要求

学前儿童膳食无论是食品原料，还是烹调方法和过程，以及食物的储存和餐具等方面，均要符合卫生安全的标准，以免学前儿童受到食源性致病菌的伤害，应严把“病从口入”关。

想一想：

学前儿童膳食中的食物应满足学前儿童迅速生长发育时所必需的营养物质，而且适合学前儿童胃肠道的消化和吸收特点。关于在满足这两点的基础上如何更好地促进学前儿童的食欲，你有什么看法？

三、学前儿童良好饮食习惯的培养

对于3～6岁学前儿童来说，供给其生长发育所需的足够营养，帮助其建立良好的饮食习惯，为其一生建立健康膳食模式奠定坚实的基础，是学前儿童膳食的关键。

（一）培养良好饮食习惯的重要性

在饮食行为方面，学前儿童期是养成一生良好饮食习惯的起点。饮食习惯是后天养成的，良好的饮食习惯一旦养成，将会影响人一生的膳食营养摄取。因为它不但对生长发育阶段的体格生长和功能发育具有重要意义，而且对成年后的健康状况以及患慢性病的危险性产生深远影响。

研究表明，许多学前儿童的营养不良是由于不良饮食习惯造成的。因此，培养良好的饮食习惯是预防学前儿童营养不良的重要措施。不良饮食习惯已成为成年期慢性疾病的重要致病因素，像肥胖症、高血压和糖尿病等慢性疾病的发生，往往都与长期的不良饮食习惯有关。

（二）学前儿童良好饮食习惯的具体内容

3～6岁学前儿童需要养成或进一步养成的良好饮食习惯，主要包括以下几个方面。

1. 不挑食，不偏食

挑食是指学前儿童只吃自己喜欢的食物，自己不喜欢的或从来没有吃过的食物就不吃，如有些儿童不吃胡萝卜。所谓偏食，是指学前儿童爱吃某些食品，而不吃另一些食品，如有些儿童只吃肉，不吃蔬菜。挑剔某一种（类）或某几种（类）食物会导致自身某些营养素摄入不足，进而影响身体健康。不仅如此，而且当儿童形成固定的口味以后，长大后也很难再适应多样化的膳食。

因此，成人既不要在学前儿童面前表现出过于偏好某些食物，也不要当着学前儿童的面指责某些食物不好吃，没有营养，以免引起他们的效仿。相反，成人要经常给学前儿童讲解各种食物的好处，培养他们对各种食物的兴趣，以便在膳食多样化的基础上使其获得全面的营养素。

2. 定时定量进餐

学前儿童在进食每餐饭时，都应有大致的时间限制，成人既要提醒学前儿童进餐时细嚼慢咽，又不能让他们吃得太久。一般一餐饭的进餐时间控制为20～40 min是比较适宜的。每次进餐的量也要适宜，饥一顿，饱一顿，既不科学，也不利于学前儿童的生长发育和健康。除了三餐饭及一两次点心之外，成人还要注意控制学前儿童的零食，千万不能让儿童以零食代替正餐。总之，不要随意改变学前儿童的进餐时间和进餐量，以免学前儿童好不容易形成的条件反射又轻而易举地被破坏。

3．独立、主动进餐

进餐时，成人还应进一步引导鼓励学前儿童独自使用勺和筷等餐具自主进餐，而不是用手抓食等。同时，成人也需要进一步营造鼓励学前儿童主动进餐的氛围，使其充分认识到主动摄取各种食物是与自己身体健康相关的重要事情。对于学前儿童不愿进餐或进餐量较少的问题，成人也无须随后补上，甚至是追着学前儿童喂食，而是要等到下次餐再让其进食。

4．专心进食

成人与学前儿童务必要做好“约法三章”：进餐时务必专心致志，绝对不允许边吃边玩玩具，也不要边吃边看电视或书，更不可在学前儿童进食时与之嬉笑打闹。可以暂停其他一切活动，外界环境中的喧嚣与吵闹因素也要尽可能消除。总之在进餐时，学前儿童应该是全身心投入其中的。

5．愉快就餐

成人千万不要在就餐时训斥或打骂学前儿童，更不可强迫学前儿童进食某一种食物，要尽可能地让学前儿童保持愉悦的心情，享受进餐的过程。

6．饭前洗手，饭后漱口

通过饭前洗手，让学前儿童把手上的一些细菌洗掉，防止吃饭的时候带进身体里；通过饭后漱口，让其把口腔中的残余食物清理出口外，可以有效地防止龋齿，同时还可以保持口气清新。良好的饮食卫生习惯一旦养成，将会使学前儿童终身受益。

（三）培养学前儿童良好饮食习惯的措施

培养学前儿童良好的饮食习惯是幼儿园工作的重要内容，更是每一名家长的企盼，为了达到这一目的，可以从以下几个方面加以努力。

1．幼儿园集体饮食中的培养

其常见的措施主要包括以下几个方面。

（1）做好餐前的信息传递及诱导工作。

在餐前准备阶段，教师可以让学前儿童听听音乐，洗洗小手，愉快安静地坐好。同时，教师还可以给学前儿童讲一些故事，教育学前儿童愉快吃饭，不挑食。当餐准备好时，教师可以讲讲菜的名称和颜色，并引导学前儿童闻闻香味，同时介绍各种菜的营养知识，激起学前儿童的食欲。

（2）创设轻松温馨的进餐氛围。

在学前儿童进餐时，教师应用亲切温柔的口气提醒他们相关的注意事项，以鼓励及表扬的口吻激励学前儿童进餐，营造温馨的进餐环境，让学前儿童在幼儿园也能找到在家进餐的放松感。

2．幼儿园集体教学活动及游戏中的培养

在幼儿园的相关活动中，教师可以将学前儿童的饮食行为表现编成故事及儿歌，让学前儿童判断、评价，进一步明确饮食习惯方面的对与错。另外，在更多的教学活动及游戏中，教师也可以抓住一些时机，对学前儿童的饮食行为及习惯进行渗透培养。日积月累，许多良好的饮食习惯，就会在不知不觉中演化成学前儿童自己的行为习惯。

3. 家园配合，共同培养

学前儿童良好的饮食习惯必须由教养者教育培养而成。作为已入园的学前儿童，教师与家长都有责任，因此家长和幼儿园教师应相互配合，共同培养学前儿童良好的饮食习惯。

幼儿园及教师，要组织家长学习或主动与学前儿童沟通，提高他们对培养学前儿童良好饮食习惯的重要性的认识，进而取得家长的配合和支持。教师应主动向家长介绍学前儿童饮食习惯的培养方法，树立良好的饮食教育观念。家庭成员的榜样示范不容小视，身教重于言教。学前儿童偏食、挑食或爱吃零食等习惯往往是受父母的影响。同时，教师和家长要有足够的耐心，使良好的饮食行为成为习惯。

总之，为了达到培养学前儿童良好饮食习惯的目的，家园双方都应主动地沟通，以便及时了解学前儿童在幼儿园或家庭进餐中的具体表现并积极采取措施。

想一想:

家园配合才能培养学前儿童良好的饮食习惯，对于这项工作，你打算如何开展?

小案例:

一、爱挑食的亮亮

3 岁的亮亮是小班幼儿，2015 年 9 月入园。第一周，亮亮的妈妈着急地告诉老师：“亮亮只吃小菜，其他菜一律不吃，并要大人喂，不喂就不吃。”老师对亮亮进行了两周的观察，发现的确如此，每餐饭亮亮都要老师喂，有时候喂都不吃，一餐饭老师要花费近一个小时来喂亮亮吃饭，她看到荤菜就摇头说“我不要”，每次都把老师盛在碗里的荤菜挑选出来，还皱着眉头，很不高兴。亮亮个儿长得矮小，面黄肌瘦，走起路来感觉都不太稳，和同龄孩子比较，显得有点不健康，就像营养跟不上的幼儿，动作发展也比较差。根据因人施教的原则，老师针对她拟订了个别教育计划，以扭转亮亮小朋友挑食厌食的不良习惯。

【原因探析】

亮亮挑食厌食的不良习惯是在入园前就形成了的，我们跟家长进行了多次交流，发现主要原因有以下几个方面:

1. 家庭成员过分地溺爱迁就，以及生活上对亮亮的照顾太周到。
2. 零食杂而多，降低了孩子的食欲。
3. 心理作用。
4. 受家长饮食习惯的影响。

亮亮的父母对饮食结构和营养搭配知识不太了解，所以安排家里的膳食也不科学，喜欢吃什么就天天吃，不爱吃荤菜，还喜欢吃零食，不注意日常生活的营养搭配和膳食平衡。亮亮天天跟父母在一起，一日三餐吃一样的东西，逐渐就形成了不爱吃荤菜的习惯。

【教育对策】

1. 改变家长的教养观念。

首先，老师向家长介绍幼儿营养均衡知识：人们每天必须从食物中摄取的营养素有哪些？如何才叫吃得科学、吃得好？怎样才能做到营养均衡？幼儿的营养需求有哪些特点？老师通过介绍这些知识来帮助亮亮的父母建立起正确的营养观念。

其次，老师和家长共同分析造成亮亮挑食厌食的原因，告诉家长不要过分溺爱孩子，要学会合理地表达自己的感情，掌握爱和严的分寸。爱应当表现得有节制、有分寸，既要合理满足孩子的正当需要，又要抵制孩子不合理的要求，决不能无原则地迁就和让步，不允许孩子用哭闹作为满足欲望的手段。

2. 用游戏来诱导孩子喜欢美味佳肴。

老师建议家长带亮亮去参观美食城和小食店，让她看到那些五颜六色的精工制作的香喷喷的菜，让她感受到有很多人去品尝且吃得津津有味的场面。

老师在游戏中有意让亮亮当厨师及顾客，让她了解菜的多样性，并且告诉亮亮：菜各有各的味道和营养，吃了对身体有好处，不能只吃小菜，这样会长不高，长不胖，也长不漂亮，挑食厌食是不好的习惯。

在幼儿吃饭前，老师介绍食谱，讲一讲这些菜的营养，以及对幼儿的生长发育有什么作用，以激起幼儿的食欲。老师还可以有计划地教给幼儿一些饮食小常识，例如：为什么专吃一种菜不好？不吃荤菜有什么坏处？不吃豆制品有什么影响？

3. 采用示范疗法。

老师采取让班上吃饭表现良好的几个小朋友给大家做示范表演的方法，让他们把碗里的菜吃得干干净净，正是由于他们把碗里所有菜都吃光了，所以他们长得很健康。亮亮小朋友看了几次后，向老师表示："老师，我也要吃。"

4. 采取鼓励表扬法。

当亮亮小朋友把老师给她盛的饭菜都吃完了时，老师就表扬她，奖给她红花和糖等。正是由于这样，亮亮不挑食的行为得到了及时的强化和巩固，正面强化的效果较好。经过三个月的强化，亮亮小朋友改掉了挑食厌食的习惯，人也明显长胖长高了，脸色也好看了。

二、小小菜谱播报员

用餐是幼儿在园一日生活中的重要环节，教师们在组织幼儿用餐的过程总会碰到幼儿偏食挑食的问题。为了纠正幼儿的饮食行为，教师们抓住了餐前谈话这一契机，特开展"我的菜谱我来说"活动。

活动由幼儿轮流承担"小小播报员"这一角色，进行餐前菜谱播报。播报前，"小小播报员"要与爸爸妈妈一起查找当天的菜肴的营养知识，收集一些相关的儿歌和谜语等。餐前，"小小播报员"面向全班幼儿用各种形式播报菜谱，如儿歌：胡萝卜／地下长／身子细长好营养／维生素有 ABC／多吃身体长得壮。又如谜语：一顶小伞，落在林中，一旦撑开，再难收拢（谜底：蘑菇）。

各种丰富多彩的餐前播报，不仅让幼儿对菜谱中的营养有了一定的认识，也让幼儿带着一份美好的心情进行午餐活动，进一步培养了幼儿良好的用餐习惯。

四、学前儿童膳食的管理

（一）学前儿童的膳食计划

制定膳食计划是满足学前儿童的营养需求，促进其生长发育的一种科学管理方法。托幼机构的膳食计划包括三个方面：按照营养需要选择每日的食物种类和计划数量，使膳食与儿童的需要相符，合理计划食谱，建立合理的膳食制度。

1．计划学前儿童每日所需的食物种类和数量

科学的膳食计划应为学前儿童提供平衡膳食，即提供能满足热能及各种营养素的需要且各营养素相互之间有正确比例关系的膳食。蛋白质、脂肪和碳水化合物三大营养素之间的重量比值应接近 1∶1∶（4～5）。

制定膳食计划的出发点是学前儿童的年龄特征和对营养的需要，同时要考虑儿童饮食习惯和儿童年龄等因素，从实际出发，结合气候、地理条件、当地食品供应情况、市场情况和膳食费用标准，做出合理预算，因地制宜地制定膳食计划。所选食物在质和量上都应满足学前儿童的营养需求。

2．制定合理的学前儿童膳食制度

学前儿童膳食制度包括两个基本内容：一是合理分配食物的数量和质量。二是合理安排进餐次数和间隔时间。

（1）合理分配食物的数量和质量。

按照早餐吃好、午餐吃饱以及晚餐吃少的原则，恰当分配学前儿童三餐的食物。早餐要提供高蛋白的食物，脂肪和碳水化合物也可多一些。学前儿童早餐食物的供热量，一般为总供热量的 20%～25%，早餐供应要充足。午餐应提供富含蛋白质、脂肪和碳水化合物的食物，午餐食物的供热量一般为总供热量的 30%～35%。晚餐应清淡，易于消化，晚餐食物的供热量一般为总供热量的 25%～30%，晚餐不宜过多。点心的供热量一般为总供热量的 10%～15%。

（2）合理安排学前儿童进餐次数和间隔时间。

学前儿童两餐之间的间隔时间不宜过长或过短。时间过长会引起饥饿感，时间过短会影响食欲。混合食物在胃中停留 4 h 左右，因此学前儿童两餐之间的间隔以 4 h 为宜，每日进食三四次。

儿童饮食活动中蕴涵的潜在社会课程

3．幼儿园带量食谱

（1）拟定幼儿园带量食谱。

食谱是膳食计划的具体实施方案，是一日内定量的各种食品的配制和烹调方法的说明，它包括食物的种类、数量、烹调方法和制成品名称。为保证膳食计划的顺利进行，托幼机构应每周制定一次食谱。

制定合理的幼儿园带量食谱，为学前儿童提供全面、平衡且适量的膳食，是保证学前儿童健康成长的一项重要措施。所谓全面，是指食物中各种营养素——蛋白质、脂肪、碳水化合物、维生素、矿物质和水等全面供应；所谓平衡，是指能量和各种营养素之间以及营养素相互之间比例合适；所谓适量，是指各种营养素的数量既不缺乏又不过量，且学前儿童能接受。

1）幼儿园带量食谱的编制目的

可根据《中国居民膳食指南（2016）》和《中国居民膳食营养素参考摄入量表（DRIs）》中的3岁、4岁、5岁、6岁男童及女童各种营养素的推荐摄入量，按照人体生理需要摄入热能和各种营养成分的需求，编制幼儿园带量食谱，以达到营养合理、促进学前儿童健康生长的目的。

幼儿园带量食谱是一份能满足学前儿童对能量和各种营养素需要而编制的每周平衡膳食的科学配方，包括食物种类、数量、用餐时间及烹调方法。平衡膳食，能供给学前儿童生长发育所需要的各种营养成分，保证学前儿童每日营养素按比例摄入，发挥各种食物的营养效能，提高生理价值和吸收的利用率。

2）幼儿园带量食谱的编制要求

（1）合理安排食物，平衡膳食。将食物分成谷薯类、动物性食物、豆类和坚果、蔬菜水果和纯能量食物五大类，每人每天从每类食物中各选用2～4种适量食物，荤素搭配，组成合理膳食。

根据3～6岁儿童每日三大产能营养素供给量计算表（见表3-6）和学前儿童各类食物每日推荐量计算表（见表3-7），合理进行儿童食物供应。

表3-6　3～6岁儿童每日三大产能营养素供给量计算表

年龄	能量/kcal		蛋白质/g			脂肪/g			碳水化合物/g	
	女	男	供能比/%	女	男	供能比/%	女	男	女	男
3岁～	1 300	1 350	14	46	47	35	51	53	166	172
4岁～	1 400	1 450	14	49	51	35	54	56	179	185
5岁～	1 500	1 600	14	53	56	30	50	53	191	204
6岁～	1 600	1 700	14	56	60	30	53	57	204	217

表3-7　学前儿童各类食物每日推荐量计算表

食物	代表食物	重量/g		可食部/%	蛋白质/g		脂肪/g		碳水化合物/g	
		3岁推荐量	6岁推荐量		3岁推荐量	6岁推荐量	3岁推荐量	6岁推荐量	3岁推荐量	6岁推荐量
奶类及其制品	牛奶	250	300	100	8	9	8	10	9	10
肉、禽蛋和鱼类	鸡蛋	60	60	88	7	7	5	5	1	1
蔬菜	菠菜	200	250	88	/	/	/	/	6	8
水果类	苹果	100	50	76	/	/	/	/	10	15

续表

食物	代表食物	重量/g		可食部/%	蛋白质/g		脂肪/g		碳水化合物/g	
		3岁推荐量	6岁推荐量		3岁推荐量	6岁推荐量	3岁推荐量	6岁推荐量	3岁推荐量	6岁推荐量
谷类	稻/麦（标准）	185	247	100	17	23	/	/	139	185
肉、禽蛋和鱼类	猪肉	86	105	100	17	21	11	13	/	/
食用油类	菜籽油	26	27	100	/	/	26	27	/	/
总计					49	60	50	55	165	219

食谱中热量营养素来源分布：蛋白质 10%～20%，脂肪 20%～30%，碳水化合物 50%～65%。其中，优质蛋白质占蛋白质总量的 50%以上。有色蔬菜占日蔬菜供给量的 50%以上。

各类食物的推荐摄入量是一个平均值和比例，食谱中应当包含表中各类食物，且各类食物的量和比例也应一致。

（2）同类互换，调配丰富的学前儿童膳食。一周食谱中荤素的食材尽量不重复，主食尽可能多地换花样，每周至少安排两餐杂粮饭。食物更换时，可更换品种和烹调方法。如用肉类换肉类（牛肉换猪肉、猪肉换鸡肉等）、谷类换谷类（米饭换面条、杂粮换杂粮）以及豆腐换豆干等，各种瓜果蔬菜轮换供给。这样，不但营养齐全，而且适合学前儿童的生理需要，增强了他们进餐的兴趣，使食物中的营养能更好地被吸收和利用。

（3）合理分配各餐食物。由于学前儿童肝脏中贮存的糖原不多，体内碳水化合物较少，再加上其天性活泼好动，所以容易饥饿。因此，幼儿园在每日三餐之外另增加了早点、午点和晚点，将全天食物量恰当地分配到“三餐三点”中去。

早餐须保证有足够的蛋白质和碳水化合物的摄入，以满足学前儿童上午学习和活动的需要；午餐要吃含蛋白质、脂肪和碳水化合物较多的食物；晚餐要稍清淡一些，安排一些易于消化的谷类、蔬菜和水果等，晚点加餐牛奶。

3）幼儿园每周带量食谱的制定

面对幼儿园不同年龄及性别的儿童，我们需要计算学前儿童（以 3～6 岁为例）的推荐摄入量（RNI），以此为基础进行带量食谱的制定。

（1）幼儿园带量食谱见表 3-8。

① 人均能量的确定。

3～6 岁学前儿童人均能量=[3 岁组（男 1 350 kcal+女 1 300 kcal）+4 岁组（男 1 450 kcal+女 1 400 kcal）+5 岁组（男 1 600 kcal+女 1 500 kcal）+6 岁组（男 1 700 kcal+女 1 600 kcal）]÷8×90%=1 339 kcal。

【说明】以上数据（如男 1 450 kcal，女 1 400 kcal 等）见表 3-6，90%～110%为学前儿童人均能量的正常浮动范围，这里取下限 90%计算。

表 3-8　幼儿园带量食谱

年龄组：3～6 岁

<table>
<tr><th rowspan="2">星期</th><th colspan="2">早餐</th><th rowspan="2">上午间餐
/g</th><th colspan="2">午餐</th><th rowspan="2">下午间餐
/g</th><th colspan="2">晚餐</th></tr>
<tr><th>食谱</th><th>食物重量
/g</th><th>食谱</th><th>食物重量
/g</th><th>食谱</th><th>食物重量
/g</th></tr>
<tr><td>星期一</td><td>蛋糕、
豆浆</td><td>蛋糕 60
豆浆 120</td><td>苹果 100</td><td>红豆米
饭、虾皮
鸡蛋糕、
炒三片、
菠菜粉
丝汤</td><td>大米 50
红小豆 5
虾皮适量
精肉 10
土豆 50
胡萝卜 5
大青椒 5
菠菜 10
粉丝适量</td><td>八宝粥 25
香蕉 1/2 根</td><td>肉末花
卷、什锦
豆腐、紫
菜汤</td><td>面粉 60
精肉 10
豆腐 50
土豆 20
黄瓜 10
紫菜 10
胡萝卜 20
香菜适量</td></tr>
<tr><td>星期二</td><td>二米
粥、茶
叶蛋、
拌小菜</td><td>大米 10
小米 5
黄瓜丁 30
鸡蛋 60
胡萝卜 5</td><td>豆浆 150
长鼻王 15</td><td>二米饭、
酱猪肝、
肉丝炒
蘑片、
冬瓜虾
皮汤</td><td>大米 50
小米 5
猪肝 50
精肉 25
鲜蘑 100
黄瓜 10
胡萝卜 10
冬瓜 20
虾皮适量</td><td>橘子 130
京果 20</td><td>豆沙包、
肉炖豆
角土豆、
菠菜蛋
花汤</td><td>面粉 60
豆沙 10
精肉 20
豆角 80
土豆 30
菠菜 10
鸡蛋 10</td></tr>
<tr><td>星期三</td><td>面包、
奶粉、
火腿肠</td><td>面包 60
奶粉 20
火腿肠 10</td><td>牛奶 130
饼干 10</td><td>红枣米
饭小鸡
炖粉条、
素炒菠
菜、萝卜
香菜汤</td><td>大米 50
红枣适量
鸡肉 75
粉条 25
菠菜 100
萝卜 20
香菜 5</td><td>苹果 100
萨其马 20</td><td>蒸饺、玉
米粥</td><td>面粉 60
精肉 50
大头菜 80
胡萝卜 5
芹菜 15</td></tr>
<tr><td>星期四</td><td>八宝
粥、炝
小菜</td><td>大米 10
糯米 5
黑米 5
小米 5
红小豆 5
红枣 5
莲子 5
花生 5
冰糖适量
干豆腐 50
胡萝卜 5
黄瓜 15</td><td>豆浆 150
蝴蝶酥 15</td><td>什锦炒
饭、肉炖
茄子土
豆、海带
豆腐汤</td><td>大米 75
土豆 5
黄瓜 10
木耳 5
火腿 10
胡萝卜 5
豆腐 50
茄子 100
土豆 30
海带 10
香菜适量</td><td>南瓜西米
羹 60</td><td>枣糕、小
白菜肉
丸子汤</td><td>面粉 50
玉米面 10
大枣适量
精肉 50
小白菜 20</td></tr>
</table>

续表

星期	早餐		上午间餐/g	午餐		下午间餐/g	晚餐	
	食谱	食物重量/g		食谱	食物重量/g		食谱	食物重量/g
星期五	绿豆粥、五香鹌鹑蛋、拌小菜	大米 15 绿豆适量 大头菜 20 鹌鹑蛋 50 黄瓜 10 香菜适量	牛奶 130 骨钙饼干 10	金银饭、红烧排骨土豆、素炒冬瓜胡萝卜、西红柿蛋花汤	大米 50 小米 5 排骨 80 土豆 30 冬瓜 80 鸡蛋 5 胡萝卜 10 虾皮适量 西红柿 10 香菜适量	玉米棒 80 梨 100	大碴子粥、榨菜肉丝	大碴子 70 芸豆 5 肉丝 10 榨菜 30

② 计算 3～6 岁学前儿童全天的主食和副食。

具体步骤如下。

一是计算蛋白质、脂肪和碳水化合物的摄入量（g/d）。

$$蛋白质=\frac{1\ 339\ \text{kcal}\times 14\%}{4\ \text{kcal/g}}=46.9\ \text{g}$$

$$脂肪=\frac{1\ 339\ \text{kcal}\times 30\%}{9\ \text{kcal/g}}=44.6\ \text{g}$$

$$碳水化合物=\frac{1\ 339\ \text{kcal}\times 56\%}{4\ \text{kcal/g}}=187.5\ \text{g}$$

【说明】14%、30%和 56%分别为三大产热营养素的供能比，4、9 和 4 则分别为三大产热营养素的生热系数（即每克蛋白质、脂肪、碳水化合物分别能提供 4 kcal、9 kcal 和 4 kcal 热量，若热量单位以焦耳或千焦计算，则系数不同）。

二是查表确定常用食物（如牛奶、鸡蛋、蔬菜及水果等）的用量，并计算其碳水化合物、脂肪和蛋白质含量（见表 3-7）。

三是计算每日所需主食（谷类）量及其蛋白质含量。

$$主食量=（碳水化合物摄入量-常用食物碳水化合物含量）/75\%=\frac{187.5\ \text{g}-34\ \text{g}}{75\%}=204.7\ \text{g}$$

主食中蛋白质含量=主食量×8%=204.7 g×8%=16.4 g

【说明】此处的 75%是谷类碳水化合物含量，34 是习惯常用食物碳水化合物（如果为某一名已知年龄和性别的学前儿童制定食谱，则人均能量的确定环节无须进行，直接对照表 3-6 查阅相关数值进行计算，此后各环节则没有变化，依照进行即可）的总含量（以 6 岁计算，可根据年龄段不同略有差异），8%是谷类蛋白质含量。

三是计算每日所需肉类量及其脂肪含量。

肉类量=（蛋白质摄入量-主食中蛋白质含量-常用食物蛋白质含量）/20%

$$=\frac{46.9\ g-16.4\ g-16\ g}{20\%}=72.5\ g$$

肉类中脂肪含量=72.5 g×28%=20.3 g

【说明】此处的 20%是肉类蛋白质含量，16 是习惯常用食物蛋白质的总含量（以 6 岁计算，可根据年龄段不同略有差异），28%是肉类脂肪含量。

③ 根据上述计算结果确定每人每日所需食物的种类和数量。

a. 谷类食物：3～6 岁儿童平均 200～230 g/d，以大米、面粉为主，杂粮不超过 1/3。

b. 蛋白类食物：每日固定的品种是奶类和蛋类，一个鸡蛋、至少 250 g 牛奶，再加上适量的鱼、禽和肉，每日供给总量约 80 g，同时还可以供给适量的豆制品，并注意各品种交替食用。

c. 蔬菜水果类：提供维生素、矿物质、膳食纤维，每日供给蔬菜 150～250 g、水果 50～100 g。

d. 烹调油的用量：全日 8～12 g。

表 3-9～3-15 所示为各类食物互换表。

表 3-9　谷类、薯类食物互换表（能量相当于 50g 米、面的食物）

食物名称	食品重量 /g	食物名称	食品重量 /g
稻米或面粉	50	烙饼	70
面条（挂面）	50	烧饼	60
面条（切面）	60	油条	45
米饭	籼米 150，粳米 110	面包	55
米粥	375	饼干	40
馒头	80	鲜玉米（食品）	350
花卷	80	红薯、白薯（生）	190

表 3-10　蔬菜类食物互换表（食品相当于 100g 可食部重量）

食物名称	食品重量 /g	食物名称	食品重量 /g
萝卜	105	菠菜、油菜、小白菜	120
樱桃	100	圆白菜	115
西红柿	100	大白菜	115
柿子椒	120	芹菜	150
黄瓜	110	蒜苗	120
茄子	110	菜花	120
冬瓜	125	莴笋	160
韭菜	110	藕	115

表 3-11　水果食物互换表（食品相当于 100g 可食部重量）

食物名称	食品重量 /g	食物名称	食品重量 /g
苹果	130	柑橘、橙	130
梨	120	香蕉	170
桃	120	杧果	150
鲜枣	115	火龙果	145
葡萄	115	菠萝	150
草莓	105	猕猴桃	120
柿子	115	西瓜	180

表 3-12　肉类食物互换表（食品相当于 50g 生鲜肉）

食物名称	食品重量 /g	食物名称	食品重量 /g
瘦猪肉（生）	50	羊肉（生）	50
猪排骨（生）	85	整鸡、鸭、鹅（生）	75
猪肉松	30	烧鸡、烧鸭、烧鹅	60
广式香肠	55	鸡肉（生）	50
肉肠（火腿肠）	85	鸡腿（生）	90
酱肘子	35	鸡翅（生）	80
瘦牛肉（生）	50	炸鸡	70
酱牛肉	35	鸭肉（生）	50
牛肉干	30	烤鸭	55

表 3-13　鱼虾类食物互换表（食品相当于 50g 可食部重量）

食物名称	食品重量 /g	食物名称	食品重量 /g
草鱼	85	大黄鱼	75
鲤鱼	90	带鱼	65
鲢鱼	80	鱿鱼	60
鲫鱼	95	墨鱼	70
鲈鱼	85	蛤蜊	130
鳊鱼（武昌鱼）	85	虾	80
鳙鱼（胖头鱼、花鲢鱼）	80	蟹	105
鲳鱼（平鱼）	70		

表 3-14　大豆类食物互换表（食品相当于 50g 大豆类食物）

食物名称	食品重量 /g	食物名称	食品重量 /g
大豆（黄豆、青豆、黑豆）	50	豆腐丝	80
北豆腐	145	素鸡	105
南豆腐	280	腐竹	35

续表

食物名称	食品重量 /g	食物名称	食品重量 /g
内酯豆腐	350	豆浆	730
豆腐干	110		

表 3-15 乳类食物互换表（相当于 100g 鲜牛奶的乳类食物）

食物名称	食品重量 /g
鲜牛奶（羊奶）	100
奶粉	15
酸奶	100
奶酪	10

注：

1. 木耳和海带的定量为水发量，酱猪肝和酱牛肉的定量为熟食量。
2. 3 岁以下学前儿童蔬菜和谷类食物每餐各减 15g，其余量不变。

（2）审核幼儿园带量食谱。

拟定幼儿园带量食谱以后，必须对食谱进行审核，以检验所制订的食谱的合理性和科学性。可从以下几个方面审核。

① 审核内容。审核食谱的内容一般包括以下三个方面。

a. 到各班观察分析学前儿童进餐情况，了解食物品种的选择与搭配、食物数量及烹饪方法等是否符合学前儿童的消化特点，是否能促进学前儿童咀嚼功能的发育，是否根据季节变化选择品种，是否符合学前儿童的年龄特点等。

b. 定期进行体检，可进行儿童身高和体重的测量、血红蛋白含量的测定等，根据检查结果分析儿童的生长情况；可与各年龄组的标准相比较，以验证膳食是否平衡合理。

c. 定期进行膳食调查和营养计算，按照学前儿童对营养的需求及推荐摄入量将计算结果进行对照并分析，若发现某营养素不足或过量，应及时调整食谱。

② 分析审核结果。

a. 学前儿童摄入的食物营养量是否平衡？

学前儿童摄入的“三餐三点”所提供的热能应达到平均推荐摄入量的 90%以上。

b. 三种产能营养素的供能比例是否合理？

蛋白质供能占 12%～15%，脂肪供能占 20%～30%，碳水化合物供能占 50%～60%。

c. 全天能量和营养素的摄入是否适宜？

食物中应有足够的各种营养素，各种营养素之间要有正确的比例，即蛋白质、脂肪和碳水化合物之间的比例为 1∶1∶（4～5）。

d. 优质蛋白质占总蛋白质的比例是否恰当？

来自动物性的和豆类的蛋白质达到总蛋白质的 1/2，不能低于总蛋白质的 1/3。

e. 三餐能量摄入分配是否合理？

早餐提供的能量应达全日能量的 20%～25%；午餐提供的能量应占全日能量的 30%～

35%；午点提供的能量应占全日能量10%～15%；晚餐提供的能量应占全日能量25%～30%。

f. 食物种类是否齐全？是否做到了食物的多样化？各类食物的量是否充足？

（二）学前儿童膳食调查

学前儿童膳食调查是营养状况评估的一种方法。托幼机构的膳食调查，是计算儿童每人每日摄取的热能与各种营养素的数量和质量，对照推荐供给量，进行营养评估，评定正常营养需求得到满足的程度，以便从中发现问题，了解膳食对儿童健康及儿童生长发育的影响因素，从而采取相应的干预措施。

1．学前儿童膳食调查常用的方法

学前儿童膳食调查常用的方法有称量法、记账法和询问法等，幼儿园可根据具体情况选择相应的方法。

（1）称量法。称量法一般要求调查的时间至少要3天，最好是7天。称量法的调查结果比较精确，但也比较复杂，耗费人力也较多，对食堂工作人员的操作也有一定要求。

称量法的步骤为：首先，记录食谱及所用食物名称，称取各种食物在烹调前和烹调后的重量；其次，称取并记录每个班级的熟食分配量，进食完毕后再分别把吃剩的重量都加以称量记录；再次，准确记录就餐人数，以便求得每人每餐的食物消耗量；最后，按食物成分表中100 g食品的可食部计算，所求得的结果即为这几天内平均每人每日所摄取的各种营养素和热能的数量。

（2）记账法。记账法是膳食调查的一种方法，简便易行，但不够准确。记账法是通过查阅食堂账本记录，确定过去一段时间食物的消费总量和同一时期的进餐人数，计算每人每日各种食物的摄入量，再按照食物成分表计算这些食物所供给的热能和营养素数量。

（3）询问法。询问法是通过问答的形式了解调查对象膳食情况的一种方法。该方法常用于散居儿童的膳食调查，有时也可用来了解日托学前儿童在家的早、晚餐情况。询问法调查的时间长短不一，一般为1～3天，如24小时回忆法，也有时间较长，超过1个月的，称为膳食史询问法等。

调查时，询问调查对象在某段时间内所进食食物的种类名称、数量及时间等，不仅应记录谷类、肉类、蔬菜类和豆类的摄入量，还应记录点心和水果等辅食的摄入量，以便计算热量和各种营养素的摄入量。

询问法非常简便，但不够准确，在客观条件受限制不能使用称量法或记账法时，用该方法也可以获得初步的结果。

2．学前儿童膳食调查结果的评价

（1）热量和营养素的摄入量。

将膳食调查所得到的资料进行计算，求得每人每日各类食物的摄入量和各种营养素与热量的摄入量，将结果与供给量标准相比较，评定膳食营养状况。

计算方法：摄入量对供给量满足的程度（%）=（摄入量/供给量）×100%。

热量摄入量如果能够达到供给量标准的90%以上则为正常，低于80%则为摄入不足。蛋白质、无机盐和维生素的摄入量应达到供给量标准的80%以上，长期低于这一标准会使一部分儿童出现病状。

（2）热量的来源分配。

膳食中产热营养素之间的比例要恰当，蛋白质、脂肪和碳水化合物所产热能分别占总热能的比例为：蛋白质 10%～20%；脂肪 20%～30%；碳水化合物 50%～65%。此外，膳食中还应富含各种无机盐和维生素。

（3）蛋白质食物来源分配。

膳食中蛋白质的食物来源不同，其营养价值差异也很大。因此，应对膳食中蛋白质的食物来源进行评估。一般，蛋白质的食物来源分为动物性食物、豆类、谷类和其他植物性食物四大类。蛋白质食物来源分配的计算方法为：将各类食物蛋白质摄入量（g）除以蛋白质总摄入量（g）再乘以 100%，即为各类食物蛋白质占总蛋白质摄入量的百分比。动物性食物蛋白质和豆类蛋白质应占蛋白质总摄入量的 50%。如条件许可，动物性食物的蛋白质最好达到总摄入量的 50%。

（4）微量营养素的食物来源分配。

① 维生素 A。动物性食物供给的维生素 A 应占维生素 A 总供给量的 30%。

② 铁。来源于动物性食物的铁应占总铁量的 1/3，最好是 1/2。

③ 钙和磷的比例。6 个月到 6 岁儿童钙和磷的比例一般应为 1.5∶1。

练一练：

1. 你认为制定学前儿童的膳食计划需要考虑哪些因素。

2. 请计算表3-8中星期一的早餐能量是否达到全日量的20%～25%？午餐提供的能量是否达到全日量30%～35%？午点提供的能量是否达到全日量10%～15%？晚餐提供的能量是否达到全日量的25%～30%？

知识链接：

《幼儿园工作规程》

第十八条　幼儿园应当制定合理的学前儿童一日生活作息制度。正餐间隔时间为3.5～4 h。在正常情况下，幼儿户外活动时间（包括户外体育活动时间）每天不得少于2 h，寄宿制幼儿园不得少于3 h；高寒、高温地区可酌情增减。

…… ……

第二十一条　供给膳食的幼儿园应当为幼儿提供安全卫生的食品，编制营养平衡的幼儿食谱，定期计算和分析幼儿的进食量和营养素摄取量，保证幼儿合理膳食。幼儿园应当每周向家长公示幼儿食谱，并按照相关规定进行食品留样。

保教能力

【实践操作】

1. 尝试制订本地区幼儿园 3～6 岁学前儿童一周带量食谱。

2．案例分析。

情景一：

幼儿园的午餐时间，保育员张老师再次强调小朋友们用餐的注意事项："吃饭的时候不讲话，安安静静坐好了，尽量不要把饭菜弄到桌子和衣服上。"可是午餐结束后，张老师还是看到满桌狼藉。

情景二：

幼儿园的午餐时间，保育员王老师柔声地说："咱们的缇缇小朋友每天的午餐吃得非常好，她都会吃得很干净，而且细嚼慢咽不讲话，咱们班的小朋友都应该向她学习。"午餐结束后，王老师发现，今天的餐桌非常干净。

问题：

（1）你更欣赏以上哪位老师的做法？为什么？

（2）尝试分析幼儿中"榜样"的作用。

【学练结合】

1．解释营养和营养素的概念。

2．人体所需的六类营养素是哪些？它们的主要生理功能是什么？

3．什么是蛋白质的互补作用？

4．学前儿童对热能的需要主要有哪几个方面？与成年人有何区别？

5．学前儿童的良好饮食习惯有哪些具体内容？如何培养学前儿童的良好饮食习惯？

6．学前儿童膳食有什么特点？配制学前儿童的膳食应遵循什么原则？

【真题再现】

1．由于幼儿的肌肉中水分多，蛋白质及糖元少，不适合他们的运动项目是（　　）。

A．长跑　B．投掷　C．跳绳　D．拍球

【答案】A。解析：长跑项目相对其他的项目需要的热量更多，由于幼儿的肌肉中水分多，蛋白质及糖元少，需要大量热量的运动项目不适合他们。

2．婴幼儿应多吃蛋、奶等食物，保证维生素 D 的摄入，以防止因维生素 D 缺乏而引起（　　）。

A．呆小症　B．异嗜癖　C．佝偻病　D．坏血病

【答案】C。解析：呆小症往往是由于缺碘而引起的病症；坏血病是由于人体缺乏维生素 C 所引起的疾病。佝偻病往往是由于缺乏维生素 D 而引起的。

【考点模拟】

选择题

1．不完全蛋白质又称劣质蛋白质，所含必需氨基酸种类不全，缺少一种或数种必需氨

基酸，下面属于不完全蛋白质的有（　　）。

A．肉皮中的胶原蛋白　　B．玉米中的玉米胶蛋白

C．小麦中的麦胶蛋白　　D．大豆蛋白

2．学前儿童膳食中糖类的摄取应适量，不宜过多，否则大量的葡萄糖会转化为脂肪堆积在体内，导致肥胖症。但如果糖类摄入不足，又会导致体内蛋白质消耗增加，对生长发育产生不利影响。3～6 岁学前儿童每日膳食中糖类提供的热量应占总热量的（　　）。

A．30%～35%　　B．40%～45%　　C．50%～55%　　D．60%～65%

3．碘是合成甲状腺素的主要原料。甲状腺素主要参与能量代谢，能促进学前儿童的生长发育。碘缺乏时，甲状腺素合成不足，会引起甲状腺肿大。儿童严重缺碘，会引起（　　）。

A．呆小症　　B．异嗜癖　　C．佝偻病　　D．坏血病

4．学前儿童为了满足机体生长的需要，每日摄取的蛋白质最好有一半是优质蛋白。如果蛋白质摄取不足，就会导致生长发育迟缓，体重减轻，容易疲劳，并易产生贫血，抵抗传染病的能力下降，创伤不易愈合，骨折恢复缓慢。蛋白质严重缺乏时，会出现（　　）。

A．侏儒症　　B．异嗜癖　　C．黏液性水肿　　D．营养不良性水肿

5．锌最好的食物来源是（　　）。

A．谷物类食物　　B．蔬菜类食物　　C．动物性海产品　　D．海贝类食物

6．3 岁至 6、7 岁学前儿童的乳牙已经全部出齐，咀嚼能力和消化能力较 3 岁前有所增强。此时学前儿童的膳食已处于向成人膳食过渡阶段，但其膳食仍需注意要易于消化吸收，色香味美，避免辛辣刺激等。具体而言，学前儿童膳食制备应符合（　　）的特点。

A．营养全面　　B．利于消化　　C．餐次较多　　D．高质量的营养素

7．对于 3～6 岁学前儿童来说，需要养成或进一步养成的良好饮食习惯主要包括（　　）方面。

A．不挑食、不偏食　　B．定时、定量进餐　　C．独立、主动进餐

D．专心进食　　E．愉快就餐　　F．饭前洗手、饭后漱口

8．学前儿童膳食中食物的品种、数量和烹调方法等，都应适合学前儿童胃肠道的消化和吸收特点。食物在烹调时，也要尽量（　　）等，如将蔬菜切小一点儿、细一点儿，以利于学前儿童的咀嚼和吞咽。

A．碎、粗、软、烂、松、嫩　　B．碎、细、硬、烂、松、嫩

C．碎、细、软、烂、松、嫩　　D．大、粗、软、烂、松、嫩

9．学前儿童正处于生长发育阶段，所需要的热能相对比成人多。为保证儿童健康，充足的能量供应是至关重要的，而长期摄入能量过多，会使体内脂肪储存过多，引起（　　）。

A．异嗜癖　　B．呆小症　　C．侏儒症　　D．肥胖症

10．维生素 D 的来源主要有两个：一是经常晒太阳，二是（　　）。

A．保健品　　B．锻炼　　C．从食物中获得

答案：1. AB　2. C　3. A　4. D　5. D　6. ABCD　7. ABCDEF　8. C　9. D　10. C

【拓展阅读】

1．郦燕君，贺永琴．幼儿卫生保健[M]．北京：北京师范大学出版社，2012．

2．张兰香，潘秀萍．学前儿童卫生与保健[M]．北京：北京师范大学出版社，2011．

3．《3-6 岁学龄前儿童膳食指南》（节选）。

学龄前儿童膳食指南

本指南适用于满 2 周岁后至满 6 周岁前儿童（也称为学龄前儿童），是基于 2～5 岁儿童生理和营养特点，在一般人群膳食指南基础上增加的关键推荐。

2～5 岁是儿童生长发育的关键时期，也是良好饮食习惯培养的关键时期。足量食物，平衡膳食，规律就餐，不偏食不挑食，每天饮奶，多饮水，避免含糖饮料是学龄前儿童获得全面营养、健康生长、构建良好饮食行为的保障。

家长要有意识地培养孩子规律就餐和自主进食不挑食的饮食习惯，鼓励孩子每天饮奶，选择健康有营养的零食，避免含糖饮料和高脂肪的油炸食物。为适应学前儿童心理发育，鼓励儿童参加家庭食物选择或制作过程，增加儿童对食物的认识和喜爱。

此外，户外活动有利于学龄前儿童身心发育和人际交往能力，应特别鼓励。

【关键推荐】

◆ 规律就餐，自主进食不挑食，培养良好饮食习惯。

◆ 每天饮奶，足量饮水，正确选择零食。

◆ 食物应合理烹调，易于消化，少调料，少油炸。

◆ 参与食物选择与制作，增进对事物的认知与喜爱。

◆ 经常户外活动，保障健康生长。

足量食物、平衡膳食和规律就餐是 2～5 岁儿童获得全面营养和良好消化吸收的保障。因此要注意引导儿童自主和有规律地进食，保证每天不少于三次正餐和两次加餐，不随意改变进餐时间、环境和进食量；纠正挑食、偏食等不良饮食行为；培养儿童摄入多样化食物的良好饮食习惯。

目前，我国儿童钙摄入量普遍偏低，对于快速生长发育的儿童，应鼓励其多饮奶，建议每天饮奶 300～400 mL 或相当量的奶制品。儿童新陈代谢旺盛，活动量大，水分需要量相对较多，建议 2～5 岁儿童每天水的总摄入量（即饮水和膳食中汤水、牛奶等总和）1 300～1 600 mL。饮水时以白开水为主。零食应尽可能与加餐相结合，以不影响正餐为前提，多选用营养密度高的食品如乳制品、水果、蛋类及坚果类等食物。

鼓励儿童体验和认识各种食物的天然味道和质地，了解食物特性，增进对食物的喜爱。建议多采用蒸、煮、炖、煨等方式烹制儿童膳食，从小培养儿童清淡口味，少放调料，少用油炸。

鼓励儿童经常参加户外游戏与活动，实现对其体能和智能的锻炼培养，维持能量平衡，促进皮肤中维生素 D 的合成和钙的吸收利用。此外，增加户外活动时间，可有效减少儿童近视眼的发生。2～5 岁儿童生长发育速度较快，身高和体重可反映儿童膳食营养摄入状况，家长可通过定期监测儿童的身高、体重，及时调整其膳食和身体活动，以保证正常健康的生长。

推荐理由：本指南适用于 3～17 岁的城乡儿童、青少年。从营养与健康的角度，本指南强调食物摄入要以正餐为主，零食不可以代替正餐。如果有吃零食的需要，则可参照不同年龄的儿童、青少年的零食消费分类指南。本指南对于零食的定义是：非正餐时间食用的各种少量的食物和饮料(不包括水)。

第四章　学前儿童疾病及预防

保教知识

【考点聚焦】

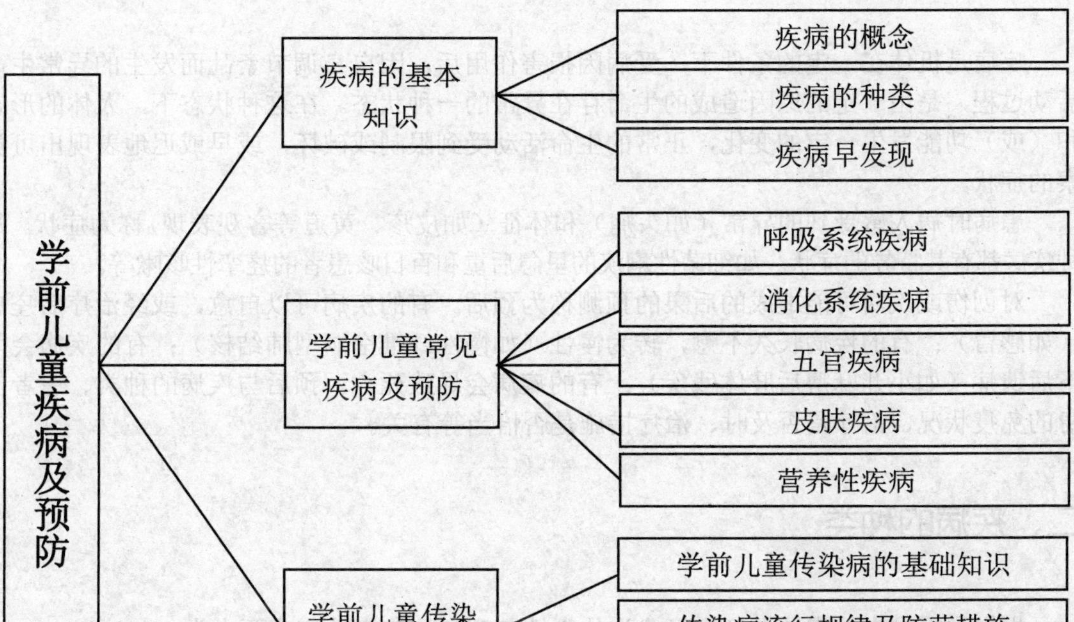

幼教故事：

幼儿园小班的唐欣是个活泼可爱的孩子。一天，在进行室外活动的时候，王老师发现一向积极好动的唐欣对活动一点儿也不感兴趣，一副无精打采的样子。细心的王老师走近一看，发现她的脸颊红扑扑的，一摸还有些发烫，原来唐欣发烧了。王老师赶快把唐欣带到卫生室进行治疗，并让她休息。

想一想：

1. 除幼教故事中所叙述的情绪、面色两个方面的生病迹象外，还可以从哪些方面进行观察，以便及时发现幼儿生病？

2. 幼儿常见疾病有哪些？如何进行预防与护理？

第一节 疾病的基本知识

生活中，我们很多人对疾病缺乏认识，在疾病到来时，往往是束手无策或是病急乱投医，以致贻误病情。如小小的感冒不治，最后可能发展成为肺炎。因此，了解疾病的相关知识，可及早有效地预防、发现和治疗疾病，将疾病对学前儿童的危害程度降至最低。本节将帮助我们了解疾病的概念和种类，告诉我们早期发现疾病的方法。

一、疾病的概念

疾病是机体在一定的条件下，受病因损害作用后，因自身调节紊乱而发生的异常生命活动过程，是由一定的原因造成的生命存在异常的一种状态。在这种状态下，人体的形态和（或）功能发生一定的变化，正常的生命活动受到限制或破坏，或早或迟地表现出可觉察的症状。

患病时病人感受到的异常（如头痛）和体征（如皮疹、黄疸等客观表现）称为症状。每种疾病都有其特异的症状。如细菌性痢疾的里急后重和百日咳患者的痉挛性咳嗽等。

对创伤或疾病可能造成的后果的预测称为预后。有的疾病可以自愈，或经治疗后痊愈（如感冒）；有的疾病长久不愈，转为慢性（如慢性纤维空洞型肺结核）；有的疾病会留下后遗症（如小儿麻痹后肢体残疾）；有的疾病会导致死亡。预后与疾病的种类、患者自身的免疫状况、治疗是否及时、治疗措施是否恰当等有关。

二、疾病的种类

根据是否具有传染性，疾病可分为传染性疾病和非传染性疾病两大类。

（一）传染性疾病

传染性疾病（简称传染病）指由病原体感染引起的，能在人与人、人与动物或动物与动物之间传播的疾病，如狂犬病和鸡瘟等。传染病在人群中大量传播时称为瘟疫。

（二）非传染性疾病

非传染性疾病指由多种原因引起的不具有传染性的疾病。

按疾病的成因，非传染性疾病可分为以下几类：

① 遗传病，指受精卵形成前或形成过程中遗传物质改变所造成的疾病，如血友病。

② 各种感染，如阑尾炎和胃炎。

③ 物理和化学损伤，如药物中毒、放射线损伤和冻伤。
④ 自体免疫病，如湿疹和风湿热。
⑤ 异常的细胞增长，如各种肿瘤。
⑥ 代谢和内分泌疾病，如糖尿病和垂体性侏儒。
⑦ 营养性疾病，如佝偻病和肥胖症等。
⑧ 心因性疾病，如多动症和精神分裂症。

三、疾病早发现

幼儿生病时，其表现和正常健康状态下完全不同。因此，关心每一个幼儿，是早期发现疾病的关键。

教师应关心幼儿，了解班级每个幼儿的性格特征和正常状态。比如性格内向的幼儿突然好动，本来活泼好动的幼儿变得异常安静，都有可能是生病的迹象。幼儿在患病前其身体和情绪都会有一些不正常的表现，只要教师留意观察，就能在幼儿发病前及时发现。

一般来说，幼儿生病的迹象主要表现在以下几个方面。

（一）情绪

幼儿患病常有情绪改变，若幼儿忽然变得不爱玩、爱哭闹，往往是患病的早期反应。如结核性脑膜炎，在出现神经系统症状之前，会先有性情暴躁或胆小怕事等情绪，还有精神方面的改变，然后才出现发烧、呕吐和嗜睡等症状。

（二）食欲

健康的幼儿能按时饮食，食量较恒定。若幼儿食欲改变，食量减少或拒食，往往是患病的前兆，特别是急性病，如急性肝炎，早期多无任何症状，只是不想吃东西或恶心呕吐。食欲不振、食欲亢进或口味异常等表现，往往预示着疾病的发生。

（三）面色

健康的幼儿多表现为面色红润。若幼儿面色发白或发紫，则常常预示患有肺炎、心脏病或某些食物中毒等疾病。贫血或失血过多的幼儿除了面色苍白以外，还常伴有口唇和牙龈苍白。

（四）睡眠

睡眠异常包括入睡困难、睡眠不安和嗜睡等现象，睡眠异常的幼儿常出现烦躁、夜惊、磨牙和注意力不集中等症状，要注意其神经或精神症状。如果睡眠异常出现的次数过多，而且是深度的睡眠，幼儿被唤醒后可进行简单的对话或进食，随后倒头又睡，表现为轻度的意识障碍，这常常是脑炎和脑膜炎的早期表现。

（五）大小便

正常情况下，幼儿每天排便一两次，呈条状，排便时无痛苦，粪便量多少与食物的数量和性质有关，一般食素者粪便量较多，而食荤者稍少些。正常大便颜色一般呈黄褐色，也可因摄入食物及药物而发生变化。正常幼儿小便次数一般为每天六七次，一昼夜排尿 1 000 mL 左右，但个体间差异较大。正常的尿液一般呈淡黄色，澄清透明。小便异常的表现有少尿及尿频。一般可以根据大小便的次数、量和性质的改变来判断幼儿是否出现大小便异常现象。

（六）呼吸

幼儿的呼吸时快时慢、深浅不规则等现象都可能是生病的征兆。

第二节　学前儿童常见疾病及预防

一、呼吸系统疾病

（一）上呼吸道感染（上感）

上感是由细菌或病毒感染引起的，波及上呼吸道全部或部分的炎症。学前儿童因免疫力低下，发生率高于成人。体弱的幼儿常反复发生上感。

1．病因

气候突变、幼儿受凉受热、空气污浊、幼儿过于疲倦以及贪食油腻重口味食物等，都可使抵抗力下降，诱发上感。

2．症状

① 轻重不同。较大的幼儿患病之初大多为鼻塞、打喷嚏和流鼻涕，继而出现咽部疼痛、吞咽困难、声音嘶哑、咳嗽和乏力，可有不同程度的发热。3 岁以下的患病幼儿可出现高热、精神不振、食欲减退、呕吐和腹泻等症状，病程一两天到十余天不等，有的可因高热出现惊厥。

② 可能引发急性化脓性中耳炎、淋巴结炎和气管炎等。

③ 若高热持续不退，咳嗽、喘憋加重，须及时到医院就诊。

3．防治

患病幼儿宜卧床休息，多喝水。饮食应选择富有营养且易消化的食物，以流食为佳。对发热幼儿进行物理降温，重者应在医生的指导下采用药物降温，使体温降至 38℃左右。病情严重者应及时到医院就诊。

引导幼儿加强锻炼，多组织幼儿进行适宜的运动和户外活动。引导幼儿早晨坚持用冷水洗脸。幼儿参加户外活动时，穿戴不宜过多，根据季节变化，提醒幼儿增减衣服。合理安排幼儿饮食，引导其多喝水，营养上既要满足幼儿的需要又要适应幼儿的消化能力，但饮食不宜过饱或过于油腻，以免幼儿消化不良，引起其抵抗力下降。幼儿活动室和卧室应经常通风，保持空气新鲜，温度湿度适宜。冬春季节，减少带幼儿到公众场合的次数，避免其与上感患者接触。

（二）急性扁桃体炎

急性扁桃体炎是由溶血性链球菌感染引起的，幼儿在疲劳受凉后容易发病。

1．病因

人体一旦受寒着凉，抵抗力下降，隐藏在扁桃体内的细菌就会大量繁殖，引发扁桃体炎。此病在学前儿童中非常多见。

2．症状

急性扁桃体炎的症状有：发热、畏寒、咽痛、吞咽困难、头痛和全身不适；两侧扁桃体红肿增大，可见到附着于上面的白色脓点。

3．防治

患儿应注意：卧床休息，多喝水；饮食宜富有营养，以流质和半流质为主，饭前饭后用温淡盐水漱口；给室内通风，加强锻炼，根据气温变化及时增减衣服。

病情轻重不同，给予患儿的治疗也不同。使用抗生素时需慎重选择。给幼儿及时退热，以防其发热惊厥。若扁桃体炎经常发作，炎症消退后，可请医生判断是否应当将扁桃体摘除。

（三）肺炎

肺炎是由细菌或病毒感染引起的肺部炎症。

1．病因

肺炎可由上感和支气管炎向下蔓延所致，也可由病原体直接侵入肺部导致。

2．症状

肺炎的临床表现轻重不等。由上感和支气管炎蔓延所致的炎症，初起时常有鼻塞、打喷嚏、流鼻涕、咳嗽、咽痛和吞咽困难。发展至肺炎阶段，上述症状加重，发热可高达39℃～40℃。重者可见呼吸困难，鼻翼扇动，口唇青紫，面色发灰，胸部出现吸气性凹陷。患儿喘憋明显，部分患儿可伴呕吐、腹泻。患儿烦躁不安，精神萎靡。

3．防治

肺炎是一种较为严重的疾病，发现后应及早送患儿住院治疗。患儿的房间要保持空气新鲜，日照充足，室温最好维持在 18℃～22℃，穿衣盖被不宜过厚，以防过热加重气喘；可平卧，但需经常变换体位，以减少肺部瘀血，防止痰液积存。勤拍患儿的背部，让患儿多饮水，最好进行雾化吸入以稀释患儿的黏痰，促进其痰液排出。饮食上，患儿宜食用清淡且易于消化的食物。肺炎的预防同上感。

二、消化系统疾病

（一）腹泻

腹泻是学前儿童的常见病，也是许多其他疾病的并发症。严重腹泻时，由于机体大量脱水，可能有生命危险。

1．病因

① 感染。因食入被细菌、病毒或霉菌污染的食物或使用被细菌、病毒或霉菌污染的食具可引起腹泻。夏秋季节生吃食物多，腹泻发病率较高。

② 饮食不当。如个别对牛奶过敏的婴幼儿喝牛奶即可引起腹泻。

③ 腹部受凉，贪吃冷食冷饮，也可引起腹泻。

2．症状

饮食不当和受凉引起的腹泻的症状较轻，感染引起的腹泻症状相对较重，并伴有其他症状。轻者一日泻数次至十余次，大便呈稀糊状或蛋花汤样，体温正常或低热，不影响食欲。重者多因肠道内感染所致，起病急，一日泻十次至数十次，水样便，尿量减少或无尿，食欲减退，伴频繁呕吐。因大量失水，机体脱水和电解质紊乱，患儿精神萎靡，眼窝凹陷，口唇及皮肤干燥，更重者会危及生命。

3．防治

注意腹部保暖，每次便后用温水清洗臀部，涂上少许油脂或 5%鞣酸软膏，防止皮肤溃烂。做好日常饮食卫生和餐具的消毒工作，生吃的瓜果蔬菜一定要清洗干净。

发现腹泻时，患儿要及时隔离，及时治疗，患儿所用衣物、日常用品和大便污染区域要及时消毒。发现患儿已有脱水现象，无论程度轻重，均应立即送医院治疗；无脱水现象，可口服补液盐，根据袋上注明的量，倒入适量凉开水，搅匀后即可饮用。切忌让腹泻的患儿挨饿。母乳喂养的婴儿，可继续母乳喂养。已为幼儿添加辅食者，可根据幼儿患病前的饮食情况，确定食物的种类和量，但烹调宜软、碎、烂，少食多餐，并注意及时补水。

（二）肠痉挛

肠痉挛是由于肠壁平滑肌阵阵强烈收缩而引起的阵发性腹痛，是小儿急性腹痛中最常见的情况。典型病例的腹痛部位往往以脐周为主，也就是说，出现痉挛的部位在小肠；近端的大肠出现痉挛时，其疼痛处为右下腹；当患儿在大便之前出现腹痛，那么可能是降结肠或乙状结肠发生痉挛。

1．病因

肠痉挛可能是饮食不当（如摄入大量的生冷食品、暴饮暴食、喂乳过多或食物中含糖量过高而引起肠内积气等）导致的；也可能是气候变化（如感寒受凉等）导致的；还可能是肠寄生虫毒素的刺激导致的。上述的几种诱发因素都可能引起肠壁暂时性缺血，或导致副交感神经兴奋，使肠胃的平滑肌痉挛，从而引起腹痛。

2．症状

学龄前或学龄期儿童一般可以自己表述腹痛。腹痛部位以中腹部或脐周最多，由便秘诱发的肠痉挛往往表现为左下腹痛，但有时腹痛也难以定位。腹痛一般为阵发性发作，间歇期可无任何不适。大龄儿童的腹痛程度虽有轻有重，但全身情况均较好。单纯肠痉挛在发作几十分钟至几小时内常可自愈。

3．防治

调整患儿饮食，合理喂养。幼儿进食以主副食为主，不乱加营养食品，按顿按时进食，进食前后稍事休息，避免仓促进餐。幼儿饭前不宜吃零食，饭后水果宜在午休后再食，不应挑食。幼儿发病时可让其平卧，用暖热的手按摩腹部或用温水袋热敷，多数腹痛数分钟后可自行缓解。

严防幼儿暴饮暴食，教育幼儿不得进食大量冷食；必须注意幼儿腹部的局部保暖，防止其腹部受凉。

（三）厌食

厌食是指较长时期食欲减退或消失的症状，多见于1～6岁儿童。

1．病因

厌食常见的病因有饮食习惯不良、感染、胃肠道疾病、代谢不佳、内分泌疾病以及营养障碍，包括维生素A、维生素D中毒等。幼儿长期厌食可致营养不良、生长发育障碍和精神行为异常。

2．症状

厌食一般表现为拒吃某种食物，挑自己喜欢的饭菜吃，不愿尝试新的食物和对食物缺乏兴趣等。

3．防治

防治厌食首先要保持合理的膳食，让幼儿养成良好的进食习惯。其次，定时进餐，适当控制零食；再次，节制冷饮和甜食；最后，饮食合理搭配，讲究烹调方法，防止挑食和偏食。此外可增加锌的摄入量，于100 g 食盐中掺入1g硫酸锌，使锌的摄入达到标准量（约每日10 mg），增加幼儿食欲。如幼儿有慢性疾病或营养不良，须及早治愈，同时保证幼儿睡眠充足、适量活动、定时排便。

（四）急性阑尾炎

1．病因

急性阑尾炎是幼儿最常见的急腹症之一，且起病往往较急，病势也常较成人重。急性阑尾炎一般分四种类型：急性单纯性阑尾炎，急性化脓性阑尾炎，坏疽、穿孔性阑尾炎和阑尾周围脓肿。

2．症状

幼儿急性阑尾炎一般起病初期即表现为低热，以后体温随病情发展可很快升至38℃～39℃，如阑尾穿孔并发腹膜炎则可出现持续高热和精神不振等症状。除发热外，小儿急性阑尾炎主要的临床表现及体征是急性腹痛，伴恶心呕吐，持续时间在6 h以上，初期见脐周及上腹部痛，以后转移至右下腹。腹部查体，可见局限性右下腹固定压痛。大多数患儿表现为嗜睡、活动减少、无力、反应迟钝及腹肌紧张等，也有的表现为烦躁不安和哭闹。

3．防治

在幼儿表现出相关症状时，要及时送医，配合医生进行治疗，不要延误治疗时间，该病在早期治疗效果较好。

在护理患儿时，要给予舒适的体位，用枕头支撑，使患儿处于半卧位。指导大龄儿童掌握放松术，以减轻其疼痛。

引导学前儿童形成良好的习惯，注意卫生，不要暴饮暴食。不要让学前儿童饭后马上进行蹦跳或奔跑等剧烈活动。如学前儿童有肠道寄生虫，应及时到医院就诊，遵医嘱进行驱虫治疗。

三、五官疾病

（一）龋齿

1. 病因

龋齿是在多种因素影响下，牙体硬组织发生脱矿，有机物分解为无机物而造成组织缺损的一种进行性慢性疾病。儿童、少年常见和多发龋齿，不仅会因疼痛而影响食欲和食物消化，而且儿童发生龋齿可影响其牙颌系统的生长发育，造成颌面及牙齿的后天畸形。不良的口腔卫生习惯、吃过多精制糖类食物、吸烟等，都可增加龋齿发生的概率。膳食主营养对牙齿的发育有重要作用，过多摄入蔗糖使龋齿发生的概率增加。龋齿是慢性硬组织破坏性疾病，菌斑在牙齿表面滞留时间和菌斑内酸性产物的持续时间越长，发生龋齿的危险性越大。

2. 症状

龋齿最容易发生在磨牙和双尖牙的咬面小窝、裂沟以及相邻牙齿的接触面。根据牙齿破坏的程度，龋齿分为浅龋、中龋和深龋。浅龋的龋损在牙釉质或根面牙骨质层内，患者一般无明显自觉症状，多数是在常规检查时发现的。中龋的病变前沿位于牙本质的浅层，临床检查可以看到或探到明显的龋洞，或在照 X 射线时发现。患者多有自觉症状，主要表现为在进食冷热或酸甜食品时，刺激进入洞内引起敏感症状。深龋的病变进展到牙本质深层，临床上可观察到明显的龋洞，很深，接近髓腔。患者有明显的冷、热、酸、甜刺激后的敏感症状，也可有食物嵌塞时的短暂疼痛症状。

3. 防治

教育儿童从小注意口腔卫生，养成早晚刷牙、吃完东西后漱口以及睡前不吃零食的习惯。刷牙是去除牙菌斑，保持口腔清洁的重要保健措施，不仅可以清除牙面、牙间隙的菌斑与食物残渣，防止形成牙结石，还可以按摩牙周组织，促进牙龈血液循环，增强抵抗力。尽量为儿童选择刷毛柔软有弹性的牙刷。牙刷不能共用，注意妥善放置，用后用清水冲洗干净，甩干后头朝上置于通风处。牙刷只要使用 1 个月，刷上即有大量细菌繁殖，宜每月更换 1 次。合理膳食可显著提高机体和牙齿的抗龋能力。应注意增加钙、磷和维生素 D 等营养素的摄入，促进牙齿正常发育，增强抗龋能力。定期对儿童进行口腔检查，发现龋齿早治疗。

幼儿出现龋齿后，应特别注意口腔卫生，按时刷牙；家长应调整幼儿的饮食习惯，按时给幼儿增加各种辅食，多吃粗糙、硬质和含纤维质的食物，摩擦洁净牙面，减少食物残屑堆积；减少或控制饮食中的糖分。

（二）近视

1．病因

近视指眼睛只能使 5 m 以外的平行光线在视网膜前聚焦成像，即视网膜上的物象模糊不清的一种眼部疾病。它对来自近处目标的发散光线具有高度适应性，只要目标向眼前移动到一定距离，就能获得清晰视力。

2．症状

近视的症状是远距离视力减退，注意力的深度、广度受限，辨认远方和精细目标的能力下降。近视的儿童在紧张的脑力劳动后，比其他儿童更易发生疲劳、头痛、眼花和其他神经官能症状。

3．防治

近视的发生与发展多在青少年时期，特别是在学生时代。除少数遗传因素外，绝大多数的近视是由于后天的生活条件、读书环境和习惯因素造成的。因此，应采取积极的预防措施，减少近视的发生。

（1）培养良好的读写习惯。读书写字姿势要正确，做到“一尺一寸一拳头”，即眼书之间距离保持在 30 cm(近一尺)左右，写字时手握笔处离笔尖 3 cm(近一寸)，胸前和桌面保持 10 cm（大约一拳头)。读写 1 h 左右休息 10 min，让眼睛充分休息。不在光线过强或过弱的情况下读写。不躺在床上看书，也不在开动的车上和走路时看书。

（2）创造良好的生活和学习环境。培养良好的用眼习惯，合理安排学习，看书写字时间不要过长；改善照明条件；注意饮食营养，保证充足睡眠，每天锻炼身体；晚上看电视时间不要过长。

（3）认真做好眼保健操。眼保健操通过按摩眼周穴位、皮肤和肌肉，引发相应刺激，增强眼的局部血液循环，解除眼内肌的调节性痉挛状态，改善神经营养，消除眼力疲劳，起到预防近视的作用。做眼保健操时应集中注意力，闭上眼，使肌肉尽量放松；认真按摩穴位，手法轻缓柔和，速度均匀，用力适宜，以感觉到酸胀为度。

（三）弱视

1．病因

弱视是一种严重损害儿童视力的常见病，其特征是眼球内外均无明显的器质性病变，但经睫状肌麻痹检影后的矫正视力低于 0.9。

2．症状

（1）视力和屈光异常。弱视眼与正常眼视力界限并不十分明确，有的患者主诉视力下降，但客观检查时发现视力仍然在 1.0 或 1.2。这可能是因为患者与自己以前的视力相比而感到视力下降。此外，位于中央窝上的视神经细胞或其后的传导系统有某些障碍，有极小的中心暗点，患者自觉有视力障碍，而在客观上查不出，如果弱视眼无器质性改变，而其视力在 0.01 以上 0.2 以下者，多伴有固视异常。

（2）分读困难。分读困难就是弱视眼识别单独视标比识别集合或密集视标的能力好，即对视力表上的单开字体(如 E 字)的分辨力比对成行的字要强。

3．防治

治疗弱视的最佳时间是 6 岁以前，经过治疗，视力可提高并恢复立体视觉。因此，要定期为儿童检查视力，及早发现眼睛的异常情况，尽早治疗弱视。教导儿童正确用眼，看书、看电视时不宜太近，不要在昏暗的光线下看东西。儿童的饮食要做到合理搭配，常食鸡蛋、猪肝、麦类、胡萝卜、新鲜蔬菜和水果等。引导儿童适当参加户外活动，以增强儿童体质。

弱视儿童应该散瞳验光，平时可采用“健眼遮盖法”进行矫正，即强迫儿童使用患有弱视的那只眼睛，并防止儿童用健眼偷看，也可遵照医嘱采用其他矫正措施。

（四）斜视

1．病因

斜视是指两眼不能同时注视一个目标，仅能用一眼注视，另一眼的视轴表现出不同程度偏斜的一种眼部疾病。斜视影响美观，儿童会由此产生心理压力，还可能会引起弱视。

2．症状

儿童轻度的内外隐斜视不会引起眼睛不舒服，斜度高的才会引发眼睛不适；垂直性隐斜视有较明显的眼睛不舒服；旋转性隐斜视引起眼睛及全身不适的症状很明显。斜视的症状主要有以下几种。

（1）久视之后常头疼，眼酸疼，畏光，这是由于持续使用神经肌肉的储备力而引起的眼肌疲劳。

（2）阅读时出现字迹模糊不清、重叠或串行，有时可出现间歇性复视及间歇性斜视，甚至发生双眼视觉紊乱，如果用单眼看反而觉得清晰、省力等。

（3）立体感觉差，不能精确地判定空间物体的位置和距离。隐斜视还可出现神经放射性症状，如恶心、呕吐、失眠、结膜和睑缘充血等症状。

3．防治

预防斜视要从婴幼儿时期抓起，家长要注意仔细观察孩子眼睛的发育和变化，要经常注意孩子的眼部卫生或用眼卫生情况，另外，家长还应注意孩子的房间的照明灯光要适当，不能太强或太弱。家长不要让孩子躺着看书或长时间看电视、打游戏机与玩电脑，不看三维图，等等。对有斜视家族史的孩子，尽管外观上没有斜视，家长也要在孩子 2 周岁时请眼科医生检查一下，看看有无远视或散光。

（五）急性中耳炎

1．病因

急性中耳炎是细菌侵入中耳，使鼓室黏膜充血肿胀，并产生黏性或脓性分泌物的一种耳部疾病。若脓液积聚，鼓膜溃破形成穿孔，则影响听力。婴儿及幼童在冬季多发此病，严重情况下可导致失聪。

2．症状

急性中耳炎发病较急，突然发生耳痛，常伴有感冒或咳嗽；伴有发热症状，体温可高达39℃；出现呕吐、耳道流软耳垢或脓液症状，患耳听觉失灵。

3．防治

洗头洗澡时要避免污水入耳，要保持外耳道清洁。教育幼儿不将异物塞入耳道，不随便挖耳屎。平时引导幼儿注意口腔卫生。教会幼儿用正确的方法擤鼻涕：先擤一侧鼻孔，再擤另一侧，以防鼻涕和细菌经咽鼓管进入中耳。

四、皮肤疾病

（一）痱子

1．病因

痱子是因小汗腺导管闭塞导致汗液滞留而形成的皮疹，通常发生于湿热气候中，如热带和温带夏季的湿热气候中。此症在夏季婴幼儿中多见。

2．症状

幼儿的痱子多发生在面部、颈部、躯干、大腿内侧和肘窝处。痱子初起时为针头大小的红色丘疹，继而出现成群的红色丘疹或小水泡，有发痒或烧灼感，使患儿烦躁不安。天气转凉后痱子可立即消退，但遇热后症状加重，继发感染时形成小脓肿，即痱毒。

3．防治

应注意环境通风，避免过热。注意皮肤清洁，勤洗澡换衣，保持皮肤干燥。浴后给幼儿在褶皱部位扑上痱子粉。衣服要宽松透气，吸汗功能要好。如皮肤已出现痱子，可将患儿置于凉爽的环境中，几天至几周后可自愈。

（二）冻疮

1．病因

冻疮是指在寒冷潮湿的条件下，肢体末端及耳鼻等暴露处的局部皮肤因血液循环不良引起的不同程度的皮肤炎。寒冷、潮湿或气候的突然变化，儿童体弱，手脚或耳廓末端的血液循环差，保暖不够等都可诱发冻疮。

2．症状

冻疮好发于手指、手背、足趾、足跟、耳廓及面颊等处，可单侧或双侧发生。冻疮初起时为局部性红斑或暗红带紫色肿块，触之冷凉，有痒感，受热后更剧；严重者肿胀加剧，表面可产生水疱，内含淡黄色或血性浆液，疱破后形成糜烂或溃疡，患者自觉疼痛。

3．防治

组织儿童积极参加体育活动，加速气血运行，以利疮面修复，预防冻疮新发。寒冷季节注意防寒保暖，衣服鞋袜宜宽松干燥。受冻后，不宜用热水温暖或用火烘烤，否则冻处会溃烂。受冻皮肤瘙痒，不能用手抓搔，否则易使表皮破烂感染。

五、营养性疾病

（一）维生素A缺乏症

1．病因

维生素A缺乏症是因体内缺乏维生素A而引起的以眼和皮肤病变为主的全身性疾病，多见于1～4岁幼儿。最早的症状是暗环境适应差，眼结膜及角膜干燥，以后发展为角膜软化且有皮肤干燥和毛囊角化，故又称夜盲症、干眼病和角膜软化症。

2．症状

（1）眼部症状。最早的症状是在暗环境下视物不清，出现夜盲症状。经数周至数月后，结膜与角膜逐渐失去光泽，稍在空气中暴露就干燥异常。

患儿畏光，自觉眼干不适，眼部疼痛，有轧砂感，经常眨眼或用手搓揉，易致继发感染。角膜渐变干燥，混浊，发生白翳而软化。随着病情加重，角膜可发生溃疡，在数日至数周内出现坏死、穿孔、虹膜外脱及角膜疤痕，终致失明。视网膜亦有病变，眼底干燥。两眼一般同时得病，有时两眼先后发病，单侧发病的不常见。眼部症状虽然在大多数病症中出现较早，但较大的儿童的眼部症状常出现于其他症状之后。

（2）皮肤表现。皮肤干燥，角化增生，脱屑。角化物充满毛囊腔，且突出于表皮，故抚摸时有鸡皮疙瘩或粗沙样的感觉，于四肢身侧及肩部最为显著，4岁以下的幼儿少见此症状。此外，会有指甲多纹，失去光泽，易折裂，毛发干脆易脱落等症状。

（3）生长发育障碍。维生素A缺乏严重者会导致儿童身高落后于正常人，牙质发育不良，易发生龋齿。

3．防治

注意平衡膳食，经常食用牛乳、卵黄、肝脏以及富含胡萝卜素的食物。消化道功能紊乱或慢性疾病患儿，应及早补充维生素A。积极治疗原发疾病，如肠道感染，肝、胆病和其他全身性疾病，使体内代谢恢复正常，以便吸收和利用胡萝卜素和维生素A。注意对眼部的症状进行局部治疗和护理。

（二）维生素D缺乏性佝偻病

1．病因

佝偻病是以维生素D缺乏导致钙和磷代谢紊乱，临床以骨骼的钙化障碍为主要特征的疾病。维生素D一直被认为时时刻刻都在参与体内钙和矿物质平衡的调节，维生素D不足导致的佝偻病，是一种慢性营养缺乏病，它发病缓慢，一般不容易引起家长的重视。

2．症状

佝偻病临床主要有骨骼的改变、肌肉松弛以及非特异性的精神神经症状，佝偻病患儿严重的可影响消化系统、呼吸系统、循环系统及免疫系统，同时对患儿的智力发育也有影响。该病在临床上分为初期、激动期、恢复期和后遗症期，初期、激动期和恢复期，统称为活动期。

（1）初期：多数从婴幼儿3个月左右开始发病，此期以精神神经症状为主，患儿有睡眠不安、好哭和易出汗等症状，出汗后头皮痒而在枕头上摇头摩擦，出现“枕部秃发”。

（2）激动期：除初期症状外，以患儿骨骼的改变和运动机能发育迟缓为主，症状继续加重，可有“枕部秃发”，颅骨软化呈乒乓球样，囟门大，方颅，严重者出现鸡胸、驼背和脊柱侧弯等症状，开始站立或行走后可见腿部呈O型或X型。

（3）恢复期：经过一定的治疗后，各种临床表现均消失，肌张力恢复，血液生化改变，X射线结果显示恢复正常。

（4）后遗症期：多见于3岁以后小儿，经治疗或自然恢复后临床症状消失，仅重度佝偻病患儿遗留下不同部位及不同程度的骨骼畸形。

3．防治

提倡母乳喂养，及时添加辅食，让幼儿增加户外活动，多晒太阳，遵照医嘱补充维生素D及钙剂。

（三）缺铁性贫血

1．病因

缺铁性贫血是幼儿的常见病，主要发生在6个月至3岁的婴幼儿中，由于体内缺乏足够的铁，血红蛋白合成减少，导致贫血。

2．症状

患儿常烦躁不安，精神不振，食欲减退，体重增长减慢，皮肤黏膜变得苍白(以口唇、口腔黏膜、甲床和手掌最为明显)，容易疲乏，注意力不集中，理解力降低，反应迟钝。另外，由于骨髓外造血反应，肝、脾和淋巴结常轻度肿大。年龄越小，贫血越重，病程越长，则肝脾肿大越明显，但肿大程度很少超过中度。

3．防治

尽可能查找导致幼儿缺铁的原因和基础疾病，并采取相应措施祛除病因，如纠正幼儿厌食和偏食等不良饮食习惯，治疗幼儿慢性失血疾病等。加强护理，避免感染，合理喂养，给予幼儿富含铁的食物，保证幼儿充分休息，口服铁剂，是治疗本病的主要方法。

（四）锌缺乏症

1．病因

锌缺乏症是锌摄入、代谢或排泄障碍导致的体内锌含量过低，身体无法提供充足锌元素，造成缺乏锌而引起的各种症状。

2．症状

缺锌会导致幼儿食欲差、厌食、呼吸道感染、舌黏膜增生、角化不全、生长发育停滞、体格矮小、性发育延迟、第二性征发育不全等。部分患儿会出现毛发脱落、游走性舌炎、反复口腔溃疡及创伤愈合迟缓等症状。

3．防治

平衡幼儿膳食，引导幼儿多进食富含锌的动物性食物、海产品以及干果等食物。纠正幼儿挑食、偏食和吃零食等不良习惯。可能发生缺锌的婴幼儿，如早产儿、人工喂养儿、营养不良儿以及患有长期腹泻、大面积烧伤和蛋白尿等疾病的儿童，要适当补锌。

（五）肥胖症

1．病因

肥胖症是指体内脂肪过度积聚，体重超过正常范围的一种营养障碍性疾病。肥胖症分为原发性肥胖和继发性肥胖。原发性肥胖又称为单纯性肥胖，是由于长期能量摄入超过机体代谢需要，使体内脂肪过度积聚而造成的。单纯性肥胖占儿童肥胖症的 95%～97%。肥胖不仅影响儿童的健康，而且容易引发高血压、糖尿病和冠心病等疾病。

2．症状

患单纯性肥胖的儿童食欲旺盛，喜吃甜食和高脂肪食物，进食速度快，活动少。体征为皮下脂肪丰满、分布均匀以及腹部膨隆下垂。明显肥胖儿童有疲劳感，用力时气短或腿痛，严重者由于脂肪的过度堆积而限制了胸廓和膈肌运动。有的体重过重者，走路时下肢负荷过重可致膝外翻和扁平足。

3．防治

指导儿童养成良好的饮食习惯，放慢进食速度，细嚼慢咽；餐后及时离开餐桌，避免陪坐在未吃完的家人旁边；禁止边看电视边吃饭；禁止睡前进食，尤其是进食一些含糖量高的食物；要减少看电视的时间，选择安全、有趣味性且便于长期坚持的运动，每天坚持运动至少 1 h，使运动成为日常生活习惯。

考点精要：

《保教知识与能力》考试内容模块与要求中提到：考生需了解幼儿身体发育和心理发育中容易出现的问题或障碍，如发育迟缓和肥胖等。

第三节　学前儿童传染病及预防

一、学前儿童传染病的基础知识

传染病是由各种病原体引起的能在人与人、动物与动物或人与动物之间相互传播的一类疾病；病原体中大部分是微生物，小部分为寄生虫，寄生虫引起的皮肤病又称寄生虫病。传染病一般具有下列特征。

（一）有病原体

每一种传染病都有它特异的病原体，包括微生物和寄生虫。例如，水痘的病原体是水痘病毒，猩红热的病原体是溶血性链球菌。病原体主要分为细菌、病毒（比细菌小，无细胞结构）、真菌（癣的病原体）、原虫（疟原虫）和蠕虫（蠕虫病的病原体）。

（二）有传染性

有传染性是传染病与其他类别疾病的主要区别，有传染性意味着病原体能够通过各种途径传染给他人。传染病患者有传染性的时期称为传染期。病原体从宿主体内排出体外，通过一定方式，到达新的易感染者体内，呈现出一定的传染性。其传染强度与病原体种类、数量、毒力和易感者的免疫状态等有关。

（三）有免疫性

机体感染病原体后可以产生特异性免疫。感染后免疫属于自动免疫。大多数患者在疾病痊愈后，都可产生不同程度的免疫力。有的传染病患者患病两次后可终身免疫，有的还可感染。感染现象可分为以下几种。

1．再感染

再感染指传染病患者在痊愈后，经过一定时间，被同一种病原体再次感染。

2．重复感染

重复感染指某种疾病在发病中，被同一种病原体再度侵袭而受染。血吸虫病、丝虫病和疟疾最为常见重复感染。

3．复发

复发指发病过程已转入恢复期或接近痊愈，而该病原体再度出现并繁殖，原症状再度出现。复发病中伤寒最为常见。

4．再燃

再燃指临床症状已缓解，但体温尚未正常而又复升，症状略见加重，常见于伤寒。

（四）可以预防

通过控制传染源，切断传染途径，增强人的抵抗力等措施，可以有效地预防传染病的发生和流行。

（五）有流行病学特征

传染病能在人群中流行，其流行过程受自然因素和社会因素的影响并表现出多方面的流行特征。

1．流行性

按传染病流行过程的强度和广度，传染病分为散发、流行、大流行和暴发四个层次。散发是指传染病在人群中散在发生；流行是指某一地区或某一单位，在某一时期内，某种传染病的发病率超过了历年同期的发病水平；大流行指某种传染病在短时期内迅速传播、蔓延，超过了一般的流行强度；暴发指某一局部地区或某一单位，在短期内突然出现众多患同一种疾病的患者。

2．地方性

地方性是指某些传染病或寄生虫病，其中间宿主受地理条件、气温条件变化的影响，常局限于一定的地理范围内发生，如虫媒传染病、自然疫源性疾病。

3．季节性

季节性指传染病的发病率在年度内有季节性升高。其传染性与温度和湿度的改变有关。

（六）病程发展有规律性

传染病的发病过程一般分为以下四个阶段。

1．潜伏期

潜伏期是指病原体从侵入人体起，至首发症状的时间。不同传染病的潜伏期长短各异，短至数小时，长至数月乃至数年；同一种传染病，患者的潜伏期长短也不尽相同。通常细菌潜伏期短于蠕虫病潜伏期，细菌性食物中毒潜伏期短至数小时；狂犬病及获得性免疫缺陷综合征其潜伏期可达数年。推算潜伏期对传染病的诊断与检疫有重要意义。

2．前驱期

前驱期是指潜伏期末至发病期前，出现某些临床表现的短暂时间，一般1～2天，患者多呈现乏力、头痛、微热和皮疹等症状，多数传染病看不到前驱期。

3．发病期（症状明显期）

发病期是指各传染病特有症状和体征随病情发展陆续出现的时期，该时期患者症状由轻到重，由少到多，逐渐或迅速达到高峰并随机体免疫力的产生与提高趋向恢复。

4．恢复期

恢复期是指病原体完全或基本消灭、免疫力提高、病变修复和临床症状陆续消失的时间。该时期多以痊愈为终局，少数疾病可留有后遗症。

二、传染病流行规律及防范措施

（一）传染病流行规律

传染病在人群中传播，必须具备三个环节——传染源、传播途径和易感人群。这三个环节是构成传染病在人群中发生和流行的生物学基础，只有这三个环节同时存在，传染病才可能传播与流行，而只要切断其中的任一环节，传染病就不能传播与流行了。例如，接种疫苗就保护了易感人群，从而使其不得传染病。

1．传染源

传染源是指受了传染的人或动物。传染源体内一定有病原体生存繁殖，并不时地排出体外，感染别人。传染源包括了传染病的患者、病原携带者(体内带有病原体，但没有临床表现的人)和受感染的动物。

1）患者

传染病患者是主要的传染源，其体内的病原体数量多，而且患者的症状有利于病原体向外播散，如病原体可通过患者的咳嗽、打喷嚏、呕吐和腹泻等方式排出体外。一般传染病在发病初期的传染性最强，如麻疹和病毒性肝炎等。有些传染病，如白喉和伤寒在恢复期还有传染性。

2）病原携带者

病原携带者是指没有疾病的表现而携带病原体的人。病原携带者可分为三类：潜伏期携带者、病后携带者及“健康”携带者。由于这些病原携带者都没有临床症状和表现，但可不断排出病原体，所以不容易被人发现，他们是最重要且最危险的传染源。

3）受感染的动物

人类有许多传染病都来源于动物(包括家畜和野生动物)，其中以鼠类最为常见，因为它能传播多种疾病，如鼠疫、流行性出血热及钩端螺旋体病等。以动物作为传染源的疾病，称为“动物性传染病”，如炭疽、布氏菌病、狂犬病、流行性出血热和钩端螺旋体病等。这些动物性传染病可以由动物传染给人，但人与人之间一般不相互传染(鼠疫可在人与人之间传播)。

2．传播途径

传播途径是指病原体从传染源排出后，经过一定的方式使易感者感染的途径。传染病的传播途径主要有以下几种。

1）空气传播

空气传播是呼吸道传染病的主要传播途径，包括飞沫和尘埃等传播，常见的依靠空气传播的疾病有流感、麻疹及白喉等。

2.）消化道传播

消化道传播医学上也称“粪口传播”，是消化道传染病的共同传播途径，包括经水和食物传播。手和苍蝇是使食物受到污染的重要因素。常见的消化道传播疾病有痢疾、霍乱、伤寒、甲肝和脊髓灰质炎等。夏秋季气温较高，细菌病毒等病原体容易在水和食物中生长繁殖，苍蝇、蟑螂和臭虫活动频繁，所以该季节是消化道传染病的高发季。

3）接触传播

接触传播分为直接接触和间接接触两种传播方式。前者是指病原体与人的皮肤黏膜直接接触造成的传播，如多种皮肤传染病、性病与狂犬病等；后者是指接触了被病原体污染的餐具和日常生活用品造成的传播，如肝炎、白喉与沙眼等。

4）虫媒传播

虫媒传播是指通过蚊、蝇、虱、蚤等节肢动物传播的方式。虫媒传播又可分为吸血传播和机械传播，前者指节肢动物通过吸血而传播传染病，如蚊子通过吸血可传播乙脑（流行性乙型脑炎，简称乙脑）和疟疾，又如跳蚤通过吸血可传播鼠疫；后者是指节肢动物通过其虫体、爪、翅等机械地运载及传播传染病，如苍蝇和蟑螂一般并不吸血，而是通过它们的身体携带病菌传播到食品及饮用水中，引起痢疾和伤寒等传染病。

5）其他传播途径

除上述几种外，还有土壤传播(如破伤风)、血液传播(如乙肝)、胎盘传播(如风疹)等。

3．易感人群

易感人群是指对某种传染病缺乏抵抗力(特异性免疫力)而容易受到感染的人群。我们平时接种各类疫苗就是为了提高易感人群和易感者对某些(或某种)传染病的抵抗力。

（二）传染病防范措施

传染病具有流行性，往往能在短时间内使众多人群感染发病，危害极大，故必须加强预防。预防传染病的关键在于针对其发生和流行的三个基本环节，采取综合性措施。

1．发现和管理传染源

对传染病要早发现、早报告、早隔离、早诊断及早治疗。

多数传染疾病在早期传染性最强，因此要较早地发现患者，较早地采取措施。托幼机构应大力宣传预防传染病的知识，建立健全的健康检查制度，及早发现传染病患者或病原携带者。未通过健康检查的教职工不得参加工作。幼儿入托及入园前的健康检查，要特别注意了解儿童有无传染病史或有无近期的传染病接触史；晨间检查时若发现儿童有异常或可疑情况必须做进一步观察，不能流于形式。

对患有传染病的患者进行隔离，是控制传染病流行的重要环节。各托幼机构应根据自己的条件建立隔离室，使患儿和疑似患儿能够得到隔离和个别照顾，严格执行隔离制度。

除隔离患者外，还应将与急性传染患者接触过的易感者集中起来，使他们与其他未接触者进行隔离，并对其进行检疫，尽量缩小传染的范围。

2．切断传播途径

托幼机构应根据传染病的传播途径，采取相应的防范措施，以切断传播渠道。托幼机构应加强卫生知识的宣传，高度重视环境卫生，彻底消灭蚊子、苍蝇、老鼠及蟑螂。室内经常打扫，减少尘埃，使病原体失去适宜的生存与繁殖场所。教职工应严格执行卫生制度，养成良好的个人卫生习惯，防止病从口入。儿童所用物品应经常进行消毒，消毒方法一般有物理消毒法(包括洗涤、通风换气、煮沸和日晒等)和化学消毒法(即使用化学消毒剂)。对传染病患者的生活用品、排泄物以及接触过的物品要彻底地消毒，如呼吸道疾病，应以彻底地通风换气为主；肠道传染病则要对患者用过和接触过的物品进行彻底消毒。

3．保护易感人群

幼儿属于易感人群。合理安排幼儿的饮食和起居，引导幼儿坚持体育锻炼和参加户外活动，培养幼儿养成良好的个人卫生习惯，可提高幼儿对于传染病的一般抵抗力。此外，进行有计划、有系统的预防接种是保护婴幼儿免受传染侵害的主要措施。预防接种又称人工自动免疫，是指运用人工的方法使人获得特异性免疫的能力，也就是将各种病原体的毒性降低，制成疫苗，通过适当的途径接种到人体内，从而达到预防传染病的目的。人工自动免疫后，人体免疫力可在1～4周内出现，并且可持续较长时间。

三、学前儿童常见传染病及预防措施

（一）水痘

水痘是由水痘病毒引起的呼吸道传染病。病毒存在于患者鼻咽分泌物及水痘疱疹的浆液中。从患者发病日起到皮疹全部干燥结痂的过程中都有传染性。病初，主要经飞沫传染。皮肤疱疹破滞后，可经衣物和用具等传染。水痘的传染性很强，以6个月到3岁的幼儿发病率最高，多发生于冬春季。一次患病，可终身免疫。

1．症状

病初1～2天有低热症状，以后出皮疹。皮疹先见于头皮和面部，渐延及躯干和四肢。

最初皮疹是红色小点，呈向心性分布，即躯干多，面部和四肢少，手掌和脚掌更少。一天左右变为水疱，3～4 天后水疱干缩，结成痂皮。干痂脱落后，皮肤不留疤痕。在得病的一周之内，由于新的皮疹陆续出现，而陈旧的皮疹已经结痂，在患者的皮肤上可同时出现红色小点、水疱和结痂三种类型的皮疹。出皮疹期间皮肤瘙痒。

2．护理

保持幼儿皮肤清洁，幼儿的内衣和床单要勤换洗；因皮肤瘙痒，幼儿常抓破皮肤，造成化脓性皮肤病，可用炉甘石洗剂涂在皮肤上止痒；给幼儿勤剪指甲，以免其抓伤皮肤。

3．预防

做好预防疫苗的注射工作；若发现水痘患儿，要及时做好隔离工作；隔离患儿至皮疹全部结痂变干后为止，对密切接触者进行检疫；患儿停留过的房间开窗通风 3 h；经常给幼儿洗澡、换衣。

（二）麻疹

麻疹是由麻疹病毒引起的呼吸道传染病。麻疹病毒存在于患者的口鼻及眼的分泌物中，主要经飞沫传播。病毒离开人体后，生存力不强，在流通的空气中或日光下，半小时即被杀死。

由于母体抗体的免疫作用，3～4 个月以下的乳儿不会得麻疹。随着母体抗体的逐渐消失，6～8 个月的小儿就很容易被传染上麻疹。

自应用麻疹疫苗以来，麻疹的发病有向较大年龄推移的现象。麻疹一年四季都可发生，但以冬春两季多见。

1．症状

麻疹潜伏期一般为 6～18 天，在潜伏期内人体可有轻度体温上升。

前驱期（也称发疹前期）一般为 3～4 天，主要表现为类似上呼吸道感染症状，患儿常出现呕吐和腹泻，在软腭和硬腭处出现细小红疹；第 2～3 天可于双侧近臼齿的颊黏膜处出现细沙样灰白色小点，周围有红晕，也可见于下唇内侧及牙龈黏膜，偶见于上腭，一般在出疹后 1～2 天消失。

出疹期一般为 2～5 天，开始时于耳后和颈部出现稀疏不规则的红色斑丘疹，之后逐渐向面部、上肢和躯干等部位扩散，严重者会出现皮疹融合症状，皮肤水肿，体温突然升高至 40℃，淋巴结、脾有肿大现象，时间可持续几周。肠系膜淋巴结肿大可引起腹痛、腹泻和呕吐，阑尾黏膜的麻疹病理改变可引起阑尾炎症状。出疹期患儿常伴有烦躁和嗜睡等症状。

恢复期一般为 3～5 天，出疹 3～4 天之后，皮疹开始消退（消退顺序与出疹时相同）。在无并发症发生的情况下，患儿的食欲及精神状态等逐渐好转。麻疹消退后，皮肤留有糠麦状脱屑及棕色色素沉着，7～10 天后消失。

2．护理

对患儿应严格隔离，对接触者要隔离检疫 3 周；流行期间学前教育机构应暂停接送和接收易感者入园；医护人员离开病室后应洗手，更换外衣，在空气流通处停留 20 min 后方可接触易感者。

患儿的居室应注意通风换气，保持空气新鲜，温度适中，充分利用日光或紫外线照射；患儿应多卧床休息，防止受凉；须经常监测患儿体温，当出现高温时，应避免使用药物或物理方法强行降温，以免因体温骤降使皮疹隐退，可在医生诊断下，服用小剂量退热剂，使体温稍降；保持患儿的口、眼、耳、鼻部位的清洁；患儿应多喝白开水，饮食以清淡而富有营养的流质或半流质食物为主。

3．预防

在麻疹流行期间，应尽量避免婴幼儿出入公共场所；学前教育机构应加强对婴幼儿身体的检查，发现感染者及早采取措施；对未患过麻疹的 8 个月以上的婴幼儿或易感儿应接种麻疹减毒活疫苗并按医学说明按时进行复种；易感儿接触麻疹患者后，可及时进行人工被动免疫，注射适量的丙种球蛋白，一般来说，在接触后 5 天内注射可防止发病，6～9 天内注射可减轻发病症状。

（三）风疹

风疹由风疹病毒引起，是在婴幼儿中常见的一种呼吸道传染病。风疹病毒存在于出疹前 5～7 天的患儿的唾液及血液中，一般出疹 2 天后不易找到。本病多见于 1～5 岁幼儿，6 个月以内的婴儿因有来自母体的抗体，较少发病。一次得病，可终身免疫。

1．症状

风疹潜伏期一般为 2～3 周。

前驱期时间较短，症状不明显，可出现低热或中度发热现象，有轻微咳嗽、乏力、咽痛、食欲不振、眼睛发红等上呼吸道感染症状；耳后及枕部淋巴结肿大，伴有轻度压痛。

出疹期通常出现在发热 1～2 天后，先从面部开始，初为稀疏的红色斑丘疹，24 h 内迅速蔓延到全身；自第二天开始，面部及四肢皮疹可变成针尖样红点，如猩红热样皮疹。

出疹期体温不再上升，患儿常无疾病感觉，饮食嬉戏如常。皮疹一般在 3 天内迅速消退，留下较浅色素沉着。

2．护理

患儿宜卧床休息，避免因伤风而加重病情；发热期间多饮水；饮食宜清淡和易消化，不吃煎炸与油腻食物；对患儿一般进行抗病毒治疗；防止患儿抓痒搔破皮肤而引起感染。

3．预防

发现风疹患儿，应立即进行隔离，隔离 5 天后病毒即失去传染性；风疹流行期间，不宜带易感儿去公共场所；孕妇勿护理风疹患者，以免感染风疹，致胎儿畸形。

（四）流行性腮腺炎

流行性腮腺炎，俗称“痄腮”，是由腮腺炎病毒侵入腮腺而引起的急性呼吸道传染病。此病易发于冬春季节，患者是传染源，主要通过飞沫传播，多见于 2 岁以上儿童，患儿在接触病人后 2～3 周发病，感染后可终身免疫。

1．症状

发病初期可有发热、乏力及食欲不振等症状，1～2 天后腮腺肿大，肿大以耳垂为中心，边缘不清楚，有轻度压痛，张口或咀嚼时感到腮腺部位胀痛，吃硬的或酸的食物时疼痛加剧。腮腺肿胀在发病1～3天时最明显，以后逐渐消退，约2周肿胀退尽。

患儿严重者病情发展迅速，伴有恶心、呕吐、嗜睡、颈部发硬和昏迷等症状。流行性腮腺炎本身不是重症，但并发症较多，如神经系统并发症、生殖器官并发症以及急性胰腺炎等，一旦发现应积极诊治。

2．护理

患儿应多休息，防止过度疲劳；饮食要富有营养，利于吸收和消化，避免食用过于酸辣的刺激性食物及干硬食物；多喝水，常漱口，保持口腔清洁。

3．预防

学前教育机构要加强对婴幼儿的晨检和午检工作，及早发现感染者并及早采取隔离措施，直到腮腺肿胀消退后3天；对接触患儿的易感者应密切观察3周；对于易感儿，可注射腮腺炎疫苗以预防感染；腮腺炎流行期间，应尽量少带幼儿到人群密集的公共场所。

（五）流行性感冒

流行性感冒（简称流感）是由流感病毒引起的急性呼吸道传染病，多在冬末春初流行。流感病毒易发生变异，传播力强。本病除6个月以下儿童外，其他人均为易感人群。流感主要借助空气飞沫直接传播，也可经由飞沫污染的手和用具等间接传播。病后免疫力不持久。

1．症状

流感潜伏期为数小时至1～2天，起病急，伴有高热、头痛、咽痛、乏力和眼结膜充血症状。以胃肠道症状为主者，一般有恶心、呕吐、腹痛和腹泻等症状；以肺炎症状为主者，发病1～2天后即出现咳嗽、气促、气喘和口唇发绀等症状；部分患儿有明显的精神症状，如嗜睡和惊厥等。

2．护理

高热患儿应多卧床休息，注意食用易消化、有营养的食物，多饮水。患儿高热要适当降温，婴幼儿多采用物理降温法。

3．预防

患儿的居室要有阳光，保持空气新鲜。护理者接触患儿前要严格消毒。

（六）手足口病

手足口病是由肠道病毒引起的传染病，多见于5岁以下的婴幼儿。该病可引起手、足和口腔等部位的疱疹，少数患儿可引起心肌炎、肺水肿和无菌性脑膜炎等并发症。手足口病流行强度大，传染性强，传播途径复杂，病毒可以通过唾液飞沫或被带有病毒的苍蝇污染的食物，经鼻腔及口腔传播给健康的婴幼儿，也可因直接接触而传染。

1．症状

患儿起病急，发热，口腔黏膜出现散落疱疹，米粒大小，疼痛明显；疱疹周围有炎性红晕，疱内液体较少；手掌或脚掌部出现同样疱疹，臀部或膝盖有时也能见到；部分患儿可伴有咳嗽、流涕、食欲不振、恶心、呕吐、头疼等症状；患儿一般一周内可康复，但如果此前疱疹破溃，极易传染；个别重症患儿病情发展快，有可能导致死亡。

2．护理

轻症患儿不必住院，可在家中治疗、休息，避免交叉感染。如果患儿在夏季得病，则容易引起脱水和电解质紊乱，需要给患儿适当补水和补充营养。

3．预防

在手足口病流行期间，托幼机构要加强对婴幼儿的晨检、午检工作，发现可疑患儿要及时送其到医疗机构就诊并及时向卫生和教育部门报告；培养婴幼儿养成良好的卫生习惯，引导幼儿做到饭前便后洗手，不喝生水，不吃生冷食物；勤晒婴幼儿所用衣被；居室要经常通风，以预防传染。

做一做：

每6~10名学生为一组，在老师指导下对幼儿园进行访问，记录幼儿园发现手足口病后采取的防治措施，并制定手足口病患儿的护理措施。

（七）病毒性肝炎

病毒性肝炎是由不同的肝炎病毒引起的，按照其病毒系列的不同分为甲、乙、丙、丁、戊几种类型。病毒性肝炎能引起肝脏细胞肿胀，是世界上流传广泛、危害较大的传染病之一。我国儿童中病毒性肝炎的发病率较高，其中以甲型肝炎和乙型肝炎最为常见，分别由甲型肝炎病毒（HAV）和乙型肝炎病毒（HBV）引起。

1．症状

甲型和乙型传染性肝炎，在症状上都可分为黄疸型肝炎与无黄疸型肝炎两种。

（1）黄疸型肝炎。黄疸型肝炎病初类似感冒，患者相继出现食欲减退、恶心、呕吐和腹泻等症状，尤其不喜欢吃油腻的食物。平时活泼好动的幼儿，病后愿意坐着或要求上床；平时不爱哭的幼儿，表现为烦躁、好发脾气。经 1 周左右，患儿的巩膜和皮肤出现黄疸，尿色加深，肝功能不正常。2～6 周以后，黄疸消退，患儿食欲和精神好转，肝功能逐渐恢复正常。

（2）无黄疸型肝炎。无黄疸型肝炎的病情较黄疸型肺炎的轻，一般有发热、乏力、恶心、呕吐和头晕等症状，但在病程中始终不出现黄疸。

2．护理

患病毒性肝炎的幼儿应卧床休息，病情好转后可轻微活动，但以不感觉疲劳为度。饮食宜少摄入脂肪，适当增加蛋白质和糖的摄入量，多吃水果及蔬菜。

3．预防

对于病毒性肝炎患儿要早发现、早报告、早隔离及早治疗；托幼机构要做好饮食卫生与消毒工作，提倡每个幼儿都有自己的水杯、毛巾和餐具；积极创造条件，让幼儿普遍接种肝炎疫苗，提高免疫能力。

（八）细菌性痢疾

细菌性痢疾简称菌痢，是由痢疾杆菌引起的肠道传染病，主要通过患者或带菌者污染的日常用具、餐具、儿童玩具、饮料和食品等传播。本病全年都可发生，多发生在夏秋两季。

1. 症状

患儿一般出现发热、腹痛、腹泻以及便后有下坠感等症状，伴有黏液便或脓血便，重症者可突发高热、昏迷、抽筋、面色苍白、四肢冰冷和呼吸不畅等症状，如不及时送医院抢救，会有生命危险。

2. 护理

患儿治疗应选用对革兰氏阴性细菌敏感的抗生素，如氨基糖苷类药物；患儿应注意休息，饮食选用富有营养且利于消化的食物，忌多渣(如粗纤维食物)、油腻或刺激性食物，病情好转后逐步恢复普通饮食并加强营养。

3. 预防

托幼机构一旦发现感染者应尽快送医院检查就诊，做到早发现、早隔离、早消毒以及早治疗，妥善处理患儿的大便，以免因流失造成传染。预防的关键是防止“病从口入”，做好水源及粪便管理，消灭苍蝇，切断传播途径，注意环境卫生和饮食卫生。

（九）流行性脑脊髓膜炎

流行性脑脊髓膜炎简称流脑，是由脑膜炎双球菌引起的化脓性脑膜炎。病原菌借咳嗽和喷嚏等产生的飞沫在空气中传播，在体外存活力极弱，但密切接触，如怀抱、喂乳和亲吻等容易传染。本病多发于冬春季节，以幼儿和青少年患者为主。

1. 症状

本病潜伏期一般为2～3天，起病时，表现为发热、头痛、呕吐及皮肤黏膜淤点等类似上呼吸道感染症状。发病初期的主要特征是皮肤出现大小不等的淤斑，严重者会出现高热寒战、精神恍惚以及颈项强直等脑膜刺激征。本病病情复杂多变，轻重不一，一般可表现为三个临床类型，即普通型、暴发型和慢性败血症型。

2. 护理

保持患儿的居室安静，空气新鲜，给予患儿易消化及富含营养的流质或半流质食物。密切观察患儿的体温、神志、呼吸、脉搏、血压和瞳孔等表现症状，护理昏迷的患儿要勤为其翻身、拍背和吸痰。后遗症期要注意患儿肢体的康复锻炼，对失语和痴呆者应进行功能恢复训练。

3. 预防

早发现患者，早确诊、早报告、早隔离，及时采用磺胺类药物进行治疗；婴幼儿要及时接种流脑疫苗，注意锻炼身体，以增强体质；室内宜经常开窗通风，保持空气新鲜；冬春疾病流行季节少带幼儿去公共场所。

（十）百日咳

百日咳是由百日咳杆菌引起的急性呼吸道传染病，多见于5岁以内的婴幼儿，全年均可发病，以冬春季节为多。

1. 症状

患儿经历1～3周的病毒潜伏期(一般为7～10天)后出现症状。开始时百日咳的症状类似感冒，3天左右症状减轻，但咳嗽加重并渐渐转变成阵发性痉挛性咳嗽。

痉挛性咳嗽发生时，一般先是短促地咳嗽十多声以至数十声，患儿处于呼气状态，随之是一次较长的吸气，发出一种高调的吼声，如鸡鸣或犬吠样。这是由于其喉部处于痉挛状态，气流通过紧张狭窄的声门而致。患儿痉挛性咳嗽期的长短与治疗的迟早和病情轻重有关，短者数天，长者可达 2 个月，一般为 2～6 周。此后，痉挛性咳嗽减轻，停止，鸡鸣样吸气声消失，病愈。一般愈后身体良好，无不良后遗症。

2．护理

患儿的居室应保持空气新鲜，成人不要在室内吸烟、炒菜，以免引起患儿咳嗽。给患儿穿暖和衣服，让病儿到户外轻微活动，可以减少患儿阵咳的发作。因患儿常有呕吐，呕吐后要为其补给少量食物。患儿饮食宜少量多餐，选择有营养、较黏稠的食物。除此之外，患儿应多喝水，以补充呕吐中失去的体液。

3．预防

早发现，早隔离患儿；让患儿接种百白破混合制剂；接触者接受检疫，若在检疫期间出现咳嗽症状应隔离观察。

（十一）猩红热

猩红热是由 B(乙)型 A 群溶血性链球菌所引起的急性呼吸道传染病，一年四季都有发生，尤以冬春季节发病严重，多见于婴幼儿，以 2～8 岁幼儿居多。

1．症状

猩红热潜伏期一般为 2～4 天，短则 1 天，长则 7 天。患者起病急骤，全身不适；咽痛明显，咽及扁桃体显著充血；舌质红，舌乳头红肿如草毒，俗称杨梅舌；颈部及颌下淋巴结肿大，有触痛；体温升高，一般为 38℃～39℃，严重者可达 40℃以上，有可能产生惊厥；皮疹于 24 h 左右迅速出现，最初见于腋下、颈部与腹股沟，1 天内迅速蔓延至全身，1 周左右皮疹自面部开始脱屑，逐渐到达躯干、肢体与手足掌；脱屑程度与皮疹的轻重有关，一般 2～4 周脱净，不留色素沉着。少数患者可并发急性肾炎。

2．护理

猩红热的治疗以青霉素类药物为主；患儿应多卧床休息，可用温淡盐水漱口，保持口腔清洁；饮食以流质、半流质食物为宜；保持患儿的皮肤清洁；需用抗菌素彻底治疗，以免咽部长期带菌，抗菌素的用法应遵医嘱；在病后 2～3 周时要进行尿检。

3．预防

患儿及带菌者应隔离 6～7 天，托幼机构发现患儿后，应隔离检疫至最后一个患儿发病满 1 周为止。患儿停留过的房间，可用食醋熏蒸消毒：取食醋 50 mL，加等量水，倒入容器中，关好门窗，煮沸食醋，待食醋完全蒸发后半小时开窗通风换气。猩红热流行期间，幼儿应避免到公共场所，其居室应注意通风。

（十二）小儿结核病

小儿结核病是由结核杆菌引起的慢性传染病。小儿结核病的传染源主要为排菌的成人，如家庭成员、保育员及教师等，传播途径以呼吸道传播为主。

1．症状

幼儿患者主要表现为低热和结核中毒症状，呼吸系统症状多不明显，如果出现咳嗽、多痰、咯血或呼吸困难等症状，多为病情严重的表现。大多数患儿表现为不规则低热，每日体温波动常超过 1℃，常表现出精神不振、烦躁哭闹、睡眠不安、盗汗、颜面潮红、食欲不振以及消瘦疲乏等症状。

2．护理

保持居室空气流通，阳光充足；患儿应注意休息，适当运动，多呼吸新鲜空气，增强抵抗力。

3．预防

早发现患者，早确诊、早报告，就地隔离、治疗；要在婴幼儿中大力推广卡介苗接种；幼儿要平衡膳食，多吃鸡蛋、瘦肉、鱼、豆腐、新鲜果蔬等，以增强抵抗力。

（十三）急性结膜炎

急性结膜炎俗称“红眼病”。该病的病原体存在于人的眼泪及其分泌物中，它传播的途径主要是接触传染，往往通过接触患者的眼分泌物、与“红眼病”患者握手或用脏手揉眼睛传染。患者接触过的物品均可能带有病毒，具有传染性。

1．症状

急性结膜炎分为细菌性结膜炎和病毒性结膜炎，其症状有所不同。

细菌性结膜炎：以结膜充血明显并伴有脓性分泌物为特点，同时有异物感、烧灼刺痛、轻度畏光等症状，但视力不受影响。早上起床后分泌物粘住上眼皮，双眼难以睁开。一般3～4 天症状达到高峰，以后逐渐减轻，10～14 天即可痊愈。

病毒性结膜炎：以结膜充血水肿、有出血点并伴有水样或黏性分泌物为特征，同时伴有流泪、异物感，7～10 天后即可逐渐消退。

2．护理

若患儿的眼睛分泌物过多，以至于发生睫毛粘连时，护理人员要洗净双手，用消毒过的棉签蘸生理盐水将分泌物去除，不可用力过猛。

3．预防

注意保持眼部的清洁卫生，及时擦去眼部分泌物；急性结膜炎传染性很强，在集体中极易流行，因此要严格执行消毒隔离制度；接触患者后要洗手；患者用过的毛巾、手帕、面盆等应单独放置，并煮沸消毒。

保教能力

【学练结合】

1．简述急性阑尾炎的症状。

2．如何预防幼儿近视的发生？

3．流行性传染病流行过程的三个环节是什么？

4．幼儿维生素 D 缺乏会有什么病症？该病的后遗症是什么？
5．水痘的传播途径有哪些？
6．患猩红热的幼儿在护理时有哪些注意事项？
7．急性结膜炎有哪些传播途径？该如何预防？

【真题再现】

选择题

（2015 年下半年·保教知识与能力）皮疹呈向心性分布（即躯干多，面部、四肢少，手掌、脚掌更少）的疾病是（　　）。

A．皮疹　　B．水痘　C．手足口病　D．猩红热

【答案】B。

【考点模拟】

选择题

1．下列属于传染性疾病的是（　　）。

A．湿疹　　B．水痘　　C．佝偻病

2．教师在观察幼儿是否生病时，不需要观察（　　）。

A．情绪　　B．面色　　C．体重

3．幼儿出现发热、畏寒、咽痛、吞咽困难和头痛等症状，有可能患有（　　）。

A．扁桃体炎　　B．上呼吸道感染　　C．手足口病

4．下列不属于厌食病因的是（　　）。

A．不良饮食习惯　　B．胃肠道疾病　　C．营养不良

5．学前儿童锌的摄入标准为每日(　　)。

A．5 mg　　B．15 mg　　C．10 mg

6．治疗弱视的最佳时间是（　　）。

A．3 岁　　B．6 岁以前　　C．8 岁以前

7．夜盲症是由于机体缺乏（　　）。

A．维生素 A　　B．维生素 B　　C．维生素 C

8．学前儿童出现发热，口腔黏膜出现散落疱疹可能患有（　　）。

A．手足口病　　B．麻疹　　C．猩红热

9．维生素 D 缺乏出现的症状有（　　）。

A．肌肉松弛　　B．枕秃　　C．骨骼畸形

10．学前儿童易出现的营养性疾病有（　　）。

A．缺铁性贫血　　B．肥胖症　　C．异食癖

答案：1．B　2．C　3．A　4．C　5．C　6．B　7．A　8．A　9．ABC　10．ABC

【拓展阅读】

1．梁燕．学前卫生学[M]. 南京：南京师范大学出版社，2017.

推荐理由：本书针对学前儿童的年龄特点和生长发育规律，分析了影响学前儿童生长发育的因素，提出相应的卫生要求和预防疾病的措施。全书共分为 8 个主题，配有大量生动具体的图片资料、现实案例和情景探究，适合中高职学生学习。

2. 王瑶. 对中班幼儿进行传染病防治教育的现状调查与思考：两所幼儿园的案例分析[D]. 华东师范大学，2010.

推荐理由：全文包括两部分研究：第一部分为文献研究，对国内外近期生命教育和儿童疾病认知的研究结果进行比较详细的回顾，介绍了生命教育的内涵和健康以及疾病维度生命教育的内容，分析了皮亚杰认知发展理论和朴素理论的相关研究和研究范式，为后期的实证研究提供研究假设和理论基础。第二部分为实证研究，首先通过实验，研究两园中班幼儿传染病认知特点，测查中班幼儿传染病的概念、病因解释、防治认知和对传染病接触性的理解，根据研究结果分析园所差异。然后通过问卷调查幼儿传染病来源认知和幼儿家长及教师防治传染病教育现状，根据调查结果分析幼儿传染病认知的影响因素。最后，结合以上研究，提出有利于教师在疾病与健康维度开展早期生命教育的促进策略。

第五章 学前儿童常见意外伤害的处理及安全教育

保教知识

【考点聚焦】

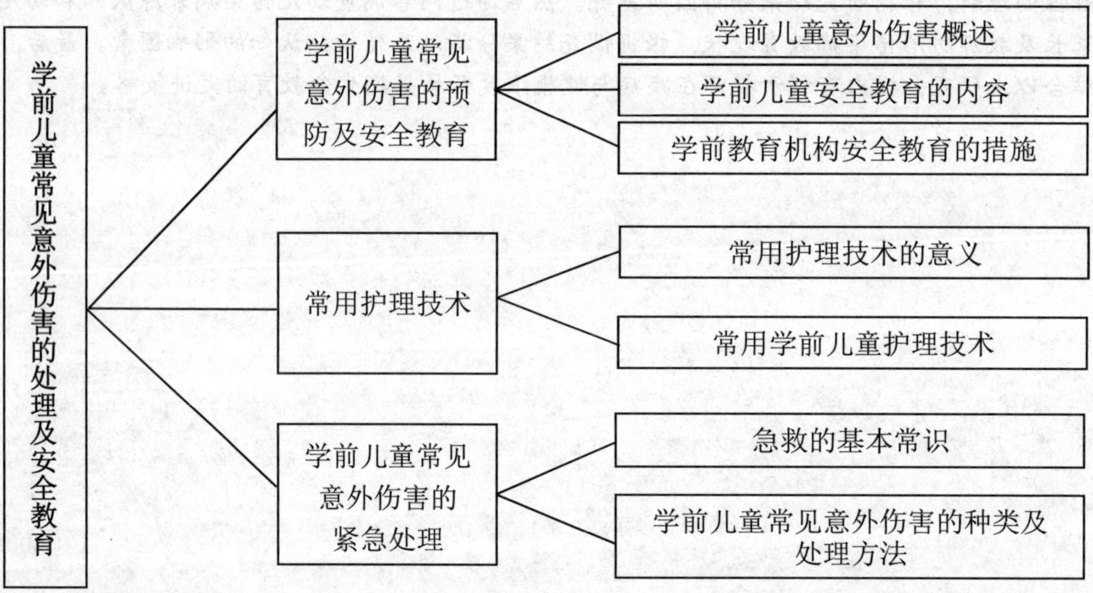

幼教故事：

3 岁的果果口渴了，误将幼儿园放到角落的杀虫剂当作饮料，拿起来喝了几口。不一会儿，他就感到头晕、无力并伴有呕吐现象。李老师发现果果的异常情况，拨打了 120 急救电话，并把他送到医护室进行催吐等紧急处理。由于处理得当，抢救及时，果果很快恢复了健康。

想一想：

1. 分析案例中意外伤害发生的原因。

2. 学前儿童常见意外事故有哪些？如何进行急救处理？

第一节　学前儿童常见意外伤害的预防及安全教育

一、学前儿童意外伤害概述

（一）常见意外伤害事故分类

近15年来，幼儿园发生的常见意外伤害事故主要包括以下六类：交通安全事故，社会安全事故，校舍设施伤害事故，幼儿自伤、互伤或走失事故，食物中毒及公共卫生事故和其他安全事故。

1．交通安全事故

交通安全事故主要包括校车交通安全事故、校内安全事故及幼儿校外活动交通安全事故等。这些事故一旦发生，就容易造成“群死群伤”，对社会影响大。对幼儿园而言，校车交通安全事故是较为突出的一类交通安全事故。

小案例1:

2011年11月16日上午9时许，甘肃省庆阳市正宁县榆林子镇西街道班门口发生一起交通事故。事故造成幼儿以及司机和幼儿园老师共21人死亡。校车核载9人，实载64人，校车逆行，与大卡车相撞。事发路段路况极差，按常理，校车选择逆行应该与路况有关。

小案例2:

2011年7月，北京某双语幼儿园雇用的客车司机尤某在超载32人的情况下，仍然超速行驶。途中，校车撞上施工围挡，支撑围挡的钢管插入车内，导致校车上的幼儿园园长和一名5岁男童身亡，另有3名儿童受伤。

2．社会安全事故

幼儿园社会安全事故是指一些幼儿园因与社会不法人员或社会上其他单位有矛盾纠纷，从而引发影响幼儿园正常教育教学秩序，甚至伤害师生人身安全的事故。

小案例1:

2003年3月7日下午，一名歹徒持刀冲入广西某幼儿园行凶，4名女教师和4名幼儿被歹徒砍伤。该园园长的头部被砍两刀，左肩被砍一刀，右手虎口的肌腱被刀刃割断。

据悉，这名歹徒与幼儿园的一名女教师恋爱不成，双方产生了矛盾才导致惨案的发生。

小案例2:

某日下午，5岁的女孩丽丽的母亲像往常一样，在下午6时左右到广州市某幼儿园接女儿，却被告知丽丽已被领走。心急如焚的母亲立刻打电话报警。但是，在此期间，丽丽被陌生人冒领，遭受摧残后已被抛弃在马路边。此后身心受到重创的丽丽仍然长期处在惊恐之中，经常在梦中尖叫。

小案例 3:

2004 年 11 月 17 日下午，杨女士去幼儿园接儿子，不料却被告知当天上午一名男子持接送卡已将她的儿子涛涛接走。杨女士闻讯焦急万分，立即同家人四处寻找，但儿子仍无下落。直到 19 日上午，一名男子让人给杨女士送来一张字条，称其儿子在他手中，要杨女士拿两万块钱去赎回儿子。

事后杨女士得知，该男子从她家中偷走了幼儿园的接送卡，企图绑架涛涛勒索一笔钱。

3．校舍设施伤害事故

幼儿园校舍设施伤害事故是指因幼儿园校舍设施存在安全隐患，在使用中伤害师生人身安全的事故。此类事故为幼儿园常见的多发事故，需要引起幼儿园及教育行政部门的高度重视。

4．幼儿自伤、互伤或走失事故

幼儿自伤、互伤或走失也是幼儿园多发、易发事故，这主要是因为幼儿缺乏安全意识和安全知识，且幼儿身体协调性较差，或幼儿园看护监管不到位。

小案例:

王萌和韩飞是一个幼儿园的同班小朋友，在一次早锻炼活动时，王萌不小心把飞盘扔到韩飞身上，两人由争吵发展成扭打。这时并没有老师前来拉开他们。在扭打过程中，王萌再次把飞盘扔向韩飞，飞盘碰伤韩飞的眼睛。经医院诊断，韩飞视力下降。

5．食物中毒及公共卫生事故

幼儿年龄小，对病毒和细菌抵抗能力差，相对于其他人群，更易发生流行性、传染性疾病和食物中毒事件。如幼儿在园期间，幼儿之间长时间近距离接触，相互之间易发生交叉感染。

小案例:

2018 年 1 月 22 日中午 1 时许，河北省石家庄市灵寿县某村的民办幼儿园 94 名幼儿出现不同程度的腹痛和呕吐等症状。经调查，1 月 20 日该幼儿园负责人白某用自行购买的亚硝酸盐（当地村民过年采用传统方法烹烧猪肉时常用的材料，民间俗称火硝），在幼儿园食堂加工春节自用肉食后，将剩余的不足 50 g 的亚硝酸盐留在幼儿园食堂的厨房。因亚硝酸盐与食盐相似，22 日中午，该园炊事员徐某在烹制大锅菜过程中，误将亚硝酸盐当作食盐放入炖菜中，导致这起食源性疾病事件的发生。

6．其他安全事故

幼儿园其他安全事故还包括“火”“水”“电”等危险，如火灾事故、触电事故及水灾事故等。

小案例 1:

2001 年 6 月 5 日，江西省南昌市某幼儿园蚊香引燃被褥，发生特大火灾。事发当时值班教工擅自离开幼儿，导致 13 名全托幼童葬身火海。

小案例 2:

2011 年 3 月，河北省沧州市献县一无证幼儿园发生 2 名幼儿溺水死亡的惨案。据悉，事发当日，2 名幼儿悄悄爬出幼儿园外玩耍，不幸溺水死亡。

（二）学前儿童发生意外事故的原因

1. 幼儿自身因素

幼儿年龄小，运动系统发育不完善，身体协调能力差，反应慢，加之幼儿活泼好动，易对周围事物产生好奇心，对危险因素缺乏认识，自我保护能力差。

2. 父母及师长的因素

父母和保教人员的安全意识不强，安全措施不落实；教师的教学经验少，组织活动能力弱，对安全规定不了解，缺乏临危应变的能力等因素，都易造成幼儿园意外事故的发生。如有些教师在幼儿活动时远离活动区域，疏于照顾，从而造成幼儿意外事故的发生。

3. 环境因素

幼儿意外事故不仅来自危险的行为，还来自危险的生活和活动环境。

幼儿园的教育设施存在安全隐患，如用电设施不安全、户外活动器械不符合安全规范以及幼儿用具使用易燃物等；幼儿园缺乏重视安全管理的理念，如门卫管理疏漏等。这些都极易造成幼儿意外事故的发生。

二、学前儿童安全教育的内容

（一）培养幼儿的自我保护意识和安全意识

幼儿园应通过多种途径对幼儿进行安全教育，培养幼儿形成自我保护意识和安全意识，让幼儿了解什么是危险，哪些是可以做的，怎样做才是安全的。

知识拓展：

美国北卡罗来纳州对幼儿的自我保护教育

1. 如果独自在家，陌生人来敲门，可以隔着门告诉他，爸爸妈妈正忙着，或在睡觉。不论他有任何理由，绝不开门。

2. 接听电话时，不要告诉对方自己的名字、地址以及此刻谁在家里等任何与家里有关的信息。

3. 要到哪里玩，一定要让爸爸妈妈知道。

4. 不可独自行走，出门总要与家人或朋友相伴。

5. 不要独自到加油站、戏院、餐馆或其他公共场所的洗手间。

6. 空空的大楼和安静的门道，虽是好玩的地方，但不可独自去那里玩。

7. 有任何不对劲的事，记得拨打报警电话。

8. 不接受陌生人给的任何东西，特别是食物。

9. 无论如何，不要坐陌生人的车，哪怕他说是爸爸妈妈的朋友，或是爸爸妈妈让他来接你的。

10. 如果陌生人对你说，保证带你去一个很好玩的地方，或和你玩一种很有趣的游戏，不要相信，千万不要跟他走。

11. 如果陌生人把手放在你的肩膀上，最好的办法是大声尖叫：“我不认识这个人。”

12. 不要公开说出家里近期的外出旅游计划。

13. 学会打开和关上家里所有的门窗。

幼儿园可组织关于安全标志的教学活动，旨在以认识和了解安全标志为载体，充分发掘幼儿生活中的社会教育因素，从小培养幼儿关注环境、关注身边安全标志的意识，使幼儿在今后成长过程中，逐渐形成良好的社会意识、稳定的社会情感和敏锐的社会观察力，让自己远离危险。

做一做：

以小组为单位，收集并绘制各种安全标志。

（二）培养幼儿遵守安全规则的习惯

安全规则包括幼儿园安全制度、交通安全规则、运动和游戏安全规则以及不携带危险物品的安全规则等。

幼儿园应根据各项安全规则对幼儿进行生活及活动要求，让幼儿养成良好的在园习惯。幼儿园教师应经常性、多渠道地教育幼儿遵守幼儿园的各项规章制度，如：

① 不随意离开集体，有事必须得到教师的允许才能离开。

② 遵守秩序，出入各教室及上、下楼梯时不要拥挤、奔跑或攀爬。

③ 穿好鞋子，系好鞋带，避免活动时被绊倒发生危险。

④ 运动和游戏时，应遵守活动规则，按照一定顺序进行，避免发生碰撞；掌握常用运动器械的正确使用方法，遵守安全规则。

⑤ 不做危险动作，不相互推拉，走路或奔跑时要注意四周是否有障碍物。

（三）教育幼儿懂得水、电、火的危险

幼儿的平衡及自救能力差，误入水中无挣扎及自救能力，很容易溺水。教师要教育幼儿在游泳及距水边较近的地方玩耍时注意安全，如不到水流湍急处游泳，也不在饥饿或疲劳时游泳，游泳前做好充分的准备运动，等等。

教育幼儿不要玩火，不要触摸电线、开关和插头，不要摆弄电器，不要爬电线杆，不要捡掉在地上的电线玩，也不要走在距离电线 10 m 以内的地方，以防触电；室外遇到雷雨时，不要站在大树和屋檐下，不要在山坡上或空旷的高地上行走。

（四）教给幼儿自救的粗浅知识

幼儿遇到危险时，如果懂得一些自救知识，就可以降低危险程度，不至于使自己失去生命。例如，烫伤时应立即冲冷水；发现煤气泄漏时，应立即用湿毛巾掩住口鼻，关闭煤气开关，打开门窗；发生火灾时应打 119 电话；一个人在家时，不要给陌生人开门；等等。对幼儿进行安全教育是一项长期的教育工作，要持之以恒。

知识拓展:

幼儿安全教育方法

1. 环境教育法

环境创设是最直观的教育方法，通过有趣的图片、漫画、标志符号和照片等布置安全宣传栏或墙饰，让儿童在环境的潜移默化中熏陶、感受安全教育，如“过街要走人行道”“知道红绿灯和交通标志”“不能玩火，不能玩电”“不从高处往下跳，不爬窗户”等，让儿童在角色游戏中模拟扮演，从而感悟到交通安全规则。

2. 趣味游戏法

游戏是儿童最感兴趣的活动，也是最有效的教育方式。我们要充分利用游戏活动，让儿童在轻松、愉快的气氛中进行自救技能训练，如针对儿童对“警察叔叔”的崇拜心理，开展角色游戏“交通警察”，让儿童扮演他们所崇拜的“警察叔叔”，使他们懂得横穿马路要走斑马线，走失时要找警察叔叔或和善的人寻求帮助，学会较熟练地说出父母的姓名、家庭住址、电话号码，学会用电话求救等。

3. 日常渗透法

学前儿童一日生活的各个环节都是安全教育的好时机，如晨检、午餐、散步、盥洗、户外活动、自由活动等，教师、保育员、保健员、厨师等都应成为安全教育员，时时抓住机会对儿童进行安全教育。

4. 随机教育法

例如，儿童对教室里的录音机很好奇，自由活动时有一个幼儿玩弄录音机的开关、电线。老师可根据这一事件，结合常识组织活动，进行一些通电小实验，使他们了解电、电器的危险性，教育他们不要乱摸电源开关、插座、电线、电器等，让他们知道哪些东西有危险，会伤害身体，不能乱摸，使他们懂得既要玩得开心，又要注意安全。

三、学前教育机构安全教育的措施

（一）健全规章制度

建立健全安全管理制度和应急机制，如校车接送制度、门卫制度、接送卡制度、家园联系制度、卫生保健制度、饮食卫生制度和特殊药品管理制度等。消除各种安全隐患，加强检查监督工作，认真落实安全防范措施，狠抓落实，减少薄弱环节。

知识拓展:

幼儿园相关规章制度

幼儿接送制度	药品和危险物品的保管制度
加强对门卫的严格管理	保健人员负责检查幼儿用药的准确性
建立班级的交接班制度	妥善保管幼儿的药物

续表

幼儿接送制度	药品和危险物品的保管制度
建立并严格执行接送制度	教师应认真给幼儿喂药
—	危险用品应有专人保管

（二）提高教职工安全意识

幼儿园教职工的责任心和职业道德素养状况，直接关系到幼儿园的保教工作质量，影响幼儿的身心健康。很多幼儿园安全事故发生的原因，与教职工的责任心和职业道德素养有紧密的关系。幼儿园可以从以下几方面提高幼儿园教职工的职业道德素养。

① 严格对待幼儿园教职工的招聘工作，引入有责任心且专业能力强的人才。

② 加强师德建设，严格日常管理，规范保教行为。如发现教职工有违规行为，应严肃处理，绝不姑息。

③ 利用激励手段，调动教职工安全工作的积极性。

（三）消除事故隐患

幼儿园不使用危房，加强电气设备的管理防护，注意幼儿用餐卫生及饮用水温度，防止幼儿食物中毒及烫伤。加强药品和消毒用品的管理，建立设施设备器械检查制度，加强刀剪、铅笔和圆珠笔等危险物品的管理，避免幼儿自伤、互伤、磕伤以及碰伤。

（四）加强幼儿活动时的看护监管

幼儿园应加强对幼儿活动时的看护监管，作为幼儿园教师，在幼儿活动时应做到以下几点。

① 做好活动前的准备工作，消除一切安全隐患。

② 随时观察幼儿的活动反应。

③ “眼观六路，耳听八方”，放手不放眼。

④ 发现问题要快速妥善地处理。

（五）提高家长的安全意识

幼儿园在开展多种形式的家长指导活动中应渗透安全教育内容，如开设专题讲座、辩论活动、知识竞赛、家园共育的园报和墙报等活动，提高家长的安全意识，丰富家长的安全知识，便于家长在家庭环境中对幼儿进行安全教育。

不同颜色的标志

常见的安全标志

第二节　常用护理技术

一、常用护理技术的意义

幼儿的保健护理对降低各种危害儿童健康的常见病和多发病的发病率和患病率，保证儿童的病后康复，降低死亡率，都有着极为重要的意义，而掌握常用护理技术，是做好护理工作的必要条件之一。

二、常用学前儿童护理技术

（一）测体温

在为幼儿测量体温时，要选择合适的体温计。体温计一般有水银体温计和液晶体温计两种。水银体温计测量较为准确，一般分为腋下体温计（腋表）、口含体温计（口表）和直肠体温计（肛表）三种。1 岁以上的儿童可选择腋表或肛表进行测量，其中肛门温度更接近实际体温。6 岁以上的儿童可以选择口表或腋表。虽然肛温和口温更接近实际体温，但是由于腋下测量对于儿童来说更为方便，因此在实际操作中经常选用腋表进行测量。

1．腋下测温法

腋下测温安全卫生，适用于任何年龄的婴幼儿，包括新生儿。测前需检查腋表是否完整，腋表上的水银线是否已甩至 35℃以下。测量时先解开幼儿上衣，再轻轻擦干幼儿的腋窝，将腋表夹在幼儿的腋下，使幼儿屈臂夹紧腋表并将手臂放于胸前。注意水银端不能伸出腋窝外，5 min 后取表，读数记录，正常腋下体温为 36℃～37℃。腋下测温法是测试幼儿体温的较适宜的方法。如果让幼儿卧床，蜷起大腿在其腹股沟处测量则更为方便。

2．口腔测温法

测前先检查口表水银线是否已甩至 35℃以下，然后将口表放于舌下，闭口，用门牙轻轻将口表固定在舌下，测温时间为 3 min 左右。为防止幼儿咬碎口表，口腔测温法一般不宜用于较小的幼儿。体温计使用完后，要用酒精棉球擦拭，水平放置。

3．直肠测温法

直肠测温法常用于新生儿及婴幼儿。测前检查肛表水银线是否甩至 35℃以下，并检查肛表有无破损，用液体石蜡或橄榄油涂肛表头部使之润滑。幼儿取侧卧位或仰卧位，操作者一手握其双踝并提起其双腿，另一手将肛表慢慢插入其肛门，深度为 2.5～3 cm；测温时，避免幼儿活动；3 min 后取出肛表，读数记录。直肠测温要求操作者手法轻柔，防止损伤幼儿的肛门或直肠。一般肛门体温的正常范围为 36.8℃～37.8℃，在人体运动或大哭之后，肛门体温可以升至 38.2℃。正常幼儿可仅仅由于穿衣过多、室温过高以及天气过热等原因，导致体温高达 39℃。

（二）测脉搏

因为脉搏易受体力活动和情绪波动的影响，故测量时应避免进食、运动、哭闹和发热等因素的干扰，需在安静的状态下进行。

测量方法：受测者取坐位，右前臂平放在桌面上，掌心向上；测试者坐在右侧，以食指、中指和无名指的指端触压受测者的手腕部桡动脉，测量脉搏；以 10 s 为单位，连续测量三次 10 s 的脉搏，若其中两次测量值相同并与另一次测量值相差不超过一次跳动，即可确认受测者处于安静状态，然后测量其 1 min 脉搏数并记录。

（三）测呼吸频率

正常的呼吸次数，随年龄的不同而不同，一般年龄越小，呼吸次数越多。新生儿每分钟呼吸 35～45 次；6 个月到 1 岁的儿童每分钟呼吸 30～35 次；1～3 岁的儿童每分钟呼吸 25～30 次；4～7 岁的儿童每分钟呼吸 20～25 次；8～14 岁的儿童每分钟呼吸 16～20 次。正常的呼吸均匀，平稳，有规律，通常吸气略长于呼气。如果呼吸过快或过慢，深浅不一或快慢不匀，则有患病的可能。

在测量呼吸频率时，要让儿童保持安静，观察其胸部或腹部的起伏，一起一落为一次呼吸，计算儿童 1 min 的呼吸次数，同时观察其呼吸是否有规律。

（四）测血压

测量血压可以了解心血管系统的状况。测时应首先检查袖带宽窄是否适当，如用成人器具时，袖带过宽，会使测得的血压数值偏低；而袖带过窄，则会使测得的血压数值偏高。袖带宽度因幼儿年龄差异而有所不同，一般新生儿为 2.5 cm；3 岁前的幼儿为 5 cm；4～10 岁的幼儿为 7～9 cm。袖带内气囊应能围绕上臂或超过上臂周径一半以上，然后检查气囊接头无漏气后，将袖带平整地缠于幼儿的上臂，其下缘距离肩窝约 2 cm，坐位或卧位测量时，均需要使被测手臂、血压计零点和心脏处于同一水平位置。听诊器放于幼儿的肘窝肱动脉明显处，关闭气门，打气至脉搏声消失后，再加压 10～20 mmHg，正常情况下，收缩压的值：1～4 岁幼儿为 80 mmHg，5～12 岁幼儿为 90～105 mmHg。舒张压为收缩压的 2/3。下肢血压比上肢约高 20 mmHg。左、右肢血压正常情况下相差 10 mmHg。

做一做：

6 ~ 8 名学生为一组，相互练习测体温、测脉搏、测呼吸频率以及测血压。

（五）给药

1. 口服药

水剂药物，应将药液摇匀再喂服。为 3 岁以上儿童喂服片剂药物时，小粒的可直接口服，大颗粒药物需分成几份后再口服。要严格按照医生的要求控制药量和用药时间。

对于哭闹或不愿意吃药的儿童，不要强行灌药，以防儿童呛咳。喂药时，患儿取坐位或半卧位，服药时应用温开水送下。服药后，如果患儿出现恶心及呕吐现象，应轻拍其后背或逗引以分散其注意力。

2. 滴眼药

滴眼药时应让儿童仰卧或坐着，头向后稍倾斜，使患眼位置低于健眼，以免药液从患眼流入健眼。轻向下拉开患眼的下眼睑，将药水滴在眼球与下眼睑之间，不要直接滴在黑眼球上。滴完后，轻提儿童的上眼睑，并让其自己轻轻转动眼睛，以使药液均匀覆盖。接着用手轻压眼角内侧泪囊口处 2～3 min，防止药液进入鼻腔，然后让儿童闭眼 1～2 min 即可。

3. 滴鼻药

滴药前把儿童的鼻涕尽量擤干净。滴药时，儿童仰卧于床上，肩上垫一个软枕，头尽量后仰，使鼻腔低于口咽部，也可将头悬垂于床缘外或取坐位，头尽量后仰，鼻孔朝上，然后滴药。滴药时可将药液顺着鼻孔一侧慢慢流下，让鼻腔侧壁起缓冲作用，以免药液直接流入咽部而难忍苦味。滴药后轻按两侧鼻翼两三下，使药液布满鼻腔。滴药后应保持原体位 3～5 min，让药液充分吸收。

4. 滴耳药

滴药前，清洁双手，把药瓶握在手中数分钟，使药液温度接近体温。滴药时，一般取坐位侧偏头或侧卧于床上，患耳的外耳道口向上，牵拉耳郭，将外耳道拉直，这样可以使药液沿外耳道缓缓流入耳内。滴管不要触及外耳道壁，以免滴管被细菌污染。滴药后，保持原体位 3～5 min，并用手指轻轻按压耳屏 3～5 次，通过外力作用使药液经鼓膜穿孔处流入中耳。

5. 皮肤涂擦

为儿童涂擦皮肤用药之前，要先将患处皮肤用温水洗净，再用棉签及纱布等蘸药水或用药膏敷上。要按照使用说明，注意用药剂量和时间间隔。另外，由于儿童的皮肤比较娇嫩，在涂抹的时候要注意控制力度，以免对儿童的皮肤造成损伤。

（六）冷敷法

冷敷时将小毛巾折叠成数层，放在冷水中浸湿，拧成半干，放在患儿的前额，每 5～10 min 更换一次毛巾，最好有两块毛巾轮流使用，水温保持 18℃～25℃。还可同时在腋、肘、膝窝和腹股沟等大血管处同时使用冷敷。需要注意的是，枕后、耳郭、阴囊、心前区、腹部以及足底等部位忌冷敷。麻疹、风湿病患儿及体质较差的患儿不要进行冷敷。

（七）酒精擦拭

将浓度为95%的酒精 100 mL 加水 200 mL，或者将 60 度的白酒 100 mL 加水一倍，配成浓度为 30%的酒精溶液，把毛巾在酒精溶液中浸透，拧成半干，擦拭颈部两侧、腋窝及肘窝等处，同时前额可配以冰袋冷敷。擦拭时注意不要使患儿过多暴露，避免患儿着凉。擦拭后给患儿穿上衣裤，盖好被子。擦拭半小时后，测量患儿的体温等身体指标，若休温降至 38. 5℃左右，则除去患儿前额的冰袋或毛巾。

（八）热敷法

热敷法可以减轻疼痛，可用于疖肿初起时，有辅助消炎、消肿的作用。其作用机制是局部热敷可以扩张血管、加速血流，促进渗出物的吸收和炎症的消散。热敷还可以松弛局部肌肉、肌腱及韧带，解除因肌肉痉挛、强直而引起的疼痛。另外，热敷也可以解除因肠胀气引起的疼痛及尿潴留等。

热敷时，在需要热敷的局部皮肤表面涂上凡士林或食用油，涂抹面积以稍大于热敷面积为宜，然后盖上一层纱布。将小毛巾浸于 40℃～50℃的水中，拧干（以不滴水为准），折叠后敷于患处，上面加盖干毛巾保温。热敷完毕，撤去毛巾和纱布，并擦去凡士林或食用油。

（九）止鼻血

幼儿的鼻部受到外伤，或挖鼻孔时损伤了鼻黏膜，或鼻腔异物等，均会引起鼻出血。帮助幼儿止血时要注意：

① 安慰幼儿不要紧张，让幼儿安静躺着或坐着，张口呼吸，头略低；

② 一般捏住幼儿的鼻翼 10 min 即可止血，或用湿毛巾冷敷幼儿的鼻部和前额；

③ 鼻出血后，2～3 h 内不要做剧烈运动；

④ 鼻出血较多时，可用脱脂棉卷塞入幼儿的鼻腔，填塞紧些才能止血；

⑤ 若无法止血或幼儿经常出鼻血，应带幼儿去医院诊治。

（十）简易通便法

简易通便有两种方法：开塞露通便法和肥皂条通便法。具体做法是将开塞露管口前端封口处平行剪开，挤出液体，先润滑管口，然后插入肛门，再挤压后端，使药液进入肛门，起到润滑作用；如用肥皂通便，则需将肥皂削成圆锥形，并用温水浸湿，增强其润滑度，而后轻轻将肥皂塞入肛门。

第三节　学前儿童常见意外伤害的紧急处理

一、急救的基本常识

急救是指当人们突然发生急病或遭受意外伤害时，为抢救患者的生命、改善病情和预防并发症所采取的紧急救护措施。意外发生后，是否需要急救，如何实施急救，要根据病情的轻重而定。

（一）病情轻重的判断

幼儿发生意外事故后如能迅速判断病情的轻重，采取相应的急救处理，对于挽救幼儿生命或改善病情十分重要。

一般情况下，意外事故发生得太快、太突然，幼儿病情的变化又比大人快得多，吉凶莫测，因此必须迅速判断出病情的轻重，以决定应采取什么措施进行救护。

1．依据发生意外的原因判断

有的意外事故发生后，必须在现场争分夺秒地进行正确而有效的急救，以避免死亡的发生，如溺水、触电、雷击、外伤大出血、气管异物、中毒以及车祸等。也有的意外事故虽然不会顷刻致命，但也是十分严重的，如果迟迟不做处理或处理不当，也可造成死亡或终身残疾，如各种烧烫伤、骨折等。上述意外事故发生后，都要实施急救。

2．依据伤者的情况判断

当人体突然受到外界强大的刺激，或疾病发展恶化至最后阶段，重要的生命机能已经紊乱、衰竭，新陈代谢降到最低的水平，呼吸、脉搏、瞳孔等都会发生改变。

呼吸的变化：先看病儿的呼吸是否均匀。垂危病儿的呼吸已由正常节律变得不规则，时快时慢、时深时浅，即出气不均匀了。再看看鼻翼或胸廓，如果鼻翼翕动，胸廓在吸气时反而下陷，这都说明病儿呼吸已十分困难或呼吸已停，应立即做人工呼吸。

脉搏的变化：可通过触摸桡动脉、颈动脉来检查。垂危病儿的脉搏，由规则节律的跳动变得细快而弱，或节律不齐，说明心脏功能和血液循环出现了严重障碍。一旦心跳停止，应立即做胸外心脏按压。

瞳孔的变化：一般瞳孔直径为 3 mm，遇到光线后瞳孔能迅速收缩。垂危病儿的眼睛无神，瞳孔已不能随光线的增强而迅速缩小，最后瞳孔会渐渐散大，对光线完全失去反应能力。

（二）急救原则

幼儿发生意外后，在医生还未赶到现场时，需要采取一些急救措施，而实施急救应遵循三个基本原则。

1．挽救生命

呼吸和心跳是最重要的生命活动。在常温下，呼吸、心跳若完全停止 4 min 以上，生命就有危险；超过 10 min，就很难起死回生了。如果病儿的呼吸、心跳已很不规则，快要停止或刚刚停止时，还迟迟不做急救，只等医生来了之后再救，或者送到医院再救，往往会造成不可挽回的后果。一旦失去挽救病儿的有利时机，就算是再高明的医生和再先进的仪器，也只能回天乏术了。因此，不管发生何种意外，也不管出现何种情况，一旦病儿的呼吸、心跳发生严重障碍，当务之急就是要立即实施人工呼吸、心脏按压等急救措施，抓住最初的几分钟的时间，帮助病儿被动呼吸，以期病儿恢复自主呼吸，维持血液循环。

2．防止残疾

发生意外后，在施行急救措施挽救生命的同时，还要尽量防止病儿日后留下残疾，如幼儿发生严重摔伤时，有可能造成腰椎骨折，施救时就不能用绳索、帆布等担架抬送，也不能背或抱病儿，否则会损伤病儿的脊髓，造成终身残疾。不当的急救措施虽说可挽救奄奄一息的生命，但却会造成病儿终身的不幸，而这种不幸是完全可以通过采用恰当的急救措施避免的，如发生上述摔伤时，一定要用门板之类的担架转运病儿。

3．减少痛苦

意外事故所造成的损伤往往是很严重的，常常会给病儿的身心带来极大的痛苦，因而在搬动病儿、处理病情时动作要轻柔，语言要温和，不要认为救命要紧，其他都不管不顾，这样会加重病儿的病情。

（三）重要的急救术

呼吸是生命的象征。如果呼吸中断，断绝了氧气的来源，组织细胞缺氧，二氧化碳难以排除，身体会因得不到能量而无法进行新陈代谢。对脑细胞来说，当呼吸一停止，所剩的氧只够用 10 s，心脏所剩的氧也仅够它收缩几次。因此，不管是什么原因造成的伤害，一旦病儿的呼吸极其微弱或呼吸停止，应立即施行人工呼吸。

1．人工呼吸

人工呼吸就是用人工的方法，使伤者的胸廓有节律地扩大和缩小，以维持肺的通气功能。常用的方法有口对口吹气法、俯卧压背法和仰卧压胸法等。

口对口吹气法是近几年国内外学者一致推荐的一种操作简便而且气体交换量较大的人工呼吸方法，简便易学，效果可靠。

知识拓展:

为什么我们呼出的气能有起死回生的效果呢?这是因为空气中的氧占 20%，二氧化碳约占 0.03%。我们呼出的气中氧的含量占 16%，二氧化碳占 4%。对于呼吸暂停导致机体严重缺氧的伤者来说，能获得含氧量 16%的气体已能满足身体的基本需要了。另外，较高的二氧化碳，能使呼吸中枢兴奋，因此可以人为地来帮助伤者呼吸，使其逐步恢复到自主呼吸。

口对口吹气的操作步骤如下。

（1）让伤者仰卧，解开伤者衣领、裤带、紧裹的内衣等，清理伤者的口鼻污物(泥或痰)，颈下垫物使其头后仰，口张开，以保持伤者呼吸道的畅通(昏迷者舌头后缩会阻塞呼吸道，要拉出并固定)。

（2）救护者深吸一口气，捏住伤者的鼻孔，双唇密封包住伤者的嘴并向里吹气。注意观察患者的胸部是否隆起，吹气量不能过大或过小。吹气量大于 800 mL，但不要超过 1 200 mL，吹气量太大可能会将肺泡吹破，太小则起不到效果。一般以吹入一口气后，患者的胸脯略有隆起为度。

（3）吹完气后嘴离开，松开鼻孔，让伤者把肺内的气“呼”出(只要看到伤者高起的胸部下落，就表示肺内的气体已排出。也可以轻压伤者的胸部，帮助他呼气)。再重复上述步骤。如果伤者牙关紧闭，也可对着其鼻孔吹气，操作步骤与口对口吹气相同。吹气的次数为成人 16～20 次/min，儿童 18～24 次/min，婴儿 30～40 次/min。要耐心持续地进行抢救，直至伤者又恢复自主呼吸，或者将伤者送到医院为止。为挽救伤者的生命，只要有一线希望就不能放弃。

2．胸外心脏按压法

心脏跳动推动血液在周身运行，把氧气和养料带到全身各处，把代谢废物和废气及时运出排到体外。当生活中发生了意外事故，使心脏突然停止跳动时，身体里的一切活动将陷入瘫痪。因此，要争分夺秒、千方百计地用人为的方法来维持病儿的血液循环，使其心脏重新跳动。常用胸外心脏按压法来恢复患者的心跳。

胸外心脏按压法简便易行，效果可靠。其基本原理是给不工作的心脏施加外力，使其收缩排出血液，压力解除后，心脏舒张，心室又充满了血液。

胸外心脏按压的操作步骤如下。

（1）伤者仰卧于有硬度的平面上（使其背部有硬物支撑，千万不能使伤者躺在软床或帆布担架上操作，以免影响挤压效果），使其头部与心脏在同一水平位置以保证其脑部的血流量。如有可能应抬高伤者下肢，以增加伤者回心血量。

（2）救护者站(或屈膝跪坐)于伤者一侧，先将一手掌根部放置在伤者胸骨下 1/3 处，再将另一手掌重叠上去。

（3）救护者伸直手臂，借助上身的力量，垂直冲击性地下压，使伤者的胸骨下陷 3～4 cm，压后立即放松，如此反复进行。注意按压部位不要过大，只手掌根部接触，手指部分不要接触伤者的胸部，以免伤及其肋骨；动作要有节奏，用力要均匀，有一种冲击力；放松时手掌不要离开原位，按压是否有效，应以触及病儿的颈动脉或股动脉搏动为准。

一般对年龄较大的儿童，应将两手重叠放置，每分钟按压 60 次左右；对年幼的儿童，用单手即可，每分钟按压 80 次；对婴儿及新生儿，仅拇指并放于胸前第四肋间水平位，其余四指托在背部进行按压，新生儿每分钟按压 120 次。

有的意外事故会造成病儿的呼吸和心跳同时停止，这时口对口吹气和胸外心脏按压需同时进行，按压与吹气比例——单人施救 15∶2，双人施救 5∶1。按压吹气中间间隔 4～5 s。

做一做:

结合视频，用塑料娃娃练习胸外心脏按压法。

3. 速止血法

幼儿的外伤事故，常常伴随着出血。出血有多有少，出血的部位有深有浅。如果是少量的出血，幼儿不会有太大的生命危险，但如果是大出血，则会危及幼儿的生命，如动脉血管损伤会引起大出血，因此必须迅速止血。出血可分以下几类。

（1）皮下出血。幼儿在跌倒、受挤压、挫伤的情况下，皮肤没有破损，只是皮下软组织形成血肿、淤斑。一般外涂活血化淤的药，不久即可痊愈。

（2）外出血。外伤造成皮肤破损，血液从伤口流出的现象称为外出血。

（3）毛细血管出血。毛细血管出血时血液像水珠一样渗出，能自己凝固止血，通常无太大危险。

（4）静脉出血。静脉出血时血色紫红，血液徐徐均匀流出，比动脉出血容易止住。

（5）动脉出血。动脉出血时血色鲜红，似泉涌，有搏动性，血液随心跳的频率从伤口向外喷射或一股一股地冒出。动脉出血在短时间内会造成大量失血，危险性非常大。

（6）内出血。内出血是指深部组织或内脏损伤所引起的出血，表现为体内血管破裂，体表无伤口，看不到血液外流。内出血通常在幼儿腹部受伤，肝脾破裂后发生。失血过多时，病儿常常会脸色苍白、出冷汗、手脚发凉、呼吸急促、心慌气短、脉搏细弱。内出血对病儿生命的威胁很大，因血液注入组织或体腔内，体表看不到血，容易被忽略，延误诊治。如果怀疑幼儿有内出血，应迅速送幼儿到医院抢救。

出血往往对幼儿伤害很大，因此要及时止血，防止伤害过重而危及幼儿生命。常用的止血方法有以下两种。

（1）一般止血法。一般止血法应用于小伤口的外伤出血，效果较好，简便易行，具体操作如下：先用生理盐水（用 9 g 盐加冷开水 1 000 mL 配制）冲洗伤口局部，如果伤口在头部或其他毛发较多的部位，受伤时应先剃去毛发，涂红药水，盖上消毒纱布块，用绷带包扎紧，以不出血为宜。

（2）指压止血法。身体某些部位的动脉出血可采用指压止血法，作为临时的止血措施。其方法是用拇指压住出血血管的上端（近心端）压闭血管，阻断血流。

面部出血时要压住双侧的下颌角；太阳穴出血时按压耳朵前面对着下颌的关节处；腋窝、肩部出血时要压住锁骨凹处的动脉；前臂出血时的按压部位为肘窝处的肱动脉；手掌、手背出血时按压腕关节内的桡动脉；手指出血时将手指屈入掌内成握拳状；大腿出血时要屈起大腿，压迫腹股沟中点的股动脉；脚部出血时要压住踝关节下侧脚背面的动脉。

二、学前儿童常见意外伤害的种类及处理方法

幼儿生性活泼好动，随时可能发生意外事故。意外事故发生后，必须在现场争分夺秒地进行急救，以挽救幼儿的生命。有些意外事故虽然不会致人死亡，但如果迟迟不做处理或处理不当，将会造成患儿终身残疾。

（一）小外伤

1．跌伤

在幼儿园，跌伤事故经常发生，幼儿跌伤有多种原因：幼儿在奔跑、跳跃时不小心跌倒；自行玩大型玩具，上下楼梯时跌跤；互相推拉、追跑、打闹时由于掌握不好轻重而将对方弄倒。教师对幼儿的危险动作没有及时发现制止或对幼儿生活照顾不细致也会造成跌伤，如鞋带开了，走路时被绊倒；鞋底嵌着小石子，下楼正好踩在台阶的金属镶边上滑倒了。另外，走廊、厕所地面太滑；活动区地面不平；窗口、走道、床没有护栏等都会造成幼儿跌伤。

幼儿跌伤后，除应注意局部损伤情况外，还应注意其他部位及内脏有无损伤。这可根据幼儿的神情来判断。若幼儿神态木然，反应迟钝，说明病情严重，如果出现休克，应考虑脑及内脏受到了损伤。

处理：如果伤口小而浅，只是擦破点皮，可用双氧水洗净伤口，再上点紫药水或红汞。如果皮肤未破（属挫伤），伤处肿痛，肤色青紫，可局部冷敷，防止内部继续出血。一天后再热敷，以加速患处的血液循环，促进血液吸收。受伤部位要限制活动。如果伤口大或深，出血较多，要先止血，将伤部抬高，并立即送医院处理。

有时跌伤可能造成骨折、内出血或脑震荡。内出血比外出血更可怕，因为它不容易被察觉。由于内出血无法用按压法止血，所以教师应第一时间通知医护人员到场协助救治。在医护人员抵达前，要防止受伤幼儿乱动，可让他躺下，头部放低并偏向一边，使幼儿的大脑能得到足够的血液供应。同时，若情况许可，可抬高其双腿，使血液流向重要器官。另外，要密切注意受伤幼儿的呼吸、脉搏和清醒程度，替其解开衣领，保持呼吸顺畅。若受伤幼儿不省人事，切勿给他吃任何东西或喝水，并根据情况需要对他实施心肺复苏。如

果幼儿跌伤，伤及头部，看不到外伤，但发生昏迷并伴有头痛、头晕、呕吐、嗜睡等症状，即为脑震荡，此时应将幼儿放于床上休息，切忌猛拍、猛搡，这样十分危险，只会加重幼儿病情，应将幼儿送医院治疗。

2．割伤

割伤是指幼儿使用剪刀、小刀等文具或触摸碎玻璃时，划破了手，致使皮肤割破出血。

处理：用干净的纱布按压伤口止血后，用碘酒或浓度为 75% 的酒精消毒，在伤口处涂红药水，敷上消毒纱布，用绷带包扎。如果是被碎玻璃扎伤，还应用镊子清除碎片后再包扎伤口，伤口深的应送医院。

3．挤伤

幼儿容易被挤伤的部位很多，最常见的是手指挤伤。

处理：幼儿的手指被挤伤时，应立即用凉水冲洗幼儿受伤的手指，也可用冰块进行冷敷，然后对挤伤处进行消毒并用纱布松度包扎。若幼儿的手指被挤伤后，流血不止，应及时包扎伤口，并将受伤的手指高举过肩部以辅助止血。若手指挤压处有灰尘等异物，应及时用酒精清洗、消毒包扎。若指甲脱落，应立即送往医院进行治疗。

4．扭伤

扭伤多发生在四肢关节处，患处疼痛，运动时疼痛加剧，可出现肿胀或青紫色淤血。

处理：用冷水敷或浸泡患处，可止血、止痛。一天后再热敷。

5．刺伤

有些花草、木棍、竹棍带刺或网子扎入幼儿的皮肤，应立即取出。

处理：可先将伤口清洗干净，绷紧皮肤，用消毒过的针或镊子顺着刺的方向挑出刺，并挤出淤血，随后用酒精消毒。若拔不出应送医院处理。

（二）动物咬伤

1．蚊子、臭虫叮伤

夏天，尤其是在郊外，蚊子较多，幼儿常常被蚊子叮伤。蚊虫叮咬后会出现微肿、发红、发痒等症状，有时痒得很厉害，会使幼儿变得不安，难以入眠。为了解痒，患儿只好抓搔叮咬处，常常造成此处皮肤破损，进而感染，产生化脓性疾病。

处理：为了减轻发痒的症状，可在患处涂上花露水、酒精、清凉油等；为了防蚊，可在幼儿身体裸露处涂上驱蚊油等。

2．黄蜂、蜜蜂、毛虫重伤

幼儿在蜂窝附近或花丛中玩耍，有可能遭蜂等蜇伤。蜂蜇后毒物进入幼儿体内，会引起患处表面皮肤红肿，并伴有剧烈疼痛，而后奇痒无比，以后症状慢慢消失。

处理：一旦被蜂蜇，首先要找到并取出毒刺，然后在蜇伤处涂些液体，以达到减轻疼痛和消除水肿的目的。黄蜂毒液呈碱性，可在伤口涂食醋等弱酸性液体；蜜蜂毒液呈酸性，可在伤口涂淡碱水、肥皂水等弱碱性液体；为了防止化脓感染和破伤风病菌侵入，伤处一定不要放土；若蜇伤后伴有中毒症状，应立即送医院；毛虫蜇后毒毛可刺入皮肤且不易取出，此时可用橡皮膏贴附于被蜇部位，再用力撕下，毒毛即可被粘出，然后局部擦些风油精等即可。

3．蜈蚣、蛇咬伤

若不慎被蜈蚣或毒蛇咬伤，此时，由于伤口的深浅、大小和动物的毒性不同，幼儿可能出现不同程度的头晕、头痛、呕吐、视物不清等症状，导致发生昏迷、抽搐而危及生命。

处理：被蜈蚣咬伤时，伤口往往是一对小孔，可立即用肥皂水或5%～10%的小苏打水及淡石灰水冲洗伤口。因为蜈蚣的毒液呈酸性，所以用碱性液体可将其中和而减少毒性。被蛇咬伤后，注意观察伤口，如伤口仅见成排的细小牙痕，则该蛇大多无毒。如在两排牙痕的顶端有两个特别粗而深的牙痕，则很可能是被毒蛇咬伤。一旦发现被毒蛇咬伤，应立即用较宽的带子勒住伤口的近心端(距伤口 5 cm)，并使幼儿少动，以免毒液向全身蔓延，紧接着用清水或盐水冲洗伤口，将留在表面的毒液冲走。然后用刀片以伤口牙痕为中心，划个“卜”字切口，并用手挤伤口，使毒液流出，也可用拔火罐或吸奶器把毒液吸出来，这样反复几次，使毒液流净，将结扎带子解开，迅速送医院治疗。如果条件允许，被毒蛇咬伤后，立即口服五片南通蛇药，同时将药片以温水溶化后涂于伤口周围，也有一定的疗效。

为了避免被蜈蚣、毒蛇咬伤，不要带幼儿到潮湿、低洼地散步，也不要带幼儿去长满野草和茂密的树丛中去，更不要让他们在青草或稻草上玩耍和躺着。

4．疯狗咬伤

患了狂犬病的狗，性情突变，狂躁易怒，感情变化反复，暴躁时咬人。人被咬之后，狂犬病毒可经过伤口进入人体，沿神经传至大脑，在大脑处繁殖，经过十几天，甚至半年或两年后才出现症状。被感染的患者会烦躁不安、牙关紧闭、抽风，见到水尤为恐惧，不敢喝水，甚至听到流水声也会引起全身抽搐，所以也称狂犬病为“恐水症”。

处理：一旦被疯狗咬伤，要及时送医院处理伤口，并报告当地公安机关，将疯狗捕获。

（三）异物入体

1．外耳道异物

常见的外耳道异物有小石块、纽扣、豆粒、小珠子、草棍等，多于玩耍时塞入耳中。动物异物多在幼儿睡眠时钻入耳中。外耳道异物常引起耳鸣、耳痛。植物性异物遇水膨胀后，可继发感染引起炎症。动物性异物，如苍蝇、蚂蚁等在耳内爬来爬去，可引起剧痛。较大的异物可引起听力障碍及反射性咳嗽。

处理：小异物入耳，可让幼儿头偏向异物侧，用单脚跳促使异物从耳中掉出来；昆虫入耳，可用灯光照引诱它爬出来，还可用半茶匙将稍加热后的食油、甘油、酒精倒入耳内，再让患儿病耳朝下，控 5～10 min，被淹死的昆虫可随液体一道流出。难以排出的异物，应立刻去医院处理，否则会损伤外耳道皮肤或鼓膜，甚至将异物推向中耳，造成严重后果。

2．鼻腔异物

幼儿出于好奇，有时会将一些小物件塞入鼻孔。异物中以纸团、小珠子、豆粒、果核、花生米最为多见。异物可引起鼻塞，日子长了会流出很臭的鼻涕。

处理：发现鼻孔有异物，千万不要用镊子去夹，尤其是圆滑的异物，很难夹住，越捅越往深处走，有可能使异物落入气管，十分危险；应让幼儿将无异物的鼻孔按住，用力擤鼻涕或用羽毛、纸捻等刺激鼻黏膜，促使幼儿打喷嚏；若上述方法无效，应到医院处理，医生用药物和取异物的工具可手到病除。

3．喉、气管异物

当幼儿正吃东西或口含小物件时，突然大哭、大笑，会厌软骨来不及盖住气管，会使食物呛入气管，形成气管异物。异物以西瓜子、花生米、豆粒、糖豆等圆滑的食物最为多见。

气管是呼吸的通道，当异物进入喉部、气管时，会引起剧烈的咳嗽，气管借此来赶走“不速之客”。但幼儿气管发育不完善，驱赶力较弱，很难将异物赶走，造成异物在气管内停留。当异物将气管完全堵住时，幼儿会出现吸气性呼吸困难，面色青紫。较小的异物还会继续下滑，常常滑入右侧支气管，导致右侧肺不能工作，出现呼吸困难、肺气肿。继发感染后，可出现发热、全身不适等症状。一旦发现喉部、气管异物时，要立即进行急救，方法如下：

（1）拍背法。救护者速将幼儿抱起，使幼儿头低脚高，拍其背。经上述处理，夹在幼儿喉部的异物可被咳出。

（2）催吐法。救护者用中指和食指伸进幼儿的嘴中，按压舌根，适当刺激扁桃体，幼儿会发生机体反射，犯呕，吐出异物。

（3）海默来克法。救护者从后方搂住幼儿的腰，用右手大拇指的背部顶住其上腹部，左手重叠于右手之上，间断地向上、向后，冲击性地推压，促使幼儿横膈肌压缩肺，产生冲击气流，将气管异物冲出。若患儿昏迷，则可让其仰卧，进行同样的推压。

如果采取上述方法后，仍不能排出异物，要立即将患儿送医院急救。

为了防止气管异物事故的出现，要让幼儿养成良好的习惯：不要捡食东西；不要躺在床上吃东西。当幼儿嘴中含有豆粒、花生米等食物时，成人不能一惊一乍，也不能吓唬他，而要同其讲道理，让其吐出来；幼儿哭闹时，不要用吃东西来哄他。

4．眼部异物

当沙子、煤屑、小飞虫、植物飞絮等进入眼内后，会引起眼睛灼痛、流泪、畏光现象。

处理：若异物附于眼球表面，可用干净的棉签轻轻地擦去；若异物嵌入睑结膜内，则需翻开眼皮再擦去。上述两种情况下，也可用滴管吸水用力冲洗眼睛；若异物嵌入角膜组织内，或用上述方法划角膜表面异物也无济于事时，则应迅速送医院处理。因为大多数角膜异物需要良好的聚集照明和放大镜才能看清楚，且需在严密无菌条件下除去异物。若自己用锐物挑，可能损伤角膜，引起感染，进而影响视力。

5．消化道异物

骨头渣、鱼刺、枣核、纽扣等异物有时会卡在咽部，有时会沿着食道顺利入胃。

异物若卡在咽部，常扎在扁桃体上或其附近，引起疼痛，吞咽时疼痛加剧，致使进食困难。异物若停留时间过长，还会引起局部及附近部位发炎，严重的会导致食道穿孔。

处理：一旦发现幼儿咽部异物，可用镊子帮其取出；不能让幼儿硬吞食物，硬吞可能将异物推向深处，若硬物扎破大血管，则十分危险；不易取出的异物，应请医生处理。

异物掉进胃里，若病儿感到疼痛或吞下去的异物是带尖的物品，则应将病儿立即送至医院。若吞咽的是一些光滑的异物，病儿又无明显的症状，一般来说不至于引起严重的后果。但不应限制病儿的饮食，也不应让幼儿服泻药。饮食过少，胃蠕动减少，可拖延异物排出体外；泻药可大大加快肠壁收缩，有时能促使异物损坏肠壁。正确的做法是给病儿吃软面包、稀饭等，让食物把异物包起来，以防止胃、肠壁受到损坏，并要严密观察病儿的大便，直到异物被排出体外。若较长时间异物仍没排出，应去医院治疗。

（四）烧（烫）伤

烧(烫)伤主要由火焰、电击、开水、热粥、热汤、蒸汽、化学物品等作用于身体表面所致。在幼儿烧烫伤中，因开水、热粥、热汤等造成的烫伤占首位；火焰烧伤次之；化学烧伤，如石灰烧伤、电器击伤也时有发生。对某些烧烫伤，如果处理及时，就不会导致不良的后果。幼儿的皮肤角质层薄，保护能力差，因此烫伤发生的机会较多，后果也比成人严重。

1．烧伤分度

烧烫伤的严重程度主要根据烧烫伤的部位、面积大小和烧烫伤的深浅度来判断。烧烫伤在头面部，或虽不在头面部，但烧烫伤面积大、深度深的，都属于严重者。皮肤的烧(烫)伤可分为三度。

一度：表皮受损。局部皮肤发红，感到灼痛(觉得火辣辣的痛)，但无水疱。

二度：损伤深及真皮。局部红肿发热，疼痛难忍，有明显水疱。

三度：损伤皮肤全层，累及肌肉和骨骼。皮肤下面的脂肪、骨和肌肉都受到伤害，皮肤焦黑、坏死，这时疼痛反而不剧烈，因为许多神经也都一起被损坏了。

2．处理

烧烫伤急救处理的五字诀：冲、脱、泡、盖、送。“冲”是用流动的冷水冲洗伤口15～30 min；“脱”是指在水中小心地除去衣物；“泡”是指用冷水浸泡伤口15～30 min；“盖”是指在伤口处覆盖干净的毛巾；“送”是指将病儿赶快送医急救。

伤害发生时首先设法将病儿身上的余火扑灭。如病儿身上还沾有热粥、热菜等，要用水冲掉，轻轻揩去。然后尽快检查烧伤面积和深度，注意病儿的全身情况，对症处理。

对于一度烧烫伤病儿，应立即将其伤处浸在凉水中进行“冷却治疗”，凉水有降温、减轻余热损伤、减轻肿胀、止痛、防止起水疱等作用，如有冰块，把冰块敷于伤处效果更佳，“冷却”30 min左右就能完全止痛，随后用鸡蛋清或万花油或烫伤膏涂于病儿烫伤部位，这样只需3～5天病儿便可自愈。应当注意，这种“冷却治疗”在病儿烧烫伤后要立即进行，如过了5 min后才将伤口浸泡在冷水中，则只能起止痛作用，不能保证不起水疱，因为这5 min内烧烫的余热还将继续损伤肌肤。如果烧烫伤部位不是手或足，不能将伤处浸泡在水中进行。“冷却治疗”时，则可将受伤部位用毛巾包好，再在毛巾上浇水，用冰块敷效果可能更佳。

如果幼儿穿着衣服或鞋袜的部位被烫伤，千万不要急忙脱去被烫部位的鞋袜或衣裤，否则会使表皮随同鞋袜、衣裤一起脱落，这样不但痛苦，而且容易感染，延长病程。最好的方法就是马上用食醋(食醋有收敛、散疼、消肿、杀菌、止痛作用)或冷水隔着衣裤或鞋袜浇到伤处及周围，然后才脱去病儿的鞋袜或衣裤，这样可以防止揭掉表皮，发生水肿和感染，同时又能止痛。接着，再将伤处进行“冷却治疗”，最后涂抹鸡蛋清、万花油或烫伤膏便可。

烧烫伤者经“冷却治疗”一定时间后，仍疼痛难忍，且伤处长起了水疱，这说明是二度烧烫伤。这时不要弄破水疱，要迅速到医院治疗。对三度烧烫伤者，应立即用干净的毛巾、被单或衣服简单包扎，避免污染和再次损伤，创伤面不要涂擦药物，要保持清洁，然后迅速送医院治疗。途中注意观察伤者的呼吸、心跳情况。伤者如果口渴可让其少量多次饮用淡盐、糖开水。

若幼儿被腐蚀性药品烧伤，应立即用大量清水冲洗伤面。生石灰烧伤者应先将石灰颗粒从伤面上除去，再用水冲洗，否则，生石灰遇水生热，会加重伤势。

（五）脱臼

暴力作用于关节，使关节面失去正常的相互位置，则形成关节脱臼。幼儿的关节附近韧带较松，在受到撞击、过度牵拉、负重时很容易引起脱臼，使受伤部位明显畸形、肿胀，疼痛剧烈，不能活动。常见的脱臼有以下几种。

1．肩关节脱臼

肩关节在全身关节中运动范围最大，且结构不稳定，常因向上牵拉或受暴力冲击引起脱臼，多见于跌倒时双手触地支撑体重而引起。脱臼时肩部外形由膨隆变为平坦，患者倒手不能达到对侧肩峰。

处理：肩关节脱臼最初的复位可能很困难，肩关节周围肌肉的痉挛可能会卡住肱骨头，轻柔牵拉，有时加上镇静剂、止痛药或麻醉药可以完成复位；肩关节复位后，应用吊带来保护肩关节；物理治疗有助于患者恢复关节活动度。

2．桡骨小头半脱位

桡骨小头半脱位又名牵拉肘，是儿童时期最常见的脱臼。儿童桡骨头较小，当肘部处于伸直位时，被用力牵拉手臂，可能使桡骨头从关节窝脱出。例如，上楼梯、跨上人行道台阶时，大人将小孩的手臂突然拎起，就可能发生桡骨小头半脱位。有时在脱衣服时，大人过猛地牵拉幼儿的手臂，也会发生小头半脱位。脱臼时肘部固定于半屈和旋前位，肘关节不能后旋。

处理：固定患肢；若不熟悉脱臼整复技术，不要贸然武行复位，以免增加患儿痛苦或加重组织损伤；经医生复位后，仍需注意保护关节，勿再受暴力牵拉，因为关节受过拉伤后，关节囊松弛，牵拉容易重复发生脱臼。

（六）骨折

因外伤破坏了骨的完整性，称骨折。骨折是儿童常见的较严重外伤。骨折可分为闭合性骨折和开放性骨折两种。闭合性骨折，骨折处皮肤不破裂，与外界不相通。开放性骨折，骨折处皮肤破裂，与外界相通。儿童时期，骨折是较常见的意外伤害。跌伤、车祸、被弹簧门夹伤手脚，或因戏弄动物被踢伤等是骨折常见的原因。睡在小床上的婴儿，把腿伸出栏杆外，可能因小腿被扭旋而发生骨折；幼儿被带在自行车上，把脚伸进转动的车轮，容易使足部骨折；幼儿玩弄门窗、伸手摸电扇可致指骨骨折。

1．症状

发生骨折后，会出现一系列症状。因断骨刺伤周围组织的血管、神经，血管破裂后的出血又压迫周围的组织，所以剧烈的疼痛和局部的压痛是典型的症状之一。因疼痛可发生休克。同时，骨折处的正常功能丧失，如下肢骨折后，不能站立、行走；手指骨折时，不能抓握等。因骨折，原来附着的肌肉失去了平衡，加上组织肿胀，局部还会出现畸形。

幼儿骨折有其自身的特点。由于幼儿的骨骼中有机物较多，无机盐较少，最外层的骨膜较厚，在外力作用下有可能发生折而不断的现象，仅一侧的骨膜断裂，另一侧仍保持完整，就像鲜嫩的杨柳枝被折后外皮还连着，这称为“青枝骨折”。发生这种骨折后，因疼痛不十分明显，受伤肢体还可以做些动作，因此很容易被忽略而未去医院诊治，骨折自愈后，形成畸形，从而影响肢体的正常功能。所以，幼儿肢体受伤后，千万不能掉以轻心，一定要送医院检查是否发生了骨折。

2. 一般处理方法

（1）未经急救包扎，不要轻易搬动伤者，以免加重损伤。

（2）止血。开放性骨折有出血，可在伤处覆盖敷料，并包扎。不要在伤处涂红药水或紫药水，也不要撒消炎粉。

（3）固定骨折。固定骨折是基本原则，即限制受伤肢体的活动，防止断骨再刺伤周围组织，以减轻痛苦。在急救包扎前，不要进行骨折复位或推拿。如有畸形可稍用力牵引使患肢略直。

（4）及时送往医院。争取在骨折后 2～3 h 内送往医院进行复位处理。这时局部尚未发生严重组织水肿，有利于复位。

知识拓展：

（1）四肢骨折。发生骨折后，观察骨折处是否有皮肉破损及断骨暴露，若没有，则立即用夹板固定。夹板一般选用薄木板，也可就地取材，选用木棒、竹片、手杖、硬纸板等代替。长度应将断骨处的上下两个关节都固定住。如上臂骨折，应将肩关节、肘关节固定住，使断骨不再活动。夹板与四肢接触处要垫上一层棉花或布类，用绷带把夹板绑在伤肢上。上肢要屈肘弯曲捆绑，下肢要直着捆绑，要露出指、趾尖，以便观察血液循环。松紧以指、趾尖不出现苍白、发凉、麻木、青紫等现象为宜。要在 2～3 h 内将伤者送往医院，进行断肢复位。如果有皮肉破损，断骨露在外面，不要把断骨硬按回去。应用消毒液把伤口洗干净，盖上纱布，然后简单固定，送往医院进一步治疗。

（2）肋骨骨折。肋骨骨折往往是多发性的，伤处有明显的伤痛。伤患有两种情况：一是骨折刺伤了胸膜、肺脏，使患者呼吸困难、咯血等，此时不要处理断骨，而应速送往医院；二是一般性肋骨骨折，未伤及肺，应在患者深呼气结束，胸部缩小时，用宽布带缠绕胸部，以减少呼吸运动的幅度，将断肋固定。

（3）脊椎骨骨折。幼儿如果从高处跳下摔伤，则容易造成脊椎骨骨折，易发生于活动范围较大的第五、第六颈椎，第十二胸椎和第一腰椎。椎骨骨折的严重性在于，现场处理稍有不慎，就可能引起严重后果，如现场救护者将伤儿抱起来，或搀扶伤者坐起来、走路，或让伤儿躺在软担架上，都有可能使折断的脊椎刺伤脊髓，造成终身不幸（截瘫）。

如果发生或怀疑腰椎骨折，首先应保持伤儿安静，不准其活动，严禁伤儿坐起来或试着走路、弯腰，也不准其他人背抱伤儿。可用木板、门板等当搬运工具，然后数人动作一致地将伤儿轻轻抬到木板担架上，用宽布带将病儿固定在担架上，尽量平稳地将其送往医院。

（4）骨盆骨折。发生骨盆骨折时，移动患儿要选用硬板担架，以免因软担架的颠动使骨折加重，刺伤盆腔内的脏器、血管神经。

（七）晕厥

晕厥是指由于短时间内大脑供血不足而失去知觉，突然晕倒在地。疲劳、兴奋过度、失血、饥饿、空气闷热、精神紧张、站立时间过久等都会引起晕厥。

1．症状

晕厥发生前都有头晕、眼花、恶心、心慌等症状，继而眼前发黑、失去知觉、摔倒在地。倒地后幼儿面色苍白、四肢冰冷、出冷汗，但很快能清醒过来。

2．处理

若幼儿在室内晕厥，要立即打开通风小窗，使空气流通。松开幼儿的衣领、腰带，使其平卧，头稍低腿略高，使流向头部的血量增大。待幼儿恢复知觉时，再给其喝些热饮料或糖水。若幼儿出现呕吐，则应将其头侧斜。

（八）惊厥（抽风）

惊厥是大脑皮质功能紊乱所引起的一种病症。引起幼儿惊厥的原因有两种：一是发热抽风。高热惊厥多见于 6 个月到 3 岁的幼儿，在体温骤升时发生全身性抽动，时间短且能很快恢复，愈后好。幼儿患肺炎、菌痢、百日咳、脑膜炎等引起的高热，都可能导致抽风。二是无发热抽风。手足抽搐症：多见于人工喂养的婴儿，因血钙过低引起抽风，抽风后多入睡，醒后活泼如常。癫痫：多见于年长儿，反复发生抽风；抽风前有先兆，如有幻觉等；抽风后嗜睡；低血糖、药物中毒或脑发育不全等亦可引起抽风。

1．症状

幼儿突然失去知觉，头向后仰，眼球固定、上转或斜视，面部青紫，呼吸弱而不规则或有窒息，全身性或局部肌肉抽动。短则瞬息即止，长则可持续数分钟到十几分钟。

2．处理

惊厥发生时不要惊慌，在考虑抽风的原因的同时应立刻止抽。

（1）迅速将病儿放平，侧卧，松开病儿的衣领、裤带。

（2）保护病儿不要从床上摔下，但也不要紧搂着病儿，可轻轻按住其抽动的上下肢，以免其因肢体抽动过猛而受伤。

（3）防止病儿咬破舌头。可布包筷子或将毛巾拧成麻花状放在病儿的上下牙之间。随时擦去病儿的痰涕。

（4）使病儿头偏向一侧，防止呕吐物吸入气管内。

（5）高热时要降温，让病儿头枕冰袋，用冷毛巾敷其额部，并争取尽快将其送往医院。

（九）中暑

在烈日下，由于日光直接曝晒过久，中枢神经系统受到损伤，称为日射病，是中暑的一种类型。幼儿长时间待在过热的房间内或在无风的热天待于阴凉处都可能中暑。

症状：头痛、头晕、耳鸣、眼花、无力、口渴、脉搏加快、恶心、呕吐、动作失调等，严重时呼吸加速，脸色发白，失去知觉。

处理：迅速将病儿移到阴凉通风处，平卧，解开其衣扣，用冷毛巾敷于头部、扇扇等帮助其散热；若病儿能自己饮水，则可让其多喝一些清凉的饮料，盐汽水最佳，也可服十滴水、人丹；若中暑严重，病儿已昏迷，除冷敷、扇扇降温外，须速送医院急救。

（十）中毒

发生中毒的途径有三条：一是通过呼吸道吸入的中毒；二是通过消化吸收的中毒；三是通过皮肤、黏膜沾染的中毒。发生中毒后，首先要排出毒物，尽量争取时间，而不能等到送医院后再采取排毒措施，因为早一分钟脱离毒物，就可使病儿少吸收一些毒物，对病儿的生命和治疗效果有极大的好处；若贪图省事，当时不做处理，只差十几分钟、几十分钟的时间，就有可能造成病儿面临严重的伤害甚至丧失生命。

1. 煤气中毒

冬季，用煤炉取暖的屋子，室内通风不良、烟筒漏烟、风倒灌等都可使室内空气中一氧化碳过量，导致煤气中毒。烧火炕、跑烟漏气也是造成中毒的原因。过量的一氧化碳被吸入体内，就会和血红蛋白争夺氧气。由于它与氧的亲和力远远高于血红蛋白，因而血红蛋白只好“甘拜下风”，把氧气让给一氧化碳，从而导致人体缺氧，引起窒息中毒。

（1）症状。

① 轻度：头晕、耳鸣、眼花、恶心、四肢无力；移至新鲜空气处，症状可很快消失。

② 中度：除上述症状外，还有神志不清、肌肉无力、皮肤黏膜呈樱红色等症状；经抢救后可恢复健康。

③ 重度：出现意识丧失、惊厥、血压和体温下降，呼吸不规则，循环衰竭，直至窒息死亡等症状；经抢救后会留下严重的后遗症。

（2）处理。

① 立即把病儿搬到室外空气流通的场所，吸进新鲜空气，排出一氧化碳，但要留意保温，最好将病儿用厚棉被包裹好。

② 症状轻的病儿，可给些热浓茶，这样不但可克制恶心，而且还有助于减轻其头痛。头痛者可给服头痛片或复方阿司匹林。一般 1～2 h 即可恢复。

③ 症状严重的，恶心、呕吐不止，神志不清以至昏迷者，应及时送医院救治，最好请救护站送到有高压氧舱设备的医院。如拖延时间较长，昏迷的病儿有可能受到不可逆转的大脑损伤。护送途中要尽可能清除病儿口中的呕吐物或痰液，将头偏向一侧，以免呕吐物阻塞呼吸道引起窒息或吸进性肺炎。

如果病儿呼吸不匀或呼吸微弱，可通过口对口人工呼吸进行挽救；如果呼吸和心跳都已停止，可在现场做人工呼吸和胸外心脏按压，即使在送医院途中，也要坚持抢救。

2. 误服毒物

幼儿缺乏生活经验，常会误服毒物，如婴儿往往拿到东西就放入口中；幼儿常误把药片当糖丸吞服。随着幼儿活动范围渐广，其接触毒物的机会也在增多。毒物主要有有毒植物、药品、农药、化学品(化妆品)等。

若发现幼儿误服毒物，可采取以下急救措施。

（1）催吐、洗胃。催吐是排除胃内毒物的简便而有效的方法。误服毒物后，越早催吐越好。可利用手边方便的东西(筷子、小勺)，甚至是手指头，刺激幼儿的咽部，引起呕吐，将胃内的毒物吐出来，反复两三次，也可喝催吐药。有些食物过稠不易呕吐，可让幼儿喝大量清水或盐水后再催吐。如此反复进行，直到吐出来的水与喝下去的水的颜色、清洁程度相差无几时，就表明洗胃已较彻底了。持续抽风者、已昏迷者、服入强腐蚀剂者、煤油中毒者，不能用此法催吐、洗胃。

（2）服用一些能中和毒物的溶液。为了减低毒物的毒性，延缓毒物的吸收，保护食道和胃黏膜，可根据毒物的性质来服用相应的溶液，如茶水、米汤、面糊、豆浆、牛奶等。

强碱、强酸的毒物，都可服用牛奶、豆浆、蛋清等；强碱毒物还可用橘子水、果汁中和；若误把碘酒当“咳嗽糖浆”喝下，则应选用米汤，米汤中的淀粉与碘发生化学变化，可达到解毒的目的。

（3）若吃进毒物的时间较长，如超过 4 h，毒物已进入肠道，应立即送医院抢救。在急救的同时，尽可能收集残余毒物、病儿呕吐物，以便医生检验毒物性质，明确诊断和采用特效解毒剂。

3．接触中毒

幼儿爱动、好奇心强以及对危险预知能力弱的特点，使幼儿很容易通过接触有毒物而发生接触中毒。

处理：发现接触中毒时，应立即脱去患儿受污染的衣物，用清水冲洗被污染的皮肤，应特别注意毛发及指甲部位；对于强酸、强碱等腐蚀性毒物切忌用中和剂，以免因化学反应而加重对皮肤的损伤；对不溶于水的毒物则可用适当的溶剂清洗，也可用适当的拮抗剂或解毒剂冲洗；毒物溅入眼内，应立即用生理盐水冲洗 5 min 以上，如暂时无生理盐水，可取清水、河水、井水等冲洗，然后再送医院做进一步处理。

（十一）触电

幼儿玩弄电器，出于好奇将手指或金属物件塞入插座中时会引起触电。室外的电线落地，如果幼儿捡拾电线或距离断落电线太近，也会触电。此外，雷雨时在大树下或在建筑物下躲雨或在野外行走，也有被雷电击伤的可能。触电后轻者感到发麻，严重时不仅会引起烧伤，而且还能使呼吸、心跳骤然停止。

触电的处理步骤一般有以下几步。

（1）脱离电源。要以最快的速度、适当的方法，使孩子脱离电源。电源作用于人体的时间越长，后果就越严重。救护者千万不可直接拖拉触电者，以免自身触电。正确的方法是关闭电门，用干燥的木棍、竹竿将电线挑开或用干绳子套在触电者身上，将其拉出。

（2）复苏。脱离电源后，发现伤者呼吸、心跳很微弱，甚至停止，要迅速对其进行口对口吹气和胸外心脏按压。

（3）保护伤面。用消毒敷料保护灼伤的伤面，速送其至医院。

雷击可致人体心跳和呼吸严重紊乱，以至完全停止，应立即进行人工呼吸和胸外心脏按压。

（十二）溺水

溺水是儿童常见的意外伤害之一。不会游泳的幼儿落水，就会本能地暂停呼吸，此后因体内组织缺氧，反射性地恢复呼吸动作而将水大量吸入。会游泳的幼儿在筋疲力尽之后，会无法控制地吸进水分，由于液体刺激呼吸道而导致呼吸困难、意识丧失，继而吸入大量水分，几分钟后，呼吸、心跳就先后停止。

溺水的处理步骤如下。

（1）抓紧水上救护。一旦发现儿童溺水，应迅速急救。救护者要轻装上阵，快速游到其后方抓住他，采取仰泳姿势将幼儿的头部托出水面，将其拖上岸。不会游泳者可拿木板、竹竿、轮胎、绳子等抛给落水者再拖其上岸，同时迅速呼救。

（2）保持呼吸道顺畅。救上来后立即脱去或解开溺水儿童身上的湿衣服，并用缠上清洁手帕或纱布的手指将其口、鼻内的淤泥、杂草清理干净，保持儿童呼吸道畅通。

（3）控水。尽快使溺水者将吸入呼吸道和胃里的水倒出来。救护者单腿跪地，将溺水者横在另一膝上，使其头部下垂，然后小心地按其后背，压迫其胸进行控水，但控水时间不能过长。

（4）迅速复苏。积水排除后，将溺水者放在暖和的铺垫上，检查呼吸及心跳情况。如心跳已停止，应立即抢救。要抓紧时间，以免丧失最关键的复苏时机。在现场抢救的同时，迅速请医生给溺水者注射急救药物，转送医院。

保教能力

【学练结合】

1．幼儿园发生的常见意外伤害事故分哪几类？
2．幼儿园发生意外伤害事故的原因有哪些？
3．给幼儿测量体温有哪几种方法？常用的是哪一种？
4．幼儿烧烫伤处理的“五字诀”是什么？
5．幼儿骨折的一般处理方法是什么？
6．幼儿触电后该如何进行紧急处理？

【真题再现】

选择题

1.（2015年下半年·保教知识与能力）幼儿在户外活动中扭伤，出现充血、肿胀和疼痛，教师应对幼儿采取的措施是（　　）。

A．停止活动，冷敷扭伤处　　B．停止活动，热敷扭伤处

C．按摩扭伤处，继续活动　　D．清洁扭伤处，继续活动

【答案】A。扭伤多为关节处软组织受伤，患处疼痛，运动时疼痛加剧，可出现肿胀或青紫色淤血。处理时，可用冷毛巾敷于患处，一天后再改用热敷。

2.（2016 年上半年·保教知识与能力）幼儿突然出现剧烈呛咳，伴有呼吸困难，面色青紫，这种情况可能是（　　）。

A．急性肠胃炎　B．异物落入气管　C．急性喉炎　D．支气管哮喘

【答案】B。支气管异物的症状表现为：呛咳、吸气性呼吸困难。如异物较大，嵌于气管分叉处，将导致吸气和呼气困难。题干中幼儿表现出的症状与支气管异物的症状相符。

3.（2015 年上半年·保教知识与能力）被黄蜂蜇伤后，正确的处理方法是（　　）。

A．涂肥皂水　B．用温水冲洗　C. 涂食用醋　D．冷敷

【答案】C。

【考点模拟】

选择题

1．出现烧烫伤时，应立即用流动的冷水冲洗伤口（　　）。

A．10～15 min　B．15～30 min　C．30～45 min

2．毛虫蜇伤后，正确的处理方法是（　　）。

A．涂肥皂水　B．涂风油精　C．涂食用醋

3．局部红肿发热、疼痛难忍、有明显水疱属于（　　）。

A．一度烫伤　B．二度烫伤　C．三度烫伤

4．消毒剂溅入眼内，应立即（　　）。

A．用清水冲洗 5 min 以上　B．送医院处理　C．用干净手帕擦拭眼角

5．下列不属于学前儿童发生意外事故的原因是（　　）。

A．家长照顾过于周到　B．幼儿反应慢　C．活动器械不安全

6．腋下测温法测量时间为（　　）。

A．3 min　B．5 min　C．10 min

7．冷敷法部位不正确的是（　　）。

A．额头　B．腹股沟　C．腹部

8．学前儿童出现中暑症状时，应该（　　）。

A．到阴凉通风处　B．解开衣扣　C．用热毛巾敷于头部

9．气管异物的急救方法有（　　）。

A．拍背法　B．催吐法　C．海默来克法

10．急救的原则有（　　）。

A．挽救生命　B．防止残疾　C．减少痛苦

答案：1. B　2. B　3. B　4. A　5. A　6. B　7. C　8. AB　9. ABC　10. ABC

【拓展阅读】

1. 冯焰. 幼儿伤害事故处置策略研究[D]. 华东师范大学，2010.

推荐理由：近年来，幼儿在幼儿园发生的伤害事故已经成为困扰教师、家长和幼儿园的一大难题。文章根据调查和分析找出了幼儿伤害事故发生的类型，并对幼儿伤害事故的处置情况的问题进行梳理，查找出幼儿伤害事故处置中的影响因素，如：伤害事故中前期救助不当引起纷争；伤害事故中处置不当导致双方矛盾激化；伤害事故中程序不规范使园方和教师处于不利境地；伤害事故中家长的强势让管理者手足无措等。最后，文章分析了造成处置幼儿伤害事故矛盾的原因：教师缺乏对应急预案的了解和实际运用；园方行政缺少危机管理的意识和能力；行政在处置伤害事故时未能严格执行程序；等等。

2. 雷思明. 幼儿园安全策略 50 条[M]. 上海：华东师范大学出版社，2013.

推荐理由：本书作者通过大量的案例，让教师们了解各种场合、各种情形下可能发生的安全事故；通过对案例进行点评，让教师们了解现行法律对幼儿园及其教师在各个方面的安全职责要求，以及怠于履行职责可能要承担的法律责任；通过提出具体的、可供操作的安全策略，供教师们参考、借鉴，引导幼儿园及其教师探索、施行保护幼儿的安全之道，最大限度地防范在园幼儿安全事故的发生。

第六章　学前儿童常见心理问题及保健

保教知识

【考点聚焦】

- 学前儿童常见心理问题及保健
  - 学前儿童心理健康概述
    - 学前儿童心理健康的概念
    - 学前儿童心理健康的标准
    - 影响学前儿童心理健康的因素
  - 学前儿童常见的心理卫生问题及保健
    - 学前儿童情绪障碍及保健
    - 学前儿童睡眠障碍及保健
    - 学前儿童语言障碍及保健
    - 学前儿童进食障碍及保健
    - 学前儿童排泄障碍及保健
    - 学前儿童品行障碍及保健
    - 学前儿童不良习惯及保健
    - 学前儿童其他心理障碍及保健
  - 不同年龄阶段学前儿童心理健康的保健要点
    - 0～1 岁学前儿童心理健康的保健要点
    - 1～2 岁学前儿童心理健康的保健要点
    - 2～3 岁学前儿童心理健康的保健要点
    - 3～4 岁学前儿童心理健康的保健要点
    - 4～5 岁学前儿童心理健康的保健要点
    - 5～6 岁学前儿童心理健康的保健要点

幼教故事：

小溪是一个五岁的小女孩，非常喜欢咬指甲，经过医生确诊，她的身体健康正常。父亲为了不让她咬指甲，常常帮她把指甲修剪干净，然而她还是咬，而且将指甲都咬出了血。没办法，父亲就把小溪的十个手指头全涂上紫药水。这个办法第一天挺管用，可到了第二天，一切又照旧了。一天，老师组织小朋友们开展美术装饰活动，别的小朋友都在进行装饰活动，可小溪却坐在那里津津有味地咬指甲。老师告诉她：咬指甲对身体不好，因为指甲里藏了许多我们肉眼看不见的细菌，这些细菌吸到胃里，我们就会生病。小溪似乎听懂了，停了下来，可是到午睡时间，她躺在床上又开始咬指甲。

咬指甲是一个很不好的坏习惯，成人应该如何正确地引导小溪改掉这个坏习惯呢？

第一节　学前儿童心理健康概述

一、学前儿童心理健康的概念

心理健康，是指心理的各个方面及其活动过程处于一种良好或正常的状态。其理想状态是认知正确、情感适当、意志合理、态度积极、行为恰当、社会适应良好的状态。

学前儿童心理健康，是指心理发展达到相应年龄组儿童的正常水平，情绪反应适度，自我体验愉悦、环境适应良好，没有严重的心理障碍和问题。

相关链接：

《幼儿园工作规程》节选

第五条　幼儿园保育和教育的主要目标是：

（一）促进幼儿身体正常发育和机能的协调发展，增强体质，促进心理健康，培养良好的生活习惯、卫生习惯和参加体育活动的兴趣。

第十九条　幼儿园应当建立幼儿健康检查制度和幼儿健康卡或档案。每年体检一次，每半年测身高、视力一次，每季度量体重一次，注意幼儿口腔卫生，保护儿童视力。

幼儿园对幼儿健康发展状况定期进行分析、评价，及时向家长反馈结果。

托儿所应当关注幼儿心理健康，注重满足幼儿的发展需要，保持幼儿积极的情绪状态，让幼儿感受到尊重和接纳。

《3～6岁儿童学习与发展指南》节选

健康是指人在身体、心理和社会适应方面的良好状态。幼儿阶段是儿童身体发育和机能发展极为迅速的时期，也是形成安全感和乐观态度的重要阶段。发育良好的身体、愉快的情绪、强健的体质、协调的动作、良好的生活习惯和基本生活能力是幼儿身心健康的重要标志，也是其他领域学习与发展的基础。

为有效促进幼儿身心健康发展，成人应为幼儿提供合理均衡的营养，保证充足的睡眠和适宜的锻炼，满足幼儿生长发育的需要；创设温馨的人际环境，让幼儿充分感受到亲情和关爱，形成积极稳定的情绪情感；帮助幼儿养成良好的生活与卫生习惯，提高自我保护能力，形成使其终身受益的生活能力和文明生活方式。

二、学前儿童心理健康的标准

一般认为，学前儿童的心理健康可以从动作、认知、情绪、意志、行为及人际关系等方面来衡量。概括来说，有以下几条基本标准。

（一）动作发展正常

动作发展与脑的形成及其功能的发展密切相关，学前儿童躯体大动作和手指精细动作的发展水平处于正常范围，是心理健康的基本条件。

（二）认知发展正常

一定的认知能力是学前儿童生活和学习的重要条件。学前儿童的认知发展存在个体差异，如一名儿童的认知水平明显低于同龄儿童，且在不正常范围之内，那么该儿童的认知能力属于偏低水平。学前期要尽量避免任何对大脑的伤害或不适宜的环境刺激，以免导致儿童认知发展的问题。

（三）情绪积极向上

积极的情绪反映了中枢神经系统功能的协调性。学前儿童情绪正常，在受到别人的爱抚、关心、体贴、照顾时感到幸福，并因而心情愉悦。不良情绪是学前儿童与他人进行交往和参与各种活动的障碍。长期紧张、压抑、恐惧，会使学前儿童产生种种行为问题。

（四）人际关系融洽

学前儿童的人际交往是维持心理健康的重要条件，也是获得心理健康的必要途径。学前儿童从家庭进入集体环境，会有许多不适应，不熟悉老师、同伴、环境，会使幼儿产生不安全感。独生子女没有同伴分享、等待、轮流玩耍的经验，因此会为争夺玩具而和同伴发生争吵和哭闹，从而产生不愉快情绪。而多子女家庭的孩子，同样也可能因为在学前期没能处理好手足关系而产生不良情绪。

（五）性格特征良好

性格是个性中最核心、最本质的表现，它反映在对客观事实的稳定态度和习惯化的行为方式中。心理健康的学前儿童一般热情勇敢、自信主动、性格温和、意志坚强、情绪乐观，而心理不健康的学前儿童则表现出冷漠自私、胆怯自卑、被动、孤僻等。

（六）无严重的心理问题

心理健康的学前儿童没有严重或复杂的心理问题。学前儿童不健康的心理往往以各种行为方式表现出来，诸如口吃、咬指甲、遗尿等。

三、影响学前儿童心理健康的因素

儿童的心理发展是生物学因素和社会因素相互转化的结果。遗传与环境的作用相互制约、相互渗透或相互转化，这些因素和相互作用中的差异造就了孩子形形色色的特点。对于不同的心理或行为、不同的年龄阶段的儿童，遗传和环境的作用大小也不同。所有比较复杂的人类特质，如职能、气质和人格都是生物学因素和环境因素相互作用的结果。就智能而言，生物学因素中遗传决定了智能发展的最大限度，而后天环境因素决定了智能发展的程度。

（一）生物遗传因素

首先，生物遗传学因素是儿童心理发展的内因，智能的遗传学研究发现，智商的遗传度为0.52。由于遗传因素而影响儿童心理发育的常见原因：一是儿童与生俱来的认知和个性特征。例如，性格的“内向-外向性”有中度的遗传性。二是多基因的作用主导着儿童的发展规律以及儿童之间的差异。此外，一些不良因素导致基因或染色体的变异从而对儿童发展造成不良影响，如父母或家族近亲中有遗传疾病、某些有遗传倾向的精神障碍、父母近亲结婚等。不少心理行为问题是由于个体对某种心理特征或问题具有易感性，又在多基因与环境因素的相互作用下表现出来，如天生有焦虑素质的儿童在应激环境中容易发生焦虑障碍。

除了遗传因素的作用，就外因来看，从胎儿期到以后儿童成长过程中，很多物理、化学、生物等有害因素会影响学前儿童的脑神经系统发育，造成精神心理的发展异常。

（二）母亲孕期和分娩后的情绪因素

母亲在怀孕期间如果遭到较严重的应激事件或长期存在心理压力，会导致情绪低落、焦虑等问题，这类问题可能造成新生儿的神经行为缺陷、运动能力的发育不成熟、前庭功能问题以及注意缺陷的问题。产后抑郁的母亲，对新生儿的态度往往比较容易消极，不能产生母爱的感受，不愿意照顾孩子，对孩子冷漠，与婴儿之间不容易建立安全的依恋关系。

父母本人，乃至其他家庭成员对孩子的期望和态度也会影响孩子的心理健康发展。父母对怀孕如果是有所期望的，则一般会保持良好的心情，能尽快进入新的角色，对自己将要承担的责任做出较充分的思考和心理准备。相反，如果父母对怀孕是不期望的或意外怀孕，则往往引起不安、焦虑，甚至导致家庭不和，从而影响孩子的心理健康发展。

（三）社会环境因素

影响儿童心理发展的另一重要因素是社会环境因素，如家庭文化层次、经济水平、家庭架构、家庭关系、大人对孩子的抚养态度、幼儿园和家庭的环境、老师的教育态度、社会文化背景、居住地区的环境等。良好的环境有助于儿童心理的健康发展。家庭对儿童的心理健康起着重要作用，家庭功能和教育方式表现出明显而长久的影响。3 岁前，家庭的影响占首要地位。从小父母就长期不在身边、母亲抑郁、家庭暴力、缺乏家庭支持以及不恰当的养育方式都是影响学前儿童发展的不利因素。3 岁后，幼儿园和学校的教育也起着非常重要的作用，在民主、和睦、生活丰富多彩的环境中长大的孩子，大多自信、活泼、独立；而在专断、关系紧张、缺乏爱的环境中成长的孩子，容易形成胆小、自卑、孤僻或叛逆的性格。

环境因素可以通过影响脑发育而起作用。研究显示，丰富而积极的刺激（包括听觉、视觉、味觉、嗅觉等）可以增加神经突触连接的数量。给幼儿提供适当的丰富刺激可以促进其大脑的发育，如丰富的语言环境可促进大脑语言区的突触发展。反之，早期的感觉剥夺或经验剥夺会使婴儿相应的感觉区域出现萎缩、损害。幼年遭受严重创伤经历的儿童，其杏仁核、海马回、额叶等相关部位的发育可能受到损伤，影响学前儿童的心理健康。

此外，媒介（电视、网络）等社会环境的影响不可忽视。如儿童喜欢看电视、善于模仿电视中的形象，电视人物的言行和道德观念很容易传播给儿童，儿童出现攻击性行为的原因之一即观看暴力影片。随着电脑的普及，电脑游戏、互联网的作用也越来越大，带来好处的同时也带来弊端。总之，学前儿童不宜过早、过长时间地接触电子产品，而以电子产品取代与家长、伙伴、教师的沟通更是不可取的。

小案例:

这学期，阳阳老师被安排到小班任教，几位老师共同努力，用爱和耐心营造了温馨、和谐的班级氛围。大多数孩子很快就适应了幼儿园的集体生活，孩子们一起交流、玩游戏。而可可小朋友性格内向、胆小，不敢和别的小朋友玩，要小便也不敢跟老师说，自己一个人又不会去，所以经常尿裤子。阳阳老师知道以后经常主动和她交流，告诉她幼儿园老师就跟妈妈一样喜欢她爱她。阳阳老师还时不时亲近她，抚慰她或抱抱她，并且鼓励她，还让活泼好动的小朋友带着她玩。慢慢地可可开始愿意和小朋友玩，也开始主动和老师交流了。现在可可小朋友比以前开朗多了，胆子也大多了，还会把她的快乐或不快乐与老师和小朋友们分享。

（四）躯体疾病因素

有体质缺陷或躯体疾病的儿童，更容易出现心理障碍。躯体疾病对儿童心理的影响主要有以下三个方面。

① 对情绪和行为的影响：有些问题是由于躯体疾病直接影响脑功能而导致的，急、慢性的脑器质性疾病都可能产生心理和行为异常，如抑郁、焦虑、易怒等；患长期慢性疾病的儿童不能像正常儿童那样生活、学习，受特殊照顾或被另眼相待，从而易产生孤僻、退

缩、过分依赖、适应能力差、自卑、攻击性行为等问题。

② 对自我意识的影响：由于躯体缺陷或经常患病使儿童能力的发展受到影响，以及受家长悲观情绪和他人评价的影响，儿童容易形成认为自己不如别人、自我评价低、不自信、自卑等意识。

③ 对学习技能的影响：儿童由于躯体疾病而长期不能正常上幼儿园，容易对其学习能力、社会交往能力的发展产生影响。

第二节 学前儿童常见的心理卫生问题及保健

一、学前儿童情绪障碍及保健

（一）焦虑

分离焦虑是学前儿童最常见的焦虑障碍。分离焦虑是指学前儿童与依恋对象（主要为养护人、亲密的家庭成员）分离或将要分离时产生过度的焦虑。在与依恋对象分离时，他们拒绝与父母分开，不愿上幼儿园，担心分开后父母不要自己、父母发生意外等。

面对具有分离焦虑的学前儿童，保教人员应该倍加亲切地对待，给予细心的照料、耐心的引导，多多鼓励，尽快消除其紧张的心理、情绪，了解儿童的需要，与之建立起相互信任的关系。同时鼓励儿童多与同伴玩耍，多交朋友，注意培养、锻炼儿童的坚强意志。

（二）爱哭

爱哭，是指学前儿童经常哭泣，只是因为一些微不足道的小事，或根本就没有什么不顺心的事情。

面对爱哭的儿童，首先，要区分哭泣的原因。部分儿童哭泣仅仅是为了获得成人的关注，并没有受到伤害或感到害怕。对此，成人可以采取忽视的策略，当儿童不哭时，成人才予以关注和强化。其次，教师与家长应该相互合作，一方面帮助儿童克服焦虑情绪，敢于面对问题，另一方面培养儿童掌握正确面对苦难、应对挫折的方法，以及提高社会交往技能。

（三）退缩行为

退缩行为，是指交往频次低的独处行为，是一种常见于5～7岁儿童的心理障碍，以社会行为退缩为主要表现。具有退缩行为的儿童常表现出孤僻、胆小、退缩，不愿与他人交往，更不愿到陌生的环境中去，通过把自己封闭起来以获得安全感，故称为儿童社会性退缩行为。

教师应该区分儿童的正常发展和退缩行为，尽量做到早发现、早干预。家长和教师要关心和满足有退缩行为的儿童的心理需要，克服其畏惧和焦虑的情感，给孩子以爱心和信任。对刚入园的儿童应富有爱心，帮助他们适应新环境，注意满足其安全感和自尊心等需要；对性格内向的孩子，要耐心帮助，批评要慎用，使他们感到幼儿园如同家里一样自在愉快。同时，还要努力创设一个健康的心理环境，利用有利条件，有针对性地帮助有退缩行为的儿童建立自信心，培养其独立性。比如，鼓励他们自己的事情自己做，无论做好做坏都不责备，予以鼓励。还要创设条件，提供幼儿与同伴交往的机会，让其多参加社会活动，鼓励其与同伴交往，教会其必要的社会适应和社会交往的技能技巧。

二、学前儿童睡眠障碍及保健

（一）夜惊

夜惊是指儿童在入睡一段时间后，在意识朦胧状态突然哭喊、惊叫，两眼睁大直视或紧闭，手足乱动，有时从床上坐起来或跳到地上，有时还自言自语的行为。儿童表现出紧张、恐惧、出汗、呼吸急促、心率加快、对周遭事物毫无反应的症状，摇喊情况下需要经过几分钟才能唤醒，数分钟后缓解，继续入睡，次日对发作情况不能回忆，或偶有片段回忆。夜惊常发生在儿童熟睡期和沉睡期的非快速眼动睡眠时相中，多在入睡后 90～120 min 内出现，常见于 2～5 岁儿童。这种发作若经常出现又称夜惊症。

当儿童出现夜惊时，成人不要过度干预，只要轻轻拍一拍安慰他和避免其发生危险即可。预防夜惊，则需注意以下两点：首先，教师和家长应该帮助儿童养成良好的睡眠习惯，在规定的时间按时睡觉，并且避免白天过度兴奋、大哭、紧张、焦虑等，避免睡前吃不消化的东西，合理安排学前儿童的生活，消除其压力和思想负担；其次，教师和家长还应掌握一些基本的医学常识，为儿童创设舒适的睡眠环境，对学前儿童出现的夜惊、睡眠不安的反常现象，多一分留意，多一分观察，如症状严重则尽快就医检查。

（二）梦游

梦游又称睡行症、夜游症，顾名思义是指儿童在睡眠中突然爬起来进行活动，无意识地走或做出其他无意识的行为，而后又睡下，醒后对睡眠期间的活动一无所知。梦游不是发生在梦中，和夜惊一样，发生在睡眠的第 3～4 阶段的非快速眼动睡眠时相中，即入睡后的 2～3 h。梦游时儿童的神志是不完全清醒的，有时表面看其动作行为似乎很有目的性，能主动避开危险和障碍，但其当时的神色与清醒时却又明显不同：双眼时闭时开，步态不稳、面无表情、轻声唤之毫无反应，“我行我素”。有的梦游儿童会在半醒状态下在房间里活动；有的甚至会离开房间或做出诸如爬窗、伤人等危险的举动；然而大多数梦游儿童只是在睡眠过程中突然出现不被察觉的“梦游小动作”，如不停地眨眼睛、轻敲脑门儿、莫名其妙地喃喃自语等；也有的儿童尽管翻身下床，但仅在房间里转悠一下，就又爬上床沉入梦乡。

为儿童创设宽松、温馨的睡眠气氛和环境，让其自然入睡，避免睡前恐吓孩子，减轻儿童的心理压力，避免其心理焦虑，是预防和应对学前儿童梦游的重要方法。在学前儿童出现梦游的症状时，专家建议不要尝试叫醒梦游者，而应该轻轻挽起他的手，带他上床，哄他安安静静睡觉。因为梦游儿童突然从意识朦胧状态转为清醒状态，可能会出现惊慌、迷惑、焦躁的反应，从而可能做出推搡、攻击等行为对自己和他人造成伤害。

（三）梦魇

梦魇又称为噩梦发作，是指儿童在睡眠过程中被噩梦突然惊醒，能清晰回忆起恐怖、生动的梦境。这些梦境总是非常可怕——或为妖魔鬼怪玩弄，或被坏人、猛兽追赶，或是自己及亲人陷入某种危险的境地等，想哭哭不出，想逃逃不了，使做梦的孩子处于极度惊恐和焦虑之中。在将醒未醒之际，儿童常感到身躯难以动弹，如同被什么东西压住了似的，儿童几经挣扎，才可完全清醒。儿童醒后有短暂的情绪紧张、焦虑，身体不能转动，呼吸和心跳加快，面色苍白或出冷汗，全身肌肉松弛等。梦魇在儿童中很常见，多见于3～7岁儿童，有时会伴有其他睡眠障碍，如夜惊、梦游等。梦魇常发生于做梦的快速眼动睡眠期，多在夜间的后半夜发生。

避免用恐吓和威胁的方式教育儿童，如“大灰狼就喜欢你这样不听话的孩子”。帮助儿童建立规律的睡眠习惯，为儿童创设舒适的睡眠环境是预防梦魇的重要方法。当儿童梦魇发作时，家长可以将孩子轻轻唤醒，给予解释、安慰，如告诉他这不是真的，妈妈在这里，不要害怕。此外，家长还要留心观察儿童，及时对儿童恐惧的事物给予解释，并对儿童进行安慰和疏导。

三、学前儿童语言障碍及保健

（一）口吃

口吃，俗称结巴，是指儿童在说话时字音重复或词句中断的现象。它是一种常见的儿童语言障碍，其主要表现为：说话时表现迟疑迟缓、不时地重复字或词、发音延长或语塞等，从而失去正常的说话节奏，呈现特殊的断续性。除此之外，口吃的儿童说话时还常常面红耳赤、瞪目结舌、伸颈昂头、摇头晃脑、挤眉弄眼、握拳，直至想说的话说出来之后才能完全放松下来。口吃对儿童的发展很不利，因为口吃，他们害怕当众说话，常常被同伴嘲笑，人际关系不良，并且时常感到紧张、焦虑不安、恐惧，时间久了就容易形成害羞、自卑和退缩的个性特征。

造成口吃的原因很多，涉及遗传、心理压力、语言、行为，以及神经系统发育疾病等多方面因素。面对口吃的儿童，教师和家长要了解儿童的相关病史、心理和身体情况，客观地分析一切可能的原因。如果是因为疾病而导致口吃，家长则应及时带儿童就医；如果儿童出现口吃是与学习语言有关，那么成人要向儿童示范正确规范的语法结构，关心、安抚和鼓励他们建立信心。此外，教师和家长还要创设平行和谐的班级和家庭环境，尽量消除可能引起儿童紧张、焦虑的因素，一旦儿童出现口吃现象，不责备、不惩罚、不嘲笑也不模仿，也不过分关注儿童的说话方式，而是以平常心对待，并且进行心理安抚和做正确示范。

小案例：

兵兵是一个五岁的小男孩，说话时情绪紧张，激动，脸部充血，心跳加快，呼吸急促，字、词、句表达得极不连贯，不该停顿的地方，有时候一个字能停顿几秒钟，重复好几次，一个字能拖很长的音，才过渡到下一个字或词，并常不由自主地伴有手势（如模仿动作）、体态（如摇晃身体）和表情（如伸舌头、眨眼）等多余动作，似乎想借此来解释他所要表达的内容，缓解、掩饰自己的紧张情绪。

据兵兵的妈妈介绍，他家周围的邻居经常逗弄他，故意让他说他平常说不清楚的话，如"西瓜"说成"西吧"，然后邻居们哄堂大笑。后来，兵兵似乎知道自己上当了，便不爱说话了，而且一说话就结巴。

（二）缄默症

缄默症是指已经获得语言能力的儿童，因为精神因素的影响，沉默不语，可分为全缄默和场面缄默两种。全缄默患儿在任何状态下都一言不发，对他人普遍缺乏情感反应，胆小、焦虑，言语发育迟缓，经常做刻板、重复的动作。场面缄默则是儿童在特定的场面或人物面前出现无语症状。如有的儿童到了幼儿园就不开口，长时间呆坐着，甚至还伴有大小便失禁。

面对缄默症儿童，家长和教师不能操之过急，要给儿童树立模仿的榜样，用笑容营造愉悦的家庭氛围和温馨的幼儿园环境，给儿童创造结交伙伴的机会，让他们多接触新事物。总之，成人一定要有耐心，循循善诱、持之以恒，日久方见成效。

四、学前儿童进食障碍及保健

（一）挑食

挑食，又称偏食、拒食，是指学前儿童吃东西时，偏好某一种或某一类食物，不喜欢、不愿意尝试或拒绝吃多种食物。学前儿童挑食是一种不良的行为习惯，对生长发育不利。挑食容易造成某些营养素缺乏、摄入不足或过量，使学前儿童体质虚弱、抵抗力差、容易生病或过度肥胖，影响学前儿童的身体健康和生长发育。

面对挑食的儿童，家长和教师首先要为儿童创设愉快、有助于进餐的良好环境；其次，注重开展各类活动增加儿童对食物、对烹饪的认识，如亲自种菜、采摘、制作食物等，提升儿童对各类蔬菜的喜爱；最后，儿童的餐饮应该注重烹调技巧，尽量做到色香味俱全，可以将少量儿童不喜欢的食物与其他食物一同烹制，让儿童在不知不觉中吃掉。

想一想：

晨晨是一个三岁的小男孩，非常活泼可爱，但是却严重挑食，只吃蛋炒饭和鸡蛋面这两种东西，常常将父母夹给他的青菜扔掉。应该如何帮助晨晨改掉挑食的坏习惯呢？

教育建议：

第一，让儿童参与食物的制作。在幼儿园可以为儿童提供种菜的机会，让儿童感受自己劳动的成果。在家可以让儿童帮忙做菜，例如洗蔬菜等。此外，还可以让儿童与家长一起制作小点心。

第二，让儿童独立进食，避免成人喂饭。

第三，让儿童拥有选择食物的权利。吃饭的过程中，避免成人指定食物，而是让儿童自己选择吃什么，吃多少。

（二）厌食

厌食是指学前儿童没有食欲，对食物不感兴趣，长期厌食或者吃得极少。强迫进食可能会产生呕吐等不良的生理反应。

造成厌食的原因是多方面的，如儿童在精神上受到了强烈的惊吓，不能适应新的环境，缺少与同伴的交往而闷闷不乐、情绪低落，家长长期为增加儿童的进食量而提供过细过精的食物，零食过多，儿童活动范围小、活动量少等。厌食的预防和矫治重点是改变家长和教师的教养方式和教育观念，帮助儿童建立良好的饮食行为习惯，尤其是培养儿童进餐的积极性。为此，家长应给予孩子决定自己每次吃多少，什么时候吃饱的权利。家长有责任为孩子挑选食物和决定就餐环境。家长和教师不要强制儿童吃饭，要为儿童做出好榜样，同时扩大儿童的生活范围，增加其户外活动，加大儿童的活动量。

五、学前儿童排泄障碍及保健

学前儿童的排泄障碍主要表现为遗尿，又称遗尿症，俗称尿裤子和尿床，是指儿童在 3 岁以后白天不能控制排尿或在 5 岁以后仍不能从睡眠中醒来自主排尿的行为。遗尿症又可分为夜间遗尿（尿床）、白天遗尿（尿裤子）和昼夜遗尿，其中以夜间遗尿居多。根据我国的标准，同时符合以下三项条件就可诊断为遗尿症：5 岁或 5 岁以上儿童反复有不自主排尿（白天或夜间）；5～6 岁儿童每月至少遗尿 2 次；6 岁以上儿童每月至少遗尿 1 次；排除由于神经系统损害、癫痫、躯体疾病或药物所引起的遗尿。

家长和教师应该从以下几个方面帮助儿童避免遗尿现象：首先，家长和幼儿园要合理安排儿童的生活，使之形成规律的生活习惯；其次，要从小帮助儿童养成良好的排便习惯，提醒他们有便意时主动告诉成人；再次，避免在睡前喝太多水和吃流质食物，以及吃含水量过多的水果；最后，在睡前、游戏等环节，注意提醒儿童上厕所。当儿童出现遗尿现象时，家长和教师应该以平常心对待，避免苛责、训斥，并且注意保护儿童的隐私。对于部分遗尿儿童，还应适当进行膀胱张力的控制训练，提升膀胱括约肌的控制能力。

六、学前儿童品行障碍及保健

（一）偷窃

学前儿童偷窃是指他们在既无客观需要，也无明确的动机下，随便拿走别人的东西的行为。

其实，在大多数情况下，学前儿童并没有“偷”的概念。皮亚杰认知发展理论认为，2～7 岁的儿童处于前运算阶段，具有“自我中心”的心理发展特点。该年龄段的儿童常认为世界是围着他转的，往往分不清楚“你的”和“我的”之间的不同。于是当他们看到自己喜欢的东西时，就会顺理成章地带走。因此，当儿童出现随意拿他人的东西的行为时，不一定是道德品质问题，成人需要客观分析与应对：首先，不可盲目大发雷霆斥责儿童，而是要心态平和地了解儿童的真实想法，并且耐心地跟儿童讲道理，让儿童了解随意拿他人的东西是错误的行为，避免再犯类似的错误；其次，成人要以身作则，为儿童树立正确的榜样。

（二）撒谎

撒谎是指儿童把和实际情况完全不相符合或者是根本没有发生过的事件，描绘得完全、确定。一般而言，儿童的撒谎可以分为无意撒谎和有意撒谎。无意撒谎是儿童由于心理发展水平有限，在思维、记忆、想象和判断等方面出现了错误，说出与事实不相符合的“谎言”，把渴望得到的东西说成已经得到了，把希望发生的事情当成已经发生的事情来描绘。有意撒谎则是儿童为了某种目的而说谎，例如为了得到表扬、奖励，或为了逃避责任、惩罚等故意编造谎言。

面对儿童的无意撒谎，成人不必紧张，也不可过度指责儿童，一方面可以在适当时机进行引导；另一方面也可以从中了解儿童的心理需要。当儿童有意撒谎时，成人也要注意区别其缘由，不要错怪了儿童善意的谎言。不仅要让儿童明白说谎的后果，还要创造宽容的氛围，允许儿童犯错误，鼓励儿童说实话。同时，成人还要以身作则、言传身教，为儿童树立学习、模仿的榜样。

七、学前儿童不良习惯及保健

（一）咬指甲

咬指甲是指儿童反复啃咬指甲和指甲周围皮肤，甚至脚趾的行为。咬指甲是学前儿童常见的一种不良行为，多见于 3～6 岁儿童。一些儿童因反复啃咬指甲出现手指受伤或感染，少数比较严重的儿童，每个指甲都有损坏。部分儿童还常伴有其他行为问题，如睡眠障碍、多动、抽动障碍、吮吸手指、挖鼻孔等。多数儿童随着年龄增长，咬指甲行为可自行消失，少数顽固者会持续到成年。

面对儿童咬指甲的行为，成人应避免盲目地斥责或打儿童，这只会强化儿童的不良习惯，成人要为儿童创设温和的环境，消除其心理紧张情绪，通过转移注意力和鼓励、强化良好行为的方式，来帮助学前儿童改掉不良习惯。切忌采用苦味、辣味和涂指甲油的强制方式。

（二）玩弄生殖器

玩弄生殖器，是指儿童用手或其他东西触摸或玩弄自己的生殖器官的行为。这一行为在儿童中比较常见，有些男孩子经常用手玩弄阴茎，女孩子时常伸手去摸外阴。有的儿童通过被子、枕头、玩具、凸出的家具棱角等摩擦生殖部位；有的骑在某种物体上向前和左右扭动身体；有的将物品塞进裤子里；等等。由于玩弄生殖器产生兴奋，因而儿童会出现面颊潮红，两眼凝滞，全身肌肉紧张，呼吸不畅，甚至屏气、出汗等，持续几分钟后，会出现乏力、出汗、嗜睡等症状。1 岁婴儿即可出现玩弄生殖器的行为，其多发生于 2 岁以后，5～6 岁时有意识地玩弄生殖器更为普遍，入学后会减少，青春期后又增加。

成人对儿童玩弄生殖器的反应会影响孩子的心理状态。成人不应反应过度，避免恐吓、指责和惩罚，应该平和地对待。家长不宜给儿童穿开裆裤，避免经常刺激其外生殖器。儿童玩弄生殖器常常发生在睡前和醒后，因此不要让儿童过早地睡觉，待儿童疲倦了、有睡意时，再让他上床。儿童睡醒后，要让他立即起床，如果他醒着不起床而在被子里玩耍，极易去抚弄生殖器。

八、学前儿童其他心理障碍及保健

（一）虐待与自我虐待行为

儿童虐待与自我虐待的行为，是儿童以暴力或者其他残暴的方式对待玩具、动物、其他儿童和自己等并造成伤害的行为。有相当一部分儿童故意破坏物品、拆解玩具、踢伤小狗、掐死小鱼、攻击同伴、弄伤自己……

家长要创设民主、宽松而又不乏规范的家庭教育环境，逐渐帮助儿童“去自我中心”，培养其学会关心他人、尊重生命的品质。家长在家庭中可以特意为孩子饲养小狗、小猫、小兔、小金鱼等小动物，在孩子亲自照顾小动物的过程中，对孩子进行善良与爱的教育，让孩子更富有爱心。一旦成人发现儿童具有虐待和自我虐待行为要及时干预，防止问题行为性质恶化。

小案例：

小凡是一个4岁8个月的中班幼儿。小凡自私、霸道、爱发脾气，尤其在其要求得不到满足时，喜欢用头撞地。此行为初次发生在他和父母逛街时，他看中了一个四百多元的玩具汽车，要求父母买，父母觉得太贵了，劝他买另一个，结果他哇哇大哭，父母不理他，他就啪的一声往地上一扑，不小心撞到地上。父母赶紧把他扶起，看头是否撞破，同时爸爸帮他买下了他想要的玩具汽车。从那以后，他只要不顺心，就把头往地上撞，以致在幼儿园也发生这样的情况。

（二）攻击性行为

攻击性行为，又称为侵犯性行为，是一种导致人和动物身体或情感受伤害，或导致财物损坏或毁灭的行为。它可能是身体上的进攻，也可能是言语上的攻击，或侵犯别人的权利，如打、拍、抓、掐、踢、吐、咬、扔、抢、威胁、侵略、羞辱、说坏话、诽谤、辱骂、欺负、毁坏和破坏等都是攻击性行为的表现。

儿童出现攻击性行为的原因是多方面的，因此预防儿童攻击性行为的出现，需要从多个方面着手。第一，成人要以身作则，不要采取武力的方式对儿童进行教育，尤其不能在儿童情绪激动时强迫他接受教育，不要以暴制暴，应转移儿童的注意力，当他情绪平静下来时，耐心加以引导；第二，当儿童有所进步或获得成功时，成人应及时鼓励，让儿童具有成就感；第三，组织儿童参加多项活动如打球、下棋、绘画，陶冶儿童性情；第四，尽量避免儿童接触暴力、血腥的电视节目和电子游戏。

学一学：

当班级里出现一名儿童攻击另一名儿童的状况时，教师应该如何应对？

教育建议：教师可以采用 Time-out 策略（又称为自我控制时间策略），进行处理。

1. 教师迅速检查被攻击的儿童，查看他是否受伤。如果可能，请另一位教师来安慰被攻击的儿童。

2. 教师平静地牵着攻击他人的儿童到 Time-out 区域，然后严肃而平静地告诉他：“打人的行为是不对的，我不允许你伤害其他小朋友。因为你刚才打人的行为，我现在请你待在这里，等你准备好了再重新和小朋友们一起玩。”

3. 教师走开，在 Time-out 期间，不与这名儿童说话，也不要去看他。语言和延伸接触都有可能强化他不适宜的行为。当其他儿童试图靠近这一区域时，教师要坚定地要求他们离开，并向他们解释：“他需要单独待一会儿，等他重新回到你们中间时再和他说话。”

4. 如果这名儿童认为自己准备好了，那么教师就让他重新回到集体中，参加一个正在进行的活动。当他出现适宜的、积极的行为时，教师要及时给予关注并进行强化。

5. 如果这名儿童在未准备好之前就离开了 Time-out 区域或再次出现攻击性行为，那么教师就要态度坚决地对他说：“我想你还没有准备好加入我们。”然后把他带回 Time-out 区域，再次让他决定自己什么时候准备好后再加入集体。

第三节　不同年龄阶段学前儿童心理健康的保健要点

学前儿童的心理健康受到认知、语言、情绪情感、社会性和个性发展等各个方面发展程度的影响。因此，该部分内容从认知、语言、情感、社会性以及个性几个维度，分析不同年龄段儿童心理健康的保健要点。

一、0～1 岁学前儿童心理健康的保健要点

（一）促进认知发展的保健要点

婴儿出生后就具有感觉能力，婴儿正是随着各种感知觉的不断发展来一步步探索世界。在儿童 1 岁之前的这段时间，家长要在帮助孩子动作发展的基础上，创造各种有利的环境条件，有针对性地促进孩子的感知觉发展，具体表现在以下几方面。

（1）促进婴幼儿视觉、听觉的发展。

学一学:

亲子游戏：听声音

目标：通过聆听不同物体发出的声音，发展婴幼儿的视觉、听觉能力。

准备：可以发出声音的玩具，如拨浪鼓、铃铛、小鸭子等。

玩法：①让婴儿躺在家长前面，尽量让婴儿手脚自如，处于放松状态；②家长随身注视婴儿，边和婴儿说话边使玩具发出声音，吸引婴儿的注意力，让婴儿看见玩具，听见玩具发出的声音，注意轮流使用不同的玩具；③家长移动玩具引导婴儿使用眼睛追随发出声响的玩具，将玩具靠近婴儿的手，引导婴儿用手去抓握玩具。

分析：此游戏适合还不会爬坐的婴儿，婴儿在听、看、抓的过程中，视听觉获得了有效的刺激和发展。

（2）促进婴幼儿触觉、嗅觉和味觉的发展。

学一学:

亲子游戏：吃水果

目标：发展婴幼儿的嗅觉、味觉。

准备：将两三种水果制成果泥或切成小块。

玩法：①家长亲自喂婴儿或引导婴儿手拿水果块“先闻一闻”“再尝一尝”；②和婴儿一起边吃边说出“苹果苹果甜甜的”“葡萄葡萄酸酸的”。

分析：可以变换食物的种类，但一次不要太多，也不要太大块。

（3）促进婴幼儿平衡觉的发展。

（4）促进婴幼儿初步的知觉发展。

（5）指认五官，发展婴幼儿自我认知能力。

（二）促进语言发展的保健要点

0～1 岁是儿童语言发展的准备期。婴儿还不会自发说话，此阶段学习语言的途径主要是通过聆听和关注，即在日常生活中和游戏中让孩子聆听单词和简单的指令，建立儿童对

单词和物品、任务和动作的联系，以及使幼儿感知如何去完成简单的指令。聆听和关注，既能提高孩子的言语理解能力，也能为孩子的单词表达奠定基础。婴儿在与环境的互动中感知倾听了各种不同的声音，并开始用动作、表情及简单的声音模仿与人交流。这时期的语言教育重点是提高婴儿对语言的感知能力，锻炼婴儿对语言的分辨、理解及模仿能力，为幼儿开口说话做好准备，具体表现在以下几个方面：

（1）引导婴儿感知不同的声音；

（2）经常与婴儿温和地说话，锻炼婴儿感知理解语言的能力；

（3）夸张地发出多种音调，吸引婴儿模仿发音的兴趣；

（4）婴儿发出声音时，反复回应他，重复婴儿的发音并添加新的声音和词汇；

（5）给婴儿看图讲故事，给婴儿唱歌，促进婴儿的语言感知能力的提高。

（三）促进情绪发展的保健要点

1 岁儿童已经开始用语言表达自己的喜好和需求，喜爱爸爸妈妈和熟悉的人，已经具有基本情绪的识别和表达能力。这一时期情绪发展的重点，是促进婴儿积极情绪的建立和发展。

1．促进愉快情绪的产生和表达

微笑着对婴儿讲话；逗婴儿笑，尽量延长婴儿愉快的时间；给婴儿听音乐，让婴儿听着喜爱的音乐的欢快节奏，并随着音乐手舞足蹈。

2．学习识别基本的表情和情绪线索

识别和表达愉快、喜悦、愤怒、痛苦、惊讶等基本表情。照养者对婴儿说话时带着丰富甚至夸张的表情，包括手势；做出一些表情逗引婴儿学，如努嘴、皱眉、假哭，见到新奇的东西做出惊讶的表情；利用有表情的卡通人物、玩偶，吸引婴儿关注基本情绪的表达，并跟着学；当制止婴儿的行为时，做出严肃的表情，但不要恐吓。

学一学：

亲子游戏：照镜子

目标：观察不同的表情，增进亲子关系。

准备：大镜子。

玩法：①妈妈和婴儿一起照镜子，妈妈做出夸张的动作，引起婴儿观察并模仿镜中人的表情和动作；②妈妈分别做微笑、大笑、哭、惊讶、生气等表情的动作，并要进行语言描述“妈妈好高兴啊”“妈妈生气了”“这是什么呀？”③引导婴儿模仿妈妈的不同表情。

分析：在观察与模仿的过程中，引导婴儿体验并尝试表达不同情绪。

（四）促进社会性和个性发展的保健要点

0～1 岁婴儿社会性发展的重点是引导婴儿积极与外界周围的事物和人物接触，从而获得快乐体验，产生积极情绪，体验基本的交往礼仪。

（1）促进与周围的人积极地互动。积极地对待婴儿，照养者对待婴儿的方式（摇、抱、与之玩、挥手再见）将决定婴儿与家长或其他人的互动方式；与婴儿一起做游戏。

（2）促进婴儿与照养者建立爱和信任的关系。对婴儿的基本需求（吃、喝、换尿布、玩）反应敏感；充满爱意地注视婴儿，花时间抱婴儿，经常给予婴儿爱抚。这些都将帮助婴儿感受关爱和安全，建立起对周围的信任关系。

（3）在建立起安全依恋的基础上，做分离游戏，使婴儿体验分离并逐渐能忍受分离。与婴儿接触密切的照养者将婴儿交给其他人照料，当婴儿与这些人熟悉后，照养者离开，过一段时间再回来。

（4）合理安排婴儿作息时间，锻炼婴儿自我服务能力，培养其良好的生活习惯。

学一学：

亲子游戏：喂娃娃

目标：模仿成人的动作，锻炼自我服务能力。

准备：干净的塑料勺子、小碗、杯子、玩具娃娃若干。

玩法：①出示玩具娃娃，妈妈演示如何给玩具娃娃喂水、喂饭；②鼓励婴儿模仿成人的动作，并允许婴儿以自己的方式玩这些玩具。

分析：婴儿在模仿中锻炼自我服务能力，体验操作活动的乐趣。

二、1～2 岁学前儿童心理健康的保健要点

（一）促进认知发展的保健要点

1～2 岁儿童已经会独立行走、开口说话，注意力、记忆力和思维能力有了基本的发展。儿童表现出对周围事物的探索和独立活动的欲望，喜欢用手、嘴等试探各种东西。这时期的教养重点是为幼儿创设丰富适宜的环境，并提供基本的材料，鼓励并和儿童一起进行探索活动。

（1）鼓励儿童做力所能及的事情，满足儿童的探索需求。如训练儿童自己喝水、拿东西吃、拿勺子自己吃饭等。

（2）指认事物，增进儿童对周围事物及自我的认知。如引导儿童指出图片上的动物、图片等；找出指定的东西；指出身体和物体的若干部位。

（3）提供适宜的刺激，发展儿童的感知能力。如与儿童共同游戏：搭积木、配对、数数、涂鸦等。

（二）促进语言发展的保健要点

1～2 岁儿童由模仿向表达发展，这时期语言发展的教育重点是进一步加强儿童的语言理解与语言模仿，鼓励儿童用语言表达自己的想法，允许儿童用多种方式表达自我。

（1）发展语言能力。如经常与儿童讲话；每天和儿童一起阅读，朗读儿歌；鼓励儿童用简单的词语说出物品名称。

（2）发展非语言的沟通能力。如引导儿童挥手、再见、点头、摇头或表达要求；允许儿童用多种方式表达自己的想法。

学一学：

亲子游戏：猜猜这是谁

目标：能说出常见小动物的名称；能说出简单的单词；练习发音。

准备：儿童熟悉的小动物玩具。

玩法：①家长设计有趣的方法拿出一个玩具并说“这是谁”“它是怎么叫的”，接着家长和儿童一起说出动物名称，并模仿动物的叫声；②家长模仿某个动物的叫声，让儿童找出这个动物并说出动物的名称。

分析：注意家长的发音要准确，语速要慢，尽量设计多变的、有趣的情节，提高儿童模仿的积极性和兴趣。

（三）促进情绪发展的保健要点

1～2岁儿童已经表现出各种丰富的情绪，自我意识的独立性也有了初步的发展，愿意表达自己的情绪，情绪表达的方式也日益多样化。这一时期教养的重点是进一步加强儿童积极情绪的体验和培养，使之感知不同情绪，学习表达情感和需求等。

（1）促进亲情的体验，增强信任和安全感。

（2）感知不同情绪，引导儿童学习表达情感与需求。

（3）满足儿童日益增长的好奇心和求知欲。

（四）促进社会性和个性发展的保健要点

1～2岁儿童在自我能力增强的基础上，自我意识获得了初步的发展，开始探索体验与人交往。这时期教养的重点是尽可能扩大儿童的生活范围，让其多与同伴一起玩耍，培养儿童的交往意识和能力，学习体验简单的行为规范。

（1）培养儿童自我服务的意识。

（2）扩大与外人接触的机会与范围，培养其交往意识。多提供机会让儿童接近家庭以外的成人和小朋友，并跟他们打招呼，使儿童体验分享与关爱。

（3）遵从简单指令及行为规则。让儿童将东西从某处拿来或放回某处，体验基本的行为规范。

学一学：

亲子游戏：大家一起玩

目标：促进交往能力，体验分享快乐。

准备：将玩具带到外面，或邀请小朋友到家里玩。

玩法：①家长引导儿童和其他小朋友分享玩具，鼓励儿童为其他儿童演示玩具的玩法；②引导儿童之间交换玩具玩，允许儿童之间自主交往。

分析：家长重在创造机会，尽可能让儿童之间自主交往，必要时给予引导帮助。

三、2～3 岁学前儿童心理健康的保健要点

（一）促进认知发展的保健要点

2～3 岁儿童脑功能发育复杂化，各种能力获得了相应的发展，有了基本的认知能力，对周围的一切事物都充满兴趣和好奇，喜欢用各种感觉去探索未知的事物。这时期的教养重点是创设丰富的环境材料，促进儿童认知的发展。

（1）丰富儿童感知经验。

（2）感知比较、感受韵律、快乐涂鸦、学习数数。

（二）促进语言发展的保健要点

2～3 岁是儿童语言的发展期，幼儿已经具有基本的表达能力，但语言表达还不连贯、不成熟。这时期语言发展的重点是丰富儿童的词汇量、加强其对语言的联系运用。

（1）教儿童简单的儿歌。

（2）给儿童建立专门的阅读时间，如在儿童兴趣良好时给儿童看图书、讲故事。

（3）经常跟儿童讲话，丰富儿童的词汇量，赞赏儿童的讲话。

学一学：

亲子游戏：自我介绍

目标：学习介绍自己的名字、年龄、性别、家庭情况，发展儿童表达能力。

玩法：①家长和儿童一起，家长依次问儿童“你叫什么名字”“你几岁了”“你是男孩还是女孩”“家里有什么人”；②引导儿童完整地跟别人做自我介绍。

分析：儿童在自我介绍过程中，促进其对语言的理解和表达，体验表达的快乐。

（三）促进情绪发展的保健要点

2～3 岁儿童处于依恋发展的关键时期，自我意识产生，能表达自己的情绪，情绪情感逐渐社会化。这时期情绪发展的重点是尊重儿童的发展，促进儿童积极情绪的发展，改善不良情绪对个性发展的影响。

（1）与儿童建立安全型依恋。

（2）鼓励自我认同，帮助儿童建立自信心。多肯定、少否定。

（3）培养自主性。在安全、不损伤他人的前提下允许儿童独立做事情，但不鼓励不合理的任性。

（4）辨别和理解他人的情绪，合理表达自己的情绪。

（四）促进社会性和个性发展的保健要点

2～3 岁儿童有一定的自我服务能力，会整理玩具，能自己上床睡觉，开始有性别意

识，开始出现亲社会行为，在成人的引导下愿意和其他儿童分享玩具。这时期教养的重点是加强儿童生活自理能力，培养其亲社会行为，注重与同伴的交往，学习体验基本的人际交往技能。

（1）初步培养生活自理能力，鼓励儿童做力所能及的事情。如自己脱衣服，自己用勺子吃饭，自己大小便。

（2）鼓励儿童接触周围环境，包括人和物，培养儿童交往能力。鼓励儿童探索并尝试新事物，带儿童到各处转，如到公园玩、乘车；见人打招呼，与小朋友玩。

（3）培养儿童亲社会行为。鼓励儿童玩假扮游戏，如"过家家"。

（4）培养幼儿了解社会规则，培养规则意识。

学一学：

亲子游戏：自己叠衣服

目标：学习如何叠衣服，培养生活自理能力。

玩法：①家长给儿童示范叠衣服、裤子和袜子的方法，可以利用相应的儿歌指导，妈妈和儿童一起进行叠衣服比赛；②家长引导儿童将衣服、裤子和袜子进行分类，并放到衣柜里。

分析：在操作活动中，儿童手的灵活性得到了发展，活动促进儿童积极思考，锻炼了儿童的生活自理能力。

四、3～4岁学前儿童心理健康的保健要点

（一）促进认知发展的保健要点

1．游戏中发展儿童的认知能力

3～4岁儿童用形象、动作来进行思考，在游戏中通过操作物体来感知事物，在游戏的过程中，引导儿童认真观察，丰富感性认识，培养他们的专注力和观察力。同时学前儿童通过回忆过往的经历，并把自己的经验应用到新的游戏中，可以锻炼记忆能力，进一步激发想象力。

2．鼓励和保护儿童的好奇心

3～4岁儿童具有很强的好奇心，成人应尊重并保护儿童的好奇心。学前儿童看似"破坏行为"的探究和操作正是他们在学习其中的知识。当儿童提问时，成人要认真倾听、积极回应，给予积极的鼓励和肯定，同时根据具体情况进行引导。

3．鼓励儿童通过多种感官和动作进行探究

支持、鼓励学前儿童通过多种感官和动作探究周围的事物。当儿童在认识新事物时，成人应该创设条件，让儿童通过看一看、听一听、摸一摸、问一问、舔一舔等方式来认识事物。

4．结合具体情境和实际事物帮助学前儿童建立联系

在积累经验、获取知识的过程中，要结合具体情境和实物去帮助儿童建立事物之间的

联系。如折纸时，引导儿童关注纸张形状的变化、感受图形的组合与分解等。

（二）促进语言发展的保健要点

1. 创设语言环境，为学前儿童提供说话机会

创设一种学前儿童想说、敢说、喜欢说的语言环境，如在各种区域游戏“娃娃家”中，鼓励儿童相互交流。成人带儿童外出时，和他讨论看到的、听到的，多给儿童提供一些交谈和倾听的机会。

2. 扩大学前儿童眼界，增加词汇储备

学前儿童生活范围狭小，生活内容单调，组织丰富多样的生活帮助学前儿童扩大眼界，丰富词汇量，是非常必要的。成人应带学前儿童走出家庭和幼儿园，走向社会，扩大儿童的生活范围，开阔儿童的眼界。成人一方面可以引导儿童观看家庭外的环境，另一方面可以让儿童将所见所闻用自己的语言表达出来。

3. 学会正确发音，促进儿童语言表达能力

3～4 岁儿童语言器官尚未完善，常会发音不准，吐字不清，因此，教会儿童正确发音是一项基本训练。这一时期注重培养儿童听音、辨音和准确发音的能力，引导儿童用完善的话语说出自己的请求和需要等。成人可以通过看图说话，运用一些简单易懂的、儿童感兴趣的图画，让儿童把自己对图画的认识说出来，并鼓励儿童说话完整。

4. 注重成人语言规范的榜样作用

学前儿童喜欢模仿周围人的语言，成人良好的示范榜样对儿童具有潜移默化的作用。成人不要讥笑和重复儿童错误的发音和语句，要有意识地引导儿童模仿他人规范的语言，纠正其错误。

学一学：

亲子游戏：咕噜

目标：通过游戏，提升儿童用量词组词和即兴说话的能力。

玩法：①成人与儿童面对面站立，每人双手握拳，两拳交错边绕圈边念“咕噜咕噜一（念到一时引导幼儿出示一个手指）”；②游戏继续，再绕圈并念“咕噜咕噜二（念到二时引导幼儿出示两个手指）”；③依次说数字组词到十，游戏结束。

分析：通过游戏的方式，让儿童学会正确运用生活中常见的各种量词，促进语言能力的提升；同时，即兴说话的方式锻炼了儿童思维的准确性和敏捷性，并给儿童带来愉悦的情绪体验。

（三）促进情绪发展的保健要点

1. 理解和接纳儿童的情绪

3～4 岁儿童容易冲动，情绪不稳定，情绪控制能力较弱，情绪波动起伏较大，家长和教师应该保持冷静，耐心倾听，理解和接纳儿童的情绪。当儿童出现哭闹、害怕、紧张等负面情绪时，成人要合理应对，因势利导，利用时机给儿童提供一个实际面对和处理负面情绪的机会。

2．帮助儿童了解情绪，鼓励其恰当表达

利用生活情境，帮助儿童了解自己的情绪感受，能识别出自己的情绪，并了解情绪产生的原因是什么。如当看到儿童伤心流泪时，可以问道："看你哭得那么伤心，一定很难过，今天是发生什么事情了？"通过言语反映儿童的情绪，帮助儿童了解自己的情绪。同时，鼓励儿童讲他们的情绪，交谈他们的感受，让儿童学会把自己的情绪感受表达出来。在日常生活中，可与儿童谈论一些有关基本情绪及其产生原因的话题，帮助儿童适当地表达和调控情感。

3．设立行为规范，帮助儿童学会控制情绪

无论在家里还是在幼儿园，家长和教师应与儿童共同设立一些规范。面对儿童的各种需要，成人要对其客观分析，满足其合理需要，拒绝不合理要求，让儿童既有需要得到满足的体验，又有得不到满足的体验，逐步培养他们遵守规范和控制情绪的能力。

（四）促进社会性和个性发展的保健要点

1．提供机会增强自尊心和自信心

儿童喜欢参加各种活动，希望别人能注意自己，希望能得到别人的夸奖。成人要给予儿童支持，关注儿童的成长，关注儿童的活动和表现，善于发现其优点，多给予鼓励。成人应允许儿童犯错误，当儿童犯了错误时，要找出原因，耐心教育。同时，要对儿童提出恰当的要求，并为他们提供展示才能的机会，使儿童从中体验到成功的喜悦。

2．创设环境培养社会交往能力

引导儿童参加各种集体活动，体验与教师、同伴等共同生活的乐趣，学习初步的人际交往能力，鼓励与人友好相处。在提高交往能力的同时，帮助儿童学会分享物品与角色，学会恰当表达自己的愿望，能与同伴共同分享等。

3．增强教育指导，促进自我调控

3～4 岁儿童自我控制能力差，易受外界刺激的影响，需要培养他们的自我控制能力。成人可与儿童一起订立明确的规则，采取措施鼓励儿童坚定完成安排的活动，并在日常生活中认真贯彻执行，帮助儿童感受到遵守规则的愉悦。

4．正确认识自我学习和自我评价

3～4 岁儿童尚不能独立进行自我评价，常常依赖于成人对他们的评价。儿童说自己是好孩子，是因为"老师说我是好孩子"；说自己是不是乖宝宝，是因为"爸爸妈妈经常批评我"。由此可见，成人要时刻关注儿童的行为表现，帮助儿童形成积极的正面评价，初步教他们学会自我评价，避免产生消极评价，提高儿童的自我评价能力。

五、4～5 岁学前儿童心理健康的保健要点

（一）促进认知发展的保健要点

鼓励儿童通过比较，探索事物的异同。儿童通过比较事物，可以更好地了解事物之间的异同关系。

① 在生活中多为儿童提供操作比较的机会，如儿童的玩具、生活用品、自然现象等，在动手摆弄中，促进儿童思维的发展。

② 进行思维方法的训练。如儿童在接触事物时，首先要引导他看清“是什么”，再要求儿童将其与类似的东西进行比较，再问儿童“它们之间有没有相同和不同的地方”。

③ 提供第三种物体，进行三方比较。在儿童比较两种物体时，可以实时加入第三种物体，帮助儿童确定两种物体之间的相似点和不同点。

（二）促进语言发展的保健要点

注重早期阅读的指导。

① 注重开展亲子阅读，进行阅读分享活动。在与儿童共读的过程中，成人可以通过设置问题的形式帮助儿童理解故事，同时有意识地将书面文字与口头语言进行对应，可以适当做认读文字的初步尝试。

② 为儿童创造一个良好的阅读环境。首先，应给儿童提供充足的，适合年龄特点的图画书，并适时进行调整和更换。其次，保证儿童每天的自由阅读时间。只有时常进行阅读，才会利于儿童养成良好的阅读习惯和阅读兴趣。另外，还应注意为儿童营造愉悦、宽松、充满阅读氛围的精神环境。

（三）促进情绪发展的保健要点

1. 注重不良情绪的疏导

4～5 岁儿童的内部抑制开始快速发展起来，这一时期的儿童既要学会控制自己的情绪，又要适当地疏泄情绪，因为压抑过久的消极情绪不利于儿童心理健康。

① 能暂时接受孩子的坏脾气。4～5 岁儿童的情绪控制能力忽强忽弱，在容忍孩子坏脾气的同时，还要弄清楚孩子发脾气的原因，根据不同的原因进行相应的处理。

② 教孩子用语言表达情绪。学会用语言表达自己的情绪有助于沟通，防止误会的产生。当孩子生气时，成人可以耐心引导孩子说出自己心中的不快，让孩子的情绪得到发泄。

③ 让孩子学会评价自己的行为。培养孩子控制情绪的过程中，应坚持说道理，让孩子知道“怎么做”，而且知道“为什么这样做”，并为孩子建立一套行之有效的行为准则，作为孩子评价自己、判断自己的依据，来增强孩子的情绪自制力。

④ 教孩子控制情绪的方法。如教孩子在要发怒时默数“1，2，3，4，…”或深呼吸并默念“我不发火，我能管住自己”，这样做能暂时缓冲孩子的情绪，使他们不做冲动的事情。

想一想:

当儿童生气、哭闹，甚至动手打人的时候，教师应该如何帮助儿童控制自己的情绪呢?

教育建议：第一，严厉制止；第二，询问原因；第三，教会解决方法；第四，情景模拟，运用所学方法解决问题；第五，给予鼓励。

2. 有意识地培养儿童共情能力

共情能力影响着个体社会关系和社会交往行为，以下几个方法有助于儿童共情能力的培养。

① 学习正确地识别他人的情绪。在日常生活中引导孩子注意他人的情绪反应，观察别人的情绪态度。

② 注重情绪追忆，即用语言唤起孩子对过去生活经历的情绪体验，引起他们对当时情景的联想，加强情绪与特定情景之间的联系，从而使孩子产生共鸣。

③ 尝试角色换位，即提供一系列社会情景，让孩子进行分析、讨论和角色扮演，从而使他们能转换到他人的位置，去体验不同的情绪反应。

（四）促进社会性和个性发展的保健要点

1．重视提升儿童的自尊

① 用言语提升儿童的自尊。成人应多说肯定性、鼓励性的语言，并且避免说负面、消极的语言。如“你真笨”“妈妈（老师）不喜欢你了”等，尤其不要当着别人的面评价儿童“害羞”“不喜欢说话”“不大方”，同时又赞扬其他孩子“××很聪明”“××很大方”。

② 鼓励儿童做力所能及的事情，培养儿童的自理能力。如帮助妈妈准备餐具、帮老师拿教具等。成人应相信儿童，对于潜在的损失或伤害提前做好必要的安全防范措施。

2．重视发展儿童的自我认同和性别认同

教孩子认识他的身体的主要部位，包括外生殖器，并且引导孩子保护他的隐私部位。让孩子知道他的全名，知道家长的全名，知道家庭住址和电话，知道他自己的性别，告诉他别人的性别，使他在上厕所或洗澡时变得自然。

六、5～6 岁学前儿童心理健康的保健要点

（一）促进认知发展的保健要点

设置问题情境，培养儿童的思维能力。第一，应注重丰富儿童的知识与经验，如可以给儿童多买一些动画书、卡片等。第二，经常让儿童处在问题情境之中。问题是思维的引子，经常面对问题，会使大脑积极活动。儿童提出问题，成人可以和他一起讨论、解释。成人也应该主动提出一些问题与儿童进行讨论。第三，培养儿童独立思考的习惯。当儿童提出问题时，不要直接告知答案，而是帮助儿童寻找解答的方法，启发儿童分析问题、查找资料的能力。另外，在儿童的生活、学习中，经常出现各种各样的问题需要解决，成人应引导儿童并与儿童一起共同讨论、设计解决问题的方案，并付诸实践。

（二）促进语言发展的保健要点

1．积极创设阅读的环境

首先，成人应为儿童创设适宜的阅读环境；其次，为儿童购买优质图书，让他们自由地选择阅读，在成人直接或间接的指导下感受书面语言，增强阅读能力；最后，成人应该为儿童做出看书学习的表率，积极参与儿童阅读，提高儿童阅读的兴趣。

2．注重图文并茂的阅读方法

在成人的帮助下，引导儿童看图画书，理解画面内容。成人可以根据画面由浅入深地提出问题，逐渐扩展儿童的思维能力、想象能力，鼓励儿童用语言表述想象的故事，调动儿童学习的积极性，鼓励儿童大胆讲述自己所编创的故事。

（三）促进社会性和个性发展的保健要点

1．注重提升儿童积极的自我概念

① 给予儿童展示自我的机会，同时让儿童拥有独立选择的机会，可以从限制选择范围开始，逐渐扩大选择的范围。

② 给予挑战并积极鼓励。提供适宜的挑战任务，让儿童在完成任务时体会成就感。需要注意的是，无论是否成功，都要表扬、鼓励儿童付出的努力，并给予具体的积极反馈，如“谢谢你帮我拿东西”。另外，注重引导儿童学会将现在的自己与过去的自己进行比较，感知能力提升的愉悦。

2．积极发展儿童的亲社会行为

① 培养儿童见到他人痛苦和不高兴会表示同情或安慰的习惯，如说“痛吗”“别生气”等。

② 主动帮助别人，学会与他人分享。

③ 教会儿童根据场合主动调节自己的言行使之更恰当，如在公共场合要遵守相应的规则。

④ 教会儿童通过交换东西的方式达到目的，如主动与小朋友交换玩具等。

保教能力

【实践操作】

1．到托儿所或幼儿园见习观察，结合该托儿所或幼儿园的实际情况，分析如何利用资源来促进学前儿童心理健康的发展。

2．到托儿所或幼儿园实地观察并记录学前儿童常见心理问题案例，并尝试提出教育建议及预防措施。

3．为不同年龄段儿童制订促进其认知（或语言、情绪、社会性和个性）发展的方案。

【学练结合】

1．请结合实践案例，分析影响学前儿童心理健康发展的因素有哪些。

2．请分析以下案例，并提出应对策略。

涛涛是个新生，虽然之前上过托儿所，但是由于身体原因没上多久就休学在家了。家长也因为他身体不好，在饮食方面对他特别照顾，常常开小灶。吃饭的时候都是大人跟在他后面一边哄一边喂。

今天午饭时间，大部分小朋友都香喷喷地吃着饭菜，而涛涛坐在自己的座位上吃着手指，盯着饭菜看，就是不动。无论怎么哄，他就是不动。没办法，老师只好拿起勺子喂他，谁知道刚喂进嘴里，他就全部吐出来了，还恶心干呕，嘴里还不停地说着："不好吃不好吃，太难吃了！我不要吃。"

3．请小组讨论：在托儿所中，儿童有不良情绪时，教师该怎么办？

【真题再现】

一、选择题

1．（2017年下半年·保教知识与能力）下面关于新生儿的几种感觉中，发展相对最不成熟的是（　　）。

A．视觉　　B．听觉　　C．嗅觉　　D．味觉

【答案】A

2．（2013年上半年·保教知识与能力）下列哪种方法不利于缓解或调整儿童激动的情绪（　　）。

A．安抚　　B．转移注意力　　C．冷处理　　D．斥责

【答案】D

二、材料分析题

（一）

（2013年下半年·保教知识与能力）奇奇是这样一个孩子：他胆子小，上课不主动发言，即便发言，也小脸涨得通红，声音很小。他特别害怕失败与挫折，也不爱与同伴交往，老师和小朋友邀请他时，他总是把头摇得像拨浪鼓似的……

问题：

（1）造成奇奇性格胆小的可能因素有哪些？

（2）你觉得该怎样帮助奇奇？

【解析】

（1）分析退缩胆怯行为形成的原因。

影响儿童性格形成和发展的因素主要有以下四个方面。

① 遗传的作用。人的神经系统类型在性格形成中有一定的作用，人的气质影响着性格特征的外部表现。研究表明，神经系统的某些遗传特性可能影响到某些性格的形成，加速或延缓某些行为方式的产生和发展。

② 家庭的影响。家庭的教育态度和教育方式对儿童性格的形成与发展有着直接的影响。研究证明，父母教育方式、家庭生活氛围和父母的性格对儿童的性格形成有明显的影响。还有，家庭的政治经济地位、父母的文化素养、父母的为人处世方式、儿童出生顺序等因素也潜移默化地影响着儿童性格特征的形成与发展。

③ 幼儿园教育的作用。幼儿园的教育和教学对儿童性格的形成起主导作用。

④ 社会环境的影响和社会实践活动的作用。

（2）分析如何帮助孩子克服胆怯。

教师应该耐心地帮助孩子，使孩子能从教师的话语、行为中感受到关爱和信任，这对孩子消除自卑非常重要。

① 要想消除孩子的胆怯，我们需要多鼓励孩子。老师要多给那些胆怯的孩子必要的关怀。开始，孩子只要有一些进步，老师都要给予热情和真诚的鼓励，孩子最相信老师的权威，最相信老师的评价。所以，老师的帮助是非常重要的。而且老师要经常关注孩子在幼儿园的表现，帮孩子重建自信，主动叫他回答问题，还要用赞赏、默认的眼光看着他。这样，孩子在老师的不断表扬和反复鼓励下，产生被认可、被接受的感觉，增强了大声讲话的信心，有助于消除讲话时的紧张感，从而克服胆怯。

② 用多种方式引导孩子。教师要积极创造一种轻松、欢快的氛围，如区域活动、娃娃家等。在这种氛围中，孩子的个性可以尽情展露，这样也利于他讲话、笑闹、蹦跳，无所顾忌。另外，角色游戏能让孩子理解自己在日常生活中所能扮演的角色，教师要因势利导，避免枯燥乏味的说教。

③ 培养孩子的责任心有利于其克服胆怯行为。我们不必事事抢在孩子前面，不必把他们照顾得无微不至。我们可以明白地告诉孩子他们应负责的范围，逐渐让孩子担负起一定的责任，把责任的接力棒传到孩子的手中，如：值日生。

****

（二）

（2016 年上半年 · 保教知识与能力）3 岁的阳阳，从小跟奶奶生活在一起。刚上托儿所时，奶奶每次送他到托儿所准备离开时，阳阳总是又哭又闹。当奶奶的身影消失后，阳阳很快就平静下来，并能与小朋友们高兴地玩耍。由于担心，奶奶每次走后又折返回来，阳阳再次看到奶奶时，又立刻抓住奶奶的手，哭泣起来……

问题：针对上述现象，请结合材料进行分析。

（1）阳阳的行为反映了儿童情绪的哪些特点？

（2）阳阳奶奶的担心是否必要？教师该如何引导？

【解析】

****

（1）从儿童情绪和情感的进行过程看，儿童情绪和情感的发展具有三个主要特点：情绪和情感的不稳定；情感比较外露；情绪极易冲动。材料中阳阳每天去托儿所见到奶奶要离开又哭又闹，但是等奶奶的身影消失后又能高兴地玩耍，正体现了儿童情绪发展进程中，儿童情绪不稳定、较外露和易冲动的特点，这是分离焦虑的表现。

（2）①奶奶没有必要担心阳阳的情绪，这是这一阶段儿童情绪的特点的体现。

②教师可采用以下方法培养学前儿童的良好情绪。

a. 帮助幼儿营造良好的情绪环境，保持和谐的气氛，并建立良好的亲子情和师幼情。

b. 成人的情绪控制。成人要给儿童以愉快、稳定的情绪示范和感染，应避免喜怒无常，不过分溺爱也不吝惜爱。当儿童犯错误或闹情绪时，教师首先应克制自己的情绪，理智冷静地对待每个儿童的情绪与态度。

c. 采取积极的儿童教育态度：肯定为主，多鼓励其进步；耐心倾听孩子说话；正确运用暗示和强化。

d. 帮助孩子控制情绪。儿童不会控制自己的情绪，成人可以用各种方法帮助他们控制情绪：转移法、冷却法、消退法等。

e. 教会孩子调节自己的情绪表现：反思法、自我说服法、想象法等。

****

【考点模拟】

选择题

1．以下哪种方式有助于减少儿童出现梦魇问题？（　　）

A．睡前让儿童过度兴奋　　B．睡前讲鬼故事

C．白天观看暴力动画片　　D．睡前听舒缓的轻音乐

2．有助于纠正儿童咬指甲习惯的方法是（　　）。

A．儿童咬指甲时，通过转移注意力的方法，引导儿童自己拿出手指

B．打儿童吮吸的手

C．在手上涂上苦药水

D．置之不理

3．造成儿童“偷窃”行为的原因是（　　）。

A．儿童品行不端

B．儿童自我为中心，拿走自己喜欢的东西

C．偷窃是儿童的游戏方式

D．偷窃行为可以让儿童获得心理快感

4．有助于缓解儿童口吃问题的举措是（　　）。

A．强行纠正　　B．模仿儿童的口吃行为

C．心理安抚，正确示范　　D．大声嘲笑

5．3～4 岁儿童语言发展的要点包括（　　）。

A．看图说话　　B．语言完整描述事件

C．练习正确发音　　D．非语言发展关键期，可以不发展

6．不利于发展儿童自尊的方式是（　　）。

A．当众评价儿童“你真笨”　　B．当儿童获得成功时鼓励儿童

C．创设民主温馨的家庭环境　　D．鼓励儿童做力所能及的事情

7．预防儿童出现攻击性行为的措施包括（　　）。

A．儿童年龄小，其攻击性行为不会造成巨大伤害，可以置之不理

B．扩展儿童视野，让其观看暴力血腥的电影、节目

C．棍棒底下出孝子，一旦儿童犯错误，就要严厉打骂

D．通过讲道理的方式帮助儿童明白事理

8．缓解分离焦虑的方法不包括（　　）。

A．提前了解幼儿园环境

B．家长寸步不离地保护儿童起居

C．入园前，家长逐步培养儿童的独立性

D．教师引导儿童开展丰富的活动，转移儿童注意力

9．在幼儿园，孩子出现遗尿现象，教师应该（　　）。

A．严厉斥责

B．以此为反面例子教育其他儿童，避免其他儿童出现同样的问题

C．平常心对待，温柔安抚儿童

D．给儿童穿纸尿裤

10．不利于缓解儿童挑食问题的措施是（　　）。

A．成人喂食

B．让儿童独立选择进食的食物

C．引导儿童参与食物制作

D．尽量让食物色香味俱全

答案：1. D　2. A　3. B　4. C　5. C　6. A　7. D　8. B　9. C　10. A

【拓展阅读】

1．傅宏. 学前儿童心理健康[M]. 南京：南京师范大学出版社，2002.

推荐理由：该书通过案例比较详细地介绍了学前儿童各种常见的问题行为，针对案例进行详细分析并提出教育建议。此外，该书还介绍了问题行为的评价、早期预防与诊断的方法。

2．网易公开课课程：《为什么会梦游》

https://open.163.com/movie/2016/8/C/Q/MBU7R63KQ_MBU7RB6CQ.html

推荐理由：该课程通过动画的形式风趣幽默地就人会梦游的原因进行了比较详细的介绍，课程活泼有趣，内容通俗易懂。

3．钱志亮. 儿童心理发展咨询[M]. 北京：北京师范大学出版社，2011.

推荐理由：该书通俗易懂，强调实用性，旨在帮助读者根据与案例的相似性和症状迅速判断问题的性质，了解问题的现象与实质并进行诊断，分析成因，参照提出的矫治和教育策略实施救助。

4．育儿节目《超级育儿师》——我被孩子用哭闹“威胁”了

https://v.qq.com/x/cover/5r95nwzr7prm9x2/w00207encng.html？

推荐理由：该节目总结了孩子喜欢哭闹的主要原因，并结合两个家庭的实际案例，分析了成人应对儿童哭闹的主要方法，有助于提升成人的育儿能力。

第七章　幼儿园保教活动的卫生保健

保教知识

【考点聚焦】

- 幼儿园保教活动的卫生保健
  - 幼儿园卫生保健制度
    - 健康检查制度
    - 预防接种制度
    - 体格锻炼制度
    - 消毒制度
    - 隔离制度
    - 环境卫生制度
    - 生活制度
    - 膳食制度
    - 安全制度
    - 家长联系制度
  - 幼儿园生活活动的卫生保健
    - 幼儿园一日生活活动制度的制订
    - 幼儿园一日生活活动制度的执行
    - 幼儿园一日生活环节的卫生要求
  - 幼儿园教学活动的卫生保健
    - 幼儿园教学活动的身体及心理保健
    - 幼儿游戏及户外活动的卫生保健
  - 幼儿体育锻炼的卫生保健
    - 幼儿体育锻炼的身体保健
    - 幼儿体育锻炼的心理保健
    - 幼儿体育锻炼的自然因素

幼教故事：

小班幼儿贝贝入园一个月了，还表现出较强烈的抵触情绪。每天早晨入园的时候，不管妈妈怎么哄劝，贝贝都会哭，尽管妈妈没有办法，但是最后还是坚持放下孩子就离开。贝贝进入教室后继续哭泣。对于晨间活动，贝贝很少主动参与，常常跟住在她家附近的小朋友文文玩。如果有早来的小朋友坐到她旁边的位子上，她会毫不客气地吼道："这是文文的位子，走开!"等文文来了，她会高兴地招呼文文坐在自己的旁边和她一起玩。

措施：教师一方面多和贝贝接触，消除其陌生感，逐渐建立起贝贝对幼儿园的依恋关系，发现贝贝的闪光点，并及时鼓励、表扬她，让她在班级这个群体中获得归属感；另一方面积极和家长沟通，做好家长方面的工作，以获得家长的支持，让家长在家庭中关注并培养贝贝的独立性和自理能力。

第一节 幼儿园卫生保健制度

幼儿园卫生保健制度建设包括建立合理的一日生活作息制度，加强生活护理及教养；建立健康检查制度，对儿童生长发育进行监测，对发现的问题及时进行矫治；贯彻"预防为主"的方针，做好预防接种、消毒隔离工作，控制和降低传染病的发病率等。幼儿园的各项卫生保健制度是否健全以及贯彻执行得是否良好，是衡量幼儿园保健工作好坏的重要依据，也是保障幼儿身心健康成长的必要条件。

一、健康检查制度

幼儿园应建立健全健康检查的制度。健康检查的对象应包括新入园的幼儿、在园的幼儿以及幼儿园中的全体工作人员。

（一）幼儿的健康检查

1．入园前的健康检查

幼儿在入园前必须进行全身体格检查。对有传染病接触史的幼儿必须做胸部X线透视、肝功能等实验室检查，必须经过检疫期，无症状方可入园。同时，要了解幼儿疾病史、传染病史、过敏史、家族史和生活习惯等。

2．定期体检制度

1岁以内婴儿每季度体检1次；1～3岁幼儿每半年体检一次；3岁以上幼儿每年体检1次，每半年测身高、体重1次。测量要准确并做好记录，进行幼儿健康分析评价和疾病统计，及时矫治幼儿的身体"缺点"。每名入园幼儿均应建立健康卡片或档案。

3．每日的健康观察

幼儿每日入园以后，医务保健人员和保教人员应该对其进行每日健康检查和观察，发现疾病及早进行隔离和治疗，防止疾病的加重或在园内传播。

幼儿每日的健康观察主要包括入园时的晨检和全日的观察。

1）入园晨检

晨检是幼儿园卫生保健工作的一个重要环节。通过这一环节，不仅可以及早发现疾病，而且对于一些不安全的因素，也可以及时加以处理。同时，也能了解到幼儿在家庭中的生活情况，有利于保教人员更好地做好当日的工作以及密切家园的联系。

晨检工作应在幼儿每天清晨入园时进行，寄宿制幼儿园应在幼儿早晨起床以后进行。负责晨检工作的人员一般是医务保健人员，也可以是具有初步医学知识的保教人员。

晨检中如果发现幼儿有身体不适或疾病迹象，应劝说家长带幼儿去医院检查，或暂时将该幼儿隔离，请保健医生进一步检查，然后再确定是否入班。

2）全日观察

幼儿入园以后，保教人员在对幼儿进行日常保育和教育的过程中，应随时观察幼儿有无异常表现，重视疾病的早发现。全日观察的重点是：幼儿的精神状况、饮食状况、大小便状况、睡眠状况、体温等。

平时活泼爱动的幼儿，突然变得不爱说话、不爱活动、没精打采了；幼儿吃饭时没有食欲，甚至出现呕吐等现象；幼儿小便颜色加重、大便次数增多或拉稀了；等等，这些都能反映出幼儿身体的异常，应进一步对幼儿进行身体检查，以确定幼儿是否生病。

例如，晨间检查中发现异常情况应做记录，记录表如表 7-1 所示。

表 7-1　晨间检查及全日观察异常情况记录

日期	姓名	班级	晨间情况			全日观察情况		交班要点		
			（体温、精神、口腔、皮肤）	家长代诉	处理	（体温、精神、食欲、大便、小便、睡眠）	处理	用药	其他	签名

资料来源：张燕. 幼儿园管理. 北京：北京师范大学出版社，1997.

本表由保健老师晨间检查后填写，交各班保育员观察，做好记录并签名。

（二）工作人员的健康检查

为了保证幼儿的健康，幼儿园的工作人员在入园工作以前，都必须进行严格的健康检查，健康检查合格者方能进入幼儿园从事工作。

工作人员上岗前必须进行健康检查，同时要接受每年一次的定期检查；体检人员必须到当地妇幼保健机构进行检查，并由体检单位按规定填写健康检查表；工作人员体检合格，由体检单位签发健康证明书后，方能上岗工作；对患有国家法定传染病及乙肝表面抗原阳性、滴虫性、霉菌性阴道炎、化脓性皮肤病、精神病、肢体残疾者不得从事保教工作和炊事员工作；在工作中发现患有急慢性传染病者(包括疑似病人)、病原携带者以及有碍婴幼儿身心健康的疾病者，要及时隔离和调离，待病愈后持妇幼保健机构的健康证明方可恢复工作。

二、预防接种制度

我国卫生部（现更名为国家卫生健康委员会）于 1982 年颁发了《全国计划免疫工作条例》，使儿童免疫程序得到了统一，儿童预防接种制度正式开始在全国实施，并将每年 4 月 25 日定为“儿童预防接种日”。

（一）预防接种的意义

预防接种是预防和消灭传染病综合措施的重要组成部分。据统计，通过预防接种，全球每年可挽救 300 多万儿童的生命，每年可避免 75 万儿童因疾病导致的残疾。疫苗不仅保障了儿童的健康，还避免了因儿童生病造成的对整个家庭的影响。疫苗虽然不能保证达到百分之百的预防效果，但是它对于绝大多数孩子都能起到很好的疾病预防作用。然而在发展中国家，每年仍然有 200 多万儿童死于麻疹、破伤风、结核病、脊髓灰质炎、百日咳、白喉等疾病，而这些疾病通过预防接种是可以预防的。麻疹、破伤风、结核病、百日咳、白喉、乙脑、狂犬病等都已有预防针，脊髓灰质炎疫苗还制成了糖丸，服用方便。

预防接种应依照一定的程序(见表 7-2)。因为有的疫苗一次接种后所产生的抗体量少，维持的时间短，所以，必须在一定时间内再接种一次，使抗体保持在一定的水平，以加强预防作用。

表 7-2　儿童计划免疫程序

年龄	疫苗名称					
	卡介苗	乙肝疫苗	脊髓灰质炎糖丸	百白破疫苗	麻疹疫苗	乙脑疫苗
初生	初种	第一针				
1 个月		第二针				
2 个月			初服			
3 个月			第一次复服	第一针		
4 个月			第二次复服	第二针		
5 个月				第三针		
6 个月		第三针				
8 个月					初种	
1 岁						间隔二针

续表

年龄	疫苗名称					
	卡介苗	乙肝疫苗	脊髓灰质炎糖丸	百白破疫苗	麻疹疫苗	乙脑疫苗
1 岁半				加强一针		
2 岁						加强一针
3 岁						加强一针
4 岁				复服		
6~7 岁	复种(OT 阴性)			白破加强	复种	加强一针

此外，人体有两种免疫反应：一种是细胞免疫；另一种是体液免疫。细胞免疫在婴儿出生时已经完善，而体液免疫在 6 个月以后才比较完善。有些疫苗，如卡介苗，接种后抗体的产生与细胞免疫有关；有些疫苗，如麻疹疫苗，接种后与体液免疫有关。所以，婴儿出生 3 天内注射卡介苗就可以产生抗体，以预防结核病。而婴儿在出生后 6 个月内接种麻疹疫苗就不能产生足够的抗体，也达不到预防的目的，因此，麻疹疫苗要在出生 6 个月以后接种。

（二）预防接种的卫生要求

1．接种前

首先，儿童入园时必须建立儿童预防注射卡，严格按规定进行接种。在登记卡上，详细记载幼儿的传染病史和接种记录，以便做好预防接种工作。

其次，事先与当地的卫生防疫机构联系，由保健医生具体安排接种时间并执行。当班老师做好组织工作，同时应做好宣传和教育工作，使儿童了解接种的目的、意义和注意事项，消除恐惧心理，积极配合，以便顺利完成接种工作。

严格按照规定的剂量、次数、间隔时间进行接种，需加强免疫者也应按期进行。在一定的限度内，人体免疫力的产生和接种的剂量成比例，所以每一种预防接种制剂都有一定的接种剂量。在进行预防接种前必须详细查阅生物制品(菌苗、疫苗)说明书，按规定的剂量和途径接种，不得擅自减少或加大接种剂量。

仔细核对瓶签及使用期限，凡标签不清楚或已过期的，不能使用。

阅读说明书，注意禁忌范围，不得擅自放宽。在接种部位有严重皮炎、牛皮癣、湿疹及化脓性皮肤病的，应治愈这些病后再接种；当儿童感冒发热或有其他病时，不应进行预防接种，以防加重病情；当儿童的脑和神经系统发育不正常、有脑炎后遗症、癫痫时，不能接种乙脑和百日咳疫苗，以防引起抽风；严重营养不良、严重佝偻病、有先天性免疫缺陷的儿童，不应注射任何预防针，因这些儿童缺乏产生免疫力的原料或形成免疫力的器官功能不佳，不能产生免疫力或反应严重；有过敏体质及哮喘、荨麻疹，接种疫苗曾发生过敏的儿童不宜接种，因为疫苗中含有极其微量的过敏源，可导致这些儿童发生过敏反应；腹泻的儿童，大便每天超过 4 次者不宜用脊髓灰质炎糖丸活疫苗；在传染病流行期间，密切接触了传染病患者的儿童，不宜马上接种疫苗，必须经过该传染病的最长潜伏期后，没有发病再接种。

接种前要严格消毒皮肤，并使用一次性注射器。

2．接种时

接种时，要严密观察反应。一旦发现有头晕、恶心、呕吐、面色苍白、心跳加速、脉搏加快、出冷汗等过敏反应要立即进行抢救(事先预备好肾上腺素等急救药品)。

3．接种后

不论是活疫苗，还是灭活疫苗，对于人体来说都是一种外来刺激，因此接种后会引起不同程度的反应。若接种后出现注射部位红肿痛痒及轻微发热、头痛、恶心等，是正常反应，一般不需要处理；若接种后出现局部红肿扩大、疼痛加剧或腋下淋巴结肿痛、全身高热、头痛等症状，则应及时治疗，以防意外发生。

几种疫苗的接种方法和注意事项

接种后要注意休息，寒冷季节要注意保暖，在接种后一两日内不要做激烈运动，以减轻接种后的反应。

每次接种后要在预防接种卡上记载注射日期、剂量、次第、初次免疫还是加强免疫，防止漏种、错种、重种。同时要保存好预防接种卡。

三、体格锻炼制度

幼儿体格锻炼是指利用日光、空气、水等自然因素，组织幼儿开展适宜的户外活动，结合日常生活护理，以促进幼儿生长发育的一系列促进措施。体育锻炼，不仅能增强幼儿身体各器官各系统的功能，促进其生长发育，增强其机体的耐受力和抵抗力，还对培养幼儿坚强的意志、促进幼儿独立生活与活动能力和智力的发展有重要意义。

因此，幼儿园每天要有计划、有目的地开展游戏及体育活动，在天气正常的情况下，要有充足的户外活动时间，日托班每天坚持活动 2 h 以上，全托班每天活动不少于 3 h，特别要加强冬季锻炼；要创造条件，充分利用日光、空气、水等自然因素开展内容丰富、形式多样的体格锻炼；体格锻炼要循序渐进，运动项目和运动量要适合各种年龄段的特点；在体育活动中教师要注意分层指导，尤其对各种体弱儿要给予特殊照顾；保教人员和保健人员负责督促、检查幼儿的锻炼执行情况，仔细观察幼儿对锻炼的反应，及时采取措施预防运动创伤，并进行观察记录。

四、消毒制度

清洁消毒工作是托幼机构的防病工作重点之一，建立消毒制度是切断传染途径的重要措施。做好清洁消毒工作，可以有效地杜绝疾病的传播。清洁消毒工作分为日常清洁消毒、定期清洁消毒、传染病流行期间清洁消毒。

（一）消毒方法

1．机械消毒法

机械消毒法如刷洗或利用水的机械作用清洗、用肥皂擦手冲洗等。该方法操作简便、经济实惠。

2．物理消毒法

开窗使空气流通，可减少呼吸道疾病的传染。一些不宜清洗消毒的玩具、图书、被褥等，可放在日光中暴晒，日光中的紫外线有强烈的杀菌作用。

3．热力消毒法

热力消毒法是一种常用的、有效的消毒方法。常用的热力消毒法有消毒柜、流动蒸汽、煮沸消毒等，尤其适用于餐具、茶具、毛巾等的消毒。

4．化学消毒法

化学消毒法是利用化学制品的消毒药，配制后使用，如托幼机构常用的含氯消毒液、次氯酸钠、过氧乙酸、漂白粉等。这种方法适用于门窗、地面、厕所、家具等处的消毒。

5．消毒灯消毒法

常见的消毒灯有紫外线灯和臭氧消毒灯，适用于房屋、空间消毒，不易产生死角。

（二）各种用品的消毒方法

制订托幼机构消毒制度，并严格执行、规范操作、专人负责，掌握好消毒用品的规范使用方法。

1．餐具消毒

儿童的餐具用完后要及时洗净，每日消毒一次。一般常用方法是煮沸，注意在发生菌痢或肝炎时，应适当延长餐具煮沸时间。也可以使用消毒柜消毒。消毒后的餐具要注意保洁。饭桌在用餐前后均应擦洗干净。抹布必须专用，每次用后要洗净，再用开水烫。

2．水果消毒

在生食瓜果时，应在食用前用清水将瓜果洗净，或用消毒剂浸泡瓜果后再将瓜果冲洗干净，然后瓜果去皮。

3．被褥、衣物消毒

儿童的被褥、衣物要勤洗勤换，并经常放置在阳光下暴晒，至少每月进行两次。必要时，将衣物等煮沸或用消毒剂消毒。

4．玩具、图书消毒

玩具应保持清洁并定期进行消毒，可采用阳光暴晒、消毒剂浸泡、洗涤等方法进行消毒。儿童读物要定期在阳光下翻晒消毒。破旧读物不宜再使用。

5．空气消毒

除经常通风换气以保持儿童活动室、卧室等空气新鲜外，在必要时可采用食醋熏蒸或用紫外线照射进行空气消毒。

知识拓展：

警惕玩具对孩子健康的影响

现代的孩子都是幸福的，每个孩子都有许多玩具，可玩玩具的时间长了便会沾染病菌。有关方面调查显示：玩具被儿童玩耍 24 h 后，塑料玩具表面平均每平方米有 35 个菌落；木制玩具表面平均每平方米有 59 个，皮毛玩具表面平均每立方米有 21 500 个。而每个菌落细菌数可达上万个，其中包括痢疾杆菌、伤寒杆菌、流感病毒、乙型肝炎病毒等传染病的病原体。

长毛玩具最容易隐藏病菌，同时也容易引发儿童皮肤过敏、哮喘和一些呼吸道疾病，如肺炎等。有些毛绒玩具没有外包装，直接裸露在外，前来挑选的顾客这个摸一摸，那个也摸一摸，这样很容易把病菌遗留在玩具表面。

五、隔离制度

幼儿园应设立保健室，并根据本单位条件设立隔离室或隔离床(寄宿制幼儿园必须建立隔离室)。隔离室需配置专用物品。

（一）患儿隔离

发现传染病后，立即将患儿隔离，并通知家长；患儿所在班要彻底消毒；患不同传染病的幼儿应分别隔离，以防交叉感染；在隔离室设专人护理患儿；禁止护理人员串班、进厨房或穿着隔离室的工作服外出；患儿用过的食具、毛巾、便盆等要随时消毒；其他用具也要专用并定期消毒。

（二）可疑幼儿的隔离

对疑似传染病的幼儿也要隔离，但应与已确诊为传染病者分开。检疫期满后，无症状者方可解除隔离。

（三）加强对发病班的观察

对发病班的其他幼儿（密切接触者）要注意观察其体温、精神、食欲等情况，必要时采取预防用药。观察期间该班不收新生，不与其他班接触，但生活日程照常。特别要指出的是，对离园一个月以上或离开本地返回的幼儿，应向家长询问有无接触史，并要经过医务人员重新检查；若在传染病流行时，幼儿园要采取更加严格的防范措施，以保证在园幼儿不受传染病的侵害。

六、环境卫生制度

（一）室内

每天在儿童入园前做好活动室及盥洗室的清洁卫生工作，包括地面、桌椅、橱柜、用品等的清洁卫生。为避免尘土飞扬，采用湿式打扫。活动室应经常开窗通风，保持室内空气新鲜，阳光充足。

（二）室外

要定期进行室外的清洁卫生工作，做到环境整洁、无污染，地面平整、无碎砖石。活动场地不要堆放杂物，垃圾箱要远离活动场所并加盖。要随季节的变化有计划地做好园内的绿化。

（三）厕所

厕所要清洁通风，定时打扫并消毒。幼儿便后应立即冲洗干净，并保持地面的清洁干燥。幼儿用的便盆，每次用后要立即倾倒，刷洗干净，每日用消毒液浸泡。3 岁以上幼儿要提倡和训练他们用蹲式厕所。

知识拓展：

室内环境污染

自然环境污染固然不可小视，但室内环境污染同样威胁着人类健康。在经济迅速发展的今天，由建筑、装饰装修、家具和现代家电与办公器材造成的室内环境污染已成为影响人们健康的另一大杀手，由此产生的空气污染、噪声污染、电磁波及静电干扰、紫外线辐射等给人们的身体健康带来了不可忽视的影响。现状统计显示，中国每年有 11 万人死于室内污染，几乎所有新装修的办公室、居室，新购买的车辆都存在室内污染问题，某些污染物超过了国家标准的几倍甚至几十倍。

专家研究认为，人们在经历了“煤烟污染”和“光化学烟雾污染”的危害之后，目前正在遭受着以“室内空气污染”为主的第三次污染。据监测，室内空气污染是室外的 5~10 倍。美国专家研究表明，室内空气的污染程度要比室外空气严重 2~5 倍，在特殊情况下可达到一百倍。室内空气中可检出五百多种挥发性有机物，某些有害气体浓度可高出户外十倍乃至几十倍，其中二十多种是致癌物。

七、生活制度

幼儿园生活制度是指根据不同年龄幼儿的生理特点，把幼儿每天重要的活动(如进餐、睡眠、教学活动、游戏、体育锻炼及户外活动等)合理安排的时间固定下来，形成制度。其主要内容和要求如下。

（一）学年的安排

根据幼儿的年龄特点和教育的要求，合理安排其全学年的学习和休息。幼儿园的学期一般全学年在 40 周左右，但是具体情况要视家长的实际需要，不能硬性规定寒暑假。主要应考虑使幼儿全年的生活能动静配合、有劳有逸，也使工作人员可以轮休。

幼儿在学期开始，特别是初入园（所）时，由于从家庭生活转入集体生活，需要有个适应的过程。教师和工作人员的语言、态度以及周围的环境能使其形成初步的条件反射，这些良性的刺激对促进其情绪安定、逐渐适应环境是十分必要的。如果适应不良，将影响幼儿的身心健康。

（二）一周的安排

研究表明，幼儿一周中的大脑机能活动水平是不相同的。由于始动调节的规律，大脑皮层机能脑力活动效率周一相对较低，在周二开始上升，周三、周四达到高峰，周五以后又呈下降趋势。因此，幼儿园应根据幼儿的生理特点，将一周的主要活动按负荷轻重做妥善安排。如在周一不宜安排负荷较重的学习任务或有特殊要求的活动，而应以稳定幼儿的情绪为主。可以考虑在星期四安排大型体育活动或者劳动，这样可以调适和增强幼儿下半周的大脑皮层的活动能力。同时，在组织和安排学前儿童活动时，还应注意从易到难，逐渐增加幼儿活动的难度和强度，将难度最大的任务安排在学前儿童大脑皮层高度兴奋时完成。

（三）一日作息制度

一日作息制度是教学卫生的重要因素，是对一昼夜全部时间进行合理安排的制度(见表 7-3)。据国外学者研究，无论从事脑力劳动还是体力劳动，一天 24 小时中儿童达到最高能力曲线的时间与成人相同：以凌晨 2～4 时最低，以后逐渐上升，上午 9～10 时达到高峰。这段精力充沛、大脑处于高度兴奋状态的时间，称为最佳用脑时间，在这段时间学习，可以收到较好的效果。午后在 14～15 时下降到一天活动能力的平均线，以后又上升形成第二高峰，但其高度不如上午时的高峰，22 时以后下降到平均线以下，很快降至最低点。

由此可见，幼儿在一天中活动能力的变化是有一定规律的，对幼儿一日作息制度的合理安排是：早晨 7～8 时起，神经系统经过一夜的休息，头脑清醒，精力充沛，到上午 10 时是神经活动最旺盛时期，是幼儿学习获得知识的最好时间，所以，幼儿园一般在上午 9～10 时组织语言、科学、数学等教学活动，10 时以后神经活动逐渐降低，可以安排游戏、音乐、美工、散步等活动，午餐后神经活动已降至低谷，幼儿需要午睡，午睡后精神恢复，但不如上午旺盛，一般可安排户外活动、体操、游戏等；全托园所，晚餐后，一般在睡眠前，可安排一些安静活动，如散步、讲故事等，不要使幼儿过度兴奋，影响睡眠。

各园所可根据幼儿不同年龄及季节，具体制订一日生活作息制度，要注意动静结合，要有充足的户外活动时间。对各项内容的执行，要提出质量指标。

表 7-3　7 岁以内儿童一日生活活动时间分配

年龄	饮食		一日安排	睡眠时间			
	次数	间隔时间/h	活动时间/h	昼间		夜间/h	共计/h
				次数/次	持续时间/h		
2 个月	6	3～3.5	1～1.5	4	1.6～2	10～11	17～18
3 个月	5～6	3～3.5	1.5～2	3	2～2.5	10	16～18
6 个月	5	4	2～3	2～3	2～2.5	10	14～15

续表

<table>
<tr><th rowspan="3">年龄</th><th colspan="2">饮食</th><th rowspan="3">一日安排活动时间/h</th><th colspan="4">睡眠时间</th></tr>
<tr><th rowspan="2">次数</th><th rowspan="2">间隔时间/h</th><th colspan="2">昼间</th><th rowspan="2">夜间/h</th><th rowspan="2">共计/h</th></tr>
<tr><th>次数/次</th><th>持续时间/h</th></tr>
<tr><td>1 岁</td><td>5</td><td>4</td><td>3～4</td><td>2</td><td>1.5～2</td><td>10</td><td>12.5～13</td></tr>
<tr><td>1.5 岁</td><td>4</td><td>4</td><td>4～5</td><td>1</td><td>2～2.5</td><td>10</td><td>12～13</td></tr>
<tr><td>3～7 岁</td><td>4</td><td>4</td><td>6～7</td><td>1</td><td>2～2.5</td><td>10</td><td>12～12.5</td></tr>
</table>

八、膳食制度

加强幼儿的膳食管理，保证幼儿获得生长发育和活动所必需的营养，是幼儿园后勤管理工作中的一项重要内容。幼儿的伙食应有专人负责，民主管理，建立伙委会(成员包括园领导，炊管人员，保健人员，保教人员及孩子家长代表)，定期开会，研究膳食问题。建立健全《后勤管理制度》《伙食管理制度》《食堂卫生制度》《厨房人员岗位职责》《厨房人员量质化目标考核细则》等一系列规章制度和考核办法，制订伙食质量标准，使各项工作有章可循、有据可依。

制订食谱是为了保证供给幼儿所需的各种营养素，同时便于管理人员对幼儿膳食的管理。编制食谱必须以幼儿年龄、健康状况和活动强度为依据，参考幼儿期每日膳食中供给量标准，确定幼儿每日所需的热量和营养素，由保健人员在园长的指导下制订出均衡的幼儿周食谱。幼儿两餐之间的间隔时间为 3～3.5 h。

幼儿园对幼儿膳食进行分析评价，包括对各类食品摄入总量的分析，各类营养素的一日摄入量的分析以及热量、营养素来源的分析和各营养素比例的分析，以便准确掌握幼儿的营养状况和发育水平，发现问题及时改正和调整，不断改善膳食质量。

九、安全制度

幼儿园的安全制度包括以下四个方面。

（1）在各项活动中，保教人员要关注儿童的活动情况，随时消除不安全因素。

（2）要注意房屋、场地、家具、玩具、用具使用的安全，避免触电、砸伤、摔伤、烫(烧)伤等事故的发生。

（3）药物必须妥善保管，吃药时要仔细核对，剧毒药品要有专人管理，并严禁放在班上。药物管理和服用应由保健老师负责。

（4）建立健全儿童接送制度，确保儿童在接送过程中的人身安全。

十、家长联系制度

幼儿园应采取多种方式，同家长加强联系，争取家长配合，定期开家长会，经常向家长宣传幼儿卫生保健知识。儿童如无故缺席，要及时和家长联系，共同做好儿童保健工作。具体做法如下。

（1）保健室应备有幼儿家长名册、联系电话，有事及时和家长联系。

（2）各班教师利用接送幼儿的时间及家长联系簿、电话、家访等多种方法，加强与家长的联系，争取家长配合，支持幼儿园的各项工作。

（3）定期出板报，经常利用卫生宣传窗向家长宣传幼儿卫生保健知识，耐心解答家长提出的有关卫生保健方面的问题。

（4）向家长发布每周食谱、每月伙食收支情况、体格检查及教学情况，争取家长配合和谅解。

（5）每学期召开家长会一两次，向家长介绍情况，与家长交流意见等。

（6）各班的“家长园地”做到一个月更换一次。

考点精要：

材料分析题题干如下。

情景一：某私立幼儿园，由于天气原因，没有进行户外活动，于是园长决定将幼儿的午餐时间提前30 min。

情景二：某私立幼儿园，开放半日活动，为了更好地向家长展示生活及教育活动环节，园长取消了幼儿上午的水果，并指示将会在下午水果时间发双份。

问题：请结合以上材料分析幼儿一日生活的各环节需注意的问题。

答案：这两所幼儿园的行为都是错误的。

（一）幼儿一日生活环节

幼儿一日生活包括晨检、进餐、睡眠、盥洗、如厕、教学活动、游戏和户外活动等环节。

（二）幼儿一日生活各环节的卫生要求

1. 晨检

检查幼儿的卫生习惯、观察幼儿的精神状态及衣着整洁情况。

2. 进餐

（1）进餐前可组织幼儿安静地做游戏，叮嘱他们不要剧烈运动。

（2）幼儿吃饭前要洗手；进餐应定时。

（3）掌握幼儿的进餐情况，要求幼儿学会自己独立进餐。

（4）每顿饭20 ~ 30 min，不要催促幼儿快吃，或比谁吃得快，但对于边吃边玩的幼儿，要提醒他专心吃饭。

（5）应教育幼儿专心吃饭，细嚼慢咽，掉在地上的食物不要捡起来再吃。

（6）进餐时不处理问题。

3. 睡眠

（1）引导幼儿按时入睡、按时起床。

（2）睡眠时要有正确姿势，双腿弯曲，向右侧卧睡。

（3）睡眠时用鼻子呼吸，冬天要盖好被子，不露肩，不蒙头睡觉，不睡沙发床等。

（4）自己整理床铺、被褥，按顺序穿脱衣服、鞋袜，衣服脱下后叠放在固定的地方。

4. 盥洗

培养幼儿自己洗手、刷牙、洗脸等能力。

（1）用流水和香皂洗净身体的裸露部分。

（2）饭前、便前、便后、手脏时能主动洗手，随时保持清洁。

（3）饭后漱口、早晚刷牙，按时剪指甲。

（4）洗脸、洗手的方法要正确。

（5）要有专用的毛巾、漱口杯等。

5. 如厕

（1）应逐渐培养幼儿定时排便的习惯，教会幼儿擦屁股时要由前向后擦。

（2）在活动间歇，提醒幼儿如厕，不要憋尿。

（3）教育幼儿大便后要用肥皂洗手，拉稀要告诉老师。

6. 教学活动

（1）上课时间应安排在每天精力最充沛的时间段内。

（2）每节课持续时间应根据不同年龄的主动注意时间而规定。

（3）教师应严格掌握教学活动时间。

（4）上课环境要干净，要有良好的通风换气设备，保持教室空气清新、光线充足。

（5）培养幼儿坐立行的正确姿势，注意保护幼儿的视力。

7. 游戏和户外活动

（1）注意活动安全。

（2）定期维护游戏设备。

相关链接：

1. 2010 年 9 月，教育部、卫生部[①]联合发布了 76 号令《托儿所幼儿园卫生保健管理办法》，自 2010 年 11 月 1 日起施行。

2. 2012 年 3 月，卫生部又发布了《托儿所幼儿园卫生保健工作规范》。

① 2013 年，国务院将卫生部的职责进行整合，并入国家卫生和计划生育委员会。

第二节 幼儿园生活活动的卫生保健

幼儿园的一日生活是指幼儿从来园到离园的整个过程，主要包括专门的集体教学活动、游戏活动、生活活动等。幼儿园生活活动是指幼儿在园的全部生活实践，包含幼儿园生活活动的各种途径和方法，既包括物质生活活动和精神生活活动，又包括个人生活活动与幼儿园集体生活活动。幼儿园生活活动的主要环节包括来园、晨检、进餐、盥洗、喝水、如厕、睡眠、散步、日常劳动、离园等，它是满足幼儿基本需要的活动，也是一日活动的重要组成部分，贯穿一日生活的始终，对幼儿的身心发展起着重要作用。

一、幼儿园一日生活活动制度的制订

幼儿园一日生活制度实际就是针对学前儿童一日生活的各个环节，科学、合理地规定其时间分配和交替顺序(见表 7-4)。

表 7-4 某幼儿园幼儿一日生活作息时间安排(大班)

时间	活动内容
7:30～8:05	入园、晨检
8:05～8:25	晨间活动、早操
8:25～9:00	早点及餐后活动
9:00～9:30	教学活动
9:30～9:45	喝水、如厕
9:45～10:15	教学活动
10:15～11:00	游戏活动、户外活动
11:00～11:15	如厕洗手、餐前准备
11:15～11:50	午餐
11:50～12:00	散步、睡前准备
12:00～14:30	午睡
14:45～15:00	起床、整理
15:30～15:55	午点、喝水
15:55～16:05	如厕、洗手
15:55～16:05	游戏活动、体育活动
16:30～16:40	离园前准备
16:40～17:40	幼儿离园

（一）制订幼儿园生活制度的意义

1. 合理的生活制度有利于促进幼儿生长发育

合理的生活制度是保证每个幼儿具有充足睡眠、按时进食和游戏以及健康成长的重要条件。合理的生活制度有助于幼儿中枢神经系统的正常发育，避免大脑的过度疲劳；合理的生活制度能够对幼儿的消化系统起到保护作用；合理的生活制度能使幼儿建立科学的生物钟规律，使幼儿在幼儿园的一日生活劳逸结合，促进身体各系统、各器官的发育与生理机能的完善。

2. 合理的生活制度有助于幼儿养成良好习惯

合理的生活制度旨在帮助幼儿形成最初步的自理能力和良好的生活习惯，使幼儿在共同生活中能够愉快、安全、健康地成长，主要有生活自理、交往交流、生活常识、自我保护、爱护环境卫生等内容。

3. 合理的生活制度能保证幼儿有足够的游戏和户外活动时间

合理的生活制度符合幼儿的身心发展特点与需要，须保证幼儿户外活动(常态下)时间2 h以上，户外体育活动时间1 h以上，游戏时间3 h以上。

4. 合理的生活制度是保教人员做好工作的依据

托幼机构是集体生活的场所，幼儿人数多，年龄又不一样，合理的生活制度就成为保教工作人员对不同年龄幼儿进行不同教育和护理的工作依据。

（二）制订幼儿园生活制度的依据

1. 依据幼儿的年龄特点

不同年龄的幼儿生长发育情况、身体各器官系统机能及成熟的程度有所不同，需要照顾的程度也不同，因此，各年龄班级生活制度的安排应有所区别，表7-5所示为某幼儿园小、中、大班一日生活制度。

表7-5　某幼儿园一日生活制度(小、中、大班)

小班		中班		大班	
时间	活动内容	时间	活动内容	时间	活动内容
8:00～8:45	生活活动、晨间活动	7:45～8:30	生活活动、晨间活动	7:45～8:30	生活活动、户外体育活动
8:45～9:00	早操	8:30～8:45	早操	8:30～8:45	早操
9:00～9:15	喝豆浆、吃点心	8:45～9:00	喝豆浆、吃点心	8:45～9:00	喝豆浆、吃点心
9:15～9:30	教学活动	9:00～9:25	教学活动（一）	9:00～9:30	教学活动（一）
9:30～9:45	生活活动	9:25～9:40	生活活动	9:30～9:40	生活活动

续表

小班		中班		大班	
时间	活动内容	时间	活动内容	时间	活动内容
9:45～10:15	户外活动、生活活动	9:40～10:05	教学活动（二）	9:40～10:10	教学活动（二）
10:15～10:30	游戏活动	10:05～10:50	生活活动、户外活动	10:10～10:50	生活活动、户外活动
10:30～10:50	生活活动、餐前准备	10:50～11:00	餐前准备	10:50～11:00	餐前准备
10:50～11:40	进餐	11:00～11:40	进餐	11:00～11:40	进餐
11:40～12:00	餐后活动、生活活动	11:40～12:00	餐后活动、生活活动	11:40～12:00	餐后活动、生活活动
12:00～14:40	午睡	12:00～14:20	午睡	12:00～14:20	午睡
14:30～15:15	苏醒操、生活活动	14:20～15:00	苏醒操、生活活动	14:20～15:00	苏醒操、生活活动
15:15～15:40	游戏活动、生活活动	15:00～15:35	游戏活动、生活活动	15:00～15:35	游戏活动、生活活动
15:40～16:30	区域活动、生活活动、户外活动	15:35～16:30	区域活动、生活活动、户外活动	15:35～16:30	区域活动、生活活动、户外活动
16:30～17:00	离园前活动	16:30～17:00	离园前活动	16:30～17:00	离园前活动

注：生活活动包括饮水、穿脱衣服、大小便等；户外活动包括体育活动以及其他适宜在户外进行的活动。

年龄越小的幼儿，身体和神经系统的耐力越弱，有意注意的时间也越短，容易疲劳，不能长时间地坚持一种活动，所以在组织幼儿进行各种活动时，活动时间应随年龄增长而增加，应根据幼儿的生理、心理特点，科学、合理地安排幼儿作息时间。如小班生活自理能力差，因此安排其进餐、睡觉、起床的时间要比大班稍长；又或者小班上午只安排一次教学活动，而中、大班上午可安排两次教学活动。

在睡眠方面，同样要注意幼儿的年龄特点。幼儿年龄越小，每天睡眠的时间越长：1 岁前幼儿每天睡 14～16 h；2～3 岁幼儿每天睡 14～15 h；4～5 岁幼儿每天睡 12～14 h；5～6 岁幼儿每天睡 12～13 h。小班、中班、大班午睡时间也可略有不同。

2．依据大脑皮层机能的活动特点

托幼机构在制订生活制度时，应遵循动力定型规律，使幼儿的生活有规律地按时进行，反复多次，以养成幼儿到什么时间做什么事的良好习惯，增强幼儿对生活的适应能力，并形成幼儿健康的生活方式。

在安排幼儿活动时，要根据镶嵌式活动原理，做到动静交替、劳逸结合，使大脑皮质保持较长时间的工作能力，减少疲劳的发生。例如，在集体教育活动后，可安排幼儿自选游戏活动；在安静的活动后，可安排幼儿进行户外自由活动或体育活动等。这样，幼儿大脑皮质各机能区域和身体的各器官系统既能被充分调动，又能得到充分休息，从而促进幼儿身心健康地发展。同时，要及时注意到儿童疲劳的早期表现，使其得到休息和恢复。

3．依据地区特点和季节变化

我国地域辽阔，具有较大的南北气候差异以及东西时间差异，各园应根据本地区的具体地理特征以及本园的实际情况，制订相应的幼儿生活制度。同时，在制订幼儿生活制度时，还应考虑到不同季节的特点，对幼儿生活制度中的部分环节进行适当的调整。例如，夏季昼长夜短，幼儿入园的时间可适当提前；寄宿制幼儿园早晨起床的时间也可以适当提前；而幼儿晚上睡觉的时间也可以适当推迟；为了保证幼儿每天有足够的睡眠时间，中午可适当地延长幼儿午睡的时间等。必要的话，幼儿园可以根据当地的具体情况和需要，制订出不同季节的生活制度。

4．依据家长的需要

幼儿的年龄特点决定了幼儿入园以及离园都必须由家长亲自接送，因此，幼儿园在制订幼儿生活制度时，还应该考虑幼儿家长的实际情况和需要，更好地为家长服务。例如，幼儿入园的时间，可以根据家长的需要适当地提前，而离园的时间也可以根据家长的情况适当地推迟；幼儿园为幼儿提供的膳食，可以由一餐两点增加到三餐一点或三餐两点等。

二、幼儿园生活制度的执行

（一）幼儿园生活制度执行的要求

1．规则性与灵活性、科学性相结合

虽然对于幼儿来说，生活活动的每一个环节应有具体的内容和明确的要求，但是幼儿具有主动性，具有主动建构的能力，过分强硬和统一的要求会限制幼儿的主动性，忽视幼儿内心情感的需要，会让幼儿感到压抑和不快乐。如在幼儿进餐环节，规定“进餐时不讲话”，会导致幼儿吃饭时气氛紧张，不利于幼儿愉快进食，故可以将规定改为“进餐时不大声讲话”；对于进餐慢的幼儿，可以早些安排他们入座就餐，而对于进餐快的幼儿，可以为他们提供一些为班级同伴服务的机会，当幼儿就餐完毕，可根据进餐速度的快慢安排他们进行餐后活动(图书室、科学室、班级区域角等)。在午睡环节，对于体弱生病的幼儿，可以让其多睡一会儿，不能强制要求所有幼儿同一时间起床，而对于精力充沛、睡眠少的幼儿，可以引导他在不影响其他幼儿午睡的情况下，先做一段安静的活动，有睡意时再上床休息。

2．静态与动态环节的交替平衡

一日生活作息制度的合理性及其活动的有效性，取决于各类活动的交替安排科学性。在安排幼儿一日生活时，应该遵循动态活动与静态活动的交替、户内活动与户外活动的交替、集体活动与个别活动的交替平衡的原则，满足幼儿身心发展的需要。如上午教学活动中有一堂较为安静的语言活动，那么可以在语言活动中穿插安排体育活动和音乐游戏，让幼儿的肢体得到活动；如果上午的活动运动量大，幼儿一直保持紧张兴奋的状态，可以引导幼儿做一些较为安静的活动，以避免其神经细胞或肌肉过度疲劳；生活制度安排中还应充分重视游戏与户外活动，在天气允许的情况下，保证幼儿每天户外活动时间不少于 2 h；除了安排主要的集体活动环节外，应给幼儿创造小组活动、个别活动的机会，多种形式相融合的生活活动才能满足幼儿多层次的需要。

3. 生活保健中渗透心理保健

《幼儿园教育指导纲要（试行）》中明确指出，幼儿园工作人员要树立正确的健康观念，在重视幼儿身体健康的同时，还要高度重视幼儿的心理健康。实践证明，大量的日常生活是幼儿人际交往相对频繁和心理品质自然显露的时刻。因此，幼儿园工作人员要主动与幼儿沟通、交流，创设“尊重、信任、理解、关爱、激励、愉快”的心理氛围，利用幼儿的生活活动进行随机心理保健，让幼儿每天从各种必不可少的日常活动中潜移默化地掌握很多基本的生活经验；对于幼儿存在的不良情绪要及时疏通，品行障碍要及时纠正，培养他们积极、乐观、向上的情绪。养成幼儿良好的行为习惯，使幼儿形成正确的健康意识与观念是幼儿园一日保健的重要内容。

（二）执行生活制度应注意的事项

1. 避免简单化、机械化

除了严格执行生活制度外，教师应注意对实施生活环节制度的认识，避免制度简单、粗浅、不够全面和系统等问题，培养幼儿生活自理能力的方法不能过于单一，不能只停留在常规要求的层面，在方法策略及常规要求的递进上要在实践中进行深入细致的研究。例如，进餐时，不再简单地以幼儿定时定量吃完为标准，而要关注幼儿怎么吃、吃得怎么样，并尽可能地满足幼儿的一些实际需要。

2. 培育幼儿的生活能力

教师要重视幼儿在园一日生活常规的教育价值，充分挖掘普通生活环节中隐藏的教育契机，使之与幼儿的终身发展相衔接，培育幼儿的生活能力。如午睡时幼儿会自己脱衣裤和鞋袜，并做到把衣裤、鞋袜放在固定的地方；起床时幼儿会自己穿衣裤和鞋袜，能简单整理床铺。如鼓励 3～4 岁的小班幼儿进餐时“使用小勺独立进餐”，其具体的要求为：幼儿独立地一手握勺、用一手扶碗；用勺舀的食物不宜过多；幼儿身体前倾，将嘴放在碗的上方进食。因此，对幼儿生活能力的培养必须从生活中的具体事情做起。

3. 关注幼儿差异

幼儿之间存在较大的差异性，例如，有的幼儿精力十分旺盛、睡眠的需要较少；而有的幼儿由于体质较弱等原因，往往需要比其他人更多的睡眠时间。再如，有的幼儿吃饭速度较慢，吃饭需要较长的时间；而有的幼儿吃饭速度快，不需要太长时间等。对此，幼儿园在实施生活制度的过程中，还应该兼顾到幼儿的个别差异，适当地加以区别对待，以适应不同幼儿的特点，满足幼儿的不同需要。

总之，要不断地提高计划执行的灵活性、创造性，使一日活动的安排与实施体现出“统而不死、活而有序”的有效性，从而促进幼儿生动活泼、健康和谐地发展。

三、幼儿园一日生活环节的卫生要求

幼儿园一日生活制度的安排，实际上是对学前儿童一日生活的各个环节，科学合理地规定其时间分配和交替顺序。保教人员应严格执行幼儿生活制度，组织好幼儿的各个生活环节，在教师的指导下，教会幼儿自己处理生活的各种技能，真正做到保教结合，全面完成教育任务。

幼儿园一日生活中主要环节的卫生保健要求如下。

（一）入园

在幼儿来园之前，教师应先做好活动室的通风和清洁工作，以热情、亲切的态度接待幼儿。教师的情绪、态度对幼儿有很大的感染作用，要使幼儿感到亲切、温暖，感到教师喜欢他，正在等待他、欢迎他。最好鼓励幼儿自己进班，培养其独立性，避免让家长进入班级。

保育员还需做好幼儿生活用品的准备(准备好毛巾、水杯、饮用水、餐具、桌椅、玩具，整理幼儿的书包、衣物等)；热情接待家长，做好交接工作；观察幼儿的精神、身体等状况；指导幼儿使用礼貌用语；组织开展晨间活动。

考点精要：

材料分析题题干：早上妈妈送岳岳进教室，岳岳和教师互相问早后，就到自然角给植物浇水去了，带班教师和岳岳妈妈就岳岳的问题进行沟通。这时陆陆续续又来了三四位小朋友，他们每人拿了一块抹布，这里擦一下，那里抹两下，不一会儿这三四个小朋友就拿着抹布在教室里追跑起来，教师一边继续和岳岳妈妈沟通，一边提醒幼儿不要跑了，可是幼儿停了一会儿，又继续嬉闹起来。

问题：

1. 在入园接待的时候，教师应做好哪些工作？

2. 分析材料中教师的行为并提出建议。

答案：

1. 入园接待工作要点。

①教师必须按时到园（值日老师提前到园），给教室开窗通风，整理好教室卫生，做好入园接待工作和晨间活动的准备工作。

②热情接待幼儿与家长，与家长进行简单的交流，听取家长的意见和要求，做好个别幼儿的衣物、药物的交接工作。

③观察幼儿精神面貌，做好个别幼儿的安抚工作；查看幼儿出勤情况，并做好记录；及时与未到园幼儿的家长取得联系并了解原因。

④组织幼儿开展观察、劳动、值日、自选活动等。

2. 教师利用早上家长送幼儿的时间和家长沟通没有错，但谈话内容要简短。当班上的幼儿多起来时，带班教师应及时地把工作注意力放到指导幼儿身上来，如果有急于与家长沟通的事，可以请配班教师操作，以免发生安全事故。

（二）晨（午、晚）检

在幼儿早晨起床或入园时，中午起床及晚间入睡前（寄宿制幼儿园），应对幼儿进行健康状况的观察。如幼儿入园时，要询问其有无发热、咽痛、咳嗽、腹泻等症状，是否接触过传染病患者；摸摸他们的额头、颈部、手心是否发烫，观察他们的腮腺及淋巴结是否肿大；看看他们的神态、口腔、眼、皮肤等有无异常；查看他们的口袋里有无不安全的东西，如曲别针、图钉等。

在观察过程中，如发现幼儿身体不适，应尽快给他量体温，发现可疑传染病者，应立即隔离观察。

小案例：

保健老师在为丽丽小朋友晨检时发现她的面部有几颗红色小皮疹，丽丽妈妈说孩子前一天就有了，保健老师没多问就让她到班上去了。午睡起床时，保健老师发现丽丽的头皮和四肢都长有皮疹，有的已经变成了水疱，丽丽不停地抓挠，感到烦躁不安。教师马上带孩子到保健室检查。保健老师神色紧张，说这孩子得的是传染病，让教师立即打电话通知家长把孩子接回去。

【分析】

晨检包括查看幼儿有无发热现象，观察幼儿精神状态、面色、指甲等；观察幼儿是否有传染病的早期表现，咽部、皮肤有无皮疹等；询问个别幼儿饮食、睡眠、大小便情况。如发现有身体不适的幼儿，应及时与家长联系，送去医院就诊。教师在晨检时根据幼儿身体状况，分别给健康、正在服药等幼儿做好不同的标记牌，以便班上教师对每名幼儿的情况做到心中有数。对带药的幼儿，由保健老师定时喂服。晨检结束后，保健老师还要详细登记患病幼儿的病状、体征，视病情进行全日观察和追踪，明确最后诊断，为幼儿园学期或年度多发病、传染病的病率统计提供依据。

考点精要：

材料分析题题干：周末，小明外出探亲，去了表哥家，表哥和小明年龄相仿，两人很快地就玩在了一起。第二天，家人发现小明的表哥得了手足口病，立即把他送去了医院，而小明也只好回家了。周一，小明来到幼儿园后，小明的母亲和王老师稍稍提及了小明去表哥家玩，且表哥得了手足口病的事情，王老师听了之后，点点头，摸摸小明的额头，然后让小明回座位了……

问题：

1. 你认为王老师的做法合适吗，为什么？

2. 你觉得王老师应该怎样做？幼儿园晨检的方法是什么？

答案：

1. 王老师的做法不适宜，原因如下：

① 小明和患有手足口病的表哥一起玩耍过，王老师没有详细了解小明现在的健康情况，就让小明回班上。

② 王老师的晨检方法不正确。

2. 王老师可以这样做：

① 详细了解小明在家的健康情况。

② 检查小明当时的健康情况。

③ 检查小明带回幼儿园的物品。

晨检的一般方法是：一看，看脸色，看皮肤，看咽喉；二摸，摸摸是否发热，摸腮腺是否肿大；三问，问幼儿在家吃饭情况，睡眠是否正确，大小便有无异样；四查，检查幼儿是否携带不安全物品。

（三）进餐

进餐应严格按照规定的时间和地点进行，与一日安排中的时间相差不应超过 10 min。一般情况下，幼儿要做到一日三次正餐，上、下午各加一次点心。年龄大点儿的幼儿，上午的点心可以取消；对于体弱的幼儿，膳食要逐渐加量，并且增加餐前运动；对于超重或者肥胖的幼儿，在运动量和膳食热能上考虑其个别化特点；对于过敏体质的幼儿，也要注意膳食内容的特殊性。应保证幼儿有足够的时间进餐，进餐时间一般控制为 30～45 min。饭前半小时不要让幼儿进行剧烈运动，可组织幼儿进行一些安静的游戏。教师应关注幼儿的进餐情况，及时为幼儿添加饭菜。进餐过程中，教师要注意纠正幼儿的不良饮食习惯；进餐后，应组织幼儿餐后安静性活动，如组织幼儿进行 10～15 min 自由散步再午睡。保育员做好餐后卫生工作。

知识拓展：

孩子的进餐习惯是父母培养的

孩子不良饮食习惯的形成有很多原因，但很大程度上是因为父母没有科学地喂养孩子。如有些孩子1岁多就能自己拿匙熟练地吃饭了，而有些孩子快上幼儿园了，还不会自己吃饭。这个责任不在孩子而在于父母。所以，抓住培养孩子饮食习惯的时机和父母的态度很重要。专家认为，1～3岁的孩子愿意自己做事，不愿按成人的意见办事，但喜欢模仿别人的动作，心理活动受外界的影响，是被动的一种行为，表现在进食方面，如喜欢自己吃饭，用自己固定的碗和餐具，坐在固定的位子上吃。父母应投其所好，给孩子专用碗筷和专用吃饭桌凳，让孩子养成在这种氛围中吃饭的习惯。

（四）盥洗

盥洗是学前儿童一日生活中的重要环节，可以使毛发、皮肤保持清洁，增强皮肤的各种功能，减少皮肤被汗液、皮脂、灰尘污染的机会，提高皮肤的抵抗力，维护身体的健康。同时，还可以培养学前儿童爱清洁、讲卫生的良好习惯，提高其生活自理能力。一般来说，在幼儿园的盥洗内容主要包括洗手、洗脸和刷牙。

保育员应做好盥洗前的准备工作，搓好毛巾，放好洗漱用品，为幼儿准备好流水；卫生间要清洁通风，定时打扫并消毒，特别要注意保持地面干燥，防止幼儿滑倒；教给幼儿洗手、洗脸、刷牙的顺序和方法，提醒幼儿不要拥挤和打闹，使其懂得节约用水；培养幼儿良好的盥洗习惯，早晚刷牙，进食后漱口；帮幼儿定时剪指（趾）甲，定期洗澡、洗头，且盥洗用具须专人使用，定期消毒。

（五）喝水

应培养幼儿主动饮水的习惯，确保幼儿每天饮用足够的水：1～3 岁幼儿，每千克体重需 110～155 mL 水；3～7 岁幼儿，每千克体重需 90～110 mL 水。特别提醒，幼儿剧烈活动后，应等身体恢复平静后再喝水。

具体要求：水温应符合幼儿的安全需要(以滴在成人手背上不烫为好)；水杯、杯柜、水桶要按规范进行消毒；取放水杯时，手要洗净，抓杯把；杯柜应用清洁的布帘遮挡；经常检查杯柜上的标签是否完好。

（六）如厕

应有计划、有步骤地培养幼儿每天按时排便的习惯，不强制幼儿大小便，不应让幼儿蹲或坐的时间过长，严禁以坐便盆惩罚幼儿。

引导幼儿做到及时如厕，不憋屎尿，逐步养成定时大小便的习惯；入卫生间后才将裤子脱至大腿处，将大小便排入便池内，学会正确使用手纸，穿好裤子后再离开蹲位；便后洗手。

保育员每天对盥洗室进行清洁和消毒，仔细观察幼儿排尿、排便情况，发现尿频、尿痛、血尿、便秘以及腹泻等问题，建议家长及时带孩子去医院检查。

（七）睡眠

睡眠是大脑皮层广泛抑制的结果，充足的睡眠不仅可以保证高级神经系统的正常机能，与幼儿生长激素的分泌也有重要关系。生长激素一般在晚 10 时至次日凌晨 1 时为分泌的高峰期。睡得太晚或睡眠不足，会影响到幼儿的身高和生长发育。幼儿的睡眠时间，应随年龄和健康状况而异。年龄小、体质弱的幼儿睡眠时间需相应延长，3～4 岁幼儿每天需要睡 12～13 h，5～6 岁幼儿每天需要睡 11～12 h。午睡一般安排在饭后 30 min，不早于上午 12:30，睡眠时间不少于 2 h。

知识拓展：

生长激素的分泌与睡眠

俗话说，“爱睡的孩子长得快”。这话是有科学道理的。睡眠对一个孩子的生长发育起着至关重要的作用，因为，睡眠与生长激素的分泌有关。人类的生长发育依赖于脑垂体前叶分泌的生长激素，而生长激素的分泌有其特定的节律。研究表明，在一天中，生长激素主要在夜间分泌，人体睡眠时分泌的生长激素为醒时的3倍多。生长激素的分泌在人体深睡1 h以后逐渐进入高峰，一般晚上10时至凌晨1时为分泌的高峰期。

为此，专家建议，幼儿睡觉最迟不能超过晚上9时，一般以晚上8时前睡觉最为适宜。这样，既保证了幼儿充足的睡眠，又不会错过其生长激素的分泌高峰期。所以，要使儿童长得快，充足的睡眠是必不可少的。

睡眠前的准备：睡前不让幼儿做剧烈运动，提醒幼儿排尿，检查幼儿的衣袋，防止幼儿将小物品带到床上玩耍；为幼儿准备舒适的环境，睡房须保持适宜的温度和湿度，可根据情况开窗通风；确保环境安静、寝具舒适，睡房内光线宜较暗，以保证幼儿高质量的睡眠；注意保持幼儿轻松愉快的情绪，不批评或恐吓幼儿；对体质弱、动作慢或年龄小的幼儿可让他们提前睡觉，而精力旺盛、体质好的幼儿则分批稍晚一点儿睡觉。

睡眠时的要求：要注意培养幼儿良好的睡眠习惯，掌握他们排尿的规律，及时提醒幼儿排尿；应注意巡回观察每一名幼儿的情况，除了要注意幼儿的被子是否盖好、睡姿是否正确、护理和安慰个别幼儿入睡外，还要特别关注和及早发现幼儿睡眠中的异常，并及时处理，避免幼儿病情加重或者发生意外（如幼儿在睡眠中因高热引起惊厥，感冒咳嗽导致异物堵塞气管；佝偻病或身体不适的幼儿在睡眠中出现盗汗或者睡眠不安等）。

幼儿起床后，教师可以播放轻柔的音乐引导幼儿做“苏醒操”，整理幼儿的床铺(清洗被褥，晾晒爱出汗幼儿的枕头、毛巾)，引导幼儿梳洗，关注幼儿的仪容仪表(衣领、袖口、衣角、鞋袜)，整理幼儿的其他物品。

在睡眠这一环节，保育员应教会幼儿自己穿、脱衣服。脱衣服的顺序：先解开上衣扣子，再解鞋带(或扣子)，脱鞋、脱裤子、脱袜子，最后脱上衣，把脱下的衣服叠好，按脱下时的顺序放在固定的地方。脱去的衣服多少可根据室温而定。穿衣服的顺序：先穿毛衣，再穿袜子、裤子、外衣，最后穿鞋。

小案例：

午休时间，大部分孩子已入睡，蒙蒙却突然大声地咳嗽起来，张老师连忙把蒙蒙扶起并端来温水让她喝。等蒙蒙继续入睡后，张老师走到活动室门口，在“温馨小提示”卡片上写上“蒙蒙午休咳嗽，多喝水”，还画了个茶杯。

【分析】

看似平静的午休时间最需要保育员的细心与耐心。作为幼儿生活主要照料者的保育员要做有心人，细心观察幼儿的表现，及时处理一些突发事件。如以上情景中，蒙蒙的咳嗽声立刻引起了张老师的注意，张老师不仅适时地照料蒙蒙，还把这一现象记录在小卡片上，这样既能提醒该幼儿多喝水，又能把家园沟通落到实处，使家长及时了解幼儿在园一日生活中发生的事情，以便采取相应的对策。

对优化幼儿园一日生活安排的实践与思考

（八）离园

幼儿离园时，教师要组织幼儿安静活动，应提醒其洗手、洗脸，检查是否穿好衣服和鞋袜，引导幼儿清理自己的物品并将其交给家长。教师要告知家长幼儿吃药的情况，如幼儿当日或当周有身体不适或其他特殊情况应立即向家长汇报。幼儿全部离园后，教师与其他工作人员应将室内打扫干净，关闭电源，关好门窗。教师要照顾好个别晚接幼儿。

第三节　幼儿园教学活动的卫生保健

生长与学习是幼儿身心发展的两个相互依存的条件，缺乏良好的教育，幼儿将不能全面地发展。而教育过程只有依据幼儿的生理和心理特征来实施，才能取得相应的效果，达到教育的目的。幼儿是身心发展的统一整体，所以幼儿园的保育和教育工作是密不可分的。

一、幼儿园教学活动中的身体及心理保健

（一）幼儿园教学活动中的身体保健

1．提醒幼儿保持正确姿势

幼儿的脊柱还没发育定型，不良坐姿很容易造成其驼背、脊柱向一侧弯曲等，故要教育幼儿形成正确的坐姿。

（1）做到“一直一正二平”，即身体直、头正、肩平、腿平。脊柱正直，头不过于前倾，不歪头，不耸肩，将大腿放平，足着地，使身体的重心稳妥地落在坐骨和座椅靠背的支撑点范围内，以减轻维持坐姿的肌肉疲劳。

（2）做到“三个一”：眼离书本一尺，胸离桌子一拳，手离笔尖一寸。即书与眼距1尺（33 cm）左右，最好使视线与书本的夹角接近直角，避免颈部肌肉疲劳；前胸距桌缘约一拳。书写是非常复杂的生理心理学活动，需要手、眼等器官系统的协调配合。如果家长及幼儿教师对幼儿用笔选择及良好的书写习惯培养有所忽视，则幼儿长大后书写姿势很难纠正。正确的执笔方法：要求笔杆和纸成60°角，食指比大拇指低些，食指距笔尖约1寸（3.33 cm），握紧笔杆，靠腕关节活动进行书写。

2．教学活动或书写时间不宜太久

年龄越小的幼儿，身体和神经系统的耐力越弱，有意注意的时间也越短，容易疲劳，不能长时间地坚持一种活动，所以在组织幼儿进行各种活动时，时间应随年龄增长而增加。例如教学活动，小班活动课程应为15～20 min，中班活动课程应为20～25 min，大班活动课程应为25～30 min。在目前的课程改革中，活动课程已逐渐代替了以上课为主的旧的教学模式，这种课程由于比较注意幼儿的主体性，形式灵活多样，趣味性强，因而在活动时间方面可视幼儿的活动情况做适当调整。

大多数孩子早在2～3岁时，就开始无意识地模仿成人“写字”，但他们只能抓着笔在纸上画一线条或圈，还不能进行严格意义的书写。一般来说，幼儿到4岁以后，手臂小肌

肉开始发展，才可以初步绘画、习字。幼儿的手部小肌肉群发育尚不完善、机体供给能力较差，故每次书写时间不能过长。初学时候幼儿持续书写时间最好保持在 3 min 左右，较大的幼儿持续书写最长的时间不超过 10 min 为好。如果幼儿出现趴着写字或者歪着头写字的情况，说明幼儿有些疲劳，可以让他休息一会儿再接着写。

提供给幼儿的学习材料和教师使用的教学材料应符合卫生学的要求。比如，幼儿阅读的图书应色彩鲜明、图像符号清晰、纸张坚韧洁白、无反光，且应经常消毒。幼儿绘画和写字时所用的铅笔、蜡笔、其他用具应无毒且安全。铅笔以圆形笔杆为宜，笔杆不宜过细，笔芯应软硬适度，以免造成绘画和写字困难。

3．创设安全、卫生、丰富的教学环境

一方面，要注意活动室等的光线、色彩、温度、湿度、通风、防尘等，同时还必须意识到幼儿园中潜在的危险，尽量避免事故的发生，另一方面，给幼儿提供的教具材料必须是无毒的。为了丰富幼儿的教育教学环境，可以利用活动室、睡眠室、走廊、门厅及室外场地，提供、投放相应的设施和材料，为幼儿创设分区活动的场所。例如，社会活动区（娃娃家、医院、市场、马路等）；自然科学活动区（天文、地理、生物、化学、物理等自然事物和现象的观察、实验等）；数学活动区；艺术活动区（音乐、美术）；语言活动区（阅读、故事表演等）；建构操作区（拼、插、搭、小制作等）。室外可设有玩沙区、玩水区、种植区、饲养区等。

（二）幼儿园教学活动中的心理保健

1．教学内容必须能引起幼儿的兴趣和好奇，同时应是幼儿所需要的，另外还应具有较高的发展价值

教学内容是幼儿有目的、有计划地认识事物的重要材料，也是促进幼儿发展的中介。教学内容必须能够激发幼儿的兴趣和好奇心，以及他们学习的主动性和积极性；同时应是幼儿所需的，既能使幼儿适应周围生活，又能为其以后的发展打下基础。教学内容还应有较高的发展价值，能促进幼儿体、智、德、美诸方面良好发展。

2．教师必须采用直观教学方法，引起幼儿对学习活动的兴趣

教学方法是教师有效地传递信息、促使主体与客体相互作用以及发挥主体学习的积极性、主动性的重要因素。由于幼儿无意注意占优势，知识经验贫乏，记忆、思维依靠具体形象等，因此，教师必须选择符合其身心发展特点、能激发他们的求知欲和学习兴趣的内容；尽可能采用符合幼儿思维及学习特点的直观手段和游戏的方法，给他们提供动手操作和探究的机会；不宜让幼儿长时间地从事某种活动，以免引起其大脑皮质和视觉器官的过度紧张与疲劳。由于幼儿主动性注意的持续时间短，因此教师应注意将新的、难的教学内容，放在教学过程的前一部分进行，后一部分可进行复习和巩固。

3．正确运用表扬和批评

（1）正确运用表扬奖励手段，促进幼儿心理的健康发展。表扬和奖励要有正确的指导思想；让每个幼儿都有受到表扬和奖励的机会，注意表扬和奖励的灵活性；对幼儿的表扬和奖励要及时，并且让幼儿了解受到表扬和奖励的具体原因；不要用事先许诺的表扬和奖励来激励幼儿；不宜对幼儿有直接兴趣的行为进行奖励。

（2）正确运用批评惩罚手段，批评惩罚要及时；要让幼儿知道受批评惩罚的原因；要尊重幼儿，不要让批评惩罚伤及幼儿的自尊心；要一事对一事，不要翻旧账；不要用威胁的方式惩罚幼儿；批评惩罚不宜过多、过滥，要因人而异；不要异化惩罚；使用坚定的语气，使幼儿知道令出必行，没有例外。

4．营造积极、健康的精神环境

营造积极、健康的精神环境核心是建立融洽、和谐、健康的人际关系。这种人际关系使幼儿乐于和善于表达或交流思想与情感，而良好的师幼关系是最重要的。教师对幼儿多支持、多肯定、多接纳、多表演、多鼓励、多关注、多信任，以及多给他们自由、多让他们自主，是形成融洽、和谐、健康的人际关系的必要条件。教师以自身对待幼儿的情感、态度，为其树立良好榜样，让他们体会到教师的关怀、信任和鼓励，为培养幼儿健康的情绪情感起到积极的作用。

二、幼儿游戏及户外活动的卫生保健

根据规定，全日制幼儿园的幼儿在户外活动和游戏时间不得少于 2 h；寄宿制的幼儿在户外活动和游戏时间不得少于 3 h。游戏最符合幼儿身心发展的特点，最能满足幼儿的需要，有效地促进幼儿的身心健康发展，具有其他活动不能替代的教育价值，幼儿园应该以游戏为基本活动。幼儿园在安排幼儿游戏时，应注意以下卫生要求。

（一）场地、材料的卫生

应注意游戏或户外活动场地通风良好、空气新鲜、采光或照明充足。一些活动量大的游戏，应尽量安排在户外进行，使幼儿在游戏时得到充足的阳光和新鲜的空气。所使用的玩具和材料要定期检查、维修和消毒，以预防意外伤害的发生和疾病的传播。活动场地应平整，周围无危险物，附近也不存在会导致意外的物品。

（二）运动量和运动类型的选择

游戏或户外活动内容应生动多样，以免单一的刺激造成幼儿疲劳。游戏或户外活动时间不要过长，以防幼儿过度沉迷于玩泥沙游戏中，要求幼儿注意不要把泥沙弄到眼、鼻、耳、口中，若沙土不慎进入眼中，切不可用手揉擦，以免眼结膜等受伤而引起感染。

（三）活动中安全与卫生的要求

户外活动时，幼儿衣着不宜过多，活动前要检查幼儿的裤子和鞋带是否系好；遇到幼儿喝水或大小便时，保育员需护送幼儿到班上，等幼儿完成喝水或大小便后再送回；保教人员要全神贯注，不得随意离开幼儿，如有特殊情况要交代给其他在岗人员，切忌匆匆离岗；保教人员也不能聚在一起聊天，要注意户外场地的安全，有无凹坑、玻璃、碎砖，如有戏水池或带棱角的花坛，要让幼儿避开；不要让幼儿触弄带刺的植物或结有小果子的植物，以免误入幼儿的呼吸道而发生意外；保育员负责善后整理和安全防护工作。

幼儿做操时由教师带领，保育员要观察幼儿的情绪、衣着等，对患病幼儿不可强求，应降低其锻炼强度或让其休息。

玩户外大型玩具时，幼儿必须在保教人员的照顾下和帮助下进行，玩前要先检查一下大型玩具是否松动、裂口、翘刺、翘钉等。照顾幼儿按顺序玩，不拥挤和推打。

第四节 幼儿体育锻炼的卫生保健

幼儿正处于人生起跑阶段，身体各器官、系统的机能尚未发育成熟和完善，组织比较柔嫩，其物质基础还相当薄弱。同时，婴幼儿时期又是生长发育十分旺盛的时期。因而，促进幼儿的身体健康地发展是此时期的首要任务，体育锻炼是幼儿全面发展的重要组成部分。

一、幼儿体育锻炼的身体保健

体育锻炼能促进幼儿的生长发育，增强幼儿体质，提高幼儿对疾病的抵抗力，能培养幼儿勇敢、坚强的心理品质。但由于学前儿童有着不同于成人的身心特点，故学前儿童的体育锻炼不仅有特殊的意义，而且有特殊的卫生要求，具体有以下四个。

（一）注意活动量和强度的大小

幼儿做身体练习时，要承受一定的生理负担，负荷过小则效果差，达不到锻炼的目的；负荷过大则超过身体所承受的限度，因此必须有计划、有步骤地逐步增加幼儿的运动量，做到由易到难、由慢到快、由简单到复杂，使幼儿有一个逐步适应的过程。如在幼儿早操活动中，可开展走和慢跑活动、走跑交替活动，听音乐或信号，做一些简单的模仿动作、律动或练习，复习简单的舞蹈动作，做幼儿基本体操，开展活动量较小的体育游戏，提供一些小型的运动器材让幼儿自由选择、自由活动等。其活动量安排，从开始至结束应当是由小到中等再到小，绝对不能过大。通过几年的实践，相关研究人员测出幼儿体育运动负荷的参考数据，如表 7-6 所示。

表 7-6 幼儿体育运动负荷的参考数据

项 目	班 别		
	小 班	中 班	大 班
活动前与活动后心率之差/（次/min）	35～45	45～50	45～60
活动平均心率/（次/min）	130～140	135～150	140～165
运动密度/%	40	45～60	50～70
心率恢复时间	5 min 内		

（二）注重幼儿的自我保护能力

自我保护能力是一个人在社会中保存个体生命的最基本的能力，是幼儿独立生活的可靠保障，它有助于幼儿尽早摆脱成人的庇护，成为一个独立自主的有生存能力的个体，让幼儿在学习活动技能的同时去学习自我保护。如练习从 40 cm 高处往下跳时，要让幼儿掌握脚落的瞬间，身体是往下蹲的，前脚掌先着地；如练习滚的动作时，幼儿必须掌握好全身动作等。年龄特点决定了幼儿自理能力、自我保护能力较弱，在教学过程中，教师除了要做好准确的示范外，还要提出动作的要点、难点，引起幼儿的注意。在练习中，教师站的位置要很清晰，要站到“危险点”处，做好保护幼儿的动作。

（三）关注幼儿运动中的营养

幼儿期营养不良，会影响其正常发育，使其机能减弱，抵抗力下降，因此必须为幼儿提供合理、科学的营养和膳食，防止幼儿营养不良或营养过度。

经科学计算，幼儿每人每天所需的营养以表 7-7、表 7-8 中所示为宜。

表 7-7　3～7 岁儿童每人每天需要的部分营养素量

营养素	年龄	
	3～5 岁	6～7 岁
蛋白质/g	44～45	55～60
维生素 A/mg	1.50～0.75	0.75
维生素 C/mg	40	45

表 7-8　3～7 岁儿童每人每天需要矿物质的部分营养素量

年龄	矿物质		
	钙/mg	铁/mg	锌/mg
3～7 岁	600～800	10～12	10～15

在日常生活中，应让幼儿吃较易消化的食物，供给幼儿的食物要多样化，养成幼儿不偏食不挑食的习惯。体育运动中需消耗的能量较多，必须给予及时、充分的补充，特别是大班幼儿的活动量相对较大，应注意饮食的种类及质量，满足幼儿对营养的需求。

（四）对环境、材料的要求

1．注意季节、气候的变化

炎热的夏天，气温高，故在组织幼儿体育运动时要适当降低运动量，早晨或上午进行体育活动比下午适宜；下午阳光猛烈，要注意预防幼儿中暑。夏天运动出汗较多，要注意给幼儿补充水分，并及时帮他们擦汗；寒冷的冬天，则应适当增加幼儿的练习密度和运动量。活动时如果幼儿出汗，应先用毛巾抹去幼儿的汗水再帮他们减少衣服；活动后，抹去幼儿身上的汗水，再帮幼儿增加衣服。春季，南方常下雨，湿度大，适宜多开展室内活动。

2．注重体育活动场地的卫生条件

教育部规定，幼儿每天至少有 2 h 的户外活动。为此，户外体育场地的位置、运动器械的大小、重量应符合幼儿的身体发育特点，松硬适度。对运动器材器械要经常检查、修理、保养；对室内活动场地和软垫要定期清洁、消毒，让幼儿有一个安全、卫生的运动环境。这样，幼儿便可以根据自己的兴趣、爱好和能力去自由选择活动项目和活动器材，发展各自的动作及身体素质，从而能轻松愉快、尽情地自由活动。室内体育活动场最好是木地板或铺上软垫，放置一些幼儿活动器械，如跳床、平衡木、攀登架、硬纸盒、太空球、充气小城堡以及垫子等。活动时，要求幼儿赤足，这样既能避免尘土飞扬，保持场地的卫生，又能对幼儿的脚部起到按摩的作用，并有利于幼儿触觉、运动觉的发展。

二、幼儿体育锻炼的心理保健

（一）根据幼儿的兴趣创设活动，培养幼儿的主动积极性

幼儿年龄越小，身体活动的能力就越成为其一切行动或行为的基础。幼儿能够做什么、不能做什么，主要是由其自身体育活动的能力来决定的。在活动设计中，应考虑到符合该年龄阶段的特点，以游戏的形式贯穿整个活动中。游戏的内容、形式、材料应丰富多彩，组织方式要灵活多变，做到规则约束性弹性较大，目标功能性较小，着重参与、着重过程、着重交流和合作。其中，游戏能够引发幼儿的积极情感体验，有利于帮助幼儿勇敢地面对挑战、承受压力、克服困难、自主动地参与活动。

（二）了解幼儿已有水平，注意运动的难度

在活动中，必须明确幼儿体育活动的目的，依据幼儿身心发展的水平与特点，遵循幼儿教育的基本原理，选择开展有针对性的活动。体育活动的种类繁多、内容丰富，但并不是所有的运动都适合于幼儿。因此，在为幼儿选择活动项目和内容，采用具体的方式方法时，应从增强幼儿体质、促进幼儿身体全面而协调发展的目标出发。对幼儿的生长发育不利或有可能造成危害的运动，必须绝对禁止。同时，幼儿的体育活动应该保证适宜的运动负荷，包括生理负荷和心理负荷。其中活动量的大小，直接影响到幼儿身体的发育与发展，影响到幼儿体育活动的成效。只有适宜的运动量，才能使幼儿的身体承受适宜的生理负荷，从而有效地增强幼儿身体器官、系统的适应性。在身体活动的过程中，不仅人体要承受一定的生理负荷，而且在人的心理上也有一定的负担，因为身体的运动并不是单纯的人体活动，它还伴随着人的知识、情感和意志等方面的心理过程。特别在意志、毅力方面，应多鼓励、多引导幼儿。如小班幼儿刚学溜滑板车的时候，情绪通常处于较为紧张的状态，为了克服胆怯的心理以及维护身体平衡与安全所做的意志努力是比较大的。因此，老师在组织体自活动中，要考虑到幼儿的心理负荷不宜过大、过多。

（三）让幼儿在运动中获得成功

成功的体验对幼儿参与运动有良好的情绪促进作用，良好的循环能培养幼儿对体育的追求与爱好。在开展活动时，教师应提供可选择的难度不同的活动器材，每种器材至少有三种以上不同的难度，供不同发展水平的幼儿选择。如组织幼儿练习跨跳时，可调节障碍物距离的远近；组织幼儿练习平衡木时，可将平衡木设置成有高有低、有宽有窄等。让每个幼儿通过看一看、想一想、试一试和增加难度的方法，在每次活动中都有成功的体验。

三、幼儿体育锻炼的自然因素

（一）各种自然因素对幼儿身体的作用

1. 空气

空气的作用是多方面的。空气流动，可以促进水的蒸发，加速人体的对流散热，带走皮肤附近的水蒸气，提高散热效果，从而提高人体中枢神经对体温的调节能力。此外，空气的温度和湿度也具有调节体温的作用，新鲜的空气能供给幼儿充足的氧气，促进其新陈代谢，同时还能提高人体的免疫力。

2. 水

水的导热性约是同温度空气的28倍，能从体表带走大量的热。利用冷水锻炼，能增强幼儿心血管的收缩能力，增强其机体对气候的调节。

3. 日光

日光中有两种光线：一种是红外线，照在身体上可使人的血管扩张，血流畅通，能增强人体新陈代谢；另一种是紫外线，照射在人体的皮肤上可以使皮肤中的“7-脱氢胆固醇”转变为维生素 D，帮助人体吸收食物中的钙和磷，预防佝偻病。同时，紫外线还可以刺激骨髓的造血机能，并可以杀灭皮肤中的细菌。

（二）利用自然因素锻炼的原则

1. 循序渐进的原则

幼儿尚在发育中，他们的肌肉、骨骼、心血管、呼吸、神经等系统在构造和功能上尚未成熟。因此，组织幼儿锻炼要根据他们的生理特点，循序渐进。如利用冷水的锻炼，可先在夏天采用冷水摩擦，进而冷水冲淋，再进行冷水水溶。

2. 持之以恒的原则

持续的锻炼能使幼儿在大脑皮层上建立起相应的条件反射，当周围环境发生变化时，能灵活、准确地调节有关器官，使之迅速做出反应。如果锻炼不持之以恒，这种条件反射就难以建立，也就达不到增强体质、减少疾病的目的。所以，锻炼一经开始，除生病等特殊情况外，一般不能随意停止。

3. 个别照顾的原则

幼儿之间在体质、能力等方面存在个体差异，所以组织幼儿锻炼时应注意给予个别照顾，如对体质较弱的幼儿，可在时间、强度、温度、服装等方面予以照顾，对胆小的幼儿可多给予保护和鼓励。

4．全面锻炼的原则

利用自然因素进行锻炼，目的在于全面提高幼儿的身体素质，而非培养体育尖子，因而锻炼要避免单调的重复和局部的训练，各种锻炼可以综合进行。

（三）利用自然因素锻炼的方法

1．利用空气进行锻炼(空气浴)

利用空气进行锻炼是一种简便易行的方法，方式也多种多样，幼儿园要尽可能在户外游戏、上课、睡眠等，有条件的幼儿园可组织幼儿进行空气浴。

空气浴最好从夏季开始，这样气温可从热的逐渐过渡到温的、冷的，使机体逐步适应。开始的气温可为22℃～24℃，风速0. 9～1 m/s，相对湿度60%～70%。空气浴的地点最好选择绿化较好、没有日光直射、宽敞平坦、空气新鲜的场地。

在进行空气浴锻炼时，要尽可能使幼儿体表与空气直接接触。开始时幼儿可着衣，以后逐渐减少衣物，直至仅穿一条短裤。开始在室内进行，以后逐步过渡到室外进行。每次持续的时间，开始时不超过10 min，以后可根据具体情况，每次延长5～10 min。在温暖的天气，有组织的空气浴可持续40～60 min，如果结合游戏活动进行，空气浴时间可适当延长。在寒冷的季节里，空气浴可以在室内进行，进行之前要做好通风换气的工作。室温下降的速度，一般每隔3～4天下降1℃。较大幼儿进行空气浴时，气温可降至11℃～12℃，较小及体弱幼儿在进行空气浴时，气温不应低于15℃。冬季空气浴的持续时间以20～25 min为宜，也可结合体操或游戏而适当延长空气浴时间。空气浴与进餐时间应有一定间隔，一般应在进餐后1.5～2 h进行。进行空气浴锻炼的幼儿，平时应少着衣，用冷水洗脸洗脚，并开窗换气。

实施空气浴锻炼时必须依据空气的温度、湿度和速度情况来考虑。一般来说，在无风和正常的气象条件下，空气大致划分为温暖的（20℃～30℃）、凉爽的（14℃～19℃）、冷的（7℃～13℃）三种。不同年龄的幼儿进行空气浴的限量不同（见表7-9）。

表7-9 不同年龄的幼儿进行空气浴的限量

项目年龄	年龄	
	1～3岁	3～7岁
最低气温/℃	20	18
每次沐浴时间/min	5	10
最长沐浴时间/min	60	60～120

实施空气浴的注意事项有以下三个。

（1）空气浴应在新鲜的空气中进行，最好选择绿化较好、无日光直射的场所。

（2）空气浴可从夏季开始，30℃以上可在室内进行；冬季有雾和刮风时，也可以在室内进行。

（3）幼儿患病时应停止锻炼。身体衰弱、患急性上呼吸道疾病、有心脏病的幼儿应停止锻炼。

2．利用水进行锻炼(水浴)

冷水锻炼的方式很多，常用的有以下几种。

（1）冷水盥洗。冷水锻炼应从夏天开始，先让幼儿用冷水洗脸、洗手。等幼儿习惯了冷水刺激后，可让幼儿用冷水洗颈部、肘部和腕部。3 岁以上的幼儿可用冷水洗胸上部和上肢。

（2）冷水擦浴。用冷水擦浴是冷水锻炼中刺激作用较小的方法，不仅体质好的幼儿适用，体质弱的幼儿也适用，可用吸水性较强且质地厚密的毛巾摩擦幼儿身体，开始水温可在 30℃左右，使幼儿心情愉快。如果开始水温过低，会使幼儿因怕寒冷而产生畏惧心理，影响锻炼的效果。以后每 2～3 天温度降低 1℃，逐渐下降，直至温度降至 16℃～18℃与室温相近为止，对于年龄较小或体弱幼儿温度降至 20℃即可。每次摩擦 1～1.5 min，先用拧干的温毛巾按上肢→下肢→颈→胸→腹→背的顺序依次擦一遍，将皮肤擦红；再用浸在温水中的温毛巾擦一遍身体，然后用干毛巾擦干全身，将皮肤擦红。

（3）冷水淋浴。这是一种刺激较强的锻炼方法，可在幼儿适应了以上几种冷水锻炼后进行。具体的方法如下：淋浴前先用温毛巾擦遍幼儿全身，然后按上肢→胸背→下肢的顺序冲淋，冲洗的动作要快，每个幼儿不超过 40 min，冲后用干毛巾擦全身至微红。幼儿冲淋时头可戴橡皮帽，淋浴的莲蓬头不得高于幼儿 40～50 cm，以免压力太强。淋浴时室温不能太低，3～7 岁幼儿一般掌握在 18℃～20℃，夏天可在户外冲淋。

（4）游泳。游泳是较淋浴更激烈的全身冷水锻炼，2 岁以上的健康儿童可以进行。

幼儿游泳时，教师必须同时参加，每次以 6 名幼儿入池为宜，这样便于教练照顾。3～5 岁幼儿每次可游泳 3～5 min，6～7 岁儿童每次可游泳 8～10 min，每日可安排幼儿上、下午游泳各一次。幼儿离水后，教师要帮助幼儿摩擦全身并穿好衣服，同时做些跑步、跳跃动作。

游泳可在气温 25℃、水温不低于 23℃、无风时开始，一般空腹和饭后 1.5 h 内不宜游泳。

利用水进行锻炼的注意事项有以下四个。

① 采用哪种锻炼方法，要根据幼儿的年龄和体质而定。

② 锻炼应循序渐进，应从刺激小的活动过渡到刺激大的活动。

③ 锻炼时应密切观察幼儿状态，如发现幼儿有畏寒、面色苍白、躲闪等情应马上调节水温或停止活动，并立即用干毛巾擦遍全身。

④患有心脏病、肾脏病、贫血病、神经亢奋及风湿病的幼儿应禁忌游泳。

3．利用日光进行锻炼(日光浴)

利用日光锻炼可促使幼儿更好地生长发育。利用日光的锻炼可在日常生活中进行，如在阳光下游戏、上课、活动等，夏天可在树荫下散射光中进行锻炼。

实施日光浴前，应进行一段时间的空气浴，先适应散射和反射的日光，在射光中进行 5～7 天的空气浴后，再开始日光浴。

日光浴的场地应选择在清洁、平坦、干燥、空气流通及避风口的绿化地带，最好是朝南或东南方向，场地应备有席垫供幼儿睡卧进行日光浴，附近最好有供水设备，以便幼儿锻炼后冲洗。

幼儿锻炼时，头部可戴白色帽及太阳镜，穿三角裤，尽量让其身体暴露在阳光下，并睡在席垫上使身体按前→左→右→后四部分轮晒。在阴凉处，气温以 20℃～32℃为宜，北方在每日上午 9～11 时、南方在每日上午 8～10 时进行最好。开始锻炼时时间不超过 3 min，以后时间延长到 10～15 min。

利用日光进行锻炼的注意事项有以下四个。

（1）锻炼前组织幼儿做一次体检，患结核病、胃肠紊乱、心脏病及体弱的儿童不宜参加锻炼。

（2）空腹和饭后 1.5 h 内不宜进行锻炼；日光浴后不宜立即进餐；每天只进行一次活动；为预防低血糖，锻炼前可让幼儿喝少量糖水。

（3）锻炼时，教师应密切注视幼儿动态，如发现幼儿出汗过多、头晕、头痛、心跳加快、精神萎靡时，应暂停锻炼。

（4）日光浴后，应在阴凉处休息 3～5 min 后再进行水浴。

保教能力

托儿所幼儿园卫生保健管理办法

【实践操作】

托幼机构环境和物品预防性消毒方法

消毒对象	物理消毒方法	化学消毒方法	备注
空气	开窗通风每日至少 2 次；每次至少 10 min		在外界温度适宜、空气质量较好、保障安全性的条件下，应采取持续开窗通风的方式
	采用紫外线杀菌灯进行照射消毒，每日 2 次，每次持续照射需要 60 min		1. 不具备开窗通风空气消毒条件时使用灯 2. 应使用移动式紫外线杀菌灯，按照每立方米 1.5 瓦计算紫外线杀菌灯管需要量 3. 禁止紫外线杀菌灯照射人体体表 4. 采用反向式紫外线杀菌灯；在室内有人的情况下持续照射消毒时，应使用无臭氧式紫外线杀菌灯
餐具、炊具、水杯	煮沸消毒 15 min 或蒸汽消毒 10 min		1. 对食具必须先去残渣，清洗后再进行消毒 2. 煮沸消毒时，被煮物品应全部浸没在水中；蒸汽消毒时，被蒸物品应疏松放置，水沸后开始计算时间
	餐具消毒柜、消毒碗柜消毒（按产品说明使用）		1. 使用符合国家标准规定的产品 2. 保洁柜无消毒作用，不得用保洁柜代替消毒柜进行消毒

续表

消毒对象	物理消毒方法	化学消毒方法	备注
毛巾类织物	用洗涤剂清洗干净后，置阳光直接照射下暴晒干燥		暴晒时不得相互叠夹，暴晒时间不低于 6 小时
	煮沸消毒 15 min 或蒸汽消毒 10 min		煮沸消毒时，被煮物品应全部浸没在水中；蒸汽消毒时，被蒸物品应疏松放置
		使用次氯酸钠类消毒剂消毒，使用浓度为有效氯 250～400 mg/L，浸泡消毒 20 min	消毒时将织物全部浸没在消毒液中，消毒后用生活饮用水将残留消毒剂冲净
抹布	煮沸消毒 15 min 或蒸汽消毒 10 min		煮沸消毒时，抹布应全部浸没在水中；蒸汽抹布应疏松放置
		使用次氯酸钠类消毒剂消毒，使用浓度为有效氯 400 mg/L，浸泡消毒 20 min	消毒时将抹布全部浸没在消毒液中，消毒后可直接控干或晾干存放；或用生活饮用水将残留消毒剂冲净后控干或晾干存放
餐桌、床围栏、门把手、水龙头等物体表面		使用次氯酸钠类消毒剂消毒，使用浓度为有效氯 100～250 mg/L，消毒 10～30 min	1. 可采用表面擦拭、冲洗消毒方式 2. 餐桌消毒后要用生活饮用水将残留消毒剂去除 3. 家具等物体表面消毒后可用生活饮用水将残留消毒剂去除
玩具、图书	每两周至少通风晾晒一次		适用于不能湿式擦拭、清洗的物品； 暴晒时不得相互叠夹，暴晒时间不低于 6 h
便器、便器与皮肤接触部位、盛装呕吐物的容器		使用次氯酸钠类消毒剂消毒，使用浓度为有效氯 400～700 mg/L，浸泡或擦拭消毒 30 min	1. 必须先清洗后消毒 2. 浸泡消毒时将便盆全部浸没在消毒液中 3. 消毒后用生活饮用水将残留消毒剂冲净后控干或晾干存放
体温计		使用 75%～80% 乙醇溶液，浸泡消毒 3～5 min	使用符合《中华人民共和国药典》规定的乙醇溶液

【学练结合】

1. 幼儿园见习活动：围绕托幼机构一日生活教育过程的卫生保健要求，分几次到托幼机构进行见习活动。在每次见习活动中就以下见习内容对幼儿园进行观察、记录和分析（以下见习次数可根据实际情况进行合并或调整，也可与保育实习结合）。

见习内容一：学前儿童生活活动、体育锻炼的卫生保健工作。

见习内容二：学前儿童教学活动、游戏活动中的卫生要求。

见习内容三：学前儿童进餐、盥洗、午睡等的卫生保健工作。

见习内容四：入园、离园活动，注意观察教师与家长交谈的方法。

见习内容五：了解、熟悉托幼机构卫生保健制度的执行情况。

见习内容六：了解、熟悉班级的日常清洁和消毒工作程序及基本方法。

【思考与练习】

1. 安排好学前儿童的一日生活有什么意义？在执行生活制度时应注意哪些事项？
2. 制订托幼机构生活制度的依据是什么？
3. 托幼机构有哪些卫生保健制度？
4. 如何合理地安排托幼机构的教育活动？
5. 体育锻炼对学前儿童身体发展有怎样的影响？
6. 学前儿童体育锻炼应遵循怎样的规律？
7. 托幼机构一日生活有哪些基本环节？各环节的卫生要求是什么？
8. 以班级或年级为单位开展幼儿园保育知识和技能竞赛。

【真题再现】

简答题

1.（2014 年下半年·保教知识与能力）老师在户外体育活动中如何保障幼儿安全？

【答案】首先教师要时刻怀有安全意识。在开展活动之前，教师对活动范围、场地及玩具设施都要进行事先检查，清除不安全因素。检查幼儿仪表是否整齐，衣袋有无尖利物品，帮助幼儿增强自我保护意识，同时要注意幼儿活动前减衣服、活动后加衣服等。在活动时，注意调节幼儿运动负荷，幼儿出汗要及时擦干，教师要四处巡回走动，及时纠正幼儿的危险动作，聆听幼儿之间的交谈、评价，发现问题及时给予指导和帮助。幼儿在户外活动时，关键在于老师怎样去组织、引导幼儿，而不是去限制他们的自由活动。因此，在组织幼儿户外活动时，首先，老师要带幼儿去实地观察，让幼儿通过跟同伴交流自身经验，学会如何安全地玩，以免身体受到伤害。其次，老师还要把玩的游戏规则交代清楚，使幼儿既玩得自由又有规则可遵循。

2.（2016 年上半年·保教知识与能力）从儿童发展的角度，简述幼儿户外运动的价值。

【答案】

（1）促进儿童身体的生长发育。

户外活动使儿童的各种生理器官和系统都能得到活动，促进其骨骼肌肉的成熟，加速机体的新陈代谢，有利于幼儿的内脏和神经系统的发育。

（2）发展儿童的基本动作和技能。

户外活动有助于培养幼儿对体育活动的爱好，养成经常、自觉地到户外锻炼身体的好习惯，有利于扩大幼儿对体育活动技能的范围，丰富和活跃他们的生活，帮助幼儿巩固和提高体育课程中所获得的知识和动作技能。

（3）增强儿童对外界环境变化的适应能力。

可以使儿童接触充足的阳光、新鲜的空气等，促进儿童的身体健康。

（4）有利于儿童的身心健康。

户外活动具有很多特点，如内容丰富、形式灵活、时间充足、儿童自主性强等，能够带给儿童愉快和满足，有利于儿童的身心健康。

【考点模拟】

选择题

1．在幼儿园每天要有计划、有目的地开展游戏和体育活动，在正常天气情况下，日托班每天坚持（　　）以上的户外活动时间。

A．1 h　　B．1.5 h　　C．2 h　　D．3 h

2．常见的消毒方法有（　　）。

A．机械消毒法　　B．物理消毒法　　C．化学消毒法　　D．热力消毒法

3．小班的教学活动时间以（　　）合适。

A．15～20 min　　B．20～25 min　　C．25～30 min　　D．30～35 min

4．利用自然因素锻炼的原则有（　　）。

A．循序渐进的原则　　B．持之以恒的原则

C．个别照顾的原则　　D．全面锻炼的原则

5．利用自然因素锻炼的方法有（　　）。

A．空气浴　　B．日光浴　　C．水浴　　D．月光浴

6．幼儿进餐时间一般控制为（　　）。

A．15～20 min　　B．20～30 min　　C．25～35 min　　D．30～45 min

7．幼儿两餐之间的间隔时间为（　　）。

A．2.5～3 h　　B．3～3.5 h　　C．3.5～4 h　　D．4～4.5 h

8．空气浴最好从（　　）开始。

A．春季　　B．夏季　　C．秋季　　D．冬季

9．空腹和饭后（　　）内不宜进行锻炼。

A．1 h　　B．1.5 h　　C．2 h　　D．2.5 h

10．（　　）以上的幼儿提倡和训练蹲式厕所。

A．3 岁　　B．4 岁　　C．5 岁　　D．6 岁

答案：1. C　2. ABCD　3. A　4. ABCD　5. ABC　6. D　7. B　8. B　9. B　10. A

【拓展阅读】

1．李艳荣，杨彦.幼儿保教知识与能力[M].北京：北京师范大学出版社，2015.

推荐理由：本书是全国教师教育课程标准和教师资格证考试相配套的教师教育教材中的一本，凸显时代性、实践性和新颖性的原则，能以考试大纲为线索，以章节为结构框架，每一章节都包括知识结构、学习目的、内容要点、真题再现和习题精练五个部分，将幼儿教师应知应会的知识和技能贯穿全书。

2．麦少美，高秀欣.学前卫生学[M]. 2版.上海：复旦大学出版社，2009.

推荐理由：全书共分八章。第一章简要介绍人体的基本概况;第二章阐明人体八大系统及感觉器官的组成和主要功能,叙述学前儿童各系统及感觉器官的特点和保育要点;第三章介绍学前儿童生长发育年龄阶段的划分,重点叙述学前儿童生长发育的规律及影响因素,评价学前儿童生长发育的指标及测量方法;第四章阐述学前儿童生活制度及保健制度;第五章讨论有关营养学的基础知识及学前儿童营养需求的相关常识,提出学前儿童合理的膳食制度及饮食卫生要求;第六章介绍托幼机构安全教育的内容,提出相应的安全措施,并具体介绍了几种常见意外事故的处理方法;第七章重点叙述有关传染病的基础知识,简单介绍学前儿童常见的传染病、其他常见病的有关知识以及常用的护理技术;第八章阐述学前儿童常见的心理问题及其预防措施。

第八章　幼儿园的环境卫生

保教知识

【考点聚焦】

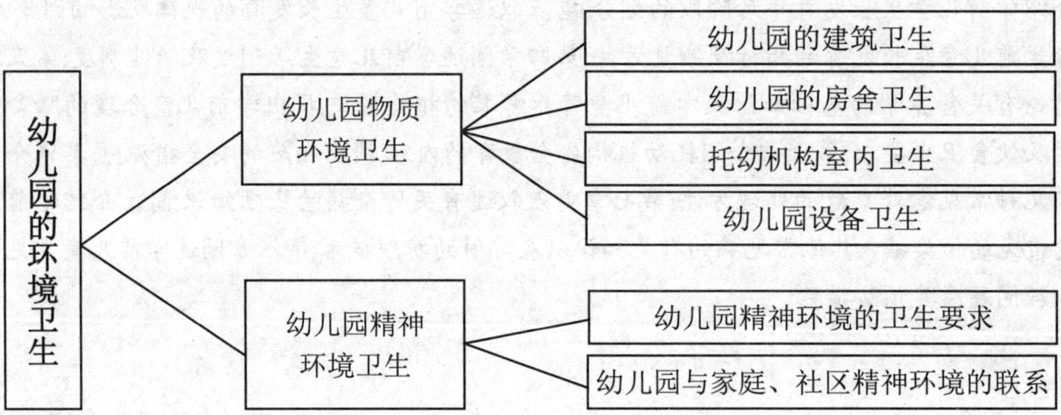

幼教故事：

幼儿园环境“达标”令人担忧

在《幼儿园工作规程》和《幼儿园管理条例》中，国家对幼儿园的卫生保健工作提出了一系列的要求。某区对各种类型的幼儿园卫生保健工作现状进行了抽样检查，得出如下结论：幼儿园清洁卫生工作出色，但环境“达标”令人担忧。

调查结果表明，检查每周大扫除、每日小扫除、每日定时开门窗流通空气的幼儿园，分别占 98%、100%和 90%。各个幼儿园坚持认真做好清洁卫生工作，不少幼儿园被评为市级优秀园、示范园或精神文明单位。根据国家规定，城市幼儿园的环境卫生应达到“人均用地面积 13 平方米”“人均建筑面积 8.8 平方米”“绿化面积不少于 2.2 平方米”。调查结果显示，这三项指标达标率很低，分别为 35%、20%和 12%。这说明在这样的幼儿园里学习和生活，幼儿的空间是很狭窄且拥挤的。这样的现状真的很令人担忧啊！

第一节　幼儿园物质环境卫生

学前儿童正处于生长发育的关键阶段，身体的各个器官、神经系统发育尚不健全，缺乏自我保护能力，对危险认识能力不足，环境中各种不良因素都可能对其造成影响。因此，了解幼儿园建筑、房舍、室内及设备卫生标准，严格执行国家各项法律法规，杜绝各种安全隐患，对保障学前儿童身心健康和全面发展有重要意义。

一、幼儿园的建筑卫生

（一）存在的卫生问题

1. 建设位置不合理

随着经济的高速发展，国家倡导每个小区都建设至少一所幼儿园。于是，很多幼儿园规划建在住宅小区的住宅楼之间，建筑间距达不到卫生要求。一方面幼儿园选址没有规划性，活动场地很小，严重缺少绿化面积，幼儿活动的各种玩具、器械更无法安置；另一方面，幼儿园的活动场地常年处在住宅楼的阴影之中，见不到阳光。由于活动场地小，有的只好在楼顶平台上设活动场地，十分不便，也不安全。建设位置不合理的另外一个表现是幼儿园周围有较多的污染源，如：污水沟、垃圾池、污水泵站、农贸市场等。

2. 建筑设计不合理

（1）由于“全面二孩”政策的实施，原来幼儿园规划的土地面积已经不能满足幼儿数量和班级的增长需求。现在有的幼儿园已设计成4～5层高，而根据卫生学要求，幼儿园一般不得超过3层，超过3层根本不适合幼儿的生理特点。更有甚者把幼儿园设在住宅楼下，功能房间、房间布局、面积、活动场地等全达不到卫生要求。

（2）把活动室和卧室混为一体，而且建筑面积也不够。由于室内活动场地满足不了要求，有的幼儿园将活动室和卧室混合使用，这就容易造成室内空气严重污染，不利于儿童身心健康。即使有的图纸把卧室和活动室分开设置，但面积也达不到卫生要求。

（3）功能房间布局不合理。如：有的幼儿园将几个班的厕所集中建设在一起，这样不但容易造成儿童交叉感染，而且不利于老师照顾和管理儿童，幼儿上厕所也非常不方便；有的幼儿园把一个班的厕所设在卧室里边或活动室的外边，使幼儿上厕所路线过远或经过活动室、卧室绕过床铺、椅子等障碍物才能到达厕所，不能做到在卧室和活动室都能方便地使用厕所；有的幼儿园把食堂设在卧室和活动室的底层，食堂的噪声和烟气对上层幼儿的身体健康会带来很大的影响。

（4）把幼儿园的厕所、盥洗设施、楼梯、窗台高度等均按一般建筑标准设计，完全忽略了幼儿的生理特点，幼儿使用起来十分不便。这类问题较容易在农村幼儿园或某些民办、私立幼儿园出现。

（二）改善措施及建议

（1）制订幼儿园建筑的卫生法规。国家有关部门应出台一系列关于托幼机构建筑的卫生法规，使卫生审查部门在执法过程中做到有法可依，使设计部门有章可循。政府在城乡规划时，要把托幼机构的分布、选址和设计列入议事日程，在开发住宅小区时，首先考虑留出好的地段和足够的面积来建设托幼园所。

（2）卫生部门应和规划部门协调好关系并向其宣传幼儿园的卫生要求和卫生知识，使之在规划审批时按卫生要求首先考虑幼儿园的位置和面积。

（3）卫生部门应和设计部门经常沟通，向设计人员宣传幼儿园建筑的卫生要求、幼儿的生理特点、活动特点，使设计人员能根据幼儿园建筑的特点合理设计幼儿园。

（4）建立可行的预防性卫生监督体系。把托幼机构列入公共场所卫生管理范围，对新建、扩建和改建的托幼机构的选址和设计进行卫生审查，卫生部门参加竣工验收、审查建筑设计图纸时，应严格把关，提出合理的建议。

（5）加强卫生知识宣传。多利用广播、电视、报纸和卫生墙报等多种形式大力宣传幼儿的生理特点和卫生学要求，让全社会都来关心下一代。

二、幼儿园的房舍卫生

幼儿园的房舍分为基本房舍和辅助房舍两大类。基本房舍包括活动室、寝室、盥洗室及厕所；辅助房舍包括办公室、保健室(医务)、隔离室、厨房、储藏室、洗衣室和传达室等。[①]这里的房舍卫生主要是指幼儿基本房舍卫生，包括活动室、寝室、盥洗室及厕所的卫生情况。

（一）活动室卫生

活动室是幼儿活动、学习最基本的场所，为了保证幼儿各项活动的顺利进行，促进幼儿身心健康发展，幼儿园活动室的卫生要求主要有：有足够的空间；有良好的自然采光条件；有良好的人工照明：有良好的通风；有干燥、清洁的地面。[②]

（二）寝室卫生

寝室是幼儿睡眠的场所，良好的寝室卫生是保证幼儿充足的睡眠、促进幼儿身心健康发展的必要保障条件。幼儿园寝室的卫生要求主要体现在以下几个方面：一是有足够的空间，足够宽阔的寝室空间可以保证室内有充足新鲜的空气；二是有足够的床行间距，行间距宽是为了床摆放合理，便于教师在空间里自由行走，照看幼儿；三是有干燥、清洁的地面，潮湿的地面容易滋生病毒和细菌，伤害幼儿的身体健康。

---

①李林静，张圣俐，张文京. 学前卫生学[M]. 重庆：科学技术文献出版社重庆分社，1990.

②万钫. 幼儿卫生保育教程[M]. 北京：北京师范大学出版社，1998.

（三）盥洗室卫生

盥洗室的卫生要求主要是：通风良好；地面干燥、清洁；防滑倒。

（四）厕所卫生

厕所卫生要求：通风良好；地面干燥、清洁；防滑倒；消除厕所异味；男女分离；注意培养幼儿的初步性别意识。

三、托幼机构室内卫生

幼儿的活动主要场所是在室内，包括了饮食和睡眠等家长较为关注的保教环节，因此，室内卫生显得很重要。托幼机构室内卫生有四个基本要求，具体如下。

（1）采暖通风设计合理。托幼机构注重南北差异，在设计时应做到冬季采暖、夏季纳凉的不同设计方式，这样可以避免托幼机构活动室、寝室内二氧化碳等污染物增加，导致空气质量下降的现象。同时，在设计时应该有专门的开水供应间、洗衣间等功能不同的设施。

（2）自然采光合理，主要是指利用太阳光为光源，室内所得到的光线。室内自然采光卫生要求有以下几点：窗地比足够，主要是指窗台高适宜；室深系数达标，主要是指玻璃要清洁；墙壁色调应适宜。另外，可以通过人工照明获得光线的方法，以弥补自然采光的不足。

（3）根据《托儿所、幼儿园建筑设计规范(JGJ39-2016)》的规定，室内的面积也应该符合规定，如活动室最小使用面积为 70 m^2，并且幼儿园小班每班人数 20～25 人，中班每班人数 26～30 人，大班每班人数 31～35 人。可以算出幼儿活动的室内面积小班人均不应少于 2.8 m^2，中班不应少于 2.3 m^2，大班不应少于 2 m^2。

（4）活动室地面普遍干燥、清洁。活动室地面保持干燥清洁，有利于减少细菌侵害和防止意外事故发生。保持干净整洁也是培养幼儿良好卫生习惯的最基本要求。

四、幼儿园设备卫生

幼儿园的各种设备是对幼儿进行教育和组织幼儿生活所必需的。幼儿园的设备主要有家具、盥洗、厕所设备、文具、教具及体育器械等。这些设备是否符合卫生要求，不仅影响活动效果，而且影响幼儿的健康和发育。

（一）家具卫生

幼儿园家具主要有桌椅和床。桌椅的卫生要求是：桌椅的尺寸要符合幼儿的身高及身体各部的比例；椅子的重量要适宜；有合理的桌椅清洁消毒制度。床的卫生要求是：床的尺寸要适合幼儿身材；床不宜太高；床的周围要有栏杆；寝具要经常消毒。

（二）盥洗室厕所设备卫生

盥洗室厕所设备的卫生要求是：厕位适宜幼儿使用；水龙头、盥洗台的高度适宜；有足够的水龙头个数；幼儿有自己的面巾，面巾相互不接触，且要清洁消毒。

沟槽式厕位宽不应超过 0.18 m，此外应用隔板隔开并加设幼儿扶手。水龙头卫生的要求是：数量上，每班至少有水龙头 6 个；高度上，水龙头出水口的高度，应与幼儿站立时直角屈肘的肘部等高，约为 65 cm，60～70 cm 都是合理的。

（三）饮食用具卫生

幼儿的主要饮食用具如碗、匙、饮水杯等都与其健康有直接关系。因此，饮食用具的材质和清洁消毒要符合卫生要求。如饮食用具的材质必须坚固，容易洗涤消毒；不起化学变化，清洁美观，大小轻重适宜，不致引起手指肌肉疲劳。综合以上优点的材质，以不锈钢材质的用具为最好。

（四）玩具卫生

玩具是幼儿园必备的教育材料，对促进幼儿身体、智力、情绪情感和人格的健康发育具有积极的作用，是幼儿接触最为密切的外部环境之一。在幼儿园中，玩具为集体幼儿所用，不符合卫生标准和要求的玩具或对玩具的管理不当，会成为导致疾病的原因，或对幼儿产生其他损害。因此，幼儿园玩具卫生十分重要。对玩具的卫生整体要求是：不易传染疾病、无毒和安全等。具体的要求是：玩具材料便于洗涤和消毒；玩具外表或涂料无毒；玩具表面光滑，无锐利的尖角或棱角；玩具的大小、轻重适合幼儿使用；玩具必须定期清洁消毒。

（五）教具卫生

幼儿园使用的教具主要有：黑板和电视。黑板是幼儿教师在教学中经常会用到的辅助教具，黑板的卫生不仅会影响到教学质量，而且会影响到幼儿的生理健康。黑板的卫生要求是：材质耐磨而不眩光；表面平整无磨损。电视由于其呈现事物的直接性和形象性，在幼儿园辅助教学中占有一定的地位。电视的卫生要求是：电视大小适宜；电视的摆放高度适宜；电视与幼儿距离合理。

小案例：

为贯彻落实《国家教育事业发展“十三五”规划》《教育部等九部门关于进一步推进社区教育发展的意见》《教育部等七部门关于推进学习型城市建设的意见》，某省教育厅等九部门联合下发《关于进一步推进社区教育发展的意见》的通知。

主要内容有：构建城乡一体的省级社区教育网络，推动各类学习型组织与学习共同体建设，加强社区教育实验区和示范区建设，统筹共享社区资源，提升社区教育自身教学能力。

建设一批国家级社区教育实验和示范区，基本实现社区教育的县（市、区）全覆盖，基本建成省、市、县（市、区）、乡镇（街道）、村（社区）五级社区教育体系，形成人人皆学、处处能学、时时可学的学习环境，居民参与率和满意度有较大提高，基本形成具有地方特色的社区教育发展模式。

想一想：

学前社区教育在终身学习、社区教育中承担的任务有哪些？如何有效实现幼儿园、社区和社会之间的精神环境联系？

第二节 幼儿园精神环境卫生

幼儿园精神环境主要包括幼儿园在一定时期内形成的大众心理、幼儿园文化、幼儿园人际关系。[①]幼儿园精神环境作为幼儿园环境的重要组成部分，对幼儿良好行为习惯的养成有潜移默化的作用，在拥有丰富物质环境的基础上创设良好的精神环境，对此目标的达成会事半功倍。幼儿园应为儿童创设温和、亲切与合作的人际环境，为教职工创设彼此亲善和睦、敬业爱园的工作氛围，为家长提供平等互助、友好支持的家园互动环境。

一、幼儿园精神环境的创设意义及卫生要求

（一）幼儿园精神环境创设的重要意义

1．创设良好的精神环境，是维护幼儿心理健康的重要措施

人们对幼儿健康的理解，随着社会的不断进步而发生了变化，健康不仅仅是能吃喝玩乐睡，不生病，还包括心理健康和社会适应能力，这才是幼儿健康的完整观念。幼儿自入园后，一日大部分时间都在幼儿园度过，集体生活和学习的环境对幼儿的身心发展和健康水平有着直接而重要的影响。幼儿园保教工作者、管理者应为幼儿创设良好、安全、温暖、友爱、信任、互助的幼儿人际交往环境，使幼儿保持积极乐观的情绪，维护幼儿心理健康。

2．创设良好的精神环境，是实现幼儿园保教目标的重要条件

宽松愉悦的精神氛围可以促进幼儿智力的发展，使其活动达到最优状态，有助于幼儿形成活泼、开朗、自信的性格特征。现代保育观认为：幼儿园的保育工作已不再仅仅是对幼儿生活的安排和护理、身体的保健和养育以及生长发育目标的达成，而更应该关注如何提高幼儿的生活质量，包括创设儿童宽松、和谐的人际环境，关注幼儿的情绪和需要，使其身心和谐发展等。

①李英.浅议幼儿园精神环境创设：和谐关系的建立[J].黑河学刊，2016（3）.

（二）幼儿园精神环境的卫生要求

1．更新教育观念，激发创新意识

为了激发幼儿的创新意识、形成幼儿的创造性人格，在教育实践中，我们力求实现四个转变，即：变一个问题一种答案为鼓励幼儿从不同的角度对同一问题提出各种不同的看法，激发幼儿用新的方法来解决问题或从新的角度重新认识已知的事物；变及早将结论公开为只提供解决问题的方向或线索，让幼儿独立探索或引导他们运用某种创造性思维方式解决问题；变强制幼儿接受一个模式为欢迎不同意见的存在；变害怕幼儿出乱子为积极支持、鼓励幼儿大胆尝试、不怕挫折，奖励其各种新颖、独特的创造性行为。

2．营造创新氛围，发展创新个性

幼儿的天性是好奇、好问、爱探索。教师的责任是尊重和保护幼儿的天性，支持和引导幼儿的探究行为。幼儿的天性表现在日常生活中，常常是随机的、自发的。我们非常重视保护和发展幼儿的天性，善于观察、捕捉教育契机，并适时地进行随机教育。

3．改革教学方法，引导主动探索

在教育活动中，我们改革教学方法，努力创设自由、宽松的环境，积极引导幼儿主动探索，促进幼儿创新能力的发展。

（1）实践法。营造有利于幼儿手脑并用的学习环境，将教育目标寓于丰富、直观、有序的操作材料中，让幼儿在自身多种感官与实物的交互作用中获取直接经验，习得相关技能，增强自主学习能力。

（2）问题法。把教育内容和任务设计为具体的问题，让幼儿在创造解决问题的过程中得到发展。

（3）探究法。把教育内容和任务设计为可供幼儿探索的、有趣的活动，让他们在探索过程中发现问题、解决问题。

（4）情境法。创设与教育目标和内容相适应的生动情境，让幼儿在情境中发现、思考、探索。在实际教学中，根据具体情况，灵活选用一种方法或几种方法相结合使用。

每一位幼儿教师都应认真学习并努力实践创造教育理论，从物质和精神两个方面为幼儿创设适合其探究的环境，从而培养幼儿的创新精神，发展幼儿的创新能力。

二、幼儿园与家庭、社区精神环境的联系

（一）与家庭的联系

1．加强家园间的联系，争取家长理解和支持

幼儿园正在实施以生活化、游戏化为蓝本的园本艺术课程，它更加注重培养幼儿的能力，通过紧密联系生活，用游戏化的形式引导幼儿进行学习与巩固。课程能否顺利、有效地开展，取决于家长的理解、支持和主动配合。家长的理解、支持和主动配合是建立家园共育环境的关键。

2．发挥家长自身的潜在资源

各班级孩子的家长职业不同，使不同年龄班的环境教育更具自己的特色。例如，部分班家长资源丰富，有家长从事教师、营业员、司机、警察、工人等各项职业，如这些宝贵资源能被充分挖掘并有效利用，则能使孩子更加主动地去探索学习，了解课程以外的各种知识。

3．鼓励家长参与幼儿园的开放性活动

家长的参与使幼儿教育更深入，更具有意义。开展全园性的亲子活动，如亲子游园会、亲子运动会、亲子义卖会等，可以使孩子获得亲身的体验，也可以增进亲子感情。

（二）与社区的联系

社区是孩子成长的大环境，其中隐藏着丰富的教育资源。幼儿的生活和学习也不是孤立的，是在各种关系的作用中发展的，因此幼儿教育既要重视家庭资源，又要面向社区，整合优化社区资源，同时为社区做出贡献，实现互惠互利。

1．紧抓社区环境资源，建立资源库

陈鹤琴说过“大自然、大社会是活教材”。幼儿生活在社区里，就是社区的一分子，因此，我们必须打破“闭门造车”的教学模式，让孩子走出去，感受生活、环境带来的教育机会。

幼儿园及教师可以成立“教育资源调查小组”，对幼儿园周边的企事业单位、居委会、博物馆、书店、公园和学校等设施进行调查和统计，了解社区中遍布的自然资源和人文资源，之后要将收集到的资源进行分类整理和筛选，建立起一个系统的资源库，以便在今后幼儿对某些事物产生兴趣时随时可以找到资源进行利用。

2．与社区机构建立合作机制

为了能持续取得一些优良社区资源的支持与合作，幼儿园与这些相关的单位和社区机构签订教育合作条约，共同建立合作机制，建立社区教育资源基地，规范和建立一系列的合作项目、事项和流程，为幼儿园将来开展主题方案活动提供便利。

3．调动社区人士的参与热情

幼儿园应该改变社区少参与、间接参与的这种流于表面的形式主义的做法，要拓宽社区参与的深度和广度，在幼儿园各项活动中都能积极邀请社区人士参与，采取各种积极的措施调动社区人士参与幼儿园教育活动的热情，让他们更乐于参与幼儿园的活动，同时让他们意识到社区对幼儿教育的促进作用，继而愿意投入幼儿教育中。例如幼儿园在举行各种大型活动、各类与社区资源相关的主题方案活动时，都可以邀请相关的或是有合作关系的社区人士来园进行观摩，引发社区人士参与的热情。

4．积极贡献于社区

幼儿园除了单方面从社区处寻求教育资源和支持外，也要为社区的发展和建设添砖加瓦，为社区内幼儿和家庭的成长和教育贡献力量。幼儿园和社区的关系只有基于如此双向的互惠互利的关系，才能保证双方成为长久的教育合作伙伴，为幼儿教育带来长远的效益。

幼儿园可以将主题方案活动展览扩展至社区，将展览办进小区、敬老院、公园、福利院等地方，请社区内的居民来参观，丰富他们的生活，为社区带来欢乐；也可以在社区内举办公益讲座，进行关于育儿主题的科普讲解或知识问答，在幼儿教育领域内为社区中的居民提供服务；同时也可以将受众群体定为社区中的学龄前或托班幼儿，在周末举行各种有趣的活动，邀请社区内的幼儿一同游戏玩耍，为社区的同伴交流创造一个良好的机遇和环境。

保教能力

【实践操作】

结合每学期的学生见习和保育实习，根据自己带的班级，探讨本班级精神环境创设存在的卫生问题，并提出切实可行的解决措施。

【学练结合】

一、判断题

1．为了方便幼儿洗漱，设计时，应该将盥洗室和厕所放在一起。（　　）

2．儿童用床一般以钢铁材质的为主，这样的床坚固耐用。（　　）

3．幼儿园室内面积人均应该不少于 2 m^2。（　　）

二、简答题

1．幼儿园玩具的卫生要求是什么？

2．如何加强幼儿园室内通风？

3．目前，幼儿园的建筑环境卫生存在哪些问题？如何解决？

4．与幼儿园联系中，如何有效发挥家庭的作用？

5．如何加强幼儿园与家庭的精神环境联系？

6．幼儿园精神环境的卫生要求有哪些？

三、论述题

如何有效地创设幼儿园的物质环境？

【考点模拟】

选择题

创设幼儿园物质环境在强调安全和卫生的前提下，应当极力做到（　　）。

A．儿童化、教育化、美化　　B．年轻化、知识化、美化

C．儿童化、知识化、美化　　D．年轻化、教育化、美化

【答案】C

简答题

1．简述活动区域材料投放的原则。

2．简述幼儿园心理环境创设的意义。

实训题

请为幼儿园大班设计一份“环境保护”的教育主题活动设计。

【拓展阅读】

住房和城乡建设部发布《托儿所、幼儿园建筑设计规范》（JGJ 39—2016），自 2016 年 11 月 1 日起实施。其中，第 3.2.8、4.1.3、4.1.9、4.1.12、6.3.3 条为强制性条文，必须严格执行，原《托儿所、幼儿园建筑设计规范》（JGJ 39—87）同时废止。

1.0.3 幼儿园的规模应符合表 8-1 的规定，托儿所、幼儿园的每班人数宜符合表 8-2 的规定。

表 8-1　幼儿园的规模

规模	班数（班）
小型	1～4
中型	5～9
大型	10～12

表 8-2　托儿所、幼儿园的每班人数

<table>
<tr><th>名称</th><th colspan="2">班别</th><th>人数（人）</th></tr>
<tr><td rowspan="3">托儿所</td><td colspan="2">乳儿班</td><td>10～15</td></tr>
<tr><td rowspan="2">托儿班</td><td>小、中班</td><td></td></tr>
<tr><td>大班</td><td></td></tr>
<tr><td rowspan="3">幼儿园</td><td colspan="2">小班</td><td>20～25</td></tr>
<tr><td colspan="2">中班</td><td>26～30</td></tr>
<tr><td colspan="2">大班</td><td>31～35</td></tr>
</table>

3.2.8 托儿所、幼儿园的幼儿生活用房应布置在当地最好朝向，冬至日底层满窗日照不应小于 3 h。

4.1.3 托儿所、幼儿园中的幼儿生活用房不应设置在地下室或半地下室，且不应布置在四层及以上;托儿所部分应布置在一层。

4.1.9 托儿所、幼儿园的外廊、室内回廊、内天井、阳台、上人屋面、平台、看台及室外楼梯等临空处应设置防护栏杆，栏杆应以坚固、耐久的材料制作，防护栏杆水平承载能力应符合《建筑结构荷载规范》（GB 50009）的规定。防护栏杆的高度应从地面计算，且净高不应小于 1.10 m。防护栏杆必须采用防止幼儿攀登和穿过的构造，当采用垂直杆件做栏杆时，其杆件净距离不应大于 0.11 m。

4.1.12 幼儿使用的楼梯，当楼梯井净宽度大于 0.11 m 时，必须采取防止幼儿攀滑措施。楼梯栏杆应采取不易攀爬的构造，当采用垂直杆件做栏杆时，其杆件净距不应大于 0.11 m。

6.3.3 托儿所、幼儿园的紫外线杀菌灯的控制装置应单独设置，并应采取防误开措施。

附录A 中国7岁以下儿童生长发育参照标准

中国7岁以下儿童生长发育参照标准

卫生部妇幼保健与社区卫生司

二〇〇九年九月

表 A-1 7岁以下男童身高（长）标准值（cm）

年龄	月龄	-3SD	-2SD	-1SD	中位数	+1SD	+2SD	+3SD
出生	0	45.2	46.9	48.6	50.4	52.2	54.0	55.8
	1	48.7	50.7	52.7	54.8	56.9	59.0	61.2
	2	52.2	54.3	56.5	58.7	61.0	63.3	65.7
	3	55.3	57.5	59.7	62.0	64.3	66.6	69.0
	4	57.9	60.1	62.3	64.6	66.9	69.3	71.7
	5	59.9	62.1	64.4	66.7	69.1	71.5	73.9
	6	61.4	63.7	66.0	68.4	70.8	73.3	75.8
	7	62.7	65.0	67.4	69.8	72.3	74.8	77.4
	8	63.9	66.3	68.7	71.2	73.7	76.3	78.9
	9	65.2	67.6	70.1	72.6	75.2	77.8	80.5
	10	66.4	68.9	71.4	74.0	76.6	79.3	82.1
	11	67.5	70.1	72.7	75.3	78.0	80.8	83.6
1岁	12	68.6	71.2	73.8	76.5	79.3	82.1	85.0
	15	71.2	74.0	76.9	79.8	82.8	85.8	88.9
	18	73.6	76.6	79.6	82.7	85.8	89.1	92.4
	21	76.0	79.1	82.3	85.6	89.0	92.4	95.9
2岁	24	78.3	81.6	85.1	88.5	92.1	95.8	99.5
	27	80.5	83.9	87.5	91.1	94.8	98.6	102.5
	30	82.4	85.9	89.6	93.3	97.1	101.0	105.0
	33	84.4	88.0	91.6	95.4	99.3	103.2	107.2
3岁	36	86.3	90.0	93.7	97.5	101.4	105.3	109.4
	39	87.5	91.2	94.9	98.8	102.7	106.7	110.7
	42	89.3	93.0	96.7	100.6	104.5	108.6	112.7
	45	90.9	94.6	98.5	102.4	106.4	110.4	114.6
4岁	48	92.5	96.3	100.2	104.1	108.2	112.3	116.5
	51	94.0	97.9	101.9	105.9	110.0	114.2	118.5
	54	95.6	99.5	103.6	107.7	111.9	116.2	120.6
	57	97.1	101.1	105.3	109.5	113.8	118.2	122.6
5岁	60	98.7	102.8	107.0	111.3	115.7	120.1	124.7
	63	100.2	104.4	108.7	113.0	117.5	122.0	126.7
	66	101.6	105.9	110.2	114.7	119.2	123.8	128.6
	69	103.0	107.3	111.7	116.3	120.9	125.6	130.4
6岁	72	104.1	108.6	113.1	117.7	122.4	127.2	132.1
	75	105.3	109.8	114.4	119.2	124.0	128.8	133.8
	78	106.5	111.1	115.8	120.7	125.6	130.5	135.6
	81	107.9	112.6	117.4	122.3	127.3	132.4	137.6

注：表中3岁前为身长，3岁及3岁后为身高。

表 A-2　7 岁以下女童身高（长）标准值（cm）

年龄	月龄	-3SD	-2SD	-1SD	中位数	+1SD	+2SD	+3SD
出生	0	44.7	46.4	48.0	49.7	51.4	53.2	55.0
	1	47.9	49.8	51.7	53.7	55.7	57.8	59.9
	2	51.1	53.2	55.3	57.4	59.6	61.8	64.1
	3	54.2	56.3	58.4	60.6	62.8	65.1	67.5
	4	56.7	58.8	61.0	63.1	65.4	67.7	70.0
	5	58.6	60.8	62.9	65.2	67.4	69.8	72.1
	6	60.1	62.3	64.5	66.8	69.1	71.5	74.0
	7	61.3	63.6	65.9	68.2	70.6	73.1	75.6
	8	62.5	64.8	67.2	69.6	72.1	74.7	77.3
	9	63.7	66.1	68.5	71.0	73.6	76.2	78.9
	10	64.9	67.3	69.8	72.4	75.0	77.7	80.5
	11	66.1	68.6	71.1	73.7	76.4	79.2	82.0
1 岁	12	67.2	69.7	72.3	75.0	77.7	80.5	83.4
	15	70.2	72.9	75.6	78.5	81.4	84.3	87.4
	18	72.8	75.6	78.5	81.5	84.6	87.7	91.0
	21	75.1	78.1	81.2	84.4	87.7	91.1	94.5
2 岁	24	77.3	80.5	83.8	87.2	90.7	94.3	98.0
	27	79.3	82.7	86.2	89.8	93.5	97.3	101.2
	30	81.4	84.8	88.4	92.1	95.9	99.8	103.8
	33	83.4	86.9	90.5	94.3	98.1	102.0	106.1
3 岁	36	85.4	88.9	92.5	96.3	100.1	104.1	108.1
	39	86.6	90.1	93.8	97.5	101.4	105.4	109.4
	42	88.4	91.9	95.6	99.4	103.3	107.2	111.3
	45	90.1	93.7	97.4	101.2	105.1	109.2	113.3
4 岁	48	91.7	95.4	99.2	103.1	107.0	111.1	115.3
	51	93.2	97.0	100.9	104.9	109.0	113.1	117.4
	54	94.8	98.7	102.7	106.7	110.9	115.2	119.5
	57	96.4	100.3	104.4	108.5	112.8	117.1	121.6
5 岁	60	97.8	101.8	106.0	110.2	114.5	118.9	123.4
	63	99.3	103.4	107.6	111.9	116.2	120.7	125.3
	66	100.7	104.9	109.2	113.5	118.0	122.6	127.2
	69	102.0	106.3	110.7	115.2	119.7	124.4	129.1
6 岁	72	103.2	107.6	112.0	116.6	121.2	126.0	130.8
	75	104.4	108.8	113.4	118.0	122.7	127.6	132.5
	78	105.5	110.1	114.7	119.4	124.3	129.2	134.2
	81	106.7	111.4	116.1	121.0	125.9	130.9	136.1

注：表中 3 岁前为身长，3 岁及 3 岁后为身高。

表 A-3 7 岁以下男童体重标准值（kg）

年龄	月龄	-3SD	-2SD	-1SD	中位数	+1SD	+2SD	+3SD
出生	0	2.26	2.58	2.93	3.32	3.73	4.18	4.66
	1	3.09	3.52	3.99	4.51	5.07	5.67	6.33
	2	3.94	4.47	5.05	5.68	6.38	7.14	7.97
	3	4.69	5.29	5.97	6.70	7.51	8.40	9.37
	4	5.25	5.91	6.64	7.45	8.34	9.32	10.39
	5	5.66	6.36	7.14	8.00	8.95	9.99	11.15
	6	5.97	6.70	7.51	8.41	9.41	10.50	11.72
	7	6.24	6.99	7.83	8.76	9.79	10.93	12.20
	8	6.46	7.23	8.09	9.05	10.11	11.29	12.60
	9	6.67	7.46	8.35	9.33	10.42	11.64	12.99
	10	6.86	7.67	8.58	9.58	10.71	11.95	13.34
	11	7.04	7.87	8.80	9.83	10.98	12.26	13.68
1 岁	12	7.21	8.06	9.00	10.05	11.23	12.54	14.00
	15	7.68	8.57	9.57	10.68	11.93	13.32	14.88
	18	8.13	9.07	10.12	11.29	12.61	14.09	15.75
	21	8.61	9.59	10.69	11.93	13.33	14.90	16.66
2 岁	24	9.06	10.09	11.24	12.54	14.01	15.67	17.54
	27	9.47	10.54	11.75	13.11	14.64	16.38	18.36
	30	9.86	10.97	12.22	13.64	15.24	17.06	19.13
	33	10.24	11.39	12.68	14.15	15.82	17.72	19.89
3 岁	36	10.61	11.79	13.13	14.65	16.39	18.37	20.64
	39	10.97	12.19	13.57	15.15	16.95	19.02	21.39
	42	11.31	12.57	14.00	15.63	17.50	19.65	22.13
	45	11.66	12.96	14.44	16.13	18.07	20.32	22.91
4 岁	48	12.01	13.35	14.88	16.64	18.67	21.01	23.73
	51	12.37	13.76	15.35	17.18	19.30	21.76	24.63
	54	12.74	14.18	15.84	17.75	19.98	22.57	25.61
	57	13.12	14.61	16.34	18.35	20.69	23.43	26.68
5 岁	60	13.50	15.06	16.87	18.98	21.46	24.38	27.85
	63	13.86	15.48	17.38	19.60	22.21	25.32	29.04
	66	14.18	15.87	17.85	20.18	22.94	26.24	30.22
	69	14.48	16.24	18.31	20.75	23.66	27.17	31.43
6 岁	72	14.74	16.56	18.71	21.26	24.32	28.03	32.57
	75	15.01	16.90	19.14	21.82	25.06	29.01	33.89
	78	15.30	17.27	19.62	22.45	25.89	30.13	35.41
	81	15.66	17.73	20.22	23.24	26.95	31.56	37.39

表 A-4　7 岁以下女童体重标准值（kg）

年龄	月龄	-3SD	-2SD	-1SD	中位数	+1SD	+2SD	+3SD
出生	0	2.26	2.54	2.85	3.21	3.63	4.10	4.65
	1	2.98	3.33	3.74	4.20	4.74	5.35	6.05
	2	3.72	4.15	4.65	5.21	5.86	6.60	7.46
	3	4.40	4.90	5.47	6.13	6.87	7.73	8.71
	4	4.93	5.48	6.11	6.83	7.65	8.59	9.66
	5	5.33	5.92	6.59	7.36	8.23	9.23	10.38
	6	5.64	6.26	6.96	7.77	8.68	9.73	10.93
	7	5.90	6.55	7.28	8.11	9.06	10.15	11.40
	8	6.13	6.79	7.55	8.41	9.39	10.51	11.80
	9	6.34	7.03	7.81	8.69	9.70	10.86	12.18
	10	6.53	7.23	8.03	8.94	9.98	11.16	12.52
	11	6.71	7.43	8.25	9.18	10.24	11.46	12.85
1 岁	12	6.87	7.61	8.45	9.40	10.48	11.73	13.15
	15	7.34	8.12	9.01	10.02	11.18	12.50	14.02
	18	7.79	8.63	9.57	10.65	11.88	13.29	14.90
	21	8.26	9.15	10.15	11.30	12.61	14.12	15.85
2 岁	24	8.70	9.64	10.70	11.92	13.31	14.92	16.77
	27	9.10	10.09	11.21	12.50	13.97	15.67	17.63
	30	9.48	10.52	11.70	13.05	14.60	16.39	18.47
	33	9.86	10.94	12.18	13.59	15.22	17.11	19.29
3 岁	36	10.23	11.36	12.65	14.13	15.83	17.81	20.10
	39	10.60	11.77	13.11	14.65	16.43	18.50	20.90
	42	10.95	12.16	13.55	15.16	17.01	19.17	21.69
	45	11.29	12.55	14.00	15.67	17.60	19.85	22.49
4 岁	48	11.62	12.93	14.44	16.17	18.19	20.54	23.30
	51	11.96	13.32	14.88	16.69	18.79	21.25	24.14
	54	12.30	13.71	15.33	17.22	19.42	22.00	25.04
	57	12.62	14.08	15.78	17.75	20.05	22.75	25.96
5 岁	60	12.93	14.44	16.20	18.26	20.66	23.50	26.87
	63	13.23	14.80	16.64	18.78	21.30	24.28	27.84
	66	13.54	15.18	17.09	19.33	21.98	25.12	28.89
	69	13.84	15.54	17.53	19.88	22.65	25.96	29.95
6 岁	72	14.11	15.87	17.94	20.37	23.27	26.74	30.94
	75	14.38	16.21	18.35	20.89	23.92	27.57	32.00
	78	14.66	16.55	18.78	21.44	24.61	28.46	33.14
	81	14.96	16.92	19.25	22.03	25.37	29.42	34.40

表 A-5　7 岁以下男童头围标准值（cm）

年龄	月龄	-3SD	-2SD	-1SD	中位数	+1SD	+2SD	+3SD
出生	0	30.9	32.1	33.3	34.5	35.7	36.8	37.9
	1	33.3	34.5	35.7	36.9	38.2	39.4	40.7
	2	35.2	36.4	37.6	38.9	40.2	41.5	42.9
	3	36.7	37.9	39.2	40.5	41.8	43.2	44.6
	4	38.0	39.2	40.4	41.7	43.1	44.5	45.9
	5	39.0	40.2	41.5	42.7	44.1	45.5	46.9
	6	39.8	41.0	42.3	43.6	44.9	46.3	47.7
	7	40.4	41.7	42.9	44.2	45.5	46.9	48.4
	8	41.0	42.2	43.5	44.8	46.1	47.5	48.9
	9	41.5	42.7	44.0	45.3	46.6	48.0	49.4
	10	41.9	43.1	44.4	45.7	47.0	48.4	49.8
	11	42.3	43.5	44.8	46.1	47.4	48.8	50.2
1 岁	12	42.6	43.8	45.1	46.4	47.7	49.1	50.5
	15	43.2	44.5	45.7	47.0	48.4	49.7	51.1
	18	43.7	45.0	46.3	47.6	48.9	50.2	51.6
	21	44.2	45.5	46.7	48.0	49.4	50.7	52.1
2 岁	24	44.6	45.9	47.1	48.4	49.8	51.1	52.5
	27	45.0	46.2	47.5	48.8	50.1	51.4	52.8
	30	45.3	46.5	47.8	49.1	50.4	51.7	53.1
	33	45.5	46.8	48.0	49.3	50.6	52.0	53.3
3 岁	36	45.7	47.0	48.3	49.6	50.9	52.2	53.5
	42	46.2	47.4	48.7	49.9	51.3	52.6	53.9
4 岁	48	46.5	47.8	49.0	50.3	51.6	52.9	54.2
	54	46.9	48.1	49.4	50.6	51.9	53.2	54.6
5 岁	60	47.2	48.4	49.7	51.0	52.2	53.6	54.9
	66	47.5	48.7	50.0	51.3	52.5	53.8	55.2
6 岁	72	47.8	49.0	50.2	51.5	52.8	54.1	55.4

表 A-6　7 岁以下女童头围标准值（cm）

年龄	月龄	-3SD	-2SD	-1SD	中位数	+1SD	+2SD	+3SD
出生	0	30.4	31.6	32.8	34.0	35.2	36.4	37.5
	1	32.6	33.8	35.0	36.2	37.4	38.6	39.9
	2	34.5	35.6	36.8	38.0	39.3	40.5	41.8
	3	36.0	37.1	38.3	39.5	40.8	42.1	43.4
	4	37.2	38.3	39.5	40.7	41.9	43.3	44.6
	5	38.1	39.2	40.4	41.6	42.9	44.3	45.7
	6	38.9	40.0	41.2	42.4	43.7	45.1	46.5

续表

年龄	月龄	-3SD	-2SD	-1SD	中位数	+1SD	+2SD	+3SD
	7	39.5	40.7	41.8	43.1	44.4	45.7	47.2
	8	40.1	41.2	42.4	43.6	44.9	46.3	47.7
	9	40.5	41.7	42.9	44.1	45.4	46.8	48.2
	10	40.9	42.1	43.3	44.5	45.8	47.2	48.6
	11	41.3	42.4	43.6	44.9	46.2	47.5	49.0
1岁	12	41.5	42.7	43.9	45.1	46.5	47.8	49.3
	15	42.2	43.4	44.6	45.8	47.2	48.5	50.0
	18	42.8	43.9	45.1	46.4	47.7	49.1	50.5
	21	43.2	44.4	45.6	46.9	48.2	49.6	51.0
2岁	24	43.6	44.8	46.0	47.3	48.6	50.0	51.4
	27	44.0	45.2	46.4	47.7	49.0	50.3	51.7
	30	44.3	45.5	46.7	48.0	49.3	50.7	52.1
	33	44.6	45.8	47.0	48.3	49.6	50.9	52.3
3岁	36	44.8	46.0	47.3	48.5	49.8	51.2	52.6
	42	45.3	46.5	47.7	49.0	50.3	51.6	53.0
4岁	48	45.7	46.9	48.1	49.4	50.6	52.0	53.3
	54	46.0	47.2	48.4	49.7	51.0	52.3	53.7
5岁	60	46.3	47.5	48.7	50.0	51.3	52.6	53.9
	66	46.6	47.8	49.0	50.3	51.5	52.8	54.2
6岁	72	46.8	48.0	49.2	50.5	51.8	53.1	54.4

表A-7 46～110 cm身长的体重标准值（男）

身长/cm	体重/kg						
	-3SD	-2SD	-1SD	中位数	+1SD	+2SD	+3SD
46	1.80	1.99	2.19	2.41	2.65	2.91	3.18
48	2.11	2.34	2.58	2.84	3.12	3.42	3.74
50	2.43	2.68	2.95	3.25	3.57	3.91	4.29
52	2.78	3.06	3.37	3.71	4.07	4.47	4.90
54	3.19	3.51	3.87	4.25	4.67	5.12	5.62
56	3.65	4.02	4.41	4.85	5.32	5.84	6.41
58	4.13	4.53	4.97	5.46	5.99	6.57	7.21
60	4.61	5.05	5.53	6.06	6.65	7.30	8.01
62	5.09	5.56	6.08	6.66	7.30	8.00	8.78
64	5.54	6.05	6.60	7.22	7.91	8.67	9.51
66	5.97	6.50	7.09	7.74	8.47	9.28	10.19
68	6.38	6.93	7.55	8.23	9.00	9.85	10.81
70	6.76	7.34	7.98	8.69	9.49	10.38	11.39

续表

身长 /cm	体重/kg						
	-3SD	-2SD	-1SD	中位数	+1SD	+2SD	+3SD
72	7.12	7.72	8.38	9.12	9.94	10.88	11.93
74	7.47	8.08	8.76	9.52	10.38	11.34	12.44
76	7.81	8.43	9.13	9.91	10.80	11.80	12.93
78	8.14	8.78	9.50	10.31	11.22	12.25	13.42
80	8.49	9.15	9.88	10.71	11.64	12.70	13.92
82	8.85	9.52	10.27	11.12	12.08	13.17	14.42
84	9.21	9.90	10.66	11.53	12.52	13.64	14.94
86	9.58	10.28	11.07	11.96	12.97	14.13	15.46
88	9.96	10.68	11.48	12.39	13.43	14.62	16.00
90	10.34	11.08	11.90	12.83	13.90	15.12	16.54
92	10.74	11.48	12.33	13.28	14.37	15.63	17.10
94	11.14	11.90	12.77	13.75	14.87	16.16	17.68
96	11.56	12.34	13.22	14.23	15.38	16.72	18.29
98	11.99	12.79	13.70	14.74	15.93	17.32	18.95
100	12.44	13.26	14.20	15.27	16.51	17.96	19.67
102	12.89	13.75	14.72	15.83	17.12	18.64	20.45
104	13.35	14.24	15.25	16.41	17.77	19.37	21.29
106	13.82	14.74	15.79	17.01	18.45	20.15	22.21
108	14.27	15.24	16.34	17.63	19.15	20.97	23.19
110	14.74	15.74	16.91	18.27	19.89	21.85	24.27

表 A-8 80～140 cm 身高的体重标准值（男）

身长 /cm	体重/kg						
	-3SD	-2SD	-1SD	中位数	+1SD	+2SD	+3SD
80	8.61	9.27	10.02	10.85	11.79	12.87	14.09
82	8.97	9.65	10.41	11.26	12.23	13.34	14.60
84	9.34	10.03	10.81	11.68	12.68	13.81	15.12
86	9.71	10.42	11.21	12.11	13.13	14.30	15.65
88	10.09	10.81	11.63	12.54	13.59	14.79	16.19
90	10.48	11.22	12.05	12.99	14.06	15.30	16.73
92	10.88	11.63	12.48	13.44	14.54	15.82	17.30
94	11.29	12.05	12.92	13.91	15.05	16.36	17.89
96	11.71	12.50	13.39	14.40	15.57	16.93	18.51
98	12.15	12.95	13.87	14.92	16.13	17.54	19.19
100	12.60	13.43	14.38	15.46	16.72	18.19	19.93
102	13.05	13.92	14.90	16.03	17.35	18.89	20.74

续表

身长/cm	体重/kg						
	-3SD	-2SD	-1SD	中位数	+1SD	+2SD	+3SD
104	13.52	14.41	15.44	16.62	18.00	19.64	21.61
106	13.98	14.91	15.98	17.23	18.69	20.43	22.54
108	14.44	15.41	16.54	17.85	19.41	21.27	23.56
110	14.90	15.92	17.11	18.50	20.16	22.18	24.67
112	15.37	16.45	17.70	19.19	20.97	23.15	25.90
114	15.85	16.99	18.32	19.90	21.83	24.21	27.25
116	16.33	17.54	18.95	20.66	22.74	25.36	28.76
118	16.83	18.10	19.62	21.45	23.72	26.62	30.45
120	17.34	18.69	20.31	22.30	24.78	27.99	32.34
122	17.87	19.31	21.05	23.19	25.91	29.50	34.48
124	18.41	19.95	21.81	24.14	27.14	31.15	36.87
126	18.97	20.61	22.62	25.15	28.45	32.96	39.56
128	19.56	21.31	23.47	26.22	29.85	34.92	42.55
130	20.18	22.05	24.37	27.35	31.34	37.01	45.80
132	20.84	22.83	25.32	28.55	32.91	39.21	49.23
134	21.53	23.65	26.32	29.80	34.55	41.48	52.72
136	22.25	24.51	27.36	31.09	36.23	43.78	56.20
138	23.00	25.40	28.44	32.44	37.95	46.11	59.62
140	23.79	26.33	29.57	33.82	39.71	48.46	62.96

表 A-9　46～110 cm 身长的体重标准值（女）

身长/cm	体重/kg						
	-3SD	-2SD	-1SD	中位数	+1SD	+2SD	+3SD
46	1.89	2.07	2.28	2.52	2.79	3.09	3.43
48	2.18	2.39	2.63	2.90	3.20	3.54	3.93
50	2.48	2.72	2.99	3.29	3.63	4.01	4.44
52	2.84	3.11	3.41	3.75	4.13	4.56	5.05
54	3.26	3.56	3.89	4.27	4.70	5.18	5.73
56	3.69	4.02	4.39	4.81	5.29	5.82	6.43
58	4.14	4.50	4.91	5.37	5.88	6.47	7.13
60	4.59	4.99	5.43	5.93	6.49	7.13	7.85
62	5.05	5.48	5.95	6.49	7.09	7.77	8.54
64	5.48	5.94	6.44	7.01	7.65	8.38	9.21
66	5.89	6.37	6.91	7.51	8.18	8.95	9.82
68	6.28	6.78	7.34	7.97	8.68	9.49	10.40
70	6.64	7.16	7.75	8.41	9.15	9.99	10.95

续表

身长/cm	体重/kg						
	-3SD	-2SD	-1SD	中位数	+1SD	+2SD	+3SD
72	6.98	7.52	8.13	8.82	9.59	10.46	11.46
74	7.30	7.87	8.49	9.20	10.00	10.91	11.95
76	7.62	8.20	8.85	9.58	10.40	11.34	12.41
78	7.93	8.53	9.20	9.95	10.80	11.77	12.88
80	8.26	8.88	9.57	10.34	11.22	12.22	13.37
82	8.60	9.23	9.94	10.74	11.65	12.69	13.87
84	8.95	9.60	10.33	11.16	12.10	13.16	14.39
86	9.30	9.98	10.73	11.58	12.55	13.66	14.93
88	9.67	10.37	11.15	12.03	13.03	14.18	15.50
90	10.06	10.78	11.58	12.50	13.54	14.73	16.11
92	10.46	11.20	12.04	12.98	14.06	15.31	16.75
94	10.88	11.64	12.51	13.49	14.62	15.91	17.41
96	11.30	12.10	12.99	14.02	15.19	16.54	18.11
98	11.73	12.55	13.49	14.55	15.77	17.19	18.84
100	12.16	13.01	13.98	15.09	16.37	17.86	19.61
102	12.58	13.47	14.48	15.64	16.98	18.55	20.39
104	13.00	13.93	14.98	16.20	17.61	19.26	21.22
106	13.43	14.39	15.49	16.77	18.25	20.00	22.09
108	13.86	14.86	16.02	17.36	18.92	20.78	23.02
110	14.29	15.34	16.55	17.96	19.62	21.60	24.00

表 A-10　80～140 cm 身高的体重标准值（女）

身长/cm	体重/kg						
	-3SD	-2SD	-1SD	中位数	+1SD	+2SD	+3SD
80	8.38	9.00	9.70	10.48	11.37	12.38	13.54
82	8.72	9.36	10.08	10.89	11.81	12.85	14.05
84	9.07	9.73	10.47	11.31	12.25	13.34	14.58
86	9.43	10.11	10.87	11.74	12.72	13.84	15.13
88	9.80	10.51	11.30	12.19	13.20	14.37	15.71
90	10.20	10.92	11.74	12.66	13.72	14.93	16.33
92	10.60	11.36	12.20	13.16	14.26	15.51	16.98
94	11.02	11.80	12.68	13.67	14.81	16.13	17.66
96	11.45	12.26	13.17	14.20	15.39	16.76	18.37
98	11.88	12.71	13.66	14.74	15.98	17.42	19.11
100	12.31	13.17	14.16	15.28	16.58	18.10	19.88
102	12.73	13.63	14.66	15.83	17.20	18.79	20.68

续表

身长 /cm	体重/kg						
	-3SD	-2SD	-1SD	中位数	+1SD	+2SD	+3SD
104	13.15	14.09	15.16	16.39	17.83	19.51	21.52
106	13.58	14.56	15.68	16.97	18.48	20.27	22.41
108	14.01	15.03	16.20	17.56	19.16	21.06	23.36
110	14.45	15.51	16.74	18.18	19.87	21.90	24.37
112	14.90	16.01	17.31	18.82	20.62	22.79	25.45
114	15.36	16.53	17.89	19.50	21.41	23.74	26.63
116	15.84	17.07	18.50	20.20	22.25	24.76	27.91
118	16.33	17.62	19.13	20.94	23.13	25.84	29.29
120	16.85	18.20	19.79	21.71	24.05	26.99	30.78
122	17.39	18.80	20.49	22.52	25.03	28.21	32.39
124	17.94	19.43	21.20	23.36	26.06	29.52	34.14
126	18.51	20.07	21.94	24.24	27.13	30.90	36.04
128	19.09	20.72	22.70	25.15	28.26	32.39	38.12
130	19.69	21.40	23.49	26.10	29.47	33.99	40.43
132	20.31	22.11	24.33	27.11	30.75	35.72	42.99
134	20.96	22.86	25.21	28.19	32.12	37.60	45.81
136	21.65	23.65	26.14	29.33	33.59	39.61	48.88
138	22.38	24.50	27.14	30.55	35.14	41.74	52.13
140	23.15	25.39	28.19	31.83	36.77	43.93	55.44

附录B 《国民体质测定标准手册》（幼儿部分）

第一部分 适用对象的分组与测试指标

一、适用对象的分组

1．分组和年龄范围

《国民体质测定标准手册》（幼儿部分）的适用对象为3～6周岁的中国儿童。按年龄、性别分组，3～5岁每0.5岁为一组；6岁为一组。男女共计14个组别。

2．年龄计算方法

（1）3～5岁者。

测试时已过当年生日，且超过6个月者：年龄＝测试年－出生年＋0.5。

测试时已过当年生日，且不满6个月者：年龄＝测试年－出生年。

测试时未过当年生日，且距生日6个月以下者：年龄＝测试年－出生年－0.5。

测试时未过当年生日，且距生日6个月以上者：年龄＝测试年－出生年－1。

（2）6岁者。

测试时已过当年生日者：年龄＝测试年－出生年。

测试时未过当年生日者：年龄＝测试年－出生年－1。

二、测试指标

测试指标包括身体形态和素质两类（见表B-1）。

表B-1 测试指标

类别	测试指标
形态	身高 体重

续表

类别	测试指标
素质	10 m 折返跑，立定跳远，网球，掷远，双脚连续跳，坐位体前屈，走平衡木

第二部分　评定方法与标准

一、评定方法与标准

采用单项评分和综合评级进行评定。

单项评分包括身高标准体重评分（见表 B-3、表 B-4）和其他单项指标评分（见表 B-5 至表 B-11），采用 5 分制。

综合评级是根据受试者各单项得分之和确定，共分四个等级：一级（优秀）、二级（良好）、三级（合格）、四级（不合格）。任意一项指标无分者，不进行综合评级（见表 B-2）。

表 B-2　综合评级标准

等级	得分/分
一级（优秀）	＞31
二级（良好）	28～31
三级（合格）	20～27
四级（不合格）	<20

第三部分　测试方法和评分标准

受试者测试前应保持安静状态，不要从事剧烈体力活动，着运动服和运动鞋参加测试。

一、形态指标

1．身高

身高反映人体骨骼纵向生长水平。

使用身高计测试，精度为 0.1 cm。

测试时，受试者赤脚、呈立正姿势站在身高计的底板上（躯干挺直，上肢自然下垂，脚跟并拢，脚尖分开约 60°），脚跟、骶骨部及两肩胛间与身高计的立柱接触，头部正直，两眼平视前方，耳屏上缘与眼眶下缘最低点呈水平（见图 B-1）。记录以厘米为单位，保留小数点后 1 位。

2．体重

体重反映人体发育程度和营养状况。

使用体重秤测试，精度为 0.1 kg。

测试时，受试者自然站在体重秤中央，站稳后，读取数据（见图 B-2）。记录以千克为单位，保留小数点后 1 位。

注意事项：

（1）测试时，受试者尽量减少着装；

（2）上、下体重秤时，动作要轻缓。

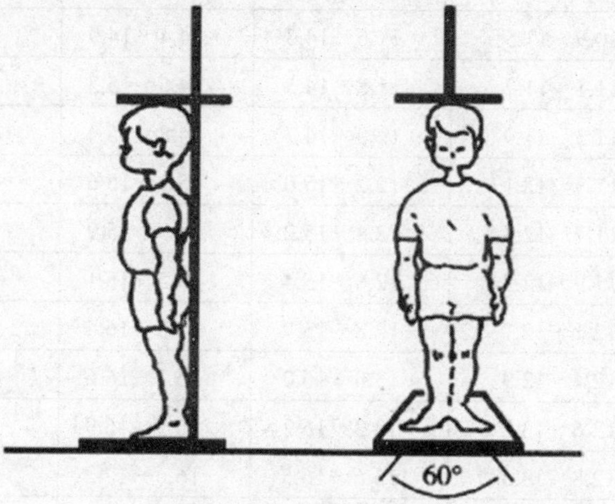

图 B-1　身高测量图

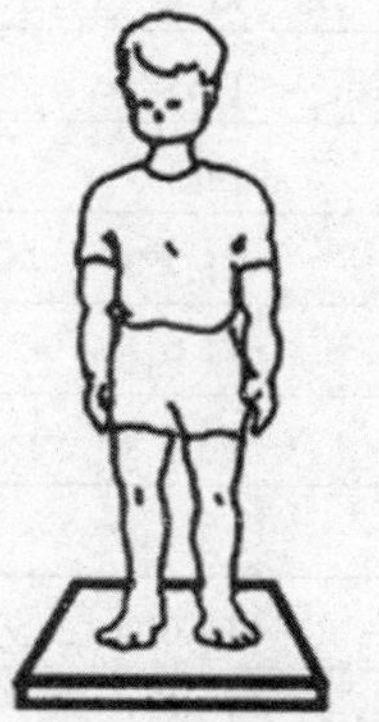

B-2　体重测量

身高标准体重评分标准如下。

表 B-3　3～6 岁儿童身高标准体重评分（男）

身高/cm	体重/kg				
	1 分	3 分	5 分	3 分	1 分
76.0～76.9	<8.6	8.6～9.3	9.4～11.7	11.8～12.4	>12.4
77.0～77.9	<8.7	8.7～9.5	9.6～11.8	11.9～12.5	>12.5
78.0～78.9	<8.9	8.9～9.7	9.8～11.9	12.0～12.6	>12.6
79.0～79.9	<9.1	9.1～9.8	9.9～12.1	12.2～12.8	>12.8
80.0～80.9	<9.2	9.2～10.0	10.1～12.3	12.4～12.9	>12.9
81.0～81.9	<9.4	9.4～10.1	10.2～12.5	12.6～13.1	>13.1
82.0～82.9	<9.6	9.6～10.2	10.3～12.7	12.8～13.3	>13.3
83.0～83.9	<9.8	9.8～10.4	10.5～12.9	13.0～13.5	>13.5

续表

身高/cm	体重/kg				
	1分	3分	5分	3分	1分
83.0～83.9	<9.8	9.8～10.4	10.5～12.9	13.0～13.5	>13.5
84.0～84.9	<10.0	10.0～10.5	10.6～13.1	13.2～13.8	>13.8
85.0～85.9	<10.1	10.1～10.7	10.8～13.3	13.4～14.0	>14.0
86.0～86.9	<10.3	10.3～10.9	11.0～13.6	13.7～14.2	>14.2
87.0～87.9	<10.5	10.5～11.1	11.2～13.8	13.9～14.5	>14.5
88.0～88.9	<10.7	10.7～11.3	11.4～14.0	14.1～14.7	>14.7
89.0～89.9	<10.9	10.9～11.5	11.6～14.3	14.4～14.9	>14.9
90.0～90.9	<11.1	11.1～11.7	11.8～14.5	14.6～15.2	>15.2
91.0～91.9	<11.3	11.3～11.9	12.0～14.7	14.8～15.4	>15.4
92.0～92.9	<11.3	11.3～12.1	12.2～15.0	15.1～15.6	>15.6
93.0～93.9	<11.7	11.7～12.3	12.4～15.2	15.3～15.9	>15.9
94.0～94.9	<11.9	11.9～12.5	12.6～15.4	15.5～16.1	>16.1
95.0～95.9	<12.1	12.1～12.7	12.8～15.7	15.8～16.4	>16.4
96.0～96.9	<12.4	12.4～12.9	13.0～16.0	16.1～16.6	>16.6
97.0～97.9	<12.6	12.6～13.2	13.3～16.2	16.3～16.9	>16.9
98.0～98.9	<12.8	12.8～13.5	13.6～16.5	16.6～17.2	>17.2
99.0～99.9	<13.0	13.0～13.7	13.8～16.8	16.9～17.5	>17.5
100.0～100.9	<13.3	13.3～14.0	14.1～17.0	17.1～17.7	>17.7
101.0～101.9	<13.5	13.5～14.3	14.4～17.3	17.4～18.0	>18.0
102.0～102.9	<13.7	13.7～14.6	14.7～17.6	17.7～18.3	>18.3
103.0～103.9	<13.9	13.9～14.9	15.0～17.9	18.0～18.6	>18.6
104.0～104.9	<14.1	14.1～15.2	15.3～18.2	18.3～18.9	>18.9
105.0～105.9	<14.4	14.4～15.6	15.7～18.5	18.6～19.3	>19.3
106.0～106.9	<14.6	14.6～15.8	15.9～18.8	18.9～19.6	>19.6
107.0～107.9	<14.8	14.8～16.0	16.1～19.1	19.2～19.9	>19.9
108.0～108.9	<15.0	15.0～16.2	16.3～19.4	19.5～20.3	>20.3
109.0～109.9	<15.3	15.3～16.5	16.6～19.9	20.0～20.7	>20.7
110.0～110.9	<15.6	15.6～16.8	16.9～20.2	20.2～21.0	>21.0
111.0～111.9	<15.9	15.9～17.1	17.2～20.5	20.6～21.4	>21.4
112.0～112.9	<16.2	16.2～17.4	17.5～20.9	21.0～21.9	>21.9
113.0～113.9	<16.5	16.5～17.7	17.8～21.3	21.4～22.2	>22.2
114.0～114.9	<16.8	16.8～17.9	18.0～21.8	21.9～22.6	>22.6

续表

身高/cm	体重/kg				
	1分	3分	5分	3分	1分
115.0～115.9	<17.1	17.1～18.1	18.2～22.1	22.2～23.1	>23.1
116.0～116.9	<17.4	17.4～18.3	18.4～22.5	22.6～23.5	>23.5
117.0～117.9	<17.8	17.8～18.5	18.6～22.9	23.0～24.0	>24.0
118.0～118.9	<18.1	18.1～18.7	18.8～23.4	23.5～24.5	>24.5
119.0～119.9	<18.5	18.5～18.9	19.0～23.8	23.9～25.0	>25.0
120.0～120.9	<18.9	18.9～19.2	19.3～24.3	24.4～25.5	>25.5
121.0～121.9	<19.3	19.3～19.5	19.6～24.7	24.8～26.0	>26.0
122.0～122.9	<19.6	19.6～20.0	20.1～25.3	25.4～26.5	>26.5
123.0～123.9	<20.0	20.0～20.4	20.5～25.8	25.9～27.1	>27.1
124.0～124.9	<20.4	20.4～20.8	20.9～26.3	26.4～27.7	>27.7
125.0～125.9	<20.8	20.8～21.3	21.4～26.9	27.0～28.3	>28.3
126.0～126.9	<21.2	21.2～21.7	21.8～27.4	27.5～28.9	>28.9
127.0～127.9	<21.6	21.6～22.2	22.3～28.0	28.1～29.5	>29.5
128.0～128.9	<22.0	22.0～22.6	22.7～28.6	28.7～30.2	>30.2
129.0～129.9	<22.5	22.5～23.1	23.2～29.2	29.3～30.9	>30.9
130.0～130.9	<22.9	22.9～23.6	23.7～29.8	29.9～31.6	>31.6
131.0～131.9	<23.4	23.4～24.1	24.2～30.5	30.6～32.3	>32.3
132.0～132.9	<23.8	23.8～24.6	24.7～31.2	31.3～33.1	>33.1
133.0～133.9	<24.3	24.3～25.1	25.2～31.9	32.0～33.8	>33.8
134.0～134.9	<24.8	24.8～25.7	25.8～32.7	32.8～34.6	>34.6
135.0～135.9	<25.3	25.3～26.2	26.3～33.4	33.5～35.5	>35.5
136.0～136.9	<25.8	25.8～26.8	26.9～34.2	34.3～36.3	>36.3
137.0～137.9	<26.3	26.3～27.4	27.5～35.0	35.1～36.9	>36.9
138.0～138.9	<26.8	26.8～28.0	28.1～35.8	35.9～37.5	>37.5
139.0～139.9	<27.4	27.4～28.6	28.7～36.6	36.7～38.2	>38.2
140.0～140.9	<27.9	27.9～29.2	29.3～37.5	37.6～38.9	>38.9
141.0～141.9	<28.4	28.4～29.9	30.0～38.5	38.6～39.7	>39.7
142.0～142.9	<29.0	29.0～30.6	30.7～39.6	39.7～40.6	>40.6
143.0～143.9	<29.7	29.7～31.3	31.4～40.6	40.7～41.6	>41.6
144.0～144.9	<30.4	30.4～31.9	32.0～41.7	41.8～42.6	>42.6
145.0～145.9	<31.0	31.0～32.5	32.6～42.7	42.8～43.7	>43.7

表 B-4　3～6 儿童身高标准体重评分（女）

身高/cm	体重/kg				
	1 分	3 分	5 分	3 分	1 分
76.0～76.9	<8.9	8.9～9.0	9.1～11.6	11.7～12.9	>12.9
77.0～77.9	<9.0	9.0～9.1	9.2～11.8	11.9～13.1	>13.1
78.0～78.9	<9.1	9.1～9.3	9.4～12.0	12.1～13.2	>13.2
79.0～79.9	<9.3	9.3～9.5	9.6～12.2	12.3～13.3	>13.3
80.0～80.9	<9.5	9.5～9.7	9.8～12.4	12.5～13.5	>13.5
81.0～81.9	<9.7	9.7～10.0	10.1～12.6	12.7～13.7	>13.7
82.0～82.9	<9.9	9.9～10.2	10.3～12.8	12.9～13.9	>13.9
83.0～83.9	<10.1	10.1～10.4	10.5～13.1	13.2～14.1	>14.1
84.0～84.9	<10.3	103.～10.6	10.7～13.3	13.4～14.4	>14.4
85.0～85.9	<10.5	10.5～10.8	10.9～13.5	13.6～14.6	>14.6
86.0～86.9	<10.7	10.7～11.0	11.1～13.7	13.8～14.8	>14.8
87.0～87.9	<10.9	10.9～11.2	11.3～14.0	14.1～15.1	>16.1
88.0～88.9	<11.1	11.1～11.4	11.5～14.2	14.3～15.3	>15.3
89.0～89.9	<11.3	11.3～11.6	11.7～14.4	14.5～15.6	>15.6
90.0～90.9	<11.5	11.5～11.8	11.9～14.7	14.8～15.8	>15.8
91.0～91.9	<11.7	11.7～12.1	12.2～14.9	15.0～16.1	>16.1
92.0～92.9	<11.9	11.9～12.3	12.4～15.2	15.3～16.3	>16.3
93.0～93.9	<12.1	12.1～12.5	12.6～15.4	15.5～16.6	>16.6
94.0～94.9	<12.3	12.3～12.7	12.8～15.7	15.8～16.8	>16.8
95.0～95.9	<12.5	12.5～13.0	13.1～15.9	16.0～17.1	>17.1
96.0～96.9	<12.7	12.7～13.2	13.3～16.2	16.3～17.4	>17.4
97.0～97.9	<13.0	13.0～13.4	13.5～16.5	16.6～17.7	>17.7
98.0～98.9	<13.2	13.2～13.7	13.8～16.7	16.8～18.0	>18.0
99.0～99.9	<13.4	13.4～13.9	14.0～17.0	17.1～18.2	>18.2
100.0～100.9	<13.6	13.6～14.2	14.3～17.3	17.4～18.5	>18.5
101.0～101.9	<13.9	13.9～14.6	14.5～17.6	17.7～18.8	>18.8
102.0～102.9	<14.1	14.1～14.7	14.8～17.9	18.0～19.1	>19.1
103.0～103.9	<14.3	14.3～14.9	15.0～18.2	18.3～19.5	>19.5
104.0～104.9	<14.6	14.6～15.2	15.3～18.5	18.6～19.8	>19.8

续表

身高/cm	体重/kg				
	1分	3分	5分	3分	1分
105.0～105.9	<14.8	14.8～15.5	15.6～18.8	18.9～20.1	>20.1
106.0～106.9	<15.1	15.1～15.7	15.8～19.1	19.2～20.4	>20.4
107.0～107.9	<15.4	15.4～16.0	16.1～19.4	19.5～20.8	>20.8
108.0～108.9	<15.6	15.6～16.3	16.4～19.8	19.9～21.1	>21.1
109.0～109.9	<15.9	15.9～16.6	16.7～20.1	20.2～21.5	>21.5
110.0～110.9	<16.2	16.2～16.9	17.0～20.5	20.6～21.8	>21.8
111.0～111.9	<16.5	16.5～17.2	17.3～20.8	20.9～22.2	>22.2
112.0～112.9	<16.8	16.8～17.5	17.6～21.2	21.3～22.6	>22.6
113.0～113.9	<17.1	17.1～17.8	17.9～21.6	21.7～23.0	>23.0
114.0～114.9	<17.4	17.4～18.2	18.3～21.9	22.0～23.4	>23.4
115.0～115.9	<17.7	17.7～18.5	18.6～22.2	22.3～23.8	>23.8
116.0～116.9	<18.0	18.0～18.8	18.9～22.8	22.9～24.3	>24.3
117.0～117.9	<18.4	18.4～19.2	19.3～23.2	23.3～24.8	>24.8
118.0～118.9	<18.7	18.7～19.6	19.7～23.7	23.8～25.2	>25.2
119.0～119.9	<19.1	19.1～20.2	20.3～24.1	24.2～25.8	>25.8
120.0～120.9	<19.4	19.4～20.5	20.6～24.6	24.7～26.3	>26.3
121.0～121.9	<19.8	19.8～20.8	20.9～25.0	25.1～26.9	>26.9
122.0～122.9	<20.2	20.2～21.2	21.3～25.4	25.5～27.5	>27.5
123.0～123.9	<20.6	20.6～21.6	21.7～25.8	25.9～28.1	>28.1
124.0～124.9	<21.0	21.0～22.0	22.1～26.2	26.3～28.7	>28.7
125.0～125.9	<21.4	21.4～22.5	22.6～26.5	26.6～29.4	>29.4
126.0～126.9	<21.8	21.8～23.0	23.1～26.9	27.0～30.2	>30.2
127.0～127.9	<22.2	22.2～23.4	23.5～27.3	27.4～30.9	>30.9
128.0～128.9	<22.7	22.7～24.0	24.1～27.8	27.9～31.7	>31.7
129.0～129.9	<23.1	23.1～24.5	24.6～28.3	28.4～32.6	>32.6
130.0～130.9	<23.6	23.6～25.0	25.1～28.8	28.9～33.4	>33.4
131.0～131.9	<24.1	24.1～25.6	25.7～29.3	29.4～34.4	>34.4
132.0～132.9	<24.6	24.6～26.1	26.2～29.7	29.8～35.3	>35.3
133.0～133.9	<25.1	25.1～26.7	26.8～30.2	30.3～36.3	>36.3
134.0～134.9	<25.7	25.7～27.3	27.4～30.7	30.8～37.4	>37.4

续表

身高/cm	体重/kg				
	1分	3分	5分	3分	1分
135.0～135.9	<26.2	26.2～28.0	28.1～31.2	31.3～38.5	>38.5
136.0～136.9	<26.7	26.7～28.6	28.7～31.7	31.8～39.7	>39.7
137.0～137.9	<27.4	27.4～29.4	29.5～32.3	32.4～40.6	>40.6

二、素质指标

1. 10 m折返跑

10 m 折返跑反映人体的灵敏素质，使用秒表测试。在平坦的地面上画长 10 m、宽 1.22 m 的直线跑道若干条，在每条跑道折返线处设一手触物体（如木箱），在跑道起终点线外 3 m 处画一条目标线（见图 B-3）。

测试时，受试者至少两人一组，以站立式起跑姿势站在起跑线前，当听到“跑”的口令后，全力跑向折返线，测试员视受试者起动开表计时。受试者跑到折返处，用手触摸物体（见图 B-4）后，转身跑向目标线，当胸部到达起点线的垂直面时，测试员停表。记录以秒为单位，保留小数点后 1 位。小数点后第二位数按“非零进一”的原则进位，如 10.11s 记录为 10.2 s。

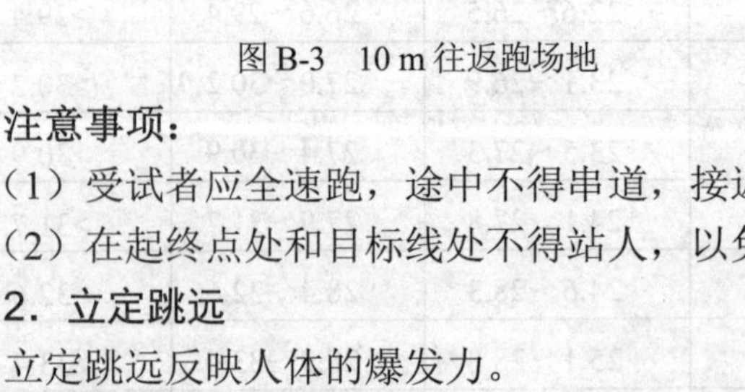

图 B-3　10 m 往返跑场地

图 B-4　10 m 往返跑测试

注意事项：

（1）受试者应全速跑，途中不得串道，接近终点时不要减速；

（2）在起终点处和目标线处不得站人，以免妨碍测试。

2. 立定跳远

立定跳远反映人体的爆发力。

立定跳远的成绩使用沙坑（距沙坑边缘 20 cm 处设立起跳线）或软地面、卷尺和三角板测试。测试时，受试者双脚自然分开，站立在起跳线后，然后摆动双臂，双脚蹬地尽力向前跳，测量起跳线距最近脚跟之间的直线距离（见图 B-5）。测试两次，取最大值，记录以厘米为单位，不计小数。

图 B-5 立定跳远测试

注意事项：受试者起跳时，不能有垫跳动作。

3．网球掷远

网球掷远反映人体上脚和腰腹肌肉力量，其成绩使用网球和卷尺测试。

在平坦地面上画一个长 20 m、宽 6 m 的长方形，在长方形内，每隔 0.5 m 画一条横线（见图 B-6），以一侧端线为投掷线。

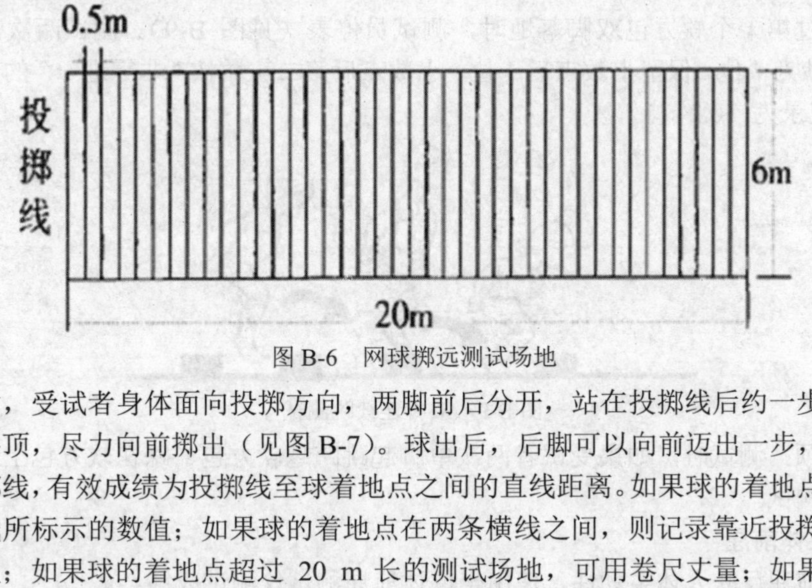

图 B-6 网球掷远测试场地

测试时，受试者身体面向投掷方向，两脚前后分开，站在投掷线后约一步距离，单手持球举过头项，尽力向前掷出（见图 B-7）。球出后，后脚可以向前迈出一步，但不能踩在或越过投掷线，有效成绩为投掷线至球着地点之间的直线距离。如果球的着地点在横线上，则记录该线所标示的数值；如果球的着地点在两条横线之间，则记录靠近投掷线的横线所标示的数值；如果球的着地点超过 20 m 长的测试场地，可用卷尺丈量；如果球的着地点超出场地的宽度，则重新投掷。测试两次，取最大值，记录以米为单位。

图 B-7 网球掷远测试

注意事项：测试时，严禁儿童进入投掷区，避免出现伤害事故。

4．双脚连续跳

双脚连续跳反映人体协调性和下肢肌肉力量，使用卷尺和秒表测试成绩。在平坦地面上每隔 0.5 m 画一条横线，共画 10 条，每条横线上横置一块软方包（长 10 cm，宽 5 cm，高 5 cm），在距离第一块软方包 20 cm 处设立起跑线（见图 B-8）。

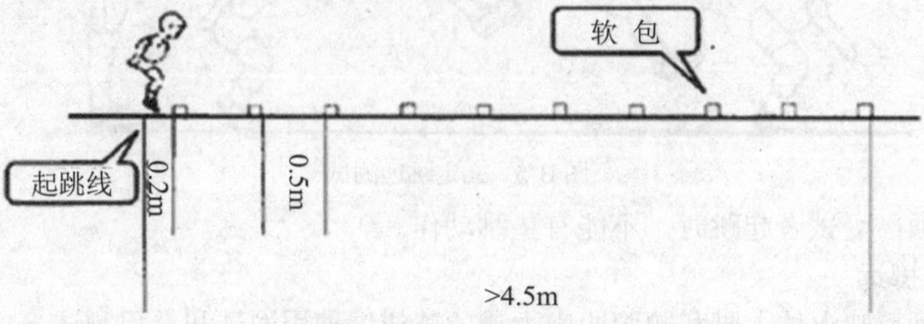

图 B-8　双脚连续跳测试场地

测试时，受试者两脚并拢，站在起跳线后，当听到“开始”口令后，双脚同时起跳，双脚一次或两次跳过一块软方包，连续跳过 10 块软方包。测试员视受试者起动开表计时，当受试者跳过第十个软方包双脚落地时，测试员停表（见图 B-9）。测试两次，取最好成绩，记录以秒为单位，保留小数点后 1 位，小数点后第二位数按“非零进一”的原则进位，如 10.11 s 记录为 10.2 s。

图 B-9　双脚连续跳测试

注意事项：测试时，如果受试者两次单脚起跳跨越软方包、踩在软方包上或将软方包踢乱则重新测试。

5．坐位体前屈

坐位体前屈反映人体柔韧性，使用坐位体前屈测试仪测试成绩。

测试时，受试者坐在垫上，双脚伸直，脚跟并拢，脚尖自然分开，全脚掌蹬在测试仪平板上；然后掌心向下，双臂并拢平伸，上体前屈，用双手中指指尖推动游标平滑前移，直至不能移动为止（见图 B-10）。测试两次，取最大值，记录以厘米为单位，保留小数点后 1 位。

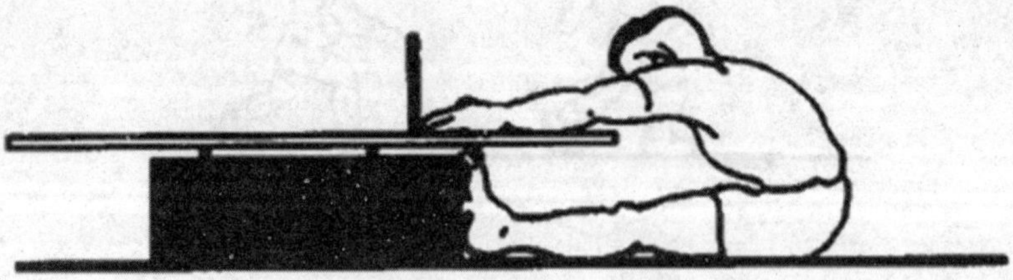

图 B-10　坐位体前屈测试

注意事项：测试前，受试者应做准备活动，以防肌肉拉伤；测试时，膝关节不得弯曲，不得有突然前振的动作；记录时，正确填写正负号。

6．走平衡木

走平衡木反映人体平衡能力，使用平衡木（长 3 m，宽 10 cm，高 30 cm；平衡木的两端为起点线和终点线，两端外各加一块长 20 cm、宽 20 cm、高 30 cm 的平台，见图 B-11）和秒表测试成绩。

测试时，受试者站在平台上，面向平衡木，双臂侧平举，当听到“开始”口令后，前进。测试员视受试者起动开表计时（见图 B-12），当受试者任意一个脚尖超过终点线时，测试员停表。测试两次，取最好成绩，记录以秒为单位，保留小数点后 1 位，小数点后第二位数按“非零进一”的原则进位，如 10.11 s 记录为 10.2 s。

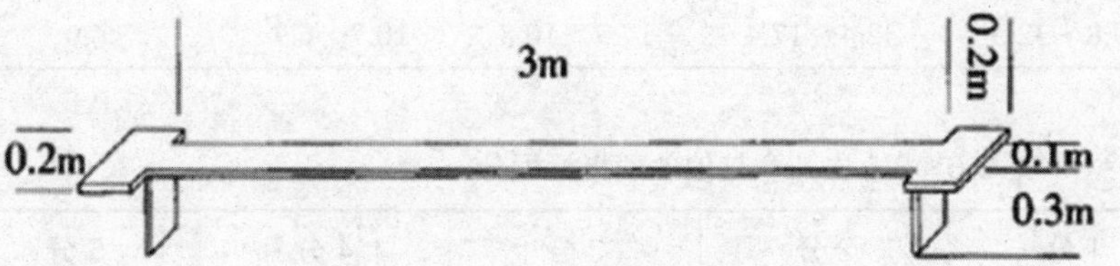

图 B-11 平衡木测试器材图

B-12 走平衡木测试

注意事项：

（1）测试时，受试者如中途落地需重试；

（2）要安排人员对受试者进行保护。

三、其他单项指标评分标准

表 B-5 3 岁儿童其他单项指标评分

测试指标	1 分	2 分	3 分	4 分	5 分
	男				
身高/cm	<91.2	91.2～95.4	95.5～99.3	99.4～104.1	>104.1
10 m 折返跑/s	15.8～12.9	12.8～10.3	10.2～9.1	9.0～8.0	<8.0
立定跳远/cm	21～29	30～42	43～58	59～76	>76
网球掷远/m	1.5	2.0～2.5	3.0～3.5	4.0～5.5	>5.5
双脚连续跳/s	25.0～19.7	19.6～13.1	13.0～9.2	9.1～6.6	<6.6
坐位体前屈/cm	2.9～4.8	4.9～8.5	8.6～11.6	11.7～14.9	>14.9
走平衡木/s	48.5～30.1	30.0～16.9	16.8～10.6	10.5～6.6	<6.6

续表

测试指标	1分	2分	3分	4分	5分
	女				
身高/cm	<90.0	90.0～94.6	94.7～98.0	98.1～103.0	>103.0
10 m 折返跑/s	16.8～13.5	13.4～10.6	10.5～9.4	9.3～8.2	<8.2
立定跳远/cm	21～28	29～39	40～54	55～71	>71
网球掷远/m	1.0	1.5～2.0	2.5～3.0	3.5～5.0	>5.0
双脚连续跳/s	25.9～20.1	20.0～13.5	13.4～9.8	9.7～7.1	<7.1
坐位体前屈/cm	3.2～6.2	6.3～9.9	10.0～12.9	13.0～15.9	>15.9
走平衡木/s	49.8～32.5	32.4～17.4	17.3～10.8	10.7～6.9	<6.9

表 B-6　3.5 岁儿童其他单项指标评分

测试指标	1分	2分	3分	4分	5分
	男				
身高/cm	<94.1	94.1～98.2	98.3～102.0	102.1～106.9	>106.9
10 m 折返跑/s	14.0～11.4	11.3～9.5	9.4～8.4	8.3～7.5	<7.5
立定跳远/cm	27～34	35～52	53～69	70～84	>84
网球掷远/m	1.5	2.0～2.5	3.0～4.0	4.5～5.5	>5.5
双脚连续跳/s	21.8～17.0	16.9～11.2	11.1～8.3	8.2～6.4	<6.1
坐位体前屈/cm	2.7～4.6	4.7～8.4	8.5～11.5	11.6～14.9	>14.9
走平衡木/s	41.1～27.1	27.0～15.1	15.0～9.4	9.3～5.9	<5.9
	女				
身高/cm	<93.0	93.0～97.5	97.6～101.1	101.2～105.5	>105.5
10 m 折返跑/s	14.9～12.1	12.0～9.8	9.7～8.7	8.6～7.7	<7.7
立定跳远/cm	25～33	34～49	50～64	65～81	>81
网球掷远/m	1.5	2.0～2.5	3.0～3.5	4.0～5.0	>5.0
双脚连续跳/s	21.9～17.1	17.0～11.3	11.2～8.5	8.4～6.2	<6.2
坐位体前屈/cm	3.5～6.2	6.3～9.9	10.0～12.9	13.0～15.9	>15.9
走平衡木/s	40.4～27.5	27.4～15.1	15.0～9.7	9.6～6.1	<6.1

表 B-7 4 岁儿童其他单项指标评分

测试指标	1分	2分	3分	4分	5分
	男				
身高/cm	<97.5	97.5～101.9	102.0～105.4	105.5～110.4	>110.4
10 m 折返跑/s	12.4～10.2	10.1～8.6	8.5～7.7	7.6～6.9	<6.9
立定跳远/cm	35～46	47～64	65～79	80～95	>95
网球掷远/m	2.0～2.5	3.0～3.5	4.0～4.5	5.0～6.0	>6.0
双脚连续跳/s	17.0～13.2	13.1～9.2	9.1～7.1	7.0～5.6	<5.6
坐位体前屈/cm	2.4～4.4	4.5～8.4	8.5～11.4	11.5～14.9	>14.9
走平衡木/s	33.2～21.6	21.5～11.6	11.5～7.4	7.3～4.9	<4.9
	女				
身高/cm	<96.6	96.6～100.9	101.0～104.4	104.5～108.9	>108.9
10 m 折返跑/s	13.2～10.9	10.8～9.1	9.0～8.1	8.0～7.2	<7.2
立定跳远/cm	32～43	44～59	60～73	74～89	>89
网球掷远/m	2.0	2.5～3.0	3.5～4.0	4.5～5.0	>5.0
双脚连续跳/s	17.2～13.5	13.4～9.6	9.5～7.4	7.3～5.9	<5.9
坐位体前屈/cm	3.4～5.9	6.0～9.9	10.0～12.9	13.0～15.9	>15.9
走平衡木/s	32.2～22.6	22.5～12.3	12.2～8.2	8.1～5.3	<5.3

表 B-8 4.5 岁儿童其他单项指标评分

测试指标	1分	2分	3分	4分	5分
	男				
身高/cm	<100.0	100.0～104.6	104.7～108.4	108.5～113.1	>113.1
10 m 折返跑/s	11.8～9.8	9.7～8.1	8.0～7.3	7.2～6.7	<6.7
立定跳远/cm	40～54	55～72	73～88	89～102	>102
网球掷远/m	2.5	3.0～4.0	4.5～6.0	6.5～8.0	>8.0
双脚连续跳/s	14.5～11.3	11.2～8.2	8.1～6.5	6.4～5.3	<5.3
坐位体前屈/cm	1.8～4.1	4.2～7.9	8.0～10.9	11.0～14.4	>14.4
走平衡木/s	28.4～17.9	17.8～9.7	9.6～6.3	6.2～4.3	<4.3

续表

测试指标	1分	2分	3分	4分	5分
	女				
身高/cm	<99.0	99.0～103.6	103.7～107.3	107.4～111.9	>111.9
10 m 折返跑/s	12.4～10.3	10.2～8.6	8.5～7.7	7.6～7.0	<7.0
立定跳远/cm	40～49	50～67	68～80	81～96	>96
网球掷远/m	2.0	2.5～3.0	3.5～4.0	4.5～5.5	>5.5
双脚连续跳/s	14.9～12.0	11.9～8.6	8.5～6.8	6.7～5.5	<5.5
坐位体前屈/cm	3.0～5.9	6.0～9.9	10.0～12.9	13.0～16.0	>16.0
走平衡木/s	26.5～18.7	18.6～10.2	10.1～7.0	6.9～4.7	<4.7

表 B-9　5 岁儿童其他单项指标评分

测试指标	1分	2分	3分	4分	5分
	男				
身高/cm	<103.1	103.1～107.8	107.9～111.9	112.0～116.9	>116.9
10 m 折返跑/s	10.3～9.0	8.9～7.7	7.6～7.0	6.9～6.4	<6.4
立定跳远/cm	50～64	65～79	80～95	96～110	>110
网球掷远/m	3.0～3.5	4.0～5.0	5.5～7.0	7.5～9.0	>9.0
双脚连续跳/s	12.5～9.9	9.8～7.3	7.2～6.0	5.9～5.1	<5.1
坐位体前屈/cm	1.1～3.4	3.5～7.5	7.6～10.9	11.0～14.4	>14.4
走平衡木/s	22.2～14.1	14.0～7.9	7.8～5.3	5.2～3.7	<3.7
	女				
身高/cm	<102.0	102.0～106.5	106.6～110.4	110.5～115.4	>115.4
10 m 折返跑/s	11.2～9.7	9.6～8.1	8.0～7.3	7.2～6.7	<6.7
立定跳远/cm	50～59	60～74	75～88	89～102	>102
网球掷远/m	2.5～3.0	3.5～4.0	4.5～5.5	6.0～8.5	>8.5
双脚连续跳/s	12.7～10.1	10.0～7.6	7.5～6.2	6.1～5.2	<5.2
坐位体前屈/cm	3.0～5.4	5.5～9.6	9.7～13.1	13.2～16.6	>16.6
走平衡木/s	23.7～14.1	14.0～8.3	8.2～5.8	5.7～4.1	<4.1

表 B-10 5.5 岁儿童其他单项指标评分

测试指标	1 分	2 分	3 分	4 分	5 分
	男				
身高/cm	<104.6	104.6～110.1	110.2～114.6	114.7～119.7	>119.7
10 m 折返跑/s	10.0～8.6	8.5～7.4	7.3～6.8	6.7～6.2	<6.2
立定跳远/cm	56～69	70～89	90～102	103～119	>119
网球掷远/m	3.0～3.5	4.0～5.5	6.0～7.5	8.0～10.0	>10.0
双脚连续跳/s	11.9～9.4	9.3～6.9	6.8～5.7	5.6～4.9	<4.9
坐位体前屈/cm	1.0～3.2	3.3～7.5	7.6～10.9	11.0～14.4	>14.4
走平衡木/s	19.2～12.1	12.0～6.8	6.7～4.6	4.5～3.3	<3.3
	女				
身高/cm	<104.5	104.5～109.2	109.3～113.4	113.5～118.4	>118.4
10 m 折返跑/s	10.5～9.1	9.0～7.7	7.6～7.0	6.9～6.4	<6.4
立定跳远/cm	54～65	66～81	82～95	96～109	>109
网球掷远/m	3.0	3.5～4.5	5.0～6.0	6.5～8.5	>8.5
双脚连续跳/s	11.5～9.3	9.2～7.0	6.9～5.8	5.7～4.9	<4.9
坐位体前屈/cm	3.0～5.4	5.5～9.6	9.7～12.9	13.0～16.7	>16.7
走平衡木/s	20.1～12.6	12.5～7.5	7.4～5.1	5.0～3.6	<3.6

表 B-11 6 岁儿童其他单项指标评分

测试指标	1 分	2 分	3 分	4 分	5 分
	男				
身高/cm	<108.2	108.2～113.2	113.3～117.7	117.8～123.0	>123.0
10 m 折返跑/s	9.4～8.0	7.9～6.9	6.8～6.3	6.2～5.8	<5.8
立定跳远/cm	61～78	79～94	95～110	111～127	>127
网球掷远/m	3.5～4.0	4.5～6.5	7.0～9.0	9.5～12.0	>12.0
双脚连续跳/s	10.4～8.3	8.2～6.2	6.1～5.2	5.1～4.4	<4.4
坐位体前屈/cm	1.0～3.1	3.2～7.0	7.1～10.4	10.5～14.4	>14.4
走平衡木/s	16.0～9.4	9.3～5.4	5.3～3.8	3.7～2.7	<2.7

续表

测试指标	1 分	2 分	3 分	4 分	5 分
	女				
身高/cm	<107.0	107.0～111.9	112.0～116.6	116.7～121.7	>121.7
10 m 折返跑/s	10.2～8.6	8.5～7.3	7.2～6.6	6.5～6.1	<6.1
立定跳远/cm	60～70	71～86	87～100	101～116	>116
网球掷远/m	3.0	3.5～4.5	5.0～6.0	6.5～8.0	>8.0
双脚连续跳/s	10.5～8.4	8.3～6.3	6.2～5.3	5.2～4.6	<4.6
坐位体前屈/cm	3.0～5.3	5.4～9.5	9.6～12.9	13.0～16.7	>16.7
走平衡木/s	17.0～10.8	10.7～6.2	6.1～4.3	4.2～3.0	<3.0

附录C　托儿所幼儿园卫生保健工作规范（节选）

一、一日生活安排

（1）托幼机构应当根据各年龄段儿童的生理、心理特点，结合本地区的季节变化和本托幼机构的实际情况，制订合理的生活制度。

（2）合理安排儿童作息时间和睡眠、进餐、大小便、活动、游戏等各个生活环节的时间、顺序和次数，注意动静结合、集体活动与自由活动结合、室内活动与室外活动结合，不同形式的活动交替进行。

（3）保证儿童每日充足的户外活动时间。全日制儿童每日不少于2 h，寄宿制儿童不少于3 h，寒冷、炎热季节可酌情调整。

（4）根据儿童年龄特点和托幼机构服务形式，合理安排每日进餐和睡眠时间。制订餐、点数，儿童正餐间隔时间3.5～4 h，进餐时间每餐20～30 min，餐后安静活动或散步时间10～15 min。3～6岁儿童午睡时间根据季节以每天2～2.5 h为宜，3岁以下儿童日间睡眠时间可适当延长。

（5）严格执行一日生活制度，卫生保健人员应当每日巡视，观察班级执行情况，发现问题及时予以纠正，以保证儿童在托幼机构内生活的规律性和稳定性。

二、儿童膳食

（一）膳食管理

（1）托幼机构食堂应当按照《食品安全法》《食品安全法实施条例》，以及《餐饮服务许可管理办法》《餐饮服务食品安全监督管理办法》《学校食堂与学生集体用餐卫生管理规定》等有关法律法规和规章的要求，取得《餐饮服务许可证》，建立健全各项食品安全管理制度。

（2）托幼机构应当为儿童提供符合国家《生活饮用水卫生标准》的生活饮用水。保证儿童按需饮水。每日上、下午各1～2次集中饮水，1～3岁儿童饮水量50～100毫升/次，3～6岁儿童饮水量100～150毫升/次，并根据季节变化酌情调整饮水量。

（3）儿童膳食应当专人负责，建立有家长代表参加的膳食委员会并定期召开会议，进行民主管理。工作人员与儿童膳食要严格分开，儿童膳食费专款专用，账目每月公布，每学期膳食收支盈亏不超过2%。

（4）儿童食品应当在具有《食品生产许可证》或《食品流通许可证》的单位采购。食品进货前必须采购查验及索票索证，托幼机构应建立食品采购和验收记录。

（5）儿童食堂应当每日清扫、消毒，保持内外环境整洁。食品加工用具必须生熟标识明确、分开使用、定位存放。餐饮具、熟食盛器应在食堂或清洗消毒间集中清洗消毒，消毒后保洁存放。库存食品应当分类、注有标识、注明保质日期、定位储藏。

（6）禁止加工变质、有毒、不洁、超过保质期的食物，不得制作和提供冷荤凉菜。每样食品应当按品种分别盛放于清洗消毒后的密闭专用容器内，在冷藏条件下存放48 h以上；每样品种不少于100克以满足检验需要，并做好记录。

（7）进餐环境应当卫生、整洁、舒适。餐前做好充分准备，按时进餐，保证儿童情绪愉快，培养儿童良好的饮食行为和卫生习惯。

（二）膳食营养

（1）托幼机构应当根据儿童生理需求，以《中国居民膳食指南》为指导，参考“中国居民膳食营养素参考摄入量（DRIs）”和各类食物每日参考摄入量（见表 C-1），制订儿童膳食计划。

（2）根据膳食计划制订带量食谱，1～2周更换1次。食物品种要多样化且合理搭配。

（3）在主副食的选料、洗涤、切配、烹调的过程中，方法应当科学合理，减少营养素的损失，符合儿童清淡口味，达到营养膳食的要求。烹调食物注意色、香、味、形，提高儿童的进食兴趣。

（4）托幼机构至少每季度进行1次膳食调查和营养评估。儿童热量和蛋白质平均摄入量全日制托幼机构应当达到“DRIs”的80%以上，寄宿制托幼机构应当达到“DRIs”的90%以上。维生素A、维生素B_1、维生素B_2、维生素C及矿物质钙、铁、锌等应当达到“DRIs”的80%以上。三大营养素热量占总热量的百分比是蛋白质12%～15%，脂肪30%～35%，碳水化合物50%～60%。每日早餐、午餐、晚餐热量分配比例为30%、40%和30%。优质蛋白质占蛋白质总量的50%以上。

（5）有条件的托幼机构可为贫血、营养不良、食物过敏等儿童提供特殊膳食。不提供正餐的托幼机构，每日至少提供1次点心。

表 C-1　儿童各类食物每日参考摄入量

食物种类	1～3岁	3～6岁
谷类/g	100～150	180～260
蔬菜类/g	150～200	200～250
水果类/g	150～200	150～300
鱼虾类/g	100	40～50
禽畜肉类/g		30～40
蛋类/g		60

续表

食物种类	1～3岁	3～6岁
液态奶/mL	350～500	300～400
大豆及豆制品/g	—	25
烹调油/g	20～25	25～30

注：中国营养学会妇幼分会. 中国孕期、哺乳期妇女和0～6岁儿童膳食指南[M]. 北京：人民卫生出版社，2010.

三、体格锻炼

（1）托幼机构应当根据儿童的年龄及生理特点，每日有组织地开展各种形式的体格锻炼，掌握适宜的运动强度，保证运动量，提高儿童身体素质。

（2）保证儿童室内外运动场地和运动器械的清洁、卫生、安全，做好场地布置和运动器械的准备。定期进行室内外安全隐患排查。

（3）利用日光、空气、水和器械，有计划地进行儿童体格锻炼。做好运动前的准备工作。运动中注意观察儿童面色、精神状态、呼吸、出汗量和儿童对锻炼的反应，若有不良反应要及时采取措施或停止锻炼；加强运动中的保护，避免运动伤害。运动后注意观察儿童的精神、食欲、睡眠等状况。

（4）全面了解儿童健康状况，患病儿童停止锻炼；病愈恢复期的儿童运动量要根据身体状况予以调整；体弱儿童的体格锻炼进程应当较健康儿童缓慢，时间缩短，并要对儿童运动反应进行仔细的观察。

四、健康检查

（一）儿童健康检查

1．入园（所）健康检查

（1）儿童入托幼机构前应当经医疗卫生机构进行健康检查，合格后方可入园（所）。

（2）承担儿童入园（所）体检的医疗卫生机构及人员应当取得相应的资格，并接受相关专业技术培训。应当按照《托儿所幼儿园卫生保健管理办法》规定的项目开展健康检查，规范填写“儿童入园（所）健康检查表”，不得违反规定擅自改变健康检查项目。

（3）儿童入园（所）体检中发现疑似传染病者应当“暂缓入园（所）”，及时确诊治疗。

（4）儿童入园（所）时，托幼机构应当查验“儿童入园（所）健康检查表”“0～6岁儿童保健手册”“预防接种证”。

发现没有预防接种证或未依照国家免疫规划受种的儿童，应当在30日内向托幼机构所在地的接种单位或县级疾病预防控制机构报告，督促监护人带儿童到当地规定的接种单位补证或补种。托幼机构应当在儿童补证或补种后复验预防接种证。

2．定期健康检查

（1）承担儿童定期健康检查的医疗卫生机构及人员应当取得相应的资格。儿童定期健康检查项目包括测量身长（身高）、体重，检查口腔、皮肤、心肺、肝脾、脊柱、四肢等，测查视力、听力，检测血红蛋白或血常规。

（2）1～3 岁儿童每年健康检查 2 次，每次间隔 6 个月；3 岁以上儿童每年健康检查 1 次。所有儿童每年进行 1 次血红蛋白或血常规检测。1～3 岁儿童每年进行 1 次听力筛查；4 岁以上儿童每年检查 1 次视力。体检后应当及时向家长反馈健康检查结果。

（3）儿童离开园（所）3 个月以上需重新按照入园（所）检查项目进行健康检查。

（4）转园（所）儿童持原托幼机构提供的“儿童转园（所）健康证明”“0～6 岁儿童保健手册”可直接转园（所）。“儿童转园（所）健康证明”有效期 3 个月。

3．晨午检及全日健康观察

（1）做好每日晨间或午间入园（所）检查。检查内容包括询问儿童在家有无异常情况，观察精神状况、有无发热和皮肤异常，检查有无携带不安全物品等，发现问题及时处理。

（2）应当对儿童进行全日健康观察，内容包括饮食、睡眠、大小便、精神状况、情绪、行为等，并做好观察及处理记录。

（3）卫生保健人员每日深入班级巡视 2 次，发现患病、疑似传染病儿童应当尽快隔离并与家长联系，及时到医院诊治，并追访诊治结果。

（4）患病儿童应当离园（所）休息治疗。如果接受家长委托喂药时，应当做好药品交接和登记，并请家长签字确认。

（二）工作人员健康检查

1．上岗前健康检查

（1）托幼机构工作人员上岗前必须按照《托儿所幼儿园卫生保健管理办法》的规定，经县级以上人民政府卫生行政部门指定的医疗卫生机构进行健康检查，取得《托幼机构工作人员健康合格证》后方可上岗。

（2）精神病患者或者有精神病史者不得在托幼机构工作。

2．定期健康检查

（1）托幼机构在岗工作人员必须按照《托儿所幼儿园卫生保健管理办法》规定的项目每年进行 1 次健康检查。

（2）在岗工作人员患有精神病者，应当立即调离托幼机构。

（3）凡患有下列症状或疾病者须离岗，治愈后须持县级以上人民政府卫生行政部门指定的医疗卫生机构出具的诊断证明，并取得“托幼机构工作人员健康合格证”后，方可回园（所）工作：

① 发热、腹泻等症状；

② 流感、活动性肺结核等呼吸道传染性疾病；

③ 痢疾、伤寒、甲型病毒性肝炎、戊型病毒性肝炎等消化道传染性疾病；

④ 淋病、梅毒、滴虫性阴道炎、化脓性或者渗出性皮肤病等。

（4）体检过程中发现异常者，由体检的医疗卫生机构通知托幼机构的患病工作人员到相关专科进行复查和确诊，并追访诊治结果。

五、卫生与消毒

（一）环境卫生

（1）托幼机构应当建立室内外环境卫生清扫和检查制度，每周全面检查1次并记录，为儿童提供整洁、安全、舒适的环境。

（2）室内应当有防蚊、蝇、鼠、虫及防暑和防寒设备，并放置在儿童接触不到的地方。集中消毒应在儿童离园（所）后进行。

（3）保持室内空气清新、阳光充足。采取湿式清扫方式清洁地面。厕所做到清洁通风、无异味，每日定时打扫，保持地面干燥。便器每次用后及时清洗干净。

（4）卫生洁具各班专用专放并有标记。抹布用后及时清洗干净，晾晒、干燥后存放；拖布清洗后应当晾晒或控干后存放。

（5）枕席、凉席每日用温水擦拭，被褥每月曝晒1～2次，床上用品每月清洗1～2次。

（6）保持玩具、图书表面的清洁卫生，每周至少进行1次玩具清洗，每2周图书翻晒1次。

（二）个人卫生

（1）儿童日常生活用品专人专用，保持清洁。要求每人每日1巾1杯专用，每人1床位1被。

（2）培养儿童良好卫生习惯。饭前便后应当用肥皂、流动水洗手，早晚洗脸、刷牙，饭后漱口，做到勤洗头、洗澡、换衣，勤剪指（趾）甲，保持服装整洁。

（3）工作人员应当保持仪表整洁，注意个人卫生。饭前便后和护理儿童前应用肥皂、流动水洗手；上班时不戴戒指，不留长指甲；不在园（所）内吸烟。

（三）预防性消毒。

（1）儿童活动室、卧室应当经常开窗通风，保持室内空气清新。每日至少开窗通风2次，每次至少10 min。在不适宜开窗通风时，每日应当采取其他方法对室内空气消毒2次。

（2）餐桌每餐使用前消毒。水杯每日清洗消毒，用水杯喝豆浆、牛奶等易附着于杯壁的饮品后，应当及时清洗消毒。反复使用的餐巾每次使用后消毒。擦手毛巾每日消毒1次。

（3）门把手、水龙头、床围栏等儿童易触摸的物体表面每日消毒1次。坐便器每次使用后及时冲洗，接触皮肤部位及时消毒。

（4）使用符合国家标准或规定的消毒器械和消毒剂。环境和物品的预防性消毒方法应当符合要求。

六、传染病预防与控制

（1）督促家长按免疫程序和要求完成儿童预防接种。配合疾病预防控制机构做好托幼机构儿童常规接种、群体性接种或应急接种工作。

（2）托幼机构应当建立传染病管理制度。托幼机构内发现传染病疫情或疑似病例后，应当立即向属地疾病预防控制机构（农村乡镇卫生院防保组）报告。

（3）班级老师每日登记本班儿童的出勤情况。对因病缺勤的儿童，应当了解儿童的患病情况和可能的原因，对疑似患传染病的，要及时报告给园（所）疫情报告人。园（所）疫情报告人接到报告后应当及时追查儿童的患病情况和可能的病因，以做到对传染病人的早发现。

（4）托幼机构内发现疑似传染病例时，应当及时设立临时隔离室，对患儿采取有效的隔离控制措施。临时隔离室内环境、物品应当便于实施随时性消毒与终末消毒，控制传染病在园（所）内暴发和续发。

（5）托幼机构应当配合当地疾病预防控制机构对被传染病病原体污染（或可疑污染）的物品和环境，实施随时性消毒与终末消毒。

（6）发生传染病期间，托幼机构应当加强晨午检和全日健康观察，并采取必要的预防措施，保护易感儿童。对发生传染病的班级按要求进行医学观察，医学观察期间该班与其他班相对隔离，不办理入托和转园（所）手续。

（7）卫生保健人员应当定期对儿童及其家长开展预防接种和传染病防治知识的健康教育，提高其防护能力和意识。传染病流行期间，加强对家长的宣传工作。

（8）患传染病的儿童隔离期满后，凭医疗卫生机构出具的痊愈证明方可返回园（所）。根据需要，来自疫区或有传染病接触史的儿童，检疫期过后方可入园（所）。

七、常见病预防与管理

（1）托幼机构应当通过健康教育普及卫生知识，培养儿童良好的卫生习惯；提供合理平衡膳食；加强体格锻炼，增强儿童体质，提高对疾病的抵抗能力。

（2）定期开展儿童眼、耳、口腔保健，发现视力低下、听力异常、龋齿等问题进行登记管理，督促家长及时带患病儿童到医疗卫生机构进行诊断及矫治。

（3）对贫血、营养不良、肥胖等营养性疾病儿童进行登记管理，对中重度贫血和营养不良儿童进行专案管理，督促家长及时带患病儿童进行治疗和复诊。

（4）对先心病、哮喘、癫痫以及对有药物过敏史或食物过敏史的儿童进行登记，加强日常健康观察和保育护理工作。

（5）重视儿童心理行为保健，开展儿童心理卫生知识的宣传教育，发现心理行为问题的儿童及时告知家长到医疗保健机构进行诊疗。

八、伤害预防

（1）托幼机构的各项活动应当以儿童安全为前提，建立定期全园（所）安全排查制度，落实预防儿童伤害的各项措施。

（2）托幼机构的房屋、场地、家具、玩教具、生活设施等应当符合国家相关安全标准和规定。

（3）托幼机构应当建立重大自然灾害、食物中毒、踩踏、火灾、暴力等突发事件的应急预案，如果发生重大伤害时应当立即采取有效措施，并及时向上级有关部门报告。

（4）托幼机构应当加强对工作人员、儿童及监护人的安全教育和突发事件应急处理能力的培训，定期进行安全演练，普及安全知识，提高自我保护和自救的能力。

（5）保教人员应当定期接受预防儿童伤害相关知识和急救技能的培训，做好儿童安全工作，消除安全隐患，预防跌落、溺水、交通事故、烧（烫）伤、中毒、动物致伤等伤害的发生。

九、健康教育

（1）托幼机构应当根据不同季节、疾病流行等情况制订全年健康教育工作计划，并组织实施。

（2）健康教育的内容包括膳食营养、心理卫生、疾病预防、儿童安全以及良好行为习惯的培养等。健康教育的形式包括举办健康教育课堂、发放健康教育资料、宣传专栏、咨询指导、家长开放日等。

（3）采取多种途径开展健康教育宣传。每季度对保教人员开展 1 次健康讲座，每学期至少举办 1 次家长讲座。每班有健康教育图书，并组织儿童开展健康教育活动。

（4）做好健康教育记录，定期评估相关知识知晓率、良好生活卫生习惯养成、儿童健康状况等健康教育效果。

十、信息收集

（1）托幼机构应当建立健康档案，包括托幼机构工作人员健康合格证、儿童入园（所）健康检查表、儿童健康检查表或手册、儿童转园（所）健康证明。

（2）托幼机构应当对卫生保健工作进行记录，内容包括出勤、晨午检及全日健康观察、膳食管理、卫生消毒、营养性疾病、常见病、传染病、伤害和健康教育等记录。

（3）工作记录和健康档案应当真实、完整、字迹清晰。工作记录应当及时归档，至少保存 3 年。

（4）定期对儿童出勤、健康检查、膳食营养、常见病和传染病等进行统计分析，掌握儿童健康及营养状况。

（5）有条件的托幼机构可应用计算机软件对儿童体格发育评价、膳食营养评估等卫生保健工作进行管理。

附录 D　常见食物成分表

表 D-1　谷类及其制品

食物名称	食部/%	水分/g	能量/g	蛋白质/g	脂肪/g	碳水化合物/g	维生素A/μg	胡萝卜素/μg	硫胺素/mg	核黄素/mg	维生素C/mg	维生素E/mg	钙/mg	钾/mg	钠/mg	铁/mg	锌/mg
粳米（标一）	100	13.7	343	7.7	0.6	77.4	—	—	0.16	0.08	—	1.01	11	97	2.4	1.1	1.45
粳米饭（标一）	100	70.6	117	2.6	0.3	26.2	—	—	0.16	0.03	—	—	7	39	3.3	2	1.36
粳米粥	100	88.6	46	1.1	0.3	9.9	—	—		0.03	—	—	7	13	2.8	0.1	0.2
小麦粉（标准粉）	100	12.7	344	11.2	1.5	73.6	—	—	0.28	0.08	—	1.8	31	190	3.1	3.5	1.64
挂面	100	12.3	346	10.3	0.6	75.6	—	—	0.19	0.04	—	1.04	17	129	184.5	3	0.94
馒头	100	43.9	221	7	1.1	47	—	—	0.04	0.05	—	0.65	38	138	165.1	1.8	0.7
油条	100	21.8	386	6.9	17.6	51	—	—	0.01	0.07	—	13.72	42	106	572.5	2.3	10.97
玉米（鲜）	46	71.3	106	4	1.2	22.8	—	—	0.16	0.11	—	0.46	—	238	1.1	1.1	0.9
玉米（面）	100	12.1	341	8.1	3.3	75.2	7	40	0.26	0.09	16	3.8	22	249	2.3	3.2	1.42
小米	100	11.6	358	9	3.	75.1	17	100	0.33	0.1	—	3.63	41	284	4.3	5.1	1.87
小米粥	100	89.3	46	1.4	0.7	8.4	—	—	0.02	0.07	—	0.26	10	19	4.1	1	0.41

表 D-2 薯类、淀粉及其制品

食物名称	食部/%	水分/g	能量/g	蛋白质/g	脂肪/g	碳水化合物/g	维生素 A/μg	胡萝卜素/μg	硫胺素/mg	核黄素/mg	维生素 C/mg	维生素 E/mg	钙/mg	钾/mg	钠/mg	铁/mg	锌/mg
马铃薯	94	79.8	76	2	0.2	17.2	5	30	0.08	0.04	27	0.34	8	342	2.7	0.8	0.37
马铃薯粉	100	12	337	7.2	0.5	77.4	20	120	0.08	0.06	24	0.43	171	1075	4.7	10.7	1.22
甘薯	90	73.4	99	1.1	0.2	24.7	125	750	0.04	0.04	26	0.28	23	130	28.5	0.5	0.15
甘薯粉	100	14.5	336	2.7	0.2	80.9	3	20	0.03	0.05	—	—	33	66	26.4	10	0.29
藕粉	100	6.4	372	1.2	—	93	—	—	—	0.01	—	—	8	35	10.8	17.9	0.15

表 D-3 干豆类及其制品

食物名称	食部/%	水分/g	能量/g	蛋白质/g	脂肪/g	碳水化合物/g	维生素 A/μg	胡萝卜素/μg	硫胺素/mg	核黄素/mg	维生素 C/mg	维生素 E/mg	钙/mg	钾/mg	钠/mg	铁/mg	锌/mg
黄豆	100	10.2	359	35	16	34.2	37	220	0.41	0.2	—	18.9	191	1503	2.2	8.2	3.34
黄豆粉	100	6.7	418	32.7	18.3	37.6	63	380	0.31	0.22	—	33.69	207	1890	3.6	8.1	3.89
豆浆	100	96.4	14	1.8	0.7	1.1	15	90	0.02	0.02	—	0.8	10	48	3	0.5	0.24
豆腐(内酯)	100	89.2	49	5	1.9	3.3	—	—	0.06	0.03	—	3.26	17	95	6.4	0.8	0.55
豆腐皮	100	16.5	409	44.6	17.4	18.8	—	—	0.31	0.11	—	20.63	116	318	536	13.9	3.81
豆腐干	100	65.2	140	16.2	3.6	11.5	—	—	0.03	0.07	—	—	308	140	76.5	4.9	1.76
腐竹	100	7.9	459	44.6	21.7	22.3	—	—	0.13	0.07	—	27.8	77	553	26.5	16.5	3.69
素鸡	100	64.3	192	16.5	12.5	4.2	10	60	0.02	0.03	—	17.8	319	42	373.8	5.3	1.74
烤麸	100	68.6	120	0.3	9.3	0.2	—	—	0.04	0.05	—	0.42	30	25	230	2.7	1.19
绿豆	100	12.3	316	21.6	0.8	62	22	130	0.25	0.11	2	10.95	81	187	3.2	6.5	2.18
赤小豆	100	12.6	309	20.2	0.6	63.4	13	80	0.16	0.11	—	14.36	74	860	2.2	7.4	2.2

续表

食物名称	食部/%	水分/g	能量/g	蛋白质/g	脂肪/g	碳水化合物/g	维生素A/μg	胡萝卜素/μg	硫胺素/mg	核黄素/mg	维生素C/mg	维生素E/mg	钙/mg	钾/mg	钠/mg	铁/mg	锌/mg
蚕豆	93	11.5	304	24.6	1.1	59.9	8	50	0.13	0.23	—	1.6	31	1117	86	8.2	3.42
蚕豆（炸）	100	10.5	446	26.7	20	40.4	—	—	0.16	0.12	—	5.5	207	742	547.9	3.6	2.83
豌豆	100	10.4	313	20.3	1.1	65.8	42	250	0.49	0.14	—	8.47	97	823	9.7	4.9	2.35

表 D-4　蔬菜类及其制品

食物名称	食部/%	水分/g	能量/g	蛋白质/g	脂肪/g	碳水化合物/g	维生素A/μg	胡萝卜素/μg	硫胺素/mg	核黄素/mg	维生素C/mg	维生素E/mg	钙/mg	钾/mg	钠/mg	铁/mg	锌/mg
白萝卜	95	93.4	21	0.9	0.1	5	3	20	0.02	0.03	21	0.92	36	173	61.8	0.5	0.3
红萝卜（红皮）	94	91.6	27	1.2	0.1	6.4	3	20	0.03	0.04	3	1.2	11	110	62.7	2.8	0.69
胡萝卜	97	87.4	43	1.4	0.2	10.2	668	4010	0.04	0.04	16	—	32	193	25.1	0.5	0.14
刀豆	92	89	36	3.1	0.3	7	37	220	0.05	0.07	15	0.4	49	209	8.5	4.6	0.84
豆角	96	90	30	2.5	0.2	6.7	33	200	0.05	0.07	18	2.24	29	207	3.4	1.5	0.54
荷兰豆	88	91.9	27	2.5	0.3	4.9	80	480	0.09	0.04	16	0.3	51	116	8.8	0.9	0.5
黄豆芽	100	88.8	44	4.5	1.6	4.5	5	30	0.04	0.07	8	0.8	21	160	7.2	0.9	0.54
绿豆芽	100	94.6	18	2.1	0.1	2.9	3	20	0.05	0.06	6	0.19	9	68	4.4	0.6	0.35
豌豆苗	86	89.6	34	4	0.8	4.6	445	2667	0.05	0.11	67	2.46	40	222	18.5	4.2	0.77
西红柿	97	94.4	19	0.9	0.2	4	92	550	0.03	0.03	19	0.57	10	136	5	9	0.13
茄子	93	93.4	21	1.1	0.2	4.9	8	50	0.02	0.04	5	1.13	24	142	5.4	0.5	0.23
甜椒	82	93	22	1	0.2	5.4	57	340	0.03	0.03	72	0.59	14	142	3.3	0.8	0.19
辣椒（青）	84	91.9	23	1.4	0.3	5.8	57	340	0.03	0.04	62	0.88	15	209	2.2	0.7	0.22

续表

食物名称	食部/%	水分/g	能量/g	蛋白质/g	脂肪/g	碳水化合物/g	维生素A/μg	胡萝卜素/μg	硫胺素/mg	核黄素/mg	维生素C/mg	维生素E/mg	钙/mg	钾/mg	钠/mg	铁/mg	锌/mg
冬瓜	80	96.6	11	0.4	0.2	2.6	13	80	0.01	0.01	18	0.08	19	78	1.8	0.2	0.07
苦瓜	81	93.4	19	1	0.1	4.9	17	100	0.03	0.03	1	0.01	25	90	2	0.3	1.77
南瓜	85	93.5	22	0.7	0.1	5.3	148	890	0.03	0.04	8	0.36	16	145	0.8	0.4	0.14
丝瓜	83	94.3	20	1	0.2	4.2	15	90	0.02	0.04	5	0.22	14	115	2.6	0.4	0.21
大蒜头	85	66.6	126	4.5	0.2	27.6	5	30	0.04	0.06	7	1.07	39	302	19.6	2.1	0.88
葫芦	87	95.3	15	0.7	0.1	3.5	7	40	0.02	0.01	11	—	16	87	0.6	0.4	0.14
蒜苗	82	88.9	37	2.1	0.4	8	47	280	0.11	0.08	35	0.81	29	226	5.1	1.4	0.46
韭菜	90	91.8	26	2.4	0.4	4.6	235	1410	0.02	0.09	24	0.96	42	247	8.1	1.6	0.43
韭芽	88	93.2	22	2.3	0.2	3.9	43	260	0.03	0.5	15	0.34	25	192	6.9	1.7	0.33
大白菜	87	94.6	17	1.5	0.1	3.2	20	120	0.04	0.05	31	0.76	50		57.5	0.7	0.38
小白菜	81	94.5	15	1.5	0.3	2.7	280	1680	0.02	0.09	28	0.7	90	178	73.5	1.9	0.51
菜花	82	92.4	24	2.1	0.2	4.6	5	30	0.03	0.8	61	0.43	23	200	31.6	1.1	0.38
西蓝花	83	90.3	33	4.1	0.6	4.3	1202	7210	0.09	0.13	51	0.91	67	17	18.8	1	0.78
菠菜	89	91.2	24	2.6	0.3	4.5	487	2920	0.04	0.11	32	1.74	66	311	85.2	2.9	0.85
芹菜茎	67	93.1	20	1.2	0.2	4.5	57	340	0.02	0.06	8	1.32	80	206	159	1.2	0.24
芹菜叶	100	89.4	31	2.6	0.6	5.9	488	2930	0.08	0.15	22	2.5	40	137	83	0.6	1.14
生菜	81	95.7	15	1.4	0.4	2.1	60	360	—	0.1	20	—	70	100	80	1.2	0.43
香菜	81	90.5	34	1.8	0.4	6.2	193	1160	0.04	0.140.0	48	0.8	101	272	48.5	2.9	0.45
莴笋	62	95.5	14	1	0.1	2.8	25	150	0.02	2	4	0.19	23	212	36.5	0.9	0.33
莴笋叶	89	94.2	18	1.4	0.2	3.6	147	880	0.06	0.1	13	0.58	34	148	39.1	1.5	0.51
春笋	66	91.4	20	2.4	0.1	5.1	5	30	0.05	0.04	5	—	8	300	6	2.4	0.43

续表

食物名称	食部/%	水分/g	能量/g	蛋白质/g	脂肪/g	碳水化合物/g	维生素A/μg	胡萝卜素/μg	硫胺素/mg	核黄素/mg	维生素C/mg	维生素E/mg	钙/mg	钾/mg	钠/mg	铁/mg	锌/mg
冬笋	39	88.1	4	4.1	0.1	6.5	13	80	0.08	0.08	1	—	22	—	—	0.1	—
黄花菜	98	40.3	199	19.4	1.4	24.9	307	1840	0.05	0.21	10	4.92	301	610	59.2	8.1	3.99
慈姑	89	73.6	94	4.6	0.2	19.7	—	—	0.14	0.07	4	2.16	14	707	39.1	2.2	0.99
菱角（老）	57	73	98	4.5	0.1	21.4	2	10	0.19	0.06	13	—	7	437	5.8	0.6	0.62
藕	88	80.5	70	1.9	0.2	16.4	3	20	0.09	0.03	44	0.73	39	243	44.2	1.4	0.23
茭白	74	92.2	23	1.2	0.2	5.9	5	30	0.02	0.03	5	0.99	4	209	5.8	0.4	0.33
芋艿	84	78.6	79	2.2	0.2	18.1	27	160	0.06	0.05	6	0.45	36	378	33.1	1	0.49

表 D-5　菌藻类

食物名称	食部/%	水分/g	能量/g	蛋白质/g	脂肪/g	碳水化合物/g	维生素A/μg	胡萝卜素/μg	硫胺素/mg	核黄素/mg	维生素A C/mg	维生素A E/mg	钙/mg	钾/mg	钠/mg	铁/mg	锌/mg
黑木耳（干）	100	15.5	205	12.1	1.5	65.6	17	100	0.17	0.44	—	11.34	247	757	48.5	97.4	3.18
香菇（干）	95	12.3	211	20	1.2	61.7	3	20	0.19	1.26	5	0.66	83	464	11.2	10.5	8.57
平菇	93	92.5	20	1.9	0.3	4.6	2	10	0.06	0.16	4	0.79	5	258	3.8	1	0.61
蘑菇（鲜）	99	92.4	20	2.7	0.1	4.1	2	10	0.08	0.35	2	0.56	6	312	8.3	1.2	0.92
金针菇	100	90.2	26	2.4	0.4	6	5	30	0.15	0.19	2	1.14	—	195	4.3	1.4	0.39
白木耳	96	14.6	200	10	1.4	67.3	8	50	0.05	0.25	—	1.26	36	1588	82.1	4.1	3.03
海带	98	70.5	77	1.8	0.1	23.4	40	240	0.01	0.1	—	1.85	46	246	8.6	0.9	0.16
紫菜（干）	100	12.7	207	26.7	1.1	44.1	228	1370	0.27	1.02	2	1.82	264	1796	710.5	54.9	2.47

表 D-6 水果类

食物名称	食部/%	水分/g	能量/g	蛋白质/g	脂肪/g	碳水化合物/g	维生素A/μg	胡萝卜素/μg	硫胺素/mg	核黄素/mg	维生素C/mg	维生素E/mg	钙/mg	钾/mg	钠/mg	铁/mg	锌/mg
苹果	76	85.9	52	0.2	13.5	1.2	3	20	0.06	0.02	4	2.12	4	119	1.6	0.6	0.19
香梨	89	85.5	46	0.3	0.1	13.6	12	70	—	—	—	—	6	90	0.8	0.4	0.19
鸭梨	82	88.3	43	0.20	0.2	11.1	2	10	0.03	0.03	4	0.31	4	77	1.5	0.9	0.1
桃子（平均）	86	86.4	48	0.9	0.1	12.2	3	20	0.01	0.03	7	1.54	6	166	5.7	0.8	0.34
李子	91	90	36	0.7	0.2	8.7	25	150	0.03	0.02	5	0.74	8	144	3.8	0.6	0.14
枣（鲜）	87	67.4	122	1.1	0.3	30.5	40	240	0.06	0.09	243	0.78	22	375	1.2	1.2	1.52
枣（大、干）	88	14.5	298	2.1	0.4	81.1	—	—	0.08	0.15	14	3.04	64	524	6.2	2.3	0.65
枣（小、干）	81	19.3	294	1.2	1.1	76.7	—	—	0.04	0.5	—	1.31	23	65	7.4	1.5	0.23
葡萄	86	88.7	43	0.5	0.2	10.3	8	50	0.04	0.02	25	0.7	5	104	1.3	0.4	0.18
柿子	87	80.6	71	0.4	0.1	18.5	20	120	0.02	0.02	30	0.12	9	151	0.8	0.2	0.08
沙棘	87	71	119	0.9	1.8	25.5	640	6840	0.05	0.21	204	0.01	104	359	28	8.8	1.16
无花果	100	81.3	59	1.5	0.1	16	3	5	0.03	0.02	2	1.82	67	212	5.5	0.1	1.42
柑橘	77	86.9	51	0.7	0.2	11.9	0.4	148	0.08	0.04	28	0.92	35	154	1.4	0.2	0.08
菠萝	43	73.2	103	0.2	0.3	25.7	0.8	3	0.06	0.05	18	—	12	113	0.8	0.6	0.14
芒果	60	90.6	32	0.6	0.2	8.3	1.3	150	0.01	0.04	23	1.21	—	138	2.8	0.2	0.09
香蕉	59	75.8	91	1.4	0.2	22	1.2	10	0.02	0.04	8	0.24	7	356	0.8	0.4	0.18
枇杷	62	89.3	39	0.8	0.2	9.3	0.8	—	0.01	0.03	8	0.24	17	122	4	1.1	0.21
荔枝	73	81.9	70	0.9	0.2	16.6	0.5	2	0.1	0.04	41	—	2	151	1.7	0.4	0.17
哈密瓜	71	91	34	0.5	0.1	7.9	0.2	153	—	0.01	12	—	4	190	26.7	—	0.13
西瓜	56	93.3	25	0.6	0.1	5.8	0.3	75	0.02	0.03	6	0.1	8	87	3.2	0.3	0.1

表 D-7 坚果、种子类

食物名称	食部/%	水分/g	能量/g	蛋白质/g	脂肪/g	碳水化合物/g	维生素 A/μg	胡萝卜素/μg	硫胺素/mg	核黄素/mg	维生素 A C/mg	维生素 A E/mg	钙/mg	钾/mg	钠/mg	铁/mg	锌/mg
胡桃（干）	43	5.2	627	14.9	58.8	19.1	5	30	0.15	0.4	1	43.21	56	385	6.4	2.7	2.17
山核桃（干）	24	2.2	601	185.3	50.4	26.2	5	30	0.16	0.09	1	43.21	56	385	6.4	2.7	2.17
栗子（干）	73	13.4	345	14.1	1.7	78.4	5	30	0.08	0.15	25	11.45	—	—	8.5	1.2	0.32
松子（炒）	31	3.6	619	25.7	58.5	21.4	5	30	—	0.11	—	25.2	161	612	3	5.2	5.49
杏仁（炒）	91	2.1	600	17.3	51	18.7	17	100	0.15	0.71	—	—	141	—	—	3.9	—
腰果	100	2.4	552	21.7	36.7	41.6	8	49	0.27	0.13	—	3.17	26	503	251.3	4.8	4.3
花生（炒）	71	4.1	589	22.6	48	23.8	10	60	0.13	0.12	—	12.94	47	563	34.8	1.5	2.03
葵花籽（炒）	52	2	616	32.7	52.8	17.3	5	30	0.43	0.26	2	26.46	72	491	1322	6.1	5.19
西瓜子（炒）	43	4.3	573	36	44.8	14.2	—	—	0.04	0.08	—	1.23	28	612	187.7	8.2	6.76
南瓜子	68	4.1	574		46.1	7.9	—	—	0.08	0.16	TR	27.28	37	672	15.8	6.5	7.12

表 D-8 畜、禽、鱼肉类

食物名称	食部/%	水分/g	能量/g	蛋白质/g	脂肪/g	碳水化合物/g	维生素 A/μg	胡萝卜素/μg	硫胺素/mg	核黄素/mg	维生素 C/mg	维生素 E/mg	钙/mg	钾/mg	钠/mg	铁/mg	锌/mg
猪肉（肥瘦）	100	46.8	395	13.2	37	2.4	18	—	0.22	0.16	—	0.35	6	204	59.4	1.6	2.06
猪肉（肥）	100	8.8	807	2.4	88.6	0	29	—	0.08	0.05	—	0.24	3	23	19.5	1	0.69
猪肉（瘦）	100	71	143	20.3	6.2	1.5	44	—	0.54	0.1	—	0.34	6	305	57.5	3	2.99
猪大排	68	58.8	264	18.3	20.4	1.7	12	—	0.8	0.15	—	0.11	8	274	44.5	0.8	1.72
猪小排	72	58.1	278	16.7	23.1	0.7	5	—	0.3	0.16	—	0.11	14	230	62.2	1.4	3.36

续表

食物名称	食部/%	水分/g	能量/g	蛋白质/g	脂肪/g	碳水化合物/g	维生素A/μg	胡萝卜素/μg	硫胺素/mg	核黄素/mg	维生素C/mg	维生素E/mg	钙/mg	钾/mg	钠/mg	铁/mg	锌/mg
猪耳	100	69.4	176	19.1	11.1	0	—	—	0.05	0.12	—	0.85	6	58	68.2	1.3	0.35
猪蹄	60	58.2	260	22.6	18.8	0	3	—	0.05	0.1	—	0.01	33	54	101	1.1	1.14
猪肚	96	78.2	110	15.2	5.1	0.7	3	—	0.07	0.16	20	0.32	11	171	75.1	2.4	1.92
猪肝	97	70.7	129	19.3	3.5	5	4972	—	0.21	2.08	—	0.86	6	235	68.6	22.6	5.78
猪脑	100	78	131	10.8	9.8	0		—	0.11	0.19	4	0.96	30	259	130.7	1.9	0.99
猪心	97	76	119	16.6	5.3	1.1	13	—	0.19	0.48	13	0.74	12	260	71.2	4.3	1.9
猪肾	93	78.8	96	15.4	3.2	1.4	41	—	0.31	1.14	—	0.34	12	217	134.2	6.1	2.56
猪血	100	85.8	55	12.2	0.3	0.9		—	0.03	0.04	—	0.2	4	56	56	8.7	0.28
腊肉	100	31.1	498	11.8	48.8	2.9	96	—			—	6.23	22	416	763.5	7.5	3.49
猪肉松	100	9.4	396	23.4	11.5	49.7	44	—	0.04	0.13	—	10.02	41	313	469	6.4	4.28
香肠	100	19.2	508	24.1	40.7	11.2		—	0.48	0.11	—	1.05	14	453	2309.2	5.8	7.65
火腿	100	47.9	330	16	27.4	4.9	46	—	0.28	0.09	—	0.8	3	220	1086.7	2.2	2.16
牛肉（肥瘦）	99	72.8	125	19.9	4.2	2	7	—	0.04	0.14	—	0.65	23	216	84.5	3.3	4.73
牛肉（瘦）	100	75.2	106	20.2	2.3	1.2	6	—	0.07	0.13	—	0.35	9	284	53.6	2.8	3.71
羊肉（肥瘦）	90	65.7	203	19	14.1	0	22	—	0.05	0.14	—	0.26	6	232	80.6	2.3	3.22
驴肉（肥瘦）	100	73.8	116	21.5	3.2	0.4	72	—	0.03	0.16	—	2.76	2	325	46.9	4.3	4.26
狗肉	80	76	116	16.8	4.6	1.8	12	—	0.34	0.2	—	1.4	52	140	47.4	2.9	3.18
兔肉	100	76.2	102	19.7	2.2	0.9	26	—	0.11	0.1	—	0.42	12	284	45.1	2	1.3
鸡	66	69	167	19.3	9.4	1.3	48	—	0.05	0.09	—	0.67	9	251	63.3	1.4	1.09
鸭	68	63.9	240	15.5	19.7	0.2	52	—	0.08	0.22	—	0.27	6	191	69	2.2	1.33

续表

食物名称	食部/%	水分/g	能量/g	蛋白质/g	脂肪/g	碳水化合物/g	维生素A/μg	胡萝卜素/μg	硫胺素/mg	核黄素/mg	维生素A C/mg	维生素A E/mg	钙/mg	钾/mg	钠/mg	铁/mg	锌/mg
鸡蛋	88	73.8	156	12.8	11.1	1.3	194	—	0.13	0.32	—	1.84	56	154	131.5	2	1.1
鸭蛋	97	70.3	180	12.6	13	3.1	261	—	0.17	0.25	—	4.98	62	135	106	2.9	1.67
草鱼	58	77.3	113	16.6	5.2	0	11	—	0.04	0.11	—	2.03	38	312	46	0.8	0.87
黄鳝	67	78	89	18	1.4	1.2	50	—	0.06	0.98	—	1.34	42	263	70.2	2.5	1.97
带鱼	76	73.3	127	17.7	4.9	3.1	29	—	0.02	0.06	—	0.82	28	280	150.1	1.2	0.7
明虾	57	79.8	85	13.4	1.8	3.8		—	0.01	0.04	—	1.55	75	238	119	0.6	3.59
虾皮	100	42.4	153	30.7	2.2	2.5	19	—	0.02	0.14	—	0.92	991	617	5057.7	6.7	1.93
扇贝（鲜）	35	84.2	60	11.1	0.6	2.6		—	TR	0.1	—	11.85	142	122	339	7.2	11.69
牡蛎	100	82	73	5.3	2.1	8.2	27	—	0.01	0.13	—	0.81	131	200	462.1	7.1	9.39

表 D-9　奶类及其制品

食物名称	食部/%	水分/g	能量/g	蛋白质/g	脂肪/g	碳水化合物/g	维生素A/μg	胡萝卜素/μg	硫胺素/mg	核黄素/mg	维生素A C/mg	维生素A E/mg	钙/mg	钾/mg	钠/mg	铁/mg	锌/mg
牛奶	100	89.8	54	3	3.2	3.4	24	—	0.03	0.14	1	0.21	104	109	37.2	0.3	0.42
酸奶	100	84.7	72	2.5	2.7	9.3	26	—	0.03	0.15	1	0.12	118	150	39.8	0.4	0.53
全脂奶粉	100	2.3	478	20.1	21.2	51.7	14	—	0.11	0.73	4	0.48	676	449	360.1	1.2	3.14

表 D-10　糖果类

食物名称	食部 /%	水分 /g	能量 /g	蛋白质 /g	脂肪 /g	碳水化合物/g	维生素 A /μg	胡萝卜素 /μg	硫胺素 /mg	核黄素 /mg	维生素 C /mg	维生素 E /mg	钙 /mg	钾 /mg	钠 /mg	铁 /mg	锌 /mg
蛋糕	100	18.6	347	8.6	5.1	67.1	86	—	0.09	0.09	—	2.8	39	77	67.8	2.5	1.01
牛奶饼干	100	6.5	429	8.5	13.1	70.2	22	—	0.09	0.02	—	7.23	49	110	196.4	2.1	1.52
巧克力	100	1	586	4.3	40.1	53.4	—	—	0.06	0.08	—	1.62	11	254	111.8	1.7	1.02
奶糖	100	5.6	407	2.5	6.6	84.5	—	—	0.08	0.17	—	—	50	75	222.5	3.4	0.29
水晶糖	100	1	395	0.2	0.2	98.2	—	—	0.04	0.05	—	—	—	9	107.8	3	1.17

表 D-11　油脂及调味品

食物名称	食部 /%	水分 /g	能量 /g	蛋白质 /g	脂肪 /g	碳水化合物/g	维生素 A /μg	胡萝卜素 /μg	硫胺素 /mg	核黄素 /mg	维生素 C /mg	维生素 E /mg	钙 /mg	钾 /mg	钠 /mg	铁 /mg	锌 /mg
混合油	100		900		99.9	0.1	—	—	—	0.09	—	12.04	75	2	10.5	4.1	1.27
猪油（炼）	100	0.2	897		99.9	0.2	27	—	0.02	0.03	—	5.21	—	—	—	—	—
酱油	100	67.3	63	506	0.1	10.1	—	—	0.05	0.13	—	—	66	337	5757	8.6	1.17
醋	100	90.6	31	2.1	0.3	4.9	—	—	0.03	0.05	—	—	17	351	262.1	6	1.25

表 D-12　含酒精饮料

食物名称	食部 /%	水分 /g	能量 /g	蛋白质 /g	脂肪 /g	碳水化合物/g	维生素 A /μg	胡萝卜素 /μg	硫胺素 /mg	核黄素 /mg	维生素 C /mg	维生素 E /mg	钙 /mg	钾 /mg	钠 /mg	铁 /mg	锌 /mg
啤酒	5.3	4.3	32	0.4	—	—	—	—	0.15	0.04	—	—	13	47	11.4	0.4	0.3
葡萄酒	12.9	10.2	72	0.1	—	—	—	—	0.02	0.3	—	—	32	33	1.6	0.6	0.8
黄酒	10	8.6	66	1.6	—	—	—	—	0.02	0.05	—	—	41	26	5.2	0.6	0.52
蒸馏酒（58℃）	58	50.1	351	—	—	—	—	—	0.05	—	—	—	1	—	0.5	0.1	0.04

参考文献

[1] 郦燕君，贺永琴．幼儿卫生保健[M]．北京：北京师范大学出版社，2012.

[2] 张兰香，潘秀萍．学前儿童卫生与保健[M]．北京：北京师范大学出版社，2011.

[3] 麦少美，高秀欣．学前卫生学[M]．2 版．上海：复旦大学出版社，2012.

[4] 郑举鹏，刘筱娴．学龄前儿童生长发育与营养不良的评价方法[J]．国外医学·社会医学分册，2003，20（2）.

[5] 曾嵘，付楚慧，罗家有，等．孕早期心理健康状况与出生缺陷的病例对照研究[J]．中国临床心理学杂志，2009.

[6] 卿孟霞，浅谈儿童心理健康因素及健康指导[C]. 第二届国际妇幼保健学术大会论文集，2006.

[7] 刘国艳，王惠珊，张建端，等．中国幼儿气质类型特征相关影响因素的现状研究[J]．中国社会医学杂志，2007.

[8] 马洁，韩玙，姬静璐．学前儿童卫生与保育[M]．北京：北京师范大学出版社，2017.

[9] 郦燕君．学前儿童卫生保健[M]．北京：高等教育出版社，2007.

[10] 徐群．学前儿童心理健康指导[M]．北京：北京师范大学出版社，2015.

[11] 傅宏．学前儿童心理健康[M]．南京：南京师范大学出版社，2002.

[12] 张劲松．学前儿童心理健康指导[M]．上海：复旦大学出版社，2013.

[13] 任绮，高立．学前儿童体育与健康[M]．北京：清华大学出版社，2012.

[14] 顾荣芳．学前儿童卫生学[M]．南京：江苏教育出版社，2009.

[15] 万钫．学前卫生学[M]．北京：北京师范大学出版社，2004.

[16] 麦少美．学前卫生学[M]．上海：复旦大学出版社，2009.

[17] 王雁．幼儿卫生与保健[M]．北京：中国社会出版社，1999.

[18] 黄俊．学前卫生学[M]．北京：文化发展出版社，2016.

[19] 李艳荣，杨彦．幼儿保教知识与能力[M]．北京：北京师范大学出版社，2015.

[20] 邹霞，刘佩杏，黄婉圣．学前儿童生理与保育[M]．长春：东北师范大学出版社，2017.